Oswald Loretz
Psalmstudien

Beihefte zur Zeitschrift für die alttestamentliche Wissenschaft

Herausgegeben von
Otto Kaiser

Band 309

Walter de Gruyter · Berlin · New York
2002

Oswald Loretz

Psalmstudien

Kolometrie, Strophik und Theologie ausgewählter Psalmen

Walter de Gruyter · Berlin · New York
2002

♾ Gedruckt auf säurefreiem Papier,
das die US-ANSI-Norm über Haltbarkeit erfüllt.

Die Deutsche Bibliothek – CIP-Einheitsaufnahme

Loretz, Oswald:
Psalmstudien : Kolometrie, Strophik und Theologie ausgewählter Psalmen / Oswald Loretz. – Berlin ; New York : de Gruyter, 2002
(Beihefte zur Zeitschrift für die alttestamentliche Wissenschaft ; Bd. 309)
ISBN 3-11-017578-9

Printed in Germany
Einbandgestaltung: Christopher Schneider, Berlin
Druck und buchbinderische Verarbeitung: Hubert & Co., Göttingen

Edith Stein

sacrum

Vorwort

Wer sich mit der Literatur des neunzehnten und zwanzigsten Jahrhunderts zu den Psalmen und der neuesten „kanonischen" Auslegung des Psalters beschäftigt, muß unweigerlich an die sarkastische Notiz des Privatgelehrten Johann Heinrich Voß (1751–1826) denken: „Dein redseliges Buch lehrt mancherlei Neues und Wahres. Wäre das Wahre nur neu, wäre das Neue nur wahr!" So sind auch die nachfolgenden Kapitel zu einzelnen ausgewählten Psalmen aus der Überlegung entstanden, daß sowohl aus der Tradition als auch aus gegenwärtigen Bemühungen der Forschung wertvolle Gedanken und Anregungen zu entnehmen sind, aber jede Überschätzung alter oder neuer Interpretationen des Psalters zu Fehlschlüssen verleiten kann.

Mit der Widmung danke ich Edith Stein.

Bei Abfassung und Endredaktion des Buches stand mir meine Frau hilfreich bei. Ihr verdanke ich das für die Arbeit anregende Ambiente und die täglich notwendige förderliche Geduld. Ihre stilistische Kunst trug an manchen Stellen zur Glättung der sogenannten wissenschaftlichen Prosa bei.

Münster, 1. Mai 2002 — Oswald Loretz

Inhalt

Einleitung

Das Verhältnis der Psalmen zur altsyrisch-kanaanäischen Poesie Metrik und *Parallelismus membrorum* contra Kolometrie?

Die nachfolgenden einleitenden Ausführungen zu generellen Problemen der Psalmenforschung und deren Konkretisierung in Einzelfällen (Ps 1–3; 6; 11; 13; 81–82; 88; 127; 137 und 149) sind von der Überzeugung geleitet, daß die Tradition in formaler und inhaltlicher Hinsicht gerade in den Psalmen von außerordentlicher Bedeutung ist. Die Erkenntnis E. Nordens, daß im Altertum die Macht der Tradition auf formalem Gebiet „unberechenbar groß" gewesen ist[1], gilt in besonderem Maß auch für die im Psalter vereinigten Lieder. Aus diesem Grund soll im folgenden der Frage, ob und inwieweit die altsyrisch-kanaanäische[2] Dichtung, die gegenwärtig am besten in der ugaritischen Poesie zugänglich ist, die hebräischen Gedichte bestimmt und folglich für das Verständnis der Psalmen notwendig und förderlich ist.[3]

Der Leser wird in den folgenden Kapiteln mit Erstaunen feststellen, daß eine Auseinandersetzung mit dem Werk H. Gunkels[4] entgegen dem gegenwärtig vorherrschenden Trend weiterhin als nutzbringend erachtet wird. H. Gunkel dürfte heute noch sein permanentes Insistieren auf formalen, philologischen, religionshistorischen und literaturhistorischen Problemen zugutezuhalten sein, das im Kern auch gegenwärtig vorbildlichen Charakter hat.[5]

Dennoch steht fest, daß auch H. Gunkel gegenüber gilt, daß wir in vielen Fragen heute weiter zu sehen vermögen als es ihm selbst möglich war. Das verschaffen uns Fortschritte in der altorientalischen Archäologie und Philologie, die uns ein erhebliches Stück dem Ziel einer Einordnung der Psalmen in die altorientalische Literaturgeschichte näher bringen, die H. Gunkel als Ziel seiner Ar-

1 E. Norden 1956, 133.
2 Im folgenden bleibt die Frage, ob altsyrische Traditionen mit amurritischen identisch oder von ihnen beeinflußt sind, außer Betracht.
3 Zur generellen Problematik Ugarit-Texte - Bibel siehe u.a. O. Loretz 1990.
4 Zu H. Gunkel und seiner Einordnung in die Geschichte der Interpretation des Psalters siehe u.a. J.-M. Auwers I 1994, 1–30.
5 J.-M. Auwers I 1994, 1–2, der an H. Gunkel kritisiert, daß er der Sammlung der Psalmen als solcher kein Gewicht für die Auslegung beimißt, vermerkt zu dessen Leistung dennoch folgendes: „L'apport de Gunkel à l'étude du psautier est ailleurs, et il est considérable. Aujourd'hui encore, tout interprète du psautier a une dette envers le professeur de Halle et, dans un travail comme celui-ci, c'est un acte de piété filiale que de lui rendre hommage, et presque une obligation intellectuelle que de se situer par rapport à lui."

beit am Psalter vor Augen gestanden hat. Ihm gegenüber haben wir den unschätzbaren Vorteil, daß wir nicht mehr allein auf einen Vergleich der biblischen Poesie mit der babylonischen und ägyptischen angewiesen sind[6], sondern durch die ugaritische Poesie, die H. Gunkel noch nicht kennen konnte, direkten Zugang zur altsyrisch-kanaanäischen Dichtung gewonnen haben, die vornehmlich in formaler Hinsicht als Vorläuferin der hebräischen gelten darf.

Die im folgenden gewagte Vorlage *philologisch-kolometrisch* orientierter Kommentierungen von Psalmen mit Ausrichtung auf Probleme der Intertextualität stützt sich auf die allseits akzeptierte Erkenntnis, daß der Psalter als Endstufe eines langen literarischen Werdeprozesses zu verstehen ist. Als Spätlinge innerhalb der altorientalischen Literaturgeschichte spiegeln Psalmen nicht nur sprachliche Formen, Bilder, Symbole und theologische Anschauungen aus der altorientalischen Umwelt wider, sondern in besonderem Maß altsyrisch-kanaanäische literarische Traditionen, die allgemein – manchmal Verwirrung stiftend – altsyrisch-palästinische, ugaritisch-kanaanäische, amurritisch-kanaanäische oder nur kanaanäische genannt werden.

In der neueren Psalmenforschung dauert der Streit nicht nur darüber an, inwieweit die biblische Poesie jenen poetischen Gesetzen folgt, die seit Bischof Robert Lowth (1710–1787) mit dem Terminus *Parallelismus membrorum*[7] umschrieben werden[8], sondern vor allem auch darüber, inwieweit die poetischen Texte in ugaritischer Sprache einen Maßstab für die Bewertung der poetischen Formen und der Grammatik der Poesie[9] der Psalmen abzugeben vermögen.[10]

---

6 H. Gunkel 1926, VIII, mußte es noch bei folgender Darstellung belassen: „Das große Gesetz, das für alle Geschichtswissenschaft gilt, ist dieses, daß das Vereinzelte unverständlich oder mißdeutbar ist, daß es vielmehr nur aus seinem Zusammenhange verstanden werden kann. ... Darum hat er [= der Verfasser] vor allem die altorientalische religiöse Lyrik, namentlich die babylonische und die ägyptische, nach Kräften durchsucht, aber auch sonst aus der ganzen Welt, soweit er irgend konnte, Gegenstücke zusammengebracht, damit aus der Ähnlichkeit und zugleich der Verschiedenheit die Eigenart des Biblischen deutlich werde.“

7 Siehe zu R. Lowth u.a. H. Gunkel 1926, XII; J.L. Kugel 1981, 2–3, 274–286; A. Berlin 1992, 155–162; R. Smend 2001, 185–199.

8 Zur sprachgeschichtlichen und theoretischen Bedeutung des *Parallelismus membrorum* siehe u.a. E. Norden 1966, 543–545 (Logos und Rhythmus, 1928), und die Arbeiten von Roman Jakobson.

9 Im folgenden wird ein sozusagen einfacher Begriff von altsyrischer oder amurritisch-kanaanäischer Poesie vorausgesetzt, der sich vor allem an leicht erkennbaren poetischen Grundformen wie Monokolon, Bikolon usw. orientiert, die durch den *Parallelismus membrorum* oder z.B. Enjambement gekennzeichnet sind. Daß mehrere andere Versuche einer Bestimmung biblischer Poesie Zuspruch haben – siehe z.B. D. Volgger 1995, 71–91; B. Weber 1995, 2–29 –, soll damit nur unterstrichen werden.

10 In diesem Zusammenhang sei darauf hingewiesen, daß wir bei den Psalmen zwischen literarischen Formen und der Grammatik zu unterscheiden haben. Da wir auf Grund der Geschichte der Psalmen mit archaischen, mittleren und jüngeren, sowie ein- oder gar mehrfach modernisierten und kompilierten Texten zu rechnen haben, sind weder in literarischer noch in grammatischer Hinsicht einfache Lösungen zu erwarten. In diesem Sinne ist S.A. Kaufman (1996, 280) zuzustimmen, wenn er folgendes feststellt: „... the student of Hebrew grammar must learn to recognize that we are dealing with a textual tradition that took shape

Damit berühren wir eine neuralgische Stelle der modernen Forschung zum Psalter.[11]

Während R. Lowth das Experimentieren mit Jamben und Trochäen[12] durch die Maxime des „Lesens wie die Hebräer" ersetzte[13], als wesentliches Hilfsmittel hierzu den *Parallelismus membrorum* entdeckte[14] und damit noch innerhalb der engen Grenzen der hebräischen Poesie blieb, eröffnet die ugaritische Poesie einen Zugang zur unmittelbaren Vorgeschichte der hebräischen Dichtung. Die Texte aus Ugarit zeigen uns, daß der *Parallelismus membrorum* zwar ein wesentliches, nicht aber das einzige Kennzeichen der altsyrisch-kanaanäischen Poesie ist. Denn neben dem *Parallelismus membrorum* sind noch andere Elemente wie z.B. die Länge der Kola, Anakrusis, die Figur *Hysteron proteron* usw. zu beachten. Die ugaritische Poesie verhilft uns folglich zu einer umfassenderen Sicht der Rolle des *Parallelismus membrorum* in der hebräischen Poesie. Sie macht uns auf die Tatsache aufmerksam, daß der *Parallelismus membrorum* in einen größeren formalen Zusammenhang – wie z.B. Rhythmus[15], poetische Grundeinheiten (Kola, Bikola, Trikola) usw. – eingebettet ist.

In diesem Zusammenhang ist vor allem auf die Terminologie zu achten. Denn im Gegensatz zum weit verbreiteten herkömmlichen Brauch soll im folgenden nicht mehr in Erinnerung an die griechisch-römische Dichtung von der Metrik der Psalmen die Rede sein[16], sondern von der Kolometrie der ugaritischen und hebräischen Poesie.[17] Es werden folglich alle Versuche abgelehnt, die gegenwärtig noch von der Vorstellung ausgehen, die hebräische Poesie sei etwa nach den Gesetzen der griechischen und lateinischen Metrik zu analysieren[18] oder die Terminologie der klassischen Poetik sei noch von Nutzen. Dagegen wird vorausgesetzt, daß die biblische Dichtung den Formen der in Ugarit be-

---

in the course of a thousand years. One cannot analyze the grammar of archaic poetry based on that of late prose. But one equally cannot understand the grammar of archaic Hebrew poetry by basing oneself on the grammar of Late Bronze Age Ugaritic or dubious reconstruction of Late Bronze Age Byblian based on errors in the Akkadian scribes."

11 Vgl. z.B. die auf mangelnder Sachkenntnis beruhende Darstellung des Verhältnisses zwischen Forschung zu den Psalmen und Ugaritologie bei J.-M. Auwers I 1994, 20–22.

12 R. Smend 2001, 192, zur Argumentation R. Lowths gegen Francis Hare.

13 R. Smend 2001, 193, zur berühmten Maxime von R. Lowth: „id [...] enitendum, ut Hebraea, quantum fieri potest, tamquam Hebraei legamus".

14 R. Smend 2001, 197–198, zur Vorgeschichte des *Parallelismus membrorum* und zur Tatsache, daß der Begriff selber, genau genommen, bei R. Lowth zwar nicht begegnet, aber die Sache trifft.

15 E. Norden 1966, 543–545.

16 Von Metrik sprechen z.B. H. Gunkel 1926, XII; S. Mowinckel II 1968, 159–175. 190–192. 261–266.

17 Zum Begriff „Kolometrie", der vom Kolon als kleinster Einheit und den daraus zusammengesetzten komplexeren Einheiten wie Bikolon, Trikolon usw. ausgeht, siehe O. Loretz / I. Kottsieper 1987.

18 Vgl. dagegen DNP, wo der Beitrag über die „Metrik" im Alten Testament und in Ugarit (Th. Podella, DNP 8, 2000, Sp. 114) in den Artikel „Metrik" eingefügt ist.

zeugten Poesie folgt, deren grundlegende Einheiten am besten mit Hilfe kolometrischer Methoden erfaßt werden.[19]

Das Erbe der seit R. Lowth vorherrschenden Forschung zum *Parallelismus membrorum* hat von Anfang an auch den Vergleich der biblischen Texte mit den ugaritischen beherrscht, wie die zahlreichen Arbeiten zu den ugaritisch-biblischen Parallelismen bezeugen.[20]

In Erweiterung der vorherrschenden Ausrichtung der Forschung auf die Auffindung und Herausarbeitung der ugaritisch-biblischen parallelen Wortpaare soll im folgenden in erster Linie die Aufmerksamkeit den poetischen Grundeinheiten in der ugaritischen und hebräischen Poesie, einem zumeist gering geschätzten Gebiet der Forschung, gelten, also der Abgrenzung, der Kolometrie[21] der poetischen Einheiten, und den sich daraus ergebenden Folgerungen für den poetischen und strophischen Aufbau und die Intertextualität[22] dieser Lieder.

Bei der kolometrischen Gliederung der Psalmentexte in die poetischen Grundeinheiten Monokolon, Bikolon[23], Trikolon usw. wird versucht, mit Hilfe der Kolometrie der ugaritischen Texte zu Beginn der Textanalyse grundsätzlich nicht von inhaltlichen, sondern von formalen poetologischen Kriterien auszugehen[24] und den Zirkelschluß zu vermeiden, von einem vermuteten Inhalt her eine rätselhaft erscheinende poetische Form zu entflechten.

Die vorrangig zu leistende kolometrische Aufschlüsselung eines poetischen Textes liefert nicht nur einen Ansatzpunkt für die Erkennung von kolometrisch

---

19 In diesem Zusammenhang sollte erneut darauf hingewiesen sein, daß das Abzählen der Konsonanten in einem Kolon der ugaritischen und biblischen Dichtung nur ein Hilfsmittel im Verein mit anderen ist, um die Länge der Kola zu bestimmen. Von dieser Methode her gelangen wir z.B. zur Feststellung, daß ein Kolon von 20 oder gar 25 Konsonanten, von Ausnahmen wie z.B. Anakrusis abgesehen, kaum in seinem ursprünglichen Zustand überliefert sein kann.

20 Zur Geschichte, den Ergebnissen und Intentionen dieser Forschungsrichtung siehe u.a. die umfangreichen Arbeiten von M. Dahood unter dem Stichwort „Ugaritic-Hebrew Parallel Pairs“, RSP I 1972, 71–382; II 1975, 1–33. 34–39; III 1981, 1–178. 178–206; id., drei Bände Kommentar zu den Psalmen in AncB 16–17A, 1966–1970, sowie die Beiträge von J.L. Kugel (1981), Y. Avishur (1984, 1994) und W.G.E. Watson (1994).

21 Mit *Kolometrie* wird die Methode umschrieben, einen in *scriptio continua* vorliegenden poetischen Text in erster Linie von formalen, nicht von inhaltlichen Momenten her vom Kontext abzugrenzen und in poetische Einheiten zu gliedern (O. Loretz / I. Kottsieper 1987).

22 Im folgenden setze ich das in der Altorientalistik akzeptierte Verständnis von Intertextualität voraus. Zur „Intertextualität“ altorientalischer und biblischer Texte siehe u.a. W.W. Hallo I 1979, XXV-XXVIII. Intertextualität wird wesentlich auf die Feststellung von Zitaten beschränkt. Daß innerhalb der Bibelwissenschaft auch andere Begriffe von Intertextualität gebräuchlich sein können, zeigt z.B. D. Volgger 1995, 69–70. 230–238, zu Ps 89.

23 S. Segert 1999, 173 Anm. 41, schlägt vor, anstelle von Bikolon das Wort Dikolon zu gebrauchen.

24 Im folgenden wird vorausgesetzt, daß auch die Einteilung der ugaritischen poetischen Texte in zahlreichen Fällen noch völlig strittig ist. Im Gegensatz zu der in der Psalmenauslegung vielfältig üblichen Methode der Gliederung von poetischen Texten nach vermeintlichen inhaltlichen Kriterien hat sich in der Ugaritologie der Grundsatz bewährt, daß eine falsche kolometrische Gliederung eines Textes auch inhaltlich in die Irre führt.

und poetologisch einheitlichen oder zusammengesetzten einzelnen Psalmen[25], sondern gibt auf diese Weise zugleich auch eine Basis ab für weitere Überlegungen über die Herkunft der Texte und folglich ihren intertextuellen Charakter, ihre Verbindung mit der altorientalischen und vor allem altsyrisch-kanaanäischen Literatur-, Geistes und Religionsgeschichte.[26]

Die Konzentration auf eine intertextuelle Fragestellung führt zur Erkenntnis, daß viele der vorliegenden Psalmen aufgrund der in ihnen enthaltenen Zitate[27] aus anderen, heute nicht mehr zugänglichen Liedern relativ sichere Rückschlüsse auf einen kaum noch abzuschätzenden Reichtum an wahrscheinlich verlorengegangener israelitischer Literatur, besonders aber religiös-kultischer Poesie zulassen.[28] Kolometrisch und intertextuell gesehen spiegeln die Psalmen eine Vielfalt von mündlicher Überlieferung und von Literatur wider, die wenigstens teilweise in privaten und institutionellen Bibliotheken gesammelt gewesen sein dürfte. Die aufgrund von Zitaten erahnten Verluste an Literatur lassen besonders schmerzlich zum Bewußtsein kommen, daß wir über Existenz und Schicksal israelitischer und jüdischer Bibliotheken noch so wenig, ja nichts wissen.[29] Der bedeutsamen Frage, inwieweit literarische Entlehnungen aus der altorientalischen Umwelt in der Bibel nachweisbar sind[30], sollte jene bei-, wenn nicht sogar vorgeordnet werden, ob und inwieweit Zitate aus der israelitisch-

25 Sinn und Zielsetzung einer kolometrischen Analyse poetischer biblischer Text wird noch oft mißverstanden oder mißdeutet. Wenn z.B. J.A. Emerton 1993, 38*, glaubt, daß die Ermittlung von Glossen und Zusätzen mit Hilfe der Kolometrie voraussetze, daß die Prinzipien der hebräischen Verskunst schnell vergessen oder leicht mißachtet worden seien und die Kunst der Poesie schon früh verloren gegangen sei, so übersieht er folgendes: Die kolometrische Methode will nur eines der Hilfsmittel sein, poetische Grundformen von späteren Zusätzen und Glossen zu unterscheiden. Auf diese Weise soll dargestellt werden, daß die poetische Überlieferung in den biblischen Texten oft kommentierend weitergegeben worden ist. Diese Aktualisierung der poetischen Tradition beweist, mit welcher Hochschätzung dieser Teil der Überlieferung behandelt worden ist. Vom Vergessen der Prinzipien der hebräischen Poesie kann unter diesem Aspekt wohl nicht die Rede sein.

26 Das frühere Bemühen nach der Wiederherstellung des ursprünglichen Textes (siehe z.B. H. Gunkel 1926, XII) wird hier durch die Erforschung der intertextuellen Verbindungen ersetzt. Diese Ergänzung und Weiterführung früherer Bemühungen wird durch die bessere Kenntnis altorientalischer und vor allem der ugaritischen Texte möglich.

27 In der Forschung zu den Psalmen spielten „Zitate" bisher keine maßgebliche Rolle. Obwohl im ganzen Alten Testament nur ein einziges „förmliches" Zitat nachzuweisen ist (J. Wellhausen 138, führt in seinem Kommentar zu Mi 3,12 folgendes aus: „Der Ausspruch Michas in unserem Verse hat die Ehre, in Hier. 26, 18 citirt zu werden; es ist das einzige förmliche Citat in der prophetischen Literatur und das einzige noch jetzt nachweisbare im ganzen Alten Testamente."), besteht wohl kein Zweifel darüber, daß es auch viele „unförmliche" gibt. Vom kolometrischen Standpunkt aus gesehen verdient der Umstand besondere Beachtung, daß das Wort des Micha als Trikolon überliefert ist.

28 O. Loretz 1994, 225–243.

29 Zur Frage von öffentlichen und privaten Bibliotheken siehe u.a. die bei U. Rüterswörden 1996, 55–67, angegebene Literatur.

30 Siehe zu dieser Problematik u.a. J.H. Tigay 1993, 250–255.

jüdischen Literatur, die uns nicht mehr oder zur Zeit noch nicht zur Verfügung steht, in die Letztgestalt der einzelnen Bücher eingegangen sind.

Die im folgenden angestrebte Blickrichtung auf die kolometrischen und intertextuellen Aspekte der Psalmen soll dazu verhelfen, eine allzu einseitige Ausrichtung auf die sogenannte (kanonische) Endredaktion der Texte und eine Überbewertung von deren Kanonizität[31], deren letzter literarischer Form, deren religionsgeschichtlicher und theologischer Aussage zu vermeiden. Das Ende der Textentwicklung sollte nicht gegen deren frühere Stadien ausgespielt werden. Ein allzu fortschrittsgläubiges Vertrauen auf Sinnzuwachs mit steter Wertsteigerung ohne Gefahr von Verlusten und Fehlentwicklungen bildet ein wenig tragfähiges Fundament für philologische, poetologische und historische Überlegungen.[32]

Denn historisch betrachtet sind die literarischen Methoden der Schriftgelehrten und Redaktoren, die für die Endgestalt des Psalters verantwortlich sind, ohne weiteres als Fortsetzung vorangehender literarischer Tätigkeit, bei der Vernetzung und Verkettung vorliegender Texte durch Zitate erfolgten, zu verstehen. Literartechnisch gesehen bieten folglich die Endredaktoren des Psalters nichts Neues. Sie setzen unter veränderten Bedingungen und oft mit anderer Zielsetzung das Werk jener ihrer Vorgänger fort, die die altsyrisch-kanaanäische Dichtung in die biblische verwandelt haben. Es scheint folglich sowohl aus historischer als auch aus theologischer Sicht kein Grund zu bestehen, dem letzten uns greifbaren Prozeß in dieser Art Entwicklung von Texten eine besondere „kanonische" Dignität zu verleihen, zumal der Terminus Kanon allzu oft dazu gebraucht wird, ein Gemisch von nebulösen historischen, philologischen und theologischen Vorstellungen zu rechtfertigen.

Die neuere Psalmenforschung seit J. Wellhausen und H. Gunkel wird aus ideologischen Gründen vom Albtraum der Spät- oder Frühdatierung gepeinigt.[33] Die einzelnen Forscher haben sich im Gefolge der beiden großen Vorläufer im Auf und Ab der Wellen für die Früh- oder die Spätzeit hauptsächlich auf inhaltliche Überlegungen gestützt. Diese religions- und geistesgeschichtlich bestimmte Methode der Interpretation setzt außerdem eine Überbetonung der sogenannten

31 Es dürfte zu beachten sein, daß die Begriffe „kanonisch", „Kanon" und „Kanonizität" höchst unterschiedlich und zum Teil anachronistisch gebraucht werden.

32 Die Hochschätzung der Kanonizität der Psalmen dürfte letztlich als eine späte Auswirkung historistischen Denkens zu verstehen sein. Die Anliegen des Historismus – wie Entwicklung, Bedeutung der Frühzeit und Individualität – erscheinen in diesem Denksystem in einer theologisch auf den Kopf gestellten Form der Betrachtung von einem der Zeit enthobenen Standpunkt aus: Nicht mehr dem Ursprung und der einzelnen Dichterpersönlichkeit, sondern der Spätzeit und dem Kollektiv wird die Priorität zugesprochen.

33 H. Gunkel reagiert mit seiner Arbeit zu den Psalmen in erster Linie auf die von J. Wellhausen vorgetragene historische und religiöse Einschätzung der Psalmen, siehe z.B. H. Gunkel 1926, V. In diesem Zusammenhang sollte gleichfalls beachtet werden, daß J. Wellhausen (1898) eine zumeist übersehene komplette Übersetzung der Psalmen mit kurzen Anmerkungen veröffentlicht hat.

Texteinheit und der individuellen Dichterpersönlichkeit voraus.[34] Über diese moderne, die Subjektivität des einzelnen Dichters hervorhebende, vom deutschen Historismus geprägte Sichtweise gelangt man jedoch kaum zu einer sachgemäßen Beurteilung der oft verwickelten Entwicklungsgeschichte der einzelnen Lieder des Psalters. Die Ugarit-Texte zeigen uns, daß die Problemstellung Früh- oder Spätdatierung zu wenig beachtet, in welcher Weise und in welchem Umfang auch spät redigierte biblische Texte dem altsyrisch-kanaanäischen Erbe poetischer Formen verpflichtet sein können und folglich eine höchst differenzierte Sicht der Entstehungszeit(en) eines einzelnen Gedichtes erforderlich sein kann.

H. Gunkels Hauptwerk der Erkundung der Gattungen der Psalmen war und ist zugleich Gegenstand größter Bewunderung und harter Kritik.[35] Auch bei der Rekonstruktion der Gattung der einzelnen Psalmen erliegt er oft der Versuchung, durch Textkorrekturen und Streichungen zu einem annehmbaren „Metrum“ und zu einer überzeugenden Strophik zu gelangen. Durch sein Idealbild einer ursprünglichen Gattung wird er allzu oft davon abgehalten, die Übermalung eines Bildes durch spätere Weiterarbeit an ihm zu erkennen.

Die im folgenden zusammengestellten Arbeiten zu einzelnen Psalmen und die allgemein ausgerichteten beiden Beiträge zur Zitatvernetzung und zum Problem der beiden Körper des Königs in der mittelalterlichen und altorientalischen politischen Theologie vermögen hoffentlich den Leser davon zu überzeugen, daß poetologischen, philologischen und religionsgeschichtlichen Studien, die Altsyrien-Kanaan und das Zweistromland einbeziehen, weiterhin eine durch nichts ersetzbare Bedeutung für die Erforschung des Psalters zukommt.

Zusammengefaßt soll darauf verwiesen sein, daß sich auch der theologische Gehalt der Psalmen in einer poetischen Form ausspricht, die einst in Altsyrien-Kanaan zuhause war und die in Israel eine neue Heimat gefunden hat. Inwieweit sich im Psalter Altes und Neues widerspiegeln, gegenseitig beleuchten und befruchten, bleibt weiterhin eine lohnende und stets aufs neue zu lösende Aufgabe.

34 Unkenntnis oder mangelnde Auseinandersetzung mit der Geschichte der Auslegung der Psalmen führt zu Repristinationen früherer Positionen, die als neue Erkenntnisse angepriesen werden. So finden wir z.B. die von A. Berlin (1996, 205–206) in der Gliederung von Ps 133,2–3 befolgte holistische Tendenz bereits bei J. Wellhausen (1898, 146) vor.

35 Siehe hierzu z.B. J.-M. Auwers I 1994, 2–30.

Literatur[36]

Ankersmit, F.R., Historismus, Postmoderne und Historiographie, in: W. Küttler / J. Rüsen / E. Schulin, (eds.), Grundlagen und Methoden der Historiographie. Geschichtsdiskurs Bd. 4, Frankfurt 1993, 65–84.

Auwers, J.-M., 1994: Le Psautier hébraïque et ses éditeurs. Recherches sur une forme canonique du livre des Psaumes I-III. Dissertation. Université Catholique de Louvain, Faculté de Théologie et de Droit Canonique, Louvain.

– –, 2000: La composition littéraire du Psautier. Un état de la question. CRB 46.

– –, 2001: Où va l'exégèse du Psautier? Bilan de six années d'études psalmiques (1995–2000), RTL 32, 374–410.

Avishur, Y., 1984: Stylistic Studies of Word-Pairs in Biblical and Ancient Semitic Literatures. AOAT 210.

– –, 1994: Studies in Hebrew and Ugaritic Psalms, Jerusalem.

– –, 1999: Studies in Biblical Narrative. Style, Structure, and the Ancient Near Eastern Literary Background, Tel Aviv / Jaffa.

– –, 2000: Phoenician Inscriptions and the Bible. Select Inscriptions and Studies in Stylistic and Literary Devices Common to the Phoenician Inscriptions and the Bible. Archaeological Center Publication, Tel Aviv / Jaffa.

Berlin, A., 1992: Parallelism, in: ABD V, 155–162.

– –, 1996: A Search for a New Biblical Hermeneutics: Preliminary Observations, in: J.S. Cooper / G.M. Schwartz, (eds.), The Study of the Ancient Near East in the Twenty-First Century. The William Foxwell Albright Centennial Conference. Winona Lake, Indiana, 195–207.

Emerton, J.A., 1993: The Historical Background of Isaiah 1:4–9, ErIs 24, 34*–40*.

Hallo, W.W., 1997: Ancient Near Eastern Texts and Their Relevance for Biblical Exegesis, in: COS I 1997, XXIII-XXVIII.

Kaufman, St.A., 1996: Semitics: Directions and Re-Directions, in: J.S. Cooper / G.M. Schwartz, (eds.), The Study of the Ancient Near East in the Twenty-First Century. The William Foxwell Albright Centennial Conference. Winona Lake, Indiana, 273–282.

Kugel, J.L., 1981: The Idea of Biblical Poetry. Parallelism and Its History, New Haven / London.

Loretz, O., 1979: 1994: Zur Zitat-Vernetzung zwischen Ugarit-Texten und Psalmen, UF 26, 225–243.

– –, 1990: Ugarit und die Bibel, Darmstadt.

Loretz, O. / I. Kottsieper, 1987: Colometry in Ugaritic and Biblical Poetry. Introduction, Illustrations and Topical Bibliography. UBL 5.

36 Zu oftmals zitierten Werken – wie z.B. H. Gunkel, S. Mowinckel und Kommentare – siehe Literaturverzeichnis.

Norden, E., [4]1956: Agnostos Theos. Untersuchungen zur Formengeschichte religiöser Rede, Darmstadt.
– –, 1966: Kleine Schriften zum klassischen Altertum, Berlin.
Rüterswörden, U., 1996: Amt und Öffentlichkeit im Alten Testament, JBTh 11, 55–68.
Segert, S., 1999: Poetry and Arithmetic: Psalms 29 and 137, in: A. Lange / H. Lichtenberger / D. Römheld, (eds.), Mythos im Alten Testament und seiner Umwelt. Festschrift für Hans-Peter Müller zum 65. Geburtstag. BZAW 278, 165–181.
Smend, R., 2001: Der Entdecker des Parallelismus: Robert Lowth (1710–1787), in: B. Huwyler / H.-P. Mathys / B. Weber, (eds.), Prophetie und Psalmen. Festschrift für Klaus Seybold zum 65. Geburtstag. AOAT 280, 185–199.
Tigay, J.H., 1993: On Evaluating Claims of Literary Borrowing, in: M.E. Cohen / D.C. Snell / D.B. Weisberg, (eds.), The Tablet and the Scroll. Near Easter Studies in Honor of William W. Hallo, Bethesda, Maryland, 250–255.
Volgger, D., 1995: Notizen zur Textanalyse von Ps 89. ATSAT 45.
Weber, B., 1995: Psalm 77 und sein Umfeld. BBB 103.
Wellhausen, J., 1892: Die Kleinen Propheten übersetzt, mit Noten, Berlin.

Psalm 1
Poetologische und theologische *Vor*urteile in der Psalmenauslegung

Die Psalmen 1–2 und 149–150[1] sind nach allgemeiner Anschauung als Rahmung, redaktionelle Klammer des Psalters eingesetzt.[2] Sie stehen einander in inhaltlicher Hinsicht nahe und bezeugen gemeinsam eng verwandte religiöse und theologische Anschauungen.[3] Von diesen vier Liedern weisen Ps 1–2 besondere poetische Formen auf, die sie in einen leicht erkennbaren Gegensatz zur Mehrzahl der anderen Teile des Psalters bringen, die offensichtlich einem mehr konservativen poetischen Leitbild folgen. Ps 1–2 führen uns so zur Frage, ob mit ihnen nicht auch ein spezieller Fall der Weiterführung jener westsemitischen Poetik gegeben ist, die wir bis zu den ugaritischen Texten zurückverfolgen können. Ps 1–2 konfrontieren uns sowohl vom historischen Standpunkt als auch von dem der „kanonischen" Auslegung her gesehen mit der Frage, ob sie als eine Einheit anzusehen sind und inwieweit sie als sinnbestimmendes Proömium des Psalters zu gelten haben. Letzteres Problem betrifft vor allem Ps 1.[4]

Im folgenden wenden wir uns vornehmlich dem Problem zu, ob und inwieweit Veränderungen in der poetischen Gestalt von Psalmen als Indikatoren eines religiösen und theologischen Wandels zu begreifen sind und inwieweit von der Poetik her eine Kontrolle verschiedener moderner Modelle der bibelwissenschaftlichen Psalmenauslegung möglich ist.

Im Falle von Ps 1–2 betrifft dies vor allem die seit längerem aufgekommene sogenannte „Kanonfrage".[5] Vertreter dieses Interpretationsmodells versprechen, sie könnten, besser als dies bisher möglich war, aufzeigen, wie wir den Psalter zu verstehen haben.[6]

---

1 N. Füglister 1986, 98. 104, bezeichnet Ps 1 und Ps 150 als Vor- und Nachwort, und Ps 2 und Ps 149 als den ersten und letzen Psalm des Psalters.

2 N. Füglister 1986, 104, bemerkt hierzu folgendes: „Damit bilden Ps 1–2 einerseits und Ps 149–150 (bzw. 148–149) andererseits eine redaktionelle Klammer, welche der Endform des allmählich gewachsenen Psalters eine gewisse Geschlossenheit gibt und zugleich einen Notenschlüssel für dessen eschatologisch ausgerichtetes Verständnis bietet. Es wäre dies eine – vielleicht die letzte – der mannigfachen Interpretationstufen des Psalters."

3 Vgl. z.B. U. Nommik 1999, 520–522, zu Differenzen zwischen Ps 1 und dem Schlußhallel Ps 146–150.

4 Siehe hierzu J.-M. Auwers II 1994, 256–365; id. 2000, 205–206, Index zu Ps 1–2.

5 Siehe bereits J. Reindl 1979, 39–41, der an die von französischen Gelehrten diskutierte „relecture" anschließt.

6 Siehe generell zur kanonischen Auslegung J.-M. Auwers I-III 1994; id. 2000; id. 2001, 375–410.

Von poetologischer Seite her wird im folgenden zu klären sein, ob es sich z.B. bei der geforderten sog. „kanonischen“ Auslegung nur um eine postmoderne dogmatische Wunschvorstellung nach ganzheitlicher Interpretation oder um eine poetologisch nachprüfbare Sachfrage handelt.

In diesem Zusammenhang soll dem Problem, inwieweit poetologische Vorurteile bei einzelnen Autoren als Scheinbegründungen für theologische Anschauungen über die Entwicklung der jüdischen Religiosität in nachexilischer Zeit dienen, besondere Aufmerksamkeit zuteil werden. Hierbei sind all jene altbekannten Fragen zu erneuern, die die Grundlagen der hebräischen Poesie betreffen: Gliederung eines Textes in Grundeinheiten – Kolon, Monokolon, Bikolon usw. –, Strophen und die Anbindung der biblischen Poesie an die zeitlich vorangehende altsyrisch-kanaanäische Tradition.

1. Psalm 1 – Aspekte der Forschungsgeschichte[7]

Das erste Lied im Buch der Psalmen beschäftigt die gegenwärtige alttestamentliche Forschung in einem solch ungewöhnlichen Maß, welches nicht nur Verwunderung hervorruft, sondern auch zum Gedanken führt, daß in dieser Debatte Fragen berührt werden, die sonst in bibelwissenschaftlichen Auseinandersetzungen ausgespart oder verdeckt bleiben. Aus seiner Anfangsstellung und Funktion als Überschrift zusammen mit Ps 2 wird eine bis ans Ende der Liedersammlung reichende prägende Kraft und Bedeutung abgeleitet, die auch für moderne Interpreten verpflichtenden Charakter habe. Es gilt als ausgemachte Sache, daß Ps 1 bei der Frage nach der Letztgestalt des Psalmenbuches nicht nur eine formale, sondern auch eine inhaltliche Schlüsselrolle zukomme.[8] Ps 1 wird als eine Art Motto des Psalters angesehen.[9] Diese Feststellungen über die sogenannte *kanonische* Schlüsselstellung von Ps 1 dienen ferner als Anknüpfungspunkt für Folgerungen über die bleibende Gültigkeit eines bestimmten jüdischen Charakters dieses Textes für eine philologisch-historisch und christlich ausgerichtete Deutung nicht nur des Textes von Ps 1, sondern auch des Psalters selbst.[10]

Das Lob von Ps 1, Motto des Psalters zu sein, kann immerhin mit dem Hinweis untermauert werden, daß das den Psalm leitende nachexilische jüdische Thema des Gegensatzes von *Gerechten* und *Frevlern* in etwa 42 der 150 Psalmen

---

7 Siehe auch das folgende Kapitel zu Ps 2.

8 Ch. Levin 1993, 359.

9 B.J. Diebner 1986, 7; Ch. Levin 1993, 359.

10 Siehe z.B. J. Reindl 1979, 48–50, „*Der Psalter in der Sicht von Ps 1*“.

zu finden ist, wobei einschränkend hinzugefügt wird, daß das Thema in der Regel vorhandenen Psalmen nachträglich aufgesetzt ist.[11] Trotz dieser Zahlen bleibt die Tatsache bestehen, daß die Thematik nur in etwas mehr als in einem Viertel des kanonischen Bestandes vorhanden ist.

Ungeachtet der zahlreichen Bemühungen konnten die Interpreten bislang in wesentlichen Fragen nach der Aussage von Ps 1 keinen Konsens erreichen. Es bleibt z.B. strittig, ob die Thora im Mittelpunkt steht, ob Ps 1 vom eifrigen Thorastudium als Wesen der Frömmigkeit handelt, ob er der Frömmigkeit Lohn verspricht, ob er eine Auferstehung der Gerechten kennt.[12] Nicht weniger ist auch kontrovers, ob der für Ps 1 wesentliche Gegensatz zwischen Gerechten und Frevlern im Sinne innerjüdischer Streitigkeiten aus der Entstehungszeit des Liedes oder mehr im Sinne moderner subjektiver Haltung zu deuten ist.[13]

In der neuen Auslegung von Ps 1 wird allgemein kanongeschichtlichen und theologischen Überlegungen ein Vorrang eingeräumt. Textologische Probleme gelten als weniger bedeutsam, wenn nicht als zweitrangig und leicht lösbar. Die ominöse „Einheitlichkeit" des Textes gilt als eine feststehende Tatsache.[14] Man begnügt sich auch mit der Auskunft, daß Ps 1 als Proömium geschaffen und nur ein bescheidenes Kunstwerk sei, das in Jer 17,5–8 und Jos 1,8–9 Vorlagen habe. Ps 1 sei folglich aus Versatzstücken komponiert[15] oder gar kein Psalm, sondern ein Weisheitsgedicht.[16]

In Fortführung der Diskussion soll in den nachstehenden Abschnitten an Hand einer kolometrischen Betrachtung ausgeführt werden, welchen Verfahren der Textkomposition wir Ps 1 verdanken und welche Folgerungen sich von der poetologischen Seite her für die Auslegung ergeben. Von dieser Basis her soll ferner eine Möglichkeit gesucht werden, seine Stellung und Aussage innerhalb des Psalmenbuches zu bestimmen.

---

11 Ch. Levin 1993, 370, ergänzt, daß es von dieser Regel nur wenige Ausnahmen gebe. Neben Ps 2 seien es nur die acht Akrosticha Ps 9–10; 25; 34; 37; 111; 112; 119; 145.

12 Zur Frage der Auferstehung in Ps 1,5 siehe u.a. N. Füglister 1986, 103–104.

13 J. Maier 1987, 353–358, hat dies am Beispiel der vorrabbinischen und patristischen Zeugnisse klar herausgearbeitet.

14 E. Haag 1989, 154, wendet z.B. auf Ps 1 das Klischee der „Einheitlichkeit" an und stellt fest: „In dem von bemerkenswerter Einheitlichkeit gekennzeichneten Psalm hat in jüngster Zeit nur V. 3b bei einigen Erklärern den Eindruck einer nachträglichen Hinzufügung zu dem Vergleich des Seliggepriesenen mit einem Baum erweckt. Diese Bedenken sind jedoch unbegründet."; auch U. Nommik 1999, 513, vermerkt zum Thema folgendes: „Obwohl man versucht hat, die Unebenheiten des Psalms mit Streichungen und Ergänzungen zu beseitigen, gibt es m.E. vom Inhalt her keine zureichenden Einwände gegen die Einheitlichkeit des Liedes."

15 Siehe z.B. Ch. Levin 1993, 359–360.

16 S. Mowinckel 1957, 99, vergleicht Ps 112 folgendermaßen mit Ps 1: „It [= Ps 112] is no psalm, but a ‚wisdom poem' of the same type as Ps. 1, describing the fate of the righteous and the wicked man respectively."

Es wird sich, um das Endergebnis in etwa vorwegzunehmen, ergeben, daß Ps 1 zwar die Position eines Proömiums einnimmt, aber die Funktion eines solchen inhaltlich in keiner Weise erfüllt, wenn man von ihm eine zusammenfassende Inhaltsangabe erwartete. Das Motto Ps 1 deutet vielmehr kühn den Sinn der Tradition um und macht sie den Bedürfnissen einer neuen Zeit dienstbar.

Mit besonderem Nachdruck wird schließlich darauf zu verweisen sein, daß Ps 1 das Ende einer kanaanäisch-israelitischen Dichtkunst anzeigt und mit diesem Verhältnis zur Tradition getreu die ästhetischen Gefühle und theologischen Anschauungen seines Entstehungsmilieus widerspiegelt.

2. Kolometrie und Übersetzung

1.1.1	[*’šry h ’yš ’šr*]	11[17]
	. . .	
1.1.2	*l’ hlk b ʿṣt ršʿym*	14
1.1.3	[*w*][18] *b drk ḥṭ’ym l’ ʿmd*	14 [15]
1.1.4	*w b mwšb lṣym l’ yšb*	15
1.2.1	*ky ’m b* [*twrt*] YHWH *ḥpṣw*	13 [17]
1.2.2	*w b . . .* [*twrtw yhgh ywmm w lylh*]	2+x [20]
	———————	
1.3.1	*w hyh k ʿṣ štwl ʿl* [*plgy*] *mym*	16 [20]
1.3.2	[*’šr*] *pryw ytn b ʿtw w ʿlhw l’ ybwl*	22 [25]
1.3.3	*w kl ’šr yʿśh yṣlḥ*	15
1.4.1	*l’ kn h ršʿym*	10
1.4.2	*ky ’m k mṣ ’šr tdpnw rwḥ*	18
	———————	
	. . .	
1.5.1	*ʿl kn l’ yqmw ršʿym b mšpṭ*	20
1.5.2	*w ḥṭ’ym b ʿdt ṣdyqym*	16
1.6.1	[*ky ywdʿ* YHWH *drk ṣdyqym*	[19]
1.6.2	*w drk ršʿym t’bd*]	[13]

17 Zur Zählung der Konsonanten als Hilfsmittel der Kolometrie siehe oben Kapitel „Einleitung“ Anm. 19.

18 Die [ ] Klammern werden im folgenden zur Kennzeichnung von Glossen benützt, jedoch nicht zur Abgrenzung von Material, das nicht zum Text gehört. Sie bedeuten ferner keine Bewertung etwa im Sinn von „echt“ oder „unecht“, „zu streichen“ usw.

1.1.1 [*Glücklich der Mann, der*]
. . .
nicht wandelt er nach dem Rat der Frevler!
1.1.3 [*Und*:] Auf dem Weg der Sünder steht er nicht,
1.1.4 und im Kreis der Spötter sitzt er nicht.
1.2.1 Sondern an [*Gesetz*] Jahwe hat er seine Lust,
1.2.2 und an . . . [*sein Gesetz studiert er Tag und Nacht*].

1.3.1 Und er ist wie ein Baum gepflanzt an Wasser[bäche].

1.3.2 [*Von ihm gilt*:] Er bringt seine Früchte zu seiner Zeit,
und sein Laub verwelkt nicht.

1.3.3 [*Und*:] Alles, was er tut, führt er glücklich aus!

1.4.1 Nicht also die Frevler,
1.4.2 nein, wie die Spreu, die der Wind verweht!

. . .

1.5.1 Darum werden nicht aufstehen die Frevler beim Gericht,
1.5.2 und die Sünder in der Gemeinde der Gerechten.
1.6.1 [*Denn Jahwe kennt der Gerechten Weg,*
1.6.2 *doch ‚die Hoffnung' der Frevler wird zunichte.*]

3. Anmerkungen zu Text und Kolometrie

1.1.1 – 1.2.2

Der Abschnitt wird entweder als eine syntaktische Einheit übersetzt (B. Duhm 1922, 2. drei Bikola; H. Gunkel 1926, 1, ein Trikolon plus zwei Bikola; H.-J. Kraus I 1978, 131, ein Trikolon plus ein Bikolon; Ch. Levin 1993, 359, ein Pentakolon [?]; K. Seybold 1996, 27, ein Trikolon plus ein Bikolon) oder in zwei Satzeinheiten aufgelöst (G. Ravasi I 1981, 89, ein Trikolon plus ein Bikolon; U. Nommik 1999, 512, ein Trikolon plus ein Bikolon). Beide Lösungen führen zu Kola, die im Fall von *1.1.1 – 1.1.2* entweder zu kurz oder zu lang sind.

Aus der chiastischen Anordnung von *l' hlk* und *l' ʿmd* || *l' yšb* in *1.1.2 – 1.1.4* ist abzuleiten, daß das zu *1.1.2* parallele Kolon durch die Einleitung *1.1.1* ersetzt worden ist.

Aus dem fragmentarischen Charakter des Zitats *1.1.2 – 1.2.2* ergibt sich, daß es aus einer Vorlage mit Strophen zu je drei Bikola stammen dürfte.

Der Abschnitt dürfte ursprünglich den vorbildlichen *ṣdyq* „Gerechten" beschrieben haben, vgl. V. 5–6. Er wurde durch die Redaktion von Ps 1 zu einem Idealbild des Lesers und Studenten der Thora umgestaltet.

1.1.1

'šry h 'yš 'šr – Eine sekundäre Einleitung zu *1.1.1 – 1.2.2.*
'šry h 'yš – Vgl. Ps 112,1.
'šry „Glück, Heil" – Ps 1 beginnt mit dem ersten Buchstaben des Alphabets und endet beim letzten Wort mit Tau (*t'bd*, V. 6); G. Ravasi I 1981, 70; J.-M. Auwers II 1994, 296.
'šr – Ein redaktionelles Element, das zwischen dem einleitenden *'šry h 'yš* und den nachfolgenden drei Kola eine Verbindung herstellt.

1.1.2

x || **hlk** x || „gehen".
x || **'ṣh** x || „Rat" – *'ṣt rš'ym*; vgl. Hi 10,3; 21,16; 22,18.
b 'ṣt – E. Jenni 1992, 177, Nr. 218, bildlich für Befolgung positiver Normen.
x || **rš'ym** x || „Frevler" – Zur möglichen Parallele *'nšy dmym* siehe Ps 26,9. Vgl. zum Gegensatz *rš'* || *ṣdyq* „Frevler" || „Gerechter" unten V. 5–6.

1.1.3 – 1.1.4

Ein Bikolon, das die Thematik *b 'ṣt* im vorangehenden Kolon mit *b drk* und *b mwšb* aufnimmt und expliziert.

w – Wahrscheinlich eine sekundäre Zutat.
drk || **mwšb** „Weg" || „Sitz, Kreis, Versammlung".
b drk – E. Jenni 1992, 177, Nr. 217, bildlich für „Wandel".
ḥṭ' || **lṣ** „Sünder" || „Spötter".
ḥṭ' „Sünder" – Vgl. Ps 25,8; 26,9 (*ḥṭ'ym* || *'nšy dmym*); 104,35 (*ḥṭ'ym* || *rš'ym*).
lṣ „Spötter" – Ein Begriff der Weisheitslehre: Prov 1,22 (*ptym* || *lṣym*); 3,34; 9,7 (*lṣ* || *rš'*). 8; 13,1; 14,6; 15,12; 19,25 (*lṣ – pty*). 29 (*lṣym* || *ksylym*); 20,1; 21,11 (*lṣ – pty*). 24; 22,10; 24,9; Jes 29,20 (*'ryṣ – lṣ* || *šqdy 'wn*).

1.2.1 – 1.2.2

b || **b** – Parallel zu den beiden vorangehenden Bikola wird auch dieses von dem Parallelismus *b* || *b* bestimmt.

YHWH* || *x – Das zu *YHWH* parallele Element wurde ersetzt.

twrh* || *twrtw „Gesetz" || „sein Gesetz" – Das ad hoc konstruierte Wortpaar der Redaktion ersetzt im zweiten Fall ursprüngliche Elemente des Bikolons.

twrh „Thora, Gesetz, Weisung" – H. Gunkel 1926, 4, ersetzt *b twrt* mit B. Duhm u.a. durch *b yr't* „in seiner Furcht, in seinem Dienst".
J. Maier 1987, 361, bemerkt, daß sich bei einem Bezug von *twrtw* auf vorangehendes *twrt YHWH* eine auffällige Tautologie ergebe, die umgangen werde, wenn man das Suffix auf den „Mann" in V. 1 beziehe. Das ergebe bei einer davidischen Deutung eine sachliche Differenzierung zwischen den beiden *twrwt*: „seine Thorah" sei dann nämlich im Unterschied zur *twrt YHWH* das Königsgesetz gemäß Dtn 17,14–20, ein Motiv, das auch für Jos 1,1–9 Pate gestanden habe. Diese Deutung auf das Königsgesetz ergebe sich bei davidischem Verständnis des Ps 1 zwingend.
Diese Darstellung der Textentwicklung sollte nicht als eine Textänderung, die zu streichen ist, mißverstanden und es sollte nicht dem Bestreben nachgegeben werden, der Thora Jahwes innerhalb von Ps 1 eine überhöhte und ausschließliche Rolle zuzuspielen.[19]

ḥpṣ „Lust, Vergnügen" – Ein Terminus der Weisheit; J.-M. Auwers II 1994, 294.

twrtw yhgh ywmm w lylh – Jos 1,8b nachgebildet; vgl. J.-M. Auwers II 1994, 360–363, zum Verhältnis zwischen Jos 1,7–8 und Ps 1.

hgh „murmeln, lesen" – Ges.[18] 266: *hgh*$_1$; C.A. Briggs/E.G. Briggs I 1906, 8, *hgh* „... of the low, murmuring sound of reading aloud to oneself, or the repetition of study".

ywmm w lylh – Der Zusatz aus Jos 1,8b zerdehnt das Kolon.

1.3.1 – 1.6.2

Da das Thema *rš'ym* || *ṣdyqym* erst wieder in V. 5–6 aufgenommen wird, ergibt sich – unter der Voraussetzung, daß auch in V. 1b–2 ursprünglich vom *ṣdyq* „Gerechten" die Rede war –, daß in V. 3–4 redaktionelle Zufügungen vorliegen, die den Zusammenhang zwischen V. 2 und 5 kommentierend unterbrechen; vgl. dagegen C.A. Briggs/E.G. Briggs I 1906, 4, die V. 3 als Glosse ausscheiden.

---

19 E. Zurro 1987, 133–134, und E. Zenger 1993, 43, übergehen in ihrer Argumentation zu Gunsten eines Nebeneinanders der Formulierungen *twrt YHWH* und *twrtw*, daß in V. 2 sowohl *twrt* als auch *ywmm w lylh* das Bikolon zerdehnen und folglich die Frage der Nachinterpretation nicht auf *twrt* einzuschränken ist. E. Zenger 1993, 43 mit Anm. 41, verbindet mit der Gleichstellung der Formulierungen *twrt YHWH* und *twrtw* die These, daß es sich um zwei Aspekte der *einen* Thora handle, wobei er übersieht, daß es sich bei *twrtw* „seinem Gesetz" um das Königsgesetz handelt, also zwischen Thora und Königsthora unterschieden wird; siehe J. Maier 1987, 361–362.

1.3.1 – 1.3.3

H. Gunkel 1926, 1. 4, bildet aus V. 5 folgendes Bikolon:

w hyh k. ʿṣ štwl ʿl [plgy] mym	16
ʾšr pryw ytn [b ʿtw] w ʿlhw lʾ ybwl	21
[*w kl ʾšr yʿśh yṣlḥ*]	[14]

H. Gunkel räumt jedoch ein, daß die Kola Schwierigkeiten machen. Der von ihm rekonstruierte Text ist eher der Prosa als der Poesie zuzuordnen.

1.3.1

Zitat aus Jer 17,8a, das durch ergänzendes *plgy* ausgeweitet wird.

ʿṣ „Baum" – Zum Baum am Wasser siehe ferner Hi 29,19; der Mann wird mit einem Baum verglichen: Jer 11,19; Ez 17,3–5; 19,10–11.

plgym „Bäche, Bewässerungsgräben" gehören zu einem ertragreichen Baumgarten, Jes 58,11; Qoh 2,8.

1.3.2

Ein mit *ʾšr* eingeleitetes Zitat (vgl. Ez 47,12), das das vorangehende Zitat 1.3.1 erläutert.

1.3.3

Zitat – vgl. Jos 1,8c – und Erklärung zu *1.1.1 – 1.2.2*, die nicht auf den in *1.3.1 – 1.3.2* beschriebenen Baum, sondern den idealen Gerechten zu beziehen ist. Dieses Zitat wurde entweder vor oder nach den Zusätzen *1.3.1 – 1.3.2* eingefügt.

S. Mowinckel 1957, 8. 23, verbindet *1.3.3* und *1.4.1* zu einem antithetischen Parallelismus und begründet damit seine Gliederung von Ps 1 in die drei Strophen V. 1–2. 3–4a. 4b–6.

1.4.1 – 1.4.2

Eine Anmerkung zu *1.3.2 – 1.3.3* oder insgesamt zu *1.1.1 – 1.3.4*, die den nachfolgenden letzten Abschnitt V. 5–6 ankündigt oder vorwegnimmt.

H. Gunkel 1926, 4, füllt mit LXX, Wellhausen, Haupt u.a. das Kolon *1.4.1* durch Wiederholung von *lʾ kn* auf und gelangt so zu folgendem asymmetrischem Bikolon:

l’ kn h ršʿym <l’ kn> 14
ky ’m k mṣ ’šr tdpnw rwḥ 18

mṣ „Spreu“ – Zum Bild von der wertlosen Spreu siehe Ps 35,5; Hi 21,18; Jes 17,13; Hos 13,3 u.a.

1.5.1 – 1.6.2

Der letzte Abschnitt setzt die mit den beiden Stichwörtern *ršʿym* und *ḥṭ’ym* in *1.1.2 – 1.1.3* gegebene Thematik fort und führt sie zu Ende. Es ist folglich anzunehmen, daß zwischen V. 1–2 und 5–6 ein ursprünglicher Zusammenhang besteht. Da von V. 1–2 her anzunehmen ist, daß auch die letzte Strophe aus drei Bikola bestand, dürfte jetzt V. 4 die Funktion der fehlenden ersten beiden Bikola übernehmen und vielleicht noch Elemente desselben enthalten. Dieser Vorschlag setzt voraus, daß V. 6 als eine *ky*-Glosse zu V. 5 gedacht ist, die eine Begründung für V. 5 nachliefert.

1.5.1

ʿl kn „darum“ – Anakrusis; E. Jenni 2001, 204 Anm. 19, *ʿl kn* als ergänzende Feststellung eines Faktums schließt jetzt V. 5 an den vorangehenden Text an, dürfte aber ursprünglich die Strophe abgeschlossen haben.

1.6.1 – 1.6.2

Eine mit *ky* eingeleitete Erklärung zum vorangehenden Bikolon *1.5.1 – 1.5.2*.

drk* || *drk „Weg; Ergehen, Schicksal“ || „Weg; Ergehen, Schicksal“.
Der Parallelismus *drk ṣdyqym* || *drk ršʿym* wird wegen der Wiederholung von *drk* zu Recht als suspekt angesehen; H. Gunkel 1926, 4. Es wird debattiert, ob in Anlehnung an Ps 112,10 eher *t’wh* I „Verlangen, Wunsch, Begehren“ als *tqwh* „Hoffnung“ (H. Gunkel 1926, 4) zu lesen ist. Zur Diskussion, ob in Ps 112,10 *tqwh* zu lesen ist, siehe u.a. HAL 1543: *t’wh* 3. cj. a.

4. Aufbau des Textes, Gattung und Datierung

Der offensichtliche Mangel einer einheitlichen poetischen Struktur in Ps 1 hat dazu geführt, daß man eine solche durch Korrekturen des Textes oder eine spezielle auf das Lied ausgerichtete poetische These zu erreichen versucht hat.

H. Gunkel bezeichnet z.B. den Text als ziemlich verwahrlost, wodurch die Verse fast unkenntlich geworden seien. Da das ursprüngliche Versmaß wechselnde Verse zu haben scheine, könne entgegen G. Bickell, P. Haupt und B. Duhm die Wiederherstellung nicht zu völliger Sicherheit gebracht werden.[20] Er gliedert das Lied in zwei Teile (V. 1–3 und 4–6), wobei er den ersten in ein Trikolon und drei Bikola und den zweiten in drei Bikola auflöst.[21]

C.A. Briggs/E.G. Briggs fordern gleichfalls zwei Strophen (V. 1–2. 4–6), wobei sie jedoch V. 3 zwecks Glättung des Textes als Glosse ausscheiden.[22]

B. Duhm versetzt V. 6a hinter V. 3 und gliedert den Psalm in drei Strophen zu je drei Bikola (V. 1–3 + 3 + 6a + 4–5. 6b).[23]

J. Reindl setzt sogar vier Strophen (V. 1–2. 3–4. 5. 6) an.[24]

H.-J. Kraus spricht vom schwer aufklärbaren Bild der Textgestalt von Ps 1. Das zeige sich bei einer metrischen Gliederung, die nur zu einem unbefriedigenden Ergebnis führe. Jede Korrektur des Textes unter metrischen Gesichtspunkten erweise sich jedoch als sinnlos und unvertretbar. Es könnte folglich die Vermutung naheliegen, daß der Psalm überhaupt kein erkennbares Metrum aufweise, sondern mit S. Bullough[25] als eine Art hymnisch-gehobener Prosa zu verstehen sei.[26]

Die Autoren verfolgen, wenn wir von jenen absehen, die den poetischen Charakter von Ps 1 bezweifeln, bei ihren Gliederungsversuchen entweder das Ziel, ein einheitliches Metrum herzustellen[27], mit einem Mischmetrum[28] oder

---

20 H. Gunkel 1926, 3.

21 H. Gunkel 1926, 1; siehe ferner H. Ewald 1840, 181, V. 1–3. 4–6; F. Delitzsch 1894, 1–3 (Trikolon + 3 Bikola). 4–6 (3 Bikola); J. Wellhausen 1898, 1; F. Baethgen 1904, 1; E. Podechard I 1949, 9.

22 C.A. Briggs/E.G. Briggs I 1906, 4, glauben so, entgegen B. Duhm und E. Sievers, ein perfektes Metrum zu erhalten: „The real difficulty is with both that they did not discern the gloss, and so could not understand the measure, which is really one of the simplest and finest in the Psalter."

23 B. Duhm 1922, 2–5; ähnlich J.K. Zenner 1896, 65, drei Strophen V. 1–2 (zwei Bikola + Trikolon). 3–4a (zwei Bikola + Trikolon). 4b–6 (drei Bikola); H. Herkenne 1936, 47–49, V. 1–2. 3–4. 5–6; S. Mowinckel 1957, 23, drei Strophen zu je drei Bikola: V. 1–2. 3–4a. 4b–6; R. Tournay/R. Schwab 1964, 93–94, V. 1–2. 3–4a. 4b–6; Nic.H. Ridderbos 1972, 119, V. 1–3. 4–5. 6; E. Haag 1989, 154, drei Strophen: V. 1–3. 3. 4–6.

24 J. Reindl 1979, 43.

25 S. Bullough 1967, 45, charakterisiert das Lied folgendermaßen: „... Psalm I is not in metre at all, but is plain rhythmic prose."

26 H.-J. Kraus I 1978, 133.

27 B. Duhm 1922, 1, beschreitet folgenden Weg, um die poetische Form zu retten: „Der erste Psalm ist nach Inhalt und Sprache mehr ein Spruchgedicht als ein zum Singen bestimmtes Lied. Aber es scheint doch Liederform zu haben, wenn man wenigstens den Stichos v. 6a hinter v. 3 setzen darf ... Das Gedicht will, gleichsam als poetisches Vorwort, die Gedanken hervorheben, die nach Meinung des Verfassers für die Dichter und Leser der Psalmen die wichtigsten sind."

einem freien Rhythmus[29] zu arbeiten. Mit den Vorentscheidungen in dieser Frage sind engstens, wie bereits aufgezeigt, die widersprüchlichen Vorschläge zur Gliederung des Textes in Abschnitte und/bzw. Strophen verbunden.

Entgegen den Versuchen, Ps 1 als Werk eines Dichters oder als einen zusammenhängenden, organisch nach dem Muster der im Psalter versammelten Lieder aufgebauten poetischen Text zu verstehen, ergibt eine kolometrische Betrachtung, daß das klassische Erklärungsmodell auf ihn nicht ohne weiteres anwendbar ist. Der Grund hierfür dürfte darin zu suchen sein, daß er aus Elementen, die einer grundlegenden Umgestaltung unterzogen wurden (V. 1–2), und aus mehreren Glossen oder Zitaten mit kommentierendem Charakter (V. 3–4. 6) besteht. Das Verwirrende an seinem Text liegt darin, daß er kein längeres selbständiges poetisches Stück enthält.

Der fragmentarische Charakter der Zitate, die Art ihrer Zusammensetzung und Glossierung schließen die Möglichkeit aus, von einer ursprünglichen poetischen Struktur, einem ursprünglich planvollen Aufbau des Textes oder gar von einer Gattung desselben im Sinne H. Gunkels zu sprechen.[30]

Ps 1 sieht man am besten als kommentierte anthologische Kette von Zitaten an, die an ähnliche, jedoch weiter entwickelte Verfahren der Textdeutung in Qumran erinnert.[31] Ps 1 ist nicht so sehr das Werk eines Dichters als vielmehr das Produkt der jüdischen Schriftgelehrsamkeit.

Parallelismus membrorum ist folglich innerhalb der einzelnen Zitate nur zu erwarten, wenn eine vollständige poetische Einheit übernommen wurde (*1.1.3 – 1.2.2*; *1.3.2 – 1.3.3*; *1.5.1 – 1.6.2*).

Die abschließenden Zitate *1.5.1 – 1.6.2*, könnten ursprünglich einmal unmittelbar auf *1.3.1 – 1.3.2* gefolgt sein.

Aus dem besonderen Aufbau von Ps 1 ergibt sich, daß nur für einzelne Liedfragmente eine hypothetische Gattungsangabe möglich ist. So sind das

---

28 H. Gunkel 1926, 1; M. Dahood I, 1965, 1.

29 H. Herkenne 1936, 47, betont, daß es sich bei Ps 1 nicht um ein Lied zum Singen handle, das darum metrisch angelegt worden sei. Vielmehr mache Ps 1 den Eindruck eines reinen Spruchgedichtes, das als solches in freiem Rhythmus abgefaßt sei. Bei dieser Argumentation bleibt unklar, was mit „freiem Rhythmus“ gemeint ist.

30 H. Gunkel 1926, 1, „Weisheitslied“; siehe ferner A. Deissler 1971, 27, „Lehrgedicht eines Weisheitslehrers“; J. Reindl 1979, 43–44, Weisheitsdichtung, Weisheitslehre; Ps 1 wird auch zur Gattung der Makarismen gezählt: E. Lipiński 1979, 108, sieht Ps 1,1–6 + 2. 11–12 als Eintrittsritual in das Heiligtum an, „un psaume de bienvenue, adressé au fidèle autorisé à pénétrer dans le temple“; E. Zenger 1993, 45, „gattungsmäßig eine ‚begründete Seligpreisung‘ (Makarismus)“.
H. Gunkel 1926, 3, der von einem Dichter von Ps 1 spricht, nimmt an, daß dieser Jer 17,5–8 nachahme, aber die Kunst seines Vorbildes nicht von ferne erreicht habe. Diese Beschreibung der Beziehungen zwischen Jer 17,5–8 und Ps 1 beruht auf der irrigen Annahme eines individuellen „Dichters“ von Ps 1.

31 Siehe z.B. J. Marböck 1986, 217–219, zur Deutung von Ps 1 im 4Q Florilegium.

Fragment *1.1.1 – 1.1.2* als Incipit eines Makarismus und die drei Zitate *1.1.3 – 1.2.2, 1.5.1 – 1.5.2, 1.6.1 – 1.6.2* als Glieder von weisheitlich orientierten Liedern über den *ṣdyq* „Gerechten" anzusehen.

Es wird kaum das Urteil zu umgehen sein, daß Ps 1 in poetischer Hinsicht im Rahmen des Psalters ein Unikum darstellt, das die Frage aufwirft, ob es nach den Gesetzen der traditionellen Poesie zu bewerten ist. Gehen wir vom ästhetischen Kanon der ugaritischen und kanaanäisch-altisraelitischen Poesie aus, so erscheint Ps 1 als ein Produkt der Dekadenz. Diese Bewertungsskala erweist sich jedoch als problematisch, wenn wir von Qumran her den Blick auf diese Kette von Zitaten richten. Ps 1 stellt sich in dieser Perspektive als ein Prototyp der in Qumran geübten Schriftinterpretation heraus.

Es bedarf wohl keines Nachweises, daß der in Ps 1 formulierte Wunsch nach einer der Thora gemäßen Interpretation der Psalmen einen Versuch darstellt, den disparaten Inhalt der einzelnen Psalmen in der Perspektive des frommen nachexilischen und von der Thora bestimmten Judentums zu interpretieren.[32]

Zusammengefaßt ist zu betonen, daß Ps 1 einen Fleckerlteppich von Zitaten und Kommentierungen darstellt, der den wahren Israeliten ermuntern soll, den Psalter als Teil der Thora und als Buch der Hoffnung auf eine endgültige Rechtfertigung des Gerechten durch Auferstehung (V. 5)[33] zu meditieren. Die Neuheit dieser Argumentation ist daran zu erkennen, daß der *ṣdyq* „Gerechte" der Tradition mit dem Leser und Studenten der Thora identifiziert wird.

Ps 1 ist weder mit den Methoden der Gattungsforschung zu klassifizieren, noch unter der Voraussetzung, daß er von einem Dichterindividuum geschaffen sei, zu verstehen.[34]

Ps 1 steht formal und inhaltlich am Ende der Entwicklung poetischer Formen im Psalter. Er führt uns paradoxerweise vor Augen, daß er zwar nach seiner kolometrischen Gestalt und mit seiner Forderung, den Psalter nach den neuesten Normen der jüdischen Thora- und Schriftgelehrsamkeit zu deuten, ans Ende des Psalters gehörte, aber tatsächlich an den Anfang der Liedersammlung gestellt worden ist.

Die späte nachexilische Entstehung von Ps 1 gilt bei allen modernen Kommentatoren als selbstverständlich.

---

32 Moderne Kommentatoren betonen zu Recht, daß mit dieser Forderung auf den vielfältigen Inhalt der einzelnen Psalmen keine Rücksicht genommen wird, siehe z.B. B. Duhm 1922, 1; H. Gunkel 1926, 3.
Dagegen leiten die Vertreter der „kanonischen" Auslegung aus Ps 1 eine nach ihrer Ansicht allgemein gültige Regel der Psalmeninterpretation ab; vgl. zur Diskussion u.a. J.-M. Auwers II 1994, 360–363; id. 2001, 205 (Index); G. Barbiero 1999, 31–62.

33 Siehe unten Abschnitt 5.

34 H. Gunkel 1926, 3, war von seinen historistischen Grundsätzen her gezwungen, das Lied als individuelles dichterisches Werk eines „Psalmisten" zu interpretieren.

5. Spricht Ps 1,5 von der Auferstehung?

Von besonderem Gewicht für das Verständnis des Liedes wird die Aussage, daß die Frevler im „Gericht“ nicht „(auf/be)stehen“ werden (V. 5), angesehen. Die Interpreten verfolgen in dieser Hinsicht entweder die Strategie, V. 5 ohne Verbindung mit dem Gedanken an die Auferstehung der Toten auszulegen oder mit anderen *qwm*-Belegen, die vom Leben nach dem Tod und der Auferstehung handeln, in Zusammenhang zu bringen.

Für erstere Haltung tritt z.B. J. Reindl ein, der von der These ausgeht, daß V. 5 und 6 zur Frage, ob Ps 1 einen Hinweis auf das Verständnis des Psalters zu geben vermöge, nichts mehr beitrügen.[35] Von dieser Basis aus gelangt er zum Ergebnis, daß nach Ps 1 der rechte Umgang mit dem Psalter darin bestehe, ständig in ihm zu lesen und lesend zu meditieren, was er als Thora Jahwes für den Lebensweg des Gerechten zu sagen habe.[36]

Ps 1,5 wird auch eschatologisch interpretiert und auf das Endgericht bezogen, in dem die Frevler endgültig aus der Gemeinschaft der Gerechten ausgeschlossen werden.[37]

Falls Ps 1,5, so wird außerdem argumentiert, eschatologisch zu verstehen sei und wenn Ps 1 mit Ps 2 zusammengelesen werde, schwinge in der Seligpreisung V. 1 auch schon der Zuspruch gottgeschenkten Heils mit.[38]

Es wird auch in Übereinstimmung mit den alten Versionen angenommen, daß in Ps 1,5 von der Auferstehung der Gerechten die Rede sei.[39]

Unter den Interpreten von Ps 1,5, die nicht an eine Auferstehung denken, beruhen die Differenzen vor allem auf unterschiedlichen Auffassungen über das angekündigte „Gericht“ (*mšpṭ*). Es sind hier mehrere Richtungen zu unterscheiden:

1. Ein irdisches Gericht, das mit der Inauguration des Gottesreiches auf Erden zusammenfällt und am „Tag Jahwes“ erfolgt: F. Baethgen 1904, 3, das „messianische Gericht, das Fromme und Sünder trennen soll“; B. Duhm 1922, 5, Läuterungsgericht nach Mal 2,17–3,21; R. Kittel 1929, 5–6, Endgericht der messianischen Zeit; H. Herkenne 1936, 48–49; E. Podechard I 1949, 11.
2. Ein Gericht Gottes, das andauernd in den Lebenslauf des einzelnen und die Geschichte eingreift: H. Ewald 1840, 182; F. Delitzsch 1894, 68; J. Wellhausen 1898, 164; H. Gunkel 1926, 3, betont, daß nicht an das letzte Gericht,

---

35 J. Reindl 1979, 48.

36 J. Reindl 1979, 48–49.

37 So z.B. G. Ravasi I 1981, 84, mit Berufung auf R. Kittel, P. Joüon, H. Gunkel und L. Jacquet.

38 N. Füglister 1986, 103–104; J. Zenger 1993, 45–46.

39 C.A.Briggs/E.G. Briggs I 1906, 7.

sondern an „das ständige gerechte Walten Gottes ... vgl. Qoh 12,14" zu denken sei.

3. Teilnahme am Endgericht in der himmlischen Ratsversammlung: M. Dahood I 1965, 4–5, betont, daß dies einen entwickelten Begriff von Auferstehung und Unsterblichkeit voraussetze.
4. Das Gericht am Ende der Welt, zu dem die Toten auferstehen werden: C.A. Briggs/E.G. Briggs I 1906, 6–7.
5. *qwm b* wird ferner mit „gegen jemand (vor Gericht als Belastungszeuge) auftreten" übersetzt: E. Haag 1989, 154. 166–168, der Ps 1,5 mit „Darum stehen die Frevler nicht auf gegen das Gericht" wiedergibt.

Die von Ps 1,5 gestellten Fragen sind wegen der engen Beziehungen zwischen Ps 1–2 und 149 in Zusammenhang mit denen von Ps 149,5 zu lösen.[40]

Aus der Zusammenschau beider Stellen ergibt sich, daß den Gerechten am Ende der Zeiten ein besonderes Schicksal widerfahren wird[41] und auch die toten Jahwe-Treuen beim Gericht zu den Lebenden stoßen werden. Dies wird nur durch eine Auferstehung der verstorbenen Gerechten möglich.

6. Der Gegensatz zwischen den „Gerechten" und den „Frevlern, Sündern" – Ist der Psalter das Gebetbuch der „Gerechten" oder der Chasidim?

Der Widerstreit zwischen den „Gerechten" (*ṣdyqym*, V. 5–6) und den „Frevlern" (*rš'ym*, V. 1. 5. 6), „Sündern" (*ḥṭ'ym*, V. 1. 5) spielt sich wohl in erster Linie innerhalb Israels ab und betrifft die Unterscheidung zwischen jenen, die sich als ideale Israeliten[42] an die Thora (V. 2) halten, und jenen, die sich nicht um sie kümmern.

Da in Ps 1 die „Gerechten" (V. 5–6) mit den Thora-Treuen (V. 1–2. 3–4) identifiziert werden, erfolgt in Ps 1 eine neue Definition des „Gerechten". Der Psalter sollte folglich nicht so sehr mit Ch. Levin als Gebetbuch der Gerechten[43], sondern als Buch der gerechten Thora-Treuen gelesen werden.

Die Gleichsetzung des Gerechten mit dem neuen Ideal des Befolgers der Thora führt notwendigerweise zur Frage, warum wir an Stelle der *ṣdyqym* „Ge-

---

40 Siehe zu dieser Wechselbeziehung N. Füglister 1986, 103–104.

41 Zu Ps 149,5 unten Kommentar zu Ps 149.

42 J. Reindl 1979, 43–46, zum *ṣdyq* als dem „idealen Israeliten"; vgl. zur Entwicklung der Bedeutungen von *ṣdyq* „Gerechter" u.a. C.A. Briggs/E.G. Briggs I 1906, 10; J. van Oorschot 1998, 225–238; U. Nommik 1999, 521–524.

43 Ch. Levin 1993, 355–381.

rechten" in V. 5–6 nicht die *qhl ḥsydym* „Gemeinde der Chasidim/Frommen"[44] (Ps 149,1) antreffen.[45]

Nach U. Nommik scheint Ps 1 mit seinen nur pluralischen Formeln *rš‛ym* || *ṣdyqym* zeitlich von später Herkunft, aber doch älter als die chasidische Bearbeitung des Psalters zu sein. In Ps 1 entspreche dem Selbstbewußtsein der Gerechten ihre Gewißheit und ihre Freude darüber, daß die Frevler und Sünder vernichtet werden. Da die Chasidäer im ersten Psalm keine Rolle spielen, sei anzunehmen, daß Ps 1 und mit ihm die ersten Psalmenbücher älter seien als die Komposition des fünften Buches und der durch den Schlußhallel gebildete Anhang Ps 145*.146–150.[46]

Die Besonderheit von Ps 1 dürfte darin zu sehen sein, daß er den wahren Leser der Psalmen mit dem der Thora gleichsetzt und den Psalter folglich in Übereinstimmung mit Jos 1,7–8 an die Thora anschließt.[47] Inwieweit dieser Vorschlag für die Interpretation des Psalters verpflichtend oder förderlich ist, können wir entgegen gewißen Strömungen in der kanonischen Auslegungs des Psalters leider Ps 1 selbst nicht mehr entnehmen.[48]

7. Von der ugaritisch-kanaanäischen und altisraelitischen Dichtkunst zu Ps 1

Der anthologische Charakter von Ps 1 verweist ihn an das Ende der Entwicklung der kanaanäisch-israelitischen Poesie. Die alten Formen sind in ihm größtenteil aufgelöst und dienen nur noch als Grundmaterial für neuartige poetische Gebilde. Damit entsteht die Möglichkeit für eine bislang ungewohnte Auseinandersetzung mit der Vergangenheit.

Die Bindung an die herkömmliche Poesie wird durch die Benützung von Zitaten aus Liedern, die nach den Gesetzen der Tradition gebildet waren, noch lose gewahrt.

---

44 Nach M. Hengel 1973, 320, sind die Chasidim eine sich vermutlich in den 70er Jahren des 2. Jh. v. Chr. organisierende Bewegung; J. Kampen 1988, 1–43.

45 Vgl. zur Problematik I Sam 2,9; Ps 31,24; 32,6; 97,10–12; U. Nommik 1999, 516–517.

46 U. Nommik 1999, 520–522.

47 J.-M. Auwers II 1994, 360–363.

48 J.-M. Auwers II 1994, 362–363, vermerkt zu dieser Problematik folgendes: „Il est significatif que, pour rapporter le livre des psaumes à la Torah, le Ps 1 reprenne les termes de Jos 1,8. c'est-à-dire qu'il présente le rapport du psautier vis-à-vis de la Loi mosaique comme étant similaires à celui des livres historiques. ... Dans ces conditions, c'est l'hypothèse d'une composition purement éditoriale, à vue ‚canonisante', destinée à préfacer le recueil qui nous paraît le mieux rendre compte des données du Ps 1. ... Le Ps 1 est auto-référentiel."

Die Erkennung der Distanz zwischen den überlieferten Formen der altsyrisch-ugaritischen Poesie und den Gebilden schriftgelehrter Poetik in Ps 1 dient in erster Linie dem Ziel, die Differenzen in den religiösen Anschauungen zu bestimmen, die späte nachexilische jüdische Thora-Gelehrsamkeit von früheren Formen der israelitischen Frömmigkeit unterscheidet.

Die Forschungsgeschichte zeigt, daß eine Verkennung der poetischen Form von Ps 1 und ihrer Entstehungsgeschichte geradewegs auch zu inhaltlichen Fehlbestimmungen des Proömiums des Psalters führt.

Literatur[49]

Anderson, G.W., 1974: A Note on Psalm 1,1, VT 24, 231–234.
André, G., 1982: „Walk", „Stand" and „Sit" in Psal I 1–2, VT 32, 327.
Arbez, E.R., 1945: A Study of Psalm 1, CBQ 7, 398–404.
Auffret, P., 1978: Essais sur la structure littéraire du psaume 1, BZ 22, 26–45.
– –, 2001: Comme un arbre ... Etude structurelle du Psaume 1, BZ 45, 256–264.
Auvray, P., 1946: Le psaume I. Notes de grammaire et d'exégèse, RB 53, 365–371.
Auwers, J.-M., 1994: Le Psautier hébraïque et ses éditeurs. Recherches sur une forme canonique du livre des Psaumes I-III. Dissertation. Université Catholique de Louvain, Faculté de Théologie et de Droit Canonique, Louvain.
– –, 1994a: Les psaumes 70–72. Essai de lecture canonique, RB 101, 242–257.
– –, 1998: Problèmes d'interprétation de l'épiloque de Qohèlèt, in: A. Schoors, (ed.), Qohelet in the Context of Wisdom. BEThL 136, 267–282.
– –, 2000: La composition littéraire du Psautier. Un état de la question. CRB 46.
– –, 2001: Où va l'exégèse du Psautier? Bilan de six années d'études psalmiques (1995–2000), RTL 32, 374–410.
Bardtke, H., 1973: Erwägungen zu Psalm 1 und Psalm 2, in: Symbolae Biblicae et Mesopotamicae F.M.Th. De Liagre Böhl dedicatae, Leiden, 1–8.
Beaucamp, E., 1969: Le sens de *kî-im* en Psaume 1, vv. 2 et 4, RSR 57, 435–437.
– –, 1970: La salutation inaugurale du livre des Psaumes, BVC 93, 42–49.
Bergmeier, R., 1967: Zum Ausdruck *'ṣt rš'ym* in Ps 1,1; Hi 10,3; 21,16 und 22,18, ZAW 79, 229–232.
Botterweck, G.J., 1958: Ein Lied vom glückseligen Menschen (Ps 1), ThQ 138, 129–151.
Brennan, J.P., 1980: Psalm 1–8: Some Hidden Harmonies, BTB 10, 25–29.
Brownlee, W.H., 1971: Psalms 1–2 as coronation liturgy, Bib. 52, 321–336.
Buber, M., 1952: Recht und Unrecht. Deutung einiger Psalmen. Sammlung Klosterberg, Europäische Reihe, Klosterberg-Basel, 63–74.

49 Bibliographien zu Ps 1: J.-M0. Auwers I 1994, 81–82; T. Wittstruck II 1994, 481–489.

Bullough, S., 1967: The Question of Metre in Psalm 1, VT 17, 42–49.
Deissler, A., 1988: Die Stellung von Psalm 2 im Psalter. Folgen für die Auslegung, in: J. Schreiner, (ed.), Beiträge zur Psalmenforschung. Psalm 2 und 22. FzB 60, 73–83.
Diebner, B.J., 1987: Psalm 1 als „Motto" der Sammlung des kanonischen Psalters, DBAT 23/24, 7–45.
Dupont, J., 1966: Béatitudes égyptiennes, Bib. 47, 185–222.
Durlesser, J.A., 1984: Style in Psalm 1 and Jeremiah 17:5–8, Semitics 9, 30–48.
Engnell, I., 1953: „Planted by the Streams of Water". Some Remarks on the Problem of Interpretation of the Psalms as Illustrated by a Detail in Ps. 1, in: Studia orientalia Ioanni Pedersen septuagenario A.D. VII id. nov. anno MCMLIII a collegis discipulis amicis dicata, Hauniae, 85–96.
Fensham, F.C., 1962: Malediction and Benediction in Ancient Near Eastern Vassal Treaties and the Old Testament, ZAW 74, 1–9.
Füglister, N., 1986: Ein garstig Lied – Ps 149, in: E. Haag/F.-L. Hossfeld, (eds.), Freude an der Weisung des Herrn. Beiträge zur Theologie der Psalmen. Festgabe zum 70. Geburtstag von Heinrich Groß. SBB 13, 81–105.
– –, 1988: Die Verwendung und das Verständnis der Psalmen und des Psalters um die Zeitenwende, in: J. Schreiner, (ed.), Beiträge zur Psalmenforschung. Psalm 2 und 22. FzB 60, 319–384. (S. 354–357: Ps 1).
Görg, M., 1991: Christentum und Altes Testament, JBTh 6, 5–31.
Haag, E., 1989: Psalm 1. Lebensgestaltung nach dem alttestamentlichen Menschenbild, in: R. Mosis/L. Ruppert, (eds.), Der Weg zum Menschen. Zur philosophischen und theologischen Anthropologie. Für Alfons Deissler. Freiburg, 153–172.
Hengel, M., [2]1973: Judentum und Hellenismus. Studien zu ihrer Begegnung unter besonderer Berücksichtigung Palästinas bis zur Mitte des 2. Jh.s v. Chr. WUNT 10.
Hossfeld, F.-L./E. Zenger, 1993: Die Psalmen I. NEB.AT.
Janzen, W., 1965: *'Ašrē* in the Old Testament, HThR 58, 215–226.
Jenni, E., 1992: Die hebräischen Präpositionen: Band 1: Die Präposition Beth, Stuttgart.
– –, 2001: Eine hebräische Abtönungspartikel: *'l kn*, in: B. Huwyler/H.-P. Mathys/B. Weber, (eds.), Prophetie und Psalmen. Festschrift für Klaus Seybold zum 65. Geburtstag. AOAT 280, 201–215.
Käser, W., 1970: Beobachtungen zum alttestamentlichen Makarismus, ZAW 82, 225–270.
Kampen, J., 1988: The Hasideans and the Origin of Pharisaism. A Study in 1 and 2 Maccabees. SCSt 24.
Koch, K., 1991: Der doppelte Ausgang des Alten Testaments in Judentum und Christentum, JBTh 6, 215–242.
Kosmala, L., 1966: Form and Structure in Ancient Hebrew Poetry (continued), VT 16, 152–180.

Krašovec, J., 1999: Reward, Punishment, and Forgiveness. The Thinking and Beliefs of Ancient Israel in the Light of Greek and Modern Views. VT.S 78. (S. 571–576: P 1).

Kraus, H.-J., 1950/51: Freude an Gottes Gesetz. Ein Beitrag zur Auslegung der Psalmen 1, 19B und 119, EvTh 10, 337–351.

– –, 1969: Zum Gesetzesverständnis der nachprophetischen Zeit, Kairos 11, 122–133.

Kuntz, J.K., 1977: The Retribution Motif in Psalmic Wisdom, ZAW 89, 223–233.

Kunz, L., 1963: Zur Liedgestalt der ersen fünf Psalmen (Ps 1–5), BZ 7, 261–270.

Lack, R., 1976: Le psaume 1 – Une analyse structurale, Bib. 57, 154–167.

– –, 1979: Il Sal 1, in: NDS, 1362–1364.

Levin, Ch., 1993: Das Gebetbuch der Gerechten. Literargeschichtliche Beobachtungen am Psalter, ZThK 90, 355–381.

Lipiński, E., 1968: Macarismes et Psaumes de Congratulation, RB 75, 321–367.

– –, 1979: Les psaumes. – 1. Formes et genres littéraires, SDB IX, 1–125.

Loretz, O., 1971: Psalmenstudien I. Psalm 1, UF 3, 101–103.

Maier, J., 1987: Psalm 1 im Licht antiker jüdischer Zeugnisse, in: M. Oeming/A. Graupner, (eds.), Altes Testament und Verkündigung. Festschrift für Antonius H.J. Gunneweg zum 65. Geburtstag. Stuttgart, 353–365.

Marböck, J., 1986: Zur frühen Wirkungsgeschichte von Ps 1, in: in: E. Haag/F.-L. Hossfeld, (eds.), Freude an der Weisung des Herrn. Beiträge zur Theologie der Psalmen. Festgabe zum 70. Geburtstag von Heinrich Groß. SBB 13, 207–222.

Merendino, R.P., 1979: Sprachkunst in Psalm 1, VT 29, 45–60.

Mildenberger, F., 1991: Biblische Theologie versus Dogmatik?, JBTh 6, 269–281.

Mowinckel, S., 1957: Real and Apparent Tricola in Hebrew Psalm Poetry, Oslo 1957.

Nommik, U., 1999: Die Gerechtigkeitsbearbeitungen in den Psalmen. Eine Hypothese von Christoph Levin formgeschichtlich und kolometrisch überprüft, UF 31, 443–535.

Osten-Sacken, von der P., 1991: Der Wille zur Erneuerung des christlich-jüdischen Verhältnisses in seiner Bedeutung für biblische Exegese und Theologie, JBTh 6, 243–267.

Paul, Sh.M., 1979: Unrecognized Biblical Legal Idioms in the Light of Comparative Akkadian Expressions, RB 86, 236–237.

Reindl, J., 1979: Psalm 1 und der ‚Sitz im Leben' des Psalters, ThJb(L) 1979, 39–50.

Ridderbos, Nic.H., 1972: Die Psalmen. Stilistische Verfahren und Aufbau. Mit besonderer Berücksichtigung von Ps 1–41. BZAW 117. (S. 119–121: Ps 1).

Roussel, L., 1959: Le psaume 1. Texte, Traduction, Commentaire. Paris.

Schedl, C., 1968: Psalm 1 und die altjüdische Weisheitsmystik, Deutscher Orientalistentag 1, 318–333.

Schmidt, H., 1931: Grüße und Glückwünsche im Psalter, ThStKr 103, 141–150.

Sheppard, G.T., 1980: Wisdom as a Hermeneutical Construct. A Study in the Sapientializing of the Old Testament. BZAW 151. (S. 136–144: Ps 1–2).

Snaith, N.H., 1938: Five Psalm (1; 27; 51; 107; 34). A New Translation with Commentary and Questionary, London 1938.

– –, 1979: Psalme 1,1 and Isaiah 40,31, VT 29, 363–364.

Soggin, J.A., 1967: Zum ersten Psalm, ThZ 23, 81–96.

Tagliacarne, P., 1991: Grammatik und Poetik: Überlegungen zur Indetermination in Psalm 1, in: W. Gross/H. Irsigler/Th. Seidl, (eds.), Text, Methode und Grammatik. Wolfgang Richter zum 65. Geburtstag, St. Ottilien, 549–559.

Trublet, J., 1991: Le corpus sapientiel et le Psautier: approche informatique du lexique, in: J.A. Emerton, (ed.), Congress Volume Leuven 1989. VT.S 43, 248–263.

van Oorschot, J., 1998: Der Gerechte und der Frevler im Buch der Sprüche. Ein Beitrag zur Theologie und Religionsgeschichte des frühen Judentums, BZ 42, 225–238.

Vogels, W., 1979: A Structural Analysis of Ps 1, Bib. 60, 410–416.

Weiss, M., 1972: Die Methode der „Total-Interpretation". VT.S 22, 88–113. (S. 106–112: Ps 1 – Jer 17,5–8).

Westermann, C., 1984: Ausgewählte Psalmen. Göttingen 1984. (S. 204–205: Ps 1).

Willis, J.T., 1979: Psalm 1 – An Entity, ZAW 91, 381–401.

Wolff, H.W., 1949/50: Psalm 1, EvTh 9, 385–394.

Zenger, E., 1993: Der Psalter als Wegweiser und Wegbegleiter. Ps 1–2 als Proömium des Psalmenbuchs, in: A. Angenendt/H. Vorgrimler, (eds.), Sie wandern von Kraft zu Kraft. Festgabe für Bischof Reinhart Lettmann. Kevelaer 1993, 29–47.

Zurro, E., 1987: Procedimientos iterativos en la poesia ugarítica y hebrea. BibOr 43.

Psalm 2

Die Doppelfunktion von Ps 2 – Begleittext zu Ps 1 und so zugleich Teil der Einleitung des Psalters – und seine Rolle, als „Königspsalm"[1] das erste Buch Ps 2–41 zu eröffnen, führte in der gesamten Geschichte der Auslegung der Psalmen zu einer regen Diskussion über Herkunft, Gliederung, Aussage, Datierung und *Sitz im Leben* des Liedes.

1. Aspekte der Forschungsgeschichte[2]

Eine Darstellung der Auslegungsgeschichte von Ps 2 beginnt sinnvollerweise bei der alten Fragestellung, ob im Anschluß an eine Gruppe von Handschriften zu Apg 13,33 die beiden Lieder Ps 1 und 2 als eine Einheit anzusehen sind.[3]

Aus der Verkettung von Ps 2 mit nachfolgenden Liedern wird gefolgert, daß er als Einleitung zu den drei ersten Büchern des jetzt vorliegenden Psalters gedacht war. Er bezeuge nach dem Untergang des Königtums die Hoffnung auf eine Zukunft des Orakels Nathans über den ewigen Bestand der Dynastie Davids (II Sam 7,14).[4] Die Verbindungen von Ps 2 mit Ps 1 – siehe Ps 1,6; 2,12 – zeigten, daß Ps 2 zwar als Einleitung zu den ersten drei Büchern des Psalters das Vorwort zu einem nationalen *Kampfliederbuch* abgegeben habe, welches aber zusammen mit Ps 1 Teil einer Einleitung eines *Gebetbuches der Gerechten* geworden sei.[5]
Beide Psalmen seien als ein Diptychon zu lesen: Während Ps 2 den Psalter der Autorität Davids unterstelle, lade Ps 1 dazu ein, David als Vorbild des Gehorsams gegenüber der Thora zu verstehen.[6]

Der Gebrauch des Wortes „Messias" in Ps 2,2c hat zu einem Streit darüber geführt, ob das Lied von einem davidischen König[7], dem zu erwartenden messianischen Nachfolger Davids[8] oder einem mythisch-ritualen Geschehen[9] berichtet.

1 Dieser Begriff wird in unterschiedlicher Weise auf Ps 2 bezogen; siehe unten Abschnitt 4 zur Frage der Gattung.
2 Siehe u.a. O. Loretz 1988, 12–16; P. Maiberger 1988, 85–151; J.-M. Auwers II 1994, 256–291. 296–379; id. 2000, 89. 96–101. 113. 123–127; G. Barbiero 1999, 31–59.
3 P. Maiberger 1988, 85–89; J.-M. Auwers II 1994, 256–284.
4 J.-M. Auwers II 1994, 342–352.
5 J.-M. Auwers II 1994, 253–359.
6 J.-M. Auwers II 1994, 363–365; ähnlich A. Deissler 1988, 80–83; P. Maiberger 1988, 85–89.
7 A. Causse 1926, 160–161.
8 Vgl. z.B. H. Keßler 1899, 5.
9 G. Ravasi I 1981, 93–94.

2. Kolometrie und Übersetzung

. . .

2.1.1	***lmh***[10] ***rgšw gwym***	11	
2.1.2	***w l'wmym yhgw ryq***	13	
2.2.1	***ytyṣbw mlky 'rṣ***	13	
2.2.2	***w rwznym nwsdw yḥd***	15	
2.2.3	[ʿl[11] YHWH w ʿl mšyḥw]		[14]

. . .

. . .

2.3.1	***nntqw 't mwsrwtymw***	16	
2.3.2	***w nšlykh mmnw ʿbtymw***	17	
2.4.1	***ywšb b šmym yśḥq***	13	
2.4.2	***'dny ylʿg lmw***	11	
2.5.1	***'z ydbr ʿlymw b 'pw***	15	
2.5.2	***w b ḥrwnw ybhlmw***	13	

. . .

2.6.1	[w] *'ny*[12] *nskty mlky*	12	[13]
2.6.2	*ʿl ṣywn hr qdšy*	12	
2.7.1	['sprh 'l ḥq YHWH]		[13]
2.7.2	*'mr<ty>* [*'ly*] *bny 'th*	9 <11>	[12]
2.7.3	*'ny h ywm yldtyk*	13	
2.8.1	*š'l* [mmny] *w 'tnh gwym nḥltk*	17	[21]
2.8.2	*w 'ḥztk 'psy 'rṣ*	13	
2.9.1	*trʿm b šbt brzl*	12	
2.9.2	*k kly ywṣr tnpṣm*	13	

2.10.1	***w ʿth mlkym hśkylw***	15	
2.10.2	***hwsrw špṭy 'rṣ***	12	
2.11.1	***ʿbdw 't YHWH b yr'h***	15	

10 *Kursiv* + **Fett**: Zitat aus Vorlage A.
11 Normal: Redaktionelle Zusätze und Glossen.
12 *Kursiv*: Zitat aus Vorlage B.

2.11.2 ***w*** [gylw] <***nšqw***> ***b r‘dh*** 6 <10> [10]

2.12.1 [nšqw br] [6]

2.12.2 pn y’np <YHWH> w t’bdw [drk] 12 <16> [19]
2.12.3 ky yb‘r k m‘ṭ ’pw 13

2.12.4 ’šry kl ḥwsy bw 12

. . .

2.1.1 ***Wozu sind unruhig die Heiden***
2.1.2 ***und planen die Völker vergeblich,***
2.2.1 ***stellen sich hin zum Kampf die Könige der Erde,***
2.2.2 ***rotten sich die Fürsten zusammen?***

2.2.3 [Wider Jahwe und seinen Gesalbten!]

. . .
. . .

2.3.1 ***„Laßt uns <seine> Stricke zerreißen***
2.3.2 ***und <seine> Joche von uns werfen!“***

2.4.1 ***Der im Himmel thront, lacht,***
2.4.2 ***‚Jahwe‘ spottet ihrer.***
2.5.1 ***Da redet er zu ihnen im Zorn,***
2.5.2 ***und in seiner Wut schreckt er sie.***

. . .

2.6.1 [Und] *„Ich setze dich ein als meinen König*
2.6.2 *auf Zion, meinem heiligen Berg!“*
2.7.1 [Ich will erzählen, Gott, die Satzung Jahwes!]
2.7.2 *‚Ich spreche‘* [*zu mir*]*: „Mein Sohn bist du,*
2.7.3 *ich selbst zeuge dich heute!*

2.8.1 *Verlange* [von mir] *und ich will geben Völker als dein Erbe,*
2.8.2 *und zu deinem Besitz die Enden der Welt!*
2.9.1 *Du magst sie mit eiserner Keule zerschmettern,*
2.9.2 *wie Töpfergeschirr sie zertrümmern!“*

2.10.1 ***Nun denn, ihr Könige seid klug,***
2.10.2 ***laßt euch warnen, ihr Richter der Erde!***
2.11.1 ***Dient Jahwe in Furcht***
2.11.2 ***und [jauchzt] <küsset> unter Zittern!***

2.12.1 [Küsset m<it> Z<ittern>!]

2.12.2 Daß ‚Jahwe' nicht zürne, und ihr zugrunde geht [auf dem Weg],
2.12.3 denn leicht kann entbrennen sein Zorn!

2.12.4 Heil allen, die zu ihm flüchten!

3. Anmerkungen zu Kolometrie und Übersetzung

2.1.1 – 2.5.2 + 2.10.1 – 2.11.2

Die aus sieben Bikola bestehenden beiden Abschnitte *2.1.1 – 2.5.2 + 2.10.1 – 2.11.2* sind als Zitat einem längeren Gedicht über das Tun feindlicher heidnischer Könige gegen Israel entnommen. Sie dienen als Grundfolie für die Darstellung der Rolle des aus dem Hause David erwarteten Messias (*2.2.3 + 2.6.1 – 2.9.2*).

H. Bardtke 1968, 1–18, hat zu Recht erkannt, daß V. 2c. 6–9 eingeschoben sind, geht aber zugleich von der irrigen Annahme aus, daß der verbleibende Text V. 1–5. 10–12 als eine ursprüngliche Einheit zu betrachten sei; vgl. dagegen J.-M. Auwers II 1994, 286–287.

Zu dem in V. 1–5 beschriebenen Aufstand der Könige und Völker vgl. Jes 17,12–14; Mi 4,11–13; Ps 48,3–7; 59,9. 14; 83,7–9 J.-M. Auwers II 1994, 298–303.

2.1.1 – 2.1.2

lmh „wozu", zu was, zu welchem Zweck – D. Michel 1997, 13–34,
rgš || ***hgh*** „unruhig sein" || „planen"
rgš „unruhig sein" aram. – HAL 1109–1110: *rgš*; A. Deissler 1988, 79.
hgh „planen" – HAL 228: *hgh* I qal 2e.
ryq „vergeblich" – HAL 1146: *ryq* 1a; vgl. dagegen F. Baethgen 1904, 3. 5, „Eitles".

2.2.1 – 2.2.2

yṣb hitp „sich hinstellen" || ***ysd*** nif „sich gegen jemand zusammenrotten".

yṣb hitp „sich hinstellen zum Kampf" – Ges.[18] 483: *yṣb* Hitp. 1; vgl. dagegen zu *y'ṣ* hitp HAL 403: *y'ṣ* hitp; N.J. Schlögl 1915, *1, vgl. Ps 83,4; H. Gunkel 1926, 10–11, mit Graetz, Lagarde.

ysd nif „sich zusammentun, verschwören" – HAL 399: *ysd* II; vgl. dagegen N.J. Schlögl 1915, *1, der mit Buhl *nw'dw* liest.

mlky 'rṣ || ***rwznym*** – vgl. *mlkym* || *špṭy 'rṣ* (V. 10).

2.2.3

'l YHWh w 'l mšyḥw – Redaktioneller Einschub und Verweis auf V. 6–9; siehe zur Diskussion S. Mowinckel 1957, 47; J.-M. Auwers II 303 Anm. 146, der folgende Autoren nennt, die *2.2.3* als sekundäre Zufügung ansehen: Kittel, Gunkel, Herkenne, Eerdmans, Podechard, Baumann, Sievers, Haupt, Gressmann, Rowley, Sonne.
Gegen eine kolometrische Zuordnung des Monokolons zum vorangehenden Bikolon *2.2.1 – 2.2.2* spricht, daß dadurch innerhalb des Abschnittes V. 1–5, der sonst nur aus Bikola besteht, gegen die Regel ein Trikolon gefordert wird; vgl. dagegen F. Baethgen 1904, 4; J.-M. Auwers II 296. 303 Anm. 146.
Die messianische Deutung von Ps 2 findet im Monokolon *2.2.3* ihren wichtigsten Anhaltspunkt; vgl. J.-M. Auwers II 1994, 325–327, zu den Versuchen, das Monokolon *2.2.3* entweder auf einen historischen oder den messianischen König zu beziehen.

mšyḥ „Gesalbter, Messias" – HAL 609–610: *mšyḥ*. Zur Salbung der Könige in Altsyrien und Israel siehe u.a. J.-M. Durand 1993, 53–54; K. Koch 1999, 259–260; siehe ferner unten Abschnitt 7 zu den beiden Körpern des Königs.

2.3.1 – 2.3.2

Einleitung zur Rede der versammelten Gegner in V. 3 fehlt und wird durch den Einschub *2.2.3* ersetzt.

mwsrwtymw || ***'btymw*** „ihre Stricke" || „ihre Joche" – Die Pluralbildungen sind als Angleichungen an *YHWH* + *mšyḥw* in *2.2.3* zu verstehen; vgl. dagegen z.B. G. Ravasi I 1981, 99; J.-M. Auwers II 1994, 303 Anm. 146, der *2.2.3* zum ursprünglichen Bestand von V. 1–5 zählt.

2.4.1. – 2.4.2

ywšb b šmym „der im Himmel thront" – Jahwe hat seinen Königsthron im Himmel und als himmlischer König steht er den irdischen Königen erhaben und unangreifbar gegenüber; J.-M. Auwers II 298; R. Bartelmus 2001, 99 Anm. 50.

śḥq || ***l'g*** „lachen" || „spotten".

śḥq qal „lachen" – F.F. Hvidberg 1962, 153–154, sieht in der Rede vom Lachen Gottes (Ps 37,13; 59,9, vgl. Prov 1,26) einen Topos, der von den kanaanäischen Göttern auf Jahwe übertragen wurde; G. Ravasi I 1981, 101 Anm. 21.

l'g qal „verspotten" – HAL 506: *l'g* qal.

2.5.1 – 2.5.2

dbr pi || ***bhl*** pi „reden" || „in Bestürzung versetzen".

bhl pi „in Bestürzung versetzen" – HAL 107: *bhl* pi 1; J. van der Kam 1977, 245–246.

2.6.1 – 2.9.2

Der Abschnitt über die Inthronisation eines Jerusalemer Königs besteht aus den Einsetzungsworten *2.6.1 – 2.6.2 + 2.7.2 – 2.7.3* und den Schutz- und Fürsorgezusagen in *2.8.1 – 2.8.2*. Das Zitat dürfte aus einer längeren Vorlage stammen.

2.6.1 – 2.7.3

Das Bikolon V. 6 leitet mit der Selbstvorstellung das göttliche Orakel über die Einsetzung des Königs ein. Die Bikola *2.6.1 – 2.6.2* und *2.7.2 – 2.7.3* bilden eine Strophe.

Eine Reihe von Autoren bevorzugen mit LXX die passive Deutung von V. 6. Sie begründen diese Interpretation mit dem Argument, daß V. 6 von MT als Fortsetzung von V. 5 verstanden werde; J.-M. Auwers II 1994, 304.

2.6.1

w „und" – Wahrscheinlich ein redaktioneller Zusatz, der zwischen V. 5 und 6 eine sekundäre Verbindung bewirkt.

'ny „ich" – Eine verkürzte Form der Selbstvorstellung für „Ich bin + Gottesname" (*'ny YHWH*); vgl. M. Weippert 2001, 42–43.

nsk qal „einsetzen" – Prov 8,23; LHVT 520: ^{2}*nsk*; A. Deissler 1988, 79; F. Baethgen 1904, 5, „Vielleicht ist *nskty* hiervon [= *nsyk* „Fürst"] denominiert = ‚gefürstet'."; R.J. Tournay 1991, 218.

Vgl. dagegen HAL 664: *nsk* I nif (unter Trankopfer) geweiht, gefürstet werden; 712: *skk* II nif geformt, gebildet werden cj. Ps 2,6; G. Ravasi I 1981, 102 mit Anm. 23, zu *nsk* „ausgießen, libieren“, gegen *suk* „salben“ (M. Dahood). Die Einsetzung eines Königs wird als Werk der Gottheit angesehen, so daß er unter ihrem Schutz steht; vgl. z.B. FLP[13] 1674: 3–26; M. deJong Ellis 1987, 240–241. 245–247.

ṣywn „Zion“ – II Sam 5,7; Jerusalemer SO-Hügel; Th. Willi 2001, 153–154.

2.7.1

Das Kolon stört den Zusammenhang zwischen *2.6.1* – *2.6.2* und *2.7.2* – *2.7.3* und ist folglich aus kolometrischen Gründen als ein späterer Zusatz zu werten; E. Sievers 1904, 864; R. Kittel 9; E. Podechard I/2, 11–14; E. Beaucamp I, 44; L. Jacquet I, 226–227. Seine Deutung ist höchst kontrovers; vgl. J.-M. Auwers II 1994, 304–308.

'l „Gott“?

ḥq YHWH „Satzung, Gesetz Jahwes“ – Vgl. zur Diskussion J.-M. Auwers II 1994, 304–309. 356–357.
Zur alternativen Lesung *ḥēq* „Schoß“ siehe u.a. HAL 332: *ḥq* 9b; H. Gunkel 1926, 11; O. Loretz 1988, 18–20, zu Māri A. 1121 + 2731; S. Parpola 1997, 10.

2.7.2 – 2.9.2

Zu diesen drei Bikola werden zahlreiche ägyptische Parallelen diskutiert; K. Koch 1999, 248–268.

2.7.2 – 2.7.3

Der König gehört durch seine „göttliche“ Geburt in gewisser Weise zur oberen göttlichen Sphäre; J. Assmann 1982, 47–48 Anm. 29; M. Albani 2000, 225–226.

'mr<ty> – ***yldtyk*** – Die Verbformen sind in Parallele zu *nskty* (*2.6.1*) als *Perfecta coincidentiae* zu interpretieren; vgl. J.-M. Auwers II 1994, 308–309, zur Diskussion, ob über einen rituellen Vorgang in der Vergangenheit oder in der Gegenwart berichtet wird. Da die Gottesrede von einer Inthronisation handelt, kommt nur ein präsentisches Verständnis in Betracht.

'mr<ty> „ich sage hiermit, jetzt“ – In Parallele zu dem chiastisch angeordneten nachfolgenden *yldtyk* und vorangehendem *nskty* in *2.6.1* ist *'mrty* zu lesen.
Das jetzt den Fluß der göttlichen Rede störende *'mr 'ly* stellt eine Angleichung an den Einschub *2.7.1* dar.

---

13 FLP = Free Library of Philadelphia.

bn „Sohn" – Der König wird durch die Krönung ein Sohn der Gottheit und dadurch in einen göttlichen Status versetzt, er wird zu einem *'lhym* „Gott" (Ps 45,7); siehe unten Abschnitt 7.

hywm „heute" – Tag der Krönung; R.J. Tournay 1991, 219.

yld „gebären; zeugen" qal – *yld* ist hier vom Mann ausgesagt; Dtn 32,18; Ges.[18] 465: *yld* qal 3b) zeugen; M.C.A. Korpel 1990, 243–247; P. Sanders 1996, 186. 396–397.

Die Rede von der Zeugung des Königs durch eine Gottheit, die auch in Ps 110,3 überliefert ist, reicht in Mesopotamien bis ins dritte Jahrtausend v. Chr. zurück; H. Schaudig 2002, 619–620. Später wird sie durch die Vorstellung ergänzt, daß der König „erzeugt, geschaffen" (*banû*) ist; W.R. Mayer 1987, 63; E. Cancik-Kirschbaum 1995, 10–11; M. Dietrich 1998b, 232–234; H. Schaudig 2000, 619–620.

Durch die göttliche Zeugung (= Inthronisation) erhält der König einen göttlichen Status und wird zu einem *'lhym* „Gott" (Ps 45,7), zu einem Wesen mit zwei Körpern[14], einem sterblichen *body natural* und einem unsterblichen *body politic.*

Die altorientalische Überlieferung von der Doppelnatur des Königs ist in den biblischen Schriften nur noch fragmentarisch erhalten; siehe unten das Kapitel „Politische Theologie des Königtums in Ugarit, Kleinasien, Assur und Israel im Licht des juridischen Theorems ‚*The King's Two Bodies*'".

2.8.1 – 2.9.2

Der zweite Teil der Einsetzungsworte umfaßt die beiden Bikola V. 8–9. Gott verspricht dem neuen König Hilfe bei der Regierung und der Bekämpfung seiner Feinde durch höchst wirksame Waffen; vgl. Ps 45,4–6; unten Abschnitt 6.

2.8.1 – 2.8.2

gwym || ***'psy 'rṣ*** „Völker" || „Enden, Grenzen der Erde" – Vgl. Ps 18,44–48; 72,8; 89,26; 110,1; 144,2; Sach 9,10; T. Veijola 1990, 144.

gwym „Völker" – Es dürfte zu fragen sein, ob *gwym* an dieser Stelle ursprünglich steht oder eine Angleichung an *2.1.1* darstellt.

nḥlh || ***'ḥzh*** „Erbbesitz" || „Besitz" – Y. Avishur 1984, 173; S.E. Loewenstamm 1992, 322–360.

Der König hat als Sohn der Gottheit einen Erbanspruch auf alle Völker; H. Gunkel 1926, 8.

---

14 E.H. Kantorowicz 1992, zur mittelalterlichen Ausformung dieser Vorstellung.

2.8.1

mmny – Eine Glosse, die das Kolon *2.8.1* zerdehnt; O. Loretz 1988, 16–18, zu den Vorschlägen *mmny* zu streichen (H. Gunkel 1926, 5. 11) oder V. 8 als Trikolon zu gliedern.

ntn qal „geben" – Dem neuen König wird bei der Krönung das Land übergeben, das zur Krone gehört. Es ist folglich zu erwarten, daß zuerst vom eigenen Land des Königs die Rede ist – vgl. FLP 1674: 9–13, wo die Göttin Kititum sagt, daß sie das Land dem König zur Herrschaft übergebe[15] – und erst nachträglich von der Erwerbung anderer Länder gesprochen wird. In V. 8 ist dagegen nur von der Eroberung fremder Länder die Rede, die Herrschaft über Juda gilt als selbstverständlich.

2.9.1 – 2.9.2

tr'm* || *tnpṣm – Die Übersetzung der beiden Verbformen (Futur, Möglichkeit, Jussiv) ist kontrovers; J.A. Emerton 1978, 499–503; J.-M. Auwers II 1994, 317.

r'' qal aram. zerbrechen, zerschlagen – E. Wagner 1966, 107; HAL 1185: *r''* II; vgl. dagegen *r'h* G. Wilhelmi 1977, 196–204.

npṣ pi zerschlagen; HAL 671: *npṣ* I pi.

2.9.1

šbt brzl „eiserne Keule", „eisernes Szepter" – Zur Diskussion siehe G. Wilhelmi 1977, 196–204; A. Lemaire 1986, 25–30..

2.9.2

kly ywṣr „Tongefäße" – Zum Topos „Zerschlagen von Tongefäßen" als magische Tätigkeit und als Bild für die Tötung von Menschen in der akkadischen, ugaritischen und biblischen Literatur, siehe B. Becking 1990, 59–79; id. 1993, 75–76; J. Hoftijzer 1999, 53.

2.10.1 – 2.11.2

Der Abschnitt V. 10–11 setzt thematisch den ersten Teil V. 1–5 fort. Er ist folglich als eine Strophe aus der Vorlage von V. 1–5. 10–11 anzusehen.

mlkym* || *špṭy 'rṣ „Könige" || „Richter der Erde" – Zu *mlk* = *špṭ* siehe u.a. M. Dahood, RSP I 1972, 267–268, Nr. 365; Y. Avishur 1984, 459; M. Albani 2000, 153 Anm. 617; 228 Anm. 980.

---

15 M. deJong Ellis 1987, 240, zur Botschaft der Göttin Kititum an den König Ibalpiel.

śkl hif || **ysr** nif „Einsicht haben" || „sich belehren lassen".
śkl hif Einsicht haben – HAL 1238: *śkl* hif 2a.
ysr nif sich unterweisen, belehren lassen – HAL 400: *ysr* I nif.

2.10.1

w ʿth „und, so...nun, denn, also, darum" – E. Jenni 1997, 46–47 Anm. 17.

2.11.1 – 2.11.2

ʿbd || **gyl** „dienen" || „frohlocken, jauchzen".
Der Parallelismus *ʿbd* || *gyl* ist in gleicher Weise wie die Kombination von *gyl* mit *rʿdh* sonst nicht bezeugt. Es wurde deshalb versucht, durch die Lesung *gyl* <*lw*> (LXX; F. Baethgen 1904, 6, mit LXX, Hier. und Cod. Kennicott 309) zu einer Lösung zu gelangen. N.J. Schlögl 1915, 2. *1, sieht V. 11b als korrupten Text an und betrachtet *nšqw br* als Randkorrektur hierzu: *w* [*gylw*] *nšqw br* = *b rʿdh* „und huldiget ihm mit Zittern"; siehe unten zu *2.12.1*.
yrʾh || **rʿdh** „Furcht" || „Beben, Zittern".
ʿbd – yrʾh – Das Dienen in Furcht ist sowohl auf die politische (Ps 18,44; 72,11; Jes 19,23) als auch auf die religiöse Sphäre (Ps 9,21; 33,8; 40,4; 52,8; 64,10; 65,9; 67,8; 119,120. 161) zu beziehen.
Die Parallelität der vier Wörter *ʿbd* || *gyl* und *yrʾh* || *rʿdh* wird teilweise als strittig angesehen; vgl. J.-M. Auwers II 1994, 310–313.

2.12.1

nšqw br – Eine Glosse zu V. 11, die weder mit A. Bertholet (1908, 58–59. 193; Ges.[18] 172: *brı*; vgl. J.-M. Auwers II 1994, 371–373) an das vorangehende *b rʿdh* anzuschließen und in *b rʿdh nšqw b rglyw* aufzulösen, noch an den Anfang des nachfolgenden Bikolons *2.12.2 – 2.12.3* (J.-M. Auwers II 1994, 297. 373) zu transferieren ist.
Die beiden Wörter *nšqw br* gelten als berühmteste *crux interpretum* des Psalters; J.-M. Auwers II 1994, 309. 366–379; vgl. P. Maiberger 1988, 90; H. Gzella 2002, 338–343, zur Übersetzung der LXX.
Der Versuch von H. Cazelles (1964, 43–45), *br* von ug. *br* „rein" her zu erklären, hat keine Zustimmung gefunden; P. Maiberger 1988, 90.
Die Glosse dürfte auch nicht im Sinne von *2.2.3* eine messianische Ergänzung zu *YHWH* im vorangehenden Bikolon V. 11, beabsichtigen, sondern ist mit N.J. Schlögl 1915, *1, als Randkorrektur zu V. 11b zu verstehen; siehe oben zu *2.11.1 – 2.11.2*.
nšq pi „küssen" – HAL 690: *nšq* I pi.
br „Sohn", l *b rʿdh* – HAL 146: *br* I.

2.12.2 – 2.12.3

Das gekünstelte Bikolon stellt mittels der Wörter *'bd* und *drk* die Verbindung zu Ps 1,6 her (G. Barbiero 1999, 35. 37) und ist als redaktioneller Zusatz zu lesen.

2.12.2

<*YHWH*> – N.J. Schlögl 1915, *1, mit LXX und Vulgata.
drk „Weg" – K. Seybold 1996, 30, deutet *drk* als Eindringling aus Ps 1,6.

2.12.4

'šry – Der Makarismus stellt redaktionell in Verbindung mit Ps 1,1 eine Inklusio her; G. Barbiero 1999, 37. 41.

4. Zur Entwicklung des Textes – Gattung

Von den beiden Zitaten, die den Grundstock von Ps 2 bilden, umfaßt das erste (A)[16] die beiden Abschnitte V. 1–5 + 10–11, die insgesamt aus sieben Bikola bestehen. Sowohl V. 1–2 als auch V. 4–5 bilden je eine Strophe, so daß der royalistisch-messianische Zusatz *2.2.3* vor V. 3 ein Bikolon verdrängt haben dürfte. Da die beiden Bikola V. 10–11 nicht direkt an V. 5 anschließen, haben wir damit zu rechnen, daß der Einschub V. 6–9 einen Teil der Vorlage zwischen V. 5 und 10 verdrängt hat.

Die drei Textblöcke von A (*2.1.1 – 2.2.2 + 2.3.1 – 2.5.2 + 2.10.1 – 2.11.2*) dürften als Zitat aus einem längeren Gedicht über feindliche heidnische Könige zu lesen sein, die durch die Einfügung *2.2.3* direkt mit dem folgenden Abschnitt und Einschub B *2.6.1 – 2.9.2* verbunden werden.[17]

Der zweite Abschnitt (B)[18] *2.6.1 – 2.9.2* stammt aus einem Jerusalemer Königsritual. Er beschreibt die Einsetzung eines Königs und die aus der Thronbesteigung folgenden Ansprüche auf Weltherrschaft.

Der durch das sekundäre messianische Monokolon *2.2.3* gleichfalls messianisch zu verstehende Einschub V. 6–9 beschreibt die Thronbesteigung eines Königs von Jerusalem. Das archaische Vokabular[19] weist das Zitat V. 6–9 als Teil

16 Siehe oben Anm. 10.

17 Eine andere Gliederung des Textes wird nötig, wenn man z.B. mit K. Koch 1999, 247, das Monokolon *2.2.3* zum „Grundbestand der liturgieähnlichen Dichtung" V. 1–9 zählt, die er folgendermaßen gliedert: A. Eine Klage über den Aufstand ausländischer Könige V. 1–3; B. Ein erstes Jahweorakel mit erzählender Vorbemerkung V. 4–6; C. Ein zweites Jahweorakel innerhalb einer königlichen Selbstrühmung V. 7–9.

18 Siehe oben Anm. 12.

19 Siehe hierzu die bei J.-M. Auwers II 1994, 325–327, ausführlich referierte Diskussion.

eines längeren vorexilischen Ritualtextes oder der Beschreibung eines Krönungsrituals aus.

Das Bikolon *2.12.2 – 2.12.3* und das abschließende Monokolon *2.12.4* stellen als redaktionelle Zusätze eine enge Verbindung mit Ps 1 her.

Die vier Zusätze oder Glossen in *2.2.3*, *2.7.1*, *2.8.1* und *2.12.1* haben bei den Interpreten aller Zeiten erheblich zur Unsicherheit über die kolometrische Struktur und strophische Gliederung des Liedes beigetragen.[20]

In der hier vorgeschlagenen Aufteilung des Textes wird der Hiatus zwischen V. 5 und 6 ernstgenommen[21] und so den Thesen der Boden entzogen, daß Ps 2,1–12b ein originaler Text sei[22], daß in Ps 2,1–5. 10–12 der ursprüngliche Text von Ps 2[23], in Ps 2,1–9 ein sekundärer Einschub in Ps 1[24] vorliege oder in Ps 2,1–9 ein Königslied und zugleich der Kern, der ursprüngliche Teil von Ps 2[25] zu finden sei.

Da die wesentlichen Bestandteile von Ps 2 die Zitate A und B sind, dürfte mit seiner Kennzeichnung als *Florilegium*[26] zu viel gesagt sein. Wenn man berücksichtigt, daß in A von rebellischen Königen der Heiden, in B aber von der Einsetzung eines Königs in Jerusalem berichtet wird, ersehen wir am besten, daß auch die Gattungsbezeichnungen „Königspsalm“[27] und „Königslied“[28] wenig geeignet

---

20 Für die kolometrische Gliederung werden u.a. folgende Lösungen diskutiert:
1. Zwölf Bikola + ein Monokolon: H. Gunkel 1926, 4–5;
2. Elf Bikola + ein Trikolon + zwei Monokola: R. Tournay / R. Schwab 1964, 95–96;
2. Zehn Bikola + zwei Trikola + ein Monokolon: J. Wellhausen 1898, 2;
3. Acht Bikola + vier Trikola: B. Duhm 1922, 7–11;
4. Acht Bikola + vier Trikola + ein Monokolon: J.-M. Auwers II 1994, 296–297.

21 Siehe zu diesem Problem u.a. J.-M. Auwers II 1994, 352.

22 C.A. Briggs / G.E. Briggs I 1906, 13, „The style, rhythm, and poetic conception are of the best types. There is no dependence on other Lit.; the Ps. is throughout original in conception.“; N.H. Ridderbos 1972, 122, gliedert den Text in drei „liturgische Einheiten“ (V. 1–6. 7–9. 10–12).
Mit der These von der Einheit des Textes und seiner theologischen Bedeutung wird gern das Argument von der besonderen sprachlichen Gewalt der Dichtung verbunden; vgl. z.B. H. Keßler 1899, 5; A. Causse 1926, 160.

23 So z.B. H. Bardtke 1968, 13–18; J.-M. Auwers II 1994, 319–320.

24 E. Lipiński 1968, 330–339; id. 1979, 108, führt hierzu folgendes aus: „Si l'on extrait de l'actuel Ps. i-ii le psaume royal (Ps., ii, 1–9) et le verset rédactionnel qui est annexe (Ps., ii, 10), on se trouve en présence d'une composition paraphrastique (Ps., i, 1–6 + ii, 11–12), qui débute et se termine par une béatitude.“

25 J.-M. Auwers II 1994, 319–353, bezeichnet Ps 2,1–9 als „Le poème primitif“. Er charakterisiert den ersten Abschnitt des Liedes (a.a.O., S. 319) folgendermaßen: „Les neuf premiers versets du psaume combinent donc le thème de la révolte des Nations avec l'évocation d'une intronisation royale.“; vgl. E. Zenger 1993, 50, der von einem ursprünglichen Ps 2,1–9 spricht; K. Koch 1999, 247, bezeichnet Ps 2,1–9 als „formulierte Vorstufe“. Im Gegensatz hierzu dehnt K. Seybold 1996, 31, den „vorexilischen Königstext“ auf V. 1–11a aus.

26 So z.B. F. Diedrich 1988, 53–54.

27 H. Gunkel 1926, 5; id. 1933, 143–145; vgl. J.-M. Auwers II 1994, 297 mit Anm. 127, zu Castellino, Mannati, Anderson, Craigie, Lipiński.

28 A. Deissler 1988, 78–79, löst die Schwierigkeit, daß Ps 2 in die nachkönigliche Zeit zu datieren ist (a.a.O., S. 79), folgendermaßen: „Da selbst die königlichen Messiastexte heute eher spät (exilisch-nachexilisch) angesetzt werden, ist von vornherein auch ein nachexilischer Königs-

sind, dem komplexen Tatbestand des Textes von Ps 2 gerecht zu werden. Der aus disparaten Elementen zusammengesetzte Abschnitt Ps 2,1–9 ist auch nicht auf Wirren anläßlich eines Thronwechsels[29], auf eine Inthronisation[30], das Herbstfest[31] oder die Inthronisation eines Hasmonäers[32] zu beziehen.

Von der Art und Weise der Komposition des Liedes durch Verwendung bereits vorhandener Texte und Motive geht hervor, daß Ps 2 insgesamt als eine ursprüngliche literarische Schöpfung anzusehen ist, die als solche keiner der klassischen Gattungen im Sinne H. Gunkels einzufügen ist. Ps 2 ist ein Werk nachexilischer Schriftgelehrsamkeit und -interpretation.

5. Datierung und Funktion von Ps 2 in Verbindung mit Ps 1[33]

Die unterschiedliche Herkunft der in Ps 2 vereinten Elemente oder Zitate erfordert in der Frage der Datierung mehrere Differenzierungen.

Für das Zitat V. 6–9 aus einem Jerusalemer Krönungsritual[34] dürfte zweifellos nur die vorexilische Zeit in Betracht kommen.[35]

Das Liedfragment und Zitat V. 1–5. 10–11 hingegen spielt auf turbulente Zustände in der hellenistischen Zeit[36] an.[37]

Die Vereinigung der Zitate V. 1–5. 10–11 und V. 6–9 mittels Zugabe von *2.2.3* und die Abrundung der Komposition durch V. 12 sind folglich erst in nachexilischer Zeit und in einem Zug erfolgt. Es genügt folglich nicht, einen vorexilischen Ps 2,1–9 anzusetzen, der in nachexilischer Zeit einer „messianischen" Neuinterpretation oder einer weisheitlichen *relecture* unterzogen wurde.[38]

Psalm vorstellbar." Vgl. ferner zu den Thesen A. Deisslers die Ausführungen von J.-M. Auwers II 1994, 290–291.

29 J.-M. Auwers II 1994, 319–320, zu Versuchen in dieser Richtung.

30 J.-M. Auwers II 1994, 321–322. Vgl. K. Koch 1999, 247, der von einer Rahmengattung Liturgie spricht. Wie bei anderen Liturgien im Psalter lasse sich für V. 1–9 als Vorlage ein kultisches Ritualmuster „für eine Königsinthronisation oder ein -jubiläum" vermuten. Er schließt jedoch nicht aus, daß die von ihm angenommenen drei Stücke (V. 1–3. 4–6. 7–9) erst nachträglich zusammenkomponiert worden seien, ohne daß für jedes von ihnen ein kultischer *Sitz im Leben* vorauszusetzen wäre.

31 J.-M. Auwers II 1994, 322–323.

32 J.-M. Auwers II 1994, 323–324, zu Hitzig und Duhm.

33 Vgl. G. Barbiero 1999, 56–59, zu Verbindungen zwischen Ps 2 und Ps 41.

34 Siehe oben Abschnitt 4.

35 Vgl. dagegen M. Arneth 2000, 101 Anm. 170, der auf Grund von Ps 2,7aβb–9 für das ganze Lied an eine vorexilische Datierung denkt.

36 F. Diedrich 1988, 55–57.

37 Zur Diskussion über linguistische und historische Aspekte für eine nachexilische Datierung siehe u.a. J.-M. Auwers II 1994, 328–333.

38 Siehe zu diesen Problemstellungen u.a. J.-M. Auwers II 1994, 351–359.

Die Komposition von Ps 2 aus zwei umfangreichen Zitaten und einer Verbindung derselben durch *2.12.2 – 2.12.4* mit Ps 1 zeigt zugleich die Funktion der Liedschöpfung an, die ihr im Verein mit Ps 1 als Einleitung des Psalters zukommt.

An die Nationen (Ps 2,1–5. 10–11 und 8–9) ergeht jetzt der Aufruf, angesichts des Messias zwischen den zwei Wegen von Ps 1 zu wählen.[39]

6. Ps 2,8–9 – Ugarit – Emar, Māri, neuassyrische Prophetien und Königsorakel

Auf die Worte über die Einsetzung des Königs als Sohn der Gottheit in Ps 2,6–7 folgt in V. 8–9 noch eine Zusage über göttlichen Beistand für den neuen Herrscher. Jahwe verheißt ihm Ausdehnung seines Königreiches bis an die Grenzen der Erde und die Vernichtung seiner Gegner:

> *Verlange* [von mir] *und ich will geben Völker als dein Erbe,*
> *und zu deinem Besitz die Enden der Welt!*
> *Du magst sie mit eiserner Keule zerschmettern,*
> *wie Töpfergeschirr sie zertrümmern!*"
> (Ps 2,8–9)

Bei der Inthronisation eines Königs kommt im Alten Orient der Zusage von Waffen, die alle Gegner vernichten, besondere Bedeutung zu.

In der in Ugarit (RS 1979.25) und Emar (Msk. 74243) überlieferten Krönungshymne *bulut bēlī* „Lebe, mein König!" ruft man dem König zu:

> 12Der Sieger Ninurta möge deine Stärke überaus gewaltig machen[40],
> 13Nergal, der Fürst der großen Götter, möge dir eine mächtige Waffe geben!
> 14Ištar, die Herrin, möge wilden Schreckensglanz über dich legen![41]

Parallel hierzu folgt bei der Krönung Assurbanipals auf die Übergabe von Krone und Thron das Geschenk von Waffen durch Götter und der Segenswunsch, daß er mit seinen Waffen siegreich sei:

---

39 J. Wellhausen 1898, 164, bestimmt das Verhältnis zwischen Ps 1 und 2 folgendermaßen: „In Ps 1 we have the contrast between the true and the false members of the Theocracy; now we have the contrast between Theocracy and the heathen world."

40 Vgl. Krönungshymne des Assurbanipal: „Ninurta hat (ihm) daraufhin seine Waffe verliehen." (SAA 3, 11 Rs. 6); Lied zu Ehren Hammurapis von Babylon: „Ninurta hat dir die erhabene Waffe verliehen." (CT 21, 40 I 11'–13'); M. Dietrich 1998, 175–176.

41 M. Dietrich 1998, 160–161. 164.

Anu hat (ihm nun) seine Krone verliehen,
Enlil hat (ihm nun) seinen Thron verliehen,
Ninurta hat (ihm nun) seine Waffe verliehen,
Nergal hat (ihm nun) seinen abschreckenden Glanz verliehen,
Nusku hat ihm (nun) per Befehl Ratgeber an die Seite gestellt.
. . .
Die (siegreiche) Waffe von Kampf und Schlacht gebt ihm in seine Hände,
gebt ihm das ‚schwarzköpfige' Volk, daß er die Herrschaft über es ausübe!

(VAT 13831, 5'–8'. 17'–18')[42]

Die Übergabe von Stärke und Waffen bei der Krönung erfolgt im Hinblick auf Kämpfe, die der König in Zukunft gegen seine Feinde zu bestehen hat.

Der König von Māri erhält bei der Krönung die Waffen des Wettergottes Addu / Baʿal, die ihn zum Sieger über alle seine Feinde erheben. Mit diesen Waffen hat der Wettergott einst gegen das „Meer" (Tiamat) gesiegt.[43]

In neuassyrischen Prophetien wird dem König als Sohn der Gottheit[44] von göttlicher Seite mit der Ermunterungsformel *lā tapallaḫ / tapalliḫī* „Fürchte dich nicht!"[45] göttlicher Beistand bei der Ausübung der Königsherrschaft und bei der Niederringung der Feinde verheißen. In den Schutz- und Beistandszusagen ist von der totalen Vernichtung der Feinde die Rede, die z.B. Ištar von Arbela dem König zu Füßen legen wird: *ša nakarūtēka ina maḫar šēpēka akarrarrūni* „Die ich deine Feinde vor deine Füße hinwerfe[46]."(SAA 9 1.1 i 13'–14')[47] Die Beistandszusage kann nach den Worten des Propheten *Lā-dāgil-ile* aus Arbela auch folgendermaßen lauten: *taḫūmāni ša mātāte ugammar addanakka* „Die Gebiete der Länder vernichte ich, gebe ich dir!" (SAA 9 2.1 ii 15'–16')[48].

---

42 M. Dietrich 2001.

43 A. 1968, 7–8. 11–4'; A. 1858, 4–10; J.-M. Durand 1993, 45. 52–53; D. Schwemer 2001, 215–216. 226–237.

44 S. Parpola 1997, XXXVI-XLIV, „*The King as God's son and Chosen One*".

45 M. Weippert 2001, 37, zu den parallelen biblischen Formeln *'l tyr' / tyr'y / tyr'w / tšt' / tpḥdw*.

46 Vgl. Ps 110,1.

47 Ištar von Arbela zu König Asarhaddon; S. Parpola 1997, 4; M. Nissinen 1998, 152 Anm. 567; M. Weippert 2001, 43.

48 S. Parpola 1997, 16, mit Verweis auf Jes 10,13; M. Weippert 2001, 44; vgl. SAA 9 1.2 i 30–35; M. Nissinen 1998, 153.

7. Die politische Theologie der zwei Körper des Königs

Der König wird durch die Krönung zu einem Sohn der Gottheit. Seine spezielle Gottwerdung umschreiben die Psalmen mit dem Begriff Zeugung (*yldtyk* „ich zeuge dich“, Ps 2,7; *yldtyk*, Ps 110,3) oder einfach mit dem Wort *'lhym* „Gott“ (Ps 45,7).

In Ps 45 zeigen der Gebrauch des Wortes *'lhym* „Gott“ und sein Kontext zweifellos an, daß die volle Göttlichkeit des Königs vorausgesetzt wird:

ks'k 'lhym ʿwlm w ʿd	16	
šbṭ myšr šbṭ mlkwtk	16	
[*'hbt ṣdq w tśn' rš*]		[15]
ʿl kn mšḥk [*'lhym*] *'lhyk*	13	[18]
šmn śśwn<y>m ḥbryk	13	

Dein Thron, o Gott[49], steht immer und ewig,
ein gerechtes Szepter ist das Szepter deines Königtums,
[Du liebst das Recht und hassest den Frevel.][50]
Darum hat dich [Gott] dein Gott gesalbt[51]
mit dem Öl der Freude ‚dich erwählt‘[52]!
(Ps 45,7–8)

In der amurritisch-altsyrischen und kanaanäisch-palästinischen Tradition gehören Krönung und Salbung eines Königs engstens zusammen. Durch die Salbung wird der König zu einem Herrscher, dem kein Feind widerstehen kann und der dadurch zu einem göttlichen Wesen wird.[53]

Im Alten Testament sind nur noch Überreste der Tradition erhalten, daß der König durch Krönung und Salbung zu einem göttlichen Wesen wird.[54] Die Ent-

---

49 H, Gunkel 1926, 194, zu Bemühungen, das unbequeme *'lhym* zu tilgen oder in seiner Bedeutung abzuschwächen.

50 Zitat und Kommentar zum vorangehenden Bikolon.

51 A. Malamat 1993, 239, zur Salbung als wesentlichem Element einer Königskrönung in Juda und Israel; id. 1998, 18. 152. 154. 158. 207.

52 H. Gunkel 1926, 194, liest *śśwnym bḥrk* und vertauscht *bḥrk* mit *mšḥk*; vgl. zur Verwechslung von *bḥr* und *ḥbr* I Sam 20,30.

53 A. Malamat 1993, 237, vermerkt zum Wort über die Salbung des Königs im Māri-Text A. 1968 folgendes: „And then: ‚I have anointed you with the oil of my luminosity and nobody can withstand you‘. The anointment rite, which signifies the divine component of a king's coronation, is known in the ancient Near East, especially in the Bible (see below), but the references to it are relatively rare (Kutsch 1963).“
Zum Fortleben dieser Tradition im europäischen Königtum siehe u.a. O. Krabs 1996, 30–35, „*Das himmlische Öl*“.

54 H. Gunkel 1926, 190, zu Jes 8,21; I Reg 21,20. 13; Prov 24,21; Vergleich mit Gott oder seinem Engel II Sam 14,17. 20; 19,28; Sach 12,8; „Gott-Held“ Jes 5,9.

wicklung zur monotheistischen Jahwe-Verehrung in Israel hat dazu geführt, dass die Königsvergötterung im Laufe der Zeit als eines der greulichsten Vergehen der heidnischen Welt im nachexilischen Judentum verabscheut wurde (Dan 6; Apg 12,21–23).

Die Erhebung des Königs zu einem göttlichen Wesen schafft einen Gegensatz zu seiner menschlichen Existenz, die voll erhalten bleibt. Im Streit zwischen dem Königssohn Aqhat und der Göttin ʿAnat wird klar herausgestellt, daß es auch für den König oder den Thronfolger keine Rettung vor dem Sterben gibt. Die Worte Aqhats lassen darüber keinen Zweifel aufkommen:

w tʿn btlt ^{26}*ʿnt*	11
irš ḥym l aqht ġzr	14
^{27}*irš ḥym w atnk*	11
blmt ^{28}*w ašlḥk*	10
ašsprk ʿm bʿl ^{29}*šnt*	14
ʿm bn il tspr yrḫm	14
^{30}*k bʿl k yḥwy yʿšr*	12
ḥwy yʿš ^{31}*r w yšqynh*	14
ybd w yšr ʿlh ^{32}*nʿm*[55]	13
[*w y*]*ʿnynn* <*ġzr ṭb ql*>	7 + <7>
ap ank aḥwy ^{33}*aqht ġzr*	16
w yʿn aqht ġzr	11
^{34}*al tšrgn y btltm*	13
dm l ġzr ^{35}*šrgk ḫḫm*	13
mt uḫryt mh yqḥ	12
^{36}*mh yqḥ mt aṯryt*	12
spsg ysk ^{37}[*l*] *riš*	11
ḥrṣ l zr qdqdy	11
^{38}[*ap*] *mt kl amt*	9
w an mtm amt	9

55 Vgl. A. Herdner, CTA, S. 83, liest *nʿm*[*n*].

Da antwortete die Jungfrau [26]ʿAnat:

„Verlange Leben, oh Aqhat, Jüngling
[27]verlange Leben, und ich werde es dir geben,
Unsterblichkeit, [28]und ich will sie dir schenken!
Ich will dich zählen lassen mit Baal [29]die Jahre,
mit dem Sohn Els wirst du zählen die Monate:

[30]Denn Baal fürwahr belebt, bewirtet,
den Belebten bewirt[31]et er und gibt ihm zu trinken!

Es stimmt an und singt vor ihm [32]der Liebliche,
und es besingt ihn <der Jüngling mit schöner Stimme>!

Auch ich werde beleben [33]den Jüngling Aqhat!“

Da antwortete Aqhat, der Jüngling:

[34]“Du sollst mich nicht belügen, oh Jungfrau,
sind doch für den Jüngling [35]deine Lügen Gespei!

Der Mann, was empfängt er in der Zukunft,
[36]was empfängt der Mann im Nachher?

spsg-Stein wird [37](mein) Haupt beschirmen,
Gold den Scheitel meines Schädels!

[38][Ja,] den Tod aller werde ich sterben,
auch ich werde gewiß sterben!“

(KTU 1.17 VI 25b–38)

Durch das Nebeneinander von menschlicher Sterblichkeit und Göttlichkeit des Königs entsteht notwendigerweise die Frage, ob ein König noch sterben kann. Obwohl Zeugnisse für eine Diskussion dieser Problematik in Israel nicht mehr erhalten sind, ist doch vorauszusetzen, daß man auch hier um die Differenz zwischen menschlicher Sterblichkeit und ewiger Dauer des Göttlichen gewußt hat. Diese Aspekte des Königtums kommen jedoch in den ugaritischen Texten voll zur Sprache. So wird z.B. im Keret-Epos ausführlich dargestellt, welche Situation in einem altsyrisch-kanaanäischen Königshaus entsteht, wenn der Herrscher im Sterben liegt: Kann der König als Gott sterben?

Tod und Göttlichkeit des Königs stellen für die Klagenden des Keret-Epos ein logisch unlösbares Problem dar:

[2]*k klb b btk nʿtq*	12
k inr [3]*ap ḫštk*	10
ap ab ik mtm [4]*tmtn*	13
u ḫštk l ntn/bky [5]*ʿtq*	12
bd aṯt ab ṣrry	11
[6]*tbkyk ab ġr bʿl*	12
[7]*ṣpn ḥlm qdš*	9
[8]*nny ḥlm adr*	9
ḥl [9]*rḥb mknpt*	10
ap [10]*krt bnm il*	10
špḥ [11]*lṭpn w qdš*	11
ʿl [12]*abh yʿrb!*	9
ybky [13]*w yšnn*	9
ytn gh [14]*bky*	8
b hyk abn n!šmḫ	11
[15]*blmtk ngln*	9
k klb [16]*b btk nʿtq*	12
k inr [17]*ap! ḫštk*	10
ap ab k mtm [18]*tmtn*	12
u ḫštk l ntn [19]*ʿtq*	12
bd aṯt ab ṣrry	11
[20]*ikm yrgm bn il* [21]*krt*	14
špḥ lṭpn [22]*w qdš*	11
u ilm tmtn	8
[23]*špḥ lṭpn l yḥ*	10

[2]„Wie Hunde geben wir schrille Laute von uns in deinem Haus,
wie Welpen im [3]Vorraum deines Totentempels!

Wirst denn du o Vater, wehe, wirklich [4]sterben?
Wehe, dein Totentempel ist ein [5]schrilles Klagen/Weinen,

ein Geschrei der Frauen, Vater, die Höhe!

[6]Sollen dich beweinen, o Vater, die Berge Baals:
[7]Ṣapon, die heilige Feste,
[8]Nanā, die mächtige Feste,
die Feste [9]mit breiter Umfassung?

Ist denn [10]Keret der Sohn Els,
ein Sproß des [11]Laṭipānu und Heiligen?"

Er [12]trat zu seinem Vater ein,
wobei er weinte [13]und laut heulte,
er laut [14]weinte:

„Bei deinem Leben, Vater, freuten wir uns,
[15]bei deiner Unsterblichkeit jubelten wir!

Wie Hunde [16]geben wir schrille Laute von uns in deinem Haus,
wie Welpen [17]im Vorraum deines Totentempels!

Wirst denn du o Vater, wirklich [18]sterben?

Wehe, deine Grube ist ein [19]schrilles Klagen/Weinen,
ein Geschrei der Frauen, Vater, die Höhe!

[20]Wie kann denn [21]Keret ‚Sohn Els' genannt werden,
‚Sproß des Laṭipānu [22]und des Heiligen!'?

Wehe, müssen gar die Götter sterben,
[23]der Sproß des Laṭipānu nicht leben?"
(KTU 1.16 I 2–23, II 33b–49)

Obwohl in Ugarit bislang keine schriftlichen oder archäologischen Zeugnisse aufgefunden wurden, die eine Lösung dieses Dilemmas zwischen menschlicher Sterblichkeit und göttlicher Unsterblichkeit des Königs einer befriedigenden Lösung zuführten, dürfte von Berichten aus der Umwelt her zu folgern sein, daß man auch in Altsyrien-Palästina das Problem mit Hilfe der These der politischen Theologie von den zwei Körpern des Königs[56] gelöst hat. Dieser Anschauung

56 Zur Forschungsgeschichte und mittelalterlichen Ausbildung der politischen Theologie von den zwei Körpern des Königs siehe E.H. Kantorowicz 1990; O. Krabs 1996, 35–39, „*Der König stirbt nicht*". Der König war vermöge seiner Doppelnatur einerseits von gewöhnlicher Natur und ein sterblicher Mensch wie alle, aber in der anderen, der metaphysischen, machte sie ihn unsterblich. Durch den Akt der Krönung und später durch die bloße Geburt wurde er in die

zufolge hat der König einen *natürlichen Körper* (*body natural*) und einen funktionalen *politischen Körper* (*body politic*), der unsterblich ist. Zeugnisse aus dem hethitischen Begräbnisritual[57] und aus Sam'al[58] legen nahe, die Theologie von den zwei Körpern des Königs auch für Altsyrien-Kanaan vorauszusetzen. Von diesem Hintergrund her wird die Beschreibung der Reaktion der Menschen auf den drohenden Tod des Königs Keret in KTU 1.16 I 2–23, II 33b–49 erst voll verständlich.

Die Israeliten dürften nach den noch zur Verfügung stehenden spärlichen Belegen für die Göttlichkeit des Königs dieser Anschauung gleichfalls zugestimmt haben. Auf diesem Hintergrund sind auch die drei Findlinge Ps 2,7; 45,7 und Ps 110,3 über die Göttlichkeit des Königs in den alttestamentlichen Schriften am besten zu erklären und in die altisraelitische Königstheologie einzuordnen.

Literatur[59]

Albani, M., 2000: Der eine Gott und die himmlischen Heerscharen. Zur Begründung des Monotheismus bei Deuterojesaja im Horizont der Astralisierung des Gottesverständnisses im Alten Orient. ABG 1.

Arneth, M., 2000: „Sonne der Gerechtigkeit". Studien zur Solarisierung der Jahwe-Religion im Lichte von Psalm 72. ZAR.B 1.

Assmann, J., 1982: Die Zeugung des Sohnes. Bild, Spiel, Erzählung und das Problem des ägyptischen Mythos, in: J. Assmann / W. Burkert / F. Stolz, (eds.), Funktionen und Leistungen des Mythos. Drei altorientalische Beispiele. OBO 48, 13–61.

Bardtke, H., 1968: Erwägungen zu Psalm 1 und Psalm 2, in: M.A. Beek / A.A. Kampmann / C. Nijland / J. Ryckmans, (eds.), Symbolae biblicae et mesopotamicae Francisco Mario Theodoro de Liagre Böhl dedicatae, Leiden, 1–18.

Sphäre des Außermenschlichen erhoben. Die mystische Doppelnatur des Königs zeigte man besonders beim Begräbnis, indem man den Triumph des Todes und den Triumph über den Tod zugleich jedermann vor Augen führte. So hat z.B. beim Begräbnis Franz I., König von Frankreich, den eingesargten Körper leibhaftig zehn Tage in der Halle des königliche Palastes ausgestellt. Dann schaffte man den Sarg mit der Leiche in eine Kammer und in der Halle bahrte man eine lebensgroße Figur des Königs auf. Die Figur wurde mit königlichen Kleidern und Insignien ausgestattet. Eine Attrappe des verstorbenen Königs speiste mit königlichem Zeremoniell. Anschließend führte bei der Beisetzung Franz I. 1547 der Sarg mit dem Leichnam des Königs in einem schwarz ausgeschlagenen Wagen den Trauerzug an, während ein Bildnis des Königs in vollem königlichen Prunk am Endes des Zuges, dem Ehrenplatz, getragen wurde.

57 Th.P.J. van den Hout 1994, 37–38. 52. 60–61. 63–65; F. Starke 1996, 176.

58 H. Niehr 2001, 85–94.

59 Vgl. zu weiteren Literaturangaben u.a. G. Ravasi I 1981, 89 Anm. 1; Th. Wittstruck II 1994, 490–499; J.-M. Auwers I 1994, 82–84.

Becking, B., 1990: „Wie Töpfe Sollst Du Sie Zerschmeißen". Mesopotamische Parallelen zu Psalm 2,9b, ZAW 102, 59–79.
– –, 1993: Noch einmal Psalm 2,9b – eine Korrektur zu ZAW 102 (1990), 75–75, ZAW 105, 269–270.
Bertholet, A., 1908: Eine *crux interpretum*. Ps 2 11ff., ZAW 28, 58-59. 193.
Brownlee, H.W., 1971: Psalms 1–2 as a Coronation Liturgy, Bib. 52, 321–336.
Cancik-Kirschbaum, E., 1995: Konzeption und Legitimation von Herrschaft in neuassyrischer Zeit. Mythos und Ritual in VS 24, 92, WO 26, 5–20.
Causse, A., 1926: Les plus vieux chants de la Bible. EHPhR 14.
Cazelles, H., 1964: *Nšqw br* (Ps 2,12), OrAnt 3, 43-45.
De Fraine, J., 1955: Quel est le sens exact de la filiation dans le Ps. II,7?, Bijdr. 16, 349–356.
Deissler, A., 1988: Die Stellung von Psalm 2 im Psalter. Folgen für die Auslegung, in: J. Schreiner, (ed.), Beiträge zur Psalmenforschung. Psalm 2 und 22. FzB 60, 73–83.
deJong Ellis, M., 1987: The Goddess Kititum Speaks to King Ibalpiel: Oracle Texts from Ishchali, MARI 5, 235–266.
Diedrich, F., 1988: Psalm 2 – Überlegungen zur Endgestalt des Psalms, in: J. Schreiner, (ed.), Beiträge zur Psalmenforschung. Psalm 2 und 22. FzB 60, 27–71.
Dietrich, M., 1998: *buluṭ bēlī* „Lebe, mein König!" Ein Krönungshymnus aus Emar und Ugarit und sein Verhältnis zu mesopotamischen und westlichen Inthronisationsliedern, UF 30, 155–200.
– –, 1998b: Zwischen Gott und Volk. Einführung des Königtums und Auswahl des Königs nach mesopotamischer und israelitischer Anschauung. A. Zur Stellung des Königtums in Mesopotamien, in: M. Dietrich / I. Kottsieper, (eds.), „Und Mose schrieb dieses Lied auf". Studien zum Alten Testament und zum Alten Orient. Festschrift für Oswald Loretz. AOAT 250, 215–236.
– –, 2001: Das Ritual für die Krönung des Assurbanipal (VAT 13831), UF 33 (im Druck).
Durand, J.-M., 1993: Le mythologème du combat entre le dieu de l'orage et la Mer en Mésopotanie, MARI 7, 41–61.
Emerton, J.A., 1978: The Translations of the Verbs in the Imperfect in Psalm II.9, JThS 29, 499–503.
Gosse, B., 1992: Le Psaume 2 et l'usage rédactionel des Oracles contre les Nations à l'époque post-exilique, BN 62, 18–24.
– –, 1994: Le Psaume CXLIX et la réinterprétation post-exilique de la tradition prophétique, VT 44, 259–263.
Gzella, H., 2002: Lebenszeit und Ewigkeit. Studien zur Eschatologie und Anthropologie des Septuaginta-Psalters. BBB 134.
Hoftijzer, J., 1999: Zu einigen Stellen in KTU 1.19 I 2–19, in: A. Lange / H. Lichtenberger / D. Römheld, (eds.), Mythos im Alten Testament und seiner Um-

welt. Festschrift für Hans-Peter Müller zum 65. Geburtstag. BZAW 278, 51–61.
Hvidberg, F.F., 1962: Weeping and Laughter in the Old Testament. A Study of Canaanite-Israelite Religion, Leiden / Kobenhavn.
Kantorowicz, E.H., 1990: Die zwei Körper des Königs. Eine Studie zur politischen Theologie des Mittelalters, München.
Koch, K., 1999: Israel im Orient, in: B. Janowski / M. Köckert, (eds.), Religionsgeschichte Israels. Formale und materiale Aspekte. VWGTh 15, 242–271. (Ps 2: S. 246–268)
Krabs, O., 1996: Wir, von Gottes Gnaden. Glanz und Elend der höfischen Welt, München.
Lipiński, E., 1968: Macarismes et psaumes de congratulation, RB 75, 321–367.
– –, 1979: Psaumes. – I. Formes et genre littéraires, in: DBS 9, 1–125.
Lemaire, A., 1986: „Avec un Sceptre De Fer". Ps. II,9 et l'archéologie, BN 32, 25–30.
Lindars, B., 1967: Is Psalm II an Acrostic Poem, VT 17, 60–67.
Loretz, O., 1974: Stichometrische und textologische Probleme der Thronbesteigungspsalmen, Psalmenstudien IV – Anhang I: Ps 2 und 110, UF 6, 230–232.
– –, 1988: Eine kolometrische Analyse von Psalm 2, in: J. Schreiner, (ed.), Beiträge zur Psalmenforschung. Psalm 2 und 22. FzB 60, 9–26.
Macintosh, A.A., 1976: A consideration of the problems presented by Psalm ii, 11 and 12, JThS 27, 1–14.
Maiberger, P., 1988: Das Verständnis von Psalm 2 in der Septuaginta, im Targum, in Qumran, im frühen Judentum und im Neuen Testament, J. Schreiner, (ed.), Beiträge zur Psalmenforschung. Psalm 2 und 22. FzB 60, 85–151.
Malamat, A., 1993: A New Prophetic Message from Aleppo and its Biblical Counterparts, in: A.G. Auld, (ed.), Understanding Poets and Prophets. Essays in Honour of George Wishart Anderson. JSOT.S 152, 236–241.
– –, Mari and the Bible. SHCANE 12.
Mayer, W.R., 1987: Ein Mythos von der Erschaffung des Menschen und des Königs, Or. 56, 55–68.
Niehr, H., 2001: Ein weiterer Aspekt zum Totenkult der Könige von Sam'al, SEL 18, 83–97.
Nissinen, M., 1998: References to Prophecy in Neo-Assyrian Sources. SAAS 7.
Parpola, S., 1997: Assyrian Prophecies. SAA 9.
Ringgren, H., 1983: Psalm 2 and Bêlit's Oracle for Ashurbanipal, in: The Word of the Lord Shall Go Forth. Essays in Honor of David Noel Freedman, Winona Lake, 91–95.
Rosengren, A., 2001: Parallelismer i Det Gamle Testemente. Salme 2 som exksempel, DTT 64, 1–15.
Sanders, P., 1996: The Provenance of Deuteronomy 32. OTS 37.
Savignac, J. de, 1957: Théologie pharaonique et méssianisme d'Israël, VT 7, 82–89.

Schaudig, H., 2002: Nabonid, der „Gelehrte auf dem Königsthron". Omina, Synkretismen und die Ausdeutung von Tempel- und Götternamen als Mittel zur Wahrheitsfindung spätbabylonischer Religionspolitik, in: O. Loretz / K.A. Metzler / H. Schaudig, (eds.), „Ex Mesopotamia et Syria Lux". Festschrift M. Dietrich. AOAT 281, 619–645.

Schwemer, D., 2001: Die Wettergottgestalten Mesopotamiens und Nordsyriens im Zeitalter der Keilschriftkulturen. Materialien und Studien nach den schriftlichen Quellen, Wiesbaden.

Sievers, E., 1904: Psalm 2, ZDMG 58, 864–866.

Starke, F., 1996: Zur „Regierung" des hethitischen Staates, ZAR 2, 140–182.

Thiel, W., 1971: Der Weltherrschaftsanspruch des judäischen Königs nach Psalm 2, ThV III, 53–64.

Tournay, R.J., 1991: Seeing and Hearing God with the Psalms. The Prophetic Liturgy of the Second Temple in Jerusalem. JSOT.S 118. (S. 216–221: Ps 2).

van den Hout, Th.P.J., 1994: Death as a Privilege. The Hittite Royal Funerary Cult, in: J.M. Bremer / Th.P.J. van den Hout / R. Peters, (eds.), Hidden Futures, Amsterdam 37–75.

– –, 1995: An Image of the Dead? Some Remarks on the Second Day of the Hittite Royal Funerary Ritual, in: O. Carruba / C. Mora, (eds.), Atti del II Congresso Internazionale di Hittitologia. Studi Mediterranea 9, 195–211.

Van der Kam, J., 1977: *Bhl* in Ps 2:5 and its Etymology, CBQ 39, 245–250.

Veijola, T., 1990: Davidsverheißung und Staatsvertrag. Beobachtungen zum Einfluß altorientalischer Staatsverträge auf die biblische Sprache am Beispiel von Ps 89, in: id., David. Gesammelte Studien zu den Davidüberlieferungen des Alten Testaments. SFEG 52, 128–153. (= ZAW 95, 1983, 9–31).

Watts, J.W., 1990: Psalm 2 in the Context of Biblical Theology, HBT 12, 73–91.

Wilhelmi, G., 1977: Der Hirt mit dem eisernen Szepter. Überlegungen zu Psalm II.9, VT 27, 196–204.

Weippert, M., 2001: „Ich bin Jahwe" – „Ich bin Ištar von Arbela". Deuterojesaja im Lichte der neuassyrischen Prophetie, in: B. Huwyler / H.-P. Mathys / B. Weber, (eds.), Prophetie und Psalmen. Festschrift für Klaus Seybold zum 65. Geburtstag. AOAT 280, 31–59.

Willi, Th., 2001: Das *šyr hmʿlwt.* Zion und der Sitz im Leben der „Aufstiegslieder" Psalm 120–134, in: B. Huwyler / H.-P. Mathys / B. Weber, (eds.), Prophetie und Psalmen. Festschrift für Klaus Seybold zum 65. Geburtstag. AOAT 280, 153–162.

Willis, J.T., 1990: A Cry of Defiance – Psalm 2, JSOT 47, 33–50.

Zenger, E., 1986: „Wozu tosen die Völker ..?" Beobachtungen zur Entstehung und Theologie des 2. Psalms, in: E. Haag / F.-L. Hossfeld, (eds.), Freude an der Weisung des Herrn. Beiträge zur Theologie der Psalmen. Festgabe zum 70. Geburtstag von Heinrich Groß. SBB 13, 495–511.

Psalm 3
Ein historisiertes Klagelied eines Einzelnen mit Belagerungsmotivik[1]

Der Philosoph stellt zum Schrecken des Philologen keck den Satz auf, daß Hermeneutik die Kunst ist, aus einem Text herauszukriegen, was nicht in ihm enthalten ist.[2] Zum Ärger des Philologen meint der Philosoph im Gefolge der Psychoanalyse, daß eine Interpretation, die lediglich das wiedergibt, was ein Autor ausdrücklich gesagt hat, von vornherein keine Auslegung sei, sofern einer solchen die Aufgabe gestellt bleibe, das Ganze sichtbar zu machen, was der Autor über die ausdrückliche Formulierung hinaus in seiner Grundlegung ans Licht gebracht habe, dies aber der Autor selbst nicht zu sagen vermöge.[3] Philosophische Ratschläge zum Geschäft des Interpretierens berühren in wesentlichen Punkten die Arbeit des Philologen auch dann, wenn er sich dem gefährlichen Geschäft des Übersetzens von Texten hingibt. Er weiß, daß sein Übertragen stets zum Verdunkeln des Gesagten hinneigt und der Gefahr ausgesetzt bleibt, nicht erfassen zu können, was gesagt werden sollte.

In der Bibelwissenschaft bilden die Psalmen einen eigenen Komplex der Hermeneutik und Übersetzungskunst, ein Gebiet, auf dem die philologische Arbeit nicht nur strikt den Vorgaben literarischer Theorien über Text und Gattung untergeordnet erscheint, sondern auch fast unumgänglichen Vorentscheidungen über die Entwicklung der israelitisch-jüdischen Geschichte und Religion. Wenig verwunderlich, wenn selbst auf einem so stark von traditionellen Vorgaben bestimmten Gebiet wie dem der Psalmenauslegung von Zeit zu Zeit einzelne Interpreten versuchen, über einen Befreiungsschlag aus dem Gewirr der exegetischen Traditionen an die frische Luft und zum Text selbst wieder zu kommen. Solch ein Wagnis ging M. Dahood mit Ps 3 ein.

M. Dahood legt in seinem Kommentar zu Ps 3 auf die Herausstellung altertümlicher Aspekte des Textes durch Heranziehung von zahlreichen ugaritischen Wörtern und Textstellen großes Gewicht.[4] Er erweckt durch seine Argumenta-

---

1 Erweiterte Fassung des Beitrags zur Festschrift J. Oelsner, AOAT 252. 2000, 245–261.

2 O. Marquard, Frage nach der Frage, auf die die Hermeneutik die Antwort ist, in: id., Abschied vom Prinzipiellen. Stuttgart 1987, 117.

3 J. Taubes, Psychoanalyse und Philosophie. Noten zu einer philosophischen Interpretation der psychoanalytischen Methode, in: id., Vom Kult zur Kultur, München 1996, 353, zu M. Heidegger, Kant und das Problem der Metaphysik (1929), S. 192–193. Zur Gewaltsamkeit dieser Art des Interpretierens siehe K. Löwith, Heidegger. Denker in dürftiger Zeit, Frankfurt a.M. 1953, 77–92.

4 M. Dahood I 1965, 15–21, zitiert neben Verweisen auf die ugaritische Grammatik und einzelne Wörter allein dreizehn ugaritische Textstellen.

tion mit ugaritischem Material den Eindruck, daß die Rätsel des Liedes von diesem altsyrischen Material her komplett zu lösen seien. Das Ergebnis seiner Bemühungen ist eine Übersetzung[5], die so radikal von den traditionellen abweicht, daß sie nicht nur einen anderen hebräischen Text, sondern auch eine andere ugaritisch-hebräische Sprache vorauszusetzen scheint.[6]

Kommentierungen dieser Art dürften zur Bildung der mancherorts beliebten und zugleich bequemen Meinung beigetragen haben, daß eine Berücksichtigung des Ugaritischen für die Psalmenauslegung bislang mehr schädlich als förderlich gewesen sei. Den Kritikern M. Dahoods wird darin zuzustimmen sein, daß er – ohne Rücksicht auf die Struktur von Ps 3 und seinen poetischen Aufbau – das Ugaritische nur punktuell einsetzt, ohne eine Gesamtschau des biblischen Textes anzustreben.

In Ergänzung der Arbeit M. Dahoods unternehmen wir im folgenden den Versuch, vom Gesamtcharakter der ugaritischen und hebräischen Poesie her die Frage anzugehen, ob in Ps 3 alles auf eine ältere, einheitliche poetische Textschicht zurückzuführen ist oder jüngere Zufügungen in Prosa die poetische Linienführung des Liedes punktuell überdecken und verwischen. Der folgenden Argumentation liegt die Anschauung zugrunde, daß die Sprache der Psalmen die ugaritisch-altsyrische Überlieferung der Poesie weiter erinnert.[7] Im Einzelfall von Ps 3 bleibt jedoch zu klären, inwieweit die Überlieferung in diesem noch aus eigener Kraft lebt oder hierzu der Beimischung von Anschauungen jüdischer Schriftgelehrter aus der nachexilischen Periode bedurfte.

1. Forschungsgeschichtliche Problemstellung

Nach der Überschrift des Psalters (Ps 1 und 2) setzt mit Ps 3 die erste Gruppe des Davidspsalters (Ps 3–7) ein[8], die einen Teil des ersten Kompositionsbogens darstellt.[9] Aus seiner Position leitet man in der kanonischen Auslegung enge Verkettungen mit Ps 2 und Ps 4 und sogar eine Fernverbindung zu Ps 1 ab.[10]

J.W. Welsh 1974, 424–425, hat die Gedanken M. Dahoods zu Ps 3 weiter ausgebaut. Er dürfte jedoch in seinem Vergleich von Ps 3,7–9 mit KTU 1.2 IV 7b–11a in den Bereich des Phantastischen geraten sein.

5 M. Dahood I 1965, 15.

6 Zu M. Dahoods Methode des Vergleichs ugaritischer und biblischer Stellen in Ps 3 siehe ferner unten Abschnitt 5.

7 Zu den verschiedenen Thesen über das sogenannte ugaritisch-biblische Kontinuum siehe u.a. Y. Avishur 1994, passim; O. Loretz 1994, 225–243.

8 M. Millard 1994, 127; G. Barbiero 1999, 64–65.

9 M. Millard 1994, 127, erster Kompositionsbogen Ps 1–10: Ps 1–2 weisheitliche Einleitung des ganzen Psalters, Ps 3–7 Klagecluster, Ps 8–10 Hymnus und Danklied und erneute Klage in ebenfalls weisheitlicher Fassung. Damit entsprächen M. Millard zufolge Ps 1–10 dem formgeschichtlichen Schema der weisheitlichen nachkultischen Dankliturgie; G. Barbiero 1999, 63–65, „Die erste Struktureinheit (Ps 3–14)"; J.-M. Auwers 2000, 43–47.

10 G. Barbiero 1999, 65–71.

Nach dem Thema „Thora“ und „Messias“ in Ps 1–2 schlage Ps 2 weitere Grundthemen des Psalters an: 1. Der Beter und seine Feinde, und 2. Bei Gott ist Hilfe. Die Bedrohung durch Feinde werde in Ps 3 in besonders verdichteter Form (*rbym*) vorgetragen.[11]

Ps 3 ist nach H. Gunkel in gedrängter Kürze das Muster eines Klagelied eines Einzelnen (KE).[12] In textlicher Hinsicht, so wird versichert, biete Ps 3 keine Schwierigkeiten und auch das Metrum stelle uns vor keine Probleme.[13] Die modernen Interpreten sind sich ferner größtenteils darin einig, daß der Psalm nachträglich (V. 1b) im Lichte der Auseinandersetzungen zwischen David und seinem Sohn Absalom (II Sam 15–19) verstanden wurde.[14] Das kultische Gebet sei durch die Verbindung mit der Geschichte Davids und Absaloms in einen liturgischen Text für Schriftmeditation und -frömmigkeit umgewandelt worden.[15] Im Gegensatz zu diesen Stimmen wird von anderer Seite betont, daß zwischen V. 1 und dem Textkorpus keine innere Beziehung bestehe und der Verweis auf David nichts zur Klärung des Textes beitrage.[16] Der Überschrift wird nur eine nachträgliche Situierung des Psalms zugebilligt.[17]

Die antik-mittelalterliche Tradition, die das Lied auf David zurückführt, findet nur noch vereinzelt Anhänger.[18]

Der Anschluß von Ps 3 an die Davidsgeschichte führte entgegen der *communis opinio* auch zum Vorschlag, zwischen der Überschrift V. 1b und dem Textkorpus ein Geflecht von Beziehungen anzunehmen und die Frage aufzuwerfen, ob der Psalm im ganzen als Midrasch zur Davidsgeschichte verfaßt worden sein könnte.[19]

---

11 P. Riede 2000, 49.

12 H. Gunkel 1926, 13; id. 1933, 172; C. Westermann 1977, 60; vgl. dagegen z.B. die Bedenken bei F. Stummer 1922, 96, der vermerkt, daß sich Ps 3 mit Ausnahme von V. 8 (*qwmh*) im Aufbau ziemlich frei vom Schema der Hymnen halte. Er weise zwar nach der kurzen, nur aus dem Namen Jahwe bestehenden Anrede in V. 2–3 eine Elendschilderung und in V. 8 eine Bitte auf (V. 9 sei Epiphonem), aber das Mittelstück V. 4–7 füge sich nicht in das Schema ein. Fasse man V. 6–7 als logische Folge und Gedankenentwicklung aus V. 4 und 5 auf, so könnte man den ganzen Abschnitt am ehesten noch als Lobpreis deuten und eine Umstellung der Kompositionsteile annehmen. Bemerkenswert bleibe immerhin, daß gerade dieser sonst selbständig gebaute Psalm das *qwmh YHWH* gerade an der Stelle habe, wo akkadische Hymnen das *iziz(am)ma* setzten.

13 H.-J. Kraus I 1978, 157; N.H. Ridderbos 1972, 124, fällt das folgende schwärmerische Urteil: „Dieser Psalm bietet ein gutes, um nicht zu sagen: ein Musterbeispiel für einen straffen, stereotypen Aufbau.“

14 H.-J. Kraus I 1978, 160; M. Millard 1994, 131; J.-M. Auwers III 1994, 527–528; id. 2000, 138.

15 E.S. Gerstenberger I 1988, 52.

16 So z.B. H.-J. Kraus I 1978, 160; E.S. Gerstenberger I 1988, 50, vermerkt z.B. zu dieser Thematik folgendes: „The ancient scribe who thus commented on this psalm was probably prompted by the reference to the ‚multitude of enemies‘ in vv. 2–3 to refer to this particular incident in the David story (2 Sam 15:12 ...).“; D. Dhanaraj 1992, 87. 91, läßt z.B. bei der Übersetzung und in der Kommentierung V. 1 weg.

17 A. Deissler I 1971, 33.

18 Siehe z.B. E.J. Kissane 1964, 10; L. Jacquet I 1975, 242–243.

19 M. Millard 1994, 131.

Die Vorstellung, daß Ps 3 eine ursprüngliche textologische Einheit darstelle, die nur aus einer Schicht besteht, wird sowohl von jenen verteidigt, die zwischen der Überschrift und dem Textkorpus keinen Konnex herstellen, als auch von jenen, die in der Zuweisung des Psalms zur Geschichte Davids den wesentlichen Grund für seine Entstehung sehen.

Entgegen der These von der ursprünglichen Einheit des Textes von Ps 3 wurde auch die Vermutung ausgesprochen, daß eine höchstwahrscheinlich vorexilische Individualklage den Grundbestand des vorliegenden Textes bilde.[20]

Grundlegende Differenzen bestehen über den kultischen und juridischen Charakter des Liedes. Es wird die These vorgetragen, daß der Beter sich einer Anklage gegenübergestellt sehe, die ihn dazu geführt habe, im Heiligtum auf dem Zion Asylschutz und Rechtshilfe zu finden. Diese scheine ihm zuteil geworden zu sein. Der Hintergrund bzw. der Ablauf eines Sakralverfahrens bestimme die Einzelelemente des Psalms, wobei auf bereits Erfahrenes zurückgeblickt werden könne (V. 4–6. 8), und zwar auf die unbehelligte Übernachtung im heiligen Bezirk sowie auf ein offenbar bereits ergangenes Urteil.[21]

Gegen eine Verbindung von Ps 3 mit einer Gottesgerichtsbarkeit im Tempel wendet Ch. Schroeder mit Recht ein, daß es sich um ein Traumgeschehen handle, das weder an ein Heiligtum, noch an eine Inkubation im Tempel gebunden sei.[22]

Die widersprüchlichen Anschauungen über die Verbindung von Ps 3 mit einer göttlichen Gerichtsbarkeit bedingen höchst unterschiedliche Auslegungen der Zeitstufen in den einzelnen Abschnitten des Liedes.[23]

Aus dem Verlauf der Forschungsgeschichte ergibt sich folglich die Frage, ob in Ps 3 eventuell vorexilische und nachexilische Textschichten zu unterscheiden und wie die juridischen Elemente des Liedes zu bestimmen sind. Außerdem sollte untersucht werden, ob ugaritische Texte zu einer Aufhellung der Entstehungsgeschichte dieses Liedes beitragen können.

2. Kolometrie und Übersetzung

3.1.1 [*mzmwr*[24] *l dwd b brḥw m pny ʾbšlwm bnw*]

3.2.1 ***YHWH***[25] ***mh rbw ṣry*** 12

20 H. Spieckermann 1989, 252.

21 K. Seybold 1996, 34–35.

22 Ch. Schroeder 2000, 245–247.

23 Vgl. zu dieser Thematik u.a. P. Riede 2000, 33 Anm. 53.

24 *Kursiv:* Kommentierung und Historisierung der Vorlage.

25 *Kursiv* + **fett**: Vorlage, KE.

3.2.2	[*rbym*] ***qmym ʿly***	7 + x [11]
	. . .	
	. . .	
3.3.1	[*rbym ʾmrym l npšy*	[14]
3.3.2	*ʾyn yšwʿth lw b ʾlhym*]	[17]
	[26]	
3.4.1	***w ʾth YHWH mgn bʿdy***	15
3.4.2	***kbwdy w mrym rʾšy***	14
3.5.1	***qwly ʾl YHWH ʾqrʾ***	14
3.5.2	***w yʿnny m hr qdšw***	13
3.6.1	***ʾny škbty w ʾyšnh***	14
3.6.2	***hqyṣwty ky YHWH ysmkny***	19 (14)[27]
3.7.1	[*lʾ ʾyrʾ m rbbwt ʿm ʾšr sbyb štw ʿly*]	[27]
3.8.1	[*qwmh YHWH hwšyʿny ʾlhy*]	[19]
3.8.2	***ky hkyt*** [*ʾt*] ***kl ʾyby lḥy***	15 (12) [17]
3.8.3	***šny ...*** [*ršʿym*] ***šbrt***	7 + x [12]
3.9.1	[*l YHWH hyšwʿh*	[11]
3.9.2	*ʿl ʿmk brktk*]	[10]

3.1.1 [*Ein Psalm Davids, als er vor Absalom, seinem Sohn, floh.*]

3.2.1 ***Jahwe, wie viele sind meine Gegner,***
3.2.2 ... [*viele*] ***erheben sich wider mich!***
. . .
. . .

3.3.1 [*Viele sagen von mir:*
3.3.2 *„Für ihn gibt es keine Hilfe bei ‚seinem' Gott!"*]

26 Doppelstrich zur Kennzeichnung von Strophen.
27 Anzahl der Konsonanten ohne Pleneschreibung.

3.4.1 ***Doch du, Jahwe, bist ein Schild um mich her,***
3.4.2 ***meine Ehre, der mein Haupt erhebt.***
3.5.1 ***Schreie ich laut zu Jahwe,***
3.5.2 ***so erhört er mich von seinem heiligen Berge.***

3.6.1 ***Ich hatte mich niedergelegt und schlief ein,***
3.6.2 ***bin ich erwacht, denn Jahwe stützt mich.***

3.7.1 [Ich fürchte mich nicht vor Zehntausenden Volkes, die sich rings wider mich lagern!]
3.8.1 [Auf, Jahwe! Hilf mir mein Gott!]

3.8.2 ***Denn du schlägst*** [den] ***all meine Feinde auf den Backen,***
3.8.3 ***zerbrichst den ...*** [Frevlern] ***die Zähne!***

3.9.1 [Oh Jahwe, ‚hilf doch'!
3.9.2 Dein Segen über dein Volk!]

3. Kolometrische und philologische Anmerkungen

3.1.1

Eine redaktionelle Überschrift, die Ps 3 kanonisch auf das Geschick Davids bezieht. Der König mußte vor seinem rebellischen Sohn fliehen und befindet sich in Lebensgefahr (II Sam 15,13–18); siehe ferner folgende mögliche Verbindung zwischen Ps 3 und der Geschichte Davids: V. 2 = II Sam 18,31–32; V. 2 = II Sam 15,12; 17,1; V. 3 = II Sam 16,8; V. 4 = II Sam 15,30; V. 7 = II Sam 15,13; 17,11; V. 6 = II Sam 16,14, oder eher II Sam 17,1; M. Millard 1994, 128–131; J.-M. Auwers 1994, 527–528.

M. Millard 1994, 131, schließt aus den Ähnlichkeiten zwischen II Sam 15 ff. und Ps 3 folgendes: „Wir sehen also eine ganze Reihe von Textelementen aus 2Sam 15 ff. in Ps 3 vertreten, so daß es nicht ausgeschlossen ist, daß der Psalm in seiner Gesamtheit als Midrasch zur Davidsgeschichte verfaßt wurde."

3.2.1 – 3.3.2

Der Abschnitt wird durch die Abfolge von *rbw* – *rbym* – *rbym* als sekundäre Einheit gekennzeichnet. Da *rbym* in 3.3.1 offensichtlich als Kommentar zu *rbym* in 3.2.2 fungiert, letzteres aber kein genuines Parallelwort zu *ṣry* „meine Gegner" (3.2.1) ist (siehe unten zu 3.2.1 – 3.2.2), ergibt sich, daß sowohl *rbym* in 3.2.2 als auch 3.3.1 – 3.3.2 Teil einer midraschartigen Kommentierung in Prosa sind.

Die Kommentierung 3.3.1 – 3.3.2 dürfte den zweiten Teil der ersten Strophe ersetzen oder deren Stelle einnehmen.

M. Dahood, RSP I 1972, 338, Nr. 517, fordert unter Hinweis auf ugaritische Stellen ein Wortpaar *rb* || *rb* und findet dies auch in Ps 3,2–3 vor. Da aber in KTU 1.6 I 44–45; 1.4 III 27–29 nur die Wiederholung eines Epithetons der Göttin Aschera (*rbt atrt ym* || *rbt atrt ym*) bezeugt ist und in 1.5 III 2–3 das postulierte Parallelpaar *rb* || *rb* fehlt, dürfte die Argumentation im Hinblick auf Ps 3,2–4 gegenstandslos sein.

3.2.1 – 3.2.2

ṣry || ***rbym*** – Das Bikolon wird vom Wortpaar *ṣry* || *rbym* bestimmt[28]. Parallel hierzu finden wir im Bikolon 3.8.2 – 3.8.3 den Parallelismus *ʾyby* || *ršʿym* „meine Feinde" || „Frevler" vor. Wenn wir von der Annahme ausgehen, daß in der ugaritisch-biblischen Tradition allein die Wortpaare *ib* || *ṣrt* „Feind" || „Gegnerschaft", *ib* || *qm* „Feind" || „Angreifer" und *ib* || *šnu* „Feind" || „Hasser" (M. Dahood, RSP I 1972, 97–99, Nr. 5–7; Y. Avishur 1984, 344–349) geläufig sind, drängt sich die Annahme auf, daß sowohl in 3.2.2 das Wort *rbym* als auch *ršʿym* in 3.8.3 von der Redaktion eingesetzt worden sind und ein *ʾybym* respektive ein *ṣrym*, *śnʾym* oder *qmym* ersetzen.

ṣr „nationaler, politischer, militärischer Feind" – P. Riede 2000, 37.

3.2.1

rbw „viel, zahlreich sind" – Das Verbum *rbb* erfüllt eine Doppelfunktion, die sich folgendermaßen verdeutlichen läßt:

YHWH mh	*rbw*	*ṣry*
	[*rbym*]	
		ʾybym$^{?}$ *qmym ʿly*.

28 Vereinzelt wird angenommen, daß ein Parallelismus *ṣry* || *qmym* vorliege; M. Dahood I 1965, 16, führt hierzu auf wenig überzeugende Weise das ugaritische Wortpaar *ib* || *ṣrt* an; siehe ferner A. Berlin 1985, 78.

Vgl. sonst den Parallelismus *rbb* || *'ṣm* (M. Dahood, RSP I 1972, 338, Nr. 516; Y. Avishur 1984, 399). Zur Vielzahl der Feinde siehe Ps 22,13; 25,19; 31,14; 37,16; 38,20; 55,19; 56,3; 69,5.

qwm 'l „aufstehen, sich erheben gegen jemand", bei Feindbedrohung, in zwischenmenschlicher und rechtlicher Beziehung, ein feindliches Verhalten, das sich gegen einzelne und Kollektive richten kann – P. Riede 2000, 37–42. 104. Während innerhalb des KE *qwm 'l* auf rechtliche Gegnerschaft (P. Riede 2000, 38–39) zu beziehen sein dürfte, ist im historisierten Text sicher an einen rebellischen Aufstand gegen David (vgl. P. Riede 2000, 40–42) gedacht.

3.3.1 – 3.4.2

M. Dahood, RSP III 1981, 6. 148, Nr. 283, liest diesen Abschnitt als Tetrakolon mit den chiastisch angeordneten Wörtern *npšy* „mein Leben" || *r'šy* „mein Kopf". Für diese Deutung sprechen weder KTU 1.16 VI 9–11, noch die angeführten biblischen Belege.

3.3.1 – 3.3.2

Ein Kommentar zu *rbym* in 3.2.2, der im Gegensatz zum Kontext prosaisch strukturiert ist.

rbym – Siehe oben zu 3.2.1 – 3.3.2 und 3.2.1 – 3.2.2.

'mr l „über jemanden sprechen" – Gen 20,13; Jdc 9,54; vgl. dagegen M. Dahood I 1965, 15–16, der nach ugaritisch *'mr* „to see" zu folgender Übersetzung gelangt: „How many who eye my life!". Die Lexika (Ges.[18] 75: *'mr*$_1$; HAL 63–64: *'mr* I) lehnen ein hebräisches *'mr* „sehen" zu Recht ab.

yšw'th – P. Joüon, Grammaire de l'Hébreu biblique. Rome 1947, par. 93 j.

'lhym – l *'lhyw*; BHSb.

3.4.1 – 3.5.2

Die beiden Bikola bilden eine Strophe, die Gottes Schutz beschreibt.

3.4.1 – 3.4.2

mgn || **kbwd – mrym r'š** „Schild" || „Ehre" – „Erheber des Hauptes". Die Nomina sind als parallele Elemente aufzufassen; vgl. dagegen M. Dahood I 1965, 15–18, der *mgn* mit „suzerain" und *kbwdy* mit „my Glorious One" übersetzt. Im Falle von V. 4 scheitert diese These daran, daß weder *kbwd* „Ehre" noch *mrym r'š* „Erheber des Hauptes" es zulassen oder erfordern, *mgn* „Schild" mit „suzerain" zu übersetzen; O. Loretz 1974, 177–178.

mgn „Schild", als Waffe Gottes – Ps 5,13; 7,11; 28,7; 91,4; 119,114; P. Rieder 2000, 140. 145.

3.4.1

w 'th „du aber" – Einleitung des Gegensatzes zum Verhalten der Feinde.

mgn „Schild" – Jahwe als „Schild": Gen 15,1; Dtn 33,29; Ps 18,5; 28,7; 119,114; O. Loretz 1974, 177–178. Vgl. dagegen M. Dahood I 1965, 16–18, der von ugaritisch *mgn* „schenken" (AHw. 574–575: *mag/kannu* „Geschenk"; W. von Soden 1985, 52–53; siehe ferner HAL 517: *mgn* I pi) und punisch *māgōn* her ohne Grund ein hebräisches Wort *mgn* „Suzerain" postuliert.
Vgl. HAL 517: *mgn* I 3. metaph. Schutz c), wo allein zur Diskussion gestellt, ob in Ps 47,10 *mgn* metaphorisch für „Machthaber" gebraucht wird; siehe ferner oben zu 3.4.1 – 3.4.2.

kbwd „Ehre, Herrlichkeit" – Gott ist der Urheber, Verteidiger seiner Ehre; Ps 7,6; 8,6; 16,9; 30,11; 57,6.8.12; 62,8; 84,12; H. Spieckermann 1989, 280–283.

mrym r'šy „Erheber meines Hauptes" – Gen 40,13; II Reg 25,27; Ps 27,6; 110,7; Sir 11,1. Zum Heben des Kopfes als Haltung und Zeichen der Freude in ugaritischen, akkadischen und biblischen Texten siehe u.a. M.I. Gruber I 1980, 598–613.

3.5.1 – 3.5.2

qr' || ***'ny*** „rufen" || „antworten" – Parallele Elemente.

3.5.2

hr qdšw „sein heiliger Berg" – Der Tempelberg gilt als Ausgangspunkt der göttlichen Hilfe, wo nach der Redaktion 3.8.1 die Bundeslade ruht; vgl. dagegen M. Millard 1994, 130, der auf Davids Gebet auf der Höhe verweist und der annimmt, daß 3.5.2 von II Sam 15,32 her bedingt sei.

3.6.1 – 3.8.4

Bericht über ein Traumorakel, das dem Klagenden das göttliche Gerichtsurteil bekannt gibt; Chr. Schröder 2000, 243–251. In die Beschreibung des nächtlichen Orakels sind mit den beiden Zusätzen *3.7.1* und *3.8.1* Erklärungen hinzugekommen, von denen die erste die Notlage des Klagenden illustriert und die zweite anzeigt, daß der Beter ein rettendes Urteil von Gott empfangen hat.

3.6.1 – 3.6.2

Das Bikolon berichtet über ein nächtliches Traumorakel, das die göttliche Botschaft der Rettung übermittelt. Das Geschehen spielt sich nicht am Morgen ab, sondern in der Nacht. Es leitet den im Bikolon *3.8.2 – 3.8.3* folgenden Stimmungsumschwung ein; Ch. Schroeder 2000, 244.

škb – ***yšn*** || **qyṣ** „sich niederlegen" – „schlafen" || „erwachen"[29] – Parallele Elemente. Zu ugaritisch *škb* || *yšn* siehe Y. Avishur 1984, 414–415.

3.7.1

Eine Zufügung in Prosa, die sich sowohl durch das Relativpronomen *'šr*, als auch durch den Bezug auf die 12000 Männer, mit denen Achitophel David verfolgen will (II Sam 17,1), als solche zu erkennen gibt.

'm „Volk, Kriegsvolk" – Num 20,20; Ps 18,44; P. Riede 2000, 37, betont, daß *'m* möglicherweise bewußt als schillernder Begriff eingesetzt sei, welcher sowohl die eigenen Volksgenossen als auch ein feindliches Heer bezeichnen könne.

sbyb „ringsum" – P. Riede 2000, 43–46, zu *sbyb* und *sbb* „umzingeln" als militärische Begriffe.

šyt (*'l*) „Stellung beziehen (gegen)" – Vgl. Jes 22,7; P. Riede 2000, 46.

3.8.1

Eine Glosse; C.A. Briggs / E.G. Briggs I 1906, 26; S. Mowinckel 1957, 90–91; vgl. dagegen H. Herkenne 1936, 54, der V. 8a mit Hilfe von Ps 4,2b ergänzt und daraus ein Bikolon bildet.

qwm „aufstehen, stehen" – ***qwmh YHWH*** „Auf, Jahwe!" – Aufforderung an Jahwe, am Morgen in der Götterversammlung zur Verkündigung des Gerichtsurteils aufzustehen; G. Barbiero 1999, 69; vgl. Num 10,36; B. Janowski 1994, 66–67, zu Ps 7,7.

yš' hif „helfen, retten" – ***hwšy'ny 'lhy*** „Hilf mir mein Gott!" – Häufiger Ruf im KE; Ps 6,5; 7,2; 22,22; 31,17; 54,3; 59,3; Jer 17,14 u.a.; M.H. Pope 1994, 323; id. 1994a, 354–357.

3.8.2 – 3.8.3

nkh hif || ***šbr*** pi „zerschlagen" || „zerbrechen".
Die Wiedergabe der beiden Perfektformen *hkyt* || *šbrt* ist strittig; siehe unten zu Ps 13 Abschnitt 1.
Beide Verbformen werden entweder auf ein tatsächlich erfolgtes Eingreifen Jahwes bezogen (F. Baethgen 1904, 9; H.-J. Kraus I 1978, 157), als Prekative (M. Dahood I 1965, 15, 20; J. Hacklett / J. Huehnergard 1984, 260, mit emphatischem *ky*), als Ausdruck der Gewißheit (B. Duhm 1922, 15; H. Gunkel 1926, 14; B. Botterweck 1962, 188; R. Kilian 1968, 105; D. Dhanaraj 1992, 87, 105), als Hinweis auf frühere Hilfe Gottes, Bericht über erfahrene Hilfe

29 HAL 1026: *qyṣ* II hif „aufwachen".

innerhalb eines Dankgebetes, als Erhörung vor der tatsächlichen Wende der Not oder als eine im Traum gesehene und erfahrene Vernichtung der Feinde übersetzt und gedeutet.

Durch das Traumorakel erkennt der Schlafende, daß Jahwe den Prozeß gegen seine Feinde durchgeführt und sie verurteilt hat. Das Urteil Gottes bildet die Grundlage des in *3.8.2 – 3.8.3* zum Ausdruck gebrachten Stimmungsumschwungs. Die beiden Perfektformen *nkh* hif || *šbr* pi übersetzt man am besten als *perfecta coincidentiae.*

Zwischen den Bikola *3.6.1 – 3.6.2* und *3.8.2 – 3.8.3* ist folglich zur Erklärung des Stimmungsumschwungs kein Heilsorakel einzusetzen; Ch. Schroeder 2000, 244.

'yb || **rš'** „Feind" || „Frevler".

Das Bikolon *3.8.2 – 3.8.1* wird jetzt vom Topos des Schlagens auf den Backen und dem Zerbrechen der Zähne sowie vom Wortpaar *'ybym* || *rš'ym* „Feinde" || „Frevler" geprägt. Aus der Zusammenschau dieses Bikolons mit dem ersten im Psalm (siehe oben zu *3.2.1 – 3.2.2*) ergibt sich, daß wahrscheinlich *rš'ym* „Frevler" von der Redaktion eingesetzt worden ist und ein anderes Parallelwort zu *'yb* „Feind" ersetzt; zur Einfügung des Themas *rš'ym* „Frevler" an zahlreichen Stellen des Psalmenbuches siehe Ch. Levin 1993, 359–379; U. Nommik 1999, 443–527.

lḥ || **šn** „Backe" || „Zahn".

lḥ „Backe" – Das Schlagen auf die Backe gilt als Beschimpfung und Demütigung; I Reg 22,24; Hi 16,10; Mi 4,14; Thr 3,30; Joh 19,3; siehe ferner J. Hacklett / J. Huehnergard 1984, 273 mit Anm. 73, zu altorientalischen Parallelen; siehe ferner N.M. Sarna 1992, 175–181; M.T. Roth 1995, 27–36.

šn „Zahn" – Das Ausschlagen von Zähnen wird bei Gegnern und wilden Tieren (Ps 58,7; Hi 29,17) vorgenommen. Im Gegensatz zu J. Hacklett / J. Huehnergard 1984, 259–275; N.M. Sarna 1992, 180, die die keilalphabetischen Parallelen hierzu behandeln, sieht F. Crüsemann 1992, 191 Anm. 274, in den Zahnverletzungen keinen Rechtsritus.

Zu Zähnen als gefährlichen Raubtierwaffen siehe P. Rieder 2000, 192. 244. Zähne und Kinnladen (*šnym* || *mtl't*) der Reichen und Mächtigen können als Schwerter und Messer gegen Elende und Arme dienen (Prov 30,14); E. Jenni 1999, 114–115.

3.9.1 –3.9.2

Zusätze einer seit der Exilszeit einsetzenden Kollektivierung und Nationalisierung von Individualgebeten; vgl. z.B. Ps 14,7; 25,22; 29,11; 34, 23; H. Gunkel 1926, 14–15; J. Becker 1966, 68 Anm. 96; H. Spieckermann 1989, 160 mit Anm. 5.

3.9.1

l YHWH h yšw'h „bei Jahwe / Jahwes Sache ist die Hilfe" – H. Gunkel 1926, 15. Vgl. dagegen den Vorschlag, vor dem Tetragramm ein *lamed vocativum* anzusetzen; M. Dahood I 1965, 21, *O Yahweh*; M.H. Pope 1994, 323; id., 1994a, 354. M.H. Pope 1994, 323; id., 1994a, 354, schlägt ferner vor, *h yšw'h* durch *hwšy'h* zu ersetzen und folgendermaßen zu lesen: *l YHWH hwšy'h* „O Lord, help!"; vgl. dagegen M. Miller 1979, 623–624; J.A. Emerton 1994, 61.

4. Der poetische Aufbau von Ps 3 – Gattung und Datierung

Aus obigen Darlegungen zu Kolometrie und Wortpaaren (oben Abschnitt 3) folgt, daß den Text von Ps 3 ein dichtes Nebeneinander von poetischen Einheiten und prosaischen Elementen kennzeichnet. In der bibelwissenschaftlichen Auslegung wurde dagegen bislang größtes Gewicht auf den Nachweis einer durchgehend einheitlichen poetischen Struktur des Liedes gelegt. Bei diesen Versuchen konnte angesichts der gemischten Verfassung des Textes keine Einigkeit erzielt werden.

Die Gliederung von Ps 3 in poetische Einheiten und Strophen führte u.a. zu folgenden Ergebnissen:

Monokola:

1 V. 8a: B. Duhm 1922, 15; H.-J. Kraus I 1978, 157–158.
2 V. 8a. 9: F. Baethgen 1904, 9; H. Gunkel 1926, 12; R. Kittel 1929, 12.

Bikola:

7 F. Baethgen 1904, 8–9; H. Gunkel 1926, 12; R. Kittel 1929, 12.
8 B. Duhm 1922, 13–15; E. Podechard I 1949, 19–20; H.-J. Kraus I 1978, 157.
9 E.J. Kissane 1964, 10–11; P.C. Craigie 1983, 70; F.-L. Hossfeld 1993, 57.

Strophen:

3 zu je 3 Bikola: E.J. Kissane 1964, 10–11; F.-L. Hossfeld 1993, 57.
3 zu zweimal 3 Bikola, einmal 2 Bikola + 1 Monokolon: M. Buttenwieser 1938, 396; J. van der Ploeg I 1973, 45; L. Jacquet I 1975, 241–242, 2 zu je drei Bikola, einmal nur zu zwei + liturgisches Monokolon.
4 zu je 2 Bikola: C.A. Briggs / E.G. Briggs I 1906, 24; N. Schlögl 1915, 2; B. Duhm 1922, 13–15; Landersdorfer 1922, 25–26; H. Gunkel 1926, 12; A. Bruno 1930, 19; E. Podechard I 1949, 19–20; G. Ravasi I 1981, 115, 7 Bikola und 1 Monokolon + 1 Bikolon; J.P. Fokkelman 2000, 57.

4 3 zu je 2 Bikola und 1 mit 1 Kolon + 2 Bikola: F. Delitzsch 1894, 76–77;
3 zu je 2 Bikola und 1 zu 2 Monokola + 1 Bikolon: R. Kittel 1929, 12.
4 3 zu je 2 Bikola und einmal 1 Trikolon + 1 Bikolon: B. Bonkamp 1949, 57.

Die Differenzen in der Gliederung des Textes sind durch die Bemühungen bedingt, die prosaischen Abschnitte 3.3.1 – 3.3.2; 3.7.1, die Glosse 3.8.1 und den Zusatz 3.9.1 – 3.9.2 den fünf poetischen Einheiten – Bikola – gleichzustellen, die nach den Gesetzen des *parallelismus membrorum* aufgebaut sind: *3.2.1 – 3.2.2; 3.4.1 – 3.6.2 und 3.8.2 – 3.8.3.*

Nach Abgrenzung der eingefügten Textteile erhalten wir den Torso eines ehemaligen KE, von dem nur noch der Anfang der ersten Strophe (*3.2.1 – 3.2.2*) und zwei weitere Strophen (*3.4.1 – 3.5.2; 3.6.1 – 3.6.2 + 3.8.2 – 3.8.3*) erhalten sind.[30]

Das KE diente als Grundlage für eine Fortdichtung im Sinne der Überschrift (*3.1.1*), die die Flucht Davids vor seinem aufrührerischen Sohn Absalom in den Mittelpunkt des Geschehens stellt.[31] Die Flucht Davids gelang, weil Huschai die Durchführung des Planes Achitophels, den König noch in der Nacht nach seiner Flucht aus Jerusalem anzugreifen, Absalom und seinen Getreuen ausreden konnte (II Sam 17,1–14). Der Zeitgewinn einer Nacht ist für den Sieg Davids am folgenden Tag ausschlaggebend (II Sam 18,1–8).

Das Geschehen dieser Nacht wird in Ps 3 midraschartig ausgestaltet: David wird ein Gebet in den Mund gelegt, in dem der Aussage der Vielen, daß David bei seinem Gott keine Hilfe mehr finde, die Vertrauensaussage des fliehenden Königs entgegengesetzt wird. Da diese Auseinandersetzung zwischen den Vielen und David in den Prosateilen *3.3.1 – 3.3.2* und *3.7.1 – 3.8.1* in engster Übereinstimmung mit II Sam 15–18 erfolgt, drängt sich der Schluß auf, daß die Autoren der midraschartigen Bearbeitung die poetischen Abschnitte als Grundlage für einen neuen Text benützt haben. Es liegt folglich der Schluß nahe, daß Ps 3 zwar nicht als ganzer[32], jedoch in Teilen als Midrasch zur Davidsgeschichte gestaltet worden ist und V. 1b in einem inneren Zusammenhang mit dem Textkorpus steht.[33]

Ps 3 sollte folglich als Fragment eines KE mit midraschartiger Bearbeitung klassifiziert und den nachkultischen Psalmen zugerechnet werden. Durch die Verbindung des KE mit der Davidsgeschichte gewinnt der Text folgende drei Dimensionen:

---

30 Da das KE ein tröstendes Traumorakel enthält (V. 6), das einen Stimmungsumschwung bewirkt (*3.8.2 – 3.8.3*), zieht es Ch. Schroeder 2000, 245, vor, von einem „Vertrauenslied" zu sprechen.

31 M. Millard 1994, 127–132; siehe ferner M. Carasik 1994, 290–291, mit Verweis auf B.S. Childs 1971/72, 137–150; E. Slomovic 1979, 350–380.

32 M. Millard 1994, 130–131.

33 M. Carasik 1994, 290–291, sieht durch Wortanklänge folgende Möglichkeiten des Vergleichs von Ps 3 mit der Geschichte Davids gegeben: Ps 3,2 = II Sam 18,31–32; V. 3 = II Sam 16,7–8; V. 4 = II Sam 15,30; V. 6 = II Sam 16,14; 17,22.

1. Fragment eines KE, das den Rechtsfall eines ungerecht Verfolgten oder Bedrängten vor dem göttlichen Richter, nicht aber vor dem Gottesgericht im Tempel[34], thematisiert.[35]
2. Historisierung des Textes durch Verbindung mit der Davidsgeschichte und eine midraschartige Bearbeitung des Textes in Prosa im Sinn von V. 1b. Durch die Historisierung werden die Feinde des Bedrängten des KE zu militärischen Feinden Davids (*3.3.1 – 3.3.2; 3.7.1*).
3. Der neue Text steht im Dienst der nachexilischen Gemeinde und deren Auseinandersetzung mit ihren Gegnern.

Welches Ziel wurde bei der Gestaltung des Endtextes verfolgt? Die midraschartige Historisierung dient nicht historischen Zwecken, sondern der Verdeutlichung der mißlichen Lage des frommen Israeliten in nachexilischer Zeit. Der Fromme sieht sich dem Spott der Menge (*3.2.1 – 3.3.2*), der *rš'ym* „Frevler" (*3.8.3*), ausgesetzt und deren Rede, daß bei Gott keine Hilfe zu finden sei (*3.3.1 – 3.3.2*). Dagegen setzt er mit dem Vorbild David sein Vertrauen auf Gott. Dieser Beter des Psalms mag als Individuum[36] oder als „Ich" der Gemeinschaft verstanden werden.[37]

Wer sind die Feinde und Frevler, von denen Ps 3 spricht? Für den im Hinblick auf David historisierten Text besteht über die Feinde kein Zweifel.[38] Es sind dies Absalom und seine Männer. Da es sich jedoch bei dieser Auskunft um das Ergebnis einer nachträglichen Historisierung handelt, müssen wir ihre Absicht erkunden.

B. Bonkamp hat aus der Tatsache, daß die Gegner in V. 3 nicht von Jahwe, sondern vom „Gott" des Klagenden sprechen, gefolgert, daß diese Nichtisraeliten seien. Für ein enges Zusammenleben von Israeliten und Nichtisraeliten komme nur die nachexilische Zeit in Frage.[39]

Aus der Nähe des Liedes zu Ps 2 wurde auch von N. Füglister abgeleitet, daß das Wortpaar *'yb* || *rš'* „Feind" || „Frevler" (*3.8.2 – 3.8.3*; Ps 17,9; 55,4) die Gojim bezeichne.[40] Diese Gojim seien nach Ps 9/10 nichtisraelitische Elemente,

---

34 Vgl. oben zu Anm. 21.

35 H. Spieckermann 1989, 252–253, verbindet Ps 3 mit der vorexilischen Jerusalemer Tempeltheologie, derzufolge Jahwes Präsenz im Tempel am wirkmächtigsten (*3.5.2*) gegen die Feinde ist.

36 So vor allem H. Gunkel 1926, 13.

37 S. Mowinckel I 1967, 220, zählt Ps 3 zu den „national congregational laments in the I-form"; J. Becker 1966, 68 Anm. 96, stellt Ps 3 zusammen mit Ps 14 = 53; 51 und 130 zu den Beispielen kollektivierender Neuinterpretation der Situation des Volkes.

38 H. Vorländer 1972, 265–266, schlägt vor, in den Feinden Dämonen zu sehen, die nach der Aussage von V. 6 besonders nachts versuchten, dem Beter zuzusetzen. In dieser Argumentation wird ein vorexilischer und ursprünglich einheitlicher Text vorausgesetzt. Nach *3.8.3 – 3.8.4* spricht der Psalmist von feindlichen Personen.

39 B. Bonkamp 1949, 58, verweist auf die ähnliche Lage in Ps 9/10; 35; 54; 55; 56; 59.

40 N. Füglister 1993, 114 Anm. 34.

die in Juda zum Unheil der „Armen“ ihr Unwesen trieben. Sie würden als Frevler bezeichnet, weil sie selber „Frevler“ seien (vgl. Ez 7,21) und mit den jüdischen Frevlern gemeinsame Sache machten. Sie gehören nach N. Füglister zu den heidnischen „Völkern des Landes“, die den aus dem Exil repatriierten Juden die größten Schwierigkeiten bereiteten.[41]

Dagegen schlägt D. Dhanaraj vor, die Feinde von Ps 3 keiner bestimmten Gruppe zuzuordnen, sondern in ihnen eine große Vielzahl von allen möglichen Gegnern zu sehen.[42]

Für Ps 3 ist charakteristisch, daß der auf Jahwe vertrauende Beter ganz mit der Gestalt Davids identifiziert bleibt und nicht etwa selbst als Frommer, Gerechter oder Armer erscheint. Daß es sich bei diesem Verfolgten „David“ um einen Leidenden aus der nachexilischen Zeit handelt, ergibt sich mit Sicherheit aus der midraschartigen Kommentierung des Textes, die nur in der Spätzeit möglich geworden ist. Folglich liegt es nahe, in den Feinden und Frevlern von Ps 3 u.a. jene eigen- und fremdvölkischen Gegner der frommen Juden zu sehen, die ihnen nach der Rückkehr aus der babylonischen Gefangenschaft das Leben erschwert haben.

Für die Datierung ergibt sich aus den obigen Ausführungen, daß weder eine einseitige Entscheidung für eine Früh-[43] oder eine Spätdatierung[44] annehmbar, aber auch mit H. Gunkel kein Verzicht auf eine Datierung[45] nötig ist.

Während das Fragment des KE auf vorexilische Tradition zurückgehen dürfte, spricht im Gegensatz hierzu alles für eine nachexilische Datierung der Endfassung des Textes.

---

41 N. Füglister 1993, 116–117.

42 D. Dhanaraj 1992, 18–19.

43 R. Kittel 1929, 13, ein König könnte nach V. 9 der Dichter sein; W.O.E. Oesterley 1939, 128, vermerkt zur Datierung folgendes: „There is not sufficient reason to deny a pre-exilic date to the psalm, but anything more precise cannot be postulated, as indications in the psalm itself are wanting.“; E. Podechard I 1949, 22, vorexilische Datierung nicht ausgeschlossen; H.-J. Kraus I 1978, 159–160, lehnt es ab, von einer zeitlichen Ansetzung des Psalms zu sprechen. Er plädiert mit W. Beyerlin für eine Herkunft aus vorexilischer Zeit und spricht von seiner Herleitung aus der Epoche des ersten Jerusalemer Tempels; P.C. Craigie 1983, 72, vielleicht aus der Zeit Davids; F.-L. Hossfeld 1993, 56, vorexilisch.

44 B. Duhm 1922, 16, vormakkabäische Zeit; M. Buttenwieser 1938, nachexilisches Judentum vor der Zeit der Makkabäer; B. Bonkamp 1949, 58, nachexilische Zeit; A. Deissler I 1971, 33.

45 H. Gunkel 1926, 13, vermeidet zwar eine zeitliche Festlegung, nennt den Klagedichter aber einen Frommen. Seine Formulierungen lassen die Frage unbeantwortet, ob er damit eine späte Datierung andeutet.

5. Zusammenschau: Ugarit-Texte – Psalm 3

Wer Ps 3 unter Beachtung der Gesetze des *parallelismus membrorum* der ugaritischen und hebräischen Poesie liest, wird bald feststellen, daß sich der biblische Liedtext aus poetischen Einheiten und Prosa zusammensetzt.

In der traditionellen Psalmenauslegung wird dieses Janusgesicht des Textes zugunsten einer gewalttätigen Einebnung in poetische Einheiten entweder übersehen oder negiert. Die z.B. bei H. Gunkel systembedingte Rückführung des Liedes auf einen individuellen Dichter und einen folglich einschichtigen, ursprünglichen Text hat von vornherein eine Geringschätzung der Überschrift des Liedes und eine Fehlbewertung aller Indizien, die auf eine Mehrzahl von „Autoren“ hinweisen, im Gefolge.[46]

M. Dahood bindet seine Deutung von Ps 3 mit Hilfe der Ugarit-Texte gleichfalls an die traditionelle These von der Einschichtigkeit und Ursprünglichkeit des Textes. Er setzt folglich ein einheitliches poetisches Gefüge des Liedes an.[47] Seine vorgefaßte Meinung über die Einheit und auch das hohe Alter des Textes liefern ihm das Fundament für seine jeweils nur stichpunktartigen Parallelisierungen von ugaritischen Textstellen und Wörtern mit einzelnen Wörtern in Ps 3.[48] In seinem Argumentationsschema verzichtet er jedoch grundsätzlich auf einen umfassenden Vergleich seiner eigenen Sicht der Poesie von Ps 3 mit ugaritischer Poetik.

Das Ideal einer ursprünglichen Texteinheit liegt auch den Versuchen zugrunde, Ps 3 in einem institutionellen kultischen Rahmen unterzubringen[49] oder ihn insgesamt als Produkt des Midrasch[50] zu werten.

Eine Berücksichtigung des Unterschiedes zwischen Prosa und Poesie in der ugaritischen und biblischen schriftlichen Überlieferung eröffnet uns dagegen die Möglichkeit, in Ps 3 zwischen alten und neuen, poetischen und prosaischen Elementen zu unterscheiden. Auf diesem Weg nähern wir uns dem, was der vorexilische Text sagt, und dem, was der nachexilische Hermeneutiker als sein Ergebnis vor unseren Augen ausbreitet.[51]

---

46 H. Gunkel 1926, 12–13.

47 M. Dahood I 1965, 15–21; id. RSP III 1981, 6, setzt er für Ps 3,3–4 ein archaisches Tetrakolon an.

48 M. Dahood I 1965, 16–21, vergleicht folgende ugaritische und hebräische Wörter: S. 16: *ṣrt* (KTU 1.3 IV 4) – *ṣry*, wobei er das Wortpaar *ṣry* || *qmym ʿly* (*3.2.1 – 3.2.2*) als semantisches Äquivalent für ugaritisch *ib* || *ṣrt* ansieht; S. 16: Zu *ʾmr* „to see“ (*yitmr*, KTU 1.2 I 32) – *ʾmr* (*3.3.1*) siehe oben zu *3.3.1 – 3.3.2*; S. 16: ugaritisch *b* „from“ = *b* (*3.3.2*), unnötig; S. 16–18: *mgn* „to give, bestow, hand over“ (KTU 1.4 I 21, III 30) = *mgn* „Suzerain“, siehe oben zu *3.4.1* -- *3.4.2* und *3.4.1*; S. 20–21: *lḥt* (KTU 1.17 I 28) = *lḥy* (HAL 499: *lḥy* I „Kinn, Kinnlade, Backe“; S. 21: *l* (*lamed vocativum*) = *l* (*l YHWH*), siehe oben zu *3.9.1*. M. Dahood setzt ferner für Ps 3,2–3 ein Wortpaar *rb* || *rb* (RSP I 1972, 338, Nr. 517) und für Ps 3,3–4 ein Tetrakolon mit der chiastischen Anordnung der Wörter *npš* und *rʾš* (RSP III 1981, 6; 148, Nr. 283) an; zur kritischen Bewertung dieser Vorschläge siehe oben zu *3.2.1 – 3.3.2* und *3.3.1 – 3.4.2*.

49 Siehe zu diesen Versuchen u.a. die Kritik von B. Janowski I 1989, 7–8, 10 mit Anm. 70.

50 M. Millard 1994, 131.

51 Siehe oben zu Anm. 2–3.

Literatur

Auffret, P., 1979: Note sur la structure littéraire du psaume 3, ZAW 91, 93–106.
– –, 1987: Notes complémentaires sur la structure littéraire des Psaumes 3 et 29, ZAW 99, 90–93.
Auwers, J.-M., 1994: Le Psautier hébraïque et ses éditeurs. Recherches sur une forme canonique du livre des Psaumes I-III. Diss. Université Catholique de Louvain, Faculté de Théologie et de Droit Canonique, 1994.
– –, 2000: La composition littéraire du Psautier. Un état de la question. EtB 46.
Barbiero, G., 1999: Das erste Psalmenbuch als Einheit. Eine synchrone Analyse von Psalm 1–41. ÖBS 16.
Becker, J., 1966: Israel deutet seine Psalmen. Urform und Neuinterpretation in den Psalmen. SBS 18.
Berlin, Adele, 1985: The Dynamics of Biblical Parallelism, Bloomington.
Beyerlin, W., 1970: Die Rettung der Bedrängten in den Feindpsalmen der Einzelnen auf institutionelle Zusammenhänge untersucht. FRLANT 99 (75–84: Ps 3).
Botterweck, G.J., 1962: Klage und Zuversicht der Bedrängten. Auslegung der Psalmen 3 und 6, BiLe 3, 184–189.
Brekelmans, C., 1963: Pronominal Suffixes in the Hebrew Book of Psalms, JEOL 17, 202–206.
Caplice, R.J., 1967: Participants in the Namburbi-Rituals, CBQ 29, 346–352.
Carasik, M., 1994: Who were the „Men of Hezekiah“ (Proverbs XXV 1)?, VT 44, 289–300.
Childs, B.S., 1971/72: Psalm Titles and Midrashic Exegesis, JSSt 16, 137–150.
Crüsemann, F., 1992: Die Tora. Theologie und Sozialgeschichte des alttestamentlichen Gesetzes. München.
Culley, R.C., 1991: Psalm 3: Content, Context and Coherence, in: W. Groß u.a., (eds.), Text, Methode und Grammatik. Wolfgang Richter zum 65. Geburtstag. St. Ottilien, 29–39.
Dhanaraj, D., 1992: Theological Significance of the Motif of Enemies in Selected Psalms of Individual Lament. OBC 4. (87–109: Ps 3; 285–292: Excursus 2: Problems Concerning the Application of Verb Forms as Illustrated by Pss 3 and 64).
Emerton, J.A., 1994: What Light has Ugaritic Shed on Hebrew?, in: G.J. Brooke / A.H.W. Curtis / J.F. Healey, (eds.), Ugarit and the Bible. Proceedings of the International Symposium on Ugarit and the Bible, Manchester, September 1992. UBL 11, 53–69.
Engnell, I., 1969: A Rigid Scrutiny: Critical Essays on the Old Testament. Trans. J.T. Willis, Nashville.
Fokkelman, J.P., 2000: Major Poems of the Hebrew Bible at the Interface of Prosody and Structural Analsysis. Vol. II: 85 Psalms and Job 4,14. SSN.

Füglister, N., 1993: „Die Hoffnung der Armen ist nicht für immer verloren". Psalm 9/10 und die sozio-religiöse Situation der nachexilischen Gemeinde, in: G. Braulik / W. Groß / S. McEvenue, (eds.), Biblische Theologie und gesellschaftlicher Wandel. Für Norbert Lohfink SJ. Freiburg, 102–124.

Gerlemann, G., 1982: Der „Einzelne" der Klage- und Dankpsalmen, VT 32, 33–49.

Hacklett, J. / J. Huehnergard, 1984: On Breaking Teeth, HThR 77, 259–275.

Hossfeld, F.-L., 1993: siehe: *Hossfeld, F.-L. / E. Zenger* 1993 (55–58: Ps 3).

Janowski, B., 1989: Rettungsgewißheit und Epiphanie des Heils. I. Alter Orient. WMANT 59.

– –, 1994: JHWH der Richter – ein rettender Gott. Psalm 7 und das Motiv des Gottesgerichts, JBTh 9, 53–85.

Jenni, E., 1999: Epistemische Modalitäten im Proverbienbuch, A. Lange / H. Lichtenberger / D. Römheld, (eds.), Mythos im Alten Testament und seiner Umwelt. Festschrift für Hans-Peter Müller zum 65. Geburtstag. BZAW 278, 107–117.

Keel, O., 1969: Feinde und Gottesleugner. Studien zum Image der Widersacher in den Individualpsalmen. SBM 7.

Kilian, R., 1968: Ps 22 und das priesterliche Heilsorakel, BZ 12, 172–185.

Kim, Ee Kon, 1985: The Rapid Change of Mood in the Lament Psalms. Korea Theological Study Institute, Seoul.

Kselman, J.S., 1987: Psalm 3: A Structural and Literary Study, CBQ 49, 572–580.

Kunz, L., 1963: Zur Liedgestalt der ersten fünf Psalmen, BZ 7, 261–270 (266–267: Ps 3).

Levin, Ch., 1993: Das Gebetbuch der Gerechten. Literargeschichtliche Beobachtungen am Psalter, ZThK 90, 355–381.

Loretz, O., 1974: Psalmenstudien III, UF 6, 175–210.

– –, 2000: Psalm 3 im Blickfeld der Ugaritologie, in: J. Marzahn / H. Neumann, (eds.), Assyriologica et Semitica. Festschrift für Joachim Oelsner anläßlich seines 65. Geburtstages am 18. Februar 1997. AOAT 252, 245–261.

Millard, M., 1994: Die Komposition des Psalters. Ein formgeschichtlicher Ansatz. FAT 9.

Miller, P.D., Jr., 1979: Vocative Lamed in the Psalter: A Reconsideration, UF 11, 617–637.

Müller, A.R., 1986: Stimmungsumschwung im Klagepsalm, ALW 28, 416–426.

Pope, M.H., 1994: Vestiges of Vocative *LAMEDH* in the Bible, in: id., Probative Pontificating in Ugaritic and Biblical Literature. Collected Essays. UBL 10, 317–324.

– –, 1994a: A Resurvey of some Ugaritic-Hebrew Connections, in: id., Probative Pontificating in Ugaritic and Biblical Literature. Collected Essays. UBL 10, 351–357.

Riede, P., 2000: Im Netz des Jägers. Studien zur Feindmetaphorik der Individualpsalmen. WMANT 85.

Roth, M.T., 1995: Mesopotamian Legal Traditions and the Laws of Hammurabi, CKLR 71/1, 13–37.

Sarna, N.M., 1992: Legal Terminology in Psalm 3:8, in: M. Fishbane / E. Tov, (eds.), „Sha'arei Talmon". Studies in the Bible, Qumran and the Ancient Near East Presented to Shemaryahu Talmon, Winona Lake, Indiana, 175–181.

Schroeder, Chr., 2000: Psalm 3 und das Traumorakel des von Feinden bedrängten Beters, Bib. 81, 243–250.

Slomovic, E., 1979: Toward an Understanding of the Formation of Historical Titles in the Book of Psalms, ZAW 91, 350–380.

Soden, W. von, 1985: Vedisch *magham*, „Geschenk" – neuarabisch *maǧǧānīja*, „Gebührenfreiheit". Der Weg einer Wortsippe, BZAW 162.1985, 51–56 = JEOL 18 (1964, 1965), 339–344.

Welsh, J.W., 1974: Chiasmus in Ugaritic, UF 6, 421–436.

Psalm 6

Klagelied eines Einzelnen

Totenklage im Keret-Epos und Weinen in Ps 6,7b–8 und Ps 55,4

Zu ugaritisch-hebräisch *mṭt/mṭh*, *ʿq*/cj. * *ʿqh* und *ʿtq*/*ʿtq*

Das Klagelied eines Bedrängten in Ps 6 gehört trotz seiner Kürze von nur elf Versen zu den heftig umstrittenen Texten der Gattungsforschung, der kanonischen und der feministischen Auslegung.

1. Aspekte der Forschungsgeschichte

H. Gunkel ordnet Ps 6 den Klageliedern zu, in denen der Betende zugleich über eigenes schweres Leiden, eine lebensbedrohende Krankheit und Angriffe seiner Feinde zu klagen habe.[1] Es ist auch üblich, das Lied zu den Krankheits- und Bußpsalmen zu zählen.[2]

Während die Vertreter der Gattungsforschung nach dem ursprünglichen *Sitz im Leben* von Ps 6 fragen, verzichtet man in der kanonischen Auslegung auf diese Problemstellung.[3] Die kanonische Frageperspektive könne den alten Streit hinter sich lassen, ob Ps 6 ursprünglich ein Krankenpsalm oder ein Feindpsalm gewesen sei. Das kläre sich bereits bei synchroner Analyse auf Psalterebene.

Auch die feministische Interpretation geht von der Annahme aus, daß eine Aufhellung der ursprünglichen kultischen Situierung von Ps 6 wenig zur Thematik beitrage, wenn man das Lied auf sexuelle Gewalt gegen Frauen beziehe.[4]

Formelhaftigkeit der Aussagen und Anklänge an verwandte Stellen in den biblischen Schriften haben zur Ansicht geführt, daß es sich bei Ps 6 um eine Anthologie handle, die Jeremia nachgebildet sei.[5] In Umkehrung dieses Vor-

---

1 H. Gunkel 1926, 21.

2 S. Mowinckel I 1962, 6. 11–12; E.S. Gerstenberger I 1988, 62; K. Seybold 1996, 43, beschreibt den Text folgendermaßen: „Ps 6 ist das Klagegebet eines Schwerkranken, insofern ein echter ‚Bußpsalm' im ao Sinn . . . Ziel des Bittgebets ist die Heilung von Krankheit mit allen Folgen. Es scheint zuerst auf dem Krankenlager ausgerufen worden zu sein, und zwar auf dem Hintergrund ritueller Buße."

3 N. Lohfink 1988, 34–42.

4 U. Bail 1998, 115, bringt Ps 6 mit dem narrativen Text von Tamars Vergewaltigung (II Sam 13,1–22) ins Gespräch und liest Ps 6 als Klagepsalm Tamars.

5 E. Podechard I 1949, 37; P.E. Bonnard 1960, 32–36; R. Tournay / R. Schwab 1964, 104, Anm. *a*.

schlags wurde auch betont, daß Ps 6 als ein Ritualformular anzusehen sei, das aus der Zeit vor Jeremia stamme.[6]

Die kolometrische und strophische Gliederung von Ps 6 ist gleichfalls strittig. H. Gunkel unterstreicht, daß keine regelmäßige Strophenbildung festzustellen sei. Er unterteilt den Text in eine Strophe zu zwei Bikola (V. 5–6) und in drei Strophen zu je drei Bikola (V. 2–4. 7–8. 9–11).[7] N.J. Schlögl gliedert dagegen das Lied in zwei Strophen zu je fünf Bikola[8] und H. Schmidt in die getrennten Einheiten V. 2–8 und 9–11.[9]

Kontrovers ist außerdem die Datierung von Ps 6 in die vor- bzw. nachexilische Periode. H. Gunkel gelangte zum Ergebnis, daß eine Ansetzung der Zeit unmöglich sei.[10] W. von Soden gelangte auf Grund der Aramaismen zur Überzeugung, daß eine Datierung vor dem Exil kaum in Frage komme.[11]

Problemstellungen und Lösungsversuche hängen im Fall von Ps 6 wesentlich von der Einstellung der einzelnen Interpreten zum Problem des Stimmungsumschwungs zwischen den Strophen V. 7–8 und 9–10 ab.

2. Kolometrie und Übersetzung

6.1.1	*l mnṣḥ b ngynwt ʿl h šmynyt*
6.1.2	*mzmwr l dwd*

6.2.1	*YHWH ʾl b ʾpk twkyḥny*	17 (4+13)	
6.2.2	*w ʾl b ḥmtk tysrny*	14	
6.3.1	*ḥnny YHWH ky ʾmll ʾny*	17	
6.3.2	*rpʾny [YHWh] ky nbhlw ʿṣmy*	16	[20]
6.4.1	[*w npšy nbhlh mʾd*		[13]
6.4.2	*w ʾt YHWH ʿd mty*]		[12]
6.5.1	*šwbh YHWH ḥlṣh npšy*	16	
6.5.2	*hwšyʿny lmʿn ḥsdk*	15	
6.6.1	*ky ʾyn b mwt zkrk*	13	
6.6.2	*b šʾwl my ywdh lk*	13	

6 J. Coppens 1961, 217–226.

7 H. Gunkel 1926, 21. 22; ähnlich vier Strophen B. Duhm 1922, 26–28; A. Causse 1926, 114; K. Seybold 1996, 42; J.P. Fokkelman 2000, 391.

8 N.J. Schlögl 1915, 4; vgl. dagegen J. Wellhausen 1898, 4–5, V. 1–7 und 8–10; N. Lohfink 1988, 31–34, V. 7 als Scharnier in der Mitte, dem je fünf Bikola vorangehen und nachfolgen.

9 H. Schmidt 1934, 10.

10 H. Gunkel 1926, 22; vgl. K. Seybold 1996, 43, eine genaue Datierung sei nicht möglich.

11 W. von Soden 1991, 165.

6.7.1	[*yg'ty b 'nḥty*]		[11]
6.7.2	*'śḥh b kl lylh mṭty*	15	
6.7.3	*b dm'ty 'rśy 'msh*	14	
6.8.1	*'ššh m k's 'yny*	12	
6.8.2	*'tqh b kl ṣwrry*	12	
6.9.1	*swrw mmny kl p'ly 'wn*	17 (12)	
6.9.2	*ky šm' YHWh qwl bkyy*	16	
6.10.1	*šm' YHWH tḥnty*	12	
6.10.2	*YHWH tplty yqḥ*	12	
6.11.1	[*ybšw w ybhlw m'd kl 'yby*		[19]
6.11.2	*yšbw ybšw rg'*]		[11]

6.1.1 Für den Chorleiter: Mit Saitenspiel auf der achten.
6.1.2 Ein Psalm von David.

6.2.1 Jahwe, strafe mich nicht im Zorn
6.2.2 und züchtige mich nicht im Grimm!
6.3.1 Erbarme dich Jahwe, denn ich bin welk,
6.3.2 heile mich [*Jahwe*], denn meine Gebeine sind erstarrt.
6.4.1 [*Und: meine Seele ist sehr erschrocken!*
6.4.2 *Und: du, Jahwe, wie lange noch?*]

6.5.1 Laß ab, Jahwe, errette meine Seele,
6.5.2 hilf mir um deiner Gnade willen!
6.6.1 Denn im Tode gedenkt man deiner nicht,
6.6.2 in der Unterwelt, wer könnte dir danken?

6.7.1 [*Ich bin durch Seufzen erschöpft!*]
6.7.2 Ich überschwemme mein Lager jede Nacht,
6.7.3 mit Tränen durchweiche ich mein Bett.
6.8.1 Mein Auge ward trübe vor Gram,
6.8.2 ward matt ob all meiner Feinde.

6.9.1 Weichet von mir, ihr Übeltäter alle,
6.9.2 denn Jahwe hat den Ton meines Weinens gehört.
6.10.1 Jahwe hat mein Flehen gehört,
6.10.2 Jahwe nahm mein Beten an.
6.11.1 [*Zuschanden sollen sie werden, gewaltig erschrecken,*
6.11.2 *alle meine Feinde müssen ablassen, zuschanden werden im Nu!*]

3. Anmerkungen zu Kolometrie und Übersetzung

Ps 6 gliedert sich in vier Strophen zu je zwei Bikola: V. 2–3. 5–6. 7b–8 und 9–10. In V. 4. 7a und 11 sind verstärkende Glossierungen oder Kommentierungen eingetragen, die sich wegen mangelnder Parallelitäten als solche zu erkennen geben.

6.1.1 – 6.1.2

b ngynwt – N.J. Schlögl 1915, *2, schlägt vor, *bngynwt* als Glosse zu kennzeichnen.

6.2.1 – 6.2.2

ʾl – Das zweimalige *ʾl* ist poetisch vom Zeitwort getrennt und als Aramaismus zu werten; H. Gunkel 1926, 27; W. von Soden 1991, 165.

ʾp || ***ḥmt*** „Zorn" || „Grimm" – Vgl. Ps 27,9; 102,11; M.I. Gruber II 1980, 548–549.

6.3.1 – 6.3.2

YHWh || [***YHWH***] „Jahwe" || [„Jahwe"].
Nicht das erste Tetragramm, sondern das zweite ist mit LXX zu streichen; H. Gunkel 1926, 22, mit Cheyne, Budde u. a.

bhl nif „erschreckt, entsetzt sein" – H. Gunkel 1926, 22, vielleicht besser mit Cheyne und N.J. Schlögl 1915, *2, *nbhlw* durch *blw* „sind abgenutzt, zerfallen, morsch" zu lesen; H. Schmidt 1934, 10.
Die Wiederholung von *nbhlh* in *6.4.1* und das einmalige *ybhlw* in *6.11.1* dürften gemeinsam anzeigen, daß *nbhlw* in *6.3.2* Ansatzpunkt für eine Glossierung war.

ʾny || ***ʿṣmy*** „ich" || „mein Knochen, ich selbst".

ʿṣm – Ges.[17] 611: *ʿṣm* 1; HAL 823: *ʿṣm* 3, zu *ʿṣm* als Sitz der Gefühle und als Bezeichnung des ganzen Körpers.

6.4.1 – 6.4.2

Das asymmetrische „Bikolon" dürfte aus den beiden Glossen *6.4.1* und *6.4.2* zusammengesetzt sein.

Aus Gründen des *Parallelismus membrorum* ist es nicht sinnvoll, aus *6.3.1 – 6.4.1* ein Trikolon zu bilden (D. Michel 1960, 59). Ein symmetrisches Bikolon erhält man aus V. 4 auch nicht durch ein Nomen *mʾd* „calamity" (*ʾd* mit *mem praeformativum*; N. Airoldi 1968, 285–289; M. Dahood III 1970, 148) oder einen Gottesnamen *mʾd* „Grande" (L. Viganò 1976, 65).

nbhlh – Siehe oben zu *6.3.1 – 6.3.2.*
'd mty „Wie lange noch?" – Vgl. akkadisch *adi mati* „bis wann?" im Sinne von „wie lange noch?"; W. Mayer 1976, 92–93; vgl. H. Gunkel 1926, 22–23.

6.6.1 – 6.6.2

Zum Motiv, daß in der Unterwelt kein Lob Gottes möglich ist (Ps 88,11–13; 115,17; Jes 38,18–19; Ch. Barth 1987, 116. 180), vgl. die Aussage, daß für Gott nur ein lebender Sklave von Nutzen sein kann, sein Hinabsteigen in die Welt des Totenstaubes aber für die Gottheit kein Gewinn ist, siehe unten zu Ps 88,11–12.

mwt || ***š'wl*** „Totenreich" || „Scheol".
mwt „Totenreich" – Ch. Barth 1987, 89.
lk (*läk*) – Aramaismus: *lk* anstatt des Akkusativsuffixes für „dich"; W. von Soden 1991, 165.

6.7.1

yg'ty b 'nḥty – Dieses Kolon wird als Monokolon (N. Lohfink 1988, 31–33), Rest eines Bikolons (H. Gunkel 1926, 21. 23; S. Mowinckel 1975, 75) oder als Zusatz (H. Gunkel 1926, 23) angesehen.
Die textologisch isolierte Position des Monokolons zwischen den Strophen V. 5–6 und 7b–8 zeigt, daß es als Randglosse zur folgenden Strophe V. 7b–8 gedacht ist und ein Zitat aus Jer 45,3 darstellt. Es muß folglich textologisch offen bleiben, ob es als Teil einer Redaktion anzusehen ist, oder ob wir es mit dem Eintrag eines frommen Lesers zu tun haben, der seine Schriftkenntnis durch ein Zitat aus einem Prophetenbuch unter Beweis stellen wollte.

6.7.2 – 6.8.2

Die Strophe wird vom Thema beherrscht, daß zu starkes Weinen aus Trauer das Auge schwächt, altern läßt.

6.7.2 – 6.7.3

śḥh || ***msh*** „überschwemmen" || „durchweichen" – Siehe zu diesem Parallelismus unten Abschnitt 5.1.
śḥh aramäisches Lehnwort, siehe unten Anm. 32.
msh „aufweichen, durchweichen", siehe unten zu Anm. 33.
mṭh || ***'rś*** „Nachtlager" || „Bett" – Siehe zu diesem Parallelismus unten Abschnitt 5.1.

6.8.1 – 6.8.2

ʿšš || **ʿtq** „trübe werden" || „alt werden" – Siehe zu diesem Bikolon unten Abschnitt 5.3.

kʿs || **ṣwrry** „Gram" || „Feinde" – Siehe zu diesem Bikolon unten Abschnitt 5.2.

ṣwrry l *ṣrty*? – Der ungewöhnliche Parallelismus *kʿs* || *ṣwrry* führte zum Vorschlag, *ṣwrry* durch *ṣrty* zu ersetzen; H. Gunkel 1926, 23, *bkl ṣrty* „in all' meiner Not", mit Kautzsch-Bertholet.

6.8.2 – 6.9.1

Siehe zu dem nach *6.8.2* einsetzenden Stimmungsumschwung unten Abschnitt 4.

6.9.1 – 6.11.2

Für diesen letzten Abschnitt von Ps 6 werden widersprüchliche kolometrische Gliederungen vorgeschlagen:

1. Drei Bikola: N.J. Schlögl 1915, 4; H. Gunkel 1926, 21; J. Begrich 1934.1964, 222; M. Dahood I 1965, 37; N. Lohfink 1988, 31; K. Seybold 1996, 42.
2. Zwei Trikola: D. Michel 1960, 62.
3. Ein Bikolon – Ausscheidung von V. 10b – plus ein Trikolon: L. Jacquet I 1975, 274.
4. Zwei Bikola plus ein Trikolon: W.G.E. Watson 1984, 183.

Da das asymmetrische Gebilde V. 11 auf die in sich geschlossene Strophe V. 9–10 folgt, ist es sowohl aus Gründen der Kolometrie als auch der Strophik als ein Zusatz anzusehen, der das Stichwort *nbhlh* von *6.3.2* und *6.4.1* aufnimmt.

bwš || **bwš** „zuschanden werden" || „zuschanden werden".
Das zweimalige *bwš* gilt als verdächtig, so daß die Frage entsteht, ob das erste *ybšw* zu streichen (BHSa-a; Ges.[18] 134: *bwš* Qal; F. Baethgen 1904, 15) oder als richtige Lesart für *yšbw* in V. 11b (N.J. Schlögl 1915, *2, mit Löhr) oder das zweite *ybšw* als Variante zu *yšbw* zu streichen ist (H. Gunkel 1926, 23).

mʾd – Vgl. LXX; BHSc; B. Duhm 1922, 28, versetzt *mʾd* in das zweite Kolon hinter *ybšw* und deutet *šwb* als Hilfsverb: „Wiederholt sehr in Schande geraten plötzlich."

rgʿ „plötzlich" – Dagegen fordern N. Airoldi 1968, 286 Anm.2; M. Dahood I 1965, 37. 39; L. Viganò 1976, 65 Anm. 152–153, ein Sustantiv *rgʿ* „Perdition", „Voragine" als Bezeichnung der Unterwelt.

4. „Stimmungsumschwung" – Gattung – Datierung

Interpretation und literarische Zuordnung von Ps 6 hängen im wesentlichen von der Deutung des Wechsels der Stimmung zwischen den Strophen V. 7–8 und V. 9–10 ab. Dieser Stimmungsumschwung[12] wird unterschiedlich als Ergebnis äußerer Einwirkung oder innerer Bewegung erklärt[13]:

1. Stimmungsumschwung durch ein Heilsorakel oder ein Opferzeichen: H. Gunkel 1929, 22; J. Begrich 1934.1964, 221–222; N. Airoldi 1968, 285–289; A.A. Anderson I 1972, 87; E.S. Gerstenberger I 1988, 62.
2. Stimmungsumschwung durch innere Bewegung, Wandlung des Bewußtseins, der Empfindung: B. Duhm 1922, 27, der Hohn der Feinde (V. 7–8) führe ihn zur Überzeugung, Gott höre ihn und die Unheilsbringer werden mit Schanden abziehen; K. Seybold 1996, 44, der Beter komme zu dem zuversichtlichen Schluß, daß sein Gebet (V. 2–8) alsbald angenommen werde.
3. Stimmungsumschwung durch psychologische Wandlung: H. Keßler 1899, 12; F. Baethgen 1904, 15, gibt hierzu folgende Erklärung: „Nachdem der Sänger mit dem letzten Wort des 8. Verses kaum verraten hat, was der eigentliche Grund seiner Klage ist, hat er sie innerlich auch bereits überwunden. Das Aussprechen seines Leids hat ihm den festen Halt wiedergegeben. Die psychologische Wahrheit dieses schroffen Übergangs wird derjenige bestätigt finden, der den Psalm einmal am Bette eines lange Zeit schwer Erkrankten vorliest."
4. Stimmungsumschwung durch Übermittlung eines an heiliger Stätte eingetroffenen Gottesspruches durch einen Priester: H.-J. Kraus I 1978, 187.
5. Ein neues Gebet in neuer Lage in V. 9–11: H. Schmidt 1934, 11, führt hierzu folgendes aus: „... ein neues Gebet. In einer neuen Lage, nämlich nach der Erhörung des ihm vorangeschriebenen gesprochen. Man hat hier neben dem Flehgebet aus dem Munde eines Kranken ein kurzes Dankgebet für seine Heilung aufbewahrt; wahrscheinlich weil das eine wie das andere immer wieder gebraucht und gefordert worden ist (vgl. 38 und 22)."

Der rätselhaft erscheinende plötzliche Stimmungsumschwung setzt voraus, daß der Klagende in V. 2–8 seinen Rechtsfall vor dem göttlichen Forum vorgetragen hat und abschließend in V. 9–10 die Zuversicht äußert, daß der göttliche Richter seinen Fall bereits positiv entschieden hat.[14] Der Klagende sucht durch ein Prozeßbegehren beim göttlichen Richter um Befreiung von seinen Feinden, seien diese nun Krankheitsdämonen, Zauberer oder andere Übeltäter.[15]

---

12 Siehe zum „Stimmungsumschwung" unten Ps 13 Abschnitt 1.
13 K. Seybold 1973, 157–158; id. 1996, 44.
14 Siehe unten Ps 13 Abschnitte 3–5.
15 H. Vorländer 1975, 265.

Da Ps 6 dem Schema der Klagelieder eines Einzelnen folgt, ist kaum zu entscheiden, ob er in vor-[16] oder nachexilischer Zeit[17] entstanden ist.[18] W. von Soden gelangte mit Hilfe der Aramaismen zur Feststellung, daß eine Datierung nicht vor dem Exil in Betracht zu ziehen sei.[19]

Ps 6 bezeugt jedenfalls eine vorexilische Tradition, die auch später beliebt war und folglich leicht sprachliche Modernisierungen erfahren konnte. Die Zusätze in V. 3. 4. 7a und 11 sprechen jedenfalls für die Beliebtheit des Liedes.

Die Psalmen mit midraschartiger Überschrift Ps 3 und 7 schließen die durch die Überschriften zu einer Kleinstgruppe verbundenen Ps 4–6 ein. Ps 3–6 spiegeln die Abfolge von Abend (Ps 4,9) und Morgen (Ps 5,4) wider oder reflektieren die Situation der Nacht und des sich Niederlegens im Schlafraum (Ps 3,6; 6,7). Diese mehrfache Abfolge von Abend und Morgen passe gut zu dem entscheidenden Motiv der deuteronomistisch überlieferten Absalomgeschichte, daß eine Nacht Zeitgewinn der entscheidende Faktor für Davids Sieg war.[20]

5. Totenklage im Keret-Epos und Weinen in Ps 6,7b–8 und Ps 55,4. Zu ugaritisch-hebräisch *mṯt* / *mṭh*, *ʿq* / cj. **ʿqh* und *ʿtq* / *ʿtq*

Das in Ps 6,7–8 beschriebene nächtliche Weinen des Klagenden dient zwar im gegenwärtigen Kontext von Ps 3–7 der Illustration der Geschichte Davids[21], spiegelt aber in erster Linie altsyrisch-kanaanäische Traditionen wider.

Die drei Bikola Ps 6,7b–8 und 55,4 haben Interpreten ugaritischer und biblischer Texte in mehrfacher Weise Anlaß gegeben, zur Lösung der philologischen Fragen auch ugaritische Texte heranzuziehen. Im Rahmen dieser Versuche kam es nicht nur zu Schlußfolgerungen, die die hebräischen Texte betreffen, sondern auch zu solchen, die für die Auslegung der ugaritischen von Bedeutung sind. Im Zentrum der Lösungsversuche standen hierbei die drei ugaritischen Wörter *mṯt*, *ʿq*, *ʿtq* und die drei hebräischen *mṭh*, cj. **ʿqh*, *ʿtq*. Ob und inwieweit die vorgenommenen Parallelisierungen berechtigt und für die Auslegung der Psalmen und der

16 H.-J. Kraus I 1978, 184, vorexilische Zeit nicht unmöglich.

17 Für eine Spätdatierung werden Parallelen zum Buch Jeremia angeführt; C.A. Briggs / E.G. Briggs I 1906, 46; E. Podechard I 1949, 36–37.

18 H. Gunkel 1926, 22, Ansetzung der Zeit unmöglich; K. Seybold 1996, 43, eine genaue Datierung ist nicht möglich.

19 W. von Soden 1991, 165–166, zum aramäischen Lehnwort *śḥh* „überschwemmen" (V. 7), *läk* anstatt des Akkusativsuffixes für „dich" in V. 6, das prohibitive *ʾal* nicht unmittelbar vor dem Jussiv in V. 2.
Die von W. von Soden erstellte Liste der Aramaismen in Ps 6 dürfte durch *ʿtq* in V. 8 zu ergänzen sein; vgl. M. Wagner 1966, 93–94; siehe unten Abschnitt 5.3.

20 M. Millard 1994, 127. 131–132. 234 Anm. 294; zu den Verkettungen von Ps 6 vgl. G. Barbiero 1999, 77–84.

21 Siehe oben zu Anm. 20.

ugaritischen Texte von Nutzen sind, soll im folgenden beleuchtet werden. Beide Wortgruppen sind in jedem Fall geeignet, unsere Kenntnisse über die altsyrische und die biblische Totenklage wenigstens in dem Teil, der das Weinen betrifft[22], zu erweitern. Neben den Gesten des Sich-Schlagens, des Raufens der Haare, des Sitzens auf dem Boden usw.[23] nimmt das Weinen in den Trauerriten[24], wie die Institution der Klagefrauen zeigt, eine wesentliche Stelle ein.[25] Im Keret-Epos finden sich über das Weinen einige Aussagen, die in diesem Zusammenhang eine sorgsamere Beachtung als bisher verdienen. Im Rahmen von Abhandlungen über altorientalische und biblische Trauerriten wird zwar die Beschreibung der Trauerhandlungen Els beim Tod Baals (KTU 1.5 VI 11–24) notiert[26], aber der Bericht über die Beweinung des toten Königs Keret in KTU 1.16 I 2–23 spielt hierbei keine oder nur eine marginale Rolle.

5.1. KTU 1.14 I 28–30 – Ps 6,7b-c

In der Auslegung des Keret-Epos gelangen die Interpreten zu unterschiedlichen Deutungen des nächtlichen Weinens, dem sich der König nach dem Verlust seiner Familie (KTU 1.14 I 7–25) in seinem Schlafraum nach KTU 1.14 I 26–32 hingibt. Das Weinen ist jedenfalls als Teil der Trauer zu verstehen, wobei nicht ausgeschlossen sein muß, daß damit eine Inkubation verbunden war und das Weinen die Gottheit zum Eingreifen und zur Hilfe bewegen sollte (KTU 1.14 I 38b–41a).[27]

Die Heranziehung der Stelle KTU 1.14 I 28–30 (oder 1.14 I 29–30), an der vom nächtlichen Tränenvergießen Kerets auf seinem Bett berichtet wird, zur Illustration von Ps 6,7b-c gehört zum alten Bestand der Vergleiche ugaritischer und biblischer Texte.[28] Diese Parallelisierung baut jedoch auf zwei schwachen Pfeilern auf. Denn sowohl der ugaritische als auch der hebräische Text weisen Unklarheiten auf, die vor einer Zusammenschau dieser Stellen als solche zu erkennen und abzuklären sind. Im ugaritischen Trikolon sind im dritten Kolon sowohl die Worttrennung als auch die Übersetzung von *mṭth* und im biblischen Bikolon[29] das Verbum *śḥh* strittig.

---

22 Zur Totenklage und zum Weinen siehe u.a. E. de Martino 1983, passim; M.I. Gruber I/II 1980, 347–434; Th. Podella 1986, 263–269; id. 1989, 76–116.

23 Die körpersymbolischen Riten lassen sich in Kleiderriten, Selbstverstümmelungen und Staub- bzw. Erdriten differenzieren; siehe z.B. Th. Podella 1989, 74.

24 Die Trauerriten beziehen sich auf die Lebenden, während die Bestattungsriten den Toten selbst betreffen.

25 Zu den Klagefrauen siehe u.a. E. de Martino 1983, passim; Th. Podella 1989, 74–75.

26 Siehe z.B. F.W. Dobbs-Allsopp 1993, 79.111.

27 Siehe zu dieser Streitfrage J.-M. Husser 1994, 49.

28 Siehe z.B. A. Schoors 1972, 63–64, Nr. 50, mit Literaturangaben.

29 Im folgenden wird die Annahme zu Grunde gelegt, daß in Ps 6,7a eine Glosse oder der Rest einer poetischen Einheit überliefert ist, aber nicht etwa mit B. Duhm 1922, 27, u.a. das erste Kolon eines Trikolons V. 7a-c.

H. Gunkel übersetzt die fragliche Stelle Ps 6,7b-c ohne weitere Kommentierung folgendermaßen:

> Ich schwemme mein Bett jede Nacht,
> lasse mein Lager von Tränen fließen.[30]

Ebenso deutlich bringt F. Baethgen die Debatte über *śḥh* in Übersetzung und Kommentar zum Ausdruck:

> Ich bade jede Nacht mein Bette,
> mit meiner Träne netze ich mein Lager.

Er vermerkt zu dieser Wiedergabe, daß hier nicht mit LXX, Aquila und einzelnen Rabbinen „ich wasche" zu übersetzen, sondern mit Hieronymus, Eben Esra und Kimchi von *natare faciam* „schwimmen" (qal) auszugehen sei.[31] Dagegen hat W. von Soden zu Recht darauf verwiesen, daß *śḥh* hif mit „überfluten, überschwemmen"[32] zu übersetzen ist.

Aus dem Parallelismus *śḥh* hif || *msh* hif „überfluten, überschwemmen" || „aufweichen, durchweichen" und *mṭh* || *'rś* „Lager, Bett" || „Bett(gestell), Ruhelager" sowie aus der Zeitangabe „die ganze Nacht" geht hervor, daß der Weinende in Ps 6,7b-c die Nacht hindurch sein Ruhelager mit seinen Tränen zwar überschwemmt und durchweicht, aber nicht zum Schwimmen bringt.[33]

Von den Anfangszeiten der Parallelisierung der ugaritischen und biblischen Texte an fand man den wichtigsten Verknüpfungspunkt zwischen dem Keret-Epos und Ps 6,7b-c in den Tränen der Klagenden und in der Aussage, daß sie mit diesen ihr Bett (*mṭt*, KTU 1.14 I 30[34]; *mṭh*, Ps 6,7b) durchweichten.[35] Alles hängt folglich von der Beantwortung der Frage ab, ob dieses Verbindungsglied *mṭt* / *mṭh* hält, was eine Reihe von Interpreten von ihm erwartet.

M. Dahood und S.E. Loewenstamm glauben nachweisen zu können, daß wir in KTU 1.14 I 29–30 nicht das Wortpaar *arṣ* || *mṭt* „Erde" || „Bett", sondern den Parallelismus *arṣh* || *mṭth* „zur Erde" || „nach unten" vorfinden. Ihre Übersetzung lautet:

30 H. Gunkel 1926, 21.

31 F. Baethgen 1904, 15; siehe ferner z.B. P.C. Craigie 1983, 93, der hierzu folgendermaßen kommentiert: „‚I soak my bed' (v 7); the literal sense is that he *caused his bed to swim*, or *float*, so profuse were his tears."

32 W. von Soden 1991, 166. 170, widerlegt die traditionelle Übersetzung, die ein *śḥh* „schwimmen" voraussetzt. Er bestimmt *śḥh* als ein aramäisches Lehnwort im AT.

33 W. von Soden 1991, 165–166.

34 J. Aistleitner, WUS, Nr. 1776, „wie 5–Schekelstücke auf sein Bett"; C.H. Gordon, UT, Nr. 1465, „bed"; id. 1977, 38, „on the bed"; siehe ferner J. Gray 1964, 11, „on the bed"; F.O. Hvidberg-Hansen I 1990, 211.

35 A. Schoors 1972, 64; M. Dahood I 1965, 38; M.I. Gruber I 1980, 387 mit Anm. 2.

His tears pour forth
Like shekels to the ground,
Like pieces of five downward.[36]

(KTU 1.14 I 28–30)

Der von M. Dahood und S.E. Loewenstamm favorisierte *Parallelismus membrorum*, der auf einem schwach begründeten Vergleich mit Qoh 3,21 (*lm'lh* || *lmṭh*) aufbaut, ist jedoch zu Recht auf wenig Verständnis gestoßen.[37]

Die Abfolge von *arṣ* „Erde" zu *mṭt* „Bett", die in der Realität nicht sehr wahrscheinlich erscheint und M. Dahood sowie S.E. Loewenstamm zu ihren Schlußfolgerungen geführt hat, dürfte darauf zurückzuführen sein, daß der Dichter die Figur (*figura*) *Hysteron proteron* benützt, um zu einer eindringlichen Darstellung der Leiden des Königs zu gelangen. Der ugaritische Poet weicht folglich nicht von der Erfahrung ab, daß Keret auf seinem Bett weint und daß vom überschwemmten Bett aus Tränen zur Erde fallen.

Die Figur *Hysteron proteron* ermöglicht folgende Lesung und Übersetzung der strittigen Keret-Stelle:

tntkn udm'th	11
km ṯqlm arṣh	10
km ḫmšt mṭth	10

Seine Tränen tropften
wie Schekel auf die Erde,
wie Fünftel(-Schekel) auf das Bett.

(KTU 1.14 I 28–30)

Da sowohl KTU 1.14 I 28–30 als auch Ps 6,7b-c vom Vergießen der Tränen während der Nacht auf das Bett berichten, ist ein Vergleich der beiden Stellen voll berechtigt. Während der biblische Parallelismus *mṭh* || *'rś* „Ruhelager" || „Bett" nur vom Überschwemmen des Bettes mit Tränen handelt, erweitert und verstärkt der ugaritische Dichter das Bild durch das Einbeziehen des Fußbodens in die Überschwemmung.

Ein weiteres Verbindungsglied zwischen KTU 1.14 I 28–30 und Ps 6,7b-c wurde von jenen Interpreten konstruiert, die in KTU 1.14 I 30 anstelle von *k mḫmšt mṭth* „wie Fünftel(-Schekel) nach unten" *tmḫ mšt mṭth* „His bed is soaked at

36 M. Dahood 1975, 35–36, Nr. 5, korrigiert auf diese Weise seine frühere Deutung (M. Dahood I 1965, 38) *mṭth* „upon the bed"; S.E. Loewenstamm 1992, 401.

37 Vgl. DLU 308: *mṭt* „cama, lecho"; E.L.Greenstein 1997, 13, „ground" || „couch"; D. Pardee 1997, 335, „earth" || „bed"; N. Wyatt 1998, 183, „ground" || „bed"; J. Tropper, UG 2000, 691, „Erde" || „Bett".

night"[38] lesen. Da Lesung und Worttrennung *tmḫ mšt* von Z. 30 aus epigraphischen Gründen und auch vom Aufbau des Trikolons Z. 28–30 her nicht zu rechtfertigen[39] und durch *km ḫmšt* „wie Fünftel(-Schekel)"[40] zu ersetzen sind, erweist sich dieser Brückenschlag zwischen dem Keret-Epos und Ps 6,7b-c als unbegehbar.

Vorläufiges Fazit: Zwischen dem Trikolon KTU 1.14 I 29–30 und dem Bikolon Ps 6,7b-c bestehen enge Gemeinsamkeiten. Die beiden poetischen Einheiten bezeugen eine gemeinsame literarische Tradition des Topos vom Trauernden oder Klagenden, der die Nacht auf seinem Bett verbringt und mit seinen Tränen das Bett so stark überschwemmt, daß seine Tränen wie Schekel und Fünftel(-Schekel) auf die Erde rollen. In jedem Fall ein Mitleid erregendes Bild. Der aus Trauer oder Not weinende einzelne Mann wird jedoch sowohl in der ugaritischen als auch in der biblischen Literatur anschaulich von den laut weinenden und schreienden Klagefrauen (ugaritisch: *mšspdt* || *bkyt*, KTU 1.19 IV 10. 21; hebräisch: *mqwnnwt*, Jer 9,16) unterschieden. Bemerkenswert ist außerdem, daß die ugaritische Darstellung durch Rückgriff auf die Figur *Hysteron proteron* die biblische Stelle an Kunstfertigkeit übertrifft.

5.2. KTU 1.14 III 43, VI 29–30 – Ps 6,8; 55,4

Den Vorschlag von H.L. Ginsberg, in Ps 6,8 anstelle von *ʿtqh* unter Berufung auf ugaritisch *ʿq* (KTU 1.14 III 43) *ʿqty* zu lesen und auch für das Hebräische ein Wort *ʿqh* „Auge" anzusetzen[41], suchte T.L. Fenton mit der Übersetzung von *ʿqt ršʿ* mit „the eye of the wicked" in Ps 55,4 und einem etymologischen Verweis auf äthiopisch *ʿwq, ʿoqa* „wissen"[42] zu unterstützen.[43] Seine Übersetzung von Ps 55,3c–4a.b lautet:

> I am in turmoil at the enemy's voice,
> at the eye of the wicked.[44]

---

38 A. Herdner 1974, 507, „elle est mouillée, la couverture de son lit"; M.I. Gruber I 1980, 387 Anm. 2, mit M. Held; siehe ferner A. Schoors 1972, 63, der bei falscher kolometrischer Gliederung von Z. 30–31 folgendermaßen liest: *tmḫ mšt mṯth bm bkyh* „The covering of his bed was soaked with his weeping."; siehe ferner H.L. Ginsberg 1969, 143, „His bed *is soaked* by his weeping".

39 H.L. Ginsberg 1969, 143, gliedert z.B. Z. 28–31a in drei Kola, die er auf zwei poetische Einheiten verteilt; C.H. Gordon 1977, 38, verteilt Z. 28–30 auf zwei Kola. Durch die Wortpaare *km* || *k*, *ṯqlm* || *mḫmšt* und *arṣh* || *mṯth* wird eine Gliederung von Z. 28–30 als Trikolon zur Genüge abgesichert; siehe ferner S.E. Loewenstamm 1992, 401, zu A. Herdner.

40 J. Tropper, UG 2000, 374.

41 H.L. Ginsberg 1946, 39; siehe ferner Y. Avishur 1984, 669 Anm. 2.

42 CDG, 78: *ʿwq, ʿoqa* „know, understand, take heed, take notice (of), beware of, take care of, observe".

43 T.L. Fenton 1969, 66–67.

44 T.L. Fenton 1969, 67.

M. Dahood stimmte diesem Vorschlag mit der Übersetzung „at the stare of the wicked" (Ps 55,4) zu.[45] Er ging von der Annahme aus, daß das ugaritische Wortpaar *ʿq* „eyeball" || *ʿpʿp* „pupil" (KTU 1.14 III 43–44a) in Verein mit dem Hebräischen *qwl* „voice" || *ʿqt* „(the) stare" eine genügende Grundlage für die Bedeutungsbestimmung von *ʿq* sei. Seine Übersetzung des strittigen Bikolons lautet:

> I shudder at the voice of the foe,
> at the stare of the wicked.
> (Ps 55,3c–4a.b)[46]

Die Diskussion über ugaritisch *ʿq* und hebräisch *ʿqt* wurde auch in HAL aufgenommen. Die Autoren des Lexikons unterscheiden zwischen **ʿqh* I mit folgenden Angaben zu Ps 55,4: a) „Geschrei"[47]; b) „Bedrängnis, Unglück, Elend", und der Konjektur * *ʿqh* cj. II „Augapfel", die sie Ps 6,8 zuordnen. Zugleich lassen sie offen, ob nicht doch *ʿtqh* (MT) den Vorrang verdient.[48]

T.L. Fenton und M. Dahood sind nicht in der Lage, für das postulierte hebräische Wortpaar *qwl* „voice" || *ʿqt* „eye, stare" weitere überzeugende ugaritische und hebräische Parallelen zu benennen. Auch das ugaritische Wortpaar *ʿq* || *ʿpʿp* (KTU 1.14 III 43) bietet, wie das Fehlen eines Parallelwortes zu *qwl* „Stimme" zeigt, in der gewünschten Richtung keine Unterstützung an. Es wird folglich kaum der Schluß zu umgehen sein, daß entgegen T.L. Fenton und M. Dahood von *ʿqt* in Ps 55,4 her kein hebräisches *ʿqh* „Augapfel" in Ps 6,8 und entsprechendes ugaritisches *ʿq* ohne Gefahr eines Zirkelschlusses zu beweisen sind.

Wenden wir uns der Frage zu, ob der Vorschlag, in Ps 6,8 anstelle von *ʿtqh* nach ugaritisch *ʿq* ein *ʿqty* zu lesen für die Psalmstelle tatsächlich annehmbar ist. Die hypothetische Konstruktion eines sonst nicht nachweisbaren Wortpaares *ʿyny* „mein Auge" || *ʿqty* „mein Augapfel" impliziert gleichzeitig das Wortpaar *kʿs* „Kummer" || *ṣwrry* „meine Feinde", für das es gleichfalls weder im Ugaritischen noch im Hebräischen eine weitere Belegstelle gibt. Gegen eine Lesung *ʿqty* spricht auch, daß vom Wortpaar *ʿšš* || *ʿtq* her gesehen das Parallelwort zu *ʿyny* „mein Auge" erst am Ende des zweiten Kolons folgen könnte. Von der Struktur des ersten Kolons und vom Wortpaar *ʿšš* || *ʿtq* aus gesehen liegt der Schluß nahe, daß nach *ʿtqh b kl* nur noch ein Parallelwort zu *kʿs* folgte. Die gegen die Konjektur *ʿqty* „mein Augapfel" anzuführenden Gründe gelten auch gegenüber der von den Versionen befürworteten Lesung *ʿtqty* [49], die gleichfalls zu einer asymmetrischen Textherstellung führt, wie z.B. folgende Übersetzung zeigt:

---

45 M. Dahood I 1965, 28. 31–32. Dagegen fordert B. Margalit 1976, 148, anstelle von *ʿqt* die Lesung *ʿtq* (siehe zu Abschnitt 3).

46 M. Dahood I 1965, 28.

47 HAL 758: *ʿwq* I; LHVT 622–623: *ʿqh*, Verweis auf arabisch *ʿâq* vox rauca corvi; siehe bereits Hoffmann 1883, 100, Gekrächze; H.-P. Müller 1971, 558–559.

48 Siehe auch HAL 856: *ʿtq* qal 2a) altern, zu Ps 6,8.

49 BHSa.

Trübe geworden vor Kummer ist mein Auge,
Gealtert bin ich ob all meiner Bedränger.[50]

Die vorgeführten Gründe legen den Schluß nahe, daß am Wortpaar *ʿšš* || *ʿtq* unbedingt festzuhalten ist und *b kl ṣwrry* oder nur *ṣwrry* allein bereits Teil eines redaktionellen Eingriffes ist, der zur Darstellung des Tuns der „Feinde" überleitet.[51] Wir werden so auch von dieser Seite her gedrängt, der Konjektur *ʿqty* in Ps 6,8 nicht nur skeptisch, sondern eher ablehnend gegenüberzustehen und uns zu fragen, ob wenigstens noch für das ugaritische *ʿq* die Übersetzung „eyeball"[52], „Augapfel"[53] zu rechtfertigen ist.

Die tadellose Symmetrie des ugaritischen Bikolons KTU 1.14 III 43–44a

d ʿqh ib iqni	10
ʿpʿph sp trml	11

hat die Wortpaare *ʿq* || *ʿpʿpm* und *ib iqni* || *sp trml* zur Grundlage. Da *ʿpʿpm* an dieser Stelle entweder die Augenwimpern oder das Auge selbst bezeichnet, haben wir *ʿq* entweder gleichfalls als Bezeichnung eines Teiles des Auges oder eines parallelen bzw. nahen Körperteils anzusehen. Das Hebräische kennt die Wortpaare *ʿynym* || *ʿpʿpym*[54], *ʿyn* || *mqwr* [55] und *ʿynym* || *rʾš*.[56] Auch aus dem Wortpaar *ʿq* || *ʿpʿpm* geht in Analogie zu den anderen Parallelpaaren hervor, daß ugaritisch *ʿq* einen Teil des Auges oder einen nahen Teil des Kopfes bezeichnen dürfte. Die für *ʿq* vorgeschlagenen Übersetzungen „eyeball", „Augapfel" suchen diesem Sachverhalt gerecht zu werden, sind aber kaum zu akzeptieren, da sie mit etymologischen Schwierigkeiten verknüpft sind. Es liegt folglich näher, jenen zu folgen, die *ʿq* etymologisch mit arabisch *ʿqq* „to cut, sever, tear", *ʿaqq* „cleft, hole, tear, furrow", *ʿaqqah* „deep excavation, hollow, trench", *ʿaqîq* „cleft, split, slit, something ripped" verbinden.[57] Das ugaritische Wort *ʿq* wird folglich am besten mit „Augenhöhle" übersetzt und als Teil des Auges verstanden, in dessen Zentrum bei Statuen die Pupille aus wertvollstem Lapislazuli geformt war.[58] Ugaritisch *ʿq* ist folglich am besten mit

50 S. Landersdorfer 1922, 33.

51 O. Loretz 1990, 203–204.

52 H.L. Ginsberg 1969, 144.

53 HAL 827: **ʿqh* II cj.

54 Y. Avishur 1984, 244, verweist auf Jer 9,17; Ps 11,4; 132,4; Prov 4,25; 6,4; 30,13 sowie auf Hi 3,9–10; 41,10.

55 Y. Avishur 1984, 385.703

56 Y. Avishur 1984, 563–564. 577.

57 F. Renfroe 1992, 24–26.88–89; siehe ferner H. Gese 1962, 421–424, der dafür plädiert, sowohl *ʿq* als auch *ʿqqm* von *ʿqq* „aufspalten, aushöhlen, ausweiden (eines Tieres)" abzuleiten; HAL 758: *ʿwq* I.

58 F. Renfroe 1992, 88–89, schließt sich G. Del Olmo Lete, MLC 1981, 694, an und sieht in *ʿq* eine Bezeichnung der Pupille, die bei Statuen aus Lapislazuli geschnitten war. Er findet diesen Schluß jedoch nicht zwingend. Hierzu ist zu bemerken, daß mit Augenhöhle auch viel-

hebräisch *ḥr* „Höhle, Augenhöhle"[59] zu vergleichen. Es erübrigen sich folglich Übersetzungen wie „Haar"[60], „eye-paint"[61], „eyeballs"[62], „Pupille"[63] oder „Augenbrauen"[64].

Für das strittige Bikolon erhalten wir auf diesem Weg folgende Übersetzung:

d ʿqh ib iqni 10
ʿpʿph sp ṯrml 11

Deren Augenhöhle(n) reinstes Lapislazuli[65],
deren Augen[66] Schalen aus Alabaster sind!

Der Parallelismus *ʿq* || *ʿpʿpym* ist als ein Beweis dafür anzusehen, daß im Ugaritischen das letztere Wort nicht nur die Augenwimpern, sondern wie im Hebräischen auch die Augen selbst bezeichnet.[67] Denn die „Schalen" beziehen sich wohl nur auf die Augen als runde Gebilde.

Wir gelangen so vorläufig zum Ergebnis, daß die Argumentation zu Gunsten der Konjektur *ʿqty* in Ps 6,8 und die daran angeschlossenen Folgerungen bezüglich Ps 55,4 letztlich auf einem falschen Verständnis von ugaritisch *ʿq* beruhen.

Es bleibt folglich noch zu klären, ob zwischen he. *ʿtqh* (Ps 6,8b) und ug. *ʿtq* eine Verbindung herzustellen ist.

5.3. Zu ug. ʿtq, *he.* ʿtq *– KTU 1.16 I 2–11a. 15b–19, II 38–42 – Ps 6,8*

In Zusammenhang mit Ps 6,7–8 findet über das Parallelpaar *ʿšš* || *ʿtq* eine Diskussion statt, in die auch ugaritisch *ʿtq* einbezogen wird. Wir wenden uns folglich zuerst der Diskussion über ugaritisch *ʿtq* zu, wobei aus forschungsgeschichtlichen Gründen der Abschnitt KTU 1.16 I 2–9a und seine Parallelen im Vordergrund stehen.

---

leicht an deren Füllung durch das Auge und an das Zentrum desselben, die Pupille gedacht war – nach dem Prinzip *pars pro toto*. Vgl. DLU 86, *ʿq* „pupila".

59 HAL 334: *ḥr* II.

60 J. Aistleitner, WUS, Nr. 2085; siehe zur Kritik F. Renfroe 1992, 88.

61 J.C. de Moor / K. Spronk 1982, 168, mit Verweis auf akkadisch *eqû*, *mēqītu* und *mēqû*; AHw. 232: *eqû* II „(Salbe) einreiben".

62 H.L. Ginsberg 1969, 144; H.-P. Müller 1971, 562, „Augapfel", Ableitung von *ʿwq* „einen Kreis ziehen".

63 M. Dahood, RSP I 1972, 301, Nr. 440; G. Del Olmo Lete, MLC 1981, 604; DLU 86: *ʿq* „pupila".

64 C.H. Gordon, UT, Nr. 1906: *ʿq* „eyebrow".

65 H. Gese 1962, 423, „Lapislazulijuwel".

66 H. Gese 1962, 423–424, *ʿpʿpm* „Wimpernkranz". Nach H. Gese ist die Augen*höhle* des Götterbildes mit einem Lapislazulistück ausgelegt, das umgeben sei mit dem *ṯrml* als Wimpernkranz, also in einem *ṯrml*-Schälchen liege. *ʿq* sei die Mulde, die Höhlung, die in dem Kopf des Götterbildes angebracht ist.

67 HAL 815: *ʿpʿpym* 2; H.L. Ginsberg 1969, 144, gibt *ʿpʿpym* mit „pupils" wieder.

In diesem Zusammenhang haben wir uns mit einer unerwartet großen Vielfalt von Übersetzungen und philologischen Positionen auseinanderzusetzen. Die großen Unterschiede in der Interpretation des Abschnittes gehen einerseits auf Differenzen im Verständnis einzelner Wörter und andererseits auf unterschiedliche Auffassungen über den rituellen Ablauf einer Totenklage zurück. Den Hintergrund der Problemstellung, der zumeist nicht klar erkannt wird, bildet letztlich die Frage, ob sowohl ugaritische als auch hebräische Belege für *ʿtq* wenigstens teilweise vom Aramäischen her zu verstehen sind.

J. Aistleitner bietet für *ʿtq* die Bedeutungen „weichen, vorübergehen"[68] an und schließt, daß der Abschnitt KTU 1.16 I 2–5 folgendermaßen zu übersetzen sei:

> Wie Hunde würden wir aus deinem Haus weichen,
> Wie Köter aus deinem Besitz.
> Doch Vater! – wenn du wirklich sterben solltest, –
> Würde dein Besitztum an *Klageleute* (?) kommen;
> (Klage)weiber würden singen: „Mein Vater! Mein Gold(?)!"[69]

C.H. Gordon begnügt sich in seinem Glossar mit der kurzen Angabe: *ʿtq* „to pass"[70]. In der Übersetzung gibt er KTU 1.16 I 2–7a folgendermaßen wieder:

> Like a [d]og in thy house we *slink off*
> Like a *cur*, (in) thy *bower*
> But Father, wilt even thou die like mortals
> *Nor we be allowed to pass through thy bower*
> By *the women*, O Father, (*in*) *in the heights*
> (Who) mourn thee, Father, (in) the mountain of Baal
> Saphon?[71]

R.S. Sirat fordert für *ʿtq* die Übersetzung „devenir prospère", „grandir"[72]. Seine Interpretation der Keret-Stelle lautet folgendermaßen:

> (Nous qui sommes) comme des chiens dans ta maison, nous deviendrions prospères!
> (Nous qui sommes) comme des vagabonds, nous prendrions même ta force présente!
> Quoi! Père, toi aussi comme font les simples mortels, tu mourrais!
> Et ta force tomberait en décrépitude grandissante.
> (Tu serais livré) entre les mains d'une femme, père chéri...[73]

---

68 J. Aistleitner, WUS, Nr. 2119.
69 J. Aistleitner 1959, 98–99.
70 C.H. Gordon, UT, Nr. 1938.
71 C.H. Gordon 1977, 51.
72 R.S. Sirat 1965, 27 mit Anm. 2.

D. Pardee beurteilt diese Deutung als zu abhängig vom späteren arabischen Sprachgebrauch.[74] Er selbst gelangt dagegen zum Ergebnis, daß *'tq* mit „to grow old" oder vielleicht „to grow old and pass on" übersetzt werden könne.[75] Auf Hunde in KTU 1.6 I 2–5 angewandt besage das Verbum *'tq*, daß diese Tiere ein kurzes Leben haben. Er stellt zwei Übersetzungen zur Diskussion:

Like a dog we must pass on from your house,
Like a hound from your court;
So, O father, like mortal men you must die,
And your court must pass to mourning,
To the control of women, O beloved father.

As a dog grows old in your house,
As a hound (grows old) in your court;
So, O father, like mortal men you must die,
And your court must pass to mourning,
To the control of women, O beloved father.[76]

D. Pardee hat später folgende Interpretation vorgelegt, die in Details sehr stark von den früheren Übersetzungen abweicht:

Like a dog we grow old in your house,
  like a hound in your court;
Must you also, father, die like mortal men,
  must your court pass to mourning,
  to the control of women, beloved father?[77]

M. Margalit fordert entgegen H.L. Ginsberg und T.L. Fenton, *'qt* in Ps 55,4 nicht mit „eyeball" oder „eye" zu übersetzen, sondern *'tq* zu lesen und in Anlehnung an das Hebräische auch im Ugaritischen ein *'tq* „howl, cry aloud" anzusetzen.[78] Für KTU 1.16 I 2–5 legt M. Margalit folgende Übersetzung vor:

The howling of a dog is in thy house
Like a cur, thy grave-pit too.

O, father: (how?) like mortals thou art dying
Is not thy grave-pit (delivered) to a howling jackel,
(In) to the hands/chant of thy lady (-ies)-of-the (mundus-) pit.[79]

---

73 R.S. Sirat 1965, 27.
74 D. Pardee 1973, 234.
75 D. Pardee 1973, 233–234.
76 D. Pardee 1973, 233.
77 D. Pardee 1997, 339.
78 B. Margalit 1976, 148.
79 B. Margalit 1976, 147.

Die Übersetzung M. Margalits wurde von J. Sanmartín mit dem Hinweis abgelehnt, daß von *'tq* in II Sam 2,3 her auch ein ugaritisches *'tq* „Zeit verstreichen > altern“ zu fordern sei und sich daraus für KTU 1.16 I 2–5 die folgende Übersetzung ergebe:

Wie ein Hund in deinem Haus werden wir altern,
wie *inr*, vor deinem Grabbau.

Willst du denn wirklich, o Vater, wie die Sterblichen sterben?
zu andauerndem Schreien
Oder soll dein Grabbau werden,
zu andauerndem Weinen
die ‚*Höhe*‘, o Vater, zum Weibergesang?[80]

An einem *'tq* „change“ sind die Übersetzungen von J. Gray und H.L. Ginsberg orientiert:

As one confined thine aspect is changed,
As temple servitors thy lusty countenance.
Dost thou, even thou, father, die like mortals?
Or is thy lustiness changed to lamentation (?)
By women, O father dear?[81]

Like [a do]g thine aspect is changed,
Like a cur thy joyous countenance.
Wilt thou die, then, father, like the mortals,
Or thy joy change to mourning,
To a woman's dirge, O father, *my song*?[82]

An die Deutungen von J. Gray und H.L. Ginsberg ist auch die folgende Übersetzung zu Z. 3b–5 anzuschließen:

Father, will you die as mortals,
and will your joy turn to mourning,
my happy song, Father, to a woman's dirge?[83]

Problematik und Wandel der Anschauungen über den strittigen Abschnitt verdeutlicht vielleicht am besten eine Gegenüberstellung der Übersetzungen, die J.C. de Moor in den Jahren 1969 und 1987 vorgestellt hat:

80 J. Sanmartín 1978, 454.
81 J. Gray 1964, 22.
82 H.L. Ginsberg 1969, 147.
83 M.I. Gruber II 1980, 431–432.

How could we enter your tomb willingly,
even your vault on our own account?
Even you, father, how could you possibly die,
or could moaning enter your vault,
singing of a father's lamenting wife?[84]

Like dogs we prowl through your house,
like puppies – ah! – through your basement.
Ah father! Woe! Should you die like mortal men?
Alas! Should moaning pass through your basement?
Dirges of father's wife on the heights?[85]

Im Verlauf der Diskussion über ugaritisch *'tq* in KTU 1.16 I 2–5 haben sich folgende fünf Positionen herausgebildet:

1. „weitergehen, fortschreiten" o.ä.: J. Aistleitner 1959, 98–99, weichen, vorübergehen; C.H. Gordon 1977, 51, *slink off, pass through*; siehe ferner J.C. de Moor / K. Spronk 1982, 181, „to pass (through)"; J.C. de Moor, ARTU (1987), 211; G. Del Olmo Lete, MLC 1981, 605, „pasar"; E.L. Greenstein 1997, 30.
2. „prospérer, grandir": R.S. Sirat 1965, 27;
3. „to grow old", „to grow old and pass on", „Zeit verstreichen lassen > altern": D. Pardee 1973, 234; id. 1979, 339; J. Sanmartín 1978, 454; siehe ferner A. Herdner 1974, 548–549, „passer, vieiller, disparaître"; M. Dahood, RSP III 1981, 66, Nr. 109; 71, Nr. 119, „to grow old", „to pass away"; DLU 93, */'-t-q/* N Envejecer *k klb b btk n'tq* como un perro (que) en tu casa ha envejecido.
4. „howl, cry aloud", nach he. *'tq* I Sam 2,3; Ps 31,19; 75,6; 94,4; LHVTL 638: *'tq*: B. Margalit 1976, 147–148; siehe ferner M. Dietrich / O. Loretz 1980, 190–191, „heulen"; N. Wyatt 1998, 219 mit Anm. 194; J. Tropper, Ug. 2000, 542, *'tq* „(Klage-)Geheul(?)".
5. „change", „turn to"; J. Gray 1964, 22. 64; H.L. Ginsberg 1969, 147; M.I. Gruber II 1980, 432, „turn to".

Bei einer Abgrenzung poetischer Einheiten in KTU 1.16 I 2–11a geht man am besten von der Erkenntnis aus, daß in Z. 6–9 ein in sich geschlossenes Tetrakolon vorliegt. Aus dem Parallelpaar *k* || *k* in Z. 2 und der Feststellung des Todes in Z. 3b–4a folgt für den Rest Z. 4b–5, daß er gleichfalls als eine poetische Einheit anzusehen ist. Wir gelangen auf diesem Weg zu folgender Gliederung und Übersetzung des ersten Abschnittes der Totenklage:

---

84 J.C. de Moor 1969, 171–172, zu KTU 1.16 I 15b–19.
85 J.C. de Moor, ARTU 1987, 211, zu KTU 1.16 I 2–5.

k klb b btk[86] *n'tq* 12
k inr ap ḫštk[87] 10

ap ab ik[88] *mtm tmtn* 13

u ḫštk l ntn[89] *'tq* 12
bd[90] *aṯt ab ṣrry*[91] 11

tbkyk[92] *ab ġr b'l* 12
ṣpn ḥlm qdš 9
nny[93] *ḥlm adr* 9
ḥl rḥb mknpt 10

---

86 Der Parallelismus *bt* || *ḫšt* „Palast" || „Mausoleum"; in Anlehnung an das für den königlichen hethitischen Ahnenkult wichtige *ḫeštā*-Haus dürfte auch hier von der Kultstätte für die königlichen Ahnen im Palastbereich von Ugarit, in dem ihre Statuen aufgestellt waren, die Rede sein; zur hethitischen Einrichtung siehe u.a. V. Haas / M. Wäfler 1977, 113–115; siehe ferner J. Tischler 1983, 237–238, „ein Kultgebäude"; J. Puhvel 1991, 319, *hista-*, *besta-* „mortuary shrine, ossuary, charnel, mausoleum".
Wahrscheinlich ist auch in KTU 1.123:30 nicht *ḫš*m (KTU²], sondern *ḫšt* (KTU¹) zu lesen. An dieser Stelle dürften mit *il ḫšt* die göttlichen Ahnen(bilder) bezeichnet werden; siehe zu KTU 1.123:30 u.a. M. Dietrich / O. Loretz 1980, 190; P. Xella 1981, 22–223; G. Del Olmo Lete 1992, 230 mit Anm. 39.

87 Siehe Anm. zu *btk* im vorangehenden Kolon.

88 Auf Grund der Parallelstellen (KTU I 17; II 40), die *k* lesen, ist die Schreibung *ik* (vgl. HAL 38: *'yk* und *'ykh* in der Totenklage) entweder zu belassen oder in *i k* aufzulösen. K. Aartun II 1978, 31, liest *ik* und erklärt diese Partikel als Sonderform von *k* „wie": *ap ab ik mtm tmtn* „auch, Vater, wirst du wie Sterbliche sterben?"; ebenso auch E. Verreet, MU 1988, 88, *ik mtm tmtn* „genau wie die Sterblichen". Bei der Auflösung von *ik* in die Elemente *i* und *k* wird *k* als Vergleichspartikel gedeutet (J.C. de Moor, ARTU 1987, 211, „Should you die like mortal men?";) und *i* mit „wehe!" übersetzt (J.C. de Moor, ARTU 1987, 211; J.C. de Moor / K. Spronk, CARTU 1987, 126). Diesen tautologischen Deutungen von *mtm tmtn* ist die Anschauung gemeinsam, daß *mtm* nicht ein Plural von *mt* „Mann, Krieger, Held" (HAL 617: **mt*; M. Dietrich / O. Loretz 1990, 55–65), sondern von *mt* „Sterblicher" (HAL 617: *mt* „Toter, Leiche") sei. Bei *ik* handelt es sich am ehesten um die Partikel *ik* (Frage, vorwurfsvoll: wie kannst du; J. Hoftijzer 1999/2000, 100-104, *ik* „how", „how can you die / will you really die?"; HAL 38: *'yk* „wie?"), vgl. dagegen K. Aartun II 1978, 105, Hervorhebungspartikel; HAL 448: *ky* 1. Die Wortfolge *mt+m mt* ist eine *figura etymologica* mit Infinitivus absolutus („du stirbst unbedingt", Gen 2,17; P. Joüon 1947, 349, par. 123*e*; vgl. E. Verreet, MU 1988, 88; J, Hoftijzer 1999/2000, 99-199) zu übersetzen.

89 Anstelle von *ntn* in KTU 1.16 II 41 *bky*. Die Etymologie des Wortes ist unsicher: *ytn* (z.B. J.C. de Moor / K. Spronk 1982, 181, *ytn* Inf. N mit Ellipse von *ql* oder *ġ*) oder *tny* (vgl. hebräisch *tnh* „besingen, klagen"; HAL 1620: *tnh* A); siehe ferner J.F.A. Sawyer / J. Strange 1964, 97–98.

90 HAL 105: **bd* IV „Geschwätz, Flunkerei".

91 *ṣrry* ist eine Nebenform zu *ṣrrt* „Höhe"; vgl. dagegen AHw. 1086: *ṣāriru* II „ein Klagepriester".

92 M.I. Gruber II 1980, 433–434, betont zu Recht, daß *bky* in diesem Zusammenhang sowohl „to mourn" als auch „to weep" und „to wail" bedeutet.

93 P. Bordreuil 1989, 275–279; M. Dijkstra 1991, 137.

ap krt bnm il 10
špḥ [11]*lṭpn w qdš* 11

[2]"Wie Hunde[94] geben wir schrille Laute von uns in deinem Haus,
wie Welpen im [3]Vorraum deines Totenheiligtum!

Wirst denn du o Vater, wirklich [4]sterben?[95]

Wehe, dein Totenheiligtum ist ein [5]schrilles Klagen/Weinen,
ein Geschrei der Frauen, Vater, die Höhe!

[6]Sollen dich beweinen, o Vater, die Berge Baals:[96]
[7]Ṣaphon, die heilige Feste,
[8]Nanā, die mächtige Feste,
die Feste [9]mit breiter Umfassung?

Ist denn [10]Keret der Sohn Els,
ein Sproß des [11]Laṭīpānu und Heiligen[97]?"

(KTU 1.16 I 2–11a|| 15b–19, II 38–42[98])

Aus der Struktur des Bikolons Z. 4b–5 ergibt sich, daß für diese poetische Einheit die folgenden beiden Wortpaare zu postulieren sind:

ḫšt || *ṣrry* „Grabbau, Totenheiligtum" || „Höhe",
ntn/bky ʿtq || *bd aṯt* „Geheul des Klagen/Weinen" || „Klage der Frauen".

---

94 Bzw. „wie Hunde". Es ist strittig, auf welches Verhalten oder welche Eigenschaft des Hundes hier angespielt wird. Am nächsten liegt die Annahme, daß die Hunde beim Begräbnis und im Totenkult von Bedeutung waren; siehe u.a. M.H. Pope 1994, 164–168. Wahrscheinlich spielt der Vergleich mit den Hunden auf die Traurigkeit der Hinterbliebenen an. Da Hunde offensichtlich zu einem königlichen Haushalt gehörten (KTU 1.14 III 19), ergibt sich ohne Schwierigkeit, daß auch ihr Verhalten beim Tod des Herrn als Teil der Trauer dargestellt wird.

95 Zur Deutung von Z. 3b–5 als Frage siehe u.a. M.I. Gruber II 1980, 432 mit Anm. 1. Diese Deutung setzt nicht nur die unwahrscheinliche These voraus, daß Z. 3b–5 eine poetische Einheit bilden, sondern auch die Anschauung, daß sowohl *ḫšt* als auch *ṣrry* Freude bezeichneten (*ḫšt* „joy", *ṣrry* „my happy song").

96 Suchen Klagefrauen den Toten in der Natur, in den Bergen? Siehe zum Suchen des Toten u.a. E. de Martino 1983, 305 mit Anm. 7, mit Verweis auf ʿAnat, die den toten Baal sucht.

97 Zur Frage, ob *lṭpn w qdš* mit „der Gütige und Qudschu" oder „der Gütige und Heilige" zu übersetzen ist, siehe u.a. M.S. Smith 1994, 294–295.

98 An beiden letzteren Stellen ohne Wiederholung von I 6–9.

In Parallele zu *bd aṯt* beschreibt *'tq* das Heulen und Klagen der Trauernden, so daß auch für *n'tq* in Z. 2 zu fordern ist, daß die Klagenden über den König nicht wie Hunde herumgehen oder alt werden, sondern wie jaulende Hunde laut klagen und trauern. Dem Vergleich von ug. *'tq* mit he. *'tq* (I Sam 2,3; Ps 31,19; 75,6; 94,4; LHVTL 638: *'tq* sermo nimis liber, effrenis, superbus) ist folglich zuzustimmen und zugleich ist vorzuschlagen, zwischen ug. *'tq* I „weitergehen, voranschreiten; alt werden" und *'tq* II „laut reden, klagen usw." zu unterscheiden.

Aus KTU 1.16 I 2–5 ist folglich zu entnehmen, daß sich diese zwei Belege für *'tq* „laute Laute, Geheul von sich geben" nicht an die anderen mit der Bedeutung „fortschreiten, vorbeigehen, passieren"[99] anfügen lassen. Wegen der thematischen Differenz zwischen den ugaritischen Belegen und Ps 6 dürfte zu folgern sein, daß von ug. *'tq* I „fortschreiten, vorbeigehen, passieren" und *'tq* II „laute Laute, Geheul von sich geben" her kein unmittelbarer Schluß auf die Bedeutung von hebräisch *'tq* in Ps 6,8 möglich erscheint.

Im Anschluß an M. Dahood[100] betont M.I. Gruber, daß *'tq* in Ps 6,8 als Parallelwort zu *'šš* „dry up" gleichfalls ein Altwerden, Vertrocknen besage.[101] Seine Übersetzung von Ps 6,8 lautet dementsprechend folgendermaßen:

> My eye dries up from sadness.
> It wears out because of all my enemies.[102]

Die Bedeutung von *'šš* ist unter den Autoren strittig.[103] Es erscheint folglich gewagt, von *'šš* her die Bedeutung von hebräisch *'tq* als „alt werden, vergehen"[104] zu bestimmen oder hebräisch *'tq* von einem angeblich synonymen ugaritischen *yṯn* „to dry up, grow old" her zu deuten.[105] Diese Bemühungen führen zu der bereits früher gestellten Frage zurück, ob hebräisch *'tq* und ugaritisch *'tq* sich gegenseitig zu beleuchten vermögen.[106] Dies wird von jenen negativ beantwortet, die *'tq* in Ps 6,8 als aramäisches Lehnwort ansehen und mit „altern" übersetzen.[107] Für diese

99 KTU 1.1 V 2–3.15–15 *(ym ymm [y'tqn]);* 1.6 II 26–27; M.S. Smith 1994, 120–121, „passage of time"; DLU 93: /'-t-q/ G „pasar", N Envejecer *k klb b btk n'tq* como un perro (que) en tu casa ha envejecido; *'tq* „perenne, duraduro" *ḫštk l ntn 'tq* tu sepulcro se ha vuelto un lamento perenne.
Siehe KTU 1.16 VI 2.13; RIH 78/12:5: *š'tq(t)*; J. Tropper 1990, 90–91, zu *š'tq(t)* „der, die Erhöhte".

100 M. Dahood 1966, 37–38, setzt *'tq* „to grow old" an und liest sowie übersetzt Ps 6,8b entgegen MT folgendermaßen: *'ātᵉqāh bᵉkālā ṣrry* „my heart has grown old from pining".

101 M.I. Gruber I 1980, 387–389.

102 M.I. Gruber I 1980, 387.

103 Siehe z.B. HAL 850: *'šš*.

104 Siehe hierzu u.a. HAL 856: *'tq*; D. Pardee 1973, 229–234; M. Dahood, RSP III 1981, 66, Nr. 109; 71, Nr. 119.

105 So M. Dahood I 1966, 38; M.I. Gruber I 1980, 387–388.

106 D. Pardee 1973, 233–234.

107 H. Gunkel 1926, 23; M. Wagner 1966, 93, Nr. 228, *'tq* (qal) altern; HAL 856: *'tq* qal 2a) altern. Einen Schritt weiter geht E. Jenni 1992, 111, Nr. 1652, mit der zwar sachlich zutref-

letztere Lösung spricht, daß wir bereits im vorangehenden Bikolon V. 7 nicht nur das aramäische Lehnwort *śḥḥ*[108] vorfinden, sondern ferner aramaisierend in V. 6 *lk* anstatt des Akkusativsuffixes für „dich" und in V. 2 das prohibitive *'al* nicht unmittelbar vor dem Jussiv, der erst auf einen präpositionalen Ausdruck folgt.[109] Wir gewinnen auf diesem Weg die Erkenntnis, daß von Ps 6,8 her kein Rückschluß auf die Bedeutung von *'tq* in den ugaritischen Texten möglich ist und folglich der Vorschlag, auch ugaritisch *'tq* mit „altern" zu übersetzen, einem Zirkelschluß nahekommt.

Für das Bikolon V. 8 ist angesichts der beschriebenen Sachlage folgende Kolometrie und Übersetzung in Betracht zu ziehen:

'šš̌h m k's 'yny	12
'tqh b kl ṣwrry	12

Von Kummer wurde mein Auge trübe,
alt wegen all meiner Feinde[110].
(Ps 6,8)

Mit Hilfe von *'tq* wird das Auge als alt und schwach geschildert.[111] Bei Qohelet lesen wir hierzu in der Aufzählung der Altersbeschwerden über das Nachlassen der Augen folgendes: „Und dunkel werden die, die an den Fenstern schauen." (Qoh 12,3c).[112]

Die Differenzen zwischen dem ugaritischen und biblischen Vergleichsmaterial treten bei einer möglichst umfassenden Parallelisierung der Texte am deutlichsten hervor. Dieses Ziel erreichen wir am besten durch eine volle Berücksichtigung der Totenklage, die die Familie Kerets für ihr krankes Familienoberhaupt durchführt.

Der in KTU 1.16 I 2–11a beschriebene erste Teil der Totenklage findet in Z. 11b–23 eine Fortsetzung mit Wiederholungen, die thematisch nichts Neues beifügen.

Die ganze Totenklage über Keret wird in Z. 24–30b überraschend mit einer Rede des noch lebenden Keret vorläufig beendet:

---

fenden, aber philologisch kaum zu rechtfertigenden Übersetzung „mein Auge ist trübe geworden (*'tq*)". Vgl. dagegen L. Delekat 1964, 52–55, der von einem postulierten *'šš* „geschwollen" her zum Ergebnis gelangt, daß in Ps 6,8 das parallele *'tq* mit „hervortreten" zu übersetzen sei.

108 Siehe oben Abschnitt 5.1.

109 W. von Soden 1991, 165.

110 Da *ṣwrry* wahrscheinlich einen Teil der Modernisierung des Textes darstellen dürfte (O. Loretz 1990, 203–204), dürfte entweder *ṣrt* (H. Gunkel 1926, 23, *ṣrty* „in all ‚meiner Not'", mit Kautzsch, Bertholet; ebenso BHSc) bzw. eher ein anderes Parallelwort zu *k's* als ursprünglich zu supponieren sein.

111 Es handelt sich nicht um eine Augenkrankheit wie z.B. im Falle von Tob 2,10; B. Kollmann 1994, 291–297, zur Heilung von *albugo* mit Fischgalle.

112 Vgl. ferner Ps 13,4; 116,8; zu leuchtenden Augen als Zeichen von Lebenskraft siehe Dtn 34,7; I Sam 14,27. 29.

Da antwortete der edle Keret:

„Mein Sohn, beweine mich nicht,
klage nicht über mich!
Brauche nicht auf, mein Sohn, die Quelle deiner Augen,
das Wasser deines Kopfes durch Tränen.
Rufe deine Schwester Schatmanatu,
das Mädchen mit der starken Leidenschaft:

Sie soll für mich weinen und klagen!"

(KTU 1.16 I 24–31a)

Für eine Auslegung des Keret-Epos ergibt sich aus dieser Totenklage für den noch lebenden Keret die Frage, welche Funktion die überraschende Einschaltung eines Totenmahles in KTU 1.15 IV 1 – VI 8 und der Totenklage der Familie in KTU 1.16 I 2–23 hat. Handelt es sich um eine rituelle, prophylaktische Vorausdarstellung des Todes?

Das Nebeneinander einer Durchführung von Totenritual und Totenklage während des Lebens eines Kranken soll eine Irreführung der Dämonen und des Todes, eine Todesabwehr bewirken. Der Tod und seine Helfer sollen durch das Ritual vom Kranken abgelenkt und dieser dadurch gerettet werden.[113] Die Trauerriten spiegeln die Lebensverhältnisse im Jenseits wider, so daß sie wegen dieser Abbildungsfunktion rituell zu Schutz- und Abwehrzwecken dienen, um die angreifenden Todesmächte über den tatsächlichen Existenzmodus des Gefährdeten zu täuschen.

Die Wirkung des Klagerituals zeigt sich im weiteren Verlauf des Epos in der Heilung Kerets durch Vertreibung der Krankheitsdämonen. Die Gesundung erlaubt ihm zuletzt erneut die Ausübung seiner königlichen Funktionen. Die Strafe der Aschiratu für den Bruch des Gelübdes sollte demzufolge nicht zum Tode Kerets, sondern nur zu einer schweren Krankheit führen.

Von der prophylaktischen Funktion des Totenmahles in KTU 1.15 IV 1 – VI 8 und der Totenklage der Familie in KTU 1.16 I 2–23 für das noch lebende, aber durch Krankheit tödlich bedrohte Familienoberhaupt wird der Unterschied deutlich, der die biblischen Texte vom Keret-Epos trennt. Das Weinen der Bedrohten und selbst das jener, die sich einer Totenklage hingeben, richtet sich in Israel nicht mehr gegen Dämonen. Dies ist wenigstens die offizielle Haltung der überlieferten Texte. Inwieweit im täglichen Leben in Israel die Totenklage und das Weinen von einer Verbindung mit der Dämonie des Todes tatsächlich ferngehalten werden konnte, lassen die biblischen Texte nicht mehr erkennen.

---

113 Th. Podella 1989, 70–71. 80–81. 85.

5.4. Vergleiche zwischen ugaritischen und biblischen Texten

Die im Rahmen der obigen Abschnitte 5.1 – 5.3 angeführten Beispiele verdeutlichen, daß Parallelisierungen ugaritischer und biblischer Stellen auf ein ungenügendes Verständnis sowohl ugaritischer als auch biblischer Texte gegründet sein können. Diese Situation begünstigt nicht nur Zirkelschlüsse mit negativen Auswirkungen auf die Bedeutungsbestimmung ugaritischer und hebräischer Wörter, sondern bietet zugleich auch eine günstige Gelegenheit für eine Weiterführung von bereits erlangten Ergebnissen und eine Überprüfung von Vermutungen und voreiligen Schlußfolgerungen.

Es dürfte jedoch unbestreitbar sein, daß die oft gleichgearteten stilistischen, kolometrischen und philologischen Probleme auf ugaritologischer und hebraistischer Seite sich gegenseitig beleuchten und trotz aller zeitlich bedingten Differenzen eine gemeinsame literarische Tradition bezeugen.

Literatur[114]

Aartun, K., 1974/78: Die Partikeln des Ugaritischen I-II. AOAT 21/1–2.1974/78.

Airoldi, N., 1968: Note critiche al Salmo 6, RBI 16, 285–289.

Aistleitner, J., 1959: Die mythologischen und kultischen Texte aus Ras Schamra. BOH 8.

Alster, B., 1983: The Mythology of Mourning, ASJ 5, 1–16.

Avishur, Y., 1984: Stylistic Studies of Word-Pairs in Biblical and Ancient Semitic Literatures. AOAT 210.1984.

Bail, U., 1998: Gegen das Schweigen klagen. Eine intertextuelle Studie zu den Klagepsalmen Ps 6 und Ps 55 und der Erzählung von der Vergewaltigung Tamars, Gütersloh.

Barbiero, G., 1999: Das erste Psalmenbuch als Einheit. Eine synchrone Analyse von Psalm 1–41. ÖBS 16.

Barth, Ch., 1987: Die Errettung vom Tode in den individuellen Klage- und Dankliedern des Alten Testamentes. Mit zwei Anhängen, einer Bibliographie und Registern neu herausgegeben von Bernd Janowski, Zürich.

Begrich, J., 1934.1964: Das priesterliche Heilsorakel, ZAW 52, 1934, 81–92 = id., Gesammelte Studien zum Alten Testament. TB 21.1964, 217–231.

Bordreuil, P., 1989: La citadelle sainte du mont Nanou, Syr. 66, 275–279.

Causse, A., 1926: Les plus vieux chants de la Bible. EHPhR 14.

Coppens, J., 1961: Les Ps 6 et 41 dépendent-ils du livre de Jérémie?, HUCA 32, 217–226.

---

114 Siehe ferner O. Loretz 1990, 219–220; Th. Wittstruck II 1994, 506–510.

Delekat, L., 1964: Zum hebräischen Wörterbuch, VT 14, 7–66.
Del Olmo Lete, G., 1992: La religión cananea según la litúrgia de Ugarit. AuOr.S 3.1992.
Dietrich, M. / O. Loretz, 1980: Die Wehklage über Keret in KTU 1.16 I 2–23 (|| II 35–50), UF 12, 189–197.
– –, 1990: *mt* „Môt, Tod" und *mt* „Krieger, Held" im Ugaritischen, UF 22, 57–65.
Dijkstra, M., 1991: The Weather-God od Two Mountains, UF 23, 127–140.
Dobbs-Allsopp, F.W., 1993: Weep, O Daughter of Zion: A Study of the City-Lament Genre in the Hebrew Bible. BibOr 44.1993.
Fenton, T.L., 1969: Ugaritica-Biblica, UF 1, 65–70.
Fokkelman, J.P., 2000: Major Poems of the Hebrew Bible at the Interface of Prosody an Structural Analysis. II: 85 Psalms and Job 4–14. SSN. (65–66.391: Ps 6).
Gese, H., 1962: Kleine Beiträge zum Verständnis des Amosbuches, VT 12, 417–438.
Ginsberg, H.L., 1946: The Legend of King Keret, BASOR.S 2/3.
– –, 1969: Ugaritic Myths, Epics, and Legends, in: ANET ^{3}1969, 129–155.
Gordon, C.H., 1977: Poetic Legends and Myths from Ugarit, Ber. 25, 5–133.
Greenstein, E.L., 1997: Kirta, in: UNP, 9–48.
Gruber, Mayer I., 1980: Aspects of Nonverbal Communication in the Ancient Near East. StP 12/I-II.
Haas, V. / M. Wäfler, 1977: Bemerkungen zu $^{\acute{E}}$*ḫešti/ā-* (2. Teil), UF 9, 87–122.
Herdner, A., 1974: La Légende de Keret, in: A. Caquot / M. Sznycer, TO I, 481–574.
Hoffmann, G., 1883: Versuche zu Amos, ZAW 3, 87–126.
Hoftijzer, J., 1999/2000 : The Opening Clauses of the Lament over King Keret, AuOr 17/18, 97-104.
Husser, J.-M., 1994: Le songe et la parole. Etude sur le rêve et sa fonction dans l'ancien Israel. BZAW 210.1994.
Hvidberg-Hansen, F.O., 1990: Kanaʿanaeiske myter og legender. Tekster fra Ras Shamra-Ugarit. Dansk uversaettelse med kommentar. I-II, Aarhus 1990.
Jenni, E., 1992: Die hebräischen Präpositionen. Band 1: Die Präposition Beth, Stuttgart 1992.
Joüon, P., 1947: Grammaire de l'Hébreu biblique, Rome ^{2}1947.
Kollmann, B., 1994: Göttliche Offenbarung magisch-pharmakologischer Heilkunst im Buch Tobit, ZAW 106, 289–299.
Loewenstamm, S.E., 1992: From Babylon to Canaan. Studies in the Bible and its Oriental Background, Jerusalem 1992.
Lohfink, N., 1987: Psalm 6 – Beobachtungen beim Versuch, ihn „kanonisch" auszulegen, ThQ 167, 277–288.
– –, 1988: Was wird anders bei kanonischer Schriftauslegung? Beobachtungen am Beispiel von Psalm 6, JBTh 3, 29–53.
Loretz, O., 1979: Die Psalmen. Teil II. AOAT 207/2.

– –, 1990: Adaption ugaritisch-kanaanäischer Literatur in Psalm 6. Zu H. Gunkels funktionalistischer Sicht der Psalmengattungen und zur Ideologie der „kanonischen" Auslegung bei N. Lohfink, UF 22, 195–220.

Margalit, B., 1976: Studia ugaritica II: „Studies in *Krt* and *Aqht*", UF 8, 137–192.

Martino, E. de, 1983: Morte e pianto rituale. Dal lamento funebre antico al pianto dia Maria, Torino 31983.

Mayer, W., 1976: Untersuchungen zur Formensprache der babylonischen „Gebetsbeschwörungen". StP.SM 5.

Michel, D., 1960: Tempora und Satzstellung in den Psalmen. AETh 1.

Millard, M., 1994: Die Komposition des Psalters. Ein formgeschichtlicher Ansatz. FAT 9.

Moor, J.C. de, 1969: Studies in the New Alphabetic Texts from Ras Shamra, UF 1, 167–188.

de Moor, J.C. / K. Spronk, 1982: Problematical Passages in the Legend of Kirtu I-II, UF 14, 153–190.

Müller, H.-P., 1971: Die Wurzeln *'yq*, *y'q* und *'wq*, VT 21, 556–564.

Pardee, D., 1973: A Note on the Root *'tq* in CTA 16 I 2,5 (UT 125, KRT II), UF 5, 229–234.

– –, 1997: The Kirta Epic (1.102), in: COS I, 333–343.

Podella, Th., 1986: Ein mediterraner Trauerritus, UF 18, 263–269.

– –, 1989: Ṣôm-Fasten. Kollektive Trauer um den verborgenen Gott im Alten Testament. AOAT 224.

Pope, M.H., 1994: Probative Pontificating in Ugaritic and Biblical Literature. Collected Essays. UBL 10.

Puhvel, J., 1991: Hithite Etymological Dictionary III, Berlin / New York.

Renfroe, F., 1992: Arabic-Ugaritic Lexical Studies. ALASP 5.

Saliba, G.A., 1972: A Cure for King Keret (IIK, col. vi, 1–13), JAOS 92, 107–110.

Sanmartín, J., 1978: Lexikographisches zu ug. *'tq* (KTU 1.16 I 2–5; II 38–42), UF 10, 453–454.

Sawyer, J.F.A. / J. Strange, 1964: Notes on the Keret-Text, IEJ 14, 97–98.

Schoors, A., 1972: Literary Phrases, in: RSP I, 1–70.

Seybold, K., 1973: Das Gebet des Kranken im Alten Testament. BWANT 99.

Sirat, R.S., 1965: Une interprétation nouvelle de II Keret, 1–5, Sem. 15, 23–28.

Smith, M.S., 1994: The Ugaritic Baal Cycle I. VT.S 55.

Soden, W. von, 1991: Ist im Alten Testament schon vom Schwimmen die Rede?, ZAH 4, 165–170.

Tischler, J., 1983: Hethitisches etymologisches Glossar. Teil I, Innsbruck.

Tropper, J., 1990: Der ugaritische Kausativstamm und die Kausativbildungen des Semitischen. ALASP 2.

van Grol, H.W.M., 1979: Literair-Stilistische Analyse van Psalm 6, Bijdr. 40, 245–264.

Viganò, L., 1976: Nomi et titoli di YHWh alla luce del semitico del Nord-ovest. BibOr 317.

Vorländer, H., 1975: Mein Gott. AOAT 23.
Wagner, M., 1966: Die lexikalischen und grammatikalischen Aramaismen im alttestamentlichen Hebräisch. BZAW 96.
Watson, W.G.E., 1984: Classic Hebrew Poetry. A Guide to its Techniques. JSOT.S 26.
Wyatt, N., 1998: Religious Texts from Ugarit. The Words of Ilimilku and his Colleagues. BiSe 53.
Xella, P., 1981: I testi rituali di Ugarit – I, Roma.

Psalm 11

Gottes Thron in Tempel und Himmel

Von der altorientalischen zur biblischen Tempeltheologie[1]

Zu den zentralen Themen der alttestamentlichen Schriften gehört die Frage nach Gottes Gegenwart im Jerusalemer Tempel und auf dem heiligen Berg Zion. An zahlreichen Stellen setzen die biblischen Autoren Gottes Gegenwart auf seinem Thron im Himmel mit der auf dem Thron in seinem irdischen Jerusalemer Heiligtum oder auf Zion gleich oder sie scheinen dies zu tun, so daß in der Bibelwissenschaft von der Gleichzeitigkeit der himmlischen und irdischen Wohnstatt Jahwes die Rede ist.[2] Diese Vorstellung von einer doppelten göttlichen Wohnstatt ist auch in babylonischen Schriften belegt.[3] Die biblischen Texte werfen außerdem die Frage nach der konkreten Weise der Gegenwart Gottes auf seinem Thron im Jerusalemer Tempel auf. Die Antworten der Ausleger des Psalters weisen eine breite Palette von unterschiedlichsten Anschauungen auf, die u.a. von der Darstellung der göttlichen Präsenz durch den Tempel selbst[4], durch eine Statue, einen *leeren* Thron, eine rituelle, kultische Vergegenwärtigung bis zu einer nur mystisch erfahrbaren Anwesenheit Gottes im Tempel handeln.

Die biblischen Theologen entwickelten außerdem die Theologien über den *šēm* „Namen" und die *kābôd* „Herrlichkeit", um damit Jahwes „Entthronung"[5], die durch die Zerstörung des ersten Tempels erfolgte, zu beschreiben und theologisch zu erklären.

Das Ringen um die Deutung der Gegenwart Gottes in Israel und der Wandel der theologischen Anschauungen darüber, ob diese an den Tempel in Jerusalem gebunden ist, bilden ein zentrales biblisches Thema, das in allen möglichen Formen auch die Psalmen beschäftigt.[6]

Ps 11 gehört zwar innerhalb des Psalters zu den bedeutsamen Texten über die irdisch-himmlische Präsenz Jahwes, wird aber dennoch in der Debatte über die

---

1 O. Loretz, UF 26, 1994, 245–270.

2 M. Metzger 1970, 139–158; siehe ferner zu dieser Problematik R. Bartelmus 2001, 87–122; F. Hartenstein 2001, 125–168.

3 W. Mayer 1976, 179 mit Anm. 78.

4 O. Keel 1972, 157, vermerkt lapidar: „Der Tempel repräsentiert die Gottheit."

5 T.N.D. Mettinger 1982, spricht in seinen Studien zu den „Shem and Kabod Theologies" treffend vom „Dethronement of Sabaoth".

6 Siehe zu dieser Thematik z.B. H. Spieckermann 1989; J. van Oorschot 1994, 416–430.

Tempeltheologie an den Rand gedrängt.[7] Die Vorentscheidung des einzelnen Interpreten über die wesentlichen Aspekte göttlicher Präsenz im Jerusalemer Heiligtum übt auf die jeweilige Auslegung dieses Liedes einen entscheidenden Einfluß aus. Die Darstellung des göttlichen Thronens im Jerusalemer Tempel und im Himmel erfolgt in Ps 11 außerdem in ungewöhnlicher poetischer Form, so daß in diesem Text sowohl sprachliche Gestalt als auch Inhalt engstens miteinander verkettet sind, sich gegenseitig bedingen und so die Interpretation aufs äußerste erschweren.

Die Thematik von Ps 11 konfrontiert uns nicht nur unmittelbar mit der Frage, ob und wie sich das entstehende Israel mit der kanaanäischen Tempeltheologie auseinandergesetzt hat[8], sondern auch mit der Weiterentwicklung dieser Thematik in der nachexilischen jüdischen Theologie. In weiterer Verfolgung dieser Problematik wird zu untersuchen sein, ob es tatsächlich möglich ist, aus dem vorliegenden Psalter noch eine Theologie des Jerusalemer Tempels zu eruieren und diese mit ugaritisch-kanaanäischen Vorstellungen so in Verbindung zu setzen, wie dies neuerdings geschieht.[9]

1. Einleitung – Der textologische und kolometrische Sonderfall Ps 11

Die Interpreten sehen sich bei dem Versuch, den Text von Ps 11 in poetische Einheiten zu gliedern, zu übersetzen und einer Gattung zuzuordnen, einer nahezu unlösbaren Aufgabe gegenüber. Ps 11 gilt als eine Besonderheit. Denn wegen der in ihm vermuteten Wechselrede zwischen einem Klagenden und seinen Feinden wird er als ein Unikum im Psalter behandelt. Das Lied stellt den Exegeten ferner vor die Frage, wie er die Gleichzeitigkeit des Widersprüchlichen in diesem Text auslegen will. In den Kommentaren finden wir zu Ps 11 eine Reihe von Lösungsversuchen vor, die insgesamt geeignet sind, die Aporien aufzuzeigen, in die Interpreten bei Befolgung der gängigen Methoden und Maximen der akzeptierten Interpretation und Theologie der Psalmen geraten.[10] Es besteht kein Zweifel, Ps

7 Siehe z.B. die Behandlung von Ps 11 bei H. Spieckermann 1989, 94 mit Anm. 4; R. Bartelmus 2001, 97–98; F. Hartenstein 2001, 127.

8 H. Spieckermann 1989, 165, betont z.B., daß die Kanaanäer für die Israeliten die Lehrmeister in Sachen der königlichen Präsenz Jahwes in seinem Jerusalemer Tempel gewesen seien. Ihre israelitischen Schüler hätten aber von Anfang an selbstbewußt entschieden, was für sie zu lernen nützlich war und was nicht.

9 H. Spieckermann 1989, 7–20. 94. 167. 177–178. 185. 284–292, hat einen Versuch in dieser Richtung vorgelegt, ohne jedoch eine ausführliche Darstellung der altorientalischen semitischen Tempeltheologie zur Grundlage seiner Untersuchung zu machen.

10 Zu gegenwärtigen Tendenzen der Psalmenforschung siehe u.a. M. Oeming 1995, 28–48.

11 befindet sich als ein ungeliebtes und gleichzeitig gefürchtetes Stiefkind am Wegrand der Psalmenforschung.

H. Gunkel bringt seine Verwunderung über Ps 11 mit eindringlichen Worten zum Ausdruck. Er betont, daß die eigentümliche Form des einzigartigen Liedes in der sonst in den Psalmen nicht belegbaren Wechselrede des Dichters mit anderen, die offenbar vor ihm stünden, bestehe.[11] Seinen Gattungen gliedert er das singuläre Lied dennoch unter dem Druck des von ihm selbst erzeugten Systemzwanges mit folgender Bemerkung ein: „Also ein Vertrauenspsalm in der Form des Gesprächs."[12] Das starke Abweichen des Psalms vom gewöhnlichen Schema erklärt er individualistisch mit dem eigentümlichen Erleben des Dichters.[13] Er verzichtet auf eine Datierung des Liedes und beschränkt sich auf die Bemerkung, daß die Gliederung ziemlich regelmäßig sei und keine eigentlichen Strophen aufweise.[14]

E.S. Gerstenberger, der sich grundsätzlich der Bewertung H. Gunkels anschließt, nennt Ps 11 einen „Psalm of Contest" oder ein disputierendes Gebet innerhalb der Kategorie „Individual Complaint Psalm".[15]

Weitaus optimistischer als H. Gunkel beurteilt H.-J. Kraus die Lage.[16] In seiner Textgestalt und im Versmaß zeige Ps 11 einige geringfügige Unebenheiten. Sein Aufbau sei hingegen einfach und klar. Der Psalmist spreche von seinem Vertrauen zu Jahwe und weise den in V. 1b–3 ausführlich zitierten Ratschlag wohlmeinender Freunde zurück. Von Jahwe als dem gerechten Richter und Rechtshelfer der Verfolgten handle dann V. 4–7. Der der Formgruppe der Gebetslieder zugehörende Psalm sei der kultischen Institution der Gottesgerichtsbarkeit zuzurechnen. Von einem Königsritual könne man nicht sprechen. Es sei aber anzunehmen, daß Ps 11 als Formular im Tempelarchiv aufbewahrt und dort im Lauf der Zeit auch traditionsgeschichtlichen Veränderungen – z.B. Spiritualisierungen – unterworfen gewesen sei. Eine zeitliche Ansetzung des Psalms sei kaum möglich. Daß das Formular in den Bereich des Tempels und des Kultaktes der Gottesgerichtsbarkeit gehöre, unterliege keinem Zweifel. Vorexilische Entstehung sei möglich.

Nic.H. Ridderbos zögert nicht, von einem kunstvollen Aufbau des Psalms, der nicht ohne ein gewisses Raffinement sei, zu sprechen.[17] Im Gegensatz zu dieser positiven Bewertung wird auch auf den äußerst schwierigen Text hingewiesen, der die Übersetzung einer Reihe von Stellen unsicher sein lasse.[18]

Eine radikal individualistische Interpretation von Ps 11 finden wir bei K. Seybold vor. Er bestimmt das Lied als das persönliche Zeugnis eines Verfolgten,

11 H. Gunkel 1926, 40.
12 H. Gunkel 1926, 40.
13 H. Gunkel 1926, 41; so trotz aller Differenzen auch E. König 1927, 584.
14 H. Gunkel 1926, 41.
15 E.S. Gerstenberger I 1988, 78–79.
16 H.-J. Kraus I 1978, 228–229.
17 Nic.H. Ridderbos 1972, 147; P. Auffret 1981, 418.
18 E. Beaucamp I 1976, 72.

der sich für den Rechtsweg entschieden habe, am Tempel um Asyl nachsuche und ein Strafverfahren beantrage. Der Text habe die Funktion eines förmlichen Gesuchs, sei aber dennoch persönlich geprägt. Der erste Teil V. 1–3 dieses individuellen Zeugnisses eines Verfolgten lasse in seinen sich steigernden Satzrhythmen noch etwas von der Atemlosigkeit spüren, in der diese Worte gesprochen worden seien. Mit dieser Interpretation verbindet er die These, daß der Text vor allem durch Mißverständnisse gelitten habe.[19]

U. Nommik stuft Ps 11 als eine nachexilische Dichtung ein, die möglicherweise aus denselben Kreisen wie den Autoren von Ps 1 stamme.[20]

Während es die meisten Autoren vorziehen, auf eine Datierung zu verzichten, wird neben einer vorexilischen Entstehungszeit, die man als sicher[21] oder möglich[22] erachtet, auch eine nachexilische in Betracht gezogen.[23]

Die größte Unsicherheit herrscht bezüglich der Aufteilung des Textes in poetische Einheiten[24] und Strophen.[25] Vereinzelt wird eine Gliederung in Strophen vorgeschlagen.[26] Die Mehrzahl der Interpreten verzichtet jedoch auf eine Einteilung in Strophen[27] und folgt H. Gunkel in der Gestaltung des Textes in Abschnitte, wobei jedoch auch in diesem Punkt keine Einigkeit erreicht wird.[28]

Poetische Anordnung und Übersetzung des Liedes werden zum Teil auf erhebliche Eingriffe und Korrekturen gegründet. Die Differenzen zeigen sich z.B. bei einer Gegenüberstellung der Gliederung in acht Bikola bei H. Gunkel[29], in

19 K, Seybold 1996, 60.

20 U. Nommik 1999, 507–508.

21 A.F. Kirkpatrick 1903, 57, Zeit Davids; E. König 1927, 584; H. Herkenne 1936, 71–72, David; W.O.E. Oesterley 1939, 146; A. Deissler I 1971, 53, vorexilisches Königslied; E. Zenger 1993, 89, spätvorexilisch.

22 H.-J. Kraus I 1987, 229.

23 C.A. Briggs / E.G. Briggs I 1906, 89, „It is best explained as from the circumstances of the feeble community in Jerusalem shortly after the Restoration."; B. Duhm 1922, 46, makkabäische Zeit; R. Kittel 1929, 37. 217–219, späteres Judentum bis auf die Periode der Makkabäer; N. Füglister 1993, 121 Anm. 55; K. Seybold 1996, 60, (spät)nachexilische Entstehung; U. Nommik 1999, 508, nachexilische Dichtung.

24 H. Graetz I 1882, 186, bemerkt lapidar und zugleich widersprüchlich: „Parallelismus nicht durchweg durchgeführt. Die Sprache ist elegant."

25 U. Nommik 1999, 507–508, argumentiert z.B., daß es unmöglich sei, eine Gerechtigkeitsbearbeitung von einem Grundtext abzuheben. Die uneinheitliche Kolometrie des Psalms erlaube die Annahme, daß neben der Gattung auch die Regelmäßigkeit der Kola für den Verfasser des Psalms keine Bedeutung mehr besessen habe.

26 F. Delitzsch 1894, 131, „zwei siebenzeilige Strophen mit zweizeiligem Epiphonem"; B. Duhm 1922, 48, sieben Strophen zu je zwei Bikola; A. Bruno 1930, 45–46, vier Strophen zu je zwei Bikola; S. Mowinckel 1957, 23–24. 75–76, fünf Strophen zu je zwei Bikola.

27 H. Graetz I 1882, 186, „Poetische Form ohne Strophenanlage."

28 H. Gunkel 1926, 40–41, unterteilt z.B. in die Abschnitte V. 1–3 und 4–7 und vermerkt, daß keine eigentlichen Strophen gegeben sind. Während H. Gunkel acht Bikola fordert, werden auch Mischmetra bevorzugt (H.-J. Kraus I 1978, 227–228).

29 H. Gunkel 1926, 40; A. Bruno 1930, 45–46.

vierzehn Bikola bei B. Duhm[30] oder zehn Bikola bei S. Mowinckel[31] überaus deutlich.

Die von den Autoren allgemein vermerkten Hindernisse, die einer Einteilung des Textes in poetische Einheiten entgegenstehen, führen notwendigerweise zur Frage, ob seine Unebenheiten auf die besondere Notlage eines Dichters[32], auf eine kultische Handlung[33], auf eine oder mehrere Bearbeitungen des Textes, eine Zusammenstellung diverser Zitate, eine Fortschreibung oder Fortdichtung zurückzuführen sind.

Im folgenden soll aufgezeigt werden, daß das bei zahlreichen nachexilischen Lesern und Dichtern der Psalmen beliebte Thema „Frevler – Gerechter"[34] nachträglich etwa im Rahmen einer Fortdichtung nicht nur in den Text eingetragen wurde, sondern dominant die Endgestalt des Textes beherrscht. Wir haben folglich zu untersuchen, ob man den Psalm mit H. Gunkel und der Mehrzahl der Interpreten als Produkt eines einzelnen Dichters und als dessen subjektive Reaktion auf eine unverschuldete Notlage, mit anderen Interpreten in Verbindung mit einer kultischen Handlung oder als Produkt nachexilischer Schriftgelehrsamkeit zu deuten hat, die sich bemüht, Texte der Tradition zu modernisieren.

Von der Auslegungsgeschichte von Ps 11 her sind wir mit der grundsätzlichen Frage konfrontiert, ob seine *Texteinheit* als Ergebnis individueller oder kollektiver Anstrengung in dem Sinne zu deuten ist, daß er aus Elementen unterschiedlicher Herkunft besteht. Eine Entscheidung für die erste Anschauung bringt die Pflicht mit sich, den Text jenen ästhetischen und dogmatisierenden Kategorien der Interpretation der Psalmen anzupassen, die seit H. Gunkels monumentalem Werk als verpflichtend angesehen werden.[35] Dagegen eröffnet die Vermutung, daß mehrere *auctores* – z.B. vor- und nachexilische – zur Endgestalt des Textes beigetragen haben, die Möglichkeit, Unebenheiten in demselben zuzulassen und ihre Notwendigkeit wegen der zeitlichen Differenzen zu begreifen.

---

30 B. Duhm 1922, 46–48.

31 S. Mowinckel 1957, 75–76, spricht von fünf „basic stanzas" zu je zwei Bikola.

32 H. Gunkel 1926, 40, spricht von einem Dichter des Psalms; H.-J. Kraus I 1978, 229, „Die Situation des Ps 11 geht aus 1 und 4 deutlich hervor. Der Beter hat im Tempelbezirk Zuflucht vor nachstellenden Feinden gefunden."

33 S. Mowinckel I 1967, 220. 229; id. II 1967, 251, Note XXIX; W. Beyerlin 1970, 102–103, ordnet Ps 11 der kultischen Institution des Gottesgerichtes im Tempel zu; H.-J. Kraus I 1978, 229.

34 Zur Debatte siehe u.a. J. Wellhausen 1898, 167; R. Kittel 1929, 217–219; S. Mowinckel I 1967, 229; id. II 1967, 251, Note XXIX; N. Füglister 1993, 110–123; Ch. Levin 1993, 355–381; U. Nommik 1999, 482. 507–508.

35 Diese Interpretationsphilosophie erreicht bei Vertretern des Strukturalismus, die die besondere Regularität des Textes betonen, eine Überspitzung; siehe z.B. M. Girard I 1984, 121, der zu Ps 11 bemerkt: „Sa composition est, en tout cas, tout ce qu'il y a de plus régulier."

2. Text, Kolometrie und Übersetzung

11.1.1	*l*[36]*mnṣḥ l dwd*		
	___		
11.1.2	*b YHWH ḥsyty*	10	
11.1.3	***'yk***[37] ***t'mrw l npšy***	13	
11.1.4	***nwd[w] <m>hr km ṣpwr***	11 <12> [12]	
11.2.1	[*ky*][38] ***hnh*** [*h rš'ym*] ***ydrkwn qšt***	12	[20]
11.2.2	***kwnnw ḥṣm 'l ytr***	13	
11.2.3	*l yrwt bmw 'pl*	11	
11.2.4	*l yšry lb*	7	
11.3.1	[*ky h štwt yhrswn*		[13]
11.3.2	*ṣdyq mh p'l*][39]		[9]
	___		
11.4.1	***YHWH b hykl qdšw***	13	
11.4.2	***YHWH <yšb l>*** [*b šmym*] ***ks'w***	8+x	[13]
11.4.3	***'ynyw yḥzw ...***	9+x	
11.4.4	***'p'pyw ybḥnw bny 'dm***	17 (14)	
11.5.1	[*YHWH ṣdyq ybḥn*] [*w rš'*]		[12+4]
11.5.2	[*w 'hb ḥmṣ śn'h npšw*]		[15]
11.6.1	***ymṭr 'l rš'ym pḥym***	15	
11.6.2	***'š w gpryt . . .***	8 + x	
11.6.3	[*w rwḥ zl'pwt mnt kwsm*]		[17]
11.7.1	[*ky ṣdyq YHWH*		[10]
11.7.2	*ṣdqwt 'hb*]		[8]
	. . .		
11.7.3	***yšr yḥzw pnymw***	12	

---

36 *Kursiv*: Anteile der Redaktion.

37 **Fett** + *kursiv*: Zitate aus Vorlagen.

38 Eckige Klammern: Kommentierung, Glosse.

39 *Kursiv* + klein: Die an *ṣdyq* orientierte Hand.

11.1.1 *Dem Chorleiter. Von David.*

11.1.2 *Bei Jahwe suche ich Zuflucht.*

11.1.3 ***Wie könnt ihr zu mir sagen:***
11.1.4 ***„‚Eilends entfleuch wie‘ ein Vogel!***
11.2.1 [Denn:] ***Siehe*** [die Frevler] ***sie spannen den Bogen,***
11.2.2 ***haben schon ‚Pfeile‘ auf die Sehne gelegt.***
11.2.3 *Um zu schießen im Dunkel auf die,*
11.2.4 *die redlichen Herzens sind.“*
11.3.1 [*„Wenn die Fundamente eingerissen werden –*
11.3.2 *Was hat der Gerechte getan?“*]

11.4.1 ***Jahwe weilt in seinem heiligen Tempel,***
11.4.2 ***Jahwe*** <***sitzt auf***> [im Himmel] ***seinem Thron.***

11.4.3 ***Seine Augen schauen auf . . .,***
11.4.4 ***seine Wimpern prüfen die Menschen.***

11.5.1 [*Jahwe prüft den Gerechten!*] [Und den Frevler!]
11.5.2 [Und: Wer Gewalttat liebt, den haßt seine Seele.]

11.6.1 ***Er läßt regnen auf die Frevler glühende Kohlen***
11.6.2 ***Feuer und Schwefel*** . . .
11.6.3 [Und: Glühender Wind ist ihres Bechers Los.]

11.7.1 [*Denn: Gerecht ist Jahwe,*
11.7.2 *liebt gerechte Taten!*]

. . .

11.7.3 ***‚die Redlichen‘ werden ‚sein‘ Antlitz schaun.***

3. Philologische Anmerkungen

11.1.1

mnṣḥ – Ps 11–14 sind durch *mnṣḥ* zu einer Kleingruppe verbunden; M. Millard 1994, 135 Anm. 352.

11.1.2 – 11.3.2

Der erste Teil des Psalms umfaßt die Rede eines Bedrängten, die aus Elementen unterschiedlicher Herkunft zusammengesetzt ist. Es ist strittig, ob auf die Rede in V. 4–7 die Antwort folgt und Ps 11 als ein Gespräch anzusehen ist, wie dies z.B. H. Gunkel 1926, 40, vorschlägt. Dagegen dürfte eher anzunehmen sein, daß auf die einleitende Schilderung der Notsituation in *11.1.3 – 11.3.2* im zweiten Abschnitt V. 4–7 eine Darstellung der richterlichen Tätigkeit Gottes vom Himmel her folgt.

11.1.2

Der Vergleich mit Ps 7,1 zeigt, daß hier wahrscheinlich nur noch der Rest eines Kolons und Bikolons zitiert wird.[40] Es ist folglich nicht zulässig, das Kolon *11.1.2* mit dem Kolon *11.1.3* zu einem Kolon (J. Wellhausen 1898, 9; F. Baethgen 1904, 30; H. Gunkel 1926, 40), einem Bikolon (B. Duhm 1922, 46) oder gar mit V. 7 zu einem Bikolon (N. Schlögl 1915, 9) zu verbinden.

11.1.3 – 11.3.2

Der Abschnitt *11.1.3 – 11.3.2* dürfte als eine an der Jagdmetaphorik (P. Riede 2000, 368–372) orientierte kompositorische Einheit zu verstehen sein.

11.1.3 – 11.2.2

Die beiden Bikola *11.1.3 – 11.1.4* und *11.2.1 – 11.2.2* sind als ein zusammenhängender Text zu lesen und einem Lied mit Jagdmetaphorik entnommen.

11.1.3 – 11.1.4

Die Ausdehnung der Rede wird unterschiedlich bestimmt:

1. *11.1.4 – 11.3.2* – H. Graetz I 1882, 186–187; F. Delitzsch 1894, 131; H. Gunkel 1926, 40;
2. *11.1.4 – 11.2.4* – B. Duhm 1922, 46;
3. *11.1.4* – F. Baethgen 1904, 30; B. Bonkamp 1949, 82; E. Beaucamp I 1976, z.St.

Die Komposition des Liedes aus Zitaten und seine Kommentierung mit Glossen spricht für die zweite Lösung.

---

40 A. Bruno 1930, 46, vermutet dagegen, daß das Kolon vielleicht einmal die Einleitung des Liedes oder eine Randglosse bildete.

nwdw hrkm ṣpwr l *nwd[w] <m>hr km ṣpwr* – H. Graetz I 1882, 187, mit Krochmal; H. Gunkel 1926, 42.

nwd „schwanken; ziellos, heimatlos sein/werden" – HAL 640: *nwd* qal; zur Diskussion über *nwd* und *ndd* siehe P. Riede 2000, 370.

<m>hr „eilends" – Die Lesung *hr* „Berg" wird u.a. mit dem Hinweis begründet, daß „Berge" oder „Gebirge" als Aufenthaltsort für Vögel genannt werde; P. Riede 2000, 370–371.

ṣpwr kleiner „Vogel" – P. Riede 2000, 370.

11.2.1 – 11.2.4

Das Bikolon *11.2.1 – 11.2.2* wird durch die Zusätze *ky* und *h ršʿym* in *11.2.1* zerdehnt, so daß dieser Abschnitt nicht in ein Trikolon (H. Keßler 1899, 24; N. Schlögl 1915, 9; E.J. Kissane 1964, 46), mit V. 3 in zwei Bikola (H. Gunkel 1926, 40) zu gliedern oder das Bikolon *11.2.3 – 11.2.4* mit V. 3 zu einer Einheit (J. Wellhausen 1898, 9) zu verbinden ist. Die symmetrische Einheit des Bikolons *11.2.1 – 11.2.3* spricht auch gegen die These, daß das Kolon *11.2.1* zur vorangehenden Einheit gehört und aus *11.2.2 – 11.2.4* ein Bikolon zu bilden sei (S. Mowinckel 1957, 23–24).

11.2.1 – 11.2.2

qšt || **ḥṣ** „Bogen" || „Pfeil".

M. Dahood, RSP I 1972, 332, Nr. 505; Y. Avishur 1984, 263, 572–573. 578; zur Jagd mit Pfeil und Bogen siehe u.a. P. Riede 2000, 126. 363. 368.

drk || **kwn** pol „einen Bogen mit der Sehne bespannen" || „den Pfeil fest auf den Bogen legen > zielen".

11.2.1

ky – Eine Ergänzung, die zusammen mit nachfolgendem *h ršʿym* das Kolon zerdehnt.

h ršʿym – Der Verweis auf die Frevler dürfte ein *ʾyby* „meine Feinde" o.ä. verdrängen.

Wahrscheinlich liegt eine nachträgliche Kommentierung unter dem Gesichtspunkt des Gegensatzes zwischen „Frevlern" – „Redlichen, Gerechten" vor. Sowohl in *11.2.1* als auch in *11.5.1* dürften die Verweise auf die *ršʿym* von *11.6.1* her inspiriert sein.

11.2.2

ḥṣm l *ḥṣym*; BHSa.

11.2.3

Nächtliche Anschläge gegen Juden; vgl. Ps 59,7; zu Josephus Flavius, Antiquitates XI.5,6 siehe unten Abschnitt 3.

11.3.1 – 11.3.2

Wahrscheinlich eine oder zwei prosaische Bemerkungen von Lesern oder gelehrten Schreibern.

ky – Einleitung einer Glosse?

štwt – HAL 1536–137: *št* I 2) „Grundlage, Fundament"; G. Quell 1926, 137–138, bezieht *štwt* nicht auf die Fundamente des Tempels, sondern mit B. Duhm auf die Stützen der staatlichen Ordnung; M. Mannati 1979, 222. 225; H. Keßler 1899, 24, denkt sowohl an die Träger der Ordnung (Jes 19,10) als auch an Ordnung und Recht selbst. Wahrscheinlich ist daran gedacht, daß die Frevler sogar Fundamente von Häusern und Siedlungen vernichten.

ṣdyq „gerecht, Gerechter" – Vgl. dagegen E. Beaucamp I 1976, 72, der das Wort auf Jahwe bezieht.

Die am Wort *ṣdyq* ausgerichteten drei Stellen *11.3.1 – 11.3.2*, *11.5.1* und *11.7.1 – 11.7.2* dürften auf einen einzigen Kommentator zurückzuführen sein.

pʿl – H. Keßler 1899, 24: „was hat er gewirkt, zu Stande gebracht (durch seinen Widerstand)"; l *ypʿl*?; BHSb; E. König 1927, 583 Anm. 3, deutet das Perfekt als Aoristus gnomicus; E. Beaucamp I 1976. 72.

11.4.1 – 11.7.3

Mit V. 4 setzt ein neuer Gedankengang ein, der sich von der vorangehenden Jagdmetaphorik klar unterscheidet. Er wird von den beiden Motiven „Wohnsitz Gottes" und „Richteramt Gottes" bestimmt; siehe oben zu *11.1.2 – 11.3.2.*

11.4.1 – 11.4.4

V. 4 wird vereinzelt in ein Bikolon (H. Keßler 1899, 24), mehrheitlich aber in zwei Bikola (F. Baethgen 1904, 31; H. Gunkel 1926, 40) gegliedert. H. Herkenne 1936, 73, tilgt *11.4.2* und *ʿynyw* in *11.4.3*, so daß er aus dem Rest ein Bikolon bilden kann. M. Buttenwieser 1938, 440–441. 443, betrachtet die Aussage „The Lord is in his holy temple, the Lord's throne is in heaven" als sinnlos und schlägt folgende Anordnung des Textes vor: 4b-d. 4a. 5a. 7. 5b. 6.

Im folgenden wird vorausgesetzt, daß V. 4 aus zwei Zitaten besteht, die verschiedenen Texten entnommen sind.

11.4.1 – 11.4.2

hykl || ***ks'*** „Palast" || „Thron". Vgl. die ugaritischen Parallelismen *hkl* || *ḥẓr* und *ksu* || *hdm* / *ṯbt* / *kḥṯ* / *ṯlḥn*; Y. Avishur 1984, 284. 375–576. 590–591. 291. 376.

b šmym stört den symmetrischen Aufbau des Bikolons und stellt sicher, daß es sich in *11.4.1* um den himmlischen Thron, nicht den Gottesthron im Jerusalemer Tempel handelt. Die dogmatische Korrektur *b šmym* dürfte ein *yšb l* ersetzen.

M. Dahood I 1965, 69–70, deutet *qdšw – ks'w* als „breakup of stereotyped phrases" und übersetzt das Bikolon folgendermaßen: „Yahweh – in the temple is his holy seat, || Yahweh – in the heavens is his throne." In dieser Übersetzung wird der Unterschied zwischen der irdischen und himmlischen Wohnstatt Jahwes besonders stark zum Ausdruck gebracht.

Da das Bikolon ursprünglich nur vom irdischen Tempel Jahwes und seinem Thronen in diesem handelte, bewirkt die Umdeutung „im Himmel", daß das Bikolon jetzt allein auf den himmlischen Palast Jahwes bezogen ist; vgl. z.B. dagegen M. Haran 1978, 257 mit Anm. 4.

11.4.3 – 11.4.4

ʿnym* || *ʿpʿpym „Augen" || „Wimpern".

Zum Parallelismus siehe M. Dahood 1969, 351–352; id., RSP I 1972, 302, Nr. 440.

Das Auge Gottes durchforscht die Welt; A.L. Oppenheim 1968, 173; D.L. Petersen 1984, 225.

ḥzh* || *bḥn „sehen" || „prüfen".

bny 'dm – Das zu *bny 'dm* parallele Element in diesem Bikolon ist ausgefallen; siehe BHSb zu G^{U}Syh; H. Gunkel 1926, 40. 42, „auf die Welt".

11.5.1 – 11.5.2

Bei diesem „Bikolon" handelt es sich nicht um eine ursprüngliche poetische Einheit, sondern um ein Konglomerat von Glossen.

11.5.1

H. Gunkel 1926, 42–43, lehnt es ab, mit LXX (BHSa-a) umzustellen und „Jahwe prüft den Gerechten und Gottlosen" zu lesen. Er tilgt *w ršʿ* und liest mit Dyserinck und Ehrlich *ybḥr* „Jahwe erwählt den Gerechten".

Das Kolon *11.5.1* besteht aus zwei Glossen, von denen die erste das Thema *bḥn* „prüfen" des vorangehenden Kolons *11.4.4* erklärend weiterführt. Die Glosse *w ršʿ* „und den Frevler" nimmt das Thema von *11.2.1* auf.

ṣdyq „Gerechter" – Vgl. hierzu *ṣdyq* in *11.3.2*. Beide Stellen dürften einer Hand zuzuweisen sein.

ršʿ „Frevler" – Vgl. oben *11.2.1*.

11.5.2

Eine *w*-Glosse zum vorangehenden Kolon *11.5.1* mit den beiden Glossen.

11.6.1 – 11.6.2

Ein in sich asymmetrisches Bikolon, das aus zwei thematisch verwandten Zitaten besteht und das die vorangehenden Kola *11.5.1 – 11.5.2* kommentiert. S. Mowinckel (1957, 75–76) verteilt V. 6 auf zwei Bikola.

11.6.1

pḥym 'š – l *pḥmy 'š*; BHSa. Das Kolon wurde durch den Zusatz *'l rš'ym* erweitert; siehe zu *rš'ym* und *rš'* in *11.2.1* und *11.5.1*.
In *11.6.1* liegt eine wörtliche Beziehung auf Gen 19,24 vor; F. Baethgen 1904, 30; E. König 1927, 583 Anm. 4, Reminiszenz an den Feuerregen auf Sodom.

11.7.1 – 11.7.2

ky – Das mit *ky* eingeleitete Zitat eines Sprichwortes, das sich insgesamt auf Jahwes Liebe der Gerechtigkeit bezieht; Ps 7,18; F. Baethgen 1904, 32.
Die Anmerkung *11.7.1 – 11.7.2* verdanken wir der Hand, die bereits in *11.3.1 – 11.3.2* und *11.5.1* tätig war.

11.7.3

Ein Zitat, das mit dem Block V. 2 oder V. 4 zusammenhängen könnte und das nochmals das Schicksal der „Redlichen" betont und jetzt das Thema von *11.4.3* weiterführt. Wahrscheinlich ist nur noch der Rest eines Bikolons – erstes oder zweites Kolon – überliefert.

Nach dem vorliegenden Text ist zu übersetzen: „der Gerechte – sie schauen ihr Antlitz". Es wird vermutet, daß entweder ein Buchstabe (*m*) an eine falsche Stelle gerutscht ist oder aus theologischen Skrupeln (Schau Gottes!) der Text durch Versetzung des *m* von *yšrym* vom Anfang des Kolons an dessen Ende (*pnymw*) verändert wurde; A. Deissler I 1971, 53; R. Tournay 1991, 124. Mit H. Gunkel 1926, 43, und einer Reihe von Kommentatoren ist *yšrym* und *pnyw* zu lesen.[41]

Im Kontext von Ps 11 hat die Rede vom Schauen des göttlichen Antlitzes nicht mehr die ursprüngliche kultische Bedeutung[42], sondern ist auf die eschatologische Wende ausgerichtet (F. Baethgen 1904,32).

---

41 G. Quell 1926, 138, nimmt dagegen an, daß *yšr* eine Mehrheit kollektiv bezeichne. F. Delitzsch 1894, 131. 134, „Redliche werden schaun sein Angesicht."; H. Keßler 1899, 25, deuten *-mw* in *pnymw* als singulares Suffix in Beziehung auf Jahwe wie in Hi 20,23; 22,2; 27 23, und *yšr* als Kollektiv.

42 Zum Schauen der Gottesstatue im Tempel siehe u.a. H. Gunkel 1926, 41, der betont, daß die ursprüngliche Bedeutung, das Schauen des Bildes oder der Symbole des Gottes beim

4. Zur Textologie – Intertextualität[43] und Datierung von Ps 11

Die kolometrische Analyse des Textes ergibt ein äußerst komplexes Bild der Entstehung von Ps 11. Sie ermöglicht uns die Klärung der Probleme, ob dieses Lied als Werk eines einzelnen Dichters und als Reaktion auf eine individuelle Notlage zu verstehen und ob es ferner möglich ist, einen sogenannten Grundtext unter der als verzerrt angenommenen Endgestalt des Textes anzunehmen[44], oder ob wir Ps 11 als ein Patchwork im Sinne von Ps 1[45] betrachten sollten.

Die Vorlage oder den Ausgangspunkt des Textes dürften Elemente aus (mehreren) Klagen eines Verfolgten (KE) bilden, deren Reste noch in *11.1.3 – 11.2.2* und vielleicht in *11.4.1 – 11.4.4* sowie *11.7.3*[46] erhalten sind.[47]

Die drei Zitate *11.1.2 – 11.2.2*, *11.4.1 – 11.4.2* und *11.4.3 – 11.4.4 + 11.6.1 – 11.6.2* wurden bei der Textwerdung einer umfangreichen Kommentierung unterzogen. Deren erstes Ziel war die massive Eintragung der Themen „Frevler – Gerechte"[48]: *ršʿym* „Frevler" (*11.2.1*; *11.5.1*), *ʾhb ḥms* „Gewalttätige" (*11.5.2*) und *yšry lb* „Redliche" (*11.2.4*), *ṣdyq* „Gerechte" (*11.3.2*; *11.5.1*; *11.7.1 – 11.7.2*).

Von dieser komplexen Entstehungsgeschichte des Liedes her ergibt sich folgerichtig die Ablehnung der These, daß es möglich sei, den masoretischen Text so zu korrigieren, daß sein ursprünglicher Rhythmus wieder hergestellt werden könne.[49] Denn der komposite oder anthologische Charakter des Textes und dessen langsames späteres Wachstum erlauben keine Reduktion auf einen poetischen Grundplan im Sinne eines planvoll gestalteten Urtextes, der durch spätere Zusätze entstellt worden sei.

Besuch des Heiligtums, noch in Ex 23,15; 34,23–24; Dtn 16,16; 31,11; I Sam 1,22; Jes 1,12 deutlich sei. In den Psalmen (17,15; 42,3; [27,4]) sei der Ausdruck mit tiefem Inhalt gefüllt: „der Nähe Gottes im Heiligtum innewerden und dort die Freude über den Gott und seinen Schutz erfahren vgl. Ps 16_{11} 36_{10}."; G. Quell 1926, 138 mit Anm. 1, betont, daß die Formel „Gott schauen" hier nicht mehr wie in Ps 63,3; 84,8 kultisch zu verstehen ist. Vgl. dagegen z.B. R. Tournay 1946, 363, der in der Formel nur einen metaphorischen Ausdruck für das Erscheinen vor Jahwe zwecks Empfang seiner Gnade versteht.

43 J.H. Hunter 1994, 57–58, spricht von literarischem Nachspüren („literary tracing").

44 C.A. Briggs / E.G. Briggs I 1907, 88, sprechen vom Lied eines Individuums, das später durch Glossen und am Ende durch ein Bikolon generalisiert und so für den öffentlichen Kult adaptiert worden sei.

45 U. Nommik 1999, 508.

46 Es ist zu fragen, ob dieses Kolon als Rest eines Bikolons *11.1.3 – 11.2.2*, *11.4.1 – 11.4.2* oder *11.4.3 – 11.4.4* fortsetzt.

47 Aus diesen Resten ist kaum zu entnehmen, daß es sich um einen König handelt, der sich seiner Feinde zu erwehren hat (Bentzen, Birkeland, Ringgren); siehe K.-H. Bernhardt 1961, 198.

48 Siehe zu dieser Bearbeitungsschicht im Psalter u.a. Ch. Levin 1993, 355–381; U. Nommik 1999, 507–508.

49 H. Herkenne 1936, 72, spricht von einem „rhythmischen Grundschema" des Liedes; S. Mowinckel 1957, 23–24, z.B. von fünf „basic stanzas"; E. Beaucamp I 1976, 72, setzt einen „rythme primitif" voraus, der für das Verständnis des Stückes wesentlich sei.

Textgestaltung in Form eines Fleckerlteppichs oder Patchworks aus Zitaten, Glossen, Einarbeitung des Themas „Frevler – Gerechte, Redliche" und Spiritualisierung der Tempeltheologie durch totale Verlegung des göttlichen Thronsitzes vom Jerusalemer Tempel in den Himmel[50] weisen den Psalm als Werk der späten nachexilischen jüdischen Schriftgelehrsamkeit bzw. des Umganges der Redlichen und Gerechten mit den Texten der Tradition aus.[51] Eine Zuordnung zu einer der Gattungen im Sinne H. Gunkels dürfte folglich als ein zum Scheitern verurteiltes Unterfangen anzusehen sein.[52]

Die Rückführung des Textes auf die verzweifelte persönliche Notlage eines „Dichters"[53] oder etwa eine kultische Gegebenheit[54] setzen einen nach den Gesetzen der vorexilischen Poesie gestalteten Urtext voraus. Sie ist gleichfalls aus den dargelegten textologischen Gründen abzulehnen. Wenn auch zu vermuten ist, daß die Abschnitte *11.1.3 – 11.2.2* und *11.4.1 – 11.4.2* einmal mit einer Kultinstitution verbunden gewesen sein könnten, so ist der Endtext von Ps 11 doch eine schriftgelehrte Komposition aus der spätnachexilischen Gemeinde jener Gerechten, die

50 Siehe unten Abschnitt 5.

51 Es empfiehlt sich an dieser Stelle ein Vergleich von Ps 11 mit dem Aufbau von Ps 9/10. Ähnlich den konträren Urteilen über den literarischen Aufbau von Ps 11 liegen auch über den von Ps 9/10 kritische und lobende vor. N. Füglister (1993, 110 mit Anm. 23) widerspricht z.B. H. Gunkel (1926, 32–33), der dem Dichter von Ps 9/10 ein Umherfahren in den Gattungen und Künstlichkeit vorwirft.

52 Die individuell verschiedenen und widersprüchlichen Zuordnungen zu Gattungen zeigen die Unsicherheit der Autoren in dieser Frage, siehe z.B. H. Gunkel 1926, 40, „Vertrauenspsalm in der Form des Gesprächs"; A.A. Anderson I 1972, 119, „a Psalm of Confidence or Trust... It is less likely that this poem is a Royal Lamentation which accompanied the ritual combat during the New Year Festival (cf. A. Bentzen, King and Messiah (1955), p. 25), or that it was a prayer of one falsely accused."; H.-J. Kraus I 1978, 228–229, Gebetslied, das der kultischen Institution der Gottesgerichtsbarkeit zuzuordnen sei. Entgegen A. Bentzen könne man nicht von einem „Königsritual" sprechen; M. Mannati 1979, 223, „Exhortations Prophétiques contre l'Impiété"; E. Zenger 1993, 89, Vertrauensbekenntnis eines Jahwe-Frommen aus spätvorexilischer Zeit; K. Seybold 1996, 60, persönliches Zeugnis eines Verfolgten, der sich für den Rechtsweg entschieden hat, am Tempel um Asyl nachsucht und ein Strafverfahren beantragt. Der Text hat die Funktion eines förmlichen Gesuchs.

53 Vgl. dagegen H. Gunkel 1926, 41, mit der Bemerkung: „Der Psalm, der so stark von dem gewöhnlichen Schema abweicht, setzt sicherlich ein eigentümliches Erleben des Dichters voraus; wir bedauern, daß der Psalmist über die Einzelheiten seines Lebens (nach der Sitte der Klageliedddichter) so wenig verrät, so daß uns dunkel bleibt, womit ihn die Feinde eigentlich bedrohen, und worin seine Flucht bestehen würde."

54 Zur Frage einer Verbindung von Ps 11 mit kultischen Institutionen siehe u.a. S. Mowinckel VI 1966, 28 mit Anm. 1, der Ps 11 zu den „individuellen Sündopferpsalmen", die in irgendeiner Weise mit den an einem Kranken und Unreinen im Tempel vorgenommenen Reinigungs- und Heilungsriten und dem von ihm dargebrachten Sündopfer zusammenhingen, zählt; id. I 1967, 220, stellt dagegen Ps 11 zu den „protective Psalms" in der „I-form"; W. Beyerlin 1970, 102–103, kultische Institution des Gottesgerichtes im Tempel; H.-J. Kraus I 1978, 229, betont, es könne kein Zweifel bestehen könne, daß der Psalm der kultischen Institution der Gottesgerichtsbarkeit zuzuordnen sei; K. Seybold 1996, 60.

sich verfolgt gefühlt haben.[55] Diese Auseinandersetzung bedingte einen neuen Umgang mit schriftlichen Zeugnissen der Tradition zur Beschreibung der eigenen sozialen und religiösen Notsituation. Die neue Lage wird nicht mehr kultisch von dem im Jerusalemer Tempel thronenden Jahwe reguliert, sondern ihre endgültige Behebung erwartet jetzt der Fromme von Jahwe, der im Himmel thront.[56] An die Stelle der kultischen Gemeinschaft der vorexilischen Zeit treten jetzt nach Ps 11 die Redlichen und Gerechten, die den Frevlern schwerste Unterdrückung und Feindschaft gegen Gott vorwerfen. Die Frommen nehmen auf diese Weise eine radikale Neudeutung des mit dem früheren Kult verbundenen Vokabulars und des vorexilischen Gottesbildes vor. Sie erhoffen sich nur noch vom eschatologischen Gericht Hilfe.

Literarisch und poetologisch findet diese der vorexilischen Tradition unbekannte Situation ihren Ausdruck in einer neuen literarischen Form: Zitate aus dem Liedrepertoire werden zusammengestellt und mit Anmerkungen versehen, die aus der eigenen Notlage entstanden sind und die das neue Gottesverständnis zum Ausdruck bringen.

Wir gelangen so letztlich zur zentralen Frage nach der Identifikation der so heftig bekämpften Frevler (V. 2. 5. 6). Genügt die Auskunft, daß der Begriff „Frevler“ sich nicht nur auf frevlerische Glieder des jüdischen Volkes, sondern auch auf äußere Feinde der jüdischen Gemeinschaft beziehe?[57] Ist diese Fragestellung falsch und haben wir es sowohl mit Gegensätzen unter der jüdischen als auch mit der nichtjüdischen Bevölkerung Palästinas zu tun?[58]

---

55 H. Gunkel 1926, 41, ist von seinem individualistischen Standpunkt aus gezwungen, eine kollektive Deutung abzulehnen. Er betont gegen Cheyne, Baethgen und Kautzsch, daß der Dichter nicht im Namen der Gemeinde spreche.

56 F. Stolz 1983, 21–22, vertritt die These, daß das Nachkultische das Kultische in den Psalmen nicht einfach ablöse, sondern daß beide Größen nebeneinander bestünden. Es vollziehe sich nur eine Gewichtsverlagerung der Erlebnisqualität: Während kultische (also durchschnittlich-vorexilische) Erfahrung die Wirklichkeit im Kult angemessen dargestellt sehe, zeige sich nachkultischer (also durchschnittlich-nachexilischer) Erfahrung das Unangemessene dieser Darstellung. So gebe es also auch nach dem Exil ohne Zweifel kultische Erfahrung und damit die Möglichkeit, kultische Literatur aus dem vorexilischen Gottesdienst in ursprünglicher Weise weiterzubenützen.
Der Fall von Ps 11 zeigt, daß in nachkultischen Psalmen zentrale kultische Überlieferungen und Erfahrungen wie z.B. die Gegenwart Gottes auf dem Thron im Tempel nur im Rahmen einer Neudeutung noch Interesse finden konnten. Diese bestand offensichtlich darin, daß nur noch vom himmlischen Thron Jahwes gesprochen wird.

57 Dies ist das Wahrheitsmoment in den Deutungen von z.B. J. Wellhausen und S. Mowinckel. J. Wellhausen 1898, 167, hebt hervor, daß die Feinde der Partei der Gerechten sowohl Juden als auch Heiden oder beide zusammen sein können; S. Mowinckel I 1967, 219–220. 229, denkt von seiner kultischen Position her nur an äußere Feinde, schließt aber auch innere, die mit ersteren in Verbindung stehen, nicht ganz aus.

58 C.A. Briggs / E.G. Briggs I 1907, 88–89, scheinen dies vorauszusetzen oder nicht auszuschließen: „The enemies are not foreign but domestic, and are men of disorder.... It [the Ps.] is best explained as from the circumstances of the feeble community in Jerusalem shortly after the Restoration.“

In Ps 11 fehlt jeder Hinweis auf Gegner, die sich etwa durch Feindschaft gegen die Thora als Frevler kennzeichneten.[59] Der Text bietet folglich keinen Anhaltspunkt für die These, daß es sich um innerjüdische Feinde der Frommen handle. Die Notlage besteht vielmehr in einer Tag und Nacht andauernden Verfolgung, die sich u.a. in der Zerstörung von Wohnsitzen der Gerechten (V. 3?) und Gewalttaten (V. 5) äußert. Josephus Flavius beschreibt diese Situtation unter Nehemia mit folgenden Worten: „Die rings um Jerusalem wohnenden Völkerschaften setzten den Juden hart zu. Bei Tag fielen sie in das Land ein, raubten und verwüsteten, bei Nacht aber schlichen sie sich heran und führten viele aus der Umgebung und selbst aus Jerusalem gefangen weg, und gar oft finde man Leichen auf den Wegen liegen."[60] Diese verzweifelte Situation wird auch in Ps 9/10 beklagt.[61]

Die nach Ps 11 gegen die Redlichen und Gerechten wütenden Frevler, Gewalttäter und „Menschen" (*bny 'dm*, *11.4.4*) sind mit jenen Gegnern identisch, die in Ps 9/10 als Feinde (*'wyb*, 9, 4. 7), Gojim (9,6. 16. 18. 20. 21; 10, 16), Hasser (*śn'*, 9,14), Frevler (*rš῾*, 9,17. 18; 10,2. 4. 13. 15), Menschen (*'nwš*, 9,20; 10,18) und Gewinnsüchtige (*bṣ῾*, 10,3) apostrophiert werden.[62] Ps 11 setzt die unruhigen Verhältnisse in Palästina voraus, die zwischen der jüdischen Bevölkerung und anderen Volksgruppen in nachexilischer Zeit herrschten, so wie sie auch von Josephus Flavius geschildert werden.

Die Befreiung aus dieser Notlage erwartet der Beter von Ps 11 allein durch ein eschatologisches Eingreifen Jahwes, der im Himmel auf seinem Richterstuhl thront (V. 4). Dann werden die Redlichen, die rechtmäßigen Bewohner des Landes sein Angesicht schauen (V. 7b). Mit dieser Lösung führt Ps 11 direkt den Gedankengang von Ps 9/10 und verwandter Stellen[63] fort.

Die Sprache von Ps 11 gewinnt ihre Mehrdeutigkeit aus der Spiritualisierung traditioneller Sprachformeln – wie z.B. Thronen Gottes im Tempel zu Jerusalem[64] – und deren metaphorischer Übertragung – wie z.B. Bedrohung eines einzelnen Klagenden – aus der vorexilischen Lebenswelt in die der unterdrückten Judenbevölkerung des nachexilischen Palästina.

Zusammengefaßt ergibt sich, daß auch in Ps 11 Gott als Richter über Gerechte und Ungerechte erscheint. Der einzelne Bedrängte, der zu ihm flieht (V. 1–2), dient als Beispiel für das allgemeine Schicksal der Gerechten und Frevler, über die der himmlische Richter von seinem Thron aus gerecht urteilen wird.[65]

---

59 C.A. Briggs / E.G. Briggs I 1907, 88.

60 Josephus Flavius, Antiquitates XI.5,6; vgl. id., Contra Apionem I.193.

61 N. Füglister 1993, 119.

62 N. Füglister 1993, 110–121.

63 N. Füglister 1993, 119–120.

64 Siehe unten Abschnitt 5.

65 Vgl. G. Barbiero 1999, 120–139. 180–181. 198, zur Verkettung dieser Themen mit anderen Psalmen.

5. Von der babylonisch-kanaanäischen Tempeltheologie zur nachexilischen Korrektur der Jerusalemer Tempeltheologie

Das himmlische Thronen Jahwes steht im Mittelpunkt der Endfassung von Ps 11. Das Bikolon V. 4 reagiert mit seiner ausschließlichen Beschränkung des Thronens auf den himmlischen Thron Jahwes jedoch offensichtlich auf die altorientalische Vorstellung von der Gleichzeitigkeit der Präsenz der Gottheit an ihrem irdischen und himmlischen Wohnort (vermittels einer Gottesstatue)[66], was dem nachexilischen Judentum suspekt geworden war.[67]

Nach babylonischer Anschauung war die Gegenwart einer Gottheit in einem Tempel zumeist[68] an eine Statue derselben gebunden. Sie repräsentierte, vergegenwärtigte die im Himmel unsichtbar wohnende Gottheit.[69] Der Beter erschien vor dieser Statue im Tempel und brachte vor ihr Huldigung, Opfer und Gebete dar.[70] Er ging in den Tempel, um dort im Kult die figürlich präsente Gottheit zu schauen, ihr Angesicht zu sehen (*pānī amāru*[71]).[72] Von der babylonischen Tempeltheologie her gesehen liegt der Schluß nahe, daß auch die biblische Redeweise vom Sehen bzw. Schauen des göttlichen Angesichtes[73] auf eine Statue zu beziehen ist. Da jedoch von der Mehrzahl der Interpreten der biblischen Aussagen über das Sehen / Schauen der Gottheit die absolute Bildlosigkeit des israelitischen Kultes vorausgesetzt wird, deuten sie gezwungenermaßen diese altorientalische Redeweise sowohl in den babylonischen als auch in den biblischen Texten spiritualisierend als Umschreibung eines rein geistigen Verhältnisses oder eines mystischen Sehens der Gottheit, zumeist aber als eine Formel für den Tempelbesuch[74]. Zum Verständnis von Ps 11 lohnt sich – wenigstens in großen Zügen – ein Rückblick auf die Entwicklung dieser Debatte.

---

66 Zu den babylonischen Texten siehe u.a. W. Mayer 1976, 179 mit Anm. 78; H. Waetzoldt 2000, 1136-1146; zu den biblischen Texten siehe u.a. H. Spieckermann 1989, 94. 167. 177–178. 185; zur Einwohnung der Gottheit im ägyptischen Gottesbild siehe u.a. P. Eschweiler 1994, 267–276. 287–197.

67 M. Haran 1978, 257 mit Anm. 14, deutet V. 4 als Zeugnis für die gleichzeitige Gegenwart Gottes im Tempel und im Himmel. Er übersieht dabei, daß der Text nur noch ein Thronen Jahwes „im Himmel" kennt.

68 T.N.D. Mettinger 1995, 41–48, zum Problem einer anikonischen Präsenz der Gottheit in Assyrien und Babylonien.

69 W. Mayer 1976, 179; M. Dietrich 1992, 7–38, zum rituellen Bewirken der Gegenwart einer himmlischen Gottheit in ihrer irdischen Statue.

70 Fr. Nötscher 1924/69, 62–72; J. Reindl 1970, 207–208; W. Mayer 1976, 177–179; zum Gottesbild im hethitischen Kult siehe C. Kühne 1993, 241–242. 255–257. 260–265, „Verbeugung des Opferherrn vor dem Götterbild"; zur Handwaschung der Götterstatue siehe u.a. C. Kühne 1993, 255–257. 258–260.

71 W. Mayer 1976, 177.

72 H. Zimmern 1905, 442 Anm. 1; J. Hehn 1913, 156. 165–166; W.W. Graf Baudissin 1915/69, 211; Fr. Nötscher 1924/69, 72–73; J. Reindl 1970, 207–208; W. Mayer 1976, 177–178.

73 Fr. Nötscher 1924/69, 88–95; J. Reindl 1970, 207–208.

74 M.S. Smith 1988, 173–183.

H. Zimmern hatte in KAT[3] hervorgehoben, daß sowohl die babylonische als auch die biblische Rede vom „Sehen der Gottheit“ auf den Besuch der Kultstätte zu beziehen ist.[75] Er läßt jedoch in seiner Erklärung in Schwebe, ob es sich sowohl in den babylonischen als auch in den biblischen Quellen um das Aufsuchen der Götterstatue im Tempel handelt. Vom Tenor seiner Argumentation her zu schließen, scheint er dies anzunehmen.

Auf diese Darstellung H. Zimmerns hat W.W. Graf Baudissin einschränkend reagiert. Er vermerkt hierzu folgendes: „Der Ausdruck: 'das Angesicht Jahwes sehen' läßt sich in seiner Auffassungsweise nicht trennen von dem assyrischen, der in einem Hymnus an Istar vorkommt: 'ich blickte auf dein Angesicht' (*atamar pāniki*), womit entweder ebenfalls das Aufsuchen der Kultstätte oder auch irgendeine einzelne Handlung an der Kultstätte gemeint sein wird. Das hier gebrauchte Wort für 'Angesicht' *pān* entspricht genau dem hebräischen *pen* in jener Formel für den Besuch des Heiligtums. Diese Parallele stellt die Richtigkeit der Rekonstruktion des alttestamentlichen Ausdrucks außer Zweifel.“[76]

Fr. Nötscher hat ausführlich versucht, die Übereinstimmung der babylonischen und biblischen Formulierungen über das Sehen Gottes im Tempel von der Voraussetzung her zu erklären, daß die Israeliten von Anfang an nur einen bildlosen Kult gekannt hätten.[77] Er geht zwar von der Beobachtung aus, daß „die ganze kultische Terminologie von der bildlichen Darstellung der Gottheit ausgeht“[78], aber er legt dann das Gewicht seiner Untersuchung auf den Nachweis, daß sich diese Rede zu einer mehr übertragenen Bedeutung entwickelt habe. Da es bei den Israeliten nicht möglich sei, vom Schauen auf das Kultbild zu sprechen, könne dies im Hebräischen nur im übertragenen Sinn *„um Gnade und Hilfe bitten“*[79] bedeuten.

Von seiner Sicht der biblischen Bildlosigkeit her ist Fr. Nötscher bereit, folgende Differenz zwischen der babylonischen und biblischen Ausdrucksweise festzulegen: „Auch in Israel begibt man sich, um Gottes Angesicht zu schauen, zum Tempel oder in der alten Zeit zum Heiligtum. *Gottes Angesicht schauen* bedeutet geradezu *in den Tempel, in das Heiligtum kommen*... Jahwe sieht man dort im Sinne des Babyloniers in Wirklichkeit mit Augen nicht, seine Gegenwart ist nur eine unsichtbare; sein Bild ist dortselbst nicht vorhanden. Im *A.T.* haben wir somit *denselben sprachlichen Ausdruck* wie in der babylonischen Religion, *aber nicht die Sache dafür.*“[80]

---

75 H. Zimmern 1905, 442 und Anm. 1, vermerkt zur babylonischen Formulierung „ich blickte auf dein Angesicht“ folgendes: „D.h. ich suchte Deine Kultstätte auf, *atamar pâniki*. Vgl. dazu den gegen die tendenziöse Lesung als Nifal herzustellenden genau parallelen Ausdruck *r'h ('t) pny YHWH* ‚Die Kultstätte Jahwe's besuchen‘ Exod 23,15.17; 34,23f; Deut 16,16; 31,11; 1 Sam 1,22; Jes 1,12: Ps 42,3.“

76 W.W. Graf Baudissin 1915/69, 211.

77 Fr. Nötscher 1924/69, 62–95.

78 Fr. Nötscher 1924/69, 62.

79 Fr. Nötscher 1924/69, 75.

80 Fr. Nötscher 1924/69, 89; ähnlich J. Reindl 1970, 161–163. 209.

Für die vollkommene Übereinstimmung in der Terminologie bietet er überraschenderweise folgende Erklärung an: Der Ausdruck „Gottes Angesicht schauen" sei auf irgendeinem Weg von den Babyloniern übernommen oder die hebräische Redeweise sei wenigstens von dieser Seite beeinflußt, ohne daß man sich freilich in Israel dessen bewußt geworden sei und ohne daß man noch den konkreten Sinn damit verbunden habe, den man ihm in der babylonischen Religion ursprünglich unterlegt habe. Die gedankliche Gleichsetzung von „Gottes Angesicht sehen" und „sich im Tempel befinden" und deren Deutung auf den Tempelbesuch müsse sich schon vor der Übernahme der Formel durch die Israeliten vollzogen haben. Ein Zeitpunkt hierfür lasse sich jedoch nicht bestimmen.[81]

Das Begehren der Frommen, das Antlitz der Gottheit zu schauen, wird auch auf die Opfermahlzeit bezogen. In der Opfermahlzeit hoffe man dies Schauen der Gottheit zu erreichen.[82] Dies sei auch der Sinn der Schaubrote.[83]

Diese Debatte über die Redeweise vom Schauen des Angesichts einer Gottheit spiegelt sich auch in der Auslegung von Ps 11,7 wider, wie folgende Auswahl von Interpretationen zeigt:

1. *visio beatifica* im Jenseits – M. Dahood I 1965, 71, „The version proposed here is a statement of belief in the beatific vision in the afterlife".
2. Mystische Gemeinschaft mit Gott – R. Kittel 1929, 38, „‚Schauen seines Antlitzes', d.h. zur mystischen Gemeinschaft mit Gott, in der man Gott zu eigen und gegenwärtig hat, als schaute man ihn selbst...".
3. Dauerndes Sein bei Gott und sein Schutz, Gemeinschaft mit Gott – Fr. Nötscher 1947, 22, „Die Rechtschaffenen erfahren Gottes Gnadennähe, indem sie am Leben bleiben Ps 140,12 Jes 38,11."; J.P.M. van der Ploeg I 1973, 88–89; K. Spronk 1986, 313;
4. Freispruch (am Morgen) im Tempelgerichtsverfahren – H. Schmidt 1934, 20, durch den himmlischen Richter im irdischen Tempel; H.-J. Kraus I 1978, 229. 232;
5. Besuch des Tempels und Erfahrung göttlicher Präsenz – J. Reindl 1970, 163, „... für den Israeliten gleichbedeutend mit einem glücklichen Leben der Gottesnähe und Gottesverbundenheit"; M.S. Smith 1988, 181, „‚Seeing God' thus represents the culminating experience of the divine presence. Going to the temple re-presented the experience of paradise with the elements of cherubim, palm trees, gold, water, abundant food, etc., and this included the divine presence."
6. Bildlicher Gebrauch der Formel „Schauen des Gottesbildes", die ihren buchstäblichen Sinn (Ps 63,3; 84,8) verloren hat – H. Gunkel 1926, 41; G. Quell 1926, 138.

81 Fr. Nötscher 1924/69, 89–90.
82 A. Jeremias 1930, 650, zu Ps 11,7; 17,15.
83 A. Jeremias 1930, 438. 650.

Die Bestrebungen, die Formel vom Schauen des Angesichts der Gottheit allgemein nur auf den Besuch eines Tempels zu beschränken oder mystisch zu erklären, beruhen auf der Voraussetzung, daß der Anikonismus[84], die Bilderlosigkeit und das biblische Bilderverbot zu allen Zeiten der Geschichte Israels in Kraft gewesen seien.[85] Gegen diese Anschauung spricht jedoch, daß außer dem Bilderverbot keine Gründe namhaft zu machen sind, die eine spiritualisierte Deutung der Formel „das Angesicht der Gottheit schauen" erforderten oder gar ermöglichten.[86]

Im Rahmen dieser Argumentation ist gleichfalls zu berücksichtigen, daß ein Tempel im Alten Orient als Wohnort einer Gottesstatue angesehen wurde.[87] Durch das Götterbild wurde die göttliche Präsenz nicht nur visuell angezeigt, sondern auch garantiert.[88] Salomo hat folglich zusammen mit der vorisraelitischen Jerusalemer Tempeltradition[89] auch die figürliche Darstellung der Gottheit übernommen[90]. So konnte man auch in Jerusalem vor dem Angesicht der Gottesstatue

---

84 T.N.D. Mettinger 1995, 191–197, kommt zum Ergebnis, daß Israel von Anfang an am westsemitischen Anikonismus teilgenommen habe. Das biblische Bilderverbot gehört nach seiner Anschauung dagegen zum späteren programmatischen Bilderverbot.

85 R. Albertz I 1992, 101, vermerkt z.B., daß dem Jahwekult schon in älterer Zeit eine gewisse Tendenz zur Bildlosigkeit innewohnte und z.B. der Gottesthron im Jerusalemer Tempel leer gewesen sei. Diese lasse sich am ehesten damit erklären, daß auch der frühe Jahwekult der Exodusgruppe kein Gottesbild gekannt habe; T.N.D. Mettinger 1995, 16, stellt z.B. an den Anfang seiner Ausführungen zum biblischen Anikonismus und Bilderverbot folgende These: „The suggestion that there was an image of Yhwh in Solomon's temple seems out of question."

86 Dies trifft wohl auch für das „Brot des Angesichts" (Ex 25,30), die sogenannten „Schaubrote" zu; vgl. dagegen T.N.D. Mettinger 1995, 16 Anm. 10, zu H. Niehr.

87 E. Heinrich 1975a, 138; id. 1975b, 244. 255; B. Menzel I 1981, 2. 35. 55. 66. 91. 94. 102. 103. 104. 117. 128. 262. 275; V. Hurowitz 1992, 328, zu Tempeln als zeitweiligem Aufenthaltsort für Götterstatuen; siehe ferner W. Zwickel 1994, 72–73. 168–169. 199–200. 281 Anm. 240, zum Tempelbau und -kult sowie zu Götterbildern in Kanaan und Israel.

88 Durch ihre Weihe wurde die Statue ein Ort göttlicher Gegenwart. Da jedoch die Gottheit trotz dieser Sichtbarmachung im Himmel bleibt, sind auch andere Weisen göttlicher Präsenz neben einer Statue möglich. Auch in ihrer Statue ist eine Gottheit nach altorientalischer Auffassung immer zugleich sichtbar-unsichtbar gegenwärtig. In der Deutung der biblischen Stellen anerkennen die Befürworter einer Allgültigkeit des Bilderverbotes im Jerusalemer Tempel nur die Verehrung eines unsichtbaren Gottes, die dennoch eine reale sei; siehe z.B. B.A. Levine 1968, 81–85; J. Reindl 1970, 220–222. In diesem Interpretationssystem werden sowohl der Gottesthron als auch dessen Schemel im Jerusalemer Tempel notwendigerweise zu bloßen Symbolen der Präsenz, zumal wenn der Thron auf die vier Kerubim reduziert und nicht mehr von einem wirklichen Thron gehandelt wird, wie dies z.B. bei M. Haran 1978, 251–254, der Fall ist. M. Haran kommt zu folgendem Ergebnis: „The throne and footstool indicate God's very presence in that place, and therefore constitute the essence of the house of God. Accordingly, the whole temple is sometimes designated ‚throne' or ‚footstool' after these two focal symbols..." (M. Haran 1978, 256).

89 Siehe u.a. R. Albertz I 1992, 195–198.

90 R. Albertz I 1992, 199, sieht zwar den notwendigen Zusammenhang zwischen Tempel und Kultbild, fordert aber für den Jerusalemer Tempel eine Ausnahme: „Wohl stand im salomonischen Tempel kein Gottesbild wie etwa im Adyton des Tempels von Tell Tāʿjīnāt, Jahwe wurde auf dem riesigen Kerubenthron vielmehr unsichtbar sitzend vorgestellt, das

Brote auslegen[91] und in Verbindung mit Kulthandlungen zum Anschauen der Gottesstatue den Tempel besuchen.

Diese baulichen und kultischen Gegebenheiten sind unter den späteren Umdeutungen der biblischen Autoren, die vom Blickpunkt des Bilderverbotes aus vorgenommen wurden, verdeckt und nur noch in Spuren erkennbar. So wurde von späteren biblischen Schriftstellern z.B. alles unternommen, um die bauliche kanaanäische Vorgeschichte des ersten Tempels zu verschleiern und dementsprechende Nachrichten zu „korrigieren".[92] An die Stelle des Gottesbildes trat die Geschichte von der Lade und auch der Kerubenthron der Gottheit wird so dargestellt, als ob im Allerheiligsten des Tempels ein leerer Kerubenthron gestanden sei.[93]

Nach der Theologie der Priesterschrift und des Ezechiel-Buches ist Jahwe durch seine *kbwd* „Herrlichkeit" im Heiligtum präsent.[94] Diese spiritualisierte Form der Gegenwart Jahwes im Heiligtum führt zur Frage, in welcher Weise durch diese historisch-theologische Erklärung eine frühere, vorexilische Art der Tempeltheologie ersetzt bzw. abgelöst wird.[95] Es kann ja kaum angenommen werden, daß die *kābôd*-Theologie die ursprüngliche Jerusalemer Tempeltheologie darstellt. Die Verbindung der *kbwd* „Herrlichkeit" mit dem Verbum *škn* „wohnen", und dadurch indirekt mit *yšb* „thronen"[96], läßt erkennen, daß die *kābôd*-Theologie eine vorausgehende Thron- und Tempeltheologie ersetzt. Wir kehren folglich auch von der *kābôd*-Theologie zur Frage zurück, in welcher Weise in vorexilischer Zeit Jahwe im Jerusalemer Heiligtum auf dem Thron gegenwärtig war.

änderte jedoch nichts daran, daß man die zugrundeliegende Heiligkeitskonzeption [= die Heiligkeit der Gottesfigur durch Mauern zu schützen] beibehielt, obgleich der Langraum, der eigentlich für die Versorgung des Gottesbildes durch die Priester vorgesehen war, damit seine kultische Funktion weitgehend verlor. Die für Jahwe so charakteristische Bindung an eine Menschengruppe fand in dieser Tempelarchitektur überhaupt keinen Ausdruck."

91 J. Reindl 1970, 302 Anm. 588, betont, daß die Brote „angesichts" Gottes, in seiner Gegenwart, aufgelegt worden seien. Weittragende Folgerungen ließen sich aus diesem Ausdruck jedoch kaum ziehen. J. Reindl geht auch in diesem Einzelfall von der Anschauung aus, daß das Bilderverbot in Israel immer in Kraft gewesen sei.

92 R. Albertz I 1992, 195–196, zur Umdeutung der baulichen Vorgaben des salomonischen Tempels.

93 R. Albertz I 1992, 199; B. Janowski 1993d, 257, „Die Tempelkeruben – ein Thronsitz des unsichtbaren Zionsgottes"; T.N.D. Mettinger 1995, 16.

94 T.N.D. Mettinger 1982, 80–115; zur priesterschriftlichen Kabod-Theologie siehe die bei B. Janowski 1993c, 214–246. 335, angegebene Literatur.

95 Auch für diesen Fall gilt, daß Theologisierungen der Bilderpraxis auf eine Praxis der Bilder folgen; siehe H. Belting 1990, 289.

96 T.N.D. Mettinger 1982, 90–97, führt zu Recht aus, daß für die Theologen der Priesterschrift der Gedanke von dem im Jerusalemer Heiligtum auf einem Thron präsenten Gott nicht mehr nachvollziehbar war und folglich *yšb* „thronen" und nur noch *škn* „wohnen" festgehalten wurde.
B. Janowski 1993a, 119–147, 333–334, zur exilischen *Schekina*-Theologie.

Desgleichen ersetzt auch die historisch-theologische Darstellung, daß Jahwe im Heiligtum durch seinen Namen (*Šēm*) präsent sei, gleichfalls eine frühere Thron-Theologie[97] und spiritualisiert folglich vorexilische Gegebenheiten.[98]

Sowohl von den Theologien über den *šēm* „Namen“ als auch von den theologischen Erwägungen über die *kābôd* „Herrlichkeit“ als Formen göttlicher Präsenz her gelangen wir im Hinblick auf Ps 11,4. 7 zum Ergebnis, daß in diesem Lied die vorexilische Darstellung der Präsenz Jahwes im Jerusalemer Heiligtum durch die spiritualisierte, korrigierte Textform hindurch noch gut zu erkennen ist.

Die nachexilischen Autoren und Kommentatoren von Ps 11 waren bestrebt, die überlieferte vorexilische Anschauung von der Anwesenheit Gottes auf dem Thron im Jerusalemer Tempel[99] zu spiritualisieren und seinen Aufenthalt ganz in den „Himmel“ (*11.4.2*; *11.7.3*) zu verlegen[100], um Gott von dort aus gegen die Frevler strafend vorgehen zu lassen (*11.4.3 – 11.6.2*).[101] Sie erwarten vom himmlischen Gott das eschatologische Heil (*11.7.3*).[102]

---

97 B. Janowski 1993a, 127–140, zur deuteronomistischen Tempeltheologie vom *škn* „wohnen“ des Namens im Tempel.

98 Vgl. dagegen B. Janowski 1993a, 128–129, der gegen G. von Rad argumentiert, daß die Vorstellung von der kultischen Präsenz Jahwes in seinem Namen nicht als eine Einschränkung oder „Sublimierung“ hinsichtlich der Gegenwart Gottes im Tempel zu deuten sei. G. von Rad hat wohl zu Recht betont, daß das Theologumenon vom Namen Jahwes ein polemisches Element gegen Jahwes (frühere) Gegenwart am Kultort enthält.

99 Die durch ein Ritual hergestellte Präsenz der Gottheit in der Statue ist nur im Hinblick auf die Existenz der Gottheit im Himmel denkbar. Es besteht hier ein Urbild-Abbild-Verhältnis.

100 C.A. Briggs / E.G. Briggs I 1907, 88–89, „The reference to the heavenly temple and neglect of the earthly, points to a time when the earthly temple had little religious influence“; G. Quell 1926, 138, betont zu Recht, daß der Jerusalemer Kultus nur noch in Ausdrücken berührt wird, die ihren buchstäblichen Sinn verloren haben und bildlich gewendet sind (das himmlische Heiligtum, V. 4; das Schauen Gottes, V. 7).

101 W. Beyerlin 1970, 102–103, leitet aus V. 4–7 ab, daß Gott im Tempel gegenwärtig sei, obwohl er im Himmel seinen Thron habe. Dies könne nach allem nur heißen, daß der im Himmel thronende Gott im Tempel ereignishaft epiphan sei und als solcher Zuflucht und Rettung schaffendes Gericht gewähre. Der Sprecher des 11. Psalms habe implizite wirksame Zuflucht und Hilfe von dem im Jerusalemer Tempel zum Gericht erschienenen Gott erwartet. Damit sei bewiesen, daß auch die in diesem Psalmtext lebendige Rettungserwartung auf die kultische Institution des Gottesgerichtes bezogen gewesen sei. In dieser Argumentation wird zu wenig beachtet, daß in V. 4 eine spiritualisierende Umdeutung der früheren Anschauung über das Thronen Gottes im Jerusalemer Tempel vorliegt. Die von W. Beyerlin debattierte kultische Institution kommt folglich nicht mehr für den Sprecher von Ps 11 in Betracht:

102 Im vorangehenden Ps 9/10 wird das Gericht gleichfalls vom thronenden himmlischen Richter erwartet (Ps 9,5. 7–9), der zugleich auch auf dem Zion thront (Ps 9,12. 15). Diese Doppelung dürfte so zu verstehen sein, daß der himmlische Richter auf dem Zion über die Gegner sein Urteil fällen wird. Auch in Ps 9/10 wird jedenfalls nicht mehr von Jahwes Gegenwart im Jerusalemer Tempel gesprochen. Die Verbindung zwischen Ps 7; 9/10 und 11 wird von vielen Interpreten hervorgehoben, siehe z.B. I. Sonne 1949, 241; G. Barbiero 1999, 120–122. 163–164.

Entscheidend für die Beurteilung der Theologie von Ps 11 ist folglich die Beantwortung der Frage, welche Art der figürlichen Präsenz Jahwes im Jerusalemer Heiligtum in V. 4 und 7 vorausgesetzt wird.

Nach dem ursprünglichen Text von V. 4 (siehe Abschnitt 3, *11.4.1 – 11.4.2*) zu schließen, war Jahwe auf dem Thron im Tempel entweder sichtbar oder unsichtbar – *leerer* Thron – präsent. Zur Lösung dieses Problems der Sicht- bzw. Unsichtbarkeit Gottes auf dem Thron im Tempel greifen wir am besten auf den gleichfalls strittigen Text von *11.7.3* zurück. Aus diesem Fragment eines Bikolons ergibt sich, daß die nachexilischen jüdischen Theologen bestrebt waren, die Aussage über das Schauen Gottes im Tempel in ein Schauen Gottes auf die Menschen umzuwandeln (siehe Abschnitt 3, zu *11.7.3*). Aus dieser Textgeschichte ist abzuleiten, daß nach vorexilischer Anschauung ein Besuch im Tempel in erster Linie unternommen wurde, um Jahwe selbst in figürlicher Form in seinem Heiligtum zu schauen.[103] Die Rede vom „Schauen" Jahwes im Tempel ist ebenso wie das „Streicheln" seines Angesichtes auf figürliche Darstellungen Jahwes als des Kerubenthroners im Jerusalemer Tempel zu beziehen.[104]

---

103 Fr. Nötscher 1924/69, 91. 160, gibt zu Ps 11,7 unterschiedliche Wertungen ab. So zählt er Ps 11,7 zu den Stellen, „wo ein Sehen Gottes außerhalb der alten Theophanien und außerhalb der Vision, also mit leiblichen Augen zu Lebzeiten des Sehenden, angenommen werden muß oder wenigstens angenommen werden kann" (S. 91) und zu jenen, die von einer „mystischen" Gnadengemeinschaft mit Gott (S. 160–161) sprechen. In ähnlicher Weise hatte sich bereits W.W. Graf Baudissin (1915/69, 199–200. 231. 235) zu Ps 11,7 geäußert. Er gelangt zu folgendem Ergebnis: „Von einem innerlichen Gottschauen des einzelnen Frommen ohne den Anblick einer Gotteserscheinung ist jedenfalls Ps. 63,3, ebenso auch Ps. 11,7 und 17,15 die Rede, wenn man nicht etwa die beiden letzten Stellen von einem jenseitigen Anschauen Gottes in seiner himmlischen Herrlichkeit verstehen zu müssen glaubt, was wir unsererseits für den Zusammenhang wenigstens von Ps. 17,15 nicht wahrscheinlich gefunden haben." (a.a.O., S. 235)

Sowohl W.W. Graf Baudissin als auch Fr. Nötscher konstruieren ihre Deutungen der biblischen Texte über das Sehen der Gottheit, indem sie zwischen den babylonischen Texten und den biblischen einen Gegensatz aufbauen, der auf der These beruht, daß für den israelitischen Kult jede figürliche Darstellung Jahwes von Anfang an ausgeschlossen war.

104 Fr. Nötscher 1924/69, 96–98, bemüht sich, die Rede von „Jahwes Angesicht schauen" als Formel für „den Tempel besuchen, um sich seiner Gnade zu versichern" zu deuten und die analoge Redewendung, „*Jahwes Angesicht streicheln*" mit „*Jahwes Huld (wieder) zu erwerben suchen, ihn (seinen Zorn) begütigen*" gleichzusetzen. Er gesteht jedoch ein, daß letztere Redewendung urspünglich auf ein Streicheln von Statuen bezogen war, ähnlich dem Küssen von Statuen (I Reg 19,18; Hos 13,2). Da Fr. Nötscher von dem Vorurteil ausgeht, daß die Jahwe-Religion nie Jahwe-Statuen kannte, vermerkt er abschließend folgendes: „In *ḥlh* (*'t*) *pny YHWH* hat also ein alter, aus dem Bilderkult stammender Ausdruck einen neuen, rein geistigen Inhalt bekommen, der ihn auch in der bildlosen Jahwereligion brauchbar machte. In dieser Beziehung ist der dem terminus für ‚Tempel besuchen' an die Seite zu stellen." (a.a.O., S. 98) Fr. Nötscher umgeht die Frage, ob es in Israel zum Schritt vom konkreten zum „rein geistigen Inhalt" der Formel gekommen ist, oder ob Israel die vergeistigte Formel aus der Umwelt übernommen hat.

J. Reindl 1970, 175–185, untersucht diese Redeweise ausführlich. Er lehnt für *ḥlh pny YHWH* die Übersetzung „Jahwes Angesicht streicheln" ab.

Die aus der Kombination von Ps 11,4 und 7 gewonnene Beschreibung der figürlichen Präsenz Jahwes im Tempel zeigt uns die tatsächliche historische und textliche Basis der späteren Umdeutung auf.

Ps 11 ist folglich ein wertvolles Zeugnis für den Wandel der Jerusalemer Tempeltheologie. Die babylonisch-kanaanäische Anschauung vom Tempel als Sitz und Wohnort eines Gottes in Verbindung mit einer Statue desselben wird zwar mit dem salomonischen Tempelbau auch in Israel übernommen, aber im Laufe der Zeit einer radikalen Umdeutung unterworfen. Es entsteht so die Frage nach den Ereignissen, die diese Entwicklung ausgelöst haben und die zu den *šēm* „Namen"- und *kābôd* „Herrlichkeits"-Theologien geführt haben.[105] Zuletzt wird dann, wie uns Ps 11 belehrt, nur noch von der Präsenz Jahwes im Himmel und seinem eschatologischen Kommen gesprochen. Dieser Wandel der Tempeltheologie illustriert in erster Linie eine Veränderung des Gottesbildes, die nur auf dem Hintergrund der Zerstörung des salomonischen Tempels voll verständlich wird. Ps 11 verdeutlicht aufs beste, daß eine Übertragung der „korrigierten", spiritualiserten und eschatologisierten Tempeltheologie späterer Zeiten auf ihre Ursprünge die spätere Entwicklung derselben in einem verkürzten Licht erscheinen läßt.[106] Dagegen ermöglicht eine umfassende Berücksichtigung der Entwicklung und der Umbrüche in der Jerusalemer Tempeltheologie, die in Ps 11 erkennbar wird, eine Annäherung an die geistige Kraft und Lebendigkeit der Vorstellungen, die in der Entwicklung der nachexilischen Theologie über die Präsenz Gottes in Israel wirksam geworden sind.

---

105 R. Albertz I 1992, 353, deutet von seiner Voraussetzung her, daß der Jahwekult von Anfang an bildlos war, die deuteronomische Namen-Theologie als eine Auflockerung der Zions-Theologie, die vom direkten Wohnen Jahwes auf dem Zion spricht.

106 H. Spieckermann 1989, 288, kommt in seiner Darstellung der Tempeltheologie der Psalmen zum Ergebnis, daß die Theologie der Psalmen Rühmung der heilsamen Gegenwart des Königs Jahwe sei, die sich in Herrlichkeitsäußerung und Namenskundgabe vom Tempel aus in die Welt manifestiere. Er setzt sich so dem Verdacht aus, die spätere theologische Entwicklung in die Anfangszeit der Jerusalemer Tempeltheologie zurückzuprojizieren. Wohl etwas übertreibend stellt M. Oeming (1995, 45–46) fest, daß H. Spieckermann eine Abhandlung über altorientalische Tempeltheologie vorgelegt habe. Eher wird man seiner Feststellung zustimmen, daß H. Spieckermanns Tempeltheologie sonderbar abstrakt bleibt und man den Eindruck gewinnt, als stünde, gut lutherisch, der einzelne als gnadenhaft Gerechtfertigter unmittelbar vor seinem herrlichen Gott.

Literatur

Albani, M., 1999: „Wo sollte ein Haus sein, das ihr mir bauen könntet?" (Jes 66,1) – Schöpfung als Tempel JHWHs?, in: B. Ego / A. Lange / P. Pilhofer, (eds.), Gemeinde ohne Tempel. Community without Temple. WUNT 118, 37–56.

Auffret, P., 1981: Essai sur la structure littéraire du psaume 11, ZAW 93, 401–418.

Baudissin, W.W. Graf, 1915/69: ‚Gott schauen' in der alttestamentlichen Religion, ARW 18 (1915) 173–239 = *Fr. Nötscher*, „Das Angesicht Gottes schauen" nach biblischer und babylonischer Auffassung, Würzburg 1924; Nachdruck, Darmstadt 1969, 195–261.

Bellinger, W.H., 1984: The Interpretation of Psalm 11, EvQ 56, 95–101.

Belting, H., 1990: Bild und Kult. Eine Geschichte des Bildes vor dem Zeitalter der Kunst, München.

Berlejung, A., 2001: Tod und Leben nach den Vorstellungen der Israeliten. Ein ausgewählter Aspekt zu einer Metapher im Spannungsfeld von Leben und Tod, in: B. Janowski / B. Ego, (eds.), Das biblische Weltbild und seine altorientalischen Kontexte. FAT 32, 465–502.

Beyerlin, W., 1970: Die Rettung der Bedrängten in den Feindpsalmen der Einzelnen auf institutionelle Zusammenhänge untersucht. FRLANT 99 (101–104: Ps 11).

Brongers, H.A., 1969: Der Zornesbecher. OTS 15, 177–192.

Burkert, W., 1993: Lescha-Liškah. Sakrale Gastlichkeit zwischen Palästina und Griechenland, in: B. Janowski / K. Koch / G. Wilhelm, (eds.), Religionsgeschichtliche Beziehungen zwischen Kleinasien, Nordsyrien und dem Alten Testament. OBO 129, 19–38.

Dahood, M., 1969: Hebrew-Ugaritic Lexicography VII, *'p'pym* „pupils, eyes", Bib. 50, 351–352.

Dever, W.G., 1992: Temples and Sanctuaries, *Syria-Palestine*, ABD VI, 376–380.

Dietrich, M., 1992: Das Kultbild in Mesopotamien, in: M. Dietrich / O. Loretz, „Jahwe und seine Aschera". Anthropomorphes Kultbild in Mesopotamien, Ugarit und Israel. Das biblische Bilderverbot. UBL 9, 7–38.

Eschweiler, P., 1994: Bildzauber im alten Ägypten. Die Verwendung von Bildern und Gegenständen in magischen Handlungen nach den Texten des Mittleren und Neuen Reiches. OBO 137.

Füglister, N., 1993: „Die Hoffnung der Armen ist nicht für immer verloren". Psalm 9/10 und die sozio-religiöse Situation der nachexilischen Gemeinde, in: G. Braulik etc., (eds.), Biblische Theologie und gesellschaftlicher Wandel. Für Norbert Lohfink, Freiburg etc., 101–124.

Haran, M., 1978: Temples and Temple-Service in Ancient Israel. An Inquiry into the Character of Cult Phenomena and the Historical Setting of the Priestly School, Oxford.

Hartenstein, F., 2001: Wolkendunkel und Himmelsfeste. Zur Genese und Kosmologie der Vorstellung des himmlischen Heiligtums JHWHs, in: B. Janowski / B. Ego, (eds.), Das biblische Weltbild und seine altorientalischen Kontexte. FAT 32, 125–179.

Hehn, J., 1913: Die biblische und babylonische Gottesidee, Leipzig.

Heinrich, E., 1975: Architektur von der früh- bis zur neusumerischen Zeit, in: W. Orthmann, (ed.), Der Alte Orient, Propyläen Kunstgeschichte Bd. 14, Berlin, 131–158.

– –, 1975a: Architektur von der alt- bis zur spätbabylonischen Zeit, in: W. Orthmann, (ed.), Der Alte Orient, Propyläen Kunstgeschichte Bd. 14, Berlin, 241–258.

Hunter, Jannie H., 1994: Interpretationstheorie in der postmodernen Zeit. Suche nach Interpretationsmöglichkeiten anhand von Psalm 144, in: K. Seybold / E. Zenger, (eds.), Neue Wege der Psalmenforschung. Für Walter Beyerlin. HBS 1, 45–62.

Hurowitz, V. (A.), 1992: I have built you an exalted House. Temple Building in the Bible in the Light of Mesopotamian and Northwest Semitic Writings. JSOT.S 115.

Janowski, B., 1993a: „Ich will in eurer Mitte wohnen". Struktur und Genese der exilischen *Schekina*-Theologie, in: id., Gottes Gegenwart in Israel. Beiträge zur Theologie des Alten Testaments, Neukirchen-Vluyn, 119–147. 333–334.

– –, 1993b: Das Königtum Gottes in den Psalmen. Bemerkungen zu einem neuen Gesamtentwurf, in: id., Gottes Gegenwart in Israel. Beiträge zur Theologie des Alten Testaments, Neukirchen-Vluyn, 148–213. 334–335.

– –, 1993c: Tempel und Schöpfung. Schöpfungstheologische Aspekte der priesterschriftlichen Heiligtumskonzeption, in: id., Gottes Gegenwart in Israel. Beiträge zur Theologie des Alten Testaments, Neukirchen-Vluyn, 214–246. 335.

– –, 1993d: Keruben und Zion. Thesen zur Entstehung der Zionstradition, in: id., Gottes Gegenwart in Israel. Beiträge zur Theologie des Alten Testaments, Neukirchen-Vluyn, 247–280. 335–336.

Kühne, C., 1993: Zum Vor-Opfer in alten Anatolien, in: B. Janowski / K. Koch / G. Wilhelm, (eds.), Religionsgeschichtliche Beziehungen zwischen Kleinasien, Nordsyrien und dem Alten Testament. OBO 129, 225–283.

Levin, Ch., 1993: Das Gebetbuch der Gerechten. Literargeschichtliche Beobachtungen am Psalter, ZThK 90, 355–381.

Levine, B.A., 1968: On the Presence of God in Biblical Religion, in: J. Neusner, (ed.), Religions in Antiquity. Essays in Memory of Erwin Ramsdell Goodenough. SHR 14, 71–87.

Loretz, O., 1994: Gottes Thron in Tempel und Himmel nach Psalm 11. Von der altorientalischen zur biblischen Tempeltheologie, UF 26, 245–270.

Mannati, M., 1979: Le Psaume XI. Un exemple typique des liens enter l'interprétation du genre littéraire et l'étude critique de stiques obscurs, VT 29, 222–227.

Menzel, Brigitte, 1981: Assyrische Tempel vol. I-II. StP.SM 10.
Mettinger, T.N.D., 1982: The Dethronement of Sabaoth. Studies in the Shem and Kabod Theologies. CB.OT 18.
– –, 1995: No Graven Image? Israelite Aniconism in Its Ancient Near Eastern Context. CB.OT 42.
Metzger, M., 1970: Irdische und himmlische Wohnstatt Jahwes, UF 2, 139–158.
– –, 1985: Königsthron und Gottesthron. AOAT 15/1.
Morgenstern, J., 1950: Psalm XI, JBL 69, 221–231.
Mowinckel, S., 1966: Psalmenstudien VI, Nachdruck, Amsterdam.
Nötscher, Fr., 1924: „Das Angesicht Gottes schauen“ nach biblischer und babylonischer Auffassung, Würzburg 1924; Nachdruck, Darmstadt 1969.
Nommik, U., 1999, Die Gerechtigkeitsbearbeitungen in den Psalmen. Eine Hypothese von Christoph Levin formgeschichtlich und kolometrisch überprüft, UF 31, 443–535. (507–508: Ps 11)
Oeming, M., 1995: Die Psalmen in Forschung und Verkündigung, VF 40, 28–51.
Oppenheim, A.L., 1968: The Eyes of the Lord, JAOS 88, 173–180.
Petersen, D.L., 1984: Haggai and Zechariah 1–8. A Commentary. OTL.
Pongratz-Leisten, Beate, 1994: *Ina šūlmi īrub*. Die kulttopographische und ideologische Programmatik der *akītu*-Prozession in Babylonien und Assyrien im I. Jahrtausend v.Chr. BagF 16.
Reindl, J., 1970: Das Angesicht Gottes im Sprachgebrauch des Alten Testaments. EThSt 25.
Ridderbos, Nic.H.,1972: Die Psalmen. Stilistische Verfahren und Aufbau. Mit besonderer Berücksichtigung von Ps 1–41. BZAW 117, 146–148.
Riede, P., 2000: Im Netz des Jägers. Studien zur Feindmetaphorik der Individualpsalmen. WMANT 85.
Rinaldi, G., 1973: Salmo 11, BeO 15, 123–127.
Schrader, E., 1905: Die Keilinschriften und das Alte Testament. Dritte Auflage, neu bearbeitet von H. Zimmern / H. Winckler, Berlin.
Smith, M.S., 1988: „Seeing God“ in the Psalms: The Background to the Beatific Vision in the Hebrew Bible, CBQ 50, 171–183.
Sonne, I., 1949: Psalm Eleven, JBL 68, 241–245.
Spieckermann, H., 1989: Heilsgegenwart. Eine Theologie der Psalmen. FRLANT 148.
Spronk, K., 1986: Beatific Afterlife in Ancient Israel and in the Ancient Near East. AOAT 219.
Tournay, R., 1946: Poésie biblique et traduction française. Un essai: Le Psaume XI, RB 53, 349–364.
– –, 1991: Seeing and Hearing God with the Psalms. JSOT.S 118. (S. 123–124: Ps 11).
Uehlinger, Chr., 1992: Audienz in der Götterwelt. Anthropomorphismus und Soziomorphismus in der Ikonographie eines altsyrischen Zylindersiegels, UF 24, 339–359.

van Oorschot, J., 1994: Der ferne *deus praesens* des Tempels. Die Korachpsalmen und der Wandel israelitischer Tempeltheologie, in: I. Kottsieper / J. van Oorschot / D. Römheld / H.M. Wahl, (eds.), „Wer ist wie du, Herr, unter den Göttern?“. Studien zur Theologie und Religionsgeschichte Israels für Otto Kaiser zum 70. Geburtstag, Göttingen, 416–430.

Veerkamp, T., 1979: Der Bewährte – was kann er wirken? Eine Auslegung des 11. Psalms, TeKo 3, 5–10.

Waetzoldt, H., 2000: Bildnisse von Göttern und Menschen in Ebla, in: S. Graziani, (ed.), Studi sul Oriente Antico dedicati alla memoria di Luigi Cagni, Napoli, 1135-1148.

Zenger, E., 1993: siehe F.-L. Hossfeld / E. Zenger 1993 (Kommentare).

Zimmern, H., 1905: siehe: *Schrader, E.* 1905.

Zwickel, W., 1994: Der Tempelkult in Kanaan und Israel. FAT 10.

Psalm 13
Der altorientalische rechtliche Hintergrund der biblischen „Klage des Einzelnen“
„Fortschrittsglaube“ in der kanonischen Auslegung des Psalters

Selbstbewußter theologischer Fortschrittsglaube beansprucht, mit der „kanonischen“ Auslegung eine neue Stufe der Entwicklung in der Erforschung des Psalters erreicht zu haben. Wir sind folglich mit der Frage konfrontiert, ob eine willkommene Weiterbildung früherer Ansätze und Ergebnisse, gar etwas völlig Neues vorliegt, oder mit der propagierten Methode die Gefahr bestehen könnte, daß die Interpretation des Psalters einer Fata Morgana nachjagt und im Hinblick auf philologische und historische Probleme zu Gunsten vermeintlicher theologischer Perspektiven ins wissenschaftliche Abseits gerät. Im folgenden versuchen wir, diese Situation am Beispiel kanonischer Interpretationsmodelle der „Klagelieder des Einzelnen“ zu beleuchten.

0. Einleitung – Gattungsforschung – Endtext des Psalters

Bemühungen um die Aufklärung der Entwicklungsgeschichte der literarischen Gattung „Klage des Einzelnen“ erfolgen gegenwärtig in Altorientalistik und Bibelwissenschaft auf getrennten Wegen. Während in der alttestamentlichen Forschung eine Auseinandersetzung darüber im Gange ist, ob die von H. Gunkel initiierte und mit großem Erfolg im Bereich der Psalmen praktizierte Gattungsforschung in seinem Sinn fortgesetzt werden soll und inwieweit seine Bestimmung der Gattung „Klagelied des Einzelnen“ noch zutrifft, spürt man in der Altorientalistik mit Erfolg den Anfängen der Entwicklung dieser Gattung nach. Man versucht, die Stellung des Menschen zu seinen Göttern anhand der Entwicklung vom sumerischen Kollektivismus zum babylonischen Individualismus nachzuzeichnen und gelangt zum Ergebnis, daß das „Klagelied des Einzelnen“ die Entfaltung der „persönlichen Frömmigkeit“ voraussetzt und folglich diese Gattung bis in die altbabylonische Zeit zurückzuführen und älter als deren Zeugnisse aus Ugarit und Emar ist. Die neue Gattung „Klagelied des Einzelnen“ deutet auf theologische Veränderungen hin, die im Zusammenhang mit dem

Vordringen amurritischer Volksstämme aus dem Westen in Richtung Babylonien zu sehen sind.[1]

Von diesen historischen Voraussetzungen her wird erst deutlich, warum die „Klage des Einzelnen" im Psalter, der auf mehrfache Weise altsyrisch-kanaanäische Traditionen fortsetzt, so zahlreich vertreten ist.

Die literarische Gattung „Klage des Einzelnen" (= KE) ist für das Psalmenbuch von fundamentaler Bedeutung.[2] Sie bildet als zahlenmäßig größte Liedgruppe den Grundstock des Psalters.[3] Folglich haben H. Gunkel und J. Begrich[4] auf die Beschreibung der Merkmale derselben besondere Sorgfalt verwendet.[5]

Sie stellen als einzelne Bestandteile der KE drei Teile fest:

1. Die Klage[6],
2. Die Bitte[7], und
3. Vertrauen auf Jahwes Gnade; eventuell Dank und Gelübde.[8]

Starken Auftrieb erhält gegenwärtig der Gedanke, die Phase der Erforschung der einzelnen Gattungen der Lieder des Buches der Psalmen sei durch das Studium der synchronen literarischen Einheit des Psalters, der Vernetzungen zwischen den einzelnen Psalmen und der Kanonizität desselben abzulösen.[9] Daher gewinnt die Methode mehr und mehr an Attraktivität, die Betrachtung der einzelnen Gattungselemente und deren Zusammenspiel durch Konstruktionen von sogenannten Verkettungen, Reihenzusammenhängen, Vernetzungen, von Nah- und Fernverbindungen von Psalm zu Psalm und Psalmgruppen, Struktureinheiten usw. zu ersetzen.[10] Wahrscheinlich entsteht so die Gefahr einer zu großen Ablösung der Psalmeninterpretation von historischen und philologischen Problemen und eine Hinwendung zur Schaffung von theologischen Theorien, die auf der Vorstellung beruhen, das Studium der kanonischen Endgestalt der Psalmen garantiere eine sichere und bequeme Wahrheit sowohl über die Aussage(n) des Psalmenbuches als auch die der einzelnen Psalmen. Die Vertreter einer konsequenten Betrachtung der literarischen Endgestalt des Psalmenbuches erwecken – vielleicht ungewollt – den Eindruck, daß es von der literarischen

1 Th.R. Kämmerer 1998, 102. 104–113. 134–140 (5.10 Ergebnis: Das Klagelied des Einzelnen als Ausdruck einer sich ändernden Frömmigkeit). 141–143; id. 1999, 37–44.
2 Zur Forschungsgeschichte siehe E. Lipiński 1979, 35–56.
3 H. Gunkel 1933, 173.
4 Da J. Begrich bei der Abfassung des Paragraphen 6 der Einleitung über „Die Klagelieder des Einzelnen" maßgeblich beteiligt war, zitiere ich im folgenden die „Einleitung in die Psalmen" mit „H. Gunkel / J. Begrich 1933", siehe H. Gunkel / J. Begrich 1933, 5*–6*.
5 H. Gunkel / J. Begrich 1933, 172–265.
6 H. Gunkel 1926, 46; H. Gunkel / J. Begrich 1933, 184–218. 240.
7 H. Gunkel 1926, 46; H. Gunkel / J. Begrich 1933, 218–224. 240–241.
8 H. Gunkel 1926, 46; H. Gunkel / J. Begrich 1933, 224–240. 241–243.
9 Siehe hierzu die drei Forschungsberichte von J.-M. Auwers 1994; id. 2000; id. 2001, 374–410; sowie die Erwägungen von H.-P. Müller 1994, 284–292; H.G.L. Peels 2001, 583 Anm. 1; 601 Anm. 50.
10 Siehe z.B. G. Barbiero 1999, 11–18; J.-M. Auwers 2001, 408–409.

Endphase der einzelnen Psalmen und des Palters her möglich sei, von diesem einen historischen Punkt aus nicht nur die früheren vorisraelitischen und vorexilischen Erkenntnisse, die in den einzelnen Liedern und im ganzen Psalmenbuch enthalten sind, sondern auch die späteren jüdischen und christlichen Interpretationen nach ihrem Wahrheitsgehalt zu bestimmen und endgültig zu beurteilen. Daß sie sich mit ihrer Perspektive in der Lage wähnen, die Ansprüche der Gattungsforschung im Namen einer *lectio continua*, eines *close reading* oder gar eines „semitischen Denkens“[11] im Extremfall mißachten zu können oder normalerweise weniger als bisher üblich beachten zu müssen, dürfte, wie im folgenden am Einzelfall der KE zu zeigen ist, nur eines ihrer philosophischen und theologischen Vorurteile über die *Hebraica veritas* darstellen.[12] Wenn die Vertreter der kanonischen Auslegung jedoch der Meinung sind, es sei in der Psalmenforschung gegen H. Gunkels Maxime von 1913 anzutreten, daß jeder Psalm für sich allein stehe[13], so sollten sie nicht übersehen, daß in der „Einleitung in die Psalmen“ von 1933 auch das heute noch lesenswerte Kapitel „Die Sammlung der Psalmen“ (S. 433–455) zu finden ist. Dort gelangt H. Gunkel zum Ergebnis, daß sich kein einheitliches Prinzip für die überlieferte Aufeinanderfolge der Psalmen erkennen lasse, wohl aber verschiedene Gesichtspunkte bei der Zusammenstellung einzelner Psalmen nachweisbar seien: Ähnlichkeiten bestimmter Gedanken, Übereinstimmung in besonderen Stichworten, Gemeinsamkeit der Verfasser, Gleichheit der Überschriften. Dieser Sachverhalt dränge zum Schluß, daß das Psalmenbuch seinen gegenwärtigen Zustand einem

---

11 G. Barbiero 1999, 21–22.

12 Grundsätzlich ist zu berücksichtigen, daß die Rede von der „kanonischen“ Endgestalt des Psalters nicht eindeutig ist, in zum Teil widersprüchlicher Form vorgetragen wird und Kanon als Begriff aus dem vierten Jahrhundert n.Chr. in gewisser Weise einen Anachronismus darstellt (H.G.L. Peels 2001, 583 Anm. 1). So ist z.B. offen, in welcher Weise das Verhältnis des masoretischen Psalters zu dem der LXX zu bestimmen ist und ob die kanonische Form zugleich für immer Maßstab der Interpretation sein kann; J.-M. Auwers 2000, 177–180; H.G.L. Peels 2001, 601 Anm. 50.
Im folgenden gehen wir davon aus, daß mit H.G.L. Peels (2001. 583 Anm. 1) bei einer Diskussion der Kanonfrage nachfolgende Aspekte zu berücksichtigen sind: „... we employ the term ‚canon‘ in the strict sense of the word, having the constitutive elements of finality, authority, and normativity. By the ‚canon‘ of the Old Testament we mean that delimited volume of sacred scriptures which adherents regarded as divinely inspired and authoritative on all points ... All this leaves untouched the possibility that, in our view, also a less stringent concept of canon may at times have been in circulation in some circles in and outside of Israel (hence without the notion of a delimited quantity and a definitive closure). Neither must we rule out the possibility that in specific Jewish circles people favored either a larger than usual canon (the Qumran community?) or a smaller than usual canon (the Sadducees?). Finally, in assessing relevant textual witnesses, we must also take account of a possible discrepancy between canonical theory and canonical practice, between what was considered normative in leading circles and what had become customary in the religious life of ordinary people.“

13 Vgl. z.B. J.-M. Auwers 2000, 177, zu H. Gunkel, Reden und Aufsätze, Göttingen 1913, 93: „In der Sammlung des Palters steht jedes Lied für sich allein, ohne daß wir das Recht hätten, es mit dem vorhergehenden oder dem folgenden zusammenzunehmen.“

verwickelten Entstehungsprozeß verdanke, bei welchem nicht nur an Zusammenstellung verschiedener Teilsammlungen zu denken sei, sondern auch an Umstellungen, die ohne Rücksicht auf die Grenzen der alten Teilsammlungen erfolgt seien.[14]

Die Interpreten der kanonischen Auslegung könnten sich selbst, wenn sie nur wollten und die Gedanken der „Einleitung" wirklich berücksichtigten, mit vollem Recht auch Enkel H. Gunkels nennen.

H. Gunkel hat seinen eigenen Worten zufolge angesichts der zu seiner Zeit herrschenden Unsicherheit über die Disposition der einzelnen Psalmen im Psalter versucht, sichere, der Subjektivität der Einzelnen entrückte Maßstäbe zu finden. Er habe demnach nach „Gattungen" gesucht, die durch die Natur der hebräischen religiösen Lyrik selber gegeben seien.[15] Im folgenden soll nun am Beispiel der KE gezeigt werden, daß dieses Programm auch gegenwärtig selbst angesichts der inhärenten Schwächen der Gattungsforschung und der Theorie vom *Sitz im Leben* trotz der Bemühungen der kanonischen Auslegung noch nichts an Aktualität und Attraktivität verloren hat.[16] Für diese Einschätzung des Werkes H. Gunkels spricht nicht nur dessen Bewertung als wichtigstes Werk der Psalmenforschung des zwanzigsten Jahrhunderts[17], sondern auch dessen erst jetzt erfolgte Übersetzung ins Englische.[18]

1. Der „Stimmungsumschwung" im Klagelied des Einzelnen – ein forschungsgeschichtlicher Abriß

Ein ungelöstes Rätsel oder strittiges Problem der Psalmenauslegung bildet nach allgemeiner Anschauung der „Stimmungsumschwung"[19] in den KE. Er wird

14 Zur Klärung der oft verworren erscheinenden Problemlage ist z.B. ein Vergleich von H. Gunkel / J. Begrich 1933, 433–455, mit F.-L. Hossfeld / E. Zenger 2000, 26–35, zu empfehlen, der gut vor Augen führt, daß die kanonische Auslegung sich mit Fragen beschäftigt, die seit langem erkannt sind.

15 H. Gunkel 1926, IX.

16 Vgl. dagegen zu den Einwänden von seiten der kanonischen Auslegung z.B. J.-M. Auwers 2001, 408, der folgendermaßen argumentiert: „Cependant, depuis quelques annés, les notions mêmes de *Gattung* et de *Sitz im Leben* font l'objet d'un feu de critiques de plus en plus nourri, qui attaque à la base le système gunkélien: on accuse le classement par genres littéraires de demeurer abstrait et de retenir surtout l'écorce en laissant de côté la moelle."

17 J.-M. Auwers 2001, 374.

18 H. Gunkel, Introduction to Psalms. The Genres of the Religious Lyric of Israel, completed by Joachim Begrich, translated by James D. Nogalski. Mercer Biblical Studies. Macon (GA), Mercer University Press, 1998.

19 H. Gunkel / J. Begrich 1933, 243, „jäher Umschwung in der Stimmung des Beters"; R. Smend 1989, 197; J.-M. Auwers 1994, 10–11; O. Kaiser III 1994, 18; M. Millard 1994, 53–56, „*Der Stimmungswechsel von der Klage zum Lob*".

dadurch zum Ausdruck gebracht, daß unmittelbar auf eine Klage eine absolut klingende Vertrauensäußerung, ein Dank oder Lob erfolgt und so der Eindruck entsteht, Gott habe den Beter bereits erhört, der Klagende, in der Zeit weit vorauseilend, schaue, was er erbeten hat, oder gar die erhofften befreienden Aktionen Gottes seien schon erfolgt.

Der Sachverhalt wird z.B. in der Beurteilung von Ps 3,8 deutlich, wo das Perfekt in der Aussage *ky hkyt ’t kl ’yby lḥy*[20] folgendermaßen interpretiert wird:

1. Als Gewißheit: H. Gunkel 1926, 12. 14, „Denn du schlägst all meine Feinde auf den Backen“; H. Gunkel / J. Begrich 1933, 245, „Den höchsten Grad der Gewißheit aber, der überhaupt erreichbar ist, sprechen Sätze aus, deren Verb im Perfekt steht. Hier schaut der Beter, in der Zeit weit vorauseilend, triumphierend schon als erfüllt und vollendet, worum er so sehnlich gebeten hat: „Du hast all meine Feinde auf den Backen geschlagen, die Zähne der Frevler zerbrochen’ ...“; B. Duhm 1922, 15, „Die Perfekte in V. 8^b konstatieren die Gewißheit, daß Jahwe immer die Feinde des Dichters schlägt.“; B. Janowski 2001, 49, schlägt vor, von einem „antizipierten Faktum“ zu sprechen: „Das heißt: In dem Augenblick, da die Gewißheit der Rettung durch Gott neu erlangt wird, bleibt es für den Sachverhalt belanglos, ob sie unter dem Aspekt einer zum Abschluß gekommenen Handlung im *Perfekt* („du hast mir geantwortet“) formuliert wird oder ob im *Präsens* die aktuell sich ereignende Antwort Gottes („Jetzt weiß ich, daß du mir geantwortet hast“) im Vordergrund steht.“
2. Hinweis auf frühere Hilfe Gottes:
   a) Als Hinweis auf früher erfolgtes Eingreifen Gottes, das die jetzige Bitte begründe: F. Baethgen 1904, 8–9, „Denn du hast allen meinen Feinden ins Gesicht geschlagen“, „Die Perfecta *hkyt* und *šbrt* haben alle Alten als Präterita aufgefasst. Die früher erfahrene Hilfe begründet die jetzige Bitte.“;
   b) Als Bestätigung erfahrener Hilfe: K. Seybold 1996, 34. 36, „Ja, du hast alle meine Feinde auf die Kinnlade geschlagen!“, „Bestätigung erfahrener Hilfe. Ein betonter Nachsatz läßt erkennen, daß zuvor eine Pause eingetreten ist, in der etwas Entscheidendes passiert sein muß. 8aβ.b spricht vom Schlagen auf die Backen, was wohl bildlich vom Ritus der Erniedrigung und Beschämung (Mt 5,39) zu verstehen ist ... Man erkannte offensichtlich auf Freispruch für den Angeklagten, während die vielen Gegner schuldig und unschädlich gemacht, d.h. wohl bestraft werden.“
3. Als Prekativ: M. Dahood I 1966, 20; G. Ravasi I 1981, 122.
4. Als Bericht über erfahrene Hilfe innerhalb eines Dankgebetes, das dem Klagegebet hinzugefügt wurde: H. Schmidt 1934, 7.

Vgl. P. Stuhlmacher 2001, 60. 63–64, zum „Stimmungsumschwung“ in Röm 7,1–8,11(17) und dessen Verbindung zu den KE.
An Stelle des Begriffes „Stimmungsumschwung“ wird auch von „gewendeter Klage“ gesprochen; C. Westermann 1983, 59–60; H.-P. Müller 1995, 181.

20 Vgl. Chr. Schroeder 2000, 243–252, zum Traumorakel in Ps 3.

5. Erhörung vor der Wende der Not: C. Westermann 1983, 59–60, „denn du schlägst. . .“; „Es ist wohl zu beachten: Das Leid, das der Betende eben klagte, um dessen Fortnahme er eben Gott anflehte, besteht noch. Es ist während des Betens dieser Psalmen kein Mirakel geschehen. Aber es ist das andere geschehen: Gott hat gehört, Gott sich ihm zugeneigt, Gott hat sich seiner erbarmt ... Damit ist das Entscheidende geschehen. Das noch Ausstehende, die Wende der Not, muß nun notwendig folgen. Darum kann sie jetzt schon als behoben bekannt werden.“
6. Die Vernichtung der Feinde im Traum gesehen und als Wirklichkeit erfahren, soll Jahwe nun auch auf der Ebene des Wachseins vollenden: Chr. Schroeder 2000, 248.

Das traditionelle Argument gegen Lob und Dank am Ende der Klage lautet jedoch, daß ein Beter nicht zugleich klagend bitten *und* jubelnd danken könne.[21]

Die seit Fr. Küchle (1918) und H. Gunkel / J. Begrich (1933) formulierte These vom sog. „Stimmungsumschwung“ besagt, daß das KE nicht aus einer Bewegung in der Seele des Beters[22], sondern durch einen äußeren Einfluß[23] plötzlich von der Klage in den Dank oder ins Lob „umschwinge“. Von diesem Moment an sei für den Beter alles anders.

Während die psychologische Deutung des Umschwungs ein Charakteristikum der älteren Psalmenauslegung ist, baut die These vom äußeren Einfluß auf das

---

21 H. Schmidt 1934, 11, vermerkt zum Perfekt in Ps 6,9 folgendes: „ ‚Erhört *hat* Jahwe mein Flehen!‘ Die Mehrzahl der gegenwärtigen Ausleger nehmen auch hier das Perfektum als eine Vorwegnahme, als den Ausdruck der Sicherheit der Gebetserhörung. Aber ist das in einem einzigen Gebet nebeneinander möglich: Schreiende Verzweiflung und unmittelbar darauf jauchzende Zuversicht? Ich kann mir dieses Nebeneinander nur so denken: Daß mit 8 das Gebet des Kranken um seine Heilung zu Ende ist. Was darauf folgt, ist ein neues Gebet. In einer neuen Lage, nämlich nach der Erhörung des ihm vorangeschriebenen gesprochen. Man hat hier neben dem Flehgebet aus dem Munde eines Kranken ein kurzes Dankgebet für seine Heilung aufbewahrt; wahrscheinlich weil das eine wie das andere immer wieder gebraucht und gefordert worden ist (vgl. 38 und 22).“; B. Janowski 2001, 43.

22 Vgl. z.B. F. Baethgen 1904, 35, der Ps 13,6 folgendermaßen kommentiert: „Durch das Aussprechen der Klage ist der Kleinmut überwunden. Obwohl die Hilfe noch nicht gewährt ist, kann der Sänger doch jubeln und singen, weil er weiss, dass sein Vertrauen nicht zu Schanden wird.“; H. Gunkel 1926, 46, zu Ps 13,6: „Zum Schluß zieht 6a das Vertrauen auf Jahves Gnade in sein Herz ... 6b So kann er sich dazu erheben, sich zu wünschen, daß er einst jubeln werde und schon jetzt 6c den Dankpsalm für die geschehene Errettung anzustimmen ...“; H. Irsigler 1994, 79–81. 85–86. 88; K. Seybold 1996, 65.

23 S. Mowinckel I 1962, 217–218, argumentiert z.B.: „This anticipatory confidence and thanksgiving cannot merely be explained psychologically, by saying that through his prayer the suppliant has now achieved confidence and assurance. The confidence is based on objective grounds. For the psalms handed down to us show that it was part of the very ritual of the penitential festivals that (the priest or) the temple prophet would promise the suppliant salvation and the granting of his prayer by means of an *oracle* or a *promise* to that effect.“

Gemüt des Klagenden auf Erkenntnissen über den mesopotamischen Kult, insbesonders das Orakelwesen[24], auf.

Die Diskussion über den von außen verursachten „Stimmungsumschwung“ in den Psalmen fußt auf einer Anregung Fr. Küchlers in seinem Beitrag „Das priesterliche Orakel in Israel und Juda“.[25] Er geht von der Annahme aus, daß die ursprüngliche und charakteristische Aufgabe der Priester in Israel und Juda nicht der Vollzug oder die Leitung der Opferhandlungen war, sondern vielmehr die Erteilung von Gottessprüchen, von Orakeln. Aus Ps 5,4 sei einiges über den Zusammenhang des eigentlichen Rituals des Opfers und anderer Kulthandlungen zu erfahren. Das Schweigen der Quellen dürfe uns nicht zu der Annahme verleiten, daß ein solches Ritual und in ihm auch die Anweisungen zur Beobachtung der beim Opfer sich ergebenden Zeichen des göttlichen Willens nicht vorhanden gewesen seien. Die Spur einer solchen Praxis scheine im Anschluß an F. Baethgen und B. Duhm in der Aussage Ps 5,4, „am Morgen höre meine Stimme, (wenn) ich am Morgen dir zurüste und ausspähe“ vorzuliegen. Die Wahl der Ausdrücke *ʿrk* und *ṣph* deute auf einen ganz konkreten Hintergrund. Es handle sich hier um die Beobachtung göttlicher Willenskundgebung während des Opfers. Der Priester hatte das Ergebnis in Form eines im Namen der Gottheit formulierten Spruches, eines formulierten Bescheides kundzugeben. Die Terminologie des Orakelwesens sei auch auf andere Arten der Erkundung göttlichen Willens, sei es durch Seher oder Propheten, sei es auf dem unmittelbaren und rein geistigen Wege des Gebetes und der darin erlangten Gewißheit der Erhörung durch die Gottheit übertragen worden. Eine solche Übertragung habe ganz besonders im Gebrauch des Verbums *ʿnh* stattgefunden, wie zahlreiche Stellen aus der religiösen Poesie der Psalmen erkennen liessen. Immerhin sei auch in den Psalmen noch gelegentlich die Beziehung des *ʿnh* auf eine wirkliche Orakelantwort erkennbar.[26] Besonders deutlich sei diese Verbindung in Ps 60,7. Da folge auf die Klage der Not des Volkes und die Bitte um Gottes Hilfe zunächst der Gebetsruf *ʿnnw* „antworte uns“, und darauf sogleich ein durch die Worte „Gott hat in seinem Heiligtum gesprochen“ ein Orakelwort (Ps 60,8–10)[27], das man sich kaum anders als in öffentlicher Kultfeier von einem Priester gesprochen vorstellen könne. Solche „Gottessprüche“ seien uns auch noch in anderen Psalmen erhalten geblieben. Sie seien, auch ohne daß sie ausdrücklich als Rede oder Spruch der Gottheit eingeführt würden, erkennbar am Wechsel in der

24 Fr. Küchler 1918, 288. Zur Forschungsgeschichte siehe z.B. O. Fuchs 1982, 314–320.

25 Fr. Küchler 1918, 285–301.

26 Vgl. zu he. *ʿnh* „antworten“ das entsprechende akk. *apālu*; W.R. Mayer 1980, 308–309, zu *apālu* im Sinn einer Orakelantwort (CAD A/2, 163b–164. *apālu* 2d) und zu den semantischen Entsprechungen zu akk. *qabû – šemû / šasû – apālu* sind he. *dbr* pi – *šmʿ / qrʾ* – *ʿnh* in Jes 65,12. 24; Jer 7,13. 27; 35,17; Jon 2,3 (*šwʿ* pi statt *dbr* pi) zu nennen.

27 Vgl. Ps 108,8–10.

Person bei den Verba und Pronomina (Ps 21,2–13; 75,3–11; 12,2–8; 91,1–16; 81,7–17; 95,8–11).[28]

Fr. Küchler kommt zuletzt auf den „Stimmungsumschwung“ zu sprechen. Er kennt zwar den Begriff noch nicht und spricht statt dessen davon, daß „ein ganz plötzlicher Übergang von schmerzerfüllter Klage und flehentlicher Bitte um Hilfe zu froher Gewißheit des göttlichen Beistandes“[29] vorliege. Sein Argument lautet: Endlich seien noch solche Psalmen zu erwähnen, in welchen ein Anlaß, der die vertrauensvolle Zuversicht des oder der in ihnen zu Gott Redenden begründe, zwar nicht angeführt, aber doch vorausgesetzt sei. Das sei offenbar in solchen Psalmen der Fall, in denen sich ein ganz plötzlicher Übergang von schmerzerfüllter Klage und flehentlicher Bitte um Hilfe zu froher Gewißheit des göttlichen Beistandes bemerken lasse. Auch bei ihnen werde zwar nicht gleichmäßig damit gerechnet werden können, daß ein Gottesspruch wirklich durch einen Priester ergangen sei, sondern bei manchen von ihnen werde es sich auch nur noch um eine in den Vorgängen des Kultus wurzelnde stilistische Form handeln. Aber in anderen scheine doch alles dafür zu sprechen, daß wir da an sinnlich wahrnehmbare Vorgänge, nicht nur an solche in der Seele des Dichters, zu denken haben. Hierher seien vor allem die Psalmen 6, 20 und 30 zu rechnen. In Ps 30 lasse sich der plötzliche Umschwung der Stimmung von V. 8 auf 9, V. 6 auf 7, und V. 11 auf 12 sicherlich am besten und leichtesten erklären, wenn man sich dazwischen ein die Hilfe Jahwes gewährleistendes Orakelwort denke. Besonders das *ʿth ydʿty* in Ps 20,7 scheine einen aus dem inzwischen vollzogenen Opfer abgeleiteten Gottesspruch fast notwendigerweise zu erfordern, ebenso das zweimal von Jahwe ausgesagte *šm*[30] in Ps 6,9. 10 und die präteritalen Verbalformen (*tʿzrny ptḥt hpkt*) in Ps 30,12. In Ps 13 sei die für einen Gottesspruch anzusetzende Stelle zwischen V. 5 und V. 6, in Ps 31 zwischen V. 19 und V. 20; vgl. ferner Ps 54,5–6; 57,7–8; 115,11–12. In Ps 28 sei der unvermittelte, am besten durch eine göttliche Gnadenzusage erklärbare Übergang von der Bitte zum Lobpreis wahrscheinlich durch die sekundäre Einschaltung von V. 5 verwischt; V. 6 bezeichne hier sicher den neuen Einsatz. Vielleicht seien auch noch die an manche Klagepsalmen „angehängten hymnischen Schlüsse“ (Ps 22,23–32; Ps 69,31–37; 109,30–31) zu erwähnen, die auf einen ihnen vorangehenden Gottesspruch, der die Erhörung und Hilfe in Aussicht stellte, zu beziehen seien. Diese Erklärung sei wahrscheinlicher als die von H. Gunkel vorgeschlagene, es handle sich bei ihnen um eine Vorwegnahme des erst nach Eintritt der göttlichen Hilfe zu singenden Hymnus. Der übliche Aufbau der Kultushandlung im Bittgottesdienst würde hier das sonst vermißte Einheitsband darstellen.

Fr. Küchler will mit seinen Ausführungen nicht behaupten, daß in allen angeführten Fällen die wirkliche Erteilung eines priesterlichen Orakels und somit

---

28 Fr. Küchler 1918, 298–299.

29 Fr. Küchler 1918, 299.

30 Vgl. W.R. Mayer 1980, 307–310, zu *šasû* und *šemû* „rufen und hören“ als Form der Gottesbegegnung in mesopotamischen Gebeten.

das Vorliegen eigentlicher Kultdichtungen anzunehmen sei.[31] In vielen von ihnen werde es sich nur um die Übernahme der Gepflogenheit der Kultliturgie durch die geistliche Poesie, die sich vom Kultus losgelöst habe, handeln. Aber aus dem geschilderten Tatbestand scheine mit Deutlichkeit hervorzugehen, daß auch in nachexilischer Zeit – die meisten der in Betracht kommenden Dichtungen gehören ihr an – das priesterliche Orakel noch eine durchaus lebendige Einrichtung gewesen sei, möge sie sich auch noch so sehr von den alten Formen und Methoden der Orakelgewinnung gelöst und auf einer mehr persönlichen und geistigen Betätigung der Priester beruht haben, welche z.B. in der Deutung etwaiger an den Opfern beobachteter Zeichen einen weiten Spielraum gehabt haben könne. Die heftige Befehdung des priesterlichen Orakels durch die Propheten habe also ebensowenig zu seiner Abschaffung geführt, wie die Bekämpfung des Opfers durch dieselben Propheten dieses aus der Religion Israels habe ausmerzen können. Dieser wesentlich aus den Psalmen gewonnene Befund erhalte seine Stütze durch die Erwähnung priesterlicher Orakel bei den nachexilischen Propheten (Hag 2,11; Sach 7,3; Mal 2,6–8). Aus der Tatsache, daß diese Stellen irgendeine priesterliche Technik zur Gewinnung des Orakels nicht erwähnten, werde man aber nicht folgern dürfen, daß es damals keine Orakel mehr gegeben habe. Die Annahme sei vielmehr gerechtfertigt, daß diese Technik sich mit der allem Kultischem anhaftenden Zähigkeit bis zur definitiven Einstellung des Tempelkultes erhalten habe, zum mindesten in Verbindung mit den Bräuchen der privaten, auf „Sühnung" und kultische Rehabilitierung gerichteten Opfer, bei welchen ja auch der Ursprungsort der Klagepsalmen zu suchen sei. In anderen Beziehungen werde freilich das priesterliche Orakel durch den immer wachsenden Einfluß der Schriftgelehrten, die man in späterer Zeit über alles das befragt habe, was früher Domäne der priesterlichen Auskunfterteilung gewesen war, sehr stark in den Hintergrund gedrängt, wenn es nicht gänzlich in Vergessenheit geraten sei.

H. Gunkel / J. Begrich deuten bereits 1933 an, daß der Wechsel der Stimmung im Klagelied nicht als ein innerer Vorgang in der Seele des Beters zu verstehen sei, wo nach allem Hin und Her des inneren Kampfes, nach dem Verzagen oder der Verzweiflung, schließlich Stille und Zuversicht in sein Herz einziehe, sondern daß ein von außen kommendes Geschehen den Wechsel herbeiführe. Fr. Küchler[32] nehme an, daß innerhalb der Gattung vor der Gewißheit der Erhörung ursprünglich ein Priesterorakel gestanden sei, das dem Beter auf Grund irgendwelcher Opferschau oder dergleichen eine Erhörung seiner Bitte zugesichert habe. Man dürfe sich zur Begründung freilich nicht auf die von Fr. Küchler herangezogenen Stellen aus Erzählungen beziehen, weil es sich hier um das Einholen von Orakeln in Fällen handle, wo man sich unklar sei, welche der verschiedenen Möglichkeiten des Handelns man wählen solle. Zwingender

31 Fr. Küchler 1918, 300–301.
32 Fr. Küchler 1918, 295–301.

erscheine der Hinweis auf Ps 5,4, wo der Beter in der Morgenstunde sein Opfer rüste und nach Jahwe ausspähe. Das scheine in der Tat auf die Erwartung eines mit dem Opfer in Zusammenhang stehenden Jahwebescheides zu deuten. Aber diese Anspielung stehe innerhalb der Klagelieder des Einzelnen völlig vereinzelt da. Sicherheit lasse sich gewinnen, wenn man Texte aus Deuterojesaja (Jes 41,8–16; 43,1–2. 5a; 49,15; 54,4–8; vgl. 51,7–8) einbeziehe. Sie führten mit Sicherheit darauf, daß ursprünglich ein priesterliches Heilsorakel der Gewißheit der Erhörung voraufgegangen sei und daß noch Deuterojesaja solche Heilsorakel beim Klagelied des einzelnen gekannt habe. Innerhalb der Psalmen seien jedoch keine priesterlichen Heilsorakel enthalten. Daß solche Orakel im Zusammenhang des Textes der Klagelieder nicht überliefert seien, habe offenbar seinen Grund darin, daß der Dichter nicht über ihren Wortlaut habe verfügen können, sie also auch nicht einen Bestandteil seines Gedichtes bilden konnten.[33]

H. Gunkel / J. Begrich bauen die von Fr. Küchler entwikelte These weiter aus. Es leuchte ein, so ihr Argument, daß auf Grund des göttlichen Bescheides, der dem Betenden die Erfüllung seiner Bitte zusicherte, der Umschwung der Stimmung habe eintreten können. Da, wie aus Deuterojesaja hervorgehe, bis in die letzten Zeiten des vorexilischen Kultus ein fester Zusammenhang zwischen Bitte und Orakel wirksam gewesen sei, habe sich für das Klagelied ein fester Stil gebildet, der weiter entwickelt wurde. Denn man müsse sich darüber klar sein, daß das priesterliche Orakel nicht die vollständige Erklärung für die Gewißheit der Erhörung bilden könne. Gebe es doch zahlreiche Klagelieder, die niemals ein solches Orakel vorausgesetzt hätten, nämlich die ohne Verbindung mit dem Kult entstandenen. Bei ihnen müsse mit Nachwirkung des fest geprägten Stiles gerechnet werden. Dieses Nachwirken sei nur möglich gewesen, weil das Sich-Aufschwingen zu einer festen Gewißheit auch sonst dem Gebet eigen sei.[34]

J. Begrich hat in seinem Beitrag „Das priesterliche Heilsorakel" aus dem Jahr 1934 die Frage des „Stimmungsumschwungs" nochmals aufgegriffen.[35] Er führt aus, daß die seit längerem geäußerte Vermutung, der jähe Umschwung der Stimmung, welcher im Klagelied des Einzelnen gegen Ende hin wahrzunehmen sei, in einem priesterlichen Heilsorakel seine Ursache habe, das dem Beter im Namen seines Gottes die Erhörung seiner Bitte zusage und das seine Stelle nach der Klage und Bitte und vor der Gewißheit der Erhörung und dem Gelübde gehabt habe. Eine zuversichtliche Entscheidung sei bisher nicht möglich erschienen, da es nicht habe gelingen wollen, das priesterliche Heilsorakel sicher nachzuweisen oder gar nach seinem Aufbau und Inhalt näher zu beschreiben. Und man habe kaum hoffen dürfen, daß sich ein solches im Alten Testament noch erhalten habe.[36]

33 H. Gunkel / J. Begrich 1933, 245–247.
34 H. Gunkel / J. Begrich 1933, 247, stützen sich auf Fr. Heiler, Das Gebet ^{4}1921, 380. 383.
35 J. Begrich 1964, 217–231.
36 J. Begrich 1964, 217.

Ein priesterliches Heilsorakel lasse sich jedoch nachweisen, wenn man folgende Stellen berücksichtige: Jes 41,8–13. 14–16; 43,1–3a. 5; (44, 2–5); 48,17–19; 49,7. 14–15; 51,7–8; 54,4–8; ferner Jer 30,10 = 46,27; 30,11 = 46,28; Ps 35,3 und Thr 3,57.[37]

J. Begrich führt ferner aus, daß die Einsicht in Aufbau und Inhalt des Heilsorakels ziemlich sichere Schlüsse auf die Art und Weise seiner Erteilung gestatte. Formal wie inhaltlich sei das Orakel nichts anderes als die gewährende Antwort auf das Klagelied. Sein Stoff stamme von dort. Um die göttliche Antwort zu formulieren, bedürfe deshalb der Erteiler eines Heilsorakels keiner in die Zukunft weisenden seherischen Gabe, sei also nicht als Prophet anzusprechen. Was er nötig habe, sei allein die Sicherheit, zu wissen, ob Jahwe die Bitte annehme oder ablehne. Dies Wissen gewinne er wahrscheinlich durch besondere Beobachtungen beim Opfer, worauf vereinzelte Anzeichen hinwiesen. Wenn aber die Erteilung des Heilsorakels mit dem Opfer zusammenhänge, könne sich nur der Priester als der Spender des Orakels erweisen.

Von dem erreichten Ergebnis aus schienen ferner die Stellen bei Deuterojesaja als prophetische, an Israel gerichtete Worte in neuem Licht: Der Prophet habe die im Kult heimische Gattung des priesterlichen Heilsorakels übernommen und zu einer Ausdrucksform seiner prophetischen Verkündigung gemacht. Wenn Deuterojesaja das priesterliche Heilsorakel als eine geeignete, dem Herzen seiner Zuhörer wohlvertraute Form für seine Botschaft aufnehmen könne, so sei in den Kreisen der Exilierten ein lebendiges Wissen darum vorauszusetzen und der Schluß naheliegend, daß das priesterliche Heilsorakel bis zum Untergang des vorexilischen Kultes ein fester und bekannter Bestandteil desselben gewesen sein müsse.[38]

Der Beitrag J. Begrichs zur Diskussion über das priesterliche Heilsorakel hat sowohl bezüglich der Orakel in Deuterojesaja[39] als auch der in den Psalmen[40] größtenteils begeisterte Zustimmung erfahren. Die Theorie J. Begrichs bedeute, so C. Westermann, eine neue Sicht der Entwicklungsgeschichte des Bittpsalms des Einzelnen. Das Ergebnis dieser Arbeit sei so klar und überzeugend, daß es in der Fachwelt allgemein angenommen worden sei. Eine Prüfung aller Klagen des Einzelnen des Alten Testaments zeige, daß es Psalmen, die über Bitte und Klage nicht hinausgehen, nicht gebe.[41]

H. Schmidt hat sich in seinem Buch „Das Gebet der Angeklagten im Alten Testament" (1928) und in seinem Kommentar zu den Psalmen (1934) der These H. Gunkels über die „Klagegebete Einzelner" angeschlossen und das „Ich" dieser Lieder gleichfalls auf einen „Einzelnen" bezogen. Innerhalb der Gruppe seien nur zwei Arten von Leiden festzustellen, auf die sich die Gebete beziehen: Es seien

---

37 J. Begrich 1964, 217–229.
38 J. Begrich 1964, 229–231.
39 Siehe z.B. S. Mowinckel II 1962, 59 Anm. 34; K. Elliger 1978, 133.
40 S. Mowinckel I 1962, 217–219; id. II 1962, 58–61; C. Westermann 1983, 51.
41 C. Westermann 1983, 53–56.

entweder Gebete um Genesung (Ps 6; 13 usw.) oder um Gottes Hilfe vor Gericht (Ps 3; 4 usw.). Diese auffallende Kargheit der Motive – „wo doch das Leid der Menschen so ungeheuer vielgestaltig ist" – sei daraus zu erklären, daß die Stätte, an der man die Gottheit gegenwärtig wisse und aufsuche, in allen alten Religionen eine Stätte sei, an der einmal Heilung von Krankheiten, andererseits aber auch, zumal wenn der Sachverhalt dunkel und schwer zu beurteilen sei, Recht gesucht werde. Die Priester seien die Diener Gottes, die seinen Kult verstünden, sie seien aber zugleich auch heilender Kräfte mächtig und seien Vertreter und Deuter der Gottheit im Gottesgericht.[42]

Da H. Schmidt das Gerichtsverfahren in den Tempel verlegt und dort von Gott eine Entscheidung erwartet, spricht er von einem Gottesgericht, ohne dieses näher beschreiben zu können.[43] Er gesteht eine grundsätzliche Schwäche seiner Interpretation folgendermaßen ein: „Leider erfahren wir weder hier [= Ps 4] noch sonst irgendwo, auf welche Weise sich die Frage nach Schuld und Unschuld nun eigentlich gelöst hat. Es muß doch eine Art von Gottesgericht geschehen sein. Ob der Schlaf im Heiligtum, von dem auch hier gesprochen wird [vgl. Ps 3], damit etwas zu tun hat? Durch die Versicherung innerer Ruhe, mit der sich der Betende zum Schlafen niederlegt, spürt man doch das Zittern der sehnlichen Erwartung, daß der Morgen, wenn Jahwe ihm aufhilft (vgl. 3), das Wunder der Enthüllung seiner Unschuld bringen möge."[44]

Es wird später darzulegen sein, daß H. Schmidt verkennt, daß das von ihm zu Recht postulierte Gottesgericht nicht im Tempel erfolgt, sondern im Rat Gottes und der Beter von dort ein befreiendes Urteil erwartet. H. Schmidt gebührt jedenfalls das Verdienst, die juridischen Aspekte in den Klagen Einzelner hervorgehoben zu haben.

G. Castellino geht in seiner Kritik der These von H. Gunkel und J. Begrich von der Beobachtung aus, daß ein Orakel immer mit dem Kult verbunden sei, in den Klagepsalmen des Einzelnen aber keine Spuren eines Orakels festzustellen seien und sogar das *yd'ty* „ich weiß" von Ps 56,10 und 140,13 fehle. In diesen Fällen liefere nicht das Orakel eine natürliche Erklärung, sondern bereits die oberflächliche Kenntnis der Ideen, welche die Israeliten über die Gerechtigkeit Gottes gehabt hätten. Sie seien voll davon überzeugt gewesen, daß Gott nicht ungerecht handeln könne. Wenn sich folglich ein Gerechter in gerechter Sache an ihn wende, helfe ihm Gott sicher. Auf dieses generelle Prinzip baue der Psalmist seine Sicherheit über die Erhörung („sicurezza d'esaudimento"), wende es auf sich selbst an, so daß er mit gutem Gewissen sagen könne: „Ich weiß!" oder „Nun weiß ich!" usw. Hierzu benötige er keine Erleuchtung durch ein Orakel.

42 H. Schmidt 1934, VI-VII.
43 Zu H. Schmidt siehe E. Lipiński 1979, 45–47.
44 H. Schmidt 1934, 8.

Gelöstheit und Vertrauen seien eine normale Wirkung des Gebetes, wenn es nach den göttlichen Regeln ausgeführt werde.[45]

B. Janowski begründet die Ablehnung der These J. Begrichs mit dem Hinweis, daß das „priesterliche Heilsorakel" eine gänzlich hypothetische Gattung sei.[46] Der Umschwung von der Klage zum Lob finde sich natürlich in den Klageliedern des Einzelnen (z.B. in Ps 3,8; 6,8–9; 13,5–6; 31,19–20; 36,12–13; 57,7–8), aber dafür, daß er durch einen Gottesspruch aus Priestermund herbeigeführt wurde, sei bereits J. Begrich den Nachweis schuldig geblieben. In den Klageliedern des Einzelnen gebe es keinen Beleg für die Annahme, daß ein Gottesspruch aus dem Mund eines Priesters oder Kultpropheten ergangen sei. Auch die Psalmen, die – wie Ps 35,1–3 – Anspielungen auf Gottesworte enthielten, könnten J. Begrichs These nicht stützen. Selbst dort, wo – wie in Ps 12,6 oder in Ps 60,8–10 = 108,8–10 – im Zusammenhang eines Klagepsalms eine göttliche Heilszusage angeführt werde, fehle der Umschwung von der Klage zum Lob. Das Fazit dieser Überlegungen könne nur sein, daß der „Stimmungsumschwung", den es ja tatsächlich gebe, anders erklärt werden müsse.[47]

Am Beispiel von Ps 22,2–22 lasse sich gegen J. Begrich zeigen, daß die Klagepsalmen, *indem* sie gesprochen werden, einen Vorschuß an Vertrauen an Gott enthielten, daß sie ein „zielgerichtetes" Lebens- oder Vertrauensparadigma darstellten.[48] Man spreche sie zwar in der Situation der Gottverlassenheit bzw. Gottesferne, aber doch in der Hoffnung, daß Gott gerade *in* dieser Not nahe sei. Diese Spannung zwischen *erfahrener Gottverlassenheit* und *erhoffter Gottesnähe* sei für die Klagepsalmen insgesamt und für die Frage des „Stimmungsumschwungs" im besonderen konstitutiv. Der Ausdruck „Stimmungsumschwung" suggeriere aber, daß die Wende von der Klage zum Gotteslob *plötzlich* komme und *von außen* stimuliert werde, der „Stimmungsumschwung" also ein *punktuelles* und dazu noch ein *institutionalisiertes* Geschehen sei. Der Hinweis auf die Spannung zwischen der erfahrenen Verlassenheit und dem geglaubten Gott beruhe auf der Annahme, daß hinter der Wende von der Klage zum Lob ein Prozeß, genauer ein *Gebetsprozeß* stehe, der von Anfang an, d.h. mit Beginn des Betens, in Gang komme und den ganzen Text durchziehe.[49]

Eine Mittelposition nehmen jene Interpreten ein, die nicht ganz sicher sind, wie der Umschwung zustande kommt. F. Stolz vertritt z.B. die Anschauung, daß die Hypothese eines die Klage beantwortenden Heilsorakels, das von einem Kultbeamten gesprochen werde, noch immer am wahrscheinlichsten sei, viel

---

45 G. Castellino 1940 139–140, verweist mit Fr. Heiler auf das Wort des Augustinus: „*Fides fundit orationem, fusa oratio etiam ipsi fidei impetrat firmitatem.*" (Serm. 115 *De verbo ev.*, 18,1).

46 G. Castellino 1940, 139–140; R. Kilian 1968, 172–185; O. Fuchs 1982, 314 ff.; A.R. Müller 1986, 416–426; R. Kessler 1991, 50 ff.; Th. Hieke 2000, 50–51; Chr. Schroeder 2000, 243–251; B. Janowski 2001, 44–45.

47 B. Janowski 2001, 45.

48 Chr. Markschies 1991, 392. 397–398

49 O. Fuchs 1982, 98; B. Janowski 2001, 45–46.

wichtiger aber sei, daß der Umschwung zustande komme, die Klage also aus dem Bereich des Unheils in den des Heils zurückgeführt werde und damit das Wiederanstimmen des Lobes möglich mache. Der Klagende werde durch den Kultvorgang ermutigt, den Schritt aus dem Bereich des Unheils in den des Heils zu vollziehen und in die Gemeinschaft des Lebens zurückzukehren. Er beschreibe diesen Schritt im Vertrauensbekenntnis. Das Vertrauensbekenntnis habe vorwegnehmenden Charakter. Es geschehe auf die göttliche Heilszusage hin, bevor diese Hilfe sich wirklich realisiert habe. Das daran anschließende Gotteslob geschehe also gewissermaßen auf Vorschuß. Das Gelübde des Dankgottesdienstes zeige ganz deutlich, daß im Kultvorgang die endgültige Realisierung der Heilszusagen noch ausstehe.[50]

Einen Zusammenhang zwischen dem Vertrauensmotiv in den Klageliedern des Einzelnen und dem Kult will auch Chr. Markschies gewahrt sehen. Er sieht im Vertrauensmotiv nicht ein Element, das erst gegen Ende des Klageliedes auftritt, sondern das *Grundmotiv*, das erfordere, die Klagelieder des Einzelnen als „zielgerichtetes Vertrauensparadigma" zu erklären. Es genüge nicht eine lediglich textimmanente Erklärung des Vertrauensmotivs. Man müsse auch die Bedeutung des kultischen Rahmens – Ordal, Heilsorakel, Asylgewährung – näher bestimmen. Im nachkultischen Raum habe man das Vertrauensmotiv sicher auch ohne den Rahmen solcher kultischer Institutionen verwendet.[51]

M. Weippert hat zu den Erkenntnissen Fr. Küchlers und J. Begrichs eine wichtige Korrektur beigesteuert.[52] Er hebt hervor, daß der Konflikt zwischen den „Heilspropheten", die der politischen und geistlichen Führung nahestanden, und den oppositionellen Propheten die gesamte Geschichte der Reiche Israel und Juda durchziehe. Daß von der Verkündigung der ersteren so wenig erhalten sei, hänge damit zusammen, daß sie mit den Staaten, denen diese Propheten dienten, und um deren Heil (*šlwm*) sie besorgt waren, untergegangen sind. Was als überlieferungswürdig angesehen wurde, sei das Wort ihrer Gegner, der vorexilischen „Schriftpropheten", dessen Wahrheit sich in der politischen Katastrophe der Reiche Israel und Juda in den Jahren 722/20 und 586 erwiesen habe. Die große Bedeutung der außerbiblischen altorientalischen Prophetie für die alttestamentliche Wissenschaft liege darin, daß es sich bei ihr trotz gelegentlicher kritischer Töne um Zeugnisse jener an Staat und Monarchie gebundenen Heilsprophetie handle, von der sich aus dem genannten Grund im Alten Testament nur geringe Reste erhalten hätten. Für die Erforschung der heilsprophetischen Redegattungen, Stilelemente und Verkündigungsinhalte eröffneten sich hier neue Möglichkeiten. Es zeige sich so z.B., daß die Beschwichtigungsformel „Fürchte dich nicht!" zwar ein relativ häufig vorkommendes, aber doch nur fakultatives Bauelement von Heilsorakeln sei, dem für die Gattungsbestimmung

50 F. Stolz 1983, 14–15.
51 Chr. Markschies 1991, 386–398.
52 M. Weippert 1988, 310–315.

kein entscheidendes Gewicht zukomme. Die assyrischen Prophetien gäben jedoch Veranlassung, innerhalb der Gattung des Heilsorakels zu differenzieren.

Das von Fr. Küchler und J. Begrich postulierte priesterliche Heilsorakel sei eine mehr oder minder hypothetische Gattung, die im Psalter nicht nachzuweisen sei. Selbst dort, wo im Zusammenhang eines Klagepsalms ein göttliches Heilsorakel angeführt werde (Ps 12,6; Volksklagelied Ps 60,8–10 = 108,8–10), fehle der Umschwung. J. Begrich habe deshalb seine Rekonstruktion der Form auf die Heilsorakel Deuterojesajas für Israel gestützt. Diese habe er gattungs- und traditionsgeschichtlich vom „priesterlichen Heilsorakel" hergeleitet. Auf der Grundlage einer eingehenden Untersuchung der neuassyrischen Prophetie formuliert M. Weippert inzwischen seine These, daß es sich bei dem Vorbild der deuterojesajanischen Heilszusagen um das *prophetische* Heilsorakel für Könige, das „Königsorakel" handelt, welches der unbekannte Prophet der Exilswende in kühner Kontrafaktur von den Herrschern aus Davids Haus auf das Volk Israel übertragen habe.[53]

Trotz dieser neuen Erkenntnisse hätten Fr. Küchler und J. Begrich etwas Richtiges gesehen. Der von ihnen beobachtete „Stimmungsumschwung" finde sich nämlich auch einmal in den „Konfessionen" des Jeremia, die ja auf die Situation des verfolgten Unheilspropheten zugeschnittene Klagelieder des Einzelnen seien, und zwar Jer 20,7–10. 11(–13). In demselben Textkorpus komme zweimal der Fall vor, daß einer Klage des Jeremia eine göttliche Heilszusage folge (Jer 11,18–20. 21–23; 15,10–18. 19–21). Damit sei das Heilsorakel als Antwort auf einen individuellen Klagepsalm nachgewiesen. Mit E. von Waldow[54] möchte er jedoch gegen J. Begrich annehmen, daß als Orakelspender nicht ein Priester, sondern nur ein im Dienst des Heiligtums stehender Prophet (*nābî*) in Frage komme. Es handle sich bei dem „gewöhnlichen" Heilsorakel und dem Königsorakel nur um zwei verschiedene Ausprägungen ein und derselben Gattung. Unterschiede zwischen beiden seien wegen der Spärlichkeit der Belege für die „bürgerliche" Variante nicht greifbar. Angesichts der unterschiedlichen gesellschaftlichen Stellung der jeweiligen Adressaten könnten sie jedoch mit gutem Gewissen postuliert werden. Sie seien wahrscheinlich hauptsächlich inhaltlicher Art gewesen.

M. Weippert geht auch der Frage nach, wie die Nähe der Sprache Deuterojesajas zu der der Psalmen zu erklären sei.[55] Er führt dieses Kennzeichen der deuterojesajanischen Poesie auf die Tatsache zurück, daß die israelitische Prophetie der ausgehenden neubabylonischen und persischen Zeit, traditionsgeschichtlich gesehen, im wesentlichen die Linie der vorexilischen Heilsprophetie fortsetze. Von der Herleitung der Botschaft Deuterojesajas aus der Tradition der vorexilischen *nᵉbîʾîm* folge jedoch nicht notwendig eine positive Antwort.

---

53 M. Weippert 1988, 313.

54 E. von Waldow 1953, 82–90.

55 M. Weippert 1988, 314–315.

W. Mayer nähert sich von der babylonischen Gebetsliteratur her vorsichtig dem Problem des „Stimmungsumschwungs".[56] Vielleicht sei das Problem, daß in babylonischen Gebeten am Ende ein Lob stehe, mit dem des sog. „Stimmungsumschwungs" in den individuellen Klagepsalmen verwandt. Da der Grund für ein Preisen am Ende von Gebeten nicht gut die Verwirklichung all dessen sein könne, um was in dem Gebet gebeten wurde, werde er wohl darin zu suchen sein, daß der Beter der Erhörung gewiß sei, daß er nunmehr überzeugt sein könne, der Gott habe sich ihm zugeneigt und die Beseitigung der Not werde daraus folgen. Diese Gewißheit stelle sich deswegen ein, weil er im Vollzug des Ritus und im Rezitieren des Gebetes – mit der Vergegenwärtigung der Macht des Gottes, der Darstellung der Hilfsbedürftigkeit, der flehentlichen Bitte – all das getan habe, was ihn in den Schutz des Gottes stelle und ihm so dessen Hilfe garantiere. Vielleicht sei die Sache am deutlichsten bei dem Gebet „Gula 4" innerhalb des medizinischen Rituals KAR 73 || AMT 62/1: Der Beter sei auf Grund dessen, daß er jetzt die Medizin trinken wolle, gewiß, daß er dadurch wieder gesund werde, und könne deshalb schon in diesem Augenblick dankend sagen: „Ja, Gula heilt den, der sie verehrt!'".[57]

Sowohl die Interpreten, welche ein „priesterliches Heilsorakel" ablehnen, als auch jene, welche vermittelnde Lösungsvorschläge zum „Stimmungsumschwung" unterbreiten, können jeweils partiell für ihre jeweilige These sprechende Argumente geltend machen. Diese unklare Situation hängt mit dem Umstand zusammen, daß nicht nur unsere Kenntnis des vorexilischen Kultes in Israel mangelhaft ist, sondern die überlieferten Texte aus nachkultischer Zeit stammen und folglich Veränderungen unterworfen sein könnten. Es wird jedoch im folgenden noch darzulegen sein, daß der wichtigste Grund für zahlreiche Differenzen bei der Interpretation der Klagen des Einzelnen in der Verkennung der juridischen Voraussetzungen zu suchen ist, welche für eine Klage vor einem göttlichen Forum und für einen göttlichen Richterspruch charakteristisch sind.

Fr. Küchler hat seine These vom Heilsorakel vorsichtig mit Ps 5,4 zu beweisen versucht[58] und in diesem Zusammenhang auf die Bedeutung der Leberschau hingewiesen. Die Frage ist jedoch, ob man mit J. Begrich berechtigt ist, die These Fr. Küchlers auf alle Klagen des Einzelnen auszudehnen.

Wenn die Gegner des „Stimmungsumschwungs" durch Heilsorakel argumentieren, daß sich ein Heilsorakel gar nicht nachweisen lasse, so ignorieren sie nicht nur Ps 5,4[59], einen wahrscheinlichen Beleg für ein Orakel, und andere

56 W. Mayer 1976, 356 mit Anm. 58.

57 W. Mayer 1976, 357–357; vgl. hierzu A. Zgoll 1997, 27. 158 Anm. 650, die zu NMS Z. 143–150 vermerkt, daß der Abschnitt auch als feste Vertrauenszusage interpretiert werden könnte, ähnlich dem perfektivischen Vertrauensende am Schluß von Bittgebeten, wo schon für die Erhörung der Bitte gedankt sei; vgl. *šu-ila*-Bittgebete an Istar: Nr. 2, Z. 103–105; Nr. 3, Z. 23; Nr. 10, Z. 39–42, oder Ps 13,6.

58 Fr. Küchler 1918, 295–297.

59 So z.B. R. Kilian 1968, 172–185.

Möglichkeiten der Erkundung göttlichen Willens[60], sondern auch den Nachweis, den M. Weippert für eine Verbindung vom Klagelied eines Einzelnen mit einem Heilsorakel geliefert hat. Allerdings kann man gegen einen „Stimmungsumschwung" auch in diesen Fällen anführen, daß bei einer Opferschau kein Heilsorakel, sondern nur ein „Ja" oder „Nein" auf die gestellte Frage zu erwarten ist und die Klagen des Einzelnen im Jeremiabuch nur durch das Heilsorakel, aber von keinem „Stimmungsumschwung" abgelöst werden. Die Kritik des Heilsorakels als Grund für den „Stimmungsumschwung" trifft Schwachstellen sowohl in der Argumentationsstrategie Fr. Küchlers als auch in der J. Begrichs. Wir sind folglich aufgefordert, nach einer anderen Lösung für den „Stimmungsumschwung" zu suchen.

2. Das *rîb*-Pattern in der biblischen und der „Rechtsfall" des Menschen vor dem göttlichen Tribunal in der sumerisch-akkadischen Literatur

Die mit dem „Stimmungumschwung" verbundenen Probleme sind einem größeren altorientalischen Kontext einzuordnen. In der Forschung hat vor allem B. Gemser für die biblischen Bücher auf den altorientalischen Hintergrund des von ihm als *rîb*-Pattern oder „controversy-pattern" genannten Sachverhalt hingewiesen. In der Altorientalistik erfährt das Problem neuerdings unter dem Stichwort „Rechtsfall des Menschen vor Gott" größere Beachtung.

2.1. B. Gemser – rîb- *oder Controversy-Pattern*

B. Gemser wählt als Leitwörter seiner Untersuchung aus dem Jahr 1955 die beiden Begriffe *rîb*-Pattern[61] und „controversy-pattern" und beschreibt sie als Phänomene hebräischer Mentalität. Dieser Ansatzpunkt wird es ihm später erlauben, das hebräische juristische Vokabular ohne Mühe mit verwandten sumerisch-akkadischen Begriffen und der altorientalischen Mentalitätsgeschichte zu verbinden.

60 Siehe z.B. auch W.R. Mayer 1980, 308–309, zu Orakelantworten, Träumen, *egerrû*-Worten, Leber- und Eingeweideschau im Bereich der Keilschrifttexte.

61 HAL 1143: *ryb* I. Im außergerichtlichen Bereich: – 1. a) Streit (zwischen Einzelpersonen od. Gruppen; – 2. Hader, Streit. II. Im gerichtlichen Zusammenhang: – 1. Rechtsstreit, Gerichtsverfahren – 2. Streitsache, Rechtssache – 3. Rechtsstreit Gottes (zur Hilfe für den Einzelnen oder die Einzelnen; gegen die Völker, gegen das eigene Volk; H. Ringgren 1993, 496–501.

B. Gemser stellt an den Anfang seiner Ausführungen die Beobachtung, daß im Leben Israels der Streit und dessen gerichtliche oder außergerichtliche Beilegung eine zentrale Rolle spielen und folglich ein umfangreiches juristisches Vokabular entwickelt wurde.[62] Er schließt an dritter Stelle die Beobachtung an, daß das *rîb*-Vokabular auch die religiöse Phraseologie beherrscht: Personennamen; Bitte an Gott, den Richter, den Streitfall des Beters günstig zu entscheiden, aus der Bedrängnis zu retten; eine Bitte, die an das babylonische Gebet *dīnî dīn purussāja purus*[63] erinnere[64] und die besonders im Kult des Šamaš, des Gottes der Gerechtigkeit, ihre Heimat habe.[65] Erstaunlich sei, daß eine mit Hilfe juristischer Terminologie formulierte Bitte um göttliche Hilfe auch bei Krankheit und bei Bösem – durch Hexerei und Dämonen verursacht – ausgesprochen werde. Auch bei Wahrsagerei und Interpretation von Omina gebrauche man juristisches Vokabular.[66]

Aus den sumerisch-akkadischen Analogien zieht er den Schluß, daß die biblische *rîb*-Terminologie in den Psalmen und deren Vorkommen selbst dort, wo von Krankheit die Rede ist (Ps 31,10–13; 35,13–15; 69,2–3. 15–16. 21. 27. 30) beweise, daß das *rîb*-Pattern zumeist metaphorisch als eine Form des Denkens und Fühlens, als eine Kategorie und Geistesform verwendet werde. Es gebe mindestens fünfundzwanzig Psalmen, in denen Teile und Ausdrücke dieses Patterns vorkämen.[67] Es komme einem vollkommenen Mißverständnis gleich, diese Beschreibungen eines gerichtlichen Verfahrens als einen Prozeß vor einem Tempeltribunal mit Entscheidung durch Ordal zu erklären.[68]

B. Gemser wendet sich sodann ausführlich der Predigt der Propheten zu.[69] Bei ihnen erscheine die *rîb*-Metapher mit gänzlich neuem Inhalt und neuer Anwendung. Die Propheten verkündeten keinen *rîb* zwischen Israel und den Völkern, in dem Gott für Israel entscheide, sondern einen Streit zwischen Gott und Israel, indem Gott Israel anklage und gegen sein Volk entscheide (Amos, Hosea, Jesaja, Micha, Jeremia, Ezechiel, Deutero-Jesaja, Trito-Jesaja; Malachi). Dieses von

---

62 B. Gemser 1955, 120–125.

63 B. Gemser 1955, 126 mit Anm. 2.

64 G. Gemser 1955, 126–127, betont in diesem Zusammenhang, daß die biblische Bitte um ein Gerichtsurteil angesichts des verwandten babylonischen Vokabulars nicht als ein israelitisches Spezifikum angesehen werden könne. Es handle sich um eine typisch semitische religiöse Ausdrucksform, die bereits in der sumerischen Weisheit bezeugt sei.

65 B. Gemser 1955, 127 mit Anm. 1, mit ausführlicher Keilschriftliteratur zu dieser Thematik.

66 B. Gemser 1955, 127 mit Anm. 2, führt hierzu folgendes aus: „Also of soothsaying and the interpretation of omens, legal terms like *warkātam parāsu* ‚to give a decision about the facts underlying the case', *dîna dânu* und *purussê parāsu* are used."

67 B. Gemser 1955, 128 mit Anm. 1, zu Ps 3; 4; 5; 7; 11; 17; 26; 27; 31; 35; 42; 43; 54; 55; 56; 57; 59; 62; (64); 69; 70; 86; 109; 140; 142; 143.

68 B. Gemser 1955, 128, formuliert sein Argument folgendermaßen: „To interpret this class of Psalms as representing a real lawsuit and trial before a temple tribunal with decision by ordeal looks like a hermeneutic ‚transsubstantiation' or substantializing of metaphor into reality."; vgl. dagegen P. Bovati 1994, 293 Anm. 78.

69 B. Gemser 1955, 128–133.

Amos bis Malachi belegbare Thema einer Kontroverse zwischen Gott und Israel bringe zum Ausdruck, daß in den religiösen und ethischen Verhältnissen und im Verhalten Israels etwas Falsches enthalten sei.

An letzter Stelle wendet sich B. Gemser dem Streit des Menschen mit Gott zu.[70] Er unterstreicht zuerst, daß in Israel eine Entwicklung vom Streit des Volkes mit Gott zu dem einer Einzelperson mit Gott stattgefunden habe. Jeremia trete als ein Streiter gegen Gott auf, der reichlich juristische Terminologie verwende.[71] Im Buch Hiob werde ausführlich eine Auseinandersetzung zwischen Hiob und seinem Gott vor Gericht ausgebreitet. Das Buch Hiob als ganzes erinnere an die sumerischen Kompositionen adaman-du-ga „duels with words". Das Buch Hiob sei zutiefst vom *rîb*-Pattern geprägt.[72]

B. Gemser gelangt in den Schlußbemerkungen seines Vortrags zum Ergebnis, daß die *rîb*-Phraseologie im Alten Testament einen geistigen Rahmen bilde und folglich mehr darstelle als nur eine Form des Ausdrucks. Aufgrund einer eingeborenen Disposition der semitischen Mentalität habe Israels eigener Genius diese Sicht entwickelt. Dieses Phänomen weise auf eine besondere Lebendigkeit des Geistes hin, eine persönliche Sicht von Schicksal und Umständen. Nichts Naturalistisches oder Mechanistisches hafte diesem Verhältnis zur Umwelt an. Es herrsche immer eine Ich-Du-Beziehung vor. Gegenüber einer polytheistischen Position bedeute dies in einer monotheistischen ein individuelles Verhältnis zu Gott. Unglück könne nicht auf irgendeinen anderen Gott abgeschoben werden. Die *rîb*-Terminologie besage ferner ein strikt ethisches Verständnis Gottes und der religiösen Beziehung. Die gerichtliche Auseinandersetzung bringe zum Ausdruck, daß im Verhältnis zwischen Gott und Mensch Schuld impliziert ist, daß eine Ordnung bestehe, die man nicht straflos verletzen darf. *ṣ^edāqâ*, die „Gerechtigkeit", sei die von Gott geforderte moralische Ordnung in den Beziehungen der Welt, der Nation und des Individuums. Es handle sich nicht um mechanische, automatische Ordnungen der Natur und Naturgesetze, sondern um von Gott gegebene Gesetze und Regulierungen. „Gerechtigkeit" sei der dominante Begriff in Israels religiösem und ethischem Denken.[73]

Die personalistische und die juristische Konzeption der Beziehungen im Leben und im Universum bringen nach B. Gemser ein dramatisches Element in die Geschichte der Welt, der Nationen und der Individuen. Es werde ein Drama in Gang gesetzt mit allen Spannungen, Tiefen und Höhen von Handlung und Emotion, mit allen Möglichkeiten von Versagen und Gelingen, mit einer endgültigen Lösung. Nichts ist neutral, indifferent, nichts unentschieden am Ende. Man

70 B. Gemser 1955, 133–135.

71 B. Gemser 1955, 134.

72 B. Gemser 1955, 135, beurteilt das Hiob-Buch folgendermaßen: „The book of Job still can be considered as the apex and consummation of genuine Israelite individual religious consciousness, and of a mentality and phraseology deeply stamped with the *rîb*-pattern so inherent in the Hebrew mind."

73 B. Gemser 1955, 136.

ist auf der rechten oder der falschen Seite, ist am Ende gerechtfertigt oder verurteilt.

Zuletzt betont er, daß das *rîb*-Pattern den undogmatischen, unsystematischen Weg des Denkens des Alten Testamentes in religiösen Dingen offenbare. Alles liege am Ende in den Händen des obersten Richters und Herrschers, dessen Urteil gerecht ist, nicht vorhersehbar und für menschliches Verstehen unergründlich, dessen Wege nicht unsere sind. Er ist eine Person, kein System oder eine Ordnung. Dies impliziere, daß ein Anruf an sein Herz möglich ist, ein irrationaler, unverdienter, nicht zu rechtfertigender Anruf an sein Herz, sein Mitleid, seine Gnade: „Denn Gott hat alle zusammengeschlossen in den Ungehorsam, damit er allen seine Barmherzigkeit erweise. O Tiefe des Reichtums, der Weisheit und der Erkenntnis Gottes! Wie unerforschlich sind seine Gerichte und wie unauffindbar sind seine Wege!" (Röm 11,32–33).[74]

B. Gemser gelingt auf bewundernswerte Weise eine Verbindung der alttestamentlichen *rîb*-Terminologie mit sumerischen und akkadischen Texten.[75] Seine Argumentation leidet jedoch an dem Umstand, daß er sich nur auf eine noch wenig entwickelte sumerologische und akkadistische Forschung stützen konnte.[76]

2.2. Der „Rechtsfall" in der sumerologischen und akkadistischen Forschung

B. Gemser konnte als Kenner der Altorientalistik bereits auf zahlreiche Äusserungen über die Rolle des Sonnengottes Šamaš und anderer Götter als Richter in sumerischen und akkadischen Texten und in der Sekundärliteratur hinweisen[77] und darauf seine Argumentation gründen, daß das biblische *rîb*-Pattern in wesentlichen Teilen auf einen altorientalischen Hintergrund zurückzuführen ist.[78] Er stellte ferner ausdrücklich fest, daß bereits A. Walther im Jahr 1917 an die Übertragung gerichtlicher Terminologie auf Beschwörung und Zeichendeutung in Keilschrifttexten erinnert hat.[79]

74 B. Gemser 1955, 136–137.

75 B. Gemser gelangt z.B. in wesentlichen Stücken über die fragmentaristische Sicht hinaus, die A. Gamper (1966) in seinem Werk „Gott als Richter in Mesopotamien und im Alten Testament. Zum Verständnis einer Gebetsbitte" entwickelt hat. Die Ausführungen A. Gampers sind umso mehr erstaunlich, als er B. Gemsers Arbeit von 1955 in seinem Literaturverzeichnis (a.a.O., S. 245) zitiert.

76 Siehe unten Abschnitte 2.2. und 2.3.

77 B. Gemser 1955, 127 Anm. 1, zu KAR Nr. 184 R 27 ff., Šamaš-Hymnus gegen Krankheit, die von Dämonen verursacht ist; Lobpreis der Annunaki in einem Ritual gegen Totengeister und andere Dämonen; der Feuer-Gott Girra wird wie die Sonne als Richter gelobt (KAR Nr. 235 R 1–5. 6–12); mehrere Texte aus der Serie „Handerhebung" mit Verweisen auf die Editionen von L.W. King (1896), B.A. van Proosdij (1952) und E. Ebeling (1953).

78 B. Gemser 1955, 126 mit Anm. 1–2; 127 Anm. 1–2.

79 B. Gemser 1955, 127 Anm. 2, zu A. Walther 1917, 219 Anm. 2; 222 Anm. 2.

Gleichzeitig mit B. Gemsers Bemühungen hat J. Laessøe in seiner Kommentierung der Serie *bīt rimki* aufgezeigt, daß Šamaš in diesem Ritual in unerwarteter Weise in der Funktion des Richters über Dämonen und böse Geister auftritt.[80]

Einen wesentlichen Fortschritt in der Erfassung des juristischen Charakters des Vokabulars und der Argumentation in sumerischer und akkadischer Literatur brachten jedoch erst die Arbeiten von S.M. Maul und A. Zgoll.

S.M. Maul führt unter dem Stichwort „Rechtsfall"[81] aus, wie die Assyrer die Wissenschaft von den Vorzeichen oder der Zukunftsdeutung unter Benützung juristischer Terminologie ausgebaut haben.[82] Er erläutert dies an Hand der Rituale, die die Babylonier mit dem sumerischen Namen nam-búr-bi (wörtlich: „[Ritual für] die Lösung davon [d.h. von einem durch Vorzeichen angekündigten, aber bislang noch nicht eingetretenen Unheil]")[83] versehen haben.[84]

Der Mensch, der eine Korrektur des ihm von den zornigen Göttern vorbestimmten Schicksals erreichen wollte, mußte sich mit seiner Bitte an die göttliche Triade Ea, Šamaš und Asalluḫi wenden. Šamaš, der Sonnengott, galt den Babyloniern als „der Richter von Himmel und Erde", der dafür sorgt, daß alles in den rechten Bahnen verläuft. Er wird deshalb in den Gebeten der Namburbis mit dem Epitheton *muštēširu* „der recht leitet" angerufen. Šamaš sollte den von einer unguten Zukunft bedrohten Menschen wieder in die rechte Bahn leiten und das ungünstige Urteil über das Schicksal des Menschen aufheben. Ea und Asalluḫi, die Götter der Beschwörungskunst und der Weisheit, mußten dem Menschen gleichfalls zu Hilfe kommen. Sie hatten die magischen Handlungen des Beschwörungspriesters mit Kraft zu versehen.

Bevor sich der vom Bösen bedrohte Mensch mit seinen Anliegen an Ea, Šamaš und Asalluḫi wenden durfte, mußte er sich durch verschiedene, manchmal mehrere Tage dauernde Reinigungsrituale vorbereiten. Wichtig waren vor allem die Reinigungen in der Nacht und am Morgen vor der Durchführung des Rituals. Nachdem den Göttern am Morgen ein Mahl vorgesetzt und der Verzehr durch die Götter abgewartet war, durfte der von einem unheilvollen Zeichen erschreckte

---

80 J. Laessøe 1955, 86–87; Th. Jacobsen 1963, 480 Anm. 22.

81 AHw. 171: *dīnu* „Rechtsspruch; Prozeß"; CAD D 150: *dīnu* 1. decision, verdict, judgment, punishment, 2. legal practice, law, article of law, 3. case, lawsuit, 4. claim (in the sense of justified claim), 5. court (locality and procedure); A. Zgoll 1997, 47. 527, sum. di „Rechtsspruch, Rechtsfall, Rechtsentscheid, Urteil(sspruch), Prozeß".
Von einem Orakelspruch wird erwartet, daß er „Recht schafft". So lautet die Bitte in einem Opferschaugebet: „In das Orakel, das ich durchführe, in das Lamm, das ich darbringe, legt mir Recht (*kittam šuknan*)!"; W. von Soden 1936, 306–307.

82 Siehe zur folgenden Darstellung M.S. Maul 1992, 131–142: id. 1994, 60–71.

83 AHw. 726: *namburbû* (sum. Lw.) „Löseritus".

84 Der assyrische König Assurbanipal ließ für seine Bibliothek in Ninive eine Gesamtedition der Serie anfertigen, die nach den Kolophonen 135 Tafeln umfaßte. Mit dieser gewaltigen Serie wollte er gegen alle nur erdenkbaren Vorzeichen ein wirksames Mittel in der Hand halten; S.M. Maul 1992, 141.

Mensch vor die Götter treten, um von ihnen eine Korrektur des vorbestimmten ungünstigen Schicksals zu erbitten. Der nun beginnende Ritualabschnitt ist das Herzstück der Löserituale, der Höhe- und Wendepunkt. Auch wenn das Unheil nicht von den zum Opfer gerufenen Göttern Ea, Šamaš und Asalluḫi stammte, hatten sie doch zumindest zugelassen, daß dem Menschen ein ungünstiges Schicksal auferlegt war. Erst wenn der Mensch die schicksalsbestimmenden Götter, vor allem Šamaš, den Gott des Rechtes (*kittu*) und der Gerechtigkeit (*mīšaru*), davon überzeugt hatte, daß das drohende, ungute Schicksal ihn zu Unrecht ereilen würde, konnte die unheilvolle Kraft des „Omenanzeigers" (z.B. ein jaulender Hund im Haus) gebrochen werden. Jedwede Reinigung des Menschen und seines Hauses bliebe ohne Erfolg, würde der Richtergott nicht das über den Menschen verhängte Urteil als ungerechtfertigt oder zu streng werten, zumindest aber dem Menschen, auch wenn er Schuld auf sich geladen hatte, Barmherzigkeit und Verzeihung entgegenbringen.

Ängste und Bedrohungen, die der Mensch empfand, nehmen für ihn im Löseritual greifbare Gestalt an. Der Omenanzeiger (jaulender Hund) oder dessen in Ton gefertigtes Ebenbild sind zu seinem feindlichen Gegenüber geworden. In keinem der vorformulierten Gebete, die der Gefährdete in den Löseritualen an Šamaš, Ea und Asalluḫi richten sollte, wurde die Rechtmäßigkeit und Gültigkeit des göttlichen Urteils angezweifelt, das ihm kraft des gefährlichen Omenanzeigers eine ungute Zukunft bescheren sollte. Mit Hilfe des Beschwörers versuchte er nur, eine Revision des Urteils herbeizuführen. Das erneut gefällte Urteil sollte ihm dann ein besseres Schicksal zuteil werden lassen. Unter Respektierung des Beschlusses der Götter, ihm eine ungute Zukunft zu bestimmen, trat der Mensch gemeinsam mit seinem Prozeßgegner, dem Omenanzeiger oder dessen Ebenbild aus Ton – formal gleichberechtigt – vor den obersten Richter Šamaš, damit dieser die gewünschte Revision des göttlichen Urteils herbeiführe. Der folgende Ritualabschnitt ist nichts anderes als ein Gerichtsverfahren, bei dem der Mensch und sein Gegner vor den obersten Richtergott treten. In diesem Gerichtsverfahren soll der für den Menschen ungünstige Zukunftsentscheid der Götter, der dem Omenanzeiger rechtmäßig ermöglichte, Schaden an den Menschen heranzutragen, erneut verhandelt und zu Gunsten des Menschen korrigiert werden, noch bevor er spürbares Leid anrichten konnte. Der Omenanzeiger hingegen sollte verurteilt und anschließend vernichtet werden.

Das Ritual vor Šamaš war ein reguläres Gerichtsverfahren mit allen Elementen, die auch ein weltlicher Gerichtsprozeß aufwies. Der Sonnengott fungierte als Richter, die beiden streitenden Parteien waren Mensch und Omenanzeiger. Als Beisitzer und Mitglieder des Richterkollegiums wirkten Ea und Asalluḫi. Das Gerichtsverfahren unter der Leitung des Šamaš galt als letzte und endgültige Instanz. Sein Urteil, das in diesem Ritualabschnitt herbeigeführt werden sollte, konnte von niemandem, auch von keinem anderen Gott, in Frage gestellt oder gar abgeändert werden. Auch die persönlichen Götter des Menschen, die ihm gegebenenfalls ein Unheil in Form eines Omenanzeigers ins Haus geschickt hatten, mußten sich dem Urteil des Šamaš beugen.

Mensch und Omenanzeiger traten wie in einem weltlichen Prozeß als Gegner vor den Richter, der das Urteil zu fällen hatte. Der Mensch mußte den Omenanzeiger oder dessen Ebenbild mit Händen ergreifen und anklagend vor Šamaš hochheben, der wahrscheinlich als Götterbild und in seiner Gestalt als aufgehende Sonne anwesend war. Der Mensch hatte wahrscheinlich nach Osten in Richtung der aufgehenden Sonne zu schauen, wenn er mit seinem Rechtsfall vor den Richtergott Šamaš trat. In vielen Ritualen hatte der anklagende Mensch während des Gebetes mit der Bitte um Schicksalskorrektur, welches in der Regel dreimal hintereinander zu wiederholen war, das Figürchen des Omenanzeigers dem Richtergott entgegenzuhalten. In anderen Ritualen sollte er oder der Beschwörer den Omenanzeiger neben das Ritualarrangement zur linken Seite vor Šamaš bringen und auf dem Boden niederlegen.

Wenn der bereits von den Göttern verurteilte Mensch vor den Richtergott Šamaš zur neuen Verhandlung seines Rechtsfalles (*dīnu*) trat, wurde besonders darauf geachtet, daß er nicht erneut den Unwillen der Götter auf sich zog. Bisweilen unterstützte der Beter sein Anliegen durch einen Bestechungsversuch und legte dem Richtergott Lösegeld (*ipṭiru*) in Form von Gold und anderen Geschenken zu Füßen. In der Regel trat der betroffene Mensch aber nicht allein vor den Gott, sondern der Beschwörer faßte ihn bei der Hand und trat mit ihm gemeinsam als Mittler zwischen Mensch und Richtergott vor Šamaš. Auch die folgende „Gebetsbeschwörung" an Šamaš mit der Bitte um Neueröffnung des Prozesses (*ana dīnīja qūlamma* „Auf meinen Rechtsfall werde doch aufmerksam!"; *dīnī dīn* „Meinen Rechtsfall entscheide!") und um Befreiung von dem drohenden Schicksal sprach zunächst der Beschwörer in der ersten Person an des Beters Statt. Dieser hatte dann dem Beschwörer nachzusprechen. Die Einführung des Beters durch seinen Fürsprecher und Anwalt, den Beschwörer, ist sicherlich dem höfischen Zeremoniell entlehnt. In den Löseritualen wird stillschweigend vorausgesetzt, daß Šamaš nach Beendigung des Gebetes zu dem Bittsteller „freundlich herblickt" und als oberster Richter einer Schicksalskorrektur zugunsten des Menschen zustimmt. Um auch das Einverständnis von Ea und Asalluḫi zu erlangen, deren Mithilfe für das Gelingen der folgenden Reinigungsrituale unabdinglich ist, richtete der betroffene Mensch seine Bitten in vielen Ritualen noch einmal gesondert an diese Götter.

Nach der Sicherstellung der Gunst der Götter durch Opfer und Bittgebet konnte der Beschwörer dazu übergehen, den Menschen von der Unreinheit, die dieser sich bereits durch das Erscheinen des Vorzeichens zugezogen hatte, zu befreien. In mehreren Ritualen zerschlug der Beschwörer vor dem Angesicht des Menschen ein tönernes Gefäß. Dieser symbolische Akt muß großen Eindruck auf den Betroffenen gemacht haben, da er nicht nur im Ritual, sondern auch in der profanen Rechtsprechung seinen „Sitz im Leben" hatte und dort beispielsweise bei der Freilassung von Sklaven verdeutlichte, daß der Sklavenstatus nunmehr

„zerbrochen“, beendigt sei. Das Zerbrechen des Gefäßes verdeutlicht hier, daß der Zustand der Unreinheit und der Bedrohung für den Menschen ein Ende hatte. Es folgten noch verschiedene Reinigungen z.B. durch Weihwasser, Wechsel des Gewandes usw. Ein weiterer Höhepunkt des Rituals war die Beseitigung des Omenanzeigers, der zuvor mit dem Menschen vor den Richter Šamaš treten mußte. Zwar war die Unreinheit auf das Figürchen zurückgeführt worden, aber als verurteilt im Sinne des oben beschriebenen Gerichtsverfahrens vor Šamaš galt die Statuette noch nicht. Seine Schuld mußte noch nach juristischen Grundsätzen aus der profanen Rechtsprechung nachgewiesen werden. So wie nach Paragraph 2 der Gesetzessammlung des Königs Ḫammurapi derjenige, der der Zauberei beschuldigt worden war, ohne daß ein rechtsgültiger Beweis erbracht werden konnte, „zum Fluß(gott) zu gehen und in den Fluß(gott) einzutauchen“ hatte, mußte sich auch der Omenanzeiger oder das Tonfigürchen einem Flußordal unterziehen. Hieraus folgt, daß in dem Revisionsprozeß vor Šamaš, der zwischen dem Menschen und dem Omenanzeiger geführt wurde, der Omenanzeiger in gewisser Weise von dem Menschen des Schadenzaubers beschuldigt wurde. Nach der Regelung des Kodex Ḫammurapi war aber die Schuld des Angeklagten bewiesen, wenn dieser in den Fluß geworfen wurde und dabei unterging. Im folgenden Ritualabschnitt wird deshalb beschrieben, wie der Omenanzeiger im Fluß zu versenken und damit die Unreinheit zu vernichten ist.

S.M. Maul ist der überzeugende Nachweis zu verdanken, daß bei den Löseriten des Typs nam-búr-bi[85] eine Abwehr des drohenden Unheils durch einen Prozeß vor dem obersten Richtergott Šamaš vorgenommen wurde. Nur Šamaš konnte einen bereits ergangenen göttlichen Gerichtsbeschluß abändern und dadurch den Rechtsfall des bedrohten Menschen zum Guten wenden.

A. Zgoll gelingt in ihrer Arbeit zum sumerischen Lied *nin-me-šara* (NMS) eine substantielle Erweiterung unseres Wissens über die Verwendung des „Rechtsfalles“[86] in der Darstellung historischer Ereignisse. Sie weist nach, daß die kriegerischen Vorgänge um die Sargontochter und Priesterin En-ḫedu-Ana als ein Rechtsfall vor den Göttern interpretiert werden.

Der Rechtsfall verhandelt folgendes: Die Sargoniden halten die Macht über „Sumer und Akkad“ und weitere Gebiete in Händen. Sie sind in verschiedenen Städten militärisch präsent, haben dort Beamte und Priester eingesetzt. Es kommt jedoch zu Unruhen und Aufständen. In Ur hat En-ḫedu-Ana, die en-Priesterin Nannas und Tochter Sargons, als Parteigängerin der Sargoniden die kultische Oberhoheit inne. In dieser Stadt kommt es gegen Ende der Regierung Narām-Sîns (etwa 2254–2218 v.Chr.) im Zusammenhang mit größeren Aufständen im Süden und Norden des Reiches zum Zusammenbruch der sargonidischen Macht. Im einzelnen spielt sich dies folgendermaßen ab:

---

85 Siehe oben zu Anm. 83–84.

86 Siehe oben Anm. 81 zu akk. *dīnu* und sum. di.

1. Lugal-Ane kommt in Ur an die Macht, nennt sich durch Nanna[87] autorisiert. Dieses „Urteil Nanna“ wird von En-ḫedu-Ana bestritten. Aus ihrer Sicht hat Nanna kein endgültiges Urteil gesprochen. Lugal-Ane hat Erfolge gegen Narām-Sîn, den „Schützling Inanas“[88]. Er versucht, sich durch die en-Priesterin als der rechtmäßige Stadtfürst von Ur legitimieren zu lassen.
2. En-ḫedu-Ana sieht sich durch einen Urteilsspruch Ans autorisiert, gegen Lugal-Ane vorzugehen.
3. En-ḫedu-Ana, die en-Priesterin, wird vom Dienst suspendiert und vertrieben. Die Gegenseite sieht darin eine Bestätigung des „Urteils Nannas“. En-ḫedu-Ana flieht nach Girsu(?) oder an einen anderen Kultort. Anlaß für ihre Vertreibung ist ihre pro-sargonidische und gegenüber Lugal-Ane ablehnende Haltung.
4. Später drängt En-ḫedu-Ana durch Wort und liturgische Handlungen Inana, das Urteil Ans zu bewahrheiten und damit das Urteil Nannas zu revidieren. Konkret bedeutet dies, daß durch Inanna alle Revoltierenden, Lugal-Ane und die Stadt Ur, vernichtet werden sollen. Nanna selbst wird aufgefordert, Inanas Herrschaft anzuerkennen.
5. Endziel: Versöhnung von Inana und Nanna, d.h. Anerkennung Inanas in Ur.

Narām-Sîn schlägt „auf den Rechtsspruch der Ištar Annunītum“ hin die Revolte nieder. En-ḫedu-Ana dürfte nach Ur und in ihr Amt zurückgekehrt sein.[89]

Der Rechtsfall der En-ḫedu-Ana wird mit Begriffen aus der Sprache der Rechtsprechung als Revision eines früheren Urteils dargestellt.[90] Diese Verwendung von Rechtsbegriffen in Kult und Politik habe Parallelen in anderen zeitgenössischen und späteren Textgattungen: Die Narām-Sîn-Inschrift beschreibt z.B. den Vollzug eines Rechtsfalls vor den Göttern zur Lösung einer politischen Krise[91]; Rechtsentscheide werden zu Gunsten der Sargoniden gefällt; Rechtsterminologie kommt in der *Ninegala-Hymne*, in der UrIII-Dichtung *Urnammas Tod*, im *Fluch über Akkad*, im sumerischen *Sintflutmythos*, in der *Klage über die Zerstörung von Sumer und Ur*, in den *Maqlû-Beschwörungen* und *namburbi-Ritualen* vor.[92] Auch außerhalb des mesopotamischen Kernlandes finde sich die Vorstellung von einer über den modernen Rechtsbereich hinausreichenden, weiter gefaßten Entscheidungsfindung.[93]

87 Nanna, der alte Stadtgott von Ur.
88 Inana, die sargonische Gottheit.
89 A. Zgoll 1997, 38–39. 155–162.
90 A. Zgoll 1997, 46–52. 162–169.
91 A. Zgoll 1997, 52.
92 A. Zgoll 1997, 52–54.
93 A. Zgoll 1997, 54 Anm. 224, zu folgenden Texten und Institutionen: Götterversammlung in Ugarit, Psalmen (Ps 43; 109; 110), prophetische Schriften (Hosea), altägyptisches Totengericht, Areopag, „Jüngstes Gericht“.

A. Zgoll zeigt auch in ihrem Buch „Die Kunst des Betens. Studien zu akkadischen Handerhebungsgebeten an Ištar" (2002) ergänzend auf, daß der Rechtsfall als grundlegende Konzeption eines Gebetes bekannt ist. Der hilfesuchende Mensch erbittet von der Gottheit für seinen Rechtsfall (*dīnu*) ein endgültiges Urteil nach Recht und Gerechtigkeit (*mīšaru*).

2.3. Der „Rechtsfall" in der sumerisch-akkadischen und altsyrisch-ugaritischen Literatur und das rîb-*Pattern in den biblischen Texten – ein Vergleich*

B. Gemsers glücklicher Versuch, den für moderne Leser befremdlichen biblischen Gebrauch juristischer Terminologie außerhalb juristischer Texte auf altorientalische Tradition und Mentalitätsgeschichte zurückzuführen[94], eröffnete für die Bibelwissenschaft neue Horizonte.

B. Gemser ist mit seinen Ausführungen zum altorientalischen Hintergrund des biblischen *rîb*-Patterns auf wenig Verständnis, sogar auf Mißachtung gestoßen. Dies zeigt z.B. auch der Versuch von H. Ringgren, für die Gattung „prophetische Gerichtsrede" (*rîb*) einen *Sitz im Leben* zu finden.[95] Er referiert zuerst, daß H. Gunkel den Ursprung der Gattung in den Gerichtsverhandlungen am Stadttor suche, also im profanen Recht, dessen Sprache später in allen Details von H.J. Boecker herausgearbeitet worden sei. Dagegen habe E. Würthwein beobachtet, daß rechtliche Redeformen in einigen Psalmen mit der Vorstellung von Gott als Richter verbunden worden seien, und habe deshalb den Ursprung im Kult gesucht.[96] H.B. Huffmon und G.E. Mendenhall hätten dagegen im Bundesgedanken mit seinen Wurzeln in hethitischen Vasallenverträgen den Hintergrund der Gerichtsrede vermutet. J. Harvey habe Dokumente im Zusammenhang mit Vertragsbruch herangezogen und in diesen Berührungspunkte mit den Anklagen der Gerichtsrede gefunden. K. Nielsen habe den Ursprung wieder im Kult entdeckt, besonders im Neujahrsfest mit Bundeserneuerung, wobei Gott als Richter aufgetreten sei und es nach G. André um die Vernichtung der bösen Kräfte gehe. D.R. Daniels schließlich meine, daß die prophetische Gerichtsrede keine eigene Gattung darstelle.

H. Ringgren selbst ignoriert B. Gemser und argumentiert, daß die Lösung des Problems der Herkunft der prophetischen Gerichtsrede wahrscheinlich in einer Kombination all dieser Theorien liege. Ein kultisches Gericht sei kaum ohne das Vorhandensein eines profanen Gerichtsverfahrens denkbar. Die juristische Sprachform müsse ihre Wurzeln im profanen Recht haben. Diese Sprachform könne in den Kult aufgenommen und dabei umgewandelt worden sein. Tatsächlich fänden sich Gerichtsmotive in den Jahwe-Königs-Psalmen, wobei

94 Siehe oben Abschnitt 2.1.
95 H. Ringgren 1993, 499–501.
96 E. Würthwein 1970, 111–126.

aber auffalle, daß genau hier das Wort *rîb* fehle. Dagegen komme es bei Deuterojesaja vor, der starke Berührungen mit den genannten Psalmen aufweise. In den Psalmen, die auf den Bundesschluß und den Dekalog rekurrierten (Ps 50; 81) und als Bundesfestpsalmen bezeichnet worden seien, fehlten deutliche Anklänge an die Gerichtsreden, es sei denn, man werte das Verbum *'wd* hif (Ps 50,7; 81,9) und die verhüllten Anklagen als solche. Alles hänge davon ab, ob man mit einem Thronbesteigungsfest oder einem Bundesfest zu rechnen habe und – wenn man für letzteres plädiere – wie alt der Bundesgedanke sei. Zu beachten sei auch, daß in den Gerichtsreden die Anklagerede überwiege und Jahwe eher Ankläger als Richter sei.[97]

P. Bovati sieht das hauptsächliche Verdienst B. Gemsers in seinem Nachweis des erheblichen Einflusses juristischer Terminologie und Angelegenheiten auf verschiedene literarische Kontexte einschließlich des weisheitlichen.[98] Diese überraschende Verzerrung der Verdienste B. Gemsers dürfte bei P. Bovati mit der Entscheidung zu erklären sein, auf eine Einbeziehung altorientalischer Texte in seine Untersuchung zu verzichten.[99]

In der bibelwissenschaftlichen Auseinandersetzung mit B. Gemser vermißt man eine wirkliche Kenntnisnahme der Argumente des Autors und ein Verständnis für den altorientalischen Hintergrund des *rîb*-Pattterns. Verbunden mit diesem Verhalten gegenüber der neuen Erkenntnis B. Gemsers ist ferner eine permanente Verwirrung darüber, ob das *rîb*-Pattern als eine eigene Gattung oder als Element einer solchen anzusehen ist.

Die auf B. Gemser folgende altorientalistische Forschung, die einen konsequenten Ausbau früherer Ansätze weiterführt, zeigt, daß B. Gemser durch Benützung und Zusammenfassung bereits zur Verfügung stehender Erkenntnisse der Assyriologie eine richtige und zukunftsträchtige Spur verfolgt hat. Neuere Beiträge aus der Altorientalistik zum „Rechtsfall" in Ritualen, Gebeten und in der Historiographie[100] bestätigen die Einsicht, daß der „Rechtsfall" vor dem obersten göttlichen Gericht und die Möglichkeit der Revision eines ergangenen ungünstigen Urteils der Götter grundlegende Kategorien altorientalischen Denkens, Glaubens und Handelns darstellen.[101]

97 H. Ringgren 1993, 500–501.
98 P. Bovati 1994, 25.
99 P. Bovati 1994, 24.
100 Siehe oben Abschnitt 2.2.
101 A. Jeremias 1930, 1–2, hat das Wesen der altorientalischen Geschichtsschreibung ohne Kenntnis des „Rechtsfalles" bereits folgendermaßen charakterisiert: „Das Wesen der orientalischen Geschichtsschreibung hätte man schon früher aus den Fragmenten des Berossos erkennen können. Wenn seine Babyloniaca vollständig erhalten wären, so hätten wir ein ‚weltliches' Seitenstück zur Art der biblischen Schriftstellerei. Auch er beginnt mit der Schöpfung, den Urvätern und der Sintflut, und er zeigt dann, wie Babylon das Recht auf Weltherrschaft nach göttlicher Vorherbestimmung bekam, und daß nun sein Großherr Antiochos I. Soter, einer der Nachfolger Alexanders, als rechtmäßiger Erbe der Weltherrschaft die Erfüllung bringen wird. Aber erst die Funde im hethitischen Archiv von

Die biblischen Schriften spiegeln ohne Zweifel diese mesopotamische und altsyrisch-kanaanäische Tradition wider. Eine Verkennung jener Zusammenhänge verschließt nicht nur den Zugang zu zentralen Texten der biblischen Schriften wie z.B. zu zahlreichen Psalmen, Passagen in den Prophetenbüchern und zum Hiob-Buch, sondern auch den zu mehreren Gattungen der sumerisch-akkadischen Literatur.

Wir wenden uns nun der Frage zu, ob das *rîb*-Pattern und das „Rechtsfall"-Pattern zu einem besseren Verständnis des KE verhelfen.

3. Der „Klagepsalm des Einzelnen" als Rechtsfall vor einem göttlichen Forum

Aus zahlreichen Belegen in den KE geht hervor, daß der Klagende zwar von seinem Gott ein richterliches Urteil erwartet, dieses aber nicht in Form eines positiven oder negativen Orakelspruches[102] erfolgt. Der Klagende fordert aber auch in den Fällen, in denen von keinem Orakel die Rede ist, Gott zum Fällen und zur Verkündigung eines Gerichtsurteils und folglich zu einer endgültigen positiven Entscheidung seines „Rechtsfalles" auf.[103] Sowohl das Orakel als auch die in anderer Form ergehende Hilfe Gottes werden als Folgen eines göttlichen forensischen Urteils verstanden. Von dieser Sicht her erübrigt es sich, zwischen dem „Heilsorakel" und dem erwarteten Urteil einen Gegensatz aufzubauen und dem Heilsorakel etwa einen „Gebetsprozeß" als Grund für den Umschwung entgegenzustellen.[104] Der Klagende konnte eine göttliche Entscheidung durch ein

---

Boghazköi haben uns darüber belehrt, wie geschichtliche Urkunden auch dazu dienten, bei Staatsprozessen die Rechtsansprüche zu beurkunden. Der am Schlusse festgelegte Rechtstitel wird durch geschichtliche Darstellung *ab ovo* begründet. Dabei beruft man sich auf göttliche Prädestination des Geschehenen. Nach orientalischem Denken ist jedes Land gelobtes Land und jedes Volk auserwähltes Volk."

102 Zum rechtlichen Charakter eines Orakelspruches siehe u.a. ug. *mṯpṯ* „Orakelspruch" (KTU 1.124:3); CAD D, 152: *dīnu* 1b) referring to oracles (primarily ext.).

103 B. Gemser 1955, 123. 126, z.B. zu dem an den Richter gerichteten Ruf *qwmh* „Erhebe dich!" in Ps 3,8; 7,7–8; 35,1–2 und zu den Aufforderungen, im Gerichtsstreit für den Klagenden einzutreten und ein Urteil zu fällen.

104 B. Janowski 2001, 45–49, versucht am Beispiel von Ps 22 nachzuweisen, daß in V. 22 der Übergang vom Klage- und Bitteil zum wiedergewonnenen Vertrauen nicht durch ein „priesterliches Heilsorakel" geschehe, also nicht durch ein *textexternes* Element, sondern *textintern* erfolge, indem er vom Sprecher im Prozeß des Betens vollzogen werde. Der sog. Stimmungsumschwung komme dann dadurch zustande, daß die Gewißheit der Erhörung durch Gott mit der Konstatierung dieser Gewißheit mittels der Worte „du hast mir geantwortet" (V. 22b) zusammenfalle und insofern die Wende von der Klage zum Lob durch das Aussprechen dieses Sachverhaltes *vorwegnehmend realisiert* werde. Man könne dieses grammatische Phänomen, durch das ein *proleptischer Sinnhorizont* entstehe, als „antizipiertes Faktum" bezeichnen. In dem Augenblick, da die Gewißheit der Rettung durch Gott neu

Orakel einholen oder durch ein Gebet innerhalb eines Rituals anfordern. Der „Stimmungsumschwung" wird folglich durch einen göttlichen Urteilsspruch bewirkt. Diesen lernt der Klagende entweder durch einen ihm mitgeteilten Orakelspruch kennen oder er erlangt innerhalb eines Rituals durch die Logik der kultischen Handlung, die notwendig zielgerichtet auf ein günstiges Gerichtsurteil der Gottheit hinstrebt und die auf seiten Gottes ein gerechtes Prozeßverfahren als selbstverständlich voraussetzt, die Gewißheit, daß ein Urteil ergangen ist. Der altorientalische Beter wendet sich von dieser Überzeugung her z.B. mit folgenden Worten an Šamaš, den Gott der Gerechtigkeit und obersten Richter:

> Du hörst, o Šamaš, Bitte, Flehen und Gebet,
> . . .
> Aus tiefster Kehle ruft der Schwächling dich an,
> . . .
> Šamaš, sie haben sich an dich gewandt,
> (und) du hast alles jeweils gehört!
>
> (BWL 134,130–146)[105]

Sowohl die durch den Orakelspruch als auch die im Ritual erlangte Gewißheit über das richterliche Eingreifen Gottes erzeugt beim Klagenden keinen „Stimmungsumschwung", sondern baut weiter das Vertrauen aus, das den Beter bereits veranlaßt hat, bei Gott Hilfe zu suchen.

Wenn man den „Stimmungsumschwung" in den KE auf das Modell des „Rechtsfalles" oder das *rîb*-Pattern zurückführt, ergibt sich auch eine Erklärung für den Sachverhalt, daß die Vertrauensäußerung ein Grundvertrauen des Klagenden voraussetzt.[106] Dieses gründet sich aber nicht so sehr auf die Gemeinschaft der Beter[107], sondern auf die Tradition des „Rechtsfalles" und des *rîb*-Patterns, folglich auf die Hoffnung, in Gott einen gerechten Richter zu finden[108]:

> Führe den Rechtsstreit, Jahwe, gegen die, die mit mir rechten,
> bekämpfe die, die mich bekämpfen!
> Ergreife Schild und Setzschild,
> und steh auf[109], mir zu helfen!

---

erlangt werde, bleibe es für den Sachverhalt belanglos, ob sie unter dem Aspekt einer zum Abschluß gekommenen Handlung im *Perfekt* („du hast mir geantwortet") formuliert werde oder ob im *Präsens* die aktuell sich ereignende Antwort Gottes („Jetzt weiß ich, daß du mir geantwortet hast") im Vordergrund stehe.

105 W.R. Mayer 1980, 310.

106 Chr. Markschies 1991, 387. 398 Anm. 57.

107 Vgl. dagegen Chr. Markschies 1991, 398 Anm. 57.

108 Siehe z.B. Ps 3,8; 7,9–10; 43,1; 71,2; Mi 7,8–10.

109 *qwm(/h)*, Aufforderung an den göttlichen Richter, sich zum Urteil zu erheben; Ps 3,8; 7.7–8; B. Gemser 1955, 123.

Zucke Speer und Lanzenspitze gegen meine Verfolger,
sprich zu mir: „Deine Rettung[110] bin ich!“

(Ps 35,1–3)[111]

Der Klagende erwartet von seinem Gott einen gerechten Prozeß mit einem Urteil, das ihn von seinen Nöten befreit.[112] Es liegt in der Abfolge der Schritte im Prozeßverfahren, daß das richterliche Urteil den Fall beendet und der Urteilsspruch eine neue Lage schafft.[113] Dem „Stimmungsumschwung“ liegt folglich kein plötzlicher Wandel der Gemütsverfassung des Klagenden zugrunde, sondern ein für den Klagenden günstiges Ende des Prozeßverfahrens. Das von Anfang an die Klage vorantreibende Vertrauen auf Gottes Gerechtigkeit erfährt am Ende die Sicherheit über die erfolgte Zuwendung Gottes.

Die Rede vom „Stimmungsumschwung“ in den KE dürfte letztendlich darauf zurückzuführen sein, daß H. Gunkel / J. Begrich zwar eine wichtige Erkenntnis Fr. Küchlers aufgenommen haben, ihnen aber in Verkennung der juridischen Elemente in der KE nur eine psychologisch orientierte Beschreibung des prozessualen Verlaufs geglückt ist.

4. Die Reaktion des Klagenden auf das Gottesurteil – Ps 13

Trotz der Erkenntnis der Schwächen der These vom „Stimmungsumschwung“ scheint weiterhin offen zu bleiben, ob im Rahmen des Gebetes der Klagende am Ende tatsächlich eine Lösung seiner Probleme erfährt oder ob nur sicher ist, daß seine Errettung kommen wird. Es ergibt sich also die Frage, ob z.B. das *bṭḥty* in Ps 13,6 als Perfektum[114], als *perfectum coincidentiae*[115] oder *perfectum confidentiae*[116] zu übersetzen ist. Will der Beter sagen, „Sobald du mich Recht und Entscheidung

110 Die Rettung ist z.B. nach Mi 7,9 mit *mšpṭ* auf seiten des Klagenden und *ṣdqh* auf seiten des richtenden Gottes identisch.

111 B. Gemser 1955, 123; vgl. dagegen z.B. B. Janowski 2001, 45, der in seiner Übersetzung von Ps 35,1–3 die juridischen Aspekte zu sehr zurücktreten läßt.

112 Zu G. Castellino vgl. oben zu Anm. 45.

113 Es ist folglich nicht vonnöten, für das im Götterrat am Morgen beim Aufgang der Sonne gefällte Urteil unbedingt einen Gerichtsprozeß im Tempel zu fordern; vgl. dagegen H. Schmidt 1934, VI-VII; W. Beyerlin 1970, 143–150.

114 B. Janowski 2001, 26, „auf deine Güte habe ich vertraut“.

115 N.J. Schlögl 1915, 10, „Doch ich – vertraue auf deine Huld, || Mein Herz frohlockt ob deiner Hilfe.“; zum *Perfectum coincidentiae* siehe W.R. Mayer 1980, 306–307.

116 H. Gunkel 1926, 46, kommentiert seine Übersetzung „Ich aber vertraue auf deine Gnade, ‚Jahve‘, || mein Herz jubele über deine Hilfe“ folgendermaßen: „Zum Schluß zieht 6a das Vertrauen auf Jahves Gnade in sein Herz ... So kann er sich dazu erheben, sich zu wünschen, daß er einst jubeln werde ...“; D. Dhanaray 1992, 71.

hast finden lassen, mögen die Götter dich grüssen ...“[117]? Ist er bereits der Überzeugung, daß die Gottheit ihm geholfen hat, oder daß sie ihm in Zukunft helfen wird?

Im Gegensatz zu bisherigen Überlegungen ist nicht so sehr das Problem in den Vordergrund zu rücken, ob eine psychologisch bedingte oder eine von außen angestoßene Veränderung für den Klagenden ausschlaggebend ist, sondern ein Ereignis in der göttlichen Sphäre: Denn das Urteil der Gottheit, das durch einen Orakelspruch bekannt wird oder das man im Rahmen des Rituals als geschehen voraussetzt, schafft von selbst einen neuen Zustand und bewirkt als Abschluß des Gerichtsverfahrens für den Klagenden eine Wende zum Guten. Die auf diesen Vorgang folgende Reaktion des Klagenden ist notwendigerweise positiv und bringt zum Ausdruck, daß er sich über das ergangene rettende göttliche Urteil freut. So besagt z.B. die juridische Aussage in Ps 3,8, daß Jahwe die Feinde des Beters auf die Wange geschlagen und ihre Zähne zerbrochen hat[118], daß an ihn im Traum ein Orakel ergangen ist[119], das eine Verurteilung seiner Feinde besagt.[120] Die traditionelle Formulierung „Stimmungsumschwung“ beschreibt das forensische Geschehen auf der für den Menschen nicht direkt einsehbaren göttlichen Ebene und dessen Auswirkungen nur ungenügend.

In Ps 13, dem Muster des Klageliedes des Einzelnen[121], folgen die einzelnen Bestandteile der Gattung (Klage, Bitte, Vertrauensäußerung = göttliches Gerichtsurteil und Reaktion des Klagenden) besonders deutlich aufeinander:

13.1.1	[*l mnṣḥ mzmwr l dwd*]		
13.2.1	***ʿd ʾnh YHWH tškḥny nṣḥ***	5 + 13[122]	
13.2.2	***ʿd ʾnh tstyr*** [*ʾt*][123] ***pnyk mmny***	5 + 13	[15]
13.3.1	***ʿd ʾnh ʾšyt ʿṣwt b npšy***	5 + 13	
13.3.2	[*ygwn b lbby ywmm*][124]		[13]
13.3.3	***ʿd ʾnh yrwm ʾyby ʿly***	5 + 11	

117 W. Mayer 1976, 347, zu BAM 323, Vs. 33b–35 uD, s. MVAG 23/1,44.

118 Siehe zu Ps 3,8 oben das Kapitel zu Ps 3.

119 Chr. Schroeder 2000, 243–251.

120 Zu Ps 3,8 siehe oben S. 135-136.

121 H. Gunkel 1926, 46.

122 Bei der Zählung der Buchstaben eines Kolons ist zu beachten, daß das viermalige *ʿd ʾnh* als Anakrusis zu werten ist.

123 Wahrscheinlich eine Ergänzung.

124 Eine Glosse, die das Bikolon stört; C.A. Briggs / E.G. Briggs I 1906, 101; N.J. Schlögl 1915, 10; G. Ravasi I 1981, 253 Anm. 1; vgl. dagegen E. Baumann 1945/48, 125–126; G. Barbiero 1999, 114 Anm. 198.

13.4.1 ***hbyṭh ʿnny YHWH ʾlhy*** 17 (14)
13.4.2 ***hʾyrh ʿyny pn ʾyšn h mwt*** 19 (13)

13.5.1 ***pn yʾmr ʾyby ykltyw*** 16
13.5.2 ***ṣry ygylw ky ʾmwṭ*** 14

===

13.6.1 ***w ʾny b ḥsdk btḥty*** 14
13.6.2 ***ygl lbby b yšwʿtk*** 13

. . .[125]

. . .

13.6.3 [*ʾšyrh l* YHWH *ky gml ʿly*][126] [18]

13.1.1 [Für den Chormeister. Ein Psalm Davids.]

===

13.2.1 **Wie lange noch, Jahwe, vergißt du mich auf Dauer?**
13.2.2 **Wie lange noch verbirgst du dein Gesicht vor mir?**
13.3.1 **Wie lange noch soll ich Sorge tragen in meiner Seele?**
13.3.2 [Kummer in meinem Herzen Tag für Tag?]
13.3.3 **Wie lange noch erhebt sich mein Feind über mich?**[127]

13.4.1 **Blicke her und erhöre mich, Jahwe, mein Gott,**
13.4.2 **mach meine Augen leuchten, daß ich nicht zum Tod entschlafe,**
13.5.1 **daß mein Feind nicht spreche: „Ich habe ihn überwältigt!“,**
13.5.2 **meine Gegner nicht jubeln, daß ich wanke!**

13.6.1 **Ich aber vertraue auf deine Güte,**
13.6.2 **mein Herz juble über deine Rettung!**

. . .

. . .

13.6.3 [Ich will Jahwe singen, daß er mir wohlgetan!]

---

125 Die dritte Strophe ist nur halb erhalten und wird durch den Hymnenanfang V. 6c (H. Gunkel 1926, 46) ersetzt.

126 Vgl. BHSa zur Ergänzung in LXX nach Ps 7,18b; H. Gunkel 1926, 47, spricht von einer „einzeln stehenden Halbzeile zum Schluß“ und lehnt die Ergänzung entgegen H. Grimme und N.J. Schlögl ab.

127 Ps 13 in in drei Strophen zu je zwei Bikola gegliedert. Von den ersten beiden intakten Strophen her liegt die Folgerung nahe, daß die dritte Strophe nur zu Hälfte erhalten ist.

Der Klagende von Ps 13 kommt im Rahmen des Rituals und / oder seines Gebetes notwendigerweise zur Überzeugung, daß seine Bitte zu einem prozessualen Urteil über die Gegner geführt hat, so daß er nach Feststellung seines nun festen, endgültigen Vertrauens auf die gnädige Zuwendung des göttlichen Richters nicht in der Form eines Perfekts oder *Perfectum confidentiae*[128], sondern eines *Perfectum coincidentiae* über seine auf göttlicher Ebene erfolgte Rettung jubelt.[129] Ps 13 berichtet folglich nicht so sehr von einem „Stimmungsumschwung", sondern von der endgültigen Festigung des Vertrauens auf Jahwe nach ergangenem Urteil im Gottesgericht. Göttliches Urteil und menschliche Freude darüber fallen zeitlich zusammen und bestimmen den gegenwärtigen Zustand. Die Aussagen von Ps 3,8[130] – göttliche Seite – und die von Ps 13,6 – menschliche Seite – stehen in einem Verhältnis der Gleichzeitigkeit, verursacht durch das göttliche Gerichtsurteil.

Das Verständnis der Psalmen, die den Klagen des Einzelnen zuzuordnen sind, wird wesentlich durch den Umstand erschwert, daß sie im Psalmenbuch losgelöst vom rituellen Hintergrund überliefert sind, der für die meisten von ihnen in Analogie zu den keilschriftlichen Gebetstexten für die vorexilische Zeit vorauszusetzen ist.[131] Dieses Minus wiegt aber zu einem erheblichen Teil die neue Einsicht in den juridischen Hintergrund derselben auf. Sie ermöglicht es, die allzu psychologischen Erklärungen des „Stimmungsumschwungs" auf ihren wahren Sachgehalt zu reduzieren und die biblischen Klagen des Einzelnen befriedigend in den größeren Rahmen der altorientalischen Gebetsliteratur und deren Rechtsfall-Pattern einzuordnen. Auch der vor Gott klagende Mensch der Psalmen sieht im Rahmen seiner altorientalischen Weltanschauung nur in einem göttlichen Gerichtsurteil die Möglichkeit, Gerechtigkeit und damit Rettung und Heil zu erlangen.[132]

5. Die einzelne „Klage des Einzelnen" – Theologie des Endtextes des Psalters

Daß eine kanonische Auslegung des Psalters auf die theologische Dimension des Buches einen besonderen Akzent legt, muß nicht unbedingt für deren Ergebnisse

---

128 Nach der psychologischen Sicht B. Janowskis (2001, 51), der *bṭṭy* „auf *deine Güte* habe ich vertraut > ... setze ich hiermit mein Vertrauen" übersetzt, wird zum Ausdruck gebracht, daß es dasselbe Grundvertrauen sei, das das Gebet von Anfang an getragen hat, ohne daß dies vom Beter gemäß seiner Gottverlassenheit habe erlebt werden können. Erst durch den deklarativen Sprechakt des Lobzitats von V. 6aγ.b sei es „neu als Tatsache" gesetzt.

129 Siehe oben zu Anm. 114–116.

130 Siehe oben S. 135–136.

131 Siehe z.B. W. Mayer 1976, 356–357, zum rituellen Hintergrund vergleichbarer mesopotamischer Texte.

132 Siehe zum Thema „Gerechtigkeit" Gottes unten zu Anm. 144–146.

von Nachteil sein. Problematisch wird dieser Zugang allerdings, wenn man den Anspruch, die theologische Betrachtung des Psalters habe das eigene Profil des Endtextes zu untersuchen und das Ergebnis habe eine *Theologie des Psalters* zu sein[133], mit dem Prinzip verbindet, der Endtext des Psalters sei eine sinnvolle kompositorische Einheit, bei deren Betrachtung man die Vorstadien dieses Textes absichtlich ausklammern könne.[134] Welche Auswirkungen diese hermeneutische Ideologie auf eine *Theologie des Psalters* haben kann, soll im folgenden anhand der Behandlung von Ps 13 in der kanonischen Interpretation G. Barbieros aufgezeigt werden.

Der Autor bespricht Ps 13 in folgenden Zusammenhängen: Der Reihenzusammenhang von Psalm 13 mit den Psalmen 10–12 (S. 125–131); Der Reihenzusammenhang von Psalm 14 mit den Psalmen 10–13 (S. 131–139); Die Fernverbindung von Psalm 13 mit der Reihe 3–7 (S. 168–172); Der Prologbezug von Psalm 13 (S. 182); Die Fernverbindung von Psalm 15 mit den Psalmen 10–13 (S. 197–200). Im folgenden soll auf einige Fragwürdigkeiten der hergestellten Verbindungen und Verkettungen hingewiesen werden.

G. Barbiero nimmt mit E. Zenger an, daß zwischen Ps 12,6 *'th 'qwm* „Jetzt will ich aufstehen!" und Ps 13,2–3 *'d 'nh* „Wie lange noch?" eine Motivverbindung bestehe.[135] Die viermalige Frage von Ps 13,2–3 erhalte einen neuen Akzent, wenn sie als Echo zur Aussage Jahwes „*Jetzt* will ich aufstehen" (Ps 12,6) verstanden werde. Der Beter scheine Jahwe beim Wort nehmen zu wollen: Jahwe habe zwar „Jetzt" gesagt, aber *wann* sei „jetzt".[136] Die geforderte Motivverbindung löst sich leider in Nichts auf, wenn man berücksichtigt, daß die mit *'d 'nh* eingeleitete Klage in Ps 13,2–3 am ehesten mit dem *adi mati* „bis wann?"[137] akkadischer Lieder zu vergleichen ist. Das *'th 'qwm* (Ps 12,6) hingegen ist nicht auf Jahwes Sich-Erheben zum Kampf gegen Feinde zu beziehen[138], sondern auf seinen Entschluß, als oberster Richter im Rat der Götter zur Verkündigung des Gerichtsurteils gegen die Frevler aufzustehen. Es dürfte folglich kaum zulässig sein, zwischen den besagten Stellen eine Motivverbindung zu konstruieren.

Die vier Lieder Ps 4; 6; 11 und 13 sind nach G. Barbiero „Nachtpsalmen".[139] Da Ps 13,4 vom Todesschlaf, nicht aber von der Nacht spricht, hilft nur eine

---

133 G. Barbiero 1999, 29.

134 G. Barbiero 1999, 20, betont ferner, daß er die Arbeitshypothese von der sinnvollen kompositorischen Einheit des Endtextes folgendermaßen ergänzt wissen will: „Kohärent dazu wird die Analyse der Einzelpsalmen auf einer rein synchronen Ebene geführt. Ich benütze dazu vor allem die Instrumente der sogenannten ‚strukturellen' oder auch ‚poetologischen' Analyse, wie sie u.a. von Ridderbos, Alonso Schökel, Auffret und Girard verwendet werden."

135 E. Zenger 1993, 97, argumentiert folgendermaßen: „Dadurch daß die Redaktion Ps 13 gezielt hinter Ps 12 gestellt hat, beschwört nun die vierfach wiederholte Frage ‚Wie lange noch?' das in 12^6 verkündete ‚Jetzt' des Eingreifens JHWHs."

136 G. Barbiero 1999, 127.

137 AHw. 632: *mati/e* „wann" 2; CAD A/1, 119: *adi* A 2f; M/1, 407: *mati* 1b 1'; E. Baumann 1945/48, 125–126.

138 E. Zenger 1993, 95.

139 G. Barbiero 1999, 127. 169. 171.

übertriebene allegorische Deutung zur gewünschten Verkettung: Mit dem „Schlafen", das in Ps 4,9 (Schlaf) und 13,3 (Tod) eine wichtige Rolle spiele, sei in beiden Psalmen das Thema „grübeln" verbunden (Ps 4,5; 13,3). Die Ruhe der Nacht sei die Zeit, in der die Gedanken des Herzens auftauchten. Wenn solche Gedanken auch „am Tag" den Beter nicht losließen (Ps 13,3), bedeute dies, daß bei ihm die „Nacht" auch tagsüber bleibe.[140] Auch dieses Argument verdient kaum Beachtung. Denn Ps 13 setzt die altorientalische Tradition des Gerichtes am Morgen, das morgendliche Erscheinen der Sonne der Gerechtigkeit voraus.

G. Barbiero berührt im Vorbeigehen mit der Feststellung, daß in Ps 13 gegenüber der Reihe Ps 3–7 eine Vertiefung der Klage dadurch stattfinde, daß die Klage nicht mehr gegen die Menschen gerichtet sei, „sondern gegen Gott selbst"[141] einen zentralen Punkt der Diskussion über die Klage im Alten Orient. Er schließt sich mit diesem Argument jenen Autoren an, die annehmen, daß im Alten Orient eine Klage gegen Gott, ein Vorwurf gegen Gott üblich gewesen sei und der Mensch sich gegen ein Fehlverhalten Gottes wende.[142] Auch aus Ps 13 läßt sich dagegen nur erheben, daß der Mensch *vor*, nicht aber *gegen* Gott klagt.[143]

G. Barbiero dürfte ferner einem Mißverständnis erliegen, wenn er meint, in Ps 13 sei kaum von „Gerechtigkeit" die Rede. Um erhört zu werden, so lautet sein Argument, poche der Beter nicht auf „Gerechtigkeit", sondern auf „Gnade".[144] Ps 13 beruht auf der altorientalischen Tradition, daß der oberste Richter, sei er nun König oder Gott, sein Amt in Gerechtigkeit und Gnade auszuüben hat.[145] Die Betonung der „Gnade" des Richters setzt seine Gerechtigkeit voraus.[146]

Wenn man das interpretatorische Vorgehen G. Barbieros mit dem von H. Gunkel / J. Begrich vergleicht, dürfte bei einem unbefangenen Leser der Eindruck entstehen, daß der Vorschlag, in der Bestimmung der Gattung eines Psalms einen festen, von allzu subjektiven Mutmassungen gereinigten Grund für eine Auslegung zu haben, gerade angesichts der „kanonischen" Auslegung doch aller Beachtung wert ist, ja neue Aktualität gewinnt. Wenn man z.B. Ps 13 als KE begreift, die dem altorientalischen „Rechtsfall" und / oder dem biblischen *rîb*-Pattern zuzuordnen ist, erübrigen sich nicht nur größtenteils die von G. Barbiero konstruierten Verbindungen zu anderen Psalmen, sondern sie erscheinen zugleich in einem anderen Licht.

---

140 G. Barbiero 1999, 169.

141 G. Barbiero 1999, 168.

142 So z.B. D. Sitzler 1995, passim.

143 M. Dietrich 1999, 27–28, legt auf die Feststellung Gewicht, daß zumindest für das zweite Jahrtausend v.Chr. gelte, daß nur von einer Klage vor der Gottheit und der Bitte um ihre Zuwendung nach einem Schuldbekenntnis gesprochen werden könne und nicht etwa von einem „Vorwurf" oder gar einer „Anklage" gegen die Gottheit.

144 G. Barbiero 1999, 127–128.

145 Siehe z.B. B. Janowski 2000, 33–79.

146 S. Lafont 1998, 163–164, zum „roi de justice" der Gnade ausüben soll, um die Härten des Gesetzes und der Gerichte zu mildern.

Wenn innerhalb einer „kanonischen“ Gruppe von Psalmen z.B. mehrere KE einander zugeordnet sind, ergeben sich von selbst enge Berührungspunkte, die sicher nicht (alle) als gewollte redaktionelle Motivverbindungen zu verstehen sind, sondern als Kennzeichen einer KE.[147] Die gestellte Frage lautet vielmehr: Warum greifen die Redaktoren des Psalters so ausgiebig auf die KE zurück und in welchem Umfang verändern sie bei ihrem Unternehmen den ursprünglichen Charakter der KE?

Bei der Klärung dieses Problems dürfte zu berücksichtigen sein, daß die „Klage des Einzelnen“ im westsemitischen Bereich auf eine Tradition zurückblickt, die im zweiten Jahrtausend v.Chr. beginnt[148], so daß von vornherein bei einzelnen Ausbildungen derselben in der späten israelitisch-jüdischen Tradition Wandlungen zu erwarten sind.

Der Begriff „Kanon“, den wir einer nachbiblischen Epoche der Bibelauslegung verdanken, gibt darauf keine Antwort. Er informiert uns nur über den Vorgang der Abgrenzung „kanonischer“ Schriften von „nicht-kanonischen“, nicht aber über den Inhalt der Schriften. Es kommt das Problem hinzu, daß bei den Vertretern der neuen Auslegung keine Einigkeit über den Begriff Kanon besteht.[149] Selbst wenn man sich der Formulierung anschließt, daß der älteste Kommentar über die Aussage der Psalmen ihre Anordnung im Psalter sei[150], bleibt immer noch zu klären, welches die Aussage der Psalmen vor deren „erster“ Kommentierung ist, vorausgesetzt, man will überhaupt wissen, was kommentiert wird und man nicht schon als geklärt postuliert, daß die letzte, die „kanonische“ Kommentierung zugleich die beste oder die einzig „wahre“[151] sein muß.

Die kanonische Auslegung bemüht sich energisch um die Decouvrierung der Defizienzen ihrer Vorgänger in der Interpretation des Psalters. Was jetzt nottut, ist eine Befreiung ihrer Auslegung von dem auch ihrem Sehen eingeschriebenen blinden Fleck, den eigenen Standpunkt nicht beobachten zu können. Der Fortschrittsglaube der kanonischen Auslegung in ihre eigene Erkenntnisfähigkeit ist umso optimistischer, je weniger er der Absolutheit des eigenen Beobachtungsstandpunktes mißtraut. Man sollte sich in Zukunft mutig den philologischen, philosophischen, literarischen und theologischen Verzerrungen zuwenden, die sich aus der wissenschaftlichen Einstellung der Vertreter der „kanonischen“ Auslegung ergeben.

---

147 G. Barbiero 1999, 20, verteidigt dagegen das Prinzip, daß vom Endtext des Psalters „zuerst synchron“ auszugehen sei.

148 Siehe oben zu Anm. 1.

149 J.-M. Auwers 2000, 178, zu B.S. Childs, der „Kanon“ auf das Alte und das Neue Testament bezieht.

150 M.D. Goulder 1982, 1, „The oldest commentary on the meaning of the psalms is the manner of their arrangement in the Psalter.“

151 Wenn G. Barbiero 1999, 7, seinem Werk die Maxime „Denken heißt vergleichen“ (W. Rathenau) voranstellt, ist an jene Denker zu erinnern, die bezweifeln, daß das historistische Vergleichen höchste Leistung des Denkens ist und direkt zur Wahrheit führt.

Literatur

Auwers, J.-M., 1994: Le psautier hébraïque et ses éditeurs. Recherches sur une forme canonique du livre des Psaumes. Diss. Université Catholique de Louvain.

– –, 2000: La composition littéraire du Psautier. Un état de la question. CRB 46.

– –, 2001: Où va l'exégèse du Psautier? Bilan de six années d'études psalmiques (1995–2000), RTL 32, 374–410.

Barbiero, G., 1999: Das erste Psalmenbuch als Einheit. ÖBS 16.

Baumann, E., 1945/48: Struktur-Untersuchungen im Psalter I, ZAW 61, 114–176.

Begrich, J., 1933: siehe *H. Gunkel* 1933.

Beyerlin, W., 1970: Die Rettung der Bedrängten in den Feindpsalmen der Einzelnen auf institutionelle Zusammenhänge untersucht. FRLANT 99.

Bovati, P., 1986: Ristabilire la giustizia. Procedure, vocabulario, orientamenti. AnBib 110.

– –, 1994: Re-Establishing Justice. Legal Terms, Concepts and Procedures in the Hebrew Bible. JSOT.S 105.

Castellino, G., 1940: Le lamentazioni individuali e gli inni in Babilonia e in Israele. Raffrontati riguardo alla forma e al contenuto, Torino etc.

Dhanaraj, D., 1992: Theological Significance of the Motif of Enemies in Selected Psalms of Individual Lament. OBC 4.

Dietrich, M., 1999: Der göttliche Ratschluß und der Weg des Menschen im Lichte babylonischer Texte, FARG 33, 13–29.

Elliger, K., 1978: Deuterojesaja. 1. Teilband Jesaja 40,1–45,7. BK XI/1.

Fuchs, O., 1982: Die Klage als Gebet. Eine theologische Besinnung am Beispiel des Psalms 22, München.

Gamper, A., 1966: Gott als Richter in Mesopotamien und im Alten Testament. Zum Verständnis einer Gebetsbitte, Innsbruck 1966.

Gemser, B., 1955: The *rîb-** or Controversy-Pattern in Hebrew Mentality, VT.S 3, 120–137.

Hacklett, J. / *J. Huehnergard*, 1984: On Breaking Teeth, HThR 77, 259–275.

Hieke, Th., 2000: Schweigen wäre gotteslästerlich. Klagegebete – Auswege aus dem verzweifelten Verstummen, in: G. Steins, (ed.), Schweigen wäre gotteslästerlich. Die heilende Kraft der Klage, Würzburg, 45–68.

Irsigler, H., 1994: Psalm-Rede als Handlungs-, Wirk- und Aussageprozeß. Sprechaktanalyse und Psalmeninterpretation am Beispiel von Psalm 13, in: K. Seybold / E. Zenger, (eds.), Neue Wege der Psalmenforschung. Für Walter Beyerlin. HBS 1, 63–104.

Jacobsen, Th., 1963: Ancient Mesopotamian Religion: The Central Concerns, PAPS 107,6, 473–484.

Janowski, B., 2000: Der barmherzige Richter. Zur Einheit von Gerechtigkeit und Barmherzigkeit im Gottesbild des Alten Orients und des Alten Testaments, in:

R. Scoralick, (ed.), Das Drama der Barmherzigkeit Gottes. Studien zur biblischen Gottesrede und ihrer Wirkungsgeschichte in Judentum und Christentum. SBS 183, 33–91.

– –, 2001: Das verborgene Angesicht Gottes. Psalm 13 als Muster eines Klagelieds des einzelnen, JBTh 16, 25–53.

Jeremias, A., ^{4}1930: Das Alte Testament im Lichte des Alten Orients, Leipzig.

Kämmerer, Th.R. 1998: *šimâ milka.* Induktion und Reception der mittelbabylonischen Dichtung von *Ugarit*, *Emār* und *Tell el-'Amarna.* AOAT 251.

– –, 1999: Die Stellung des Menschen zu seinen Göttern. Vom sumerischen Kollektivismus zum babylonischen Individualismus, FARG 33, 37–44.

– –, 2001: Endzeitvorstellung im Verständnis von Krankheit und Schicksal, FARG 34, 85–93.

Kaiser, O., 1994: Grundriß der Einleitung in die kanonischen und deuterokanonischen Schriften des Alten Testaments. Band III: Die poetischen und weisheitlichen Werke, Gütersloh.

Kessler, R., 1991: Der antwortende Gott, WuD 21, 43–57.

Kilian, R., 1968: Ps 22 und das priesterliche Heilsorakel, BZ 12, 172–185.

Küchler, Fr., 1918: Das priesterliche Orakel in Israel und Juda, in: W. Frankenberg / Fr. Küchler, (eds.), Abhandlungen zur semitischen Religionskunde und Sprachwissenschaft Wolf Wilhelm Grafen Baudissin zum 26. September 1917 überreicht von Freunden und Schülern. BZAW 33, 285–301.

Laessøe, J., 1955: Studies on the Assyrian Ritual and Series *bît rimki*, Kobenhavn.

– –, 1956: A Prayer to Ea, Shamash, and Marduk, from Hama, Iraq 18, 60–67, Pl. XIV.

Lafont, S., 1998: Le roi, le juge et l'étranger à Mari et dans la Bible, RA 92, 161–181.

Lipiński, E., 1979: Les Psaumes. – I. Formes et genres littéraires, in: DBS 9, 1–125.

Markschies, Chr., 1991: „Ich aber vertraue auf dich, Herr!". Vertrauensäußerungen als Grundmotiv in den Klageliedern des Einzelnen, ZAW 103, 386–398.

Maul, S., 1992: „Auf meinen Rechtsfall werde doch aufmerksam!" Wie sich die Babylonier und Assyrer vor Unheil schützten, das sich durch ein Vorzeichen angekündigt hat, MDOG 124, 131–142.

– –, 1994: Zukunftsbewältigung. Eine Untersuchung altorientalischen Denkens anhand der babylonisch-assyrischen Löserituale (Namburbi). BagF 18.

– –, 1998: Der assyrische König – Hüter der Weltordnung, in: Assmann, J. / B. Janowski / M. Welker, (eds.), Gerechtigkeit. Richten und Retten in der abendländischen Tradition und ihren altorientalischen Ursprüngen, München, 65–77.

– –, 1999: How the Babylonians Protected Themselves against Calamities Announced by Omens, in: T. Abusch / K. van der Toorn, (eds.), Mesopotamian Magic. Textual, Historical, and Interpretative Perspectives. AMD 1, 123–129.

– –, 1999a: Der assyrische König – Hüter der Weltordnung, in: K. Watanabe, (ed.), Priests and Officials in the Ancient Near East, Heidelberg, 201–214.
– –, 2000: Der Sieg über die Mächte des Bösen. Götterkampf, Triumphrituale und Tonarchitektur in Assyrien, in: T. Hölscher, (ed.), Gegenwelten zu den Kulturen Griechenlands und Roms in der Antike, München / Leipzig, 20–46.
Mayer, W(erner).(R.), 1976: Untersuchungen zur Formensprache der babylonischen „Gebetsbeschwörungen". StP.SM 5.
– –, 1980: „Ich rufe dich von ferne, höre mich von nahe!" Zu einer babylonischen Gebetsformel, in: R. Albertz u.a., (eds.), Werden und Wirken des Alten Testaments. Festschrift für Claus Westermann zum 70. Geburtstag, Neukirchen-Vluyn, 302–317.
Millard, M., 1994: Die Komposition des Psalters. Ein formgeschichtlicher Ansatz. FAT 9.
Müller, A.R., 1986: Stimmungsumschwung im Klagepsalm. Zu O. Fuchs, Die Klage als Gebet, ALW 28, 416–426.
Müller, H.-P., 1994: Gottesfrage und Psalmenexegese. Zur Hermeneutik der Klagepsalmen des einzelnen, in: K. Seybold / E. Zenger, (eds.), Neue Wege der Psalmenforschung. Für Walter Beyerlin. HBS 1, 279–299.
– –, [3]1995: Das Hiobproblem. Seine Stellung und Entstehung im Alten Orient und im Alten Testament. EdF 84.
Peels, H.G.L., 2001: The Blood „from" Abel to Zechariah" (Matthew 23,35; Luke 11,50f.) and the Canon of the Old Testament, ZAW 113, 583–601.
Ringgren, H., 1993: *ryb*, in: ThWAT VII, 496–501.
Roth, M.T., 1995: Mesopotamian Legal Traditions and the Laws of Hammurabi, CKLR 71,1, 13–39.
Schmidt, H., 1928: Das Gebet der Angeklagten im Alten Testament. BZAW 49.
Schroeder, Chr., 2000: Psalm 3 und das Traumorakel des von Feinden bedrängten Beters, Bib. 81, 243–250.
Sitzler, D., 1995: Vorwurf gegen Gott. Ein religiöses Motiv im Alten Orient (Ägypten und Mesopotamien). StOR 32.
Smend, R., [4]1989: Die Entstehung des Alten Testaments. ThW 1.
Soden, W. von, 1936: Schwer zugängliche russische Veröffentlichungen altbabylonischer Texte. 1. Ein Opferschaugebet bei Nacht, ZA 43, 305–308.
Stolz, F., 1983: Psalmen im nachkultischen Raum. ThSt(B) 129.
Stuhlmacher, P., 2001: Klage und Dank. Exegetische und liturgische Überlegungen zu Römer 7, JBTh 16, 55–72.
Weippert, M., 1988: Aspekte israelitischer Prophetie im Lichte verwandter Erscheinungen des Alten Orients, in: G. Mauer / U. Magen, (eds.), Ad bene et fideliter seminandum. Festgabe für Karlheinz Deller zum 21. Februar 1987. AOAT 220, 287–319.
Waldow, E. von, 1953: Anlaß und Hintergrund der Verkündigung des Deuterojesaja. Diss. ev.theol. Bonn.
Walther, A., 1917: Das altbabylonische Gerichtswesen. LSS 6,4–6.

Westermann, C., 1983: Lob und Klage in den Psalmen, Göttingen.
Zenger, E., 1993: in: F.-L. Hossfeld / E. Zenger, Die Psalmen. Psalm 1–50. NEB.AT 29.
Zgoll, A., 1997: Der Rechtsfall der En-ḫedu-Ana im Lied nin-me-šara. AOAT 246.
– –, 2002: Die Kunst des Betens. Studien zu akkadischen Handerhebungsgebeten an Ištar. AOAT (im Druck).

Der anthologische Psalm 72
Messianische Interpretation amurritisch-kanaanäischer Traditionen in nachexilischer Zeit[1]

Königtum und Gerechtigkeit gehen in Ps 72 von Anfang an eine solch enge Verbindung ein, daß das Königtum mit der Ausübung von Gerechtigkeit gegenüber Armen und Unterdrückten geradezu einseitig identifiziert erscheint. Die Gleichsetzung von Königtum und Schutz der Schwachen wird allen anderen Funktionen westsemitischen Königtums übergeordnet. Ps 72 vermittelt folglich den Eindruck, daß der König in der ihm aufgetragenen Verwaltung der Justiz zu Gunsten der Armen aufzugehen habe und andere für die Gemeinschaft bedeutsame Bereiche, wie z.B. kultische, militärische und wirtschaftliche Aufgaben, für die Leitung des Königreiches ohne Wichtigkeit oder nur von zweitrangigem Belang seien. Der patriarchale Charakter des altsyrisch-kanaanäischen Königtums erscheint in Ps 72 in geradezu überspitzter Form dargestellt.[2]

Eine weitere Besonderheit zeichnet Ps 72 aus. Neben der Beschreibung des perfekten gerechten Königs hebt er die friedliche Auswirkung seines Wirkens auf den Zustand der Natur hervor. Den vollkommenen König begleitet in seiner Umwelt Glück und Fruchtbarkeit.

Wer sich Ps 72 zuwendet, sieht sich folglich vor die Aufgabe gestellt, das Neben- und Ineinander der beiden Motivketten entweder *in sensu litterali* historisch oder metaphorisch, symbolisch, typologisch oder messianisch zu erklären.[3]

---

1 Vgl. O. Loretz, Die Gerechtigkeit des Königs im anthologischen Psalm 72. Messianische Interpretation amurritisch-kanaanäischer Traditionen in nachexilischer Zeit, in: id., Götter – Ahnen – Könige als gerechte Richter. Der „Rechtsfall" des Menschen vor Gott nach altorientalischen und biblischen Texten. AOAT 290. 2002, Teil 3, Kapitel 2.

2 S. Lafont 1998, 163, charakterisiert das westsemitische Königtum z.B. folgendermaßen: „Si l'activité principale du roi reste en effet la guerre, sa mission essentielle est la justice."
Zum patriarchalen Charakter des altsyrisch-kanaanäischen und altorientalischen Königtums, dem besonders die Witwen und Waisen, die Schwachen und Unterdrückten, die keinen schützenden Patriarchen haben, zum Schutz anempfohlen sind, siehe u.a. R. Westbrook 1995, 149–161; J.D. Schloen 2001, 50–89. 256–262.

3 G. Ravasi II 1983, 464; J.-M. Auwers II 1994, 404–444, „Les psaumes 70–72 en conclusion des prières de David".

0. Einleitung – Probleme der Auslegung

Die in Ps 72 vorhandenen kolometrischen, philologischen und inhaltlichen Spannungen und Differenzen finden in Kommentaren und Einzelabhandlungen grundsätzlich die drei folgenden Lösungen: *Erstens* Ausscheidung, Kennzeichnung oder Annahme von sogenannten sekundären Zusätzen[4]; *zweitens* Gliederung des Liedes in zwei ursprüngliche Einheiten[5]; und *drittens* Interpretation des überlieferten Textes als einer ursprünglichen[6] oder mehrschichtigen, planvollen[7], redaktionellen[8] Einheit.

Entgegen der Ansicht, der Gedankengang in V. 1aβ–17 sei nicht leicht zu erfassen, weil Wiederholungen den Fortschritt der Wünsche und Bitten hemmten, setzt man die These entgegen, daß diese Wiederholungen geradezu ein Indiz für die Programmatik des Textes seien.[9]

Ein besonderes Kapitel der Auslegung bilden die Versuche, den Text in poetische Einheiten zu gliedern. Die jeweils einer Interpretation zugrundegelegten poetologischen und inhaltlichen Prinzipien veranlassen Autoren zu den unterschiedlichsten Gliederungen in Bikola, Trikola und Strophen.[10]

---

4 F. Baethgen 1904, 222; W. Staerk 1920, 252; B. Duhm 1922, 278; K. Seybold 1996, 277; B. Janowski 1997, 46–49.

5 P. Veugelers 1965, 317–343, interpretiert V. 1–11 und 12–17 als zwei thematisch und strukturell parallele Gebete für den König. W. Beuken 1977, 223–232, versteht V. 1–11 und 12–17 als zwei Teile eines Rituals.

6 H. Gunkel 1926, 308, argumentiert, daß der Gedankengang des Gedichts nicht allzu straff sei und sich in Wiederholungen bewege. Es sei möglich, daß der Verfasser bereits geprägte Stoffe benutzt habe; H. Schmidt 1934, 136; H.-J. Kraus I 1978, 656, urteilt, daß Wiederholungen zwar den Fortschritt der Wünsche und Bitten hemmten, aber man könne folgende Stücke voneinander abheben: V. 1–4. 5–7. 8–11. 12–14. 15–17.

7 B. Janowski 1998, 23–25; E. Zenger 2000, 310–311, nehmen an, daß die in V. 2–17 folgenden Bitten bzw. Wünsche eine plan- und kunstvoll gestaltete Komposition darstellten, die sich in die fünf Abschnitte V. 2–4. 5–7. 8–11. 12–14. 15–17 gliedern ließen. Vgl. P. Auffret 1996, 54–55, V. 1–4. 5–8. 9–11. 12–14. 15–17. 18–19.

8 C.A. Briggs / E.G. Briggs II 1907, 131, schreiben einem Editor folgende Passagen zu: V. 8. 9–10. 12. 17b; B. Janowski 1997, 46, Zusätze / Überarbeitungen V. 8–11. 17aγ.b und V. 5. 15?; E. Zenger 2000, 312, Primärpsalm V. 1b–7. 12–14. 16–17b, der durch die redaktionsgeschichtlich zu erklärende Erweiterung V. 8–11. 15. 17cd ergänzt worden sei.

9 B. Janowski 1997, 49.

10 Siehe die Übersicht bei P. van der Lugt 1980, 308–313; J.-M. Auwers II 1994, 405–408. 423–426. Es liegen z.B. folgende Gliederungen in Strophen vor:
1. Vier Strophen: G. Ravasi II 1983, 470, feierliche Anrufung V. 1–4; königlicher Hymnus mit vier Strophen: 1. V. 5–8, 2. V. 9–11, 3. V. 12–14, 4. V. 15–17;
2. Fünf Strophen: H. Gunkel 1926, 304–305. 308, der betont, daß eine regelmäßige Strophenbildung nicht hervortrete, gliedert das Lied in folgende fünf Strophen: 1. V. 1b–3 – zwei Bikola, ein Trikolon; 2. V. 4–7 – ein Bikolon, ein Trikolon, zwei Bikola; 3. V. 8–11 – fünf Bikola; 4. V. 12–16 – drei Bikola, ein Trikolon?, zwei Bikola; 5. V. 17 – ein Bikolon, ein Monokolon; K. Seybold 1996, 275–277, fünf Strophen: 1. V. 1b–4 – drei Bikola, ein Trikolon; 2. V. 5–7 – drei Bikola; 3. V. 8–11 – fünf Bikola; 4. V. 12–15 – drei Bikola, ein Monokolon, ein Bikolon; 5. V. 16–17 – ein Trikolon, drei Bikola; B. Janowski 1997, 46–48, ein

Mangelnde Übereinstimmung beherrscht auch die Diskussion über die Gattung und die Entstehungszeit des Liedes. Neben differierenden Anschauungen über die kultische Verbindung des Textes mit einer bestimmten Thronbesteigungsfeier[11], irgendeiner Thronbesteigung[12], der Gedenkfeier einer Thronbesteigung[13] oder dem Thronbesteigungsfest bei der Neujahrsfeier[14] finden sich auch allgemein gehaltene Angaben, die von einem an Jahwe gerichteten Bittgebet für den König / Königssohn[15] sprechen.

In schärfstem Gegensatz hierzu stehen messianische Deutungen des Liedes[16], die an die jüdisch-christliche Tradition[17] anschließen.

Eine Reihe von Autoren nimmt an, daß Ps 72 eine nachträgliche messianische Deutung erfahren habe.[18] Eine Mittelstellung nehmen in dieser Frage jene Inter-

---

Bikolon V. 1b und fünf Strophen: 1. V. 2–4 – zwei Bikola, ein Trikolon; 2. V. 5–7 – drei Bikola; 3. V. 8–11 – Einschub, fünf Bikola; 4. V. 12–14 – drei Bikola; 5. V. 15–17 – zwei Trikola, zwei Bikola; E. Zenger 2000, 303–304, ein Bikolon V. 1b und fünf Strophen: 1. V. 2–4 – zwei Bikola, ein Trikolon; 2. V. 5–7 – drei Bikola; 3. V. 8–11 – vier Bikola; 4. V. 12–14 – drei Bikola; 5. V. 15–17 – ein Trikolon, vier Bikola.

3. Zehn Strophen: R. Tournay / R. Schwab 1964, 306–309, zehn Strophen zu je zwei Bikola; R.J. Tournay 1991, 224–225, zehn Strophen.

11 M. Arneth 2000, 99–102. 203–205, Krönung des Königs Josia (639 v.Chr.).

12 Siehe z.B. folgende Stimmen: F. Baethgen 1904, 222, abgesehen von V. 8–11 eine zum Regierungsantritt irgend eines israelitischen Königs verfaßte Ode; C.A. Briggs / E.G. Briggs II 1907, 131, „Ps 72 was originally a petition for a king on his ascending the throne."; W. Staerk 1920, 253, Regierungsantritt eines israelitischen Königs; H. Gunkel 1926, 308, führt hierzu folgendes aus: „Sicher ist demnach, daß der Psalm zur Zeit eines israelitischen Königs geschrieben worden ist; welcher es sein mag, ist nicht zu sagen."; H. Schmidt 1934, 137, Jahresfest der Regierung des Königs, Herbstfest; B. Bonkamp 1949, 340. 343, Thronbesteigung, Krönungsfeier, Krönungslied; H.-J. Kraus 1978, 657, Fest der Thronbesteigung des judäischen Königs oder ein jährlich bzw. in regelmäßigen Abständen gefeiertes „Königsfest"; G. Ravasi II 1983, 465; K. Seybold 1996, 277, ein Königspsalm, geschaffen für einen offiziellen höfischen Anlaß.

13 H. Gunkel 1926, 305, ein Gebet für den König etwa am Tag der Thronbesteigung oder des Jahresfestes (Hos 7,5; Gen 40,20) des Königs.

14 S. Mowinckel I 1962, 67–69.

15 B. Janowski 1997, 48; E. Zenger 2000, 310, insgesamt ein an Gott gerichtetes Bittgebet für den König / Königssohn.

16 A. Deissler II 1964, 109; R. Tournay / R. Schwab 1964, 106 Anm. a; J. Becker 1966, 34, vermerkt zu der in Frankreich entwickelten *relecture* folgendes: „Seit langem hat in der Exegese die Auffassung Heimatrecht, daß Königslieder wie Ps 2, Ps 72 und Ps 110, die ursprünglich den davidischen Königen galten, in nachexilischer Zeit durch *Messianisierung* und eine gewisse *Eschatologisierung* zu messianischen Psalmen im strikten Sinne geworden sind."; vgl. id. 1977a, 576–577, Salomo-Travestie des königlichen Volkes; id. 1977b, 72, Ps 72 als eine Salomo-Travestie des königlichen Volkes. Die Königspsalmen seien mit einer kollektiven Sinngebung gedichtet worden, eventuell unter Benutzung vorexilisch geprägter Formen und Bauteile; J.-M. Carrière 1991, 49–69; R.J. Tournay 1991, 227.

17 Zur messianischen Deutung in der jüdischen und christlichen Tradition siehe u.a. H. Herkenne 1936, 241–242; G. Ravasi II 1983, 463–467; E. Zenger 1993, 61–65.

18 C.A. Briggs / E.G. Briggs 1907, 131, durch Zugaben eines „editors" von V. 8. 9–11. 12 und 17b; B. Duhm 1922, 278, durch Einsetzung von V. 5–9. 11 die Wendung ins Messianische, eine absichtliche Änderung seines Charakters.

preten ein, die davon sprechen, daß Ps 72 den davidischen Herrscher in ein messianisches Licht rücke.[19]

Die Vorgaben über den *Sitz im Leben* von Ps 72 spiegeln sich in den Datierungen wider, die von der vorexilischen Zeit[20] bis in die hasmonäische[21] und die ptolemäische Periode[22] reichen.

Hypertrophie der Sprache, Hofstil, und geographische Angaben wurden sogar als Indiz dafür gewertet, daß nicht vom Messias, sondern von einem ausländischen König die Rede sei.[23]

In neueren Kommentierungen und Beiträgen legt man besonderes Gewicht auf die Feststellung, daß Ps 72 in Form und Stil altorientalischen Königsinschriften verwandt sei.[24]

Aufmerksamkeit und Widerspruch findet besonders die These, daß das Lied dem Inthronisationshymnus des assyrischen Königs Assurbanipal nachgebildet und auf König Josia zu beziehen sei.[25]

Der aus Ugarit stammende akkadische Text RS 79.025A + B; RS 79.025C3 enthält Elemente, die an Ps 72 erinnern. Es wird diskutiert, ob ein Vergleich mit dem biblischen Gedicht angebracht ist.[26]

---

19 H. Keßler 1899, 157, lehnt es z.B. ab, V. 8–11 als messianischen Einschub zu bewerten. Er gelangt zu folgender Sicht: „Hienach wird man den Ps. nicht als eine messianische Überarbeitung einer ursprünglich nicht messianischen Unterlage anzusehen haben, sondern es liegt hier dieselbe Erscheinung vor, wie in Ps 2. Der Psalmist rückt den derzeitigen, vielleicht eben die Regierung antretenden König in das Licht der Messianität; dies war seit 2 Sam 7 bei jedem Davididen möglich.“; ähnlich G. Ravasi II 1983, 466; B. Janowski 1997, 64–65, bezeichnet die redaktionellen Zusätze V. 8–11. 17aβ.b als Einbringungen mit universalen und messianischen Tendenzen.

20 M. Dahood II 1968, 179, „pre-Exilic“; H.-J. Kraus 1978, 657, zweifellos vorexilisch, verhältnismäßig frühe Zeit; D.N. Freedman 1980, 104. 118, mit W.F. Albright 10. Jh. v.Chr; B. Janowski 1997, 46, für die Grundfassung sei ein spätvorexilisches Entstehungsdatum wahrscheinlich; G. Ravasi II 1983, 467, ein Königslied aus der Zeit des Propheten Jesaja oder aus dem 7. Jh. v.Chr.; E. Zenger 2000, 314, nimmt an, daß die Grundform von Ps 72 im 7. Jh. als theologisch-programmatischer Text der Königstheologie (mit „Sitz“ in der Liturgie) entstanden sei.

Siehe ferner J.-M. Auwers II 1994, 408 Anm. 27, zu folgenden Autoren, die für eine vorexilische Datierung der ersten siebzehn Verse von Ps 72 eintreten: Dahood, Eerdmans, Bonnard, Castellino, Gilbert, Panuli, Kirkpatrick, Gunkel, Oesterley, Weiser, Kissane, Maillot-Lelièvre, Mannati, Anderson, Kraus, Lancellotti, Sabourin, Beaucamp, Jacquet, Carrière, L'Hour, Ravasi, Cortese.

21 B. Duhm 1922, 278, für einen hasmonäischen König zu ritualen Zwecken zusammengestellt.

22 J. Olshausen 1853, 305; F. Hitzig II 1865, 114–115, Ptolemäus Philadelphus; J. Wellhausen 1898, 193, 3. Jh. v.Chr.

23 Für Ptolemäus Philadelphus (285 v.Chr.) votieren z.B. Hitzig, Reuss, Olshausen und Cheyne.

24 P. Grelot 1957, 319–321; R. Pautrel 1961, 157–163; P. Veugelers 1965, 317–343; J.C. Greenfield 1971, 267; S.M. Paul 1972, 351–355; A. Malamat 1982, 215–224; K. Seybold 1996, 277; B. Janowski 1997, 43–44. 58–62.

25 Siehe unten Abschnitt 3 zu M. Arneth.

26 Siehe unten Abschnitt 5.2.

Die Verwandtschaft von Stellen in Ps 72 mit späten biblischen Schriften wird entweder als Abhängigkeit von letzteren und als Anhaltspunkt für eine Spätdatierung oder als generelle Stilverwandtschaft[27] gedeutet. Die zahlreichen Querverbindungen zu anderen biblischen Texten gaben auch Veranlassung zur Kennzeichnung des Liedes als einer Anthologie.[28]

Eine große Bedeutung mißt man der Frage bei, inwieweit Ps 72 mit den Königsliedern Ps 2; 89; 110 und Königstexten im Jesajabuch in Verbindung steht.[29]

Der nur schwierig zu beschreibende kolometrische Aufbau des Liedes, seine sprachlichen Ausdrucksformen, die ihm zugrundeliegende altorientalische Königsideologie und seine messianischen Aspekte drängen die wissenschaftliche Interpretation stets von neuem dazu, sowohl das Verhältnis von Ps 72 zur altorientalischen Überlieferung als auch das zur jüdischen Messiaslehre zu überdenken.[30]

1. Text, Kolometrie und Übersetzung

72.1.1 [l[31] šlmh]

____

72.1.2 *'lhym*[32] *mšpṭ*[**y**]**k**[33] *l mlk tn* 17
72.1.3 *w ṣdq***tk** *l bn mlk* 12
. . .
. . .

\=[34]

72.2.1 *ydyn* **'mk** *b ṣdq* 11
72.2.2 *w 'nyy***k** *b mšpṭ* 11

72.3.1 [***yś'w***[35] ***hrym šlwm*** [l 'm[36]] [12] [[15]]

27 H. Gunkel 1926, 308.

28 A. Feuillet 1985, 27; R.J. Tournay 1991, 225–226.

29 Siehe z.B. G.H. Wilson 1986, 88–89; M. Millard 1994, 169–170. 179–180; E.-J. Waschke, 1998, 348–351. 362–364; E. Zenger 2000, 328–329.

30 Seit der von H. Gunkel 1926, 305–308, gegebenen zusammenfassenden Darstellung der Problematik haben sich im wesentlichen keine neuen Gesichtspunkte ergeben.

31 Normal plus [ ]: Redaktionelle Elemente, die den Psalm mit dem Psalter verbinden.

32 *Kursiv*: Textschicht, die im ersten Teil V. 1b–14 besonders das gerechte Tun des Königs hervorhebt und in V. 15a. 17 Anfang und Ende eines Inthronisationshymnus bezeichnet.

33 Normal + **fett**: Redaktionelle Veränderungen und Zusätze mit messianischer Ausrichtung.

34 Abgrenzung von Strophen.

35 *Kursiv* + **fett**: Übernommenes, zitiertes Gut, das besonders allgemeine Kennzeichen einer Königsherrschaft, die sich positiv auf die Natur auswirkt, beschreibt, ohne das Verhältnis des Königs zu den Armen zu thematisieren.

36 Klein: Kommentierende Veränderungen, Zitate, Zusätze und Glossen.

72.3.2 ***w gbʿwt*** [b] ***ṣdqh***][37] [10] [[11]]

72.4.1 *yšpṭ ʿnyy* **ʿm** 10
72.4.2 *w ywšyʿ l bny ʾbywn* [w ydkʾ ʿwšq] 15 (10) [[24]]

. . .[38]

72.5.1 [***w*** yyrʾwk ***ʿm šmš*** [12] <11>
72.5.2 ***w lpny yrḥ dwr dwrym*** [16] (12)

. . .[39]

72.6.1 ***yrd k mṭr ʿl gz*** [11]
72.6.2 ***k rbybym zrzyp ʾrṣ*** [15] (12)
72.7.1 ***yprḥ b ymyw ṣd***[y]***q*** [12] [13]
72.7.2 ***w rb šlwm ʿd bly yrḥ*** [15]

72.8.1 ***w***[40] ***yrd m ym ʿd ym*** [11]
72.8.2 ***w m nhr ʿd ʾpsy ʾrṣ*** [14]
72.9.1 ***lpnyw ykrʿw ṣyym*** [14]
72.9.2 ***w ʾybyw ʿpr ylḥkw*** [14]

72.10.1 [mlky tršyš w ʾyym [14]
72.10.2 mnḥh yšybw [9]
72.10.3 mlky šbʾ w sbʾ [11]
72.10.4 ʾškr yqrybw] [10] (8)

72.11.1 ***w yštḥww lw*** [kl] ***mlkym*** [14] [[16]]
72.11.2 ***kl gwym yʿbdwhw***] [13]

72.12.1 *ky ysyl ʾbywn m šwʿ* 15
72.12.2 *w ʿny w ʾyn ʿzr lw* 13

---

37 Die aus drei Bikola bestehende Strophe V. 8–9. 11 läßt den Schluß zu, daß sowohl bei V. 5 und V. 6–7 als auch bei V. 3 wahrscheinlich solche dreigliedrige Strophen bei dem Lied vorauszusetzen sind, aus dem die Zitate entnommen wurden.

38 Siehe oben Anm. 37.

39 Siehe oben Anm. 37.

40 Siehe oben Anm. 37.

72.13.1	[yḥs ʿl dl w ʾbywn		[13]
72.13.2	w npšwt ʾbywnym ywšyʿ]		[11] (18)
72.14.1	*m twk* [w m ḥms] *yg'l npšm*	12 [17]	
72.14.2	*w yyqr dmm b ʿynyw*	14	
	. . .		

72.15.1	[w] *yhy* <*h mlk*>	3 <7> [4]	
72.15.2	[w ytn lw m zhb šbʾ]		[13]
72.15.3	w ytpllw bʿdw tmyd		[14]
72.15.4	kl h ywm ybrknhw]		[13]

72.16.1	***yhy pst br b ʾrṣ***	12	
72.16.1	***b rʾš hrym yrʿš*** <***ḥṭh***>	12 <15>	
72.16.3	***k lbnwn pryw w*** [***y***] ***ṣyṣw***	15 [16]	
72.16.4	***mʿyr***<***w***> ***k ʿśb h ʿrṣ***	12	

72.17.1	*w yhy šmw l ʿwlm*	12	
72.17.2	*lpny šmš ynyn šmw*	14	
72.17.3	[*w*] *ytbrkw bw kl gwym*	14 [15]	
72.17.4	*y'šrhw* <*kl šbty ʾrṣ*>	6 <15>	

72.18.1	[[41]brwk YHWH [ʾlhym] ʾlhy yśrʾl		[17] [[21]]
72.18.2	ʿśh nplʾwt lbdw		[13]
72.19.1	w brwk šm kbwdw l ʿwlm		[17]
72.19.2	w ymlʾ kbwdw ʾt kl h ʾrṣ		[18]
72.19.3	ʾmn ʾmn		[8]
72.20.1	klw tplwt dwd bn yšy]		[16]

41 Siehe unten Abschnitt 2 zu Z. 18–20.

72.1.1 [Über Salomo.]

72.1.2 ‚*Jahwe*‘, **dein**[e] *Rechtsurteil*[**e**] *verleihe dem König*
72.1.3 *und* **deine** *Gerechtigkeit***stat** *dem Königssohn!*
. . .
. . .

72.2.1 *Er wird Recht sprechen* **deinem Volk** *in Gerechtigkeit*
72.2.2 *und de***ine***n Armen mit Recht!*

72.3.1 [***Es mögen die Berge Heil bringen*** [dem Volk]
72.3.2 ***und die Hügel*** [mit] ***Gerechtigkeitstat!***]

72.4.1 *Er wird die Armen* **im Volk** *richten,*
72.4.2 *Heil schaffen den Verarmten* [und/aber: er zermalme den Erpresser]*!*

. . .

72.5.1 ‚***Er dauere***‘ ***vor der Sonne,***
72.5.2 ***und vor dem Mond von Geschlecht zu Geschlecht,***
. . .

72.6.1 ‚***Wie der Regen***‘, ***der herniederkommt auf die Wiesenschur,***
72.6.2 ***wie Regenschauer,*** ‚***die***‘ ***das Land*** ‚***besprengen***‘!
72.7.1 ‚***Er lasse sprossen***‘ ***in seinen Tagen die*** ‚***Gerechtigkeit***‘,
72.7.2 ***und*** ‚***mache reichlich***‘ ***das Heil ohne*** ‚***Ende***‘!

72.8.1 ***Und er herrsche von Meer zu Meer,***
72.8.2 ***vom Strom bis zu den Enden der Erde!***
72.9.1 ***Vor ihm müssen*** ‚***seine Gegner***‘ ***knien,***
72.9.2 ***seine Feinde den Staub lecken!***
72.10.1 [Die Könige von Tarschisch und der Küsten
72.10.2 sollen Gaben bringen,
72.10.3 die Könige von Scheba und Saba
72.10.4 Tribut entrichten!]
72.10.3 ***Ihm sollen sich beugen*** [alle] ***Könige,***
72.10.4 ***alle Völker ihm dienen!***

72.12.1 *Denn er rettet den Armen ,vor dem Reichen'*
72.12.2 *und den Elenden und den, der keinen Helfer hat.*
72.13.1 [Er erbarmt sich des Geringen und Armen
72.13.2 und den Seelen der Armen hilft er!]
72.14.1 *Aus Bedrückung* [und aus Gewalttat] *erlöst er ihre Seele,*
72.14.2 *kostbar ist ihr Blut in seinen Augen!*

72.15.1 [Und:] *Es lebe <der König>!*

72.15.2 [Und: Er gebe ihm vom Gold aus Scheba!]
72.15.3 [Und: man bete immerdar für ihn,
72.15.4 segne ihn jeden Tag!]

72.16.1 ***Es sei Überfluß an Korn im Lande,***
72.16.2 ***auf der Berge Gipfel ,gedeihe' < Weizen>,***
72.16.3 ***Wie der Libanon seine Frucht und seine ,Blüte',***
72.16.4 ***wie das Kraut des Feldes ,<seine> Halme'!***

72.17.1 *Sein Name dauere in Ewigkeit,*
72.17.2 *vor der Sonne ,bleibe' sein ,Gedenken'!*
72.17.3 *Mit ihm sollen sich segnen <alle Stämme der Erde>,*
72.17.4 *ihn sollen preisen alle Völker!*

72.18.1 [Gesegnet sei Jahwe [Gott], Israels Gott,
72.18.2 der Wunder tut allein.

72.19.1 Und gesegnet sei sein herrlicher Name in Ewigkeit,
72.19.2 seine Herrlichkeit fülle die ganze Erde!

72.19.3 Amen, Amen.

72.20.1 Es enden die Gebete Davids, Sohnes Isais.]

2. Anmerkungen zu Kolometrie und Übersetzung

72.1.1

l šlmh – „von / über / für Salomon".

Nach Ps 72,20 übergibt in Ps 72 David das Wort an Salomo, seinen Sohn und Nachfolger; J.-M. Auwers II 1994, 432–434.

Zu Ps 72 und 127 als Salomopsalmen im Kontext von Davidpsalmen, siehe M. Millard 1994, 123–124. 179–180; Ch. Rösel 1999, 43. 162. 175.

In engstem Zusammenhang mit dieser Angabe steht der Kolophon V. 18–19. Das Königtum Salomos erscheint zu Beginn noch als ein positives Ereignis. In Parallele zu Jes 32,1–5. 15–20 stellt die königliche Herrschaft eine Heilszeit im Bereich von Gesellschaft und Natur dar (E.-J. Waschke 1998, 364); vgl. dagegen die Wegnahme des Königtums von Salomo wegen seiner Sünden (I Reg 11,11; 14,8; II Reg 17,21; A. Malamat 1998b, 234–235).

72.1.2 – 72.4.2

Für die Gliederung der vier poetischen Einheiten werden u.a. folgende Vorschläge unterbreitet[42]:

1. Erste Strophe V. 1–3, zwei Bikola plus ein Trikolon; V. 4, ein Bikolon, erstes Glied der zweiten Strophe: F. Baethgen 1904, 222–223; H. Gunkel 1926, 304; siehe ferner P. van der Lugt 1980, 311, zu Zenner / Wiesmann, Beaucamp.
2. V. 1 selbständiges Bikolon, V. 2–4 eine Strophe bestehend aus zwei Bikola (V. 2–3) und einem Trikolon (V. 4): G. Ravasi II 1983, 461. 470, spricht von einer feierlichen Anrufung, die V. 1–4 umfasse, wobei er jedoch V. 1b von V. 2–4 absetzt; B. Janowski 1997, 46–47; E. Zenger 2000, 303.
3. Eine Strophe, drei Bikola (V. 1–3) plus ein Trikolon (V.4): K. Seybold 1996, 275.
4. Zwei Strophen zu je zwei Bikola (V. 1–2 und 3–4): B. Duhm 1922, 274–275; siehe ferner P. van der Lugt 1980, 311, zu Condamin, Calès, Podechard; R. Tournay / R. Schwab 1964, 306–307.
5. Eine Strophe zu vier Bikola: N. Schlögl 1915, 47; P. van der Lugt 1980, 308. 311, mit Köster, Delitzsch, Kissane, Ridderbos, van der Ploeg, Skehan, Kselman.

Im Abschnitt V. 1b–4 folgt auf ein einleitendes Bikolon (V. 1b) eine Strophe, die aus den beiden Bikola V. 2 und 4 besteht, die durch den Einschub V. 3 von einander getrennt sind.

---

42 Siehe ferner P. van der Lugt 1980, 311.

Der Redaktor hat V. 1b mit der folgenden Strophe durch *'mk* „dein Volk" (*72.2.1*) mittels der Abfolge der Wörter *mšptyk* – *ṣdqtk* – *'mk* zu einer sekundären Einheit verbunden. Es ist folglich nicht auszuschließen, daß bei diesem redaktionellen Eingriff das auf V. 1b folgende Bikolon aus Gründen der Straffung der neuen, messianisch orientierten Aussage ausgeschieden wurde; siehe zu dieser Problematik unten Abschnitt 4.2.1.

72.1.2 – 72.1.3

Den Aufbau des Bikolons bestimmen die beiden Wortpaare

mšpṭ || *ṣdq(h)*
mlk || *bn mlk*.

Das erste Bikolon ist mittels des Wortpaares *mšptyk* || *ṣdqtk* direkt mit den beiden nachfolgenden Bikola V. 2 und 4 durch *'mk* || *'nyyk* (V. 2) und *'m* (V. 4) verbunden. Durch diese Verknüpfung deutet der Redaktor an, daß der König zwischen Gott und dem Volk Gottes eine Mittlerfunktion ausübt, die vornehmlich zu Gunsten des Volkes Gottes (*'mk*) ausgeübt werden soll.

Ob die von der altorientalischen Tradition, die nur eine Bitte um Recht und Gerechtigkeit kennt, abweichende Formulierung als *interpretatio israelitica* des altorientalischen Motivs der sozialen Verantwortung für die Schwachen zu sehen (so z.B. B. Janowski 1997, 63), oder auf eine messianische Deutung von Ps 72 zurückzuführen ist, bedarf besonderer Beachtung; siehe unten Abschnitt 4.2.1.

'lhym „Gott" – Zur Frage, ob im elohistischen Psalter (Ps 42–83) *'lhym* die Namen *YHWH* oder *b'l* „Herr" ersetzt, siehe z.B. M. Millard 1994, 169–171.

mšpṭ* || *ṣdq(h) „Urteilsspruch" || „Gerechtigkeit(stat)" – Der König empfängt von seinem Gott die Fähigkeit zu gerechten Gerichtsurteilen (Ps 36,7). Er fungiert als Vermittler zwischen Gottheit und Volk (Ps 2,7–9) und er erhält von der Gottheit Weisheit, die ihn bei seiner Regierung leitet (D.M. Clemens 2001, 1026 mit Anm. 1885, zu RS 79.025A+:14–15; KTU 1.108:23. 25 [*ḥtk*], und zur täglichen Ausübung der Gerechtigkeit nach KTU 1.16 VI 33–34. 45–50; 1.17 V 6–8; 1.19 I 19–25). Vgl. dagegen Dtn 17,14–20; F. Crüsemann 1992, 274.
Das Wortpaar ist im Sinne der Formel *'śh mšpṭ w ṣdqh* zu verstehen; vgl. P. Bovati 1994, 189–190.

mšpṭ „Urteilsspruch" – lies *mšpṭk*, BHSc; vgl. V. 2 den Parallelismus *ṣdq* || *mšpṭ*.

ṣdqh „Gerechtigkeitstat" – Für die Vorlage des redaktionell bearbeiteten Bikolons ist nach V. 2 *ṣdq* „Gerechtigkeit" anzusetzen.
Vgl. dagegen K. Koch 1998, 60, der zu Ps 72,1–3, unter der Voraussetzung, daß Ps 72 ein einheitlicher Text vorliege, vermerkt, daß bei der Übereignung der göttlichen Wirkgröße an die Gemeinde dem König eine Schlüsselrolle zu-

geschrieben werden könne. Ps 72,1–3 erflehe für den König, daß Jahwe ihm eine *ṣdqh* zukommen lasse, damit er in *ṣdq* regiere. Dies habe zur Folge, daß die Hügel jedes Jahr dem Volk *ṣdqh* Frucht tragen und in seinen Tagen die Untertanen *ṣdyq* werden (V. 6). Dem entspreche bei den Propheten, daß die *ṣdq* des Heilskönigs zum Umschlagplatz für die Rechtschaffenheit und das Heil des Volkes werde (Jes 9,6 u. ö.).

mlk* || *bn mlk „König" || „Königssohn" – Der König wird als legitimer Nachfolger (*bn mlk*) seines Vaters vorgestellt. Wahrscheinlich beinhaltet das Wortpaar eine Umschreibung der davidischen Dynastie, die im wesentlichen aus dem Stammvater David und seinem messianischen Nachkommen besteht.

bn mlk „Königssohn", d.h. legitimer Nachfolger – N. Sacher Fox 2000, 43–53, zu *bn hmlk* als Bezeichung eines königlichen Prinzen.

72.2.1 – 72.2.2 + 72.4.1 – 72.4.2

Die beiden Bikola V. 2 und 4 sind durch die Wortpaare

dyn – špṭ || *yšʿ* hif
ʿmk || *ʿnyyk – ʿnyy ʿm* || *bny ʾbywn*

engstens miteinander verbunden.

Zugleich schließt das Wortpaar *ṣdq* || *mšpṭ* in *72.2.1 – 72.2.2* die Strophe direkt an den Parallelismus *mšpṭ* || *ṣdqh* im vorangehenden ersten Bikolon *72.1.2 – 72.1.3* an.[43]

Vom Parallelismus *ʿny* || *ʾbywn* her liegt die Annahme nahe, daß in der Kette

ʿmk || *ʿnyyk – ʿnyy ʿm* || *bny ʾbywn*

das Wort *ʿm* „Volk" aus redaktionellen Gründen eingesetzt wurde und für die Vorlage von folgenden Parallelismen auszugehen ist:

* *ʾbywn* || *ʿnyym – ʿnyym arṣ* ? || *bn(y) ʾbywn.*

Für diese Erklärung der sekundären Position von *ʿm* „Volk" spricht zusätzlich, daß *ʿm* „Volk" auch in *72.3.1* nachträglich eingefügt worden ist.

dyn – špṭ* || *yšʿ hif „richten" – „urteilen, richten" || „retten".

Zu *dyn* || *špṭ* vgl. ug. *dn* || *ṯpṭ*; M. Dahood, RSP I 1972, 166–167, Nr. 156; Y. Avishur 1984, 586–587, *dyn* || *ṯpṭ*; 615–616, *dyn ʾlmnh* || *špṭ ytm*.

43 Vgl. BHS 2a zu G (*l dyn*); H. Gunkel 1926, 304, „dem Königssohn, daß er dein Volk regiere"; S. Mowinckel I 1962, 68.

dyn „einen Prozeß einleiten, durchführen, richten" – Vgl. E. Dombradi I 1996, 316. 371–372. 374, zu aB *diānu.*

ydyn G PK wird futurisch, als Jussiv oder als ein subordiniertes Glied ohne Konjunktion übersetzt; E. Podechard I 1949, 280.

špṭ || ***yšʿ*** hif „richten, Recht sprechen" || „retten, Heil schaffen" – Y. Avishur 1984, 288, zu Jes 59,11; vgl. P. Bovati 1994, 204, zu *špṭ* ||*yšʿ* hif / *nṣl* hif / *plṭ* pi / *pdh.*

l – E. Podechard I 1949, 280, erwägt, *l* vor *bny ʾbywn* als Aramaismus zu deuten; vgl. V. 13, wo *l* nach *yšʿ* hif fehlt.

ʿm || ***ʿny*** „Volk" || „Armer" – Siehe folgendes Wortpaar **ʾbywn* || *ʿny.*

* ***ʾbywn*** || ***ʿny*** „Armer, Elender" || „Elender" – Vgl. *ʾbywn* || *ʿny* – *ʾyn ʿzr lw*, V. 12; Y. Avishur 1984, 132. 138. 259, zu *ʿny* / *ʾbywn*; P. Bovati 1994, 309 mit Anm. 124. Da im Restteil des Liedes das Possessivsuffix *-k* nicht mehr gebraucht wird, dürfte es sich in V. 2 bei *ʿmk* || *ʿnyyk* um eine Angleichung an das vorangehende Bikolon V. 1b handeln, wobei das Wort *ʿm* „Volk" die Gesamtheit der frommen Juden bezeichnet. J. Wellhausen 1898, 193, kommentiert *ʿmk* „dein Volk" von der Voraussetzung her, daß von einem ausländischen König die Rede sei, folgendermaßen: „Not: *his* people. They do not look upon themselves as belonging to the monarch for whom they pray. They are a spiritual, non-political people (*Thy people* = Thy pious ones), taking no part in the kingdom and its government."

mšpṭ || ***ṣdqh*** – ***ṣdq*** || ***mšpṭ*** „Urteilsspruch" || „Gerechtigkeitstat" – „Gerechtigkeit" || „Urteilsspruch".

R. Mosis 1999a, 78–86, zur Differenz zwischen *ṣdq* „Gerechtigkeit" und *ṣdqh* „Gerechtigkeitstat".

72.4.1

w ydkʾ ʿwšq – Glosse, die das Kolon zerdehnt; F. Baethgen 1904, 223; B. Duhm 1922, 275; etc.

Vgl. dagegen H. Gunkel 1926, 309, *lʾbywn* statt *lbny ʾbywn*; für ein asymmetrisches Trikolon entscheiden sich z.B. K. Seybold 1996, 275; B. Janowski 1997, 47; E. Zenger 2000, 303.

Vgl. dagegen S. Mowinckel 1957, 82, der annimmt, daß vor *w ydkʾ ʿwšq* ein Kolon ausgefallen sei.

Die Glosse betont, daß die Unterdrückung der Armen durch Erpressung erfolgt.

dkʾ pi „zerschlagen" – Beschreibung sozialer Unterdrückung; Jes 3,15; Ps 94,5; Prov 22,22.

ʿšq „ungerecht zurückhalten, erpressen" – E. Salm 1998, 335–353.

72.3.1 – 72.3.2

Das Zitat zerreißt den thematischen Zusammenhang zwischen den beiden Bikola *72.2.1 – 72.2.2 + 72.4.1 – 72.4.2*, die eine Strophe bilden. Dagegen vgl. S. Mowinckel 1957, 81, der V. 3 nach V. 7 versetzt.

Falls V. 3 Teil des in V. 5–9. 11 überlieferten Textes ist, fehlen die parallelen Bikola.

Das Bikolon wird durch die beiden Wortpaare bestimmt:

hr || *gb'h*
šlwm || *ṣdqh*

hr* || *gb'h „Berg" || „Hügel" – Y. Avishur 1984, 441. 698.
Zu Reichtum und Segen, die in Gestalt üppiger Vegetation, durch Metalle und andere Güter aus den Bergen kommen, siehe A. Niccacci 1981, 804–806, zu mesopotamischen und ägyptischen Parallelen; N.M. Waldman 1981, 176–180, keilschriftliche Parallelen; M. Dietrich 1998, 165, zu RS 1979–29 / Msk. 74243,21.

šlwm* || *ṣdqh „Heil, Friede" || „Gerechtigkeitstat" – Vgl. Jes 59,8; Y. Avishur 1984, 288.
Durch ihre Herkunft aus den Bergen werden beide Güter als besonders wertvolle Geschenke Gottes beschrieben.

šlwm „Heil, Friede" – HAL 1398: *šlwm* D 7. Heil aβ, zu Ps 72,3; 7. b, zu *rb šlwm* Ps 37,11; 72,7.

l 'm „für das Volk" – Glosse, die auf *'mk* in *72.2.1* und *'nyy 'm* in *72.4.1* verweist.

[b] ***ṣdqh*** – *b* gleicht an *b ṣdq* und *b mšpṭ* in V. 2 an; siehe BHSc; Fr. Delitzsch 1920, 96; B. Duhm 1922, 274–275; H. Gunkel 1926, 308.

72.4.1 72.4.2

Siehe oben zu *72.2.1 – 72.2.2 + 72.4.1 – 72.4.2.*

72.5.1 – 72.14.2

Die Anschauungen über die kolometrische Struktur dieses sowohl nach oben als auch nach unten gut abgrenzbaren Abschnittes gehen weit auseinander. Im Vordergrund steht bei den Interpreten die Frage, ob und inwieweit in ihm ursprüngliches Material von sekundärem zu unterscheiden ist.

Grundsätzlich ist von der Beobachtung auszugehen, daß die drei Bikola V. 8. 9. 11 als eine strophische Einheit anzusehen sind und sich folglich der ganze Abschnitt V. 5–9. 11 von der Zweistrophigkeit von V. 1b–2. 4. 12–14 abhebt. Von der Strophe V. 8–9. 11 her liegt der Schluß nahe, daß im Bereich von V. 5–7 nur noch Fragmente von zwei vorangehenden Strophen zu je drei Bikola erhalten sind.

Die hier für V. 5–11 vorgeschlagene Gliederung steht allerdings in Widerspruch zu der von Giesebrecht und F. Baethgen getroffenen, die zwischen V. 7 und V. 12 einen Zusammenhang herstellen und V. 8–11 als messianischen oder allzu hochfliegenden Zusatz ausgrenzen.[44] Die negative Bewertung des Abschnittes haben auch andere Autoren übernommen.[45] H. Keßler argumentiert jedoch zu Recht dagegen, daß diese auf den ersten Blick bestechende Hypothese nicht zu halten ist. Denn der unmittelbare Anschluß von V. 12ff. an V. 7 würde eine unebene Gedankenfolge ergeben.[46] Für die Echtheit von V. 8–11 treten auch andere Autoren ein.[47]

Aus kolometrischen Gründen dürfte innerhalb des Abschnittes V. 5–14 nur V. 10 als Zusatz anzusehen sein. Denn die beiden Bikola heben sich durch ihr Qinah-Metrum gut erkennbar vom Kontext ab.

72.5.1 – 72.5.2

yyr'wk „sie mögen dich fürchten", lies *w y'ryk* „und er mache lang (seine Tage)", G BHSa; Ges.[18] 99: *'rk* Hi. 2. Kj. Ps 72,5; G. Ravasi II 1983, 478, nimmt mit J. Koenig an, daß die Metathese auf Schreiber zurückgeht, die zur Verehrung des Messias anleiten wollten.

Siehe zur Redewendung HAL 85: *'rk* hif 1b) zeitlich: jmds Tage, = lang leben lassen; Ges.[18] 99: *'rk* Hi. 2; AHw. 63: *arāku* „lang sein" G 2a); CAD A/2 223–224: *arāku* 1b) to last long, to be long-lasting – 1' with expressions of time (*ūmu*, *šattu*); *urk ym b'ly lpn* GNN, KTU 2.23:20–24; M. Dietrich 1998, 158. 164, „Deine Tage seien lang! || Deine Jahre mögen sich erneuern!"; siehe ferner H. Gunkel 1926, 309; D.M. Clemens 2001, 1025 mit Anm. 1879, „many days and years, as an expression of abundant life" zu RS 79.025A+:2–3, 39–40; KTU 1.108:26–27; 1.6 VI 33–38?; Umkehrung dieses Wunsches in KTU 1.16 VI 54–58.

Die Redewendung *'rk* hif *ymym* in *72.5.1* liegt entweder in elliptischer Form vor oder sie wurde in Zusammenhang mit der Entstehung der Lesung *yyr'wk* um *ymyw* „seine Tage" verkürzt.

Der Wunsch ist auf die Regierungszeit des Königs, seine Tage (Jes 53,10; vgl. Qoh 7,15) zu beziehen. Zum Wunsch, ein langes Leben zu erreichen, siehe u.a. S.M. Paul 1972, 351–355; A. Malamat 1982, 215–224; H.A. Hoffner Jr., 1987, 53–55.

Im Gegensatz zum Wunsch, die Tage des Königs seien lang, steht der Fluch oder die Androhung, seine Tage mögen verkürzt sein; F. Thureau-Dangin,

44 F. Baethgen 1904, 222. 224.

45 C.A. Briggs / E.G. Briggs II 1907, 131, V. 8. 9–11. 12. 17b als redaktionelle Zugaben mit messianischer Tendenz; B. Duhm 1922, 275, scheidet V. 5–11 aus; B. Janowski 1997, 46, V. 8–11; M. Arneth 2000, 40–45; E. Zenger 2000, 312.

46 H. Keßler 1899, 157.

47 Siehe z.B. H. Gunkel 1926, 304; G. Ravasi II 1983, 461–462; K. Seybold 1996, 275–276. 278.

RAcc 8 (Le rituel du kalû) AO. 6472 Rs. 14: „Gesetzt, die Statue des Königs dieses Landes oder die Statue seines Vaters fällt um und zerbricht oder ihre Gesichtszüge sind (dadurch) unkenntlich (geworden): betreffs des Königs dieses Landes, so werden seine Tage verkürzt (u4^{meš}-*šú* lúgud.da^{meš})."

<**ymyw**?> || **dwr dwrym** „<seine Tage>„ || „alle Geschlechter" – Vgl. hierzu akk., ug., he., usw. den Parallelismus *ywm* || *šnh*; Y. Avishur 1984, 601–603; vgl. *alp ymm w rbt šnt b'd 'lm*, KTU 5.9:4–6; M. Dahood, RSP I 1972, 203–204, Nr. 234.

Das Fehlen des Wortes *ymym* wird in Analogie zu Qoh 7,15; 8,12 als später Sprachgebrauch erklärt; E. Podechard I 1949, 280.

'm || **lpny** „vor" || „vor" – M. Dietrich / O. Loretz 1988, 109–116; M. Albani 1994, 313 Anm. 156.

Vgl. dagegen E. Podechard I 1949, 280–281, der von *'m* „comme" (Assimilation, Ps 106,6; Qoh 7,15; 8,12), einem aramäischen Gebrauch (Dan 3,33; 4,31), und *lpny* „à la facon de" (Hi 3,24; 4,19) ausgeht und zugleich auf *k* || *k* in Ps 89,37–38 verweist.

šmš || **yrḫ** „Sonne" || „Mond" – M. Dahood, RSP I 1972, 367, Nr. 577; S.E. Loewenstamm 1980, 329; Y. Avishur 1984, 547–548, zu ug. *špš* || *yrḫ*; id. 2000, 43–44. 200.

Der Wunsch, daß das Leben des Königs mit dem Lauf der Gestirme dauere, ist im Alten Orient weit verbreitet; S.M. Paul 1972, 352–353; M. Dietrich / O. Loretz 1988, 115–116.

šmš „Sonne" – Die Ewigkeit der Sonne wird auf den König übertragen, vgl. zur Ewigkeit der Sonne ug. *špš 'lm* (KTU 2.42:7), Karatepe *šmš 'lm* (KAI 26 A III 9).

R. Schmitt 2001, 175–176, zur solaren Konnotierung des Königs und zur Flügelsonne als Symbol des Nationalgottes (Mal 3,20).

Der Zusammenhang zwischen der Sonne und dem Wunsch nach ewigem Bestand des Königs, seiner Dynastie oder des königlichen Namens (Ps 72,17) dürfte aus der Tatsache zu erklären sein, daß der Sonnengott im Alten Orient in besonderer Weise mit dem Prädikat „ewig" versehen war. Die Sonne erscheint mit ihrer täglichen Wiederkehr als die sichtbare Verkörperung des Ewigkeitsgedankens. Wenn der König durch seine gerechte Herrschaftsausübung dem ewigen Sonnengott wohlgefällig ist, so partizipiert er damit selbst an der Ewigkeit. M. Albani betont zutreffend, daß es wohl kein geeigneteres Symbol zur Legitimierung und Stabilisierung königlicher Herrschaft geben konnte als die allgegenwärtige kosmische Macht „Sonne", die stets allen Untertanen vor Augen ist. Wenn der König an dieser ewigen und universalen Macht teilhat, ist er nahezu unangreifbar. Hier liege ein wesentliches Motiv für die Rezeption solarer Elemente durch das Jerusalemer Königtum; M. Albani 1994, 313–314.

yrḥ „Mond" – M. Albani 1994, 313 Anm. 156, bewertet die Erwähnung des Mondes als eine nachträgliche Einfügung, wie auch der Vergleich mit V. 17 zeige, wo nur von *šmš* die Rede ist.

72.6.1 – 72.6.2

Das Bikolon setzt sich aus den folgenden Parallelismen zusammen:

yrd	‖	*zrp* pilp
k	‖	*k*
mṭr	‖	*rbybym*
gz	‖	*'rṣ*

yrd ‖ ***zrp*** pilp cj „herabsteigen" ‖ „reich besprengen".
zrp pilp cj „reich besprengen" lies *zrzpw*; HAL 271: **zrp*; vgl. dagegen Ges.[18] 312: **zrzyp* Regenguß (?), lies *zrzpw* „wie Regenschauer, die das Land besprengen"; E. Podechard I 1949, 281, spricht von einem Aramaismus.
k ‖ ***k*** „wie" ‖ „wie" – H. Gunkel 1926, 309, schlägt zu Recht in Parallele zu nachfolgendem *k rbybym* die Lesung *k mṭr yrd* vor.
mṭr ‖ ***rbybym*** „Regen" ‖ „Regenschauer" – Vgl. he. *mṭr* ‖ *gšm*; Y. Avishur 1984, 153–154. 677.
Vgl. ug. *mṭr* ‖ *ṭll* (Y. Avishur 1984, 551) und *rbb* ‖ *šr'* (Y. Avishur 1984, 431).
gz ‖ ***'rṣ*** „Wiesenschur" ‖ „Erde".

72.7.1 – 72.7.2

prḥ hif ‖ ***rbh*** hif „sprossen, treiben lassen" ‖ „groß, reichlich machen" – HAL 909: *prḥ* I; E. Podechard I 1949, 281, schlägt in Anlehnung an Lagarde und Bruno die Lesungen *ypryḥ* und *wyrb* vor.
rb „Fülle" – Siehe oben zu *prḥ* ‖ *rbh* hif.
ṣdq ‖ ***šlwm*** „Gerechtigkeit" ‖ „Frieden/Heil".
Der Parallelismus spricht für die Lesung *ṣdq* anstelle von *ṣdyq* „Gerechter"; BHSa; vgl. *šlwm* ‖ *ṣdqh* V. 3. Nach F. Baethgen 1904, 224, ist die Lesung *ṣdyq* durch Ps 92,13 hervorgerufen.
'd bly yrḥ „bis kein Mond mehr ist" – E. Podechard I 1949, 281, erwägt mit F. Buhl für *yrḥ* wie in Jes 5,14 (*l bly ḥq*); 24,5 die Lesung *ḥq*. Ein Schreiber habe hier unter dem Einfluß von V. 5 *yrḥ* eingeführt. In den parallelen Texten Ps 89,37–38; 104,19 würden stets Sonne und Mond genannt.

72.8.1 – 72.11.2

Die dreigliedrige Strophe wird durch zwei Bikola im Qinah-Metrum in V. 10 zerdehnt; B. Duhm 1922, 276, Zusatz nach Jes 60,6. 9.

72.8.1 – 72.8.2

Mit Hilfe der *mn ʿd*-Formel und der beiden Parallelismen

ym || *nhr*
ym || *ʾpsy ʾrṣ*

unternimmt die Dichtung eine umfassende Beschreibung einer königlichen Weltherrschaft. Die Kombination realer und mythischer Vorstellungen ermöglicht eine umfassende Umschreibung des königlichen Herrschaftsbereichs.

rdh „regieren, leiten" – Fr. Delitzsch 1920, 31, nimmt an, daß *wyrdh* zu *wyrd* verkürzt wurde; HAL 1110: *rdh* I qal 2. herrschen (mit dem Nebensinn des Unterdrückens); AHw. 966: *redû* Gtn 7) regieren; B. Janowski 1993, 193–194.

mn ... ʿd „von ... bis" – Formel in geographischen Beschreibungen; M. Saebø 1978, 88–91.

ym* || *nhr „Meer" || „Strom" – M. Dahood, RSP I 1972, 203, Nr. 233; Y. Avishur 1984, 369–370.

ym* || *ʾpsy ʾrṣ „Meer" || „Enden der Erde".

m ym ʿd ym* || *m nhr ʿd ʾpsy ʾrṣ „von Meer zu Meer" || „vom Fluß bis zu den Grenzen der Erde" – Die wörtliche Übereinstimmung mit Mi 7,12; Sach 9,10; Sir 44,21 versucht H. Gunkel (1926, 306, 309) entgegen B. Duhm und E. Kautzsch nicht als Abhängigkeit, sondern als Eigentümlichkeit des Stils zu erklären. Zur Diskussion siehe ferner J.-M. Auwers II 1994, 419–422.

m ym ʿd ym „von Meer zu Meer" = das obere und untere Meer = Mittelmeer – Persischer Golf – In der Vaseninschrift des Lugalzagesi (BE I/2 87; J. Cooper JCS 32 117–118) ist die Formel „Unteres Meer – Oberes Meer" zuerst belegt. Dort wird sie mit der Wendung „von Sonnenaufgang bis Sonnenuntergang" parallelisiert; W. Horowitz 1998, 29. 72–73. 76–77. 92–93. 302. Zur lokalgeographischen und „konkreten" Deutung der Formel siehe ferner M. Saebø 1978, 86–90, der betont, daß die Formel von „Meer zu Meer" nicht die assyrische Strecke vom Mittelmeer zum Persischen Golf beschreibe, sondern mit dem zweiten „Meer" entweder die Aqaba-Bucht oder das Tote Meer gemeint sei.

m nhr ʿd ʾpsy ʾrṣ „vom Fluß bis zu den Enden / Grenzen der Erde" – *nhr* „Strom" wird entweder nach Dtn 11,24 auf den Euphrat (H. Gunkel 1926,

306; M. Saebø 1978, 90–91; E. Ruprecht 1998, 608) oder auf den Urstrom (K. Seybold 1996, 278) bezogen.

Der *nhr* „Strom“ dürfte dem *marratu* „Ozean“ der babylonischen Weltkarte (W. Horowitz 1998, 29–30) entsprechen; zu den *ʾpsy ʾrṣ* „Enden der Erde“ siehe die mesopotamischen Versuche, den kosmischen Ozean und die Enden der Erde zu beschreiben (W. Horowitz 1998, 328–334.

72.9.1 – 72.9.2

Die beiden Wortpaare

krʿ || *ʿpr lḥk*
**ṣr* || *ʾyb*

charakterisieren die poetische Einheit.

Zur Diskussion über den Hofstil von V. 9 und den Vergleich mit EA 100,31ff. siehe K. Grzegorzewski 1937,6; vgl. W.L. Moran 1987, 292–293 mit Anm. 6.

krʿ || ***ʿpr lḥk*** „knieen“ || „Staub lecken“ – Vgl. *krʿ – npl/qrs*, Y. Avishur 1984, 147.

ṣyym Wüstenbewohner?, lies *ṣrym* oder *ṣryw*; Fr. Delitzsch 1920, 111, infolge von Ähnlichkeit oder Undeutlichkeit bzw. Ungenauigkeit *y* statt *r*: *ṣrym* oder *ṣryw*; H. Gunkel 1926, 309 – HAL 956: **ṣy* II.

ṣr || ***ʾyb*** „Gegner“ || „Feind“ – Vgl. ug. *ib* || *ṣrt*, M. Dahood, RSP I 1972, 97–98, Nr. 5; Y. Avishur 1984, 344–346.

72.10.1 – 72.10.4

Die beiden Bikola heben sich bereits durch das Qinah-Metrum vom Kontext ab; siehe auch E. Podechard I 1949, 282, mit Lagrange und Bruno. Sie kommentieren und erklären, wer mit den in *72.11.1* genannten Königen gemeint ist. Es handelt sich um ein Zitat, das thematisch am ehesten an Jes 60,6. 9 erinnert.

Die beiden poetischen Einheiten sind, wie die drei Parallelismen

mlk || *mlk*
tršyš w ʾyym – šbʾ w sbʾ
mnḥh – ʾškrr

zeigen, engstens miteinander verbunden.

mlk – mlk „König“ || „König“.

tršyš w ʾyym – šbʾ w sbʾ „Tarsis und die Küsten“ – „Scheba und Seba“ – Die Bewohner des Mittelmeeres und der arabischen Welt.

tršyš Tarsis ON – HAL 1653–1654: *tršyš* I.
'yym „Küsten (der Mittelmeerländer)" – E. Ruprecht 1998, 607–609.
šb' Saba, Reich und Volk in Südarabien – HAL 1285–1286: *šb'*.
sb' Seba – HAL 697: *sb'*, neben *šb'* in Arabien.
mnḥh – 'škrr „Gabe, Geschenk, Tribut" – „Tribut".
mnḥh „Gabe, Tribut" – HAL 568–569: ***mnḥh*** – Gabe, Geschenk – 5. Tribut.
'škrr „Abgabe, Tribut" – Ges.[18] 108: *'škr* (akk. *i/eškaru*); AHw. 395: *iškaru* (sum. Lw. > *eškār* he. Abgabe, aram. Feld) „Pensum, Ration; Serie".
šwb hif – ***qrb*** hif „(Gaben) bringen" – „(Tribut) entrichten".

72.11.1 – 72.11.2

šḥh hitp || ***'bd*** „sich niederwerfen, sich tief beugen, verneigen" || „dienen, verehren".
šḥh hitp – HAL 283–284: *ḥwh* II eštaf; 1351–1352: *šḥh* hitp; vgl. *šḥh* || *špl*; Y. Avishur 1984, 266–267.
'bd qal „(als Sklave) dienen, sich unterwerfen" – HAL 730–731: *'bd* qal.
[***kl***] || ***kl*** [„alle"] || „alle" – Das erste *kl* dürfte eine Angleichung an das folgende sein.
mlkym || ***gwym*** „Könige" || „Völker".

72.12.1 – 72.12.2 + 72.14.1 – 72.14.2

Die beiden Bikola sind durch die parallelen Formulierungen *nṣl* hif *mn šw'* || *mn twk g'l* miteinander verbunden.

72.12.1 – 72.12.2

Das Bikolon schließt thematisch an V. 3 an und beschreibt die gerechte oberste richterliche Tätigkeit des Königs.

ky „ja".
nṣl hif „herausreißen, retten" – HAL 677: *nṣl* hif.
'bywn || ***'ny – 'yn 'zr lw*** „Armer" || „Armer, Bedrückter – der keinen Helfer hat".
šw' „Vornehmer, Edler, Reicher", lies *m šw'*, BHSa – Ug. ṯ'; HAL 1340: *šw'* I edel, vornehm; H. Gunkel 1926, 309; O. Loretz 1988, 130–133, zur Frage, ob mit LXX die Lesung *m yd šw'* als Ausgangstext vorauszusetzen ist.

72.13.1 – 72.13.2

Das Bikolon ist als Zitat und Kommentar zu *'bywn* in *72.12.1* und zu *npšm* in *72.14.1* zu lesen; H. Gunkel 1926, 309, „... vielleicht ist 13 Zusatz".

ḥws || **yšʿ** hif „mitleidig blicken (auf)“ || „retten“.
ḥws, lies *yḥws* – Fr. Delitzsch 1920, 63. 66.
yḥs ʿl dl w ʾbywn... w npšwt ʾbywnym – Die Abfolge *ʾbywn ... ʾbywnym* ist verdächtig. Außerdem scheint die Formulierung *yḥs ʿl dl* wegen der Redewendung *tḥws ʿyn ʿl* und *tḥws ʿyn* abs. (HAL 286: *ḥws*) auf *tḥws ʿl dlym ʿynw* zu verweisen; E. Podechard I 1949, 282. Wahrscheinlich kam es bei der Einfügung des Zitats zwecks Verstärkung der Aussage zur Textveränderung.
dl – ʾbywn || **npšwt ʾbywnym** „Besitzloser“ – „Armer“ || „Leben der Armen“.

72.14.1 – 72.14.2

twk „Bedrückung, Gewalttätigkeit“ – HAL 1592–1594: *tk*, *twk*.
w m ḥms „und von Gewalttat/Unrecht“ – Eine *w*-Glosse zu vorangehendem *twk*; H. Gunkel 1926, 309, *w*-Glosse mit Baethgen, Duhm u.a.
gʾl G || **yqr** G „auslösen, beanspruchen, für sich fordern, (er)lösen“ || „teuer sein (in den Augen), kostbar sein“ – HAL 162: *gʾl* I qal 4; zu *yqr b ʿyn* siehe AHw. 1460: *(w)aqāru* G 1) selten, teuer werden *ina īnīka lā i-iq-qí-ir* sei dir nicht zu teuer e) jmd.m (*ina pāni* usw) wertvoll werden.
npš || **dm** „Gurgel, Leben“ || „Blut“ – Zu *dm – npš* vgl. M. Dahood, RSP I 1972, 166, Nr. 155; Y. Avishur 1984, 559, 577.

72.15.1 – 72.16.4

Die beiden Wörter *w yḥy* leiten innerhalb von Ps 72 einen neuen Abschnitt ein. *yḥy* bezeichnet als Inthronisationsruf den Beginn eines Liedes auf den König, wie aus westlichen keilschriftlichen, keilalphabetischen und biblischen Parallelen hervorgeht.

72.15.1

w „und“ – Die Konjunktion verbindet *yḥy* mit dem vorangehenden Lied.
yḥy <h mlk> „Es lebe <der König>!“ – Der Ruf *yḥy h mlk* (I Sam 10,24; II Sam 16,16; I Reg 1,25; vgl. Ps 22,27; 69,33) ist verstümmelt überliefert; C.A. Briggs / E.G. Briggs II 1907, 136; vgl. F. Baethgen 1904, 225, der hierzu folgendes ausführt: „Der Optativ *wyḥy* (vgl. v. 8) erinnert sofort an den bekannten Zuruf *yḥy hmlk*.“; G. Ravasi II 1983, 484–485.
Akklamation bei der Inthronisation des Königs, die eine Ode auf den neuen Herrscher einleitet.
Vgl. *yḥy hmlk šlmh* „Es lebe der König Salomo“ (I Reg 3,11–14); *yḥ mlk* (KTU 2.7:9); *buluṭ bēlī* „Lebe, mein König!“ (Emar, Ugarit); M. Dietrich 1998, 156–182.

72.15.2 – 72.15.4

Der strittige Abschnitt ist auf den in 72.15.1 angesprochenen König zu beziehen, wobei sich die erste Bitte an Gott richtet und die zweite an Menschen, an die Untertanen des Königs.

Dagegen sind Deutungen zu registrieren, die V. 15 auf den in V. 12 erwähnten Armen beziehen, der dem König für milde Gaben danke (H. Gunkel 1926, 307), oder auf den König, der den Armen nicht nur mit Gold beschenke, sondern für den Armen auch bete (M. Arneth 2000, 22. 47–48, „Und er soll leben und er [der König] gibt ihm [dem Armen] sabäisches Gold – und er [der König] bete beständig für ihn [den Armen], den ganzen Tag soll er ihn segnen."; E. Zenger 2000, 304. 306–307. 325).

B. Janowski 1997, 57, interpretiert beide Bitten in V. 15 als eine auf den König gerichtete Heilserwartung: „Er lebe, und man gebe ihm Gold aus Scheba! || Und man bete beständig für ihn, || wünsche ihm Segen jeden Tag!"

R. Tournay / R. Schwab 1964, 308 mit Anm. *l*, sehen *w yḥy w ytn lw m zhb šb'* als eine Glosse an, die den Zweck verfolge, V. 15b.c einen akzeptablen Sinn zu geben. Die Ausscheidung von V. 15a führt die beiden Autoren zur Bildung einer asymmetrischen Strophe aus V. 14–15b.c; vgl. ferner R.J. Tournay 1991, 225.

72.15.2

w ytn – Eine mit *w* eingeleitete Glosse und Bitte, Gott möge dem König Reichtum verleihen, vgl. oben V. 10.
zhb šb' – Siehe zu *šb'* oben *72.10.3.*

72.15.3 – 72.15.4

Das Bikolon ist auf den König zu beziehen und als Aufforderung an alle zu verstehen, für den König zu beten.

pll hitp || ***brk*** pi „fürbittend eintreten für" || „segnen = heilvolle Kraft anwünschen".
pll hitp „fürbittend eintreten für" – HAL 882: *pll* B hitp 2a.
tmyd || ***kl h ywm*** „beständig, unablässig" || „allezeit".

72.16.1 – 72.16.4

Die vier Kola von V. 16 bilden strophisch und inhaltlich eine Einheit, die sich gut erkennbar vom vorangehenden Einschub *72.15.2 – 72.15.4* abhebt. Beide Bikola nehmen das Thema der Fruchtbarkeit in der Natur auf, das im ersten Teil gleichfalls in V. 3. 6–7 expliziert wird.

Das Verhältnis der vier Kola zueinander ist durch ein Schreibversehen gestört, das die durch den Parallelismus *k* || *k* geschaffene Balance zwischen den Kola im zweiten Bikolon aufhebt.

Der strittige V. 16 dürfte auf folgenden Text zurückgehen:

yhy pst br b ’rṣ	12
b r’š hrym yrʿš <*ḥṭh*>	12 <15>
k lbnwn pryw w [y]ṣyṣw	15 [16]
k ʿśb h ’rṣ ʿmyr<*w*>	12 <13>.

Es sei Überfluß an Korn im Lande,
auf der Berge Gipfel ‚gedeihe‘ <Weizen>,
Wie der Libanon seine Frucht und seine ‚Blüte‘,
wie das Kraut des Feldes ‚<seine> Halme‘!

Der Zusammenhang von V. 16 mit dem vorausgehenden Kolon *72.15.1* und der nachfolgenden Strophe V. 17 ist nicht mehr mit Sicherheit festzustellen. Es bleibt offen, ob eine ursprüngliche Verbindung mit V. 3. 5–9. 11 besteht, oder ein Zitat aus einem anderen Lied zur Königsthematik vorliegt.

psh „Fülle“? – BHSa, Verweis auf aram. *pys’* abundantia; E. Podechard I 1949, 16; R.J. Tournay 1991, 226, Aramaismus; zur Diskussion siehe ferner H. Gunkel 1926, 310; HAL 892: *psh*.

br || <***ḥṭh***>? „Getreide“ || „<Weizen>“?.

br „Getreide“ – HAL 146: *br* III gereinigtes, ausgedroschenes Getreide; Ges.[18] 172: *br* (aus)gedroschenes Getreide, Korn; AHw. 140: *burrum* eine Art Korn.

ḥṭh „Weizen“.

’rṣ || ***r’š hrym*** „Land, flaches Land“ || „Gipfel der Berge“ – Merismus, der die Gesamtheit des Landes beschreibt.

r’š hrym „Gipfel der Berge“ – Zu den Bergen als Ursprungsort von wertvollen Gütern siehe oben zu V. 3.

rʿš = ***ʿšr***, *yrʿš* lies *yʿšr* – Zu *ʿšr* siehe HAL 849: *ʿšr* I qal reich werden; H. Gunkel 1926, 310; zur Diskussion siehe HAL 1185–1186: *rʿš* I qal 1f; *rʿš* II ?.

k || ***k*** „wie“ || „wie“.

lbnwn || ***ʿśb h ’rṣ*** „Libanon“ || „Kraut / Gras der Erde“ – Ein Merismus, der Berg und Ebene zu einer Einheit vereint?

lbnwn „Libanon“ – Vgl. dagegen H. Gunkel 1926, 310, *lbnwn* „Libanos“, Weihrauchbaum?.

mʿyr, lies *ʿmyr* „geschnittene Ähre“ – Auf Grund des Parallelismus *k* || *k* ist auch für das zweite Kolon zu erwarten, daß das *k* gleichfalls dessen erstes Wort ist. Es ist deshalb vorzuschlagen, das Kolon folgendermaßen zu lesen: *k ʿśb h ’rṣ*

ʿmyr<*w*>. Durch *aberratio oculi* wurde *ʿmyrw* irrtümlich vorweggenommen. Es ist folglich abzulehnen, *mʿyr* zum vorangehenden Kolon zu nehmen; vgl. dagegen BHSb-b; HAL 799: *ʿmyr* cj. *ysyṣ w ʿmyrw*; H. Gunkel 1926, 310.

ṣwṣ, *w ysyṣw* lies *w [y]ṣyṣw* – Vgl. dagegen BHSb-b; H. Gunkel 1926, 310; HAL 950: *ṣwṣ* I hif 1b) blühen.

72.17.1 – 72.17.4

Die letzte Strophe setzt sich aufgrund ihrer sprachlichen Einfachheit von V. 2–16 ab. Es dürfte sich zusammen mit dem Bikolon *72.1.2 – 72.1.3* um eine Rahmung handeln, die dem traditionellen Schema folgt, durch *Inclusio* das Thema des Anfangs (V. 1b) wieder aufzunehmen.[48] Dabei ist vorauszusetzen, daß V. 17 gleichfalls die Funktion der Endrahmung von V. 1b–14 übernimmt.

72.17.1 – 72.17.2

šm || **šm** „Name" || „Name" – Das doppelte *šmw* „sein Name" wird auf Textverderbnis zurückgeführt; H. Gunkel 1926, 310. Es wird entweder vorgeschlagen, anstelle von *yhy šmw* mit G *yhy brwk* (BHSa) zu lesen, oder das zweite *šmw* durch *zrʿw* „sein Same" (H. Gunkel 1926, 310, mit Olshausen, Bickell) bzw. *zkrw* „sein Gedächtnis" (E. Podechard I 1949, 284) zu ersetzen.

O. Keel / Ch. Uehlinger 1992, 303–304, führen die künstlerischen Darstellungen des Namens und die große Bedeutung des königlichen Namens in Juda auf ägyptischen Einfluß zurück.

l ʿwlm || **l pny šmš** „in Ewigkeit" || „vor der Sonne" – Der Parallelismus setzt voraus, daß die Sonne ewig bleibt; Y. Avishur 2000, 61. 200.

nyn „sprossen, Nachkommenschaft bekommen" lies *ynwn*, *ykwn* oder *ydwn* – Zur Diskussion über *ynyn*, *ykwn* und *ydwn* siehe u.a. BHSb; Fr. Delitzsch 1920, 46, *y* statt *w* falsch eingefügt; HAL 657: *nyn* sprossen, Nachkommenschaft bekommen; H. Gunkel 1926, 310; E. Podechard I 1949, 284.

ynyn wird als ein Hinweis auf den Messias angesehen; R.J. Tournay 1991, 226.

72.17.3 – 72.17.4

w „und" – Dittographie des vorangehenden Buchstabens; E. Podechard I 1949, 285.

brk hitp || **ʾšr** pi „sich segnen" || „preisen".

<**kl šbṭy ʾrṣ**> || **kl gwym** „alle Stämme der Erde" || „alle Völker" – Als Parallele zu *kl gwym* wird nach Gen 12,3; 28,14 *kl mšpḥwt h ʾdmh* „alle Geschlechter der

48 Vgl. M. Dietrich 1998, 165. 193; vgl. dagegen M. Arneth 2000, 40. 45, der sowohl für die von ihm postulierte Grund- als auch die Ergänzungsschicht eine Rahmung ansetzt.

Erde“ (BHSc, Baethgen, Duhm) oder *kl šbṭy ʾrṣ* (E. Podechard I 1949, 284–285) vorgeschlagen.
Vgl. dagegen die Annahme, daß die poetische Einheit am Schluß des Gedichtes von besonderem Bau sei (*w ytbrkw bw* || *kl gwym yʾšrhw*, H. Gunkel 1926, 310; B. Janowski 1997, 48).

72.18.1 – 72.19.3

Schlußdoxologie zum zweiten Buch (vgl. Ps 41,14; 89,53; 106,48), wird nur vereinzelt zum Grundbestand von Ps 72 gestellt. [49] Sie ist redaktionell mit V. 1a verbunden.

72.18.1 – 72.18.2

YHWH ʾlhym – Fr. Delitzsch 1920, 59, erklärt das Stehenbleiben des Tetragramms, das durch *ʾlhym* ersetzt werden sollte, dadurch, daß man die Korrektur direkt über *YHWH* geschrieben habe; Ch. Rösel 1999, 37, nimmt wegen des Tetragramms an, daß die Schlußdoxologie V. 18a bereits der elohistischen Redaktion vorgelegen habe. Für die Beibehaltung der Lesung *YHWH ʾlhym* stimmen auch J. L'Hour 1974, 534–538; J.-M. Auwers I 1994, 185.

72.19.1 – 72.19.2

mlʾ qal „voll sein“, c. acc. „anfüllen“, lies *yimlāʾ* – Fr. Delitzsch 1920, 74; HAL 552: *mlʾ* qal 2; vgl. dagegen H. Migsch 2000, 79–83.

72.20.1

Der Kolophon V. 20 besagt, daß sein Verfasser Ps 50–83 überblickt; J.-M. Auwers I 1994, 212–213; Ch. Rösel 1999, 54. Siehe zur Diskussion ferner D.C. Mitchell 1997, 66–69.

klh qal „aufhören, enden“, lies *kālū* – BHSa; Fr. Delitzsch 1920, 74; HAL 454: *klh* I qal 1; vgl. dagegen J.-M. Auwers I 1994, 186, der entgegen BHS an Pual festhält.

---

49 Zur Diskussion siehe u.a. A. Weiser 1973, 343; J.-M. Auwers I 1994, 184–192. 209–213.

3. Amurritisch-kanaanäische oder assyrische Traditionen in Ps 72?

M. Arneth hat in die Diskussion über Ps 72 den Gedanken eingebracht, daß die Entstehung des Liedes direkt mit der Präsenz Assurs in Palästina und Juda zusammenhänge und es folglich auf Grund dieses Faktums möglich sei, sowohl dessen literarischen Hintergrund aufzuklären als auch eine sichere Datierung vorzunehmen.

Das literarische Vorbild für Ps 72 erkennt M. Arneth in dem auf die Thronbesteigung Assurbanipals im Jahr 669 v. Chr. zu beziehenden neuassyrischen Text SAA III,11.[50] Er bezeichnet diesen Text (VAT 13831) als Krönungshymnus und verkennt dabei, daß es sich um ein Ritual für die Krönung Assurbanipals handelt.[51] Er verbindet zugleich Ps 72 zeitlich mit der „Josianischen Reform", die er als historisches Ereignis versteht, und mit den beiden Kapiteln Dtn 13*; 28*, die er gleichfalls hiermit in sachliche und zeitliche Beziehung bringt.[52] Er übernimmt auf diese Weise, wie er selbst einräumt, die Hypothese, die E. Otto über die Einwirkung Assurs auf die religiöse, juristische und literarische Geschichte Judäas entwickelt hat. M. Arneth begründet seine These folgendermaßen: „Die von uns angenommene Rezeption eines assyrischen Textes aus dem Bereich der Herrschaftslegitimation kongruiert über weite Strecken mit einem in der neueren Deuteronomiumsforschung bereits herausgestellten Faktum, nämlich der Verarbeitung der '*adê* anläßlich der Thronfolgeregelung Asarhaddons' (672 v. Chr.) in Dtn 13.2–10*; 28,20–44*, der literarischen Ursprungsgestalt des Deuteronomiums. Man hat sich nicht nur bei der Abfassung des judäischen Krönungsgebets anläßlich der Thronbesteigung Josias direkt an assyrische Vorbilder angelehnt. Beide Vorlagentexte – VTE par. 10 (par. 12.18.[29.]57) für Dtn 13,2–10*; VTE par. 56 (par. 38A–42; 63–63) für Dtn 28,20–44* und SAA III,11 für Ps 72* – entstammen demselben institutionellen und zeitlichen Kontext. Sie beziehen sich auf die Thronfolgesicherung bzw. Thronerhebung Assurbanipals und sind im geringen zeitlichen Abstand (672–699 v. Chr.) entstanden. Ihre Rezeption belegt die Kenntnis der Texte in Juda/Jerusalem."[53]

Die vorgenommene Klassifizierung von SAA III,11 als literarisches Vorbild für Ps 72* scheitert nicht nur an den sprachlichen und thematischen Differenzen zwischen diesen beiden Texten, die einen Vergleich derselben als illusorisch erweisen[54], und der historischen Fragwürdigkeit des Berichtes über die sogenannte

50 M. Arneth 2000, 57–64. 96–98. 202.

51 M. Dietrich 2002.

52 M. Arneth 2000, 104–108. 132. 164–170. 205–206.

53 M. Arneth 2000, 104–105, mit ausführlicher Bezugnahme auf E. Otto in Anm. 178. 180–181.

54 Vgl. z.B. M. Arneth 2000, 73, zur Parallelisierung von SAA III,11 Z. 8–14 mit Ps 72,3–7*, wo er selbst eingesteht, daß sich die beiden Quellen hinsichtlich des materialen Gehalts der

„Josianische Reform“[55], sondern auch an dem Vergleich mit Dtn 13* und 28*. Denn sowohl Dtn 13 als auch 28 sind als nachexilische Texte zu interpretieren, die als solche keineswegs zur vorausgesetzten literarischen Ursprungsgestalt des Deuteronomiums im Sinne von E. Otto und M. Arneth gehören können.[56]

Außerdem ist darauf hinzuweisen, daß M. Arneth bei seinem Vergleich von Ps 72 mit SAA III,11 eine Textgeschichte des biblischen Liedes voraussetzt, die ihrerseits gleichfalls auf äußerst fragwürdigen Prämissen und Folgerungen beruht.[57]

Entgegen M. Arneth wird weiterhin von der Annahme auszugehen sein, daß Ps 72 nicht neuassyrische Vorstellungen transportiert[58], sondern bis auf amurritische Zeiten zurückgehende westsemitische und allgemein verbreitete altorientalische Bilder und Topoi über das Königtum und dessen Verpflichtung gegenüber Gott und den Untertanen widerspiegelt.

4. Ps 72 – eine messianisch orientierte Anthologie? Gattung und Datierung

4.1. Das Problem der „Texteinheit“ *von Ps 72*

Die wenig einheitlich erscheinende Abfolge der Bilder und Topoi in Ps 72 hat die Forscher zu widersprüchlichen Lösungen des Problems „*Texteinheit*“ inspiriert. Grundsätzlich ist zwischen Autoren zu unterscheiden, die einen einheitlichen Text voraussetzen, jenen, die von einem redaktionell ergänzten oder nachträglich kommentierten Grundtext ausgehen, und anderen, die von zwei ursprünglich getrennten Liedern sprechen.[59]

Seit F. Baethgen, der sich seinerseits auf eine ihm mündlich mitgeteilte Vermutung Giesebrechts stützte, wird gerne in Ps 72 zwischen einem ursprünglichen Text und dem sekundären Abschnitt V. 8–11, den einige Ausleger sogar als messianischen Einschub verstehen, unterschieden. Zur Begründung dieser These

---

Konkretionen nicht völlig entsprächen. Es wäre jedoch besser zu sagen, daß keine Entsprechung vorliegt.

55 Vgl. hierzu allein die bei M. Arneth 2000, 164–170, angegebene Literatur.

56 Zur nachexilischen Datierung von Dtn 13 und 28 siehe u.a. J. Pakkala 2000, 20–50; M. K. Köckert 2000, 82–85; T. Veijola 2000a, 221 Anm. 92; id. 2000b, 109–130. 155–156. 165. 171–175.

57 M. Arneth 2000, 44–45, schließt sich z.B. jenen an, die in Ps 72 zwischen einer Grund- und einer Ergänzungsschicht unterscheiden.

58 Siehe ferner unten zu Anm. 78 über den Einfluß der Hypothesen E. Ottos und J. Assmanns auf die Auslegung von Ps 72.

59 Siehe hierzu oben Abschnitt 0. Einleitung.

führt man an, daß V. 12 direkt an V. 7 anschließe.[60] B. Duhm wertet sogar V. 5–11 als einen jüngeren Zusatz, der den Zusammenhang zwischen V. 1–4 und V. 12 ff. unterbreche.[61] C.A. Briggs / E.G. Briggs sehen V. 8. 9–11. 12. 17b als redaktionelle Zugaben mit messianischer Tendenz an.[62] Diese Sicht der Textentwicklung führen derzeit jene Autoren fort, die zwischen einer Grund- und einer Ergänzungsschicht unterscheiden.[63]

Der Vorschlag, V. 8–11 als eingeschobenen Kommentar oder gar als messianischen Text anzusehen, dürfte vor allem von dem Bemühen her zu verstehen sein, Ps 72 nicht als ursprünglich, sondern als sekundär messianisch verfaßt oder orientiert zu erklären. In dieser These übersieht man nicht nur, daß zwischen V. 7 und V. 12 kein direkter Zusammenhang herzustellen ist[64], sondern es wird auch verdeckt, daß sich V. 10 – durch sein Qinah-Metrum kolometrisch gut erkennbar – vom Kontext abhebt, daß folglich der Abschnitt V. 8–11 nicht homogen ist. Es dürfte somit nur V. 10 als Einschub zu lesen und die Rede von einem nachträglichen Einschub, der V. 8–11 umfaßt, aufzugeben sein.

Eine Sonderstellung nimmt M. Buttenwieser ein, der Ausscheidungen von Textteilen verwirft und die Unstimmigkeiten im Lied auf Unordnung in der Überlieferung zurückführt.[65]

Die Befürworter einer ursprünglichen Texteinheit von Ps 72 begründen seine Fremdheit der Bildwelt damit, daß er stark von mesopotamisch-assyrischen Königsinschriften und -texten abhängig oder beeinflußt sei und die Verwandtschaft mit anderen biblischen Texten nicht auf eine Abhängigkeit von denselben zurückzuführen sei, sondern auf Stilverwandtschaft beruhe.[66]

Vereinzelt wurde die Ansicht unterbreitet, in Ps 72 zwischen zwei thematisch und strukturell parallelen Gebeten für den König[67] oder zwei Teilen eines Rituals zu trennen.[68]

Differenzen bestehen auch – wenn wir von der speziellen These über eine Abhängigkeit von Ps 72 von SAA III,11 absehen[69] – darüber, ob und inwieweit in das Lied Zitate aus anderen Liedern und Texten eingearbeitet sind.[70]

---

60 F. Baethgen 1904, 222.

61 B. Duhm 1922, 275.

62 C.A. Briggs / E.G. Briggs II 1907, 131.

63 B. Janowski 1997, 46, trennt zwischen Grundfassung V. *1aβ–17 und Fortschreibung V. 8–11 + 17aγb; M. Arneth 2000, 40–45, zu Grundschicht Ps 72,1–7. 12–14. 16. 17aαβ und Ergänzungsschicht 72,8–11. 15. 17aγb; E. Zenger 2000, 312, Primärpsalm V. 1b–7. 12–14. 16–17b, Erweiterung V. 8–11. 15. 17cd.

64 Siehe hierzu ausführlich H. Keßler 1899, 157.

65 M. Buttenwieser 1938/1969, 780–781.

66 H. Gunkel 1926, 305–308; H. Schmidt 1934, 137.

67 P. Veugelers 1965, 317–343, zu V. 1–11 und 12–17.

68 W. Beuken 1977, 223–232, V. 1–11 und 12–17.

69 Siehe oben Abschnitt 3 zu M. Arneth.

70 F. Baethgen 1904, 222, V. 18b eine Anspielung auf Gen 22,18; 26,4, V. 8 ein Zitat aus Zach 9,10; V. 8–11 ein späterer Einschub, aus einer Zeit, in welcher der Psalm bereits messianisch verstanden wurde; C.A. Briggs / E.G. Briggs II 1907, 131, charakterisieren die Arbeit

Einen anderen Begriff von Texteinheit vertreten jene Autoren, die in Ps 72 eine Anthologie sehen.[71]

Zusammengefaßt ist folgendes festzuhalten: Die Diskussion über die Texteinheit von Ps 72 kreist im wesentlichen nach wie vor um die traditionelle Problemstellung, ob ein ursprünglich messianisches Lied – die traditionelle jüdisch-christliche Deutung –, ein durch nachträgliche Erweiterungen implizit messianischer Text – These von Grund- und Ergänzungstext –, oder ein nachträglich messianisch bearbeitetes Kompositum – These von messianischen Zusätzen – vorliegt.

4.2. Kolometrische, strophische und inhaltliche Kriterien zur Unterscheidung der beiden Lieder V. 1b–14 und 15–17 – redaktionelle Ergänzungen

Eine Klärung der Frage, ob Ps 72 als eine textologische Einheit mit Ursprünglichkeitscharakter anzusehen und zu interpretieren ist, dürfte kaum ohne eine Berücksichtigung der kolometrischen Probleme zu erreichen sein, mit denen uns der Text konfrontiert.

4.2.1. V 1b – das transformierte Bikolon *72.1.2 – 72.1.3*

Im ersten Bikolon des Liedes (*72.1.2 – 72.1.3*) ist die Bitte an Gott, er möge dem König *mšpṭ* und *ṣdq* (vgl. V. 2) schenken, in folgendes Ersuchen umgewandelt worden: Gott möge seine eigenen *mšpṭym* „Rechtsentscheide, Urteile" und seine *ṣdqh* „Gerechtigkeitstat" dem König übergeben. Es liegt hier offensichtlich die Transformation eines auch sonst in altorientalischen Texten bekannten Topos über die Gabe von Recht und Gerechtigkeit von seiten eines Gottes an den König vor, der dadurch befähigt werden soll, seiner vornehmsten Amtspflicht nachzukommen, in seinem Reich für Recht und Gerechtigkeit zu sorgen.[72] Diese Gaben

eines Redaktors folgendermaßen: „An editor adapted the Ps. for congregational use by giving it Messianic significance, applying to the king from other scriptures the world-wide reign (v.[8]), the subjugation of enemies (v.[9–11]), the deliverance of the afflicted (v.[12]), and the blessing of the seed of Abraham (v.[17b])."; W. Staerk 1920, 252, bezeichnet V. 12–14 als Zitate zum Motiv der Verherrlichung des im König verkörperten Gerechtigkeitsideals, V. 12 sei = Hi 29,12; B. Duhm 1922, 278, der eigentliche Psalm bestehe aus V. 1–4. 12–17; K. Seybold 1996, 277, V. 10. 15 Zusätze aus I Reg 10.

71 Siehe oben Anm. 28 zu A. Feuillet und R.J. Tournay.

72 Siehe z.B. die bei H. Gunkel 1926, 305, gesammelten Hinweise auf die altorientalische Tradition.
E. Böhl 1862, 306, führt hierzu folgendes aus: „Beides, die Gerichte [*mšpṭyk*] und die Norm [*ṣdqtk*], nach der Gott richtet, soll Er dem König abtreten. Dieser wird Gottes Volk in Gerechtigkeit zu richten wissen, was die folgenden Verse eingehender darlegen. Diese Zumuthung wäre Gott gegenüber doch eine Blasphemie, wenn Salomo an und für sich hier gemeint wäre. Ist aber der Messias in ihm, so liegt in diesen Worten der erhebende Gedanke, dass der Mensch gewordene Messias seine Mitmenschen richtet, dass der Bruder seine Brü-

können auch durch andere göttliche Geschenke – Thron, Kappe, Szepter[73], körperliche Schönheit[74] – ersetzt oder ergänzt sein.

Die Formulierungen in V. 1b setzen jedoch eine Erweiterung des traditionellen Formelschatzes und eine unvermutet enge Verbindung zwischen Gott und dem König voraus, die weit über die sonst im Alten Orient gebräuchliche hinausgeht. Während üblicherweise der König durch die göttliche Gabe von Recht und Gerechtigkeit nur Kraft für die gerechte Verwaltung seines Reiches erhalten soll, bittet man in V. 1b darum, daß der König direkt das Recht und die Gerechtigkeit Gottes selbst erhalten und in seinem Reich durchsetzen soll.

Es überrascht folglich kaum, daß man versucht hat, diese Transformation in Weiterführung von Gedanken J. Assmanns als *interpretatio israelitica* des altorientalischen Motivs der sozialen Verantwortung des Königs für die Schwachen zu erklären.[75] Während sich die einzelnen Elemente der entsprechenden alttestamentlichen Bestimmungen – bis auf kulturspezifische Differenzen – kaum von denen des Alten Orients unterschieden, so wird argumentiert, sei der Kern dieser Transformation in einer Verschiebung der sozio-politischen in die theologische Handlungssphäre zu sehen. Auch wenn in Mesopotamien und Ägypten der Sonnengott als Herr der Gerechtigkeit auftrete, überlasse er doch die Stiftung positiver Gesetze dem König und seinen Beamten. Der alles entscheidende Schritt Israels bestehe darin, die Gerechtigkeit von der sozialen und politischen in die theologische Sphäre zu transponieren und dem unmittelbaren Willen Gottes zu unterstellen. Dieser Schritt lasse sich in Ps 72 anhand des Übergangs von V. 1aβ.b zu V. 2 nachvollziehen und als „Übergabe" der Gerechtigkeit Gottes an dessen irdischen Stellvertreter, den König bzw. den Königssohn, präzisieren. In Ps 72 überlagerten sich somit zwei Aussageebenen: im Vordergrund stehe das detailliert ausgemalte Bild

---

der richtet. Es liegt alsdann hier derselbe Gedanke vor, wie in Joh. 5,22: ‚alles Gericht hat er dem Sohne übergeben'."

73 Siehe z.B. die bei M. Dietrich 1998, 171–179, gesammelten Belege für die Übergabe von Thron, Kappe, Szepter, Weisheit, Hirtenstab, Waffen und Herrschaft durch die Götter an den König; zur Erschaffung und Ausstattung des Königs siehe W. Mayer 1987, 63–65.

74 W. Mayer 1987, 56–57, zu VAT 17019 (BE 13383), 33'–35'.

75 B. Janowski 1997, 63–66, und E. Zenger 2000, 319–320, übernehmen mit dieser Erklärung ohne Einschränkungen eine These J. Assmanns und wenden diese auf Ps 72 an.
J. Assmann 2000b, 68–69, stellt die Entwicklung in Israel, jedoch ohne Rekurs auf Ps 72, folgendermaßen dar: „Die soziopolitische Handlungssphäre Recht und Gerechtigkeit wird in die theopolitische Sphäre verschoben. Dabei entsteht der radikal neue Gedanke, Gott selbst zum Gesetzgeber zu machen. Gott tritt in dieser Funktion an die Stelle der altorientalischen Könige. Schöpfergötter gibt es überall in der Religionsgeschichte. Das Novum und das definierende Merkmal der alttestamentlichen wie dann überhaupt sekundärer Religion ist der gesetzgebende Gott. Auch wenn – wie in Mesopotamien und Ägypten – der Sonnengott als Herr der Gerechtigkeit, d. h. als Richter und Retter, auftritt, überläßt er doch die Stiftung positiver Gesetze dem König und seinen Beamten. Der alles entscheidende Schritt Israels bestand darin, die Gerechtigkeit aus der sozialen und politischen in die theologische Sphäre zu transponieren und dem unmittelbaren Willen Gottes zu unterstellen. Dieser Schritt wurde in einer Form vollzogen und kodifiziert, die ihrerseits rechtlichen Charakter hat: in der Form eines Rechtsvertrages."

des irdischen Herrschers (V. *2–7) und im Hintergrund dasjenige des göttlichen Königs (V. 1aβ.b), der die Quelle von Gerechtigkeit und Segen sei. An diesem Gottes- und Königsbild habe sich eine Wirkungsgeschichte entzündet, die in V. 8–11 und 17aβ.b zu einer Fortschreibung mit messianischen Tendenzen geführt habe. Die genannten Tendenzen fügten dem Grundtext V. *1–17 Dimensionen hinzu, die in ihm zwar angelegt, aber noch nicht zur Entfaltung gekommen seien. Der neue, rezeptionsgeschichtlich fruchtbare Gedanke liege in der Verbindung von Gerechtigkeits- und Messiasmotivik, d.h. in der Hoffnung, daß das Gottesreich komme, wenn Jahwe bzw. sein königlicher Stellvertreter den Geringen und Elenden Recht verschaffe. Hier liege der Sachgrund für eine messianische Lektüre des Psalms in Juden- und Christentum, die ihn als Zeugnis von einem „königlich-rettenden Kommen Gottes“[76] lese, das noch ausstehe.[77]

Bei der auf Gedankenspielen von J. Assmann über die israelitische Transposition der soziopolitischen Handlungssphäre Recht und Gerechtigkeit in die theopolitische Sphäre aufbauenden Deutung von Ps 72,1b sollte berücksichtigt sein, daß die Argumentation des Ägyptologen auf strittigen Anschauungen über die Entstehung des Deuteronomiums beruht. Denn J. Assmann setzt mit seinen bibelwissenschaftlichen Gewährsmännern[78] nicht nur voraus, daß das Deuteronomium von den hethitischen Staats- und den neuassyrischen Vasallenverträgen abhängig sei, sondern nimmt zugleich auch eine – unbegründete – Frühdatierung der fraglichen biblischen Stellen an.[79] Die neue Erklärung von V. 1b als eine *interpretatio israelitica* einer altorientalischen Tradition über die Gabe von Recht und Gerechtigkeit an den König wird man folglich als eine wenig fundierte und kaum auf Ps 72 übertragbare historische Rekonstruktion zu betrachten haben, die offensichtlich von dem Gedanken angeleitet ist, Ps 72 den messianischen Charakter abzusprechen.

Bei einer Interpretation von V. 1b sollte bedacht werden, daß in dieser poetischen Einheit zwischen einer traditionellen Darstellung des Königtums und seiner Aufgabe der Wahrung und Gewährung von Recht und Gerechtigkeit – Vorlage der Bearbeitung – und der jetzt vorliegenden Endfassung der Deutung des Verhältnisses zwischen Herrscher und Gott zu unterscheiden ist:

72.1.2 *'lhym mšpṭ***yk** *l mlk tn*
72.1.3 *w ṣdq***tk** *l bn mlk*

*‚Jahwe', ***deine** *Rechtsurteil***e** *verleihe dem König*
und **deine** *Gerechtigkeit***staten** *dem Königssohn!*[80]

---

76 B. Janowski 1997, 66.
77 Ähnliche Argumentation bei G. Ravasi II 1983, 465–466; M. Millard 1994, 179–180.
78 J. Assmann 2000b, 287–288 Anm. 53–54; 293 Anm. 116; 301 Anm. 241; 310 Anm. 386, übernimmt Anschauungen und Hypothesen von K. Baltzer, E. Otto und H.U. Steymans.
79 Siehe zu dieser Problematik oben zu Anm. 56.
80 Siehe hierzu oben Abschnitt 1 zu *72.1.2 – 72.1.3*.

Der redaktionelle Eingriff in Ps 72,1b steht seinerseits in engstem Zusammenhang mit der nachträglichen Ausrichtung des nachfolgenden Abschnittes *72.2.1 – 72.4.2* auf das *'m* „Volk“, das wiederum mit den „Armen“ in Israel identisch ist.[81]

In der Endfassung von V. 1b liegt folglich nicht die *interpretatio israelitica* des judäischen Königtums vor, sondern eine spezielle Deutung desselben, die man wegen der angestrebten engen Verbindung zwischen Gott und dem König am besten auf traditionelle Weise *messianisch* nennt.

Das Bikolon V. 1b sollte man folglich nicht zum sogenannten Grundbestand von Ps 72 zählen[82], sondern bereits zu jenen Teilen des Liedes, die auf eine redaktionelle Bearbeitung oder treffender auf den eigentlichen Autor von Ps 72 zurückgehen.

4.2.2. Zur Ausgrenzung von V. 8–11

Die seit Giesebrecht und F. Baethgen bei einer Reihe von Interpreten üblich gewordene Ausgrenzung des Abschnittes V. 8–11 als einer späteren Ergänzung beruht nicht nur auf einer Verkennung der kolometrischen Struktur von V. 5–14, sondern auch auf einer irrigen Einschätzung des sekundären Charakters von V. 10.[83]

Nimmt man V. 8–9. 11 den Charakter einer nachträglichen Ergänzung, entfällt das wichtigste Argument für die These, daß Ps 72 in eine Grund- und eine Ergänzungsschicht zu gliedern sei.[84]

4.2.3. V. 15 – der Anfang eines Inthronisationshymnus?

In Ps 72,15 dürfte *yḥy* „Er soll leben!“ als eine Akklamation zu verstehen sein, die wir sowohl aus altsyrischen Texten (Emar, Ugarit) in der Form *buluṭ bēlī* „Lebe, mein König!“ als auch aus biblischen kennen. Sie nimmt – leider in verstümmelter Form – die Position am Anfang eines Inthronisationshymnus ein.[85] Wir haben so wahrscheinlich in *72.15.1* + *72.16.1 – 72.16.4* die Reste eines alten Inthronisationsliedes vor uns, die jetzt in spätere Kommentierungen (*72.15.2 – 72.15.4* + *72.17.1 – 72.17.4*) eingebettet sind.

Es entfallen folglich die Thesen, daß V. 15 insgesamt[86] oder teilweise[87] als eine Ergänzung des Grundbestandes von Ps 72 anzusehen sei.

---

81 Siehe oben Abschnitt 1 zu *72.2.1 – 72.4.1.*
82 Siehe oben Abschnitt 4.1.
83 Siehe oben Abschnitt 1 zu *72.5.1 – 72.14.2.*
84 Siehe hierzu oben Anm. 63.
85 M. Dietrich 1998, 164–165. 181–184.
86 M. Arneth 2000, 44–45; E. Zenger 2000, 312.
87 R. Tournay / R. Schwab 1964, 308, zu V. 15a.

Vom Kolon *72.15.1* her gesehen liegt der Schluß nahe, daß wir innerhalb von V. 1b–14 und 15–17 zwischen zwei ursprünglich verschiedenen Liedern, die nur noch fragmentarisch erhalten sind, zu trennen haben.

Auch im ersten Teil V. 1b–14 besteht der Text aus Elementen, die gut zu differenzieren sind. Denn mit einer Reihe von Aussagen über die Gerechtigkeit und Rechtsprechung des Königs gegenüber Armen und Unterdrückten in V. 1b–2. 4. 12–14 sind in V. 3. 5–9. 11 sieben Bikola verbunden, die glanzvolle Verheißungen an einen König bei seiner Thronbesteigung enthalten.

Sowohl in der Beschreibung der Aufgaben des Königs gegenüber den Armen und Unterdrückten (V. 1b–2. 4. 12–14), als auch in den Abschnitten über das Glück in der Natur (V. 3. 5–9. 16) trägt der Sänger traditionelle Themen vor, die er jedoch modernisierend ganz auf das *'m* „Volk“ Gottes (*72.2.1*, *72.3.1*, *72.4.1*) bezieht.

5. Gerechtigkeit des Königs und Fruchtbarkeit in der Natur in Ps 72

In Ps 72 bestimmen Gerechtigkeit des Königs und Fruchtbarkeit in der Natur während seiner Regierung den Fortgang des Liedes. Beide Themen spiegeln, wie jetzt noch zu erläutern ist, altorientalische und amurritisch-westsemitische Traditionen wider.

5.1. Der sakrale „König der Gerechtigkeit“[88]

Das in V. 1b–2. 4. 12–14 entwickelte Bild eines Königs, der im Gericht gegenüber den Armen und Bedrückten für Recht und Gerechtigkeit eintritt, entspricht ganz und gar den Forderungen, die an einen altorientalischen König auch im westsemitischen Bereich zu stellen sind. Er hat sie beim Prozeß vor den Machenschaften der Mächtigen und Reichen (*šw'*, V. 12) zu retten und sie vor jenen zu beschützen, die vor keiner blutigen Gewalttat zurückschrecken (V. 14).

Da in Ps 72 die Armen letztlich mit dem *'m* „Volk“ Gottes (V. 1b–2. 4. 12. 14) identifiziert werden, findet eine neue Zuordnung der beiden Größen „König“ und „Arme“ statt, der eine nachexilische messianische Qualität zuzusprechen ist.[89]

---

88 S. Lafont 1998, 162–164; E. Cancik-Kirschbaum 1999, 56–66; M. Dietrich 2002, zu VAT 13831, 5–11, zu Gerechtigkeit und Friede im Lande als äußere Zeichen für die göttliche Zustimmung zur bevorstehenden Krönung.

89 Siehe zur Problematik der „Armen“ in Ps 72 die bei R. Tournay 1964, 98 mit Anm. 2; 102, angezeigte Literatur. Vgl. J. Wellhausen 1898, 193, der zu V. 13 folgendes vermerkt: „Here, again, it is the Jews who are spoken of, not the poor, literally, nor the poor in general.“; R. Kittel 1929, 240, führt zu V. 4 folgendes aus: „Es sind die Elenden des Volkes wie in v. 4

Das von den Leitbegriffen *šlwm* „Frieden" und *ṣdqh* / *ṣdq* „Gerechtigkeitstat" / „Gerechtigkeit" (V. 3. 7) bestimmte Regiment des Königs bot sich zuletzt von selbst dazu an, in eine wohltätige Herrschaft über den nachexilischen *ṣdyq* „Gerechten" (V. 7) umgedeutet zu werden. Die Gerechtigkeitsbearbeitungen in den Psalmen[90] spiegeln sich folglich auch in Ps 72 wider, so daß die Passagen Ps 72,1b–2. 4. 12–14 auch von Ps 97,11–12[91] her zu beleuchten sind.

Die Verbindung des Ideals eines gerechten Königs mit der Inthronisation (V. 15) zeigt an, daß der König als gesalbter sakraler Amtsträger[92] nach amurritisch-kanaanäischer Anschauung die Justiz in moralisch vollkommener Weise verwalten soll.[93]

5.2. Gerechtigkeit des Königs und Fruchtbarkeit, Reichtum des Landes

Der Topos vom zeitlichen Zusammengehen königlicher Gerechtigkeit mit Fruchtbarkeit im Lande in Ps 72,6–7. 16 wird seit langem als Widerspiegelung altorientalischer Tradition verstanden[94], die auch in der Kunst ihren Ausdruck gefunden hat.[95]

Adaption, Verbreitung und Pflege dieser Überlieferung im Westen wird jetzt durch den Krönungshymnus *bulut̩ bēlī* „Lebe, mein König!" aus Ugarit (RS 1979–

---

gemeint, aber der Sprachgebrauch nähert sich vielleicht schon dem von Deuterojesaja, wo die *ʿanijim* bereits das Gesamtvolk sind."

90 U. Nommik 1999, 444–527.

91 U. Nommik 1999, 458–459, sieht diesen Text als zweischichtig (V. 10. 11–12) an, wobei er nur V. 11–12 der Gerechtigkeitsbearbeitung zuteilt.

92 S. Lafont 1998, 162–163, zur Salbung des Königs im amurritisch-kanaanäischen Gebiet.

93 S. Lafont 1998, 162–164, „*Roi sacré, roi de justice*", führt zur Salbung des Königs in Māri, Ḫatti und im Alten Testament und der damit verbundenen Forderung, daß er die Justiz in moralisch untadeliger Weise als letzte Instanz auszuüben, Fehler und Härten der Justiz auszugleichen hat, folgendes aus: „C'est qu'il appartient au seul souverain de protéger les faibles. Le droit édicte en principe des règles objectives, indépendantes des considérations tenant à la situation personnelle des individus. Le roi corrige l'éventuelle injustice qui résulterait de l'application stricte du droit. Autrement dit, il juge en équité. Au contraire, les tribunaux sont tenus de mettre en oeuvre les règles coutumières ou légales, même si elles se révèlent désavantageuses pour les plus démunis. Le justiciable accepte donc de se soumettre à l'arbitraire du souverain, parce qu'il est l'incarnation du juste." (a.a.O. S. 163).
Es erübrigt sich folglich, in diesem Zusammenhang, von einem besonderen „*Prinzip der rettenden Gerechtigkeit*" (B. Janowski 1997, 58) zu sprechen.

94 H. Gunkel 1926, 307, mit Verweisen auf B. Meißner und L. Dürr; siehe ferner P. Grelot 1957, 319–321; H.H. Schmid 1968, 25. 27. 30–32. 54–57; M. Arneth 2000, 71; D.M. Clemens 2001, 1026 mit Anm. 1883.

95 R. Schmitt 2001, 81, hebt zu Ps 72,5–6. 16 hervor, daß die Elfenbeindarstellungen des 8. Jh. aus Samaria und ihre Parallelen der phönizischen und syrischen Gruppe sowie die zahlreichen assyrischen Darstellungen dieses Sujets in der Groß- und Kleinkunst ikonographisch die enge Verbindung von Fruchtbarkeit und Königtum im Vorderen Orient des ersten Jahrtausends dokumentieren.

25) und Emar (Msk. 74243) bestätigt. Denn in ihm wird mit dem Wunsch für königliche Lebenskraft der für ein glückliches Gedeihen in der Natur folgendermaßen verbunden:

[1]Lebe, mein König!
. . .
[8]Mit Üppigkeit des Lebens möge dich Annu sättigen!
[9]Üppigkeit des Lebens schenke dir Sîn!
. . .
[15]Die Nacht möge dir ihre Schrecklichkeit verleihen,
    [16]die Steppe möge <dir> ihre Furchtbarkeit geben!
[17]Wie ein (Hochwasser-)Fluß sollst du Furchtbarkeit haben,
    [18]wie (Fluß-)Wasser sei (du aber auch) das Leben des Landes!
        Wie Wasser der großen Flüsse [mögest du sein] gemäß der
            Ordnung des Annu!
[19]Regen des Überflusses möge auf dich aus dem Himmel regnen,
    [20]Kraut der Herzensfreude möge für dich wachsen!
[21]Das Gebirge möge dir seinen Ertrag bringen,
    [22]die Flüsse mögen dir ihre Frucht zutragen!

(RS 1979–25; Msk. 74243)[96]

Der Hymnus *buluṭ bēlī* „Lebe, mein König!" und die mesopotamischen Parallelen hierzu[97] verbinden den Segen für den König mit dem Segen in der Natur in einer Weise, die auch noch für Ps 72 maßgeblich ist, in ihm aber in Erweiterung der Tradition zur Beschreibung messianischen Glücks dient.

6. Ps 72 – eine nachexilische Anthologie zum Lob des messianischen Königs – Gattung und Datierung

Eine Betrachtung des Textes von Ps 72 nach kolometrischen Gesichtspunkten führt zum Ergebnis, daß der Aufbau des Liedes den herkömmlichen Modellen wie ursprünglicher Texteinheit mit Zusätzen oder Grundschicht plus Ergänzungsschicht kaum adäquat zu erfassen ist. Das Ungenügen der traditionellen und neueren textologischen Fragestellungen hat vor allem französische Forscher zur Frage geführt, ob Ps 72 als eine nachexilische Anthologie verstanden werden sollte.[98]

---

96 M. Dietrich 1998, 164–165; zur Diskussion über RS 79.025A+ siehe ausführlich D.M. Clemens 2001, 1015–1030.

97 M. Dietrich 1998, 171–179; id. 2002, zu VAT 13831,16–20.

98 A. Feuillet 1985, 27; R.J. Tournay 1991, 225–226.

6.1. Ps 72 – eine Anthologie

Das im vorangehenden Abschnitt 5 dargestellte Neben- und Ineinander der beiden Aufreihungen von positiven Auswirkungen eines inthronisierten gerechten Königs auf Gesellschaft und Natur sucht man nach den textologischen Modellen von Texteinheit mit sekundären Glossen, Grundschicht und Sekundärschicht, Primärpsalm mit Erweiterungen, Text mit messianischen Zusätzen oder Grundtext mit Zitaten aus anderen biblischen Stellen zu lösen, wobei man über das Verhältnis der Schichten zueinander von den unterschiedlichsten Positionen ausgeht.[99] Für die Gliederungen des Textes in Schichten ist charakteristisch, daß deren Befürworter grundsätzlich von einer *zeitlichen* Differenz und von Wertprioritäten zwischen der postulierten Grund- oder Primär- und der/n Ergänzungsschich(ten) ausgehen und vor allem davon überzeugt sind, daß die sogenannten messianischen Zusätze oder jene Ergänzungen, die später messianisch verstanden wurden, der letzten Phase der Textentwicklung angehören. Auf diese Weise wird es möglich, von einer lang andauernden Fortschreibung eines Grundtextes, dessen Anfang sogar bis ins 10. oder 7. Jh. v. Chr. zurückverlegt wird, zu sprechen. Da jedoch die Annahme eines Grundtextes dazu führt, daß man die offensichtlichen Diskrepanzen im Text, die scharfen Übergänge von der Gerechtigkeitsthematik zu der der Fruchtbarkeit in der Natur und die Wiederholungen dieser Motive entweder in der Interpretation als nebensächlich oder gar als völlig unbedeutend behandelt, erregt es wenig Verwunderung, daß man im Gegensatz hierzu Ps 72 auch als Produkt zweier ursprünglich getrennter Einheiten[100] oder als Anthologie von Zitaten aus anderen biblischen Schriften[101] angesehen hat.

Bei dem Bemühen, Ps 72 als textologische Einheit zu verstehen, dürfte von der Beobachtung auszugehen sein, daß im Abschnitt V. 1b–14 die beiden Motivketten Gerechtigkeit des Königs (V. 1b–2. 4. 12–14) und Fruchtbarkeit in der Natur (V. 3. 5–9. 11) so miteinander verzahnt sind, daß das Ganze als Kompositum aus zwei Zitaten erscheint. Hier sind zwei Textstränge, von denen für keinen nach Ausweis altorientalischer Parallelen eine thematische oder zeitliche Priorität geltend zu machen ist, zu einem neuen, anthologischen Text vereint. Sowohl die Verheißungen einer glanzvollen Zukunft bei der Inthronisation eines Königs als auch das Eintreten eines Königs für die Armen und Bedrängten gehören zu den überlieferten Topoi altorientalischer und amurritisch-kanaanäischer Königsideologie.

Es liegt folglich die Annahme nahe, daß im Abschnitt V. 1b–14 die beiden Schichten ohne Zeitdifferenz auf redaktionellem Wege zu einer Einheit verbunden worden sind und der Autor sich bemühte, aus überlieferten Stoffen, aus Zitaten, ein neues Gebilde zu schaffen, an das zwanglos in V. 15–17 ein weiteres Zitat,

99 Siehe oben die Abschnitte 0. Einleitung und 4.1.
100 Siehe oben zu Anm. 5.
101 Siehe oben Anm. 28 und 98.

das Fragment eines Inthronisationshymnus, angeschlossen werden konnte. Auf diese Weise ist so letztlich eine komplexe Anthologie entstanden.

Von dieser Sicht der Textentwicklung her nähern wir uns notwendig der Frage nach den Intentionen, die für die beschriebene redaktionelle Arbeit mit Zitaten maßgebend waren. Wir kehren daher zu der für die Auslegung von Ps 72 grundlegenden traditionellen Problemstellung nach dem primären, dem sekundär zugefügten oder dem nur ansatzweise angelegten messianischen Charakter des Textes zurück. Im folgenden soll die These erläutert werden, daß an einigen Stellen von Ps 72 das redaktionelle Bemühen erkennbar wird, einen König mit messianischen Attributen vorzustellen, auf den das Volk Israel, die Gemeinde der nachexilischen „Armen" und „Gerechten" (V. 7)[102], hoffnungsvoll blickt.

6.2. Elemente einer messianischen Redaktion

An mehreren Stellen kommen in Ps 72 Bilder vor und werden Gedanken zum Ausdruck gebracht, die über traditionelle altorientalische Königsdarstellungen und -ideologie hinausgehen und die folglich an eine messianische Grundkonzeption des Liedes denken lassen.

Bereits am Anfang handelt Ps 72 in Abschnitt *72.1.2 – 72.4.2* von einem König, der aufs engste an Gott gebunden ist und als solcher dessen Recht dem Volk Gottes vermittelt (V. 1b). Das Volk wiederum identifiziert der Sänger mit den Armen und Unterdrückten (V. 2–4. 12–14), so daß der König letztlich über das Israel der „Armen" herrscht. Während nach traditioneller Auffassung die Armen nur einen Teil der Bevölkerung eines Königreiches bilden, sind sie nach Ps 72 insgesamt das Volk des Königs. So findet in V. 1b–4. 12–14 eine radikale Umgestaltung des herkömmlichen Verhältnisses zwischen dem König und den Armen, Unterdrückten, in seinem Königreich statt, die man am besten als Darstellung erhoffter messianischer Zustände begreift.[103]

An messianisches Glück lassen auch die Worte über Fruchtbarkeit und Überfluß in V. 3. 5–9. 11 denken. Die Wünsche für ein alle Völker und Gegenden umfassendes Großreich können für sich betrachtet schon als Zitat aus einem messianischen Lied verstanden werden, sind aber im Rahmen von Ps 72 sicher als Darstellung einer zukünftigen messianischen Periode zu lesen.

---

102 Jes 60,21 zufolge besteht das Volk des eschatologischen Jerusalem nur aus Gerechten; K. Koenen 1990a, 145–146.

103 M. Millard 1994, 180, geht bei seiner Beschreibung von Ps 72,2. 4. 12f. vermutlich von ähnlichen Voraussetzungen aus. Er führt aus, daß die Vision der Befreiung die Erfahrung von Unterdrückung voraussetze. In Ps 72 erscheine das Thema der Hilfe für die Elenden als das zentrale Thema, das das Richterthema und das Thema des messianischen Reiches verbinde: Gott bzw. sein irdischer Stellvertreter, der König, würden für die Elenden als Richter eintreten, und so werde das messianische Reich beginnen. Die Lebensumstände der Beter seien damit die der Elenden. Die Machtaussagen, auch die über die Ausdehnung eines Groß-Israel (V. 8), erschienen damit als Phantasien Unterdrückter.

Der Wunsch, der messianische König herrsche für immer und über alle Völker, bestimmt auch den Abschluß des Liedes in V. 17.

6.3. Intertextuelle Verbindungen des Ps 72 mit anderen biblischen Texten

Literarische und historische Bewertungen von Ps 72 hängen oft wesentlich von der Beurteilung der Verbindungen ab, die das Lied mit anderen biblischen Texten aufweist. Die Nähe zu letzteren wird von den Vertretern der Spätdatierung als Abhängigkeit des Liedes von diesen verstanden, und von jenen, die zwischen einer vorexilischen Primär- und einer nachexilischen Ergänzungsschicht unterscheiden, als Einfluß oder Ansatz nachexilischer messianischer Strömungen interpretiert. Über Qualität und Intensität der jeweils postulierten Intertextualität konnte jedoch bislang keine Einigkeit erreicht werden.

Neben der Frage der Interdependenz von Ps 72 besteht auch das Problem, ob und inwieweit das Kapitel Jes 60 als *relecture* von Ps 72 zu verstehen ist.[105]

Die folgende Liste verdeutlicht, daß über Charakter und Anzahl der postulierten Beziehungen und Abhängigkeiten von Ps 72 bislang noch keine Einigkeit erzielt werden konnte[106]:

Ps 72	**Parallelen, Parallelismen**
V. 1b	Ps 36,7 (*ṣdqh* || *mšpṭ*)
V. 5	Inschrift des Marduk-apla-iddina Z. 31[107]
V. 8	Gen 15,18; Mi 7,12; Sach 9,10[108]
V. 9	Jes 49,23; 60,14a; Mi 7,17[109]
V. 9b	Sach 9,10; Sir 44,21
V. 10	Jes 60,5–9. 11. 13; Ez 27,15[110]
V. 11	Jes 45,15; 49,7. 23; 60,14; Mi 7,17[111]
V. 12	Hi 29,12[112]

104 J.-M. Auwers II 1994, 434–444, zu Ps 51–72 als „Gebeten Davids".

105 Vgl. zu Literatur und Stand der Diskussion M. Arneth 2000, 171–200, der selbst glaubt, diese Frage in Verein mit O.H. Steck positiv beantworten zu können.

106 Siehe z.B. C.A. Briggs / E.G. Briggs II 1907, 131; P. Grelot 1957, 319–321; R. Tournay / R. Schwab 1964, 306–309; E. Zenger 2000, 313.

107 P. Grelot 1957, 320, zu Iraq 15,2 (1953), 123–134.

108 V. 9 wird gerne als ein Zitat von Sach 9,10 angesehen; C.A. Briggs / E.G. Briggs II 1907, 134.

109 P. Grelot 1957, 320.

110 P. Grelot 1957, 320.

111 P. Grelot 1957, 520; E. Zenger 2000, 313, ferner Ps 86,9; 96,7–9; 97,7; 100,2.

112 C.A. Briggs / E.G. Briggs II 1907, 135, Zitat von Hi 29,12; R. Tournay / R. Schwab 1964, 308 Anm. *j*, Text inspiriert durch Hi 29,12.

V. 14b	Ps 116,15; vgl. Ps 49,9
V. 15a	I Sam 10,24 et par.
V. 15b	Jes 60,6; Hintergrund I Reg 10,1–13
V. 15c	*tmyd* Ps 69,24; 70,5; 71,3. 6. 14
	kl h ywm Ps 69,15. 24; I Reg 8,54–55
V. 17	Gen 12,3; 18,18; 22,18; 26,4; 28,14; vgl. hierzu Sach 8,13; Sir 44,21.[113]

Die intertextuellen Verbindungen sind in keinem Fall im Sinne eines direkten Zitates einer anderen biblischen Quelle zu verstehen. Es liegen Topoi, Bilder und Formulierungen vor, die auf einen gemeinsamen altorientalischen literarischen Fundus zurückzuführen sind.[114]

6.4. Gattung und Datierung

In Ps 72 dienen Elemente aus Inthronisations- und Königsliedern der Gestaltung einer Bitte für den messianischen König, der sich als gerechter Richter und Vertreter Gottes, als „König der Gerechtigkeit", ganz seinem Volk Israel widmen wird und dadurch von allen Völkern Ehre und Anerkennung erfahren soll. Ps 72 ist folglich kein Gebet für einen regierenden König mehr.[115]

Die Kombination der Reste zweier Inthronisationslieder (V. 3. 5–9. 11 + 15aα. 16) mit einem Text über die Gerechtigkeit des Königs gegenüber seinen armen Untertanen (V. 1b–2. 4. 12–14), der auf Grund von V. 1b gleichfalls dieser Liedgattung zuzurechnen sein dürfte, erfolgte erst in nachexilischer Periode zu einer Zeit, als im Frühjudentum bereits die Hoffnung auf das Kommen eines gerechten messianischen Königs erwacht und der Psalter zum „Gebetbuch der Gerechten"[116] geworden war.

Die in Ps 72 verwendeten und aus der älteren Psalmendichtung übernommenen Topoi über den gerechten König beschreiben nicht nur das erhoffte zukünftige Regiment des messianischen Königs, sondern spiegeln zugleich jene Erwartungen an den neuen König wider, die im anmurritisch-kanaanäischen Bereich die Menschen seit amurritischer Zeit bei einer Inthronisation zum Ausdruck gebracht haben dürften.

Es liegt ein Topos vor, der in verschiedene Kontexte eingearbeitet ist, so daß nicht von einem Zitat der Stelle Hi 29,12 gesprochen werden sollte.

113 P. Grelot 1957, 320.

114 P. Grelot 1957, 321, charakterisiert den Gebrauch altorientalischer Literatur in Ps 72 folgendermaßen: „On est en présence d'un patron littéraire beaucoup plus général que la Bible adapte à ses fins moyennant les transformations nécessaires."

115 Ch. Rösel 1999, 175, argumentiert, daß die Sammlung Ps 50–83* frühestens in exilisch-frühnachexilischer Zeit entstanden sei und Ps 72 in diesem Kontext kein Gebet für einen regierenden König sei.

116 U. Nommik 1999, 517–524.

Die seit H. Gunkel übliche Gattungsbestimmung „Gebet für den König“[117] sollte man durch die folgende ersetzen: „Gebet für den messianischen König“ Israels, des Volkes der „Armen“.[118]

Die messianische Thematik des Liedes, sein anthologischer Aufbau und sprachliche Indizien[119] sprechen für eine nachexilische Entstehung. Es ist folglich davon abzusehen, in Ps 72 zwischen einer vorexilischen Grundschicht und späteren Ergänzungen, Grundtext und dessen Fortschreibung oder der *relecture* eines Grundtextes zu unterscheiden.

7. Epilog – Ps 72 – eine Anthologie mit Kommentierung, Glossen

Neben den textologischen Modellen Grundtext mit Zusätzen und Glossen oder Primärpsalm mit Ergänzungen wurde oben in Abschnitt 6.1. die These entwickelt, daß es sich bei Ps 72 um eine Anthologie handelt. Selbst wenn man letztere Interpretation akzeptiert und allein als adäquate Erklärung der Entstehungsgeschichte des Textes bevorzugt, ergibt sich notwendig die Frage, ob die in ihm vorhandenen Kommentierungen und Glossen nur von punktueller Bedeutung sind oder vielleicht insgesamt eine messianische Sicht des Liedes verfolgen, so daß man in ihnen bereits ein Echo auf die messianischen Gedanken desselben sehen könnte.

An den beiden Stellen *72.5.1* (*yyr'wk*) und *72.7.1* (*ṣdyq*) sollte durch minimale Veränderungen des Konsonantenbestandes die Beziehung zum messianischen König verstärkt werden. Dieser Gedanke liegt auch dem Zitat V. 10 und den Zusätzen in V. 15 zugrunde. Für die Glossen in V. 4 (*w ydk' ʿwšq*), V. 14 (*w m ḥms*) und das Zitat in V. 13, die alle das Eintreten des Königs für die Schwachen betonen, dürfte diese Intention gleichfalls gelten.

Neben die in die Anthologie aufgenommenen Texte und die damit verbundene redaktionelle Arbeit tritt folglich die weitere kommentierende und glossierende Tätigkeit späterer Leser, die anschließend in der LXX[120] und im Psalmentargum[121] ihre konsequente Fortsetzung gefunden hat.

---

117 H. Gunkel 1926, 305; vgl. K. Seybold 1996, 277, ein Königspsalm, geschaffen für einen offiziellen höfischen Anlaß; B. Janowski 1997, 48, Grundfassung, ein an Jahwe gerichtetes Bittgebet für den König/Königssohn; M. Arneth 2000, 203, Grundschicht von Ps 72 sei in direkter Anlehnung an den Krönungshymnus Assurbanipals entstanden; E. Zenger 2000, 311–312, Primärpsalm, ein Bittgebet, dessen ursprünglicher *Sitz im Leben* keineswegs auf die Inthronisationsfeierlichkeiten beschränkt werden dürfe.

118 R. Tournay / R. Schwab 1964, 106 Anm. a, „Psaume messianique dédié à Salomon; R.J. Tournay 1991, 227.

119 Zur Frage der Aramaismen in V. 4 (*l*). 5 (*ʿm, lpny*). 6 (*zrzyp*). 16 (*psh*) siehe oben Abschnitt 2.

120 P. Volz 1934, 205, demzufolge „vor der Sonne“ in V. 17b als Aussage von der Zukunft des Königsnamens wahrscheinlich auf Grund der damals bereits bestehenden Theorie von der

Literatur[122]

Arneth, M., 2000: „Sonne der Gerechtigkeit". Studien zur Solarisierung der Jahwe-Religion im Lichte von Psalm 72. ZAR.B 1.

Assmann, J., 2001a: Tod und Jenseits im Alten Ägypten, München.

– –, ³2001b: Ma'at. Gerechtigkeit und Unsterblichkeit im Alten Ägypten, München. [= Erste Auflage 1990; zweite Auflage 1995].

Auffret, P., 1996: „Toutes les nations le diront bienheureux". Étude structurelle du Psaume 72, SEL 13, 41–58.

Auwers, J.-M., 1994: Le Psautier hébraïque et ses éditeurs. Recherches sur une forme canonique du livre des Psaumes I-III. Dissertation. Université Catholique de Louvain, Faculté de Théologie et de Droit Canonique, Louvain

– –, 1994a: Les psaumes 70–72. Essai de lecture canonique, RB 101, 242–257.

– –, 2000: La composition littéraire du Psautier. Un état de la question. CRB 46. – -, 2001: Où va l'exégèse du Psautier? Bilan de six années d'études psalmiques (1995–2000), RTL 32, 374–410.

Becker, J., 1966: Israel deutet seine Psalmen. Urform und Neuinterpretation in den Psalmen. SBS 18.

– –, 1968: Rez.: É. Lipiński, Le poème royal du Psaume LXXXIX 1–5.20–38, Paris 1967, Bib. 49, 275–280.

– –, 1977a: Die kollektive Deutung der Königspsalmen, ThPh 52, 561–578.

– –, 1977b: Messiaserwartung im Alten Testament. SBS 83.

Beuken, W.A.M., 1977: Psalm 72: de koning en de armen, Com(NL) 2, 223–232.

Böhl, E., 1862: Zwölf Messianische Psalmen. Nebst einer grundlegenden christologischen Einleitung, Basel.

Cancik-Kirschbaum, E., 1999: „König der Gerechtigkeit" – ein altorientalisches Paradigma zu Recht und Herrschaft, in: G. Palmer / Ch. Nasse / R. Haffke / D.C. Tippelskirch, (eds.), Thora – Nomos – Jus. Abendländischer Antinomismus und der Traum vom herrschaftsfreien Raum, Berlin, 52–68.

Carrière, J.-M., 1991: Le Ps 72 est-il un psaume messianique?, Bib. 72, 49–69.

Clemens, D.M., 2001: Sources for Ugaritic Ritual and Sacrifice, Vol. I. AOAT 284/1.

Präexistenz des Messias auf die Vorzeit ausgedehnt wird; J. Schaper 1998, 175–176, weist darauf hin, daß der Name des messianischen Königs in V. 19 dem Namen Gottes quasi gleichgestellt werde und der LXX-Psalm den König als Heilsbringer ansehe; Ch. Rösel 1999, 52–55.

121 J. Schaper 1998, 176–177, hebt hervor, daß im Psalmentargum mit der Formulierung „Seines Namens wird in alle Ewigkeit gedacht werden, und bevor die Sonne existierte, war [schon] sein Name bestimmt worden." eine eindeutig temporale Festlegung erfolgt.

122 Siehe ferner: J.-M. Auwers II 1994, 404–444; Th. Wittstruck II 1994, 715–719; S.E. Gerstenberger II 2001, 69.

Dietrich, M., 1998: *bulut bēlī* „Lebe, mein König!“ Ein Krönungshymnus aus Emar und Ugarit und sein Verhältnis zu mesopotamischen und westlichen Inthronisationsliedern, UF 30, 155–200.

– –, 2002: Das Ritual für die Krönung des Assurbanipal (VAT 13831), in: Festschrift P. Weimar. AOAT (im Druck).

Freedman, D.N., 1980: Pottery, Poetry, and Prophecy. Studies in Early Hebrew Poetry, Winona Lake, Indiana.

Feuillet, A., 1985: Les problèmes posés par l'exégèse des Psaumes. Quatre Psaumes royaux (II, XLV, LXXII, CX), RThom 85, 5–37.

Greenfield, J.C., 1971: Scripture and Inscription: The Literary and Rhetorical Element in Some Early Phoenician Inscriptions, in: H. Goedicke, (ed.), Near Eastern Studies in Honor of William Foxwell Albright, Baltimore / London, 253–268.

Grelot, P., 1957: Un parallèle babylonien d'Isaïe LX et du Psaume LXXII, VT 7, 319–321.

Janowski, B., 1997: Stellvertretung. Alttestamentliche Studien zu einem theologischen Grundbegriff. SBS 165.

– –, 1998: II. Israel: Der göttliche Richter und seine Gerechtigkeit, in: J. Assmann / B. Janowski / M. Welker, Richten und Retten. Zur Aktualität der altorientalischen und biblischen Gerechtigkeitskonzeption, in: J. Assmann / B. Janowski / M. Welker, (eds.), Gerechtigkeit. Richten und Retten in der abendländischen Tradition und ihren altorientalischen Ursprüngen, München, 20–28.

Köckert, M., 2000: Zum literargeschichtlichen Ort des Prophetengesetzes Dtn 18 zwischen dem Jeremiabuch und Dtn 13, in: R.G. Kratz / H. Spiekermann, (eds.), Liebe und Gebot. Studien zum Deuteronomium. Festschrift zum 70. Geburtstag von Lothar Perlitt. FRLANT 190.

Lafont, S., 1998: Le roi, le juge et l'étranger à Mari et dans la Bible, RA 92, 161–181.

L'Hour, J., 1974: „Yahweh Elohim“, RB 81, 524–556.

Malamat, A., 1982: Longevity: Biblical Concepts and Some Ancient Near Eastern Parallels, AfO.B 19, 215–224.

Mayer, W(erner).(R.), 1987: Ein Mythos von der Erschaffung des Menschen und des Königs, Or. 56, 55–68.

Migsch, H., 2000: Zur Bedeutung von *ml'* Niph'al in Num 14,21 und Ps 72,19, Bib. 81, 79–83.

Mitchell, D.C., 1997: The Message of the Psalter. An Eschatological Programme in the Book of Psalms. JSOT.S 252.

Nommik, U., 1999: Die Gerechtigkeitsbearbeitungen in den Psalmen. Eine Hypothese von Christoph Levin formgeschichtlich und kolometrisch überprüft, UF 31, 443–535.

Pakkala, J., 1999: Intolerant Monolatry in the Deuteronomistic History. PFES 76.

Paul, S.M., 1972: Psalm 72:5 – A Traditional Blessing for the Long Life of the King, JNES 31, 351–355.

Pautrel, R., 1961: Le style de cour et le Psaume LXXII, in: A la rencontre de Dieu. Mémorial A. Gelin, Le Puy, 157–163.
Rösel, Ch., 1999: Die messianische Redaktion des Psalters. CThM.BW 19.
Schaper, J., 1998: Der Septuaginta-Psalter. Interpretation, Aktualisierung und liturgische Verwendung der biblischen Psalmen im hellenistischen Judentum, in: E. Zenger, (ed.), Der Psalter in Judentum und Christentum. HBS 18, 168–172.
Schloen, J.D., 2001: The House of the Father as Fact and Symbol. Patrimonialism in Ugarit and the Ancient Near East. SAHL 2.
Schmid, H.H., 1968: Gerechtigkeit als Weltordnung. Hintergrund und Geschichte des alttestamentlichen Gerechtigkeitsbegriffes. BHTh 40.
Schmitt, R., 2001: Bildhafte Herrschaftsrepräsentation im eisenzeitlichen Israel. AOAT 283.
Scippa, V., 2000: Il Salmo 72 e il regno messianico di Cristo. Analisi strutturale e simbolico-retorica, in: E. Cattaneo / A. Terracciano, (eds.), Credo Ecclesiam: Studi in Onore die Antonio Barruffo S.I., Napoli, 37–62.
Tournay, R.J., 1964: Le Psaume 72,16 et le réveil de Melquart, in: École de Langues Orientales Anciennes de l'Institut Catholique de Paris – Mémorial du Cinquantenaire 1914 – 1964. TICP 10, 97–104.
– –, 1991: Seeing and Hearing God with the Psalms. The Prophetic Liturgy of the Second Temple in Jerusalem. JSOT.S 118.
Tournay, R.[J.] / R. Schwab, ^{3}1964: Les Psaumes. La Sainte Bible, Paris.
van der Lugt, P., 1980: Strofische structuren in den Bijbels-Hebreeuwse Poëzie. DNLT.
Veijola, T., 2000a: Bundestheologie in Dtn 10,12–11,30, in: R.G. Kratz / H. Spiekkermann, (eds.), Liebe und Gebot. Studien zum Deuteronomium. Festschrift zum 70. Geburtstag von Lothar Perlitt. FRLANT 190, 206–221.
– –, 2000b: Moses Erben. Studien zum Dekalog, zum Deuteronomismus und zum Schriftgelehrtentum. BWANT 149.
Veugelers, P., 1965: Le Psaume LXXII, poème messianique?, EThL 49, 317–343.
Volz, P., ^{2}1934: Die Eschatologie der jüdischen Gemeinde im neutestamentlichen Zeitalter, Tübingen.
Waschke, E.-J., 1998: Die Stellung der Königstexte im Jesajabuch im Vergleich zu den Königspsalmen 2, 72 und 89, ZAW 110, 348–364.
Westbrook, R., 1988: Studies in Biblical and Cuneiform Law, Paris.
– –, 1995: Social Justice in the Ancient Near East, in: K.D. Irani / M. Silver (eds.), Social Justice in the Ancient World, Westport, 149–163.
Wilson, G.H., 1986: The Use of Royal Psalms at the 'Seams' of the Hebrew Psalter, JSOT 35, 85–94.
Zenger, E., 1993: „So betete David für seinen Sohn Salomo und für den König Messias". Überlegungen zur holistischen und kanonischen Lektüre des 72. Psalms, JBTh 8, 57–72.

Psalm 81
Neujahrs- und Laubhüttenfest mit Exodus[1]

Der nur siebzehn Verse umfassende Ps 81 enthält für die moderne Auslegung auf exemplarische Weise eine Reihe von Problemen bereit, welche die Entstehung des Textes und seine inhaltliche Deutung betreffen. Die vorliegende Texteinheit wird entweder als Ergebnis einer zufälligen Agglomeration von Teilen unterschiedlichster Herkunft, als Widerspiegelung eines einheitlichen, lebendigen liturgischen Geschehens mit wechselnden Akteuren oder als Produkt von Umstellungen, Bearbeitung und Glossierung verstanden. Die Interpreten machen sich zwar im einzelnen all die Möglichkeiten zunutze, die einem Vertreter der historisch-kritischen Bibelwissenschaft auf philologischem und literarischem Gebiet zur Verfügung stehen, aber die erreichten Ergebnisse weichen so sehr von einander ab, daß die Psalmenauslegung seit S. Mowinckel und H. Gunkel im Hinblick auf Ps 81 einem von außen auf die Bibelwissenschaft blickenden Betrachter geradezu als ein Spiel von mutwilligen Dilettanten auf dem Gebiet der Literatur, der Geschichte und des Kultes im vor- oder nachexilischen Israel erscheinen könnte.

1. Aspekte der Forschungsgeschichte

Die Bestimmung des Verhältnisses der einzelnen Teile von Ps 81 zu einander, zu Kult und Geschichte steht im Zentrum der neueren Psalmenauslegung seit S. Mowinckel und H. Gunkel. Dabei gehen die Interpreten von widersprüchlichen Auffassungen über die Rolle des Kults und den Verlauf der Religions- und Literaturgeschichte Israels aus, die sie letztlich mit Einzelentscheidungen in poetologischen Fragen begründen. Wir können uns so auf die Beobachtung berufen, daß Vorurteile bezüglich poetologischer und kolometrischer Probleme in der Auslegung von Ps 81 von ausschlaggebender Bedeutung für die historische Rekonstruktion der Textentwicklung und die inhaltliche Auslegung sind, daß in diesem Fall tatsächlich die Form über den Inhalt entscheidet. Lebendigkeit und Verlegenheit neuerer Psalmenauslegung werden allein schon daraus ersichtlich, daß z.B. H. Gunkel das Lied in achtzehn Bikola gliedert[2], K. Seybold aber in dreizehn Bikola

---

1 Erstveröffentlichung in „Mythos im Alten Testament und seiner Umwelt. Festschrift für Hans-Peter Müller zum 65. Geburtstag“. BZAW 278.1999, 127–143.

2 H. Gunkel 1926, 355–356.

und drei Trikola.[3] Man mag diese formalen Unterschiede zwar als belanglose Spielereien mit nebensächlichen poetologischen Kleinigkeiten abtun, aber es wird noch zu zeigen sein, daß auch im Falle von Ps 81 Anschauungen über Ausdrucksformen der hebräischen Poesie der philologischen, historischen und theologischen Aufarbeitung nicht nur die Richtung weisen, sondern auch Grenzen setzen.

Nach H. Gunkel besteht das Lied aus einem kurzen Hymnus, der offenbar zur Feier eines bestimmten Festes gehöre (V. 2–6b) und aus einer Gottesrede, die nach Form und Inhalt prophetische Redeweise nachahme (V. 6c–17). Es handle sich nicht um zwei ursprünglich selbständige, nur zufällig zusammengestellte Psalmenstücke, sondern um eine Liturgie.[4] Die Entstehung dieser neuen liturgischen Form denkt sich H. Gunkel folgendermaßen: „Das nachexilische Priestertum, das wie das ganze Volk unter dem Eindruck der Beglaubigung der alten Propheten stand, hat sich bemüht, den gewaltigen Eindruck ihres Auftretens liturgisch nachzubilden und ihren besonderen Ausdrucksformen Eingang in den Kultus zu verschaffen. Wie oft hat ein Unheilsprophet seine düsteren, drohenden Sprüche zum Schrecken aller Anwesenden in die frohen Worte eines begeisterten Hymnus hineingeworfen! Der Kultus bildet dieses Geschehen liturgisch nach.“[5] Als Beispiele dieser neuen Liturgie sieht H. Gunkel Ps 81 und 95 an. Beide Teile, Hymnus und Drohrede, seien durch den Festgedanken verbunden. Bei der Feier gedenke man der Zeit, aus der sie stammen soll, des Auszugs aus Ägypten. Aber damals habe sich Jahwe nicht nur, wie der Hymnus singe, als Israels „Schutz“ (V. 2) erwiesen, sondern er habe auch, so setze die prophetische Stimme hinzu, seinen Wohltaten Forderungen hinzugefügt.[6]

H. Gunkels liturgische Interpretation von Ps 81 hat selbst dort Zustimmung gefunden, wo sonst sein System der Gattungsbestimmung kritisiert und modifiziert wird.[7]

H. Gunkel verbindet Ps 81 mit dem Passah-Fest[8] und lehnt es ab, mit anderen Autoren an das Laubhüttenfest oder gar mit S. Mowinckel an das Fest der Thronbesteigung Jahwes beim Herbstfest[9] zu denken.

Während H. Gunkel gegen S. Mowinckel argumentiert und dessen Deutung von Ps 81 vom Neujahrsfest her in Frage stellt[10], wurde auch seine eigene Gattungsbestimmung kritisiert. Gegen sein Konzept einer Psalmengattung „prophetische Liturgie“ wurde z.B. geltend gemacht, daß Ps 81 einer Gruppe von Fest-

---

3 K. Seybold 1996, 320–321; so auch F.-L. Hossfeld 2000, 468. Beide Autoren sehen V. 6. 8. 11 als Trikola an.

4 So z.B. auch H.-J. Kraus II 1978, 727, „Der plötzliche Themenwechsel ist kultisch-liturgisch bedingt.“

5 H. Gunkel 1933, 413.

6 H. Gunkel 1926, 356–357; id. 1933, 413.

7 A. Szörényi 1961, 46–47. 369–371. 410–411. 540–541.

8 H. Gunkel 1926, 357.

9 S. Mowinckel 1922, 4. 152–156; id. I 1962, 106; id. II 1962, 235–236. 244; H. Schmidt 1934, 81, Herbstfest.

10 H. Gunkel 1926, 357; id. 1933, 103.

psalmen (Ps 50; 81; 95) zuzuordnen[11], als festliches Mahngedicht[12], als Volksklage mit umgekehrtem Vorzeichen, nämlich Klage Gottes über sein Volk[13], oder als Orakelpsalm zu klassifizieren sei.[14]

Nach K. Seybold, der in Ps 81 „das liturgische Klagegebet einer Gemeinde, die um Wiederherstellung ihres früheren Zustandes bittet"[15], erkennt, ist Ps 81 in seinem überlieferten Zustand ein stark lädierter, um nicht zu sagen ruinierter Text. Wahrscheinlich liege wie bei Ps 50 die Bearbeitung eines exilischen Grundtextes vor. Der bearbeitete Text habe eine poetische Struktur gehabt, die durch Umstellungen verloren gegangen sei. Die Umstellungen seien bewußt geschehen (wie bei Ps 50) und keine Textschäden oder Abschreiberversehen. Die Phasen der Geschichte des Liedes seien: 1. Exilisches Gotteswort, prophetische *rîb*-Rede (V. 9.6ff.), mit dtr Hintergrund (Rib-Gattung, Dekalog, Hauptgebot); 2. Belehrung in kultischen (Kalender-)Fragen für eine randständige, tempelkultferne Diaspora-Gemeinde (mit Mondkalender, ohne Sabbatwoche?) (V. 2ff.); die Rib-Rede werde zum Geschichtsparadigma; 3. Der Text werde als Asaph-Psalm tradiert und – „durchgeschüttelt" – für liturgische Verwendung (1) freigegeben. Die Bearbeitungen hätten seine Sinnaussage eher verdunkelt als erhellt.[16]

Den Bemühungen, Ps 81 als Einheit zu verstehen, steht die Haltung jener Interpreten gegenüber, die das Lied in zwei getrennte Stücke zerlegen und die höchstens innerhalb einer Liturgie ein zeitliches Nacheinander konzedieren[17].

Allein aus den wenigen angeführten exemplarischen Deutungen geht zur Genüge hervor, daß von den Interpreten an Ps 81 ganz unterschiedliche Konzeptionen über Liturgie, Fest und Gattung herangetragen werden. In gleicher Weise sind sie sich in Themen uneinig, die die Entstehung des Textes, seine Gliederung in die poetischen Einheiten Bikolon und Trikolon, das Ausmaß der Glossierung und Bearbeitung betreffen. Wenden wir uns folglich der Frage zu, ob und inwieweit Ps 81 die Tradition der Grundformen der altsyrisch-kanaanäischen und hebräischen Poesie weiterführt.

---

11 R. Kittel 1929, 271–272, „Festhymnus"; J. Jeremias 1987, 156; H.-J. Kraus II 1978, 728; F. Hossfeld 1993, 170; id. 1994, 29; id. 2000, 469.

12 A. Szörényi 1961, 540–540, zusammen mit Ps 95 und 75; 82.

13 H. Spieckermann 1989, 160 Anm. 4, reiht außerdem Ps 95 in die nachexilische Wirkungsgeschichte von Ps 81 ein. Ps 95 sei wahrscheinlich eine anthologisch geprägte Dichtung, die das Gotteslob vor allem schöpfungstheologisch sage (V. 1–7a) und (vielleicht durch weitere Bearbeitung veranlaßt), den Ungehorsam des Volkes in heilsgeschichtlicher Zeit paränetisch einsetze (V. 7b–11).

14 M. Millard 1994, 95.

15 K. Seybold 1996, 317.

16 K. Seybold 1996, 322.

17 B. Duhm 1922, 317, schließt sich Olshausen, Cheyne und Bickell an und führt aus, daß zwar V. 6–17 nichts mit V. 2–5 zu tun hätten, aber ersteres Lied könne in der Liturgie eines Festes, des Neujahrs- oder Laubhüttenfestes unmittelbar auf V. 2–5 gefolgt sein.

2. Kolometrie und Übersetzung

81.1.1 [*l mnṣḥ ʿl h gtyt l ʾsp*][18]

______________ [19]

81.2.1 ***hrnyny l ʾlhym ʿwznw*** 17[20]
81.2.2 ***hryʿw l ʾlhy yʿqb*** 14
81.3.1 ***śʾw zmrh w tnw tp*** 13
81.3.2 ***knwr nʿym ʿm nbl*** 13

══════════════ [21]

81.4.1 ***tqʿw b ḥdš šwpr*** 12
81.4.2 ***b ksh l ywm ḥgnw*** 12
. . .

______________ [22]

____

81.5.1 *ky ḥq l yśrʾl hwʾ* 13
81.5.2 *mšpṭ l [ʾlhy] yʿqb* 9 [13]

81.6.1 [*ʿdwt b yhwsp śmw b ṣʾtw ʿl ʾrṣ mṣrym*]

____

____

81.6.2 *śpt lʾ ydʿty ʾšmʿ* 14
. . .

81.7.1 [*hsyrwty m sbl škmw* 15
81.7.2 *kpyw m dwd tʿbrnh*] 14

81.8.1 *b ṣrh qrʾt w ʾḥlṣk* 14
81.8.2 *ʾʿnk b str rʿm* 11

81.8.3 *ʾbḥnk ʿl my mrybh* [14]
. . .

____

18 Spätere Zusätze sind in eckige Klammern gesetzt: [ ].
19 Trennung von poetischen Einheiten (Monokolon, Bikolon usw.).
20 Anzahl der Konsonanten in einem Kolon.
21 Trennung von Strophen.
22 Doppelter Strich: Trennung von Teilen, Zitaten unterschiedlicher Herkunft.

81.9.1 *šmʿ ʿmy w ʾʿydh bk* 14
81.9.2 *yśrʾl ʾm tšmʿ ly* 13

81.10.1 [*lʾ yhyh bk ʾl zr* 12
81.10.2 *w lʾ tštḥwh l ʾl nkr* 15
81.11.1 *ʾnky YHWH ʾlhyk* 13
81.11.2 *h mʿlk m ʾrṣ mṣrym*] 14

81.11.3 ***hrḥb pyk w ʾmlʾh*** 13
. . .

81.12.1 *w lʾ šmʿ ʿmy l qwly* 14
81.12.2 *w yśrʾl lʾ ʾbh ly* 13
81.13.1 *w ʾšlḥhw b šryrwt lbm* 17
81.13.2 *ylkw b mwʿṣwtyhm* 14

81.14.1 *lw ʿmy šmʿ ly* 10
81.14.2 *yśrʾl b drky yhlkw* 15
81.15.1 *k mʿṭ ʾwybyhm ʾkny*ʿ 16
81.15.2 *w ʿl ṣryhm ʾšyb ydy* 15

81.16.1 [*mśnʾy YHWH ykḥšw lw* [16]
81.16.2 *w yhy ʿtm l ʿwlm*] [12]

81.17.1 ***w yʾkylhw m ḥlb ḥṭh*** 15
81.17.2 ***w m ṣwr dbš ʾśbyʿk*** 14

81.1.1 [Für den Chorleiter: Nach der Gititischen. Von Asaph.]

81.2.1 ***Jubelt vor Gott, unserer Stärke,***
81.2.2 ***jauchzet vor Jakobs Gott!***
81.3.1 ***Erhebet Gesang, laßt die Pauke ertönen,***
81.3.2 ***die liebliche Zither samt der Harfe!***

81.4.1 ***Stoßt am Neumond ins Horn,***
81.4.2 ***am Vollmond, für den Tag unseres Festes!***
. . .

81.5.1 *Denn so ists für Israel Ordnung,*
81.5.2 *ein Gesetz für* [den Gott] *Jakob.*

81.6.1 [So hat er es als Satzung in Joseph bestimmt, als er gegen das Land Ägypten auszog!]

81.6.2 *Eine fremde Stimme vernehme ich,*
. . .

81.7.1 [„Ich habe von der Last seine Schulter befreit,
81.7.2 seine Hände sind dem Tragkorb entkommen.“]

81.8.1 *„Du riefst in der Not und ich rettete dich,*
81.8.2 *erhörte dich im Versteck des Donners.*

81.8.3 *‚Du prüftest mich‘ an den Wassern Meriba,*
. . .“

81.9.1 *„Höre, mein Volk, denn ich will dich verklagen,*
81.9.2 *Israel, möchtest du auf mich hören!*

81.10.1 [*Nicht soll bei dir sein ein fremder Gott,*
81.10.2 *und nicht sollst du anbeten einen ausländischen Gott!*

81.11.1 *Ich bin Jahwe, dein Gott,*
81.11.2 *der dich aus dem Land Ägypten heraufgeführt!“*]

81.11.3 ***„Öffne deinen Mund, dann will ich ihn füllen,***
. . .“

81.12.1 *„Aber mein Volk hat nicht auf meine Stimme gehört,*
81.12.2 *und Israel war nicht meines Willens.*
81.13.1 *Da gab ich es hin in die Härte ihrer Herzen,*
81.13.2 *sie wandelten nach eigenem Rat.*

81.14.1 *Wenn mein Volk auf mich hörte,*
81.14.2 *wenn Israel auf meinen Wegen ginge!*
81.15.1 *Wie leicht würde ich ihre Feinde niederwerfen*
81.15.2 *und gegen ihre Gegner die Hand wenden!"*

81.16.1 [Die ‚es' hassen, sollten ihm schmeicheln,
81.16.2 und ihr Verhängnis sollte ewig währen.]

81.17.1 ***‚Ich' werde ‚dich' speisen mit Weizen vom Hügel***
1.17.2 ***und mit Honig vom Felsen dich sättigen.***

3. Anmerkungen zu Philologie und Kolometrie

81.1.1

'sp „Asaph" – Zur Diskussion über die Asaph-Psalmen siehe u.a. B. Weber 2001, 117–141, zu Ps 81 besonders S. 121. 122–123. 124. 125 mit Anm. 48; 126. 131–132. 135. 136. 138.

81.2.1 – 81.4.2 + 81.11.3 + 81.17.1 – 81.17.2

Als ersten Abschnitt haben wir die drei Bikola *81.2.1 – 81.4.2* abzugrenzen, die mit Imperativformen eingeleitet werden. Wenn wir von der Annahme ausgehen, daß die ersten beiden Bikola wegen gemeinsamer formaler und inhaltlicher Momente als eine Strophe anzusehen sind, so folgt daraus, daß in V. 4 nur noch das erste Glied der folgenden Strophe erhalten ist. Von dieser Voraussetzung her gelangen wir zur Frage, ob diese drei Bikola im folgenden noch fortgeführt werden. Da in *81.11.3* und im Bikolon *81.17.1 – 81.17.2* Elemente vorliegen, die keine unmittelbare Verbindung mit dem Kontext aufweisen, wird gefolgert, daß diese das Thema der ersten drei Bikola aufnehmen. So gesehen, wäre das Thema des großen Festes die Sicherung der Ernährung für die Zukunft.

81.2.1 – 81.2.2

Das Bikolon wird von den beiden Wortpaaren *rnn* hif[23] || *rw'* hif[24] und *'lhym* || *'lhy y'qb* bestimmt.

81.4.1 – 81.4.2

Aus dem Aufbau des Bikolons geht hervor, daß das Wortpaar *ḥdš* || *ksh* „Neumond" || „Vollmond"[25] Anfang und Höhepunkt des Festes anzeigt.[26] Vorläufig muß noch offen bleiben, ob mit dem *ḥg* „Fest" das Neujahrs- und Laubhüttenfest, das Passah oder ein beliebiges anderes Fest gemeint ist.[27]

81.3.1 – 81.3.2

tp* || *knr* – *nbl – Vgl. *knr* || *tp*; M. Dahood, RSP I 1972, 231, Nr. 293.

81.5.1 – 81.11.2

Den zweiten Teil von Ps 81 leitet das kommentierende Bikolon *81.5.1 – 81.5.2* ein, das offensichtlich die Deutung der drei Bikola *81.2.1 – 81.4.2* in eine neue Richtung lenkt, wobei es von der Glosse *81.6.1* unterstützt wird.

Im Zitat *81.6.2 – 81.8.3* wird die Errettung aus dem Sklavenhaus Ägypten thematisiert.

Der Rest eines Bikolons *81.8.3* leitet zu einer Rede gegen fremde Götter *81.9.1 – 81.11.2* über. Deren Ablehnung wird mit der Herausführung Israels aus Ägypten begründet.

81.5.1 – 81.5.2

Das Nebeneinander von *l yśr'l* und *l 'lhy y'qb* wird u.a. folgendermaßen gelöst:

l „für" – *l* ist weder als *Lamed vocativum* (siehe zur Diskussion L. Jacquet II 1977, 584; P.D. Miller 1979, 634) zu deuten, noch mit „von" zu übersetzen.

yśr'l* || [*'lhy*] *y'qb Für das Wortpaar werden folgende Lösungen angeboten:

---

23 HAL 1164: *rnn* hif – 3. zujauchzen (c. *l*).
24 HAL 1126: *rw'* hif – 4. jauchzen, c. *l* zujauchzen.
25 HAL 463–464: *ks'* Vollmond.
26 Siehe unten Abschnitt 5.
27 Siehe unten Abschnitt 5.

1. „für Israel (Ordnung)" – „(ein Gesetz) des Gottes Jakobs": H. Graetz II 1883, 475; H. Gunkel 1926, 356.
2. „(Satzung) für Israel" – „(Recht) für den Gott Jakobs": K. Seybold 1996, 321, mit dem Vermerk, daß wahrscheinlich *l'lhy* ein ursprüngliches *l'hly* „für die Zelte Jakobs" ersetze.
3. „Israel" – „*les tentes* de Jacob": L. Jacquet II 1977, 580. 584.
4. „O Israel" – „from the God of Jacob": M. Dahood II 1968, 262. 264.
5. „Rechtsbelehrung für Israel" – „Entscheidung vom Gott Jakobs" – „Mahnung, die er in Josef gesetzt hat": N. Lohfink 1992, 254, bildet aus V. 5–6a ein Trikolon; siehe ferner P.D. Miller 634, der vom Parallelismus *ḥq l yśr'l* || *'dwt b yhwsp* ausgeht.

Angesichts des Parallelismus *ḥq* || *mšpṭ* in diesem Bikolon ist zu erwarten, daß auch zwischen *yśr'l* und *y'qb* eine Parallelität besteht. Es ist folglich anzunehmen, daß der Parallelismus *l yśr'l* || *l* [*'lhy*] *y'qb* anzusetzen ist und eine irrtümliche Angleichung an *l 'lhy y'qb* in *81.2.2* vorgenommen wurde.

81.6.1

Eine historisierende Glosse zum vorangehenden Bikolon, die über die Bestrafung Ägyptens durch Gott berichtet; F. Baethgen 1904, 254–255.

yhwsp „Joseph" – Deutung von *yô* (*yhw*) als theophorem Element aus hasmonäischer Periode; S.C. Layton 1988, 410–411.

'l „gegen" (in feindlichem Sinn) – HAL 781: *'l* II 5a; zu *'l 'rṣ* vgl. BHSa-a; eine späte Umdeutung eines *m 'rṣ* auf Jahwe, der die Erstgeburt der Ägypter getötet hat.

81.6.2

H. Gunkel 1926, 356, faßt *81.6.2 + 81.11.3* zu einem Bikolon zusammen, das die folgende Gottesrede einführt[28]; H. Herkenne 1936, 278, bildet dagegen aus V. 5–6 ein Einheit, so daß Joseph der ist, der beim Zug gegen Ägypten die Sprache des Landes nicht versteht.

Das „Ich" wird auf Israel (F. Baethgen 1904, 255) oder den Sänger, der Gottes Stimme vernimmt (E. Balla 1912, 104; H. Gunkel 1926, 357), bezogen.

Wahrscheinlich liegt eine nur halb erhaltene oder unvollständig zitierte Einführung der folgenden Gottesrede vor (vgl. Ps 62,12; 85,9). Der Hörende dürfte Israel, nicht ein (Kult-)Prophet sein.

---

28 H. Gunkel 1926, 357, deutet V. 11c nach Jer 1,9; Jes 51,16; II Sam 23,2 und besonders Jer 15,16. Diese Stellen sprechen von Jahwes Worten, die dem Propheten in den Mund gegeben werden, ein Bild, das in V. 11c fehlt.

81.7.1 – 81.11.3

Der Wechsel zwischen Possessivsuffixen (3.m.sg. und 2.m.sg.) führt dazu, daß von den Interpreten ein Ausgleich gesucht wird. So schlägt z.B. H. Gunkel 1926, 359, folgende Umstellungen vor: 9. 11a.b. 8a.b. 7. 8c. 10, wodurch man einen guten Zusammenhang erhalte. K. Seybold 1996, 322, rechnet gleichfalls mit Umstellungen und erwägt folgende Restauration, die zu fünf Strophen führt: 4.3.2(5) | 9.6a.11a+10b | 8a.11b+17b.12 | 8b+6b.7.13 | 14.15.17a+16b.

Die diskutierten Umstellungen gehen von der Anschauung eines einheitlichen Textes, z.B. einer prophetischen Liturgie (H. Gunkel) aus.

81.7.1 – 81.7.2

Kommentierendes Zitat zu *81.6.2* + *81.8.1* – *81.8.3*, das nicht, wie im folgenden, in der zweiten, sondern in der dritten Person von Israel spricht.

81.8.1 – 81.8.3

Teil einer Rede Jahwes an sein Volk.

81.8.3

'bḥnk – BHSb prp *tbḥny*; H. Gunkel 1926, 359, die ursprüngliche Lesart wurde aus scheuer Furcht verändert. In Meriba prüfte das Volk Jahwe (Ex 17,7; Ps 95,9). F. Baethgen 1904, 255, deutet das Kolon *81.8.3* als Anspielung auf die Bedeutung des Wassers beim Laubhüttenfest. Wahrscheinlich führten sowohl die von H. Gunkel als auch die von F. Baethgen genannten Gründe zum vorliegenden Text.

81.9.1 – 81.9.2 + 81.12.1 – 81.15.2

Zitat aus einer längeren Rede über den Ungehorsam des Volkes und die daraus sich ergebenden negativen Folgen. Die Israeliten unterliegen der Übermacht der Feinde.

81.10.1 – 81.11.2

Ein Einschub, der das Verbot des Kultes fremder heidnischer Götter thematisiert. Die Pflicht zur Ablehnung der Götzen wird mit der Herausführung aus Ägypten begründet.

81.11.3

Erster oder zweiter Teil eines Bikolons, das nicht nur *81.2.1 – 81.4.2* fortsetzt, sondern zugleich in V. 17 seine Fortsetzung findet und auf die Gabe materieller Güter zu beziehen ist; vgl. dagegen z.B. F. Baethgen 1904, 255; H. Gunkel 1926, 357, die das Kolon auf die Gabe des Gesetzes beziehen.

81.12.1 – 81.15.2

Zitat aus einer Geschichtsbetrachtung über den Ungehorsam des Volkes. In Verbindung mit *81.7.1 – 81.11.2* wird der Ungehorsam als Verweigerung des Dankes für die Herausführung aus Ägypten gedeutet.

81.15.1 – 81.15.2

'wyb || **ṣr** „Feind" || „Gegner" – M. Dahood, RSP I 1972, 97, Nr. 5: *ib* || *ṣrt*; Y. Avishur 1984, 344–346.

81.16.1 – 81.16.2

Kommentar zum vorangehenden Bikolon. Es wird auf verschiedene Weise versucht, den poetisch ungelenken Text zu verbessern (BHSa-a.b; H. Gunkel 1926, 359–360).

mśn'y YHWH – l *mśn'yw* „seine Hasser" (*w* als Kürzung für *YHWH* genommen; N.J. Schlögl 1915, *19), da von Israel die Rede ist.

't – Zu *'t* „Unglückszeit"(?) siehe HAL 852–853: *'t* 6b; F. Baethgen 1904, 256.

81.17.1 – 81.17.2

w y'klhw, Hörfehler für *w "kylhw* (F. Baethgen 1904, 256; BHSa) und Angleichung an V. 12–16, folglich ist in Übereinstimmung mit parallelem *'śby'k* auch zu Beginn des Bikolons *"kylk* zu lesen.

m ḥlb ḥth || **m ṣwr dbš** „vom Hügel Weizen" || „vom Felsen Honig" – Es wird vorausgesetzt, daß entsprechend akkadisch *ḫalbu*, keilalphabetisch *ḫlb* und dem ugaritischen Wortpaar *ġr* || *ḫlb* „Berg" || „Hügel" (KTU 1.4 VIII 5–6; 1.5 IV 13–14; 1.82:4) auch hier das Wortpaar *ḥlb* || *ṣwr* „Hügel" || „Fels, Berg" vorliegt; siehe unten Abschnitt 8. Anhang.

4. Psalm 81 – Zeuge für ein vorexilisches Neujahrsfest in Israel

Die kolometrische Analyse von Ps 81 hat ergeben, daß das Lied aus Resten eines Liedes zu einem Fest (*81.2.1 – 81.4.2 + 81.11.3 + 81.17.1 – 81.17.2*) und aus Zitaten besteht, die das Fest mit dem Auszug aus Ägypten in Verbindung bringen (*81.5.1 – 81.11.2*, *81.12.1 – 81.16.2*). Wir haben folglich zwischen den Angaben über ein Fest und der historischen Begründung dieses Festes durch den Exodus zu trennen. Es sind folglich all jene Interpretationen in Zweifel zu ziehen, die zwischen dem Fest und der Rede über den Exodus einen ursprünglichen Konnex herstellen und die sich auf diese Weise berechtigt sehen, von einer Einheit des Textes sprechen und diese z.B. auf eine prophetische Liturgie zurückführen. Dagegen ist doch J. Olshausen insoweit zuzustimmen, als er von zwei gar nicht mit einander zusammenhängenden Teilen spricht, die er jedoch in V. 2–6b und 6c–17 vorfindet.[29]

Während die Herkunft der Ausführungen über den Exodus aus dem Bereich des nachexilischen deuteronomistischen Denkens und Argumentierens kaum einem Zweifel unterliegt[30], dürfte der Fest-Text älteren Datums sein.[31]

Sowohl H. Gunkel als auch S. Mowinckel sehen Ps 81 als eine inhaltliche und formelle Parallele zu Ps 95 an.[32] Aus diesem Verwandtschaftsverhältnis leitet S. Mowinckel ab, daß es sich um Thronbesteigungspsalmen handle und beides Liturgien seien, die man auf die beim Neujahrsfest zu vollziehende Wiederholung der Bundesschließung zu beziehen habe.[33] In Ps 81 sei der Schöpfungsmythos in einen Götterkampfmythos umgewandelt, der Mythos durch den Auszugsmythos historisiet.[34] Er datiert das Lied in die vorexilische Zeit.[35]

Beim Vergleich von Ps 81 mit Ps 95 legt S. Mowinckel allzu wenig Gewicht auf die Tatsache, daß letzteres Lied keine Entsprechungen zu Ps 81,11c und 17

---

29 J. Olshausen 1853, 339; C.A. Briggs / E.G. Briggs II 1907, 209, Ps 81 A, 2–6b, 81 B 6c–8b. 9α. 10. 12–15; B. Duhm 1922, 314, gliedert den Psalm in Ps 81 A, 2–5, liturgisches Festlied für Neujahr und Laubhütten, und Ps 81 B, 6–17, eine Mahnrede an das Volk, das nur ihm, dem Befreier aus der ägyptischen Knechtschaft, dienen sollte und das, wenn es dies täte, bald glücklich sein würde.

30 Zur Exodustradition im Deuteronomium siehe u.a. S. Kreuzer 1996, 81–102.

31 Zur Datierung siehe unten Abschnitt 6.

32 S. Mowinckel 1922, 4. 12. 329–330; id. 1923, 38; id. I 1962, 122; id. II 1962, 244. 246.

33 S. Mowinckel 1922, 152–156.180.196.269.288–289.329–330.333–334; id. 1923, 38–40; id. II 1962, 71.
Bemerkenswert ist, daß H.-J. Kraus II 1978, 530; id. 1979, 70–71, der S. Mowinckels These von einem Neujahrs- und Thronbesteigungsfest ablehnt, Ps 50 und 81 als Zeugen für eine kultische Bundeserneuerung ansieht. Vom Standpunkt der Auseinandersetzungen über ein vorexilisches Neujahrsfest übernimmt H.-J. Kraus von S. Mowinckel eine These, die als ein nachexilisches Element aus der Diskussion auszuscheiden ist.

34 S. Mowinckel 1922, 214.

35 S. Mowinckel 1922, 191. 208–209; id. I 1962, 117.

aufweist, ihm folglich jene Elemente fehlen, die neben Ps 81,2–4 am besten auf das Neujahrsfest im Herbst zu beziehen sind. Wenn außerdem wegen ihrer späten Herkunft die Passagen über den Exodus kaum mehr als Teile einer Erneuerung der Bundesschließung nach der Thronbesteigung Jahwes beim Herbstfest verstanden werden können, bleibt lediglich der Schluß übrig, daß in Ps 81 neben dem Lob der Gottheit in V. 2–4 nur noch die Darstellung zukünftiger Fruchtbarkeit im neuen Jahr (V. 11c, 17) auf das Neujahrsfest hinweisen. Entgegen S. Mowinckel sollte folglich Ps 81 nur zur Hälfte mit dem Neujahrsfest in Verbindung gebracht werden.

Ps 81 spiegelt aufs beste die Entwicklung der Feste in Israel wider. Aus ihm läßt sich noch erschließen, daß das vorexilische Herbst- und Neujahrsfest, das große Jahresfest (*ḥg*), in ein Neujahrs- und ein Laubhüttenfest umgewandelt worden ist. Es ist so verständlich, daß in der jüdischen Tradition Ps 81 als Lied des Laubhüttenfestes gilt[36] und im Anschluß an diese Tradition auch in der neueren Auslegung vornehmlich dem Neujahrs- und Laubhüttenfest zugeordnet wird.[37]

Einige Interpreten denken bei Ps 81 an das Passah-Fest.[38] Diese Deutung kann sich auf die Erkenntnis stützen, daß die Exodustradition über das Passah-Mazzotfest in das Deuteronomium gekommen ist.[39]

Ps 81 bezeugt als nachexilischer Text auf seine Art gleichfalls, daß in Israel die Tradition des Neujahrsfestes denaturiert und historisiert worden ist.

5. Neumond und Vollmond in Ps 81,4

Das in V. 4 entscheidende Wortpaar *ḥdš* || *ksh*[40] wird folgendermaßen übersetzt:

1. „Neumond" || „Vollmond": F. Baethgen 1904, 254, Bezug von „Neumond" nach dem Targum auf den Anfang des siebten Monats, Anfang des bürgerlichen Jahres, „Vollmond" auf Laubhüttenfest; B. Duhm 1922, 314; S. Mowinckel 1922, 86–88. 153; id. 1952, 57, „Ps. 81 spricht von einem irgendwie zusammenhängenden Neu- und Vollmondfest, das zugleich ‚unser Fest' (*ḥaggenu*) ist; es kann sich um kein anderes Fest als das Herbst-, Neujahr- und Laubhüttenfestkomplex handeln."; id. I 1962, 124; id. II 1962, 235–236, Note XVI; A. Lemaire 1973, 171, „la nouvelle lune" || „la pleine lune".
2. „in diesem Monat" || „in der Vollmondszeit": H. Graetz II 1883, 475. 476, *b ḥdš* könne nicht Neumond bedeuten, da darauf *ksh* „Vollmond" folge, so daß *b ḥdš* = *b ḥdš hw'* in diesem Monat bedeute.

---

36 Sukkah 55a; P. Volz 1912, 43, 60–61 Anm. 83 und 85; H. Ulfgard 1998, 153–154.

37 F. Baethgen 1904, 253–254; B. Duhm 1922, 314, zu Ps 81,2–5; R. Kittel 1929, 272; H. Herkenne 1936, 277; E. Balla 103–104;

38 F. Hitzig 1865, 184; H. Graetz II 1883, 474; F. Delitzsch 1894, 542–543; H. Gunkel 1926, 357; E. König 1927, 331–332; A. Szörényi 1961, 371.

39 S. Kreuzer 1996, 101; J.C. Gertz 1996, 56–80; T. Veijola 1996, 53–75.

40 Vgl. ug. *yrḫ w ksa* (KTU 1.123:6).

3. „Monat" || „*die Hütte*": H. Herkenne 1936, 277, *ksh* < *skh*, „Schlagt auf im Monat des Hornes || *die Hütte* für den Tag unsers Festes!". In dieser Übersetzung wird der Parallelismus *ḥdš* || *ksh* aufgegeben.
4. „Heiligtum" *qdš* für *ḥdš*: T.K. Cheyne II 1904, 34–35, *b qdš* „in the sanctuary"; H. Schmidt 1934, 154, vielleicht *b qdš* „im Heiligtum" zu lesen.

S. Mowinckel geht in seiner Argumentation gegen N.H. Snaith von der Annahme aus, daß *ḥdš* zuerst den Neumondtag und erst später auch den Monat bezeichnet habe und folglich in Ps 81,4 *ḥdš* nur „day of the new moon" bedeuten könne.[41] Der Psalm erwähne sowohl den Tag des Neumondes als auch den des Vollmondes.

Zur Klärung des mit dem Parallelismus *ḥdš* || *ksh* gegebenen Problems könnte die Unterscheidung beitragen, daß der vorliegende Text eine Modernisierung und Anpassung an die Gegebenheiten der exilisch-nachexilischen Festordnung darstellt und *ḥdš* ein anderes Wort wie z.B. *tqwph* „Jahreswende" (Ex 34,22; 23,16) o.ä. ersetzt. Zugleich ist der Gedanke nicht von der Hand zu weisen, daß auch in vorexilischer Zeit das Neujahrsfest mit dem Neumond begonnen und seinen Höhepunkt bei Vollmond erreicht hat (Lev 23,23–43).[42] Da später das alte Herbstfest in die klar unterscheidbaren Phasen Lärmblasen-Neujahrstag (1. Tag des siebten Monats), Versöhnungstag (10. Tag) und Laubhüttenfest (15. Tag) gegliedert wurde, spricht nichts dagegen, daß auch *ḥdš* in Ps 81,4 mit „Neumondtag" zu übersetzen ist. Diese letztere Lösung impliziert, daß man ursprünglich nicht nur am ersten Tag des Festes, sondern auch an dessen Höhepunkt das Horn geblasen hat.[43]

6. Gattung und Datierung

Der Text von Ps 81 ist das Ergebnis einer Kombination von vor- und nachexilischen Elementen verschiedener Herkunft.[44] Der ältere Teil umfaßt Reste eines Liedes zum Neujahrs- und Thronbesteigungsfest, die nach dem hymnischen Anfang (*81.2.1 – 81.4.2*) mit einem göttlichen Orakel enden (*81.11.3 + 81.17.1 – 81.17.2*). Die eingeflochtenen Zitate über den Exodus aus Ägypten und die Pflicht Israels, keine fremden Götter zu verehren (*81.5.1 – 81.11.2 + 81.12.1 – 81.16.2*), nehmen Argumentationsmuster der nachexilischen jüdischen Theologie auf und modernisieren das überlieferte Material.

---

41 S. Mowinckel II 1962, 235–236, Note XVI.

42 K. Elliger 1966, 317–324.

43 H. Keßler 1899, 179; K. Elliger 1966, 317–318, zu den späteren theologischen Deutungen des Lärmblasens.

44 Siehe oben Abschnitt 3.

Innerhalb des von H. Gunkel konzipierten Systems der Gattungen wäre folglich Ps 81 zwar weiterhin den Mischungen zuzuzählen, aber innerhalb dieser Gruppe nicht den prophetischen Liturgien.[45] Eine Gattung „prophetische Liturgie" mit den Belegen Ps 81 und 95 erübrigt sich.

Entgegen S. Mowinckel handelt es sich nicht um ein vorexilisches Lied, das eine Erneuerung des Bundes Jahwes mit seinem Volk beim Neujahrs- und Thronbesteigungsfest Jahwes bezeugt[46], sondern um einen modernisierten Text für das nachexilische Neujahrs- und Laubhüttenfest.[47] Ps 81 kann folglich kaum zur Begründung der These beitragen, daß beim vorexilischen Herbstfest eine Erneuerung des Bundes stattgefunden habe.

Die vor- und nachexilische Herkunft der Elemente von Ps 81 erklärt auch am besten, warum mit jeweils guten Gründen für das Lied Früh-[48] und Spätdatierungen[49] üblich sind. Es wird auch versucht, vor- und nachexilische Zeit zu kombinieren.[50]

Ps 81 spiegelt in seinem Text den Werdegang des vorexilischen Herbst- und Neujahrsfestes und dessen Umformung in exilisch-nachexilischer Zeit in die drei Phasen Neujahrstag – Versöhnungstag – Laubhüttenfest wider.

Von der Entstehungsgeschichte des Textes her wird auch verständlich, warum vergeblich versucht wird, das anthologisch gestaltete Lied in Strophen zu gliedern[51].

---

45 H. Gunkel 1933, 413.

46 Siehe oben zu Anm. 9 und 33.

47 H. Ulfgard 1998, 154, betont zu Recht, daß Hinweise auf das Laubhüttenfest in einem Psalm nicht zu der Schlußfolgerung führen sollten, das Lied sei ursprünglich für dieses Fest gedichtet worden.

48 F. Baethgen 1904, 254, datiert Ps 81 in die letzten Jahre des bestehenden Reiches; F. Delitzsch 1894, 542; S. Mowinckel 1922, 191, 208–209; id. I 1962, 117, vorexilisch; H. Gunkel 1926, 359, Herkunft aus dem Nordreich; M. Dahood II 1968, 263; A. Weiser II 1973, 376; E. Haglund 1984, 15, 18; S.E. Loewenstamm 1992, 47–48; Th. Booij III 1994, 9; F.-L. Hossfeld 1994, 32, spät-vorexilisch; P. Sanders 1996, 312, „pre-exilic period".

49 F. Hitzig II 1865, 183–184, Makkabäerperiode oder in deren Nähe, die ersten Zeiten des einreißenden Hellenismus 174–172 v. Chr.; B. Duhm 1922, 317, zu V. 6–17, sehr spätes Gedicht; A. Deissler II 1967, 148, nachexilische Zeit, die Erwähnung Josefs (V. 6) verweise nicht auf nordisraelitische Herkunft, sondern erinnere daran, daß die Festversammlung in Jerusalem als Idealrepräsentation des alten Zwölfstämmebundes zu verstehen sei.

50 K. Seybold 1996, 317, spricht z.B. von einem Text aus Nordisrael während der assyrischen Eroberungen, der in der exilischen Zeit eine *relecture* erfahren habe und ins nachexilische Jerusalem (Spuren in V. 1.16b. 18b) gelangt sei.

51 Siehe oben Abschnitt 3, zu V. 2–4 und 12–15; vgl. dagegen z.B. N.J. Schlögl 1915, 80–81, vier Strophen zu je drei Bikola.

7. Literatur zu Ps 81[52]

Auffret, P., 1979: Note sur la structure littéraire du Psaume LXXXI, VT 29, 385–402.

– –, 1993: „Écoute, Mon Peuple!" Étude structurelle du psaume 81, SJOT 7, 285–302.

Balla, E., 1912: Das Ich der Psalmen. FRLANT 16.

Booij, Th., 1984: The Background of the Oracle in Psalm 81, Bib. 65, 465–475.

Bückers, H., 1951: Zur Verwertung der Sinaitraditionen in den Psalmen, Bib. 32, 401–422.

Freehof, S.B., 1973/74: Sound the Shofar – „*ba kesse*", Psalm 81,4, JQR 64, 225–228.

Gertz, J.C., 1996: Die Passa-Massot-Ordnung im deuteronomischen Festkalender, in: T. Veijola, (ed.), Das Deuteronomium und seine Querbeziehungen. SFEG 62, 56–80.

Haglund, E., 1984: Historical Motifs in the Psalms. CB.OT 23.

Hossfeld, F.-L., 1993: Bundestheologie im Psalter, in: E. Zenger, (ed.), Der Neue Bund im Alten. Zur Bundestheologie der beiden Testamente. QD 146, 169–176.

– –, 1994: Psalm 95. Gattungsgeschichtliche, kompositionskritische und bibeltheologische Anfragen, in: K. Seybold / E. Zenger, (eds.), Neue Wege der Psalmenforschung. Für Walter Beyerlin. HBS 1, 29–44.

Jacquet, L., 1964: Admonition pour la fête des tabernacles (Ps 81), BVC 57, 28–40.

Jeremias, J., 1970: Kultprophetie und Gerichtsverkündigung in der späten Königszeit Israels. WMANT 35.

– –, 1987: Das Königtum Gottes in den Psalmen. Israels Begegnung mit dem kanaanäischen Mythos in den Jahwe-König-Psalmen. FRLANT 141.

Kreuzer, S., 1996: Die Exodustradition im Deuteronomium, in: T. Veijola, (ed.), Das Deuteronomium und seine Querbeziehungen. SFEG 62, 107–126.

Layton, S.C., 1988: Jehoseph in Ps 81, 6, Bib. 69, 406–411.

Lemaire, A., 1973: Le sabbat à l'époque royale israélite, RB 80, 161–185.

Loewenstamm, S.E., 1958: The Bearing of Psalm 81 upon the Problem of Exodus, ErIs 5, 80–82.

- – 1992: The Evolution of the Exodus Tradition, Jerusalem.

Lohfink, N., 1992: Noch einmal *ḥôq ûmišpāṭ* (zu Ps 81, 5f), Bib. 73, 253–254.

Loretz, O., 1998: Akkadisch/ugaritisch *ḫalbu*/*ḫlb* – hebräisch *ḥlb* (Ps 81,17): *Ein Beitrag zur Sozialgeographie Altsyrien-Palästinas*, in: M. Dietrich / O. Loretz, (eds.), dubsar anta-men. Festschrift für Willem H.P. Römer zur Vollendung seines 70. Lebensjahres mit Beiträgen von Freunden, Schülern und Kollegen. AOAT 253, 223–244.

52 Siehe ferner T. Wittstruck II 1994, 744–745; E.S. Gerstenberger II 2001, 112–113.

– –, 1999: Konflikt zwischen Neujahrsfest und Exodus in Psalm 81, in: A. Lange / H. Lichtenberger / K.F.D. Römheld, (eds.), Mythos im Alten Testament und seiner Umwelt. Festschrift für Hans-Peter Müller zum 65. Geburtstag". BZAW 278, 127–143.
Millard, M., 1994: Die Komposition des Psalters. Ein formgeschichtlicher Ansatz. FAT 9.
Miller, P.D., Jr., 1979: Vocative Lamed in the Psalter: A Reconsideration, UF 11, 617–637.
Mowinckel, S., 1952: Zum israelitischen Neujahr und zur Deutung der Thronbesteigungspsalmen, Oslo.
Sanders, P., 1996: The Provenance of Deuteronomy 32. OTS 37.
Spieckermann, H., 1989: Heilsgegenwart. Eine Theologie der Psalmen. FRLANT 148.
Szörényi, A., 1942: Quibus criteriis dignosci possit, qui Psalmi ad usum liturgicum compositi sint, Bib. 23, 333–368.
Ulfgard, H., 1998: The Story of Sukkot. The Setting, Shaping, and Sequel of the Biblical Feast of Tabernacles. BGBE 34.
Volz, P., 1912: Das Neujahrsfest Jahwes (Laubhüttenfest), Tübingen.

8. Anhang

Akkadisch-ugaritisch *ḫalbu* / *ḫlb* – hebräisch *ḥlb* (Ps 81,17)

Ein Beitrag zur Sozialgeographie Altsyrien-Palästinas[53]

Die durch Textfunde ermöglichte Verbesserung unserer Kenntnis der altsyrischen und mesopotamischen Umwelt der Bibel verhilft oft zu einer Aufhellung von philologischen Problemen des Hebräischen, die weder von den Masoreten, noch von den neuzeitlichen Interpreten mangels Vergleichsmaterial als solche erkannt werden konnten. Die in Ugarit entdeckten keilalphabetischen Tontafeln haben zwar in der Vergangenheit zur Aufklärung einer Vielzahl von Fragen der hebräischen Lexikographie beigetragen, aber die durch sie eröffneten Möglichkeiten sind in dieser Hinsicht noch lange nicht ausgeschöpft, wie im folgenden zu zeigen ist.

Zu den von alters her ererbten philologischen Rätseln in den biblischen Texten gehört auch die Formulierung *m ḥlb ḥṭh*, die in Ps 81,17 in Parallele zu *m ṣwr dbš* zu stehen scheint. Während für die letzteren drei Wörter die Übersetzung „Honig

53 O. Loretz, Akkadisch/ugaritisch *ḫalbu*/*ḫlb* – hebräisch *ḥlb* (Ps 81,17): *Ein Beitrag zur Sozialgeographie Altsyrien-Palästinas*, in: M. Dietrich / O. Loretz, (eds.), dubsar anta-men. Festschrift für Willem H.P. Römer zur Vellendung seines 70. Lebensjahres mit Beiträgen von Freunden, Schülern und Kollegen. AOAT 253.1998, 223–244.

aus dem Felsen"[54] fast allgemein akzeptiert und nur deren Deutung strittig ist, bieten die Kommentatoren für *m ḥlb ḥṭh* mehrere Übersetzungen an. Dabei gehen sie mehrheitlich von der Vorstellung aus, daß zwischen *m ḥlb ḥṭh* und *m ṣwr dbš* keine parallele, sondern nur eine lockere formale und inhaltliche Beziehung bestehe, auf jeden Fall kein Wortpaar *ḥlb* || *ṣwr* anzunehmen sei. Mit diesem Postulat verhindern sie, wie im folgenden noch zu zeigen sein wird, nicht nur philologische, sondern auch sozialgeographische Erkenntnisse über die Produktion landwirtschaftlicher Güter und die Topographie von Siedlungen.

Ein kurzer Blick in Kommentare aus dem neunzehnten und zwanzigsten Jahrhundert verdeutlicht am besten die Hintergründe und die Situation der Forschung zu *m ḥlb ḥṭh* in Ps 81,17.

In der neuen Auslegung der Psalmen von K. Seybold lesen wir z.B. für *ḥlb* in Ps 81,17 ohne weitere Rechtfertigung die traditionelle Übersetzung „Fett". Im Gegensatz zu der für *ḥlb ḥṭh* geläufigen Übersetzungsformel „Mark des Weizens" o.ä.[55] finden wir jedoch hier *m ḥlb ḥṭh* überraschend mit „Fett (und) Korn" verdeutscht vor:

Und er speiste es von Fett (und) Korn,
und aus dem Felsen habe ich dich mit Honig gesättigt.[56]

Die von K. Seybold zusammen mit der Übersetzung angebotene Deutung von *m ḥlb ḥṭh* gibt zu erkennen, daß auch in diesem Kommentarwerk das Wortpaar *ḥlb ḥṭh* || *ṣwr dbš* als eine im ersten Teil der Korrektur bedürftige Textüberlieferung betrachtet wird. Während K. Seybold es einerseits nicht wagt, mit einigen Interpreten anstelle von *ṣwr* „Fels" nach dem vermeintlichen Vorbild von Dtn 32,13 (*dbš m slʿ*) das Wort *ṣwp* „Wabe(n)"[57] (*ṣwp dbš*) zu lesen[58], deutet er andererseits *ḥlb*

---

54 H. Gunkel 1926, 356.

55 J. Wellhausen 1898, 87, „the marrow of wheat"; F. Baethgen 1904, 256, „Mark des Weizens"; H. Gunkel 1926, 356, „Fett des Weizens"; A.A. Anderson II 1972, 591, „the finest of the wheat: lit. ‚the fatness of wheat'"; H.-J. Kraus II 1978, 726, „(mit des) Weizens Mark"; G. Ravasi II 1983, 692, „fiore di frumento"; P. Sanders 1996, 390: „And he would feed him with the fat of wheat, || and with honey from the rock I would satisfy you."; F.-L. Hossfeld 2000, 468, „*Ich würde es speisen mit fettem Korn.*"

56 K. Seybold 1996, 321.

57 HAL 950: *ṣwp* I Honigseim.

58 K. Seybold 1996, 321, Anm. 17[c], notiert folgendes: „*mṣwr* für ursprüngliches *mṣwp* ‚aus Waben'? Vgl. Dtn 32,13." Mit J. Olshausen 1853, 342, läge ein Verweis auf Prov 16,24 (*ṣwp dbš*) näher.
Betreffs der Vorschläge, *ṣwr* durch *ṣwp* zu ersetzen, vgl. z.B. ferner Ges.[17] 679: *ṣwr* I 2. freistehender Fels ... Öl aus dem Felsboden Dt 32,13 ... vgl. Ps 81,17 (Perles, An. 34 u. Wellh.: *ṣwp*); siehe ferner H. Graetz II 1883, 476. 478, der mit Schorr und Dyserinck *mṣwr* zu *mṣwp dbš* „mit des Honigs Süssigkeit" emendiert; N.J. Schlögl 1915, 81. *19, *w m ṣwp* „mit süßestem Honig"; F. Wutz 1925, 218–219, *ṣwp* „*Honig*waben" statt *ṣwr*. In diesem Zusammenhang ist außerdem zu vermerken, daß zu V. 17 in BH[2] noch „prps *wmṣwp* (sed cf Dt 32,13)" notiert wurde, BHS aber auf jede Anmerkung zu *m ṣwr* verzichtet.

ḥṭh in der Übersetzung ohne Begründung in ein *ḥlb* (*w*) *ḥṭh* „Fett (und) Korn“ um. Ergebnis dieser Operation bei der Übersetzung ist notwendig, wie im weiteren Verlauf der nachfolgenden Ausführungen noch zu zeigen sein wird, die Eliminierung des Parallelwortes zu *ṣwr* „Felsen“ und folglich der Verlust des für die Psalmen und die restliche biblische Literatur einmaligen, auf kanaanäisch-altsyrische Tradition zurückgehenden Wortpaares *ḥlb* || *ṣwr*.

Die herkömmliche, auf eigenartiger Verkehrung der Fronten beruhende Anschauung K. Seybolds, daß im Kontext von V. 17 nicht das Wort *ḥlb*, sondern *ṣwr* das fragliche Element der Überlieferung sei, wird auch von den Lexika unterstützt, die Ps 81,17 dem Lemma *ḥlb* „Fett“ zuordnen[59] und die Einführung eines Lemmas *ḥlb* „Hügel, Wald“ entweder aus Unkenntnis oder wegen ungenügender Berücksichtigung der Sachlage unterlassen.

Wenig überzeugt ferner die Argumentation, daß die Wendung *m ḥlb ḥṭh* aus Dtn 32,14 (*ḥlb klywt ḥṭh*)[60] entnommen sei[61] und hiermit ferner Ps 147,14 (*ḥlb ḥṭym*) und Num 18,12 (*ḥlb yṣhr*, *ḥlb tyrwš*) parallel liefen[62]. Gegen diese Vergleiche spricht, daß sowohl in Dtn 32,14 und Ps 147,14 als auch in Num 18,12 *ḥlb* „Fett, Bestes“ entgegen *m ḥlb* (|| *m ṣwr*) in Ps 81,17 ohne eine Ortsangabe (*mn* oder *b*) verwendet wird. Es besteht folglich keine Veranlassung oder gar Möglichkeit, *ḥlb* in Ps 81,17 von den angeführten Stellen her zu erklären.

Im Gegensatz zu der von K. Seybold übernommenen Tradition der Übersetzung und Interpretation legte M. Dahood unter Hinweis auf E.Y. Kutscher[63] folgende Übersetzung vor:

> He would feed him wheat from the hill
> and with honey from the mountain would I satisfy you.[64]

M. Dahood stützt seine Wiedergabe ausdrücklich auf das ugaritische Wortpaar *ǵr* || *ḫlb* „Berg“ || „Hügel“ (KTU 1.4 VIII 5–6; 1.5 V 13–14; 1.82:4) und postuliert einen entsprechenden hebräischen Parallelismus *ḥlb* || *ṣwr* „hill“ || „mountain“.[65]

---

59 Ges.[17] 231: *ḥlb* I 3. bildl. das Beste, Vorzüglichste; d. Fett des Weizens Ps 81,17; Ges.[18] 351: *ḥlb*$_1$ Fett – 3. übertr. a) das Beste, Vorzüglichste . . . d. beste Weizen Ps 81,17; HAL 303: *ḥlb* I – 3. metaph. d. Beste, Erlesene . . . Ps 81,17; diese Tradition findet sich auch noch in DCH III 1996, 226: *ḥlb* I <cstr>... *ḥlb* ... *ḥṭh* best of wheat Ps 81$_{17}$.

60 Eine Erklärung dieser singulären Formulierung ist mit erheblichen Schwierigkeiten verbunden; siehe z.B. zur Diskussion P. Sanders 1996, 173. 390–391.

61 C.A. Briggs / E.G. Briggs II 1907, 213, deuten V. 17 als freie Zitation von Dtn 32,13–14.

62 F. Baethgen 1904, 25; H. Gunkel 1926, 360, rechtfertigt die Übersetzung „Fett des Weizens“ mit Ps 147,14; Num 18,12; Dtn 32,14; siehe hierzu jetzt ausführlich P. Sanders 1996, 170–171. 389–391.

63 S.E. Loewenstamm 1980, 491, weist darauf hin, daß M. Dahood die Ausführungen E.Y. Kutschers (Leš. 32 [1968] 346) mißdeute und bei diesem Gelehrten *ḥlb* ‚hill‘ noch keine Rolle spiele.

64 M. Dahood II 1968, 263. 267; id. RSP I 1972, 306, Nr. 450; J.C.L. Gibson, CML 1978, 66 Anm. 7, vergleicht 1.4 VIII 6 mit Ps 81,17, „wheat from the wooded height“.

Die von M. Dahood verfolgte Beweisführung finden wir auch bei Y. Avishur, der E. Kutscher und J. Blau folgt und gleichfalls von der Prämisse ausgeht, daß dem ugaritischen Wortpaar *ġr* || *ḫlb* „mount“ || „hill“ im Hebräischen *ṣwr* || *ḥlb* „mount“ || „hill“ entspreche. Seine Übersetzung von Ps 81,17 lautet folglich:

He would feed him from *the hill* wheat
and with honey from *the mount* I would satisfy you.[66]

Die Existenz eines hebräischen Wortes *ḥlb* „Hügel, Berg“ wird auch von einigen Lexika bei den ONN *'ḥlb*, *ḥlbh*, *ḥlbwn* mit Verweisen auf ugaritisch *ḫlb* „Hügel, Berg“ und akkadisch *ḫalbu* „Wald“ wenigstens indirekt anerkannt.[67]

Zusammengefaßt ist vorläufig festzuhalten, daß die Parallelität der Formulierungen *m ḥlb ḥṭh* || *m ṣwr dbš* eindeutig zu verlangen scheint, neben dem Parallelismus *ḥṭh* || *dbš*[68] „Weizen“ || „Honig“ auch den von *ḥlb* || *ṣwr* „x“ || „Felsen, Berg“ anzusetzen. Es ist folglich von der vorausgesetzten Parallelität mit *ṣwr* „Berg“ her höchst zweifelhaft, ja kaum zulässig, das strittige *ḥlb* mit „Fett“[69] zu übersetzen. Von den Gesetzen des *Parallelismus membrorum* her gesehen können wir *a priori* postulieren, daß als Entsprechung zu *ṣwr* „Felsen, Berg“ in Ps 81,17 nur ein synonymes oder ein gegensätzliches Wort in Frage kommt, aber auf keinen Fall das traditionelle *ḥlb* „Fett“.

Das vorläufige Ergebnis lädt dazu ein, das Verhältnis zwischen ugaritisch *ḫlb*, akkadisch *ḫalbu* und hebräisch *ḥlb* gemeinsam mit dem zwischen ugaritisch *ġr* „Berg“ und hebräisch *ṣwr* „Berg“ noch näher zu untersuchen.

Die in den akkadischen Lexika verzeichneten wenigen Belege zu *ḫalbum* „Wald“[70] werden nun durch weitere Stellen aus Māri[71], Ebla[72] und Ugarit[73] aufs beste ergänzt. In die Diskussion über *ḫalbum* wird folglich von akkadistischer Seite auch das ugaritische *ḫlb*, das man mit „Hügel, Berg“[74] und „Wald, bewaldeter Berg“[75] übersetzt[76], zu Recht einbezogen.[77]

---

65 M. Dahood, RSP I 1972, 306, Nr. 450.

66 Y. Avishur 1984, 430.

67 HAL 302: *ḥlb* II; siehe auch Ges.[18] 351: *ḥlbwn.*

68 Vgl. hierzu biblisch *npt/dbš* „Honig“ || / – *ḥlb* „Milch“; Y. Avishur 1984, 136.

69 HAL 303: *ḥlb* I – 1. Fett ... – 3. metaph. *ḥ'* d. Beste, Erlesene.

70 AHw. 311: *ḫalbu* „Wald“; CAD *Ḫ* 40–41: *ḫalbu* forest.

71 J.-M. Durand, ARM XXVI/1, 126 Anm. 35, zum ON *Ḫ*alabît „La Forestière“; M. Bonechi 1997, 492.

72 P. Fronzaroli 1995, 56, zum ON *Ḫa-lab*x(LAM)[ki] („collina“) Aleppo; M. Bonechi 1997, 482. 492 mit Anm. 130, *ḫalbum* „colline boisée“.

73 Ug. 5, 70, 5 (RS 20.33); siehe zu dieser Stelle ferner M.C. Astour 1975, 349, Nr. 142; Sh. Izre'el / I. Singer 1990, 23:6 *ḫalba*; 31, *ḫlb* „forest“, „hill“.

74 C.H. Gordon, UT par. 963: *ḫlb* ‚hill‘; M.C. Astour 1975, 286, *ḫlb* „hill“.

75 G.R. Driver, CML 1956, 140 mit Anm. 7: *ḫlb* ‚forest, jungle‘, nach akkadisch *ḫalbu*, *ḫilbu* ‚wooded height‘; J.C. de Moor 1975, 1985, „probably ‚forested hill‘“; J.C.L. Gibson, CML

Das Nebeneinander von *ḫalbum* „Wald“ (*ḫal-bu* = *qí-iš-tum* CT 18, 4 IV 48[12]) und vorausgesetztem ugaritischem *ḫlb* „Berg“ oder „Wald, bewaldeter Berg“ führte nicht nur zur Überlegung, ob der ON *Ḫalabît* mit „La Montagneuse“ oder „La Forestière“ wiederzugeben ist[78], sondern auch zu den Übersetzungen von *ḫalbum* mit „collina“[79] und „colline boisée“[80].

Von besonderem Gewicht sind in diesem Zusammenhang neben dem keilalphabetischen Parallelismus *ġr* || *ḫlb* die in den keilschriftlichen und keilaphabetischen Texten von Ugarit bezeugten Ortsnamen mit dem Element *ḫalbu* / *ḫlb*: *Ḫalbā(y)u*, *Ḫalbini*, *Ḫalbu*, *Ḫalbu-gngnt*, *Ḫalbu-karradi*, *Ḫalbu-nanā*, *Ḫalbu-ʿapurīma*, *Ḫalbu-ṣapuni* und *Ḫalbu-rapši*.[81]

Als Ergebnis der Überlegungen zu akkadisch *ḫalbu* und ugaritisch *ḫlb* dürfte festzuhalten sein, daß die Übersetzer und Lexikographen entweder „Berg“ oder „Wald“ bevorzugen, zugleich aber auch Bemühungen festzustellen sind, beide Begriffe etwa mit der Wiedergabe „bewaldeter Berg / Hügel“ zu vereinen. Die Übersetzungen gehen offensichtlich von verschiedenen Vorstellungen über die Ausdehnungen der Wälder in Altsyrien aus.

Eine zufriedenstellende Lösung der mit akkadisch-ugaritisch *ḫalbu* / *ḫlb* gegebenen Probleme hängt auch von der Klärung der Frage ab, ob das ugaritische Wortpaar *ġr* || *ḫlb* mit dem hebräischen *ḥlb* || *ṣwr* vergleichbar ist.

Die Parallelisierung des ugaritischen Wortpaares *ġr* || *ḫlb* „Berg“ || „Hügel“ (KTU 1.4 VIII 5–6; 1.5 IV 13–14; 1.82:4) mit dem hebräischen *ḥlb* || *ṣwr* „hill“ || „mountain“ beruht sowohl bei M. Dahood als auch bei Y. Avishur[82] auf der ugaritisch-hebräischen Gleichung *ġr* = *ṣwr*.[83]

1978, 148: *ḫlb* ‚wooded height‘; D. Pardee 1997, 263, „wooded hill“; DLU 191: *ḫlb* (I) „macizo, promontorio“.

76 M. Dietrich / O. Loretz 1996, 665–666.

77 So z.B. AHw. 311: *ḫalbu(m)*, ug. *ḫlb* Berg.

78 J.-M. Durand, ARM XXVI/1, 126 Anm. 35.

79 P. Fronzaroli 1995, 56.

80 M. Bonechi 1997, 482. 492.

81 W.H. van Soldt 1996, 667–669; siehe zu diesen ONN bereits ausführlich M.C. Astour 1975, 286; Nr. 41; 348–349, Nr. 142–144; D. Pardee 2001, 262. 279.–280, zu den ONN *ḫlb rpš*, *ḫlb krd*, *ḫlb ʿprm* und *ḫlby*.

82 Siehe oben zu Anm. 64–66.

83 Siehe zu dieser Gleichung u.a. HAL 952–953: *ṣwr* I; C.H. Gordon, UT Nr. 1953: **ġwr* : *ġr* ‚mountain‘; DLU 159: *ġr* (I) „monte, montana“; R. Renfroe 1992, 108.
Vgl. dagegen J. Aistleitner, WUS, Nr. 2166: *ġr* II Berg, mit folgender Bemerkung: „EA *ḫa-a-ar-ri*, Gl. zu ḪUR.SAG; vgl. noch hb. *har*. Berg. Andererseits s. arab. *ẓirr*: Stein mit scharfem Rand.“ J.C. de Moor 1971, 134, hat seine frühere These, daß *ġr* mit „woodland“ zu übersetzen sei (id. 1965, 362–363) folgendermaßen korrigiert: „A *ġr* ‚woodland‘ which I postulated with regard to the parallel terms *yʿr* and *ḫlb* (*ibid.*) does not exist because the terms for woodland and mountain are virtual synonyms in the region involved. Neither do I know a clear example of *ġr* ‚lowland, pit‘ (often instead of ‚mountain‘ in the early days of Ugaritology, lately, JTS (16) 1965, pp. 348s, after Driver, for CTA 16:VI.44, but *ġrm* means ‚debtor‘ there).“

Dagegen hat E. Ullendorff ausführlich versucht, die Gleichung *ǵr* = *ṣwr* als falsch zu erweisen.[84] Er verbindet ugaritisch *ǵr* mit arabisch *ǵawr* „low ground" und hebräisch *m'rh* „cave"[85], so daß er glaubt, *ǵr* mit „valley" übersetzen zu können. Seinem Vorschlag entsprechend müßten die Wortpaare *ǵr* || *ḫlb* und *ḫlb* || *ṣwr* nicht mit „mount" || „hill", sondern mit „valley" || „hill" und „hill" || „valley" wiedergegeben werden.

E. Ullendorff führt zur Stützung seiner Übersetzung von *ǵr* folgende fünf ugaritische Wortpaare an:

ǵr || *gbʿ*	KTU 1.5 VI 26–27; 1.6 II 16;
yʿrm || *ǵpt ǵr*	KTU 1.4 VII 36–37[86];
ǵr || *ǵr* || *tlm*	KTU 1.4 VIII 2–4;
ǵr || *ṣpn*	KTU 1.4 VII 5–6;
št ǵr || *ʿmq*	KTU 1.3 II 5–6[87].

Aus den von E. Ullendorff zu Gunsten seiner These angeführten Stellen ist dagegen folgendes zu entnehmen:

1. *ǵr* || *gbʿ* [88]

Im Parallelismus *ǵr* || *gbʿ* [89] (KTU 1.5 VI 26–27; 1.6 II 16) liegt, wenn wir vorläufig von einer Bedeutungsangabe für *ǵr* absehen, auf Grund von *gbʿ* „Hügel" entweder die Zuordnung von sich entsprechenden Begriffen für geographische Erhebungen oder von entgegengesetzten Geländeformationen wie „Ebene" und „Tal" vor. Da jedoch im Trikolon KTU 1.5 VI 25b–28a || 1.6 II 15b–17a gleichzeitig die horizontalen und vertikalen Zuordnungen

ǵr – arṣ || *gbʿ – šdm*

gegeben sind, dürfte anzunehmen sein, daß in dieser poetischen Einheit *ǵr* und *gbʿ* Erhebungen der Erde bezeichnen, denen die ebenen Erdflächen *arṣ* und *šd(m)*[90]

84 E. Ullendorff 1977, 134–135; zur Diskussion über *ǵr* siehe ferner J.M. Sasson 1972, 435–436, Nr. 94; P.J. van Zijl 1972, 148–150; D. Sivan 1997, 23–24; J. Tropper, UG 2000, 94.

85 HAL 582: *m'rh* I „Höhle", mit Verweis auf ugaritisch *mǵrt* (KTU 4.125:18). Vgl. dagegen J.C. de Moor 1971, 134, der zu Recht darauf hinweist, daß es sich bei den *bnš mǵrt* (KTU 4.125:18) offensichtlich um „Wächter" handelt.

86 E. Ullendorff 1977, 134, begnügt sich mit der unvollständigen und das Problem ein wenig verzerrenden Angabe *yʿr* || *ǵr*.

87 E. Ullendorff 1977, 134, geht lediglich von *ǵr* || *ʿmq* aus; so auch M. Dahood, RSP III 1981, 135, Nr. 256.

88 M. Dahood, RSP I 1972, 306, Nr. 449: *ǵr* || *gbʿ* zu KTU 1.6 II 16; 1.4 V 15–16, 31–32, 38–39; 1.5 VI 26–27; 1.3 III 30–31; Y. Avishur 1984, 25. 42. 398.

89 Zu ugaritisch *gbʿ* siehe AHw. 271: *gab'u* „Gipfel".

90 HAL 1219: *śdh* Flur, Ackerfeld, Feldstück, Landschaft, Gebiet.

parallel beigeordnet sind. Für *ġr* || *gbʿ* setzen wir folglich einen synonymen Parallelismus voraus und vorläufig die Übersetzung „Berg“ || „Hügel“ an:

ap [26]*ʿnt ttlk w tṣd* 13
kl ġr [27]*l kbd arṣ* 11
kl gbʿ [28]*l kbd šdm* 12

tmġ l nʿmy [29]*arṣ dbr* 13
ysmt šd [30]*šḥl mmt* 12

tmġ l bʿl npl [31]*l arṣ* 14

Da durchstreifte und durchjagte Anat
jeden *Berg* bis ins Innere der *Erde*,
jeden *Hügel* bis ins Innere der *Felder*.

Sie gelangte zur Lieblichkeit *der/s Erde / Landes* der Pest,
zur Anmut *des(/r) Feldes(/r)* des Todesflusses.

Sie gelangte zu Baal, der auf die *Erde* gefallen war.

(KTU 1.5 VI 25b–31a || 1.6 II 15–17a.19b–20[91])

Die Göttin Anat gelangte bei ihrer Suchaktion von jedem der Berge und Hügel bis in den inneren Bereich der Erdoberfläche, der, wie das Folgende zeigt, mit dem Reich der Toten gleichzusetzen ist. Die Göttin mußte also nicht an einem festgesetzten Ort, wie z.B. den Bergen *Trġzz* und *Ṯrmg* (KTU 1.4 VIII 2–3) den Eingang in die Unterwelt suchen, sondern konnte Kraft ihrer Göttlichkeit bei jeder Erderhebung in den unteren Bereich der Erde gelangen. Dabei erreichte sie auch ohne Schwierigkeiten das jenseitige Ufer des Todesflusses. Im Land des Todes fand sie schließlich Baal tot auf der Erde (der Unterwelt) liegend vor.[92]

Der Hörer wird in diesem Abschnitt mit einer mehrfachen Bedeutung von *arṣ* erfreut. Der Dichter leitet ihn von der Erdoberfläche zur Fläche des unteren Landes. Reales und mythisches Land werden mit Hilfe des Wortes *arṣ* „Oberfläche der Erde, Land“ beschrieben. Sowohl für die sichtbare Erdoberfläche als auch für die unsichtbare Oberfläche der Unterwelt benützt der Mythos das Wortpaar *arṣ* || *šd* „Erdfläche“ || „Feld“ (KTU 1.5 VI 27–29).

Das oben erreichte Ergebnis, daß im Parallelismus *ġr* || *gbʿ* beide Wörter Erhebungen im Gelände bezeichnen, wird durch die mit einander vergleichbaren Parallelketten

---

91 In KTU 1.5 VI 25b–31a fehlt das Bikolon 1.6 II 17b–19a.

92 KTU 1.5 VI 8–9; vgl. *npl ʾrṣh mt* (Jdc 3,25).

arr – ṣpn || *nʿm – ġr tliyt* (KTU 1.10 III 30–31)[93] und
ġry il ṣpn || *qdš – ġr nḥlty* || *nʿm – gbʿ tliyt* (KTU 1.3 III 29–31)[94]

und den sich daraus ergebenden beiden Wortpaaren

ṣpn || *ġr tliyt* (KTU 1.10 III 30–31)
ġry il ṣpn || *ġr nḥlty* || *gbʿ tliyt* (KTU 1.3 III 29–31)

bestätigt.[95]

2. *yʿrm* || *gpt ġr*

Das Wortpaar *yʿr* || *gpt ġr* (KTU 1.4 VII 36–37) setzt wegen des Wortes *gp* „Rükken, Anhöhe"[96] voraus, daß *ġr* eine Erhebung bezeichnet, auf der sich besonders markante Ausformungen derselben wie Bergrücken oder Anhöhen unterscheiden lassen. Folglich geben wir *yʿrm* || *gpt ġr* am besten mit „Wälder" || „Rücken, Erhebungen des Berges" wieder.

Der Parallelismus *yʿrm* || *gpt ġr* setzt entweder eine Landschaft voraus, in der sich die Wälder aus der Ebene in die Berghänge hinauf erstrecken, oder Wälder, die sich auf den Erhebungen des Berges befinden. Entgegen E. Ullendorff könnte man am ehesten noch *yʿr* „Wald" als Synonym für „valley" ansehen. Da sich jedoch in Syrien-Palästina Wälder oft in bergigen Lagen befanden, dürfte für das Wortpaar *yʿr* || *gpt ġr* Synonymität und vorsichtig folgende Übersetzung in Betracht zu ziehen sein: „Wälder / Hochwald" || „Rücken, Anhöhen des *ġr*". Es wird folglich kaum in Frage kommen, in diesem Kontext mit E. Ullendorff in *ġr* die Bezeichnung eines Tales zu sehen. Für die fragliche Stelle wird folgende Übersetzung in Erwägung zu ziehen sein:

ib bʿl tiḫd[36] *yʿrm*	13
šnu hd gpt[37] *ġr*	10

Die Feinde Baals ergriffen die Wälder,
die Hasser des Haddu die Höhen des Berges.

(KTU 1.4 VII 35b–37a)

93 F. Renfroe 1992, 109, betont, daß die Göttin Anat in KTU 1.10 III 27–31 auf den *ġr* „hochsteigt" (*ʿly*), folglich ein *ġr* „Tal" ausgeschlossen ist.

94 F. Renfroe 1992, 108–109, betont, daß in diesem Trikolon nur Begriffe für Berge vorkommen, folglich nur ein *ġr* „Berg" in Frage kommt.

95 Siehe auch unten Abschnitt 4. zum Parallelismus *ġr* || *ṣpn*.

96 Vgl. hebräisch *gb/p* „Wölbung, Anhöhe" (HAL 163: *gb* I; 192: **gp* I, zu Prov 9,3). Die Lesung *ʿl gpy mrmy qrt* (Prov 9,3) dürfte von *mrmy qrt* (Prov 9,14) beeinflußt sein. Wir haben folglich von einer ursprünglichen Parallelität von *gpy qrt* und *mrmy qrt* auszugehen.

3. *ġr* || *ġr* || *tlm*

Da in KTU 1.4 VIII 2–6 in zwei mit einander eng verbundenen poetischen Einheiten eine direkte Abfolge der Parallelismen *ġr* || *ġr* || *tlm* (Z. 2–4) und *ġr* || *ḫlb* (Z. 5–6) gegeben ist, liegt es nahe, von einem indirekten Parallelismus *tl*(*m*) || *ḫlb* zu sprechen oder davon auszugehen, daß *tl* „Hügel, Höhe“[97] und *ḫlb* dieselbe oder eine ähnliche geologische Formation bezeichnen. Da aus dem Kontext von KTU 1.4 VIII 1–6 außerdem hervorgeht, daß wir von der Gleichsetzung *ġr* = *tl* / *ḫlb* auszugehen haben, scheidet auch in diesem Fall die Hypothese E. Ullendorffs aus, daß *ġr* mit „valley“ zu übersetzen sei.

Im Abschnitt KTU 1.4 VIII 1–9 wird mit klaren Worten ausgesagt, daß Berge nicht nur den Zugang zur Unterwelt verschließen, sondern bei bestimmter Behandlung auch ermöglichen. Für die in diesem Zusammenhang wichtigen drei poetischen Einheiten sind folgende Kolometrie und Übersetzung anzusetzen:

[1]*idk al ttn pnm*	11
[2]*ʿm ġr trġẓẓ*	9
[3]*ʿm ġr ṯrmg*	8
[4]*ʿm tlm ġsr arṣ*	11
[5]*ša ġr ʿl ydm*	9
[6]*ḫlb l ẓr rḥtm*	10
[7]*w rd bt ḫptt* [8]*arṣ*	12
tspr b y[9]*rdm arṣ*	12

So wende dich eiligst
zum Berge *Trġẓẓ*,
zum Berg *Ṯrmg*,
zu den beiden Hügeln an der Grenze der Erde!

Hebet den Berg auf die Hände,
den Hügel auf die Handflächen!

---

97 HAL 1598–1599: *tl* (gleichmäßig geböschter) Schutthügel; AHw. 1359: *tīlu* I, *tillu* II, auch *tēlu* II „(Schutt-)Hügel“; J.E. Hoch 1994, Nr. 527.

Und steige hinab zum Haus des Ranges der *ḫupšu*-Söldner[98] in die Unterwelt[99],
werde gezählt zu denen, die in die Unterwelt hinabsteigen[100]!

(KTU 1.4 VIII 1–9)

Die Formulierung *bt ḫptt arṣ* KTU 1.4 VIII 7–8 macht deutlich, daß zwischen einem ober- und einem unterirdischen *bt ḫptt* zu unterscheiden ist. Wie die folgende äußerst negative Beschreibung der Unterwelt in KTU 1.4 VIII 10–14a zu erkennen gibt, kann es sich beim *bt ḫptt* (Alalaḫ: É *ḫu-up-še-na*) nur um ein wenig ansehnliches Bauwerk handeln. Dies trifft auch auf das Jerusalemer *byt hḥpšy/wt* zu, das wir aus II Reg 15,5 = II Chr 26,21 kennen. Das *byt hḥpšy/wt* war vom Palastkomplex getrennt, so daß es eine Abgrenzung von den gesunden Angehörigen des Königshofes herbeiführte. In diesem in schlechtem Zustand sich befindenden Haus hat man die als niedrig angesehenen *ḫupšu*-Soldaten abseits vom Palast untergebracht, besser kaserniert. Aus der Bezeugung des *bt ḫptt* sowohl im ugaritischen Mythos als auch in Jerusalem geht hervor, daß es sich um eine in Altsyrien und Palästina an den Königshöfen verbreitete Einrichtung handelte. Das geringe Ansehen derselben macht auch verständlich, daß es in Ugarit zur Beschreibung der Unterwelt dient. Diese Tradition lebt auch noch in der Formulierung *b mtym ḥpšy* „unter den Toten ein ‚Freigelassener'" von Ps 88,6[101] fort: der Klagende hält seinem Gott vor, daß er bereits den Zustand erreicht habe, der auch in der Unterwelt der niedrigste und schlechteste sei.[102]

---

98 *ḫpṯ* „Hupschu-Stellung", Abstraktbildung auf *-uttu*, *-ūtu* zu *ḫpṯ*; vgl. *qadšūtu* „Stellung eines *qdš*-Kultdieners"; AHw. 891–892: *qadšūtu* 2) zu PRU 3, 140, 7; W. von Soden 1970, 329–330) oder Endung *-ūtu* zur Kennzeichnung von Personen als kollektive Gruppe; O. Loretz 1976, 130 Anm. 15; siehe ferner DLU 196: *ḫpṯt* estado o grupo de *ḫpṯ* [abstr. o. colect.]; J. Tropper, UG 2000, 137, *bt ḫpṯt* „Haus der Freiheit".
Zur Stellung des *ḫupšu* in der altorientalischen Gesellschaft siehe u.a. die bei M.R. Adamthwaite 2001, 243–251; E.J. Pentiuc 2001, 78, diskutierte Literatur.

99 Die Übersetzung soll offen lassen, ob das zweimalige *arṣ* in diesem Bikolon als ein Akkusativ der Richtung zu übersetzen ist.

100 A. Schoors, RSP I 1972, 27–28, Nr. 21, zu *yrdm arṣ*; J. Tropper, UG 2000, 539. 724, „laßt euch zu denen zählen, die in die Unterwelt hinabsteigen".

101 *ḥpšy* „Freigelassener", *ḫupšu*. Die Stelle zeigt, daß der Glossator von Ps 88,6 noch Kenntnis von der Tatsache hatte, daß ein „Freigelassener" in eine höchst mißliche soziale Lage entlassen werden konnte, wie dies auch aus dem Gebrauch des Wortes *bt ḫpṯt/byt ḥpšy/wt* hervorgeht.
Vgl. dagegen z.B. N. Lohfink 1982, 125–126, der argumentiert, daß hebräisch *byt ḥpšyt*, *ḥpšy* in Ps 88,6 und ugaritisch *bt ḫpṯt* häufig als Unterweltsbezeichnungen verstanden würden. Es sei aber nicht wirklich klar, ob ein Zusammenhang mit ugaritisch *ḫb/pṯ* und hebräisch *ḥpšy* bestehe.

102 Die früher auf Grund der fehlenden Quellen und später durch Übersehen der keilschriftlichen Belege zu *ḫupšu* und der keilalphabetischen zu *ḫpṯ* und *bt ḫpṯt* entstandenen Deutungen von hebräisch *ḥpšy* in Ps 88,6 haben zu einer überraschenden Vielfalt von Deutungen und Vorschlägen geführt, wie z.B. folgende Autoren zeigen: H. Gunkel 1926, 382, hat bereits zutreffend vermutet, daß hier *ḥpšy* „freigelassen" im abgeleiteten Sinn von „vogelfrei" in

Mit dem übertragenen Gebrauch von ugaritisch *bt ḫpṯt* als Bezeichnung für einen Aufenthaltsort der Toten dürfte das akkadische Wort *kirṣītu* zu vergleichen sein, das ein Gebäude in einem schlechten, ruinösen Zustand oder ein Wirtschaftsgebäude bezeichnet[103], das aber auch zur Beschreibung eines Gebäudes in der Unterwelt verwendet wird. Es diente der Unterbringung der Toten, wie der in Ugarit und Emar bezeugte keilschriftliche Weisheitstext „Der Dialog zwischen Šūpē-amēli und seinem ‚Vater'" zu erkennen gibt. Der betreffende Abschnitt wird folgendermaßen übersetzt:

> In einem abgeschiedenen Bau ([*ke-er-*]*ṣe-tu*) liegen die Menschen dann (und sagen):
> „Ereškigal ist unsere Mutter, wir sind ihre Kinder!"
> Am Tor zum abgeschiedenen Bau (*ki-ir-ṣe-ti*) sind Sichtblenden aufgestellt,
> damit die Lebenden die Toten nicht sehen.[104]

Es leuchtet ohne weiteres ein, daß man zur Schilderung der Zustände in der Unterwelt die schlechtesten irdischen Möglichkeiten einer Unterkunft dorthin transponiert hat.

Im Abschnitt KTU 1.4 VIII 1–9 verlegt der Mythos in Übereinstimmung mit KTU 1.5 V 13–14; 1.6 II 16–17 den Zugang zur Unterwelt in die Berge. Durch das Hochheben zweier Berge gelingt es, den Zugang in die Unterwelt zu öffnen. Wahrscheinlich deutet die Darstellung an, daß die normalen Sterblichen oder die Toten (*yrdm arṣ*, KTU 1.4 VIII 8b–9) auf einem anderen Weg – über den Todesfluß? – in die Unterwelt gelangen. Es ist jedenfalls klar, daß innerhalb von KTU 1.4 VIII 1–9 *arṣ* sowohl die Erdoberfläche (Z. 4) als auch die Unterwelt (Z. 8–9) beschreibt.

4. *ġr* || *ṣpn*

Das Wortpaar *ġr* || *ṣpn* (KTU 1.4 VII 5–6) setzt offensichtlich voraus, daß die Götter sich auf dem Berg *ṣaphon*, dem *ġr bʿl* „Berg des Baal"[105], befinden. Es wird

---

Betracht zu ziehen ist. Vgl. dagegen u.a. Ges.[18] 383: *ḥpšy* 3. übertr. frei, ungebunden (v. Gott) *bmtym ḥ'* unter den Toten (bin ich) frei Ps 88,6; LHVTL 260, stellt sowohl unter *ḥpš* 1) libertas – 2) *stratum* zu Ps 88,6 die Vermutung ‚apud mortuos est *stratum meum*' als auch unter *ḥpšy* 2) *immunis a tributo solvendo* die Interpretation „ab aerumnis vitae terrestris" zur Debatte; HAL 328: *ḥpšy* 3. wird zu Ps 88,6 sogar die Konjektur *kmty mḥpšt* ‚wie dem Unheil Verfallene' von J. Gray als Möglichkeit erwogen. K. Seybold 1996, 343, verbindet mit seiner Übersetzung „Bei den Toten ist mein Lager" die Bemerkung, daß *ḥpšy* nicht von *ḥpšy* ‚Freigelassener' abzuleiten sei.

103 W. Mayer 1989, 269–270; id. 2001, 163, *kirṣītum* „Wirtschaftsgebäude"; S. Seminara 1995, 467–480; M.R. Adamthwaite 2001, 115–128, gelangt (a.a.O., S. 128) zu folgendem Ergebnis: „The most consistent conclusion is that a *kirṣitu* is a Middle Euphrates word denoting an inferior kind construction, of similar dimensions to a house, and which often either adjoins a more normal house, or occurs in more periphal area of the city."

104 M. Dietrich 1991, 64–65.

105 KTU 1.16 I 6; vgl. 1.10 III 30–31; P. Bordreuil 1984, 2. 10; W.H. van Soldt 1994, 370.

auch in diesem Fall ohne jeden Zweifel vorausgesetzt, daß *ġr* die Bedeutung „Berg" hat.

5. *št ġr* || *ʿmq*[106]

Eine weitere Bestätigung für die vorgeschlagene Übersetzung von ugaritisch *ġr* mit „Berg" gewinnen wir aus dem Parallelismus *št ġr* || *ʿmq* in KTU 1.3 II 5–6. Denn die Angabe *št* „Grundlage, Fundament, Fuß (eines Berges)"[107] besagt[108], daß sich am Fuß eines Berges eine Ebene (*ʿmq*) befinden kann, daß *ʿmq* und *ġr* als geographische Gegebenheiten verschieden sind und folglich *ġr* auch in diesem Parallelismus gegenüber dem Tal oder der Ebene eine Erhöhung bezeichnet.

Zusammengefaßt ist vorläufig bezüglich der Wortpaare *ġr* || *ḫlb* und *ḥlb* || *ṣwr* folgendes festzuhalten: Entgegen E. Ullendorff dürfte mit der Mehrzahl der Autoren anzunehmen sein, daß dem ugaritischen *ġr* im Hebräischen *ṣwr* entspricht und wir folglich auch ugaritisch *ġr* mit „Fels, Berg" zu übersetzen haben.

Nach dem Gesagten ist es voll berechtigt, das ugaritische Wortpaar *ġr* || *ḫlb* mit dem hebräischen *ḥlb* || *ṣwr* in Verbindung zu bringen und von einer vollen formal-inhaltlichen Parallelität zu sprechen.

Die Gleichung ugaritisch *ġr* = hebräisch *ṣwr* = aramäisch *ṭwr* hat sowohl die Ugaritistik als auch die Semitistik ausgiebig beschäftigt.[109] W. von Soden gelangte zum Ergebnis, daß man bei den Schreibungen *nġr* „schützen", *ġr* „Berg" und *mġy* „ankommen" wegen der ziemlich großen Zahl von Belegen nicht gern an einen Zufall glauben werde, obschon es auch bei ihnen nicht undenkbar sei, daß Schreibungen mit *ẓ* noch einmal auftauchen werden. Bei *ġr* „Berg", so seine Meinung, könnte, wenn es mit hebräisch *ṣûr* und aramäisch *ṭûr* wirklich identisch ist, der Grund für das Fehlen einer Schreibung *ẓr* darin gesucht werden, daß semitisch *ẓahr* „Rücken" ugaritisch als *ẓr* (Aussprache *ẓār*?) erscheint; die Schreibung beider Wörter als *ẓr* könnte öfter zu Mißverständnissen Anlaß geben.[110]

Ungeachtet der Probleme, die mit der Schreibung *ġr* verbunden sind, wird man auf Grund der ugaritischen und hebräischen Parallelpaare mit ġr und *ṣwr* davon auszugehen haben, daß beide Wörter sowohl im Gebrauch als auch in der Bedeutung gleich sind.

---

106 F. Renfroe 1992, 109, zitiert in diesem Zusammenhang die Lesung *ġrm w ʿm[q]t* „mountains and valleys" (KTU 1.148:6). Inzwischen ist es jedoch möglich geworden, die strittigen Stellen folgendermaßen zu lesen: *ġrm w thmt* „Berge und Meeres-/Wassertiefe(n)" (KTU 1.47:[19]; 1.118:18; 1.148:6.41); B. Alster 1999, 868–869, zu ^{d}ḪUR.SAG *ù* A.*mu-ú* (Ug. V, N 18, 18), ^{d}ḪUR.SAG-MEŠ *ù* ^{d}A-MEŠ (RS 1992.2004:29).

107 DLU 457: *št* (I) „base, pie"; HAL 1536: *št* I; vgl. dagegen J.C. de Moor 1971, 88–89, *št ġr* „montain vale".

108 Vgl. die akkadische Rede vom „Fuß" eines Berges (AHw. 1215: *šēpu* 4).

109 Siehe z.B. O. Rössler 1961, 158–172; A. Jirku 1964, 481–482; W. von Soden 1967, 291–293; M. Dahood 1989, 7; D. Sivan 1997, 24.

110 W. von Soden 1967, 293.

Vorläufig bleibt jedoch noch offen, ob im Akkadischen *ḫalbum* immer mit „Wald" und im Ugaritischen und Hebräischen *ḫ*/*ḥlb* als Paralellwort zu *ģr* / *ṣwr* nur mit „Berg" oder „Hügel" übersetzt werden sollen.

Da nach einer Reihe von Indizien in Altsyrien-Palästina die Berge damals wenigstens teilweise noch bewaldet waren, haben wir uns vorzustellen, daß zu dieser Zeit sowohl ein *ḫalbu* / *ḫlb* / *ḥlb* als auch ein *ģr* / *ṣwr* noch mit Wald überzogen oder umgeben sein konnte. Dies ist auch dem in ugaritischen Texten für mehrere Örtlichkeiten bezeugten Element *ḫalbu* / *ḥlb* zu entnehmen[111]. Im einzelnen wird es folglich kaum mehr zu ermitteln sein, ob *ḫalbu* / *ḫlb* / *ḥlb* mit „Berg, Hügel" oder „Wald", „bewaldeter Hügel" übersetzt werden soll.

Da man mit der Rodung von Wäldern, der Gewinnung von Anbauflächen und mit dem Bau von Siedlungen zuerst in den fruchtbaren Tälern begonnen hat, blieben die Wälder in den höher gelegenen Gebieten geschont. Dies schließt jedoch nicht aus, daß zu allen Zeiten auch in Höhenlagen Siedlungen angelegt worden sind. Eine systematische Bevorzugung von höher gelegenen Siedlungsplätzen ist z.B. für Palästina erst nach der Seevölkerzeit festzustellen. Die Ortsnamen mit dem Element *ḫalbu* / *ḫlb* / *ḥlb* geben auf jeden Fall wichtige Aufschlüsse über Siedlungen in höheren und damals noch bewaldeten Lagen.[112]

Für das Bikolon Ps 81,17 ist nach dem Gesagten unter Einbezug von Ps 81,11c[113] folgende Kolometrie und Übersetzung vorzuschlagen:

. . .
hrḥb pyk w ʾmlhw 13
. . .

w yʾkylhw m ḥlb ḥṭh 14
w m ṣwr dbš ʾśbyʿk 15

. . .
mach weit deinen Mund, dann will ich ihn füllen!
. . .

---

111 Siehe oben zu Anm. 70–81.

112 I. Finkelstein 1996, 242–243, zur Besiedlung des palästinensischen Hochlandes in der Spätbronzezeit und der Anwesenheit von Sūtu und ʿApiru.

113 Mehrere Kommentatoren betonen, daß V. 17 direkt mit V. 11 zusammenhänge; so z.B. J.P.M. van der Ploeg II 1974, 52, mit V. 11c; K. Seybold 1996, 81, zu 17[d], V. 17b mit 11a. H. Herkenne 1936, 278–279, transponiert V. 17 hinter V. 11c. Es liegt tatsächlich nahe, V. 17 an das Monokolon V. 11c anzuschließen, wobei vorauszusetzen ist, daß V. 11c wahrscheinlich das zweite Glied eines Bikolons darstellt. Es wird ferner angenommen, daß Ps 81 aus einem vorexilischen Teil (V. 2–4 + 11c + 17) und einem nachexilischen (V. 6–11b + 12–16) zusammengesetzt ist. Der vorexilische Teil dürfte mit dem Herbst- und Neujahrsfest zu verbinden sein. Von diesem Ansatz her gewinnen wir die Möglichkeit, V. 11c + 17 als Reste einer göttlichen Zusage von Fruchtbarkeit für das kommende Jahr zu deuten.

‚Ich'[114] werde ‚dich'[115] speisen[116] mit Weizen vom Hügel[117]
und mit Honig vom Berg / Felsen[118] dich[119] sättigen.

(Ps 81,11c. 17)

Das Bikolon V. 17 gründet auf der Anschauung, daß Weizen von den Hügeln und Honig aus Bergwäldern und -feldern oder gar Felsen, wo die wilden Bienen sich einnisten[120], besonders wertvoll sind, weil sie am besten die außerordentliche Fruchtbarkeit illustrieren, die Gott auch dort herbeizuführen vermag, wo sonst im Land Kanaan selbst bei größter Mühe nur wenig zu holen ist.[121]

Die vorliegende kolometrische Analyse erlaubt auch den Schluß, daß in dem spät zu datierenden Lied Ps 81 die drei Kola V. 11c + 17a,b zusammen mit V. 2–4

---

114 Siehe BHSa und Kommentare.

115 Vgl. unten Anm. 119.

116 Siehe W.G.E. Watson 1994, 338, zur chiastischen Anordnung der Verba.

117 D.h. vom bewaldeten Hügel.

118 Beim „Berghonig" handelt es sich offensichtlich um „Waldhonig", so daß also hier *ṣwr* einen Bergwald bezeichnet; vgl. HAL 953: *ṣwr* I – 3. felsige Anhöhe, Berg; vgl. akkadisch *dišip šadî* „Berghonig" (AHw. 173: *dišpu* 2a; CAD D 163: *dišpu* f] – 1' *dišip šadî* ... mountain honey); siehe ferner 1 Sam 14,25–29, wo berichtet wird, daß man auf einem Feld im Wald Honig findet. Im einzelnen dürfte zu fragen sein, ob der „dunkle Honig" der Keilschrifttexte (CAD D 163: *dišpu* f] – 2') nicht gleichfalls Berg- oder Waldhonig ist.
H. Gunkel 1926, 360, kommentiert dagegen die Formel „Honig vom Berg" und seine eigene Übersetzung „Honig aus dem Felsen" mit folgenden Worten: „... eine besonders herrliche Gnadengabe ist, daß der starre, unfruchtbare Fels die schöne Speise hervorbringt". H. Herkenne 1936, 279, führt aus, daß es sich um Honig aus Felsspalten handle, weil dort die wilden Bienen ihre Stöcke haben. H.-J. Fabry 1989, 977, deutet V. 17 im Lichte moderner ökologischer Sichtweise folgendermaßen: „Wegen ihrer Unzugänglichkeit konnten in den Felsen offensichtlich Honig (Ps 81,17), Weine und Öle (Dtn 32,13) von besonderer Qualität gedeihen."

119 Vgl. dagegen BHSb.

120 Mit einer Übersetzung von *ṣwr* mit „Berg" oder z.B. „Fels" werden für die Deutung von Ps 81,17 bereits Vorbedingungen geschaffen, die im Fortgang der Diskussion gerne dem Vergessen anheimfallen. In den Lexika finden wir für *ṣwr* z.B. folgende Angaben: Ges.[17] 679: *ṣwr* I 1. Felsblock – 2. freistehender Fels; HAL 952–953: *ṣwr* I 1. Fels, auch Felsboden, Felswand – 2) Felsblock – 3) felsige Anhöhe, Berg.
Selbst dann, wenn der Honig direkt von Bienen kommen sollte, die sich in einem Felsen festgesetzt haben – Jes 7,19 zufolge lassen sich wilde Bienen in den Tälern am Bergsturz (*b nḥly hbtwt*) und im Felsgeklüft (*b nqyqy hslʿym*) nieder –, so sind sie zur Erzeugung des Honigs doch auf nahe Felder und Wälder angewiesen; G. Dalman, AuS VI (1939), 106–107. Es ist folglich auch bei der Wahl einer Übersetzung von *ṣwr* mit „Fels, Felswand" anzunehmen, daß der „Fels" sich in einem Wald oder in der Nähe von Wäldern und Feldern befindet.
H. Schmidt 1934, 155, deutet die Formel „Honig vom Felsen" nicht als Anspielung auf Bienenhonig, sondern auf einen Ertrag der Bodenbestellung, nämlich an „Traubenhonig"; siehe G. Dalman, AuS VI (1939), 106–107, zur Diskussion, ob mit *dbš* Honig von Bienen oder Früchten bezeichnet werde. Er setzt voraus, daß von Bienenhonig die Rede ist.
Zur Bienenzucht in Palästina siehe G. Dalman, AuS VI (1939), 294–296.

121 P. Sanders 1996, 389, zu V. 17 als Beschreibung der Verhältnisse in Kanaan; vgl. ferner Dtn 32,13–14; Am 9.13; Ps 65,13; 72,16.

aus einem älteren, vorexilischen Text entnommen sind.[122] Das Fortleben des bis in die ugaritischen Texte zurück zu verfolgenden Wortpaares *ḥlb* || *ṣwr* in dem nachexilischen Text Ps 81 findet so eine plausible Erklärung.

Eine Frühdatierung von Ps 81,2–4. 11c. 17 führt unweigerlich zur Frage, ob es noch möglich ist, den ursprünglichen *Sitz im Leben* des Liedes zu ermitteln. Wenn wir uns zur Hälfte der von S. Mowinckel befürworteten Interpretation von Ps 81 anschließen und wenigstens V. 2–4. 11c. 17 vom altsyrisch-altisraelitischen Neujahrsfest im Herbst her erklären[123], gelingt auch eine mühelose Einordnung von Ps 81,17: Beim Neujahrsfest im Herbst gibt der Herr über den Regen – der Gott Israels als Nachfolger Baals – die Zusicherung, daß im neuen Jahr ein Überfluß an Weizen und Honig sein wird. Die verheißene Fruchtbarkeit setzt reichlichen Regen voraus, eine unerläßliche Bedingung für das Wachstum von Weizen und Pflanzen mit Honigblüten.

Dem Wortpaar *ḥṭh* || *dbš* „Weizen" || „Honig" ist inhaltlich die Formel *'rṣ ẓbt ḥlb wdbš* „ein Land, das von Milch und Honig überfließt"[124], gleichzustellen. Denn Milch und Honig setzen gleichfalls voraus, daß Vieh und Bienen nach gutem Regen genügend Gras und Blütenpflanzen zur Verfügung haben.[125]

Dieselbe Thematik finden wir auch im Traumgesicht vor, in dem El mit Hilfe der Wortpaare *šmm* || *nḫlm* „Himmel" || „Bäche" und *šmn* || *nbt* „Öl" || „Honig"[126] erfährt, daß der Regenspender Baal zurückkehrt:

šmn šmm tmṭrn
nḫlm tlk nbtm

Der Himmel regnete Fett,
die Bäche sprudelten[127] Honig.

(KTU 1.6 III 6–7. 12–13)[128]

Die Bäche sind nach ausgiebigem Regen so mit Wasser angefüllt, daß die Pflanzen davon genug erhalten haben und die Nahrung gesichert ist. Der Regen verwandelt

---

122 Es wird vorausgesetzt, daß Ps 81 weder einseitig früh, noch spät zu datieren ist. Das Lied ist vielmehr aus vor- und nachexilischen Elementen zusammengesetzt; siehe oben Abschnitt 6.

123 S. Mowinckel 1922, 4. 152–156; id. I 1962, 106; id. II 1962, 235–236. 244; H. Schmidt 1934, 81, Herbstfest.

124 Ex 3,8. 17; 13,5; 33,3; Lev 20,24; Nu 13,27; 14,8; 16,14; Dtn 6,3; 11,9; 26,9. 15; 27,3; 31,20 (BHS); Jos 5,6; Jer 11,5; 32,22; Ez 20,6. 15; Sir 46,8.

125 G. Dalman, AuS VI (1939), 106–107.

126 Dem ugaritischen Wortpaar *šmn* || *nbt* „Öl" || „Honig" sind im Hebräischen die beiden Parallelismen *šmn* || *npt* (Prov 5,3), *dbš* || *šmn* (Dtn 32,13) und die Formel *šmn w dbš* (Dtn 8,8 [*'rṣ zyt šmn w dbš*]; Jer 41,8; Ez 16,13 [*dbš w šmn*].19; 27,17 [*dbš w šmn*]) vergleichbar; M. Dahood, RSP I 1972, 273, Nr. 376; Y. Avishur 1984, 408. 441.

127 HAL 237: *hlk* 8b) fließen von: Milch, Wasser führen (Bäche) Joel 4,18.

128 A. Schoors, RSP I 1972, 10–11, Nr. 6, zu Joel 4,18; siehe ferner H.-J. Zobel 1984, 838–839.

das dürre Land in einen für Menschen und Tiere in gleicher Weise glücklichen Lebensraum. Der Zusammenhang zwischen Neujahrsfest und Regen für Talebene und Bergeshöhen geht auch aus Ps 65 hervor:

Du suchtest die Erde heim, tränktest sie,
machtest sie sehr reich.

. . .

ihre Furchen tränkend[129],
ihre Schollen senkend,

du lösest sie auf mit Regen,
segnest ihr Gewächs.

Du krönest das Jahr mit deiner Güte[130],
deine Gleise[131] triefen von Fett[132].

Es jauchzen die Anger der Steppe,
mit Jubel gürten sich die Hügel.

Die Berge kleiden sich in Blumen(?),
die Täler hüllen sich in Korn.

(Ps 65,10a. 11–14)

Die oben für Ps 81,17 angebotene Interpretation wird durch auch Dtn 32,13[133] bestätigt. Denn in den beiden Bikola dieses Abschnittes beschreibt der Dichter gleichfalls die von Gott in den Feldern und Höhen der Berge Kanaans für Israel herbeigeführte Fruchtbarkeit:

yrkbh ʿl bmwty ʾrṣ	15
[*w*] *yʾk<y>l<hw>*[134] *tnwbt śdy*	13 [14] <15>
[*w*]*y<y>nqhw*[135] *dbš m slʿ*	13 [12] <14>
w šmn m ḥlmyš ṣwr	13

129 Nach der Sommerhitze mußten vor dem Ackern und Säen im Herbst die Schollen durch den Regen aufgeweicht werden.

130 D.h. Regen.

131 Nach ugaritischer und biblischer Vorstellung fährt der Wettergott Baal mit einem Kriegswagen über den Regenwolken donnernd und blitzend als „Wolkenfahrer“ dahin.

132 Synonym für Regen.

133 Zur neueren Diskussion siehe u.a. P. Sanders 1996, 167–172. 386–391.

134 BHSb; O. Eißfeldt 1958, 10 Anm. 1; P. Sanders 1996, 169, deutet *yʾkl* als Hiphil.

135 l. *yynqhw*; BHSc; O. Eißfeldt 1958, 10 Anm. 2.

Er führte es über die Höhen[136] der Erde[137],
speiste es mit dem Ertrag des Feldes.

Er säugte es mit Honig[138] aus dem Felsen
und Öl aus der Felsplatte[139].

(Dtn 32,13)

Die beiden Parallelismen

bmwty 'rṣ || *tnwbt śdy* „Höhen der/s Erde / Landes" || „Ertrag des Feldes"[140],
slʿ || *ḥlmyš ṣwr* „Fels" || „Felsplatte"[141]

zeigen deutlich an, daß Gott die Fruchtbarkeit nicht nur in der Ebene – der Normalfall, der keiner besonderen Erwähnung bedarf –, sondern sogar in Höhenlagen hervorbrachte, wo Felsen, Felder und Wälder einander abwechseln.[142] Obwohl in Parallele zu *śdy* in Dtn 32,13b keine Begriffe für „Wald" verwendet werden, sondern nur solche für Felsen, Berge, wird doch vom Kontext her klar, daß es sich um bergiges (Wald-)Gebiet handelt, aus dem Honig und Olivenöl kommen. Es wird folglich vorausgesetzt, daß in diesen Höhenlagen Olivenbäume Öl erzeugten und Wald- oder Berghonig geerntet wurde. Beides setzt genügend Regen und üppige Vegetation voraus.

Die andernorts bezeugte legendäre Vorstellung, daß Wasser wunderbar aus Felsen geschlagen worden sei (Dtn 8,15, *ṣwr hḥlmyš*; Ps 114,8, *ṣwr* || *ḥlmyš*), sollte

136 *bmwt* „Bergrücken, Anhöhe"; K.-D. Schunk 1973, 662, zu Dtn 32,13; II Sam 1,19.25; Am 4,13; Mi 1,3; 3,12; Jes 58,14; Ps 18,34. In diesem Zusammenhang verdient das Trikolon Mi 3,12 (= Jer 26,18) mit der Drohung, den Tempelberg zu einer Waldhöhe (*hr h byt l bmwt yʿr*) zu machen, besondere Beachtung; T.H. Robinson 1954, 138, *bmt yʿr* ‚eine Waldhöhe'; dagegen übernehmen die Konjektur *l bhmwt* (A.B. Ehrlich) sowohl W. Rudolph (1968, 172, „den ‚Tieren' des Waldes") als auch H.W. Wolff (1982, 60. 62, „dem ‚Wild' des Waldes"). Gegen die Konjektur spricht die Abfolge der drei parallelen Begriffe *śdh* || *ʿyyn* || *bmwt yʿr*.

137 Die Formulierung *bmwty 'rṣ* wurde auch grundlos und ohne Rückhalt in den ugaritischen Texten mit „Back of *Arṣ*" übersetzt (G.E. Wright, M.K. Wakeman); siehe zu dieser Diskussion u.a. J. Day 1985, 84–86; P. Sanders 1996, 168 mit Anm. 352; zum DN *arṣy* siehe KTU 1.3 III 7; 1.106:32; 1.148:7.

138 P. Sanders 1996, 171. 389, vergleicht mit Dtn 32,13b den ugaritischen Text: *šmm šmn tmṭrn* || *nḫlm tlk nbtm* „The heavens rained oil, || the wadis ran with honey." (KTU 1.6 III 6–7. 12–13).

139 W. von Soden 1967, 297–300, *ḥlmyš ṣwr* „Felsplatte".

140 Y. Avishur 1984, 353. 643, bringt die asyndetische Kombination *'rṣ – śdh* (Gen 32,4; Ps 78,12) und den ugaritischen Parallelismus *arṣ* || *šdm* (KTU 1.6 II 15–17 etc.) in Verbindung mit Dtn 32,13a. In Dtn 32,13a liegt jedoch nicht der Parallelismus *'rṣ* || *śdh*, sondern das Wortpaar *bmwty 'rṣ* || *tnwbt śdy* vor.

141 Siehe Y. Avishur 1984, 727–729, zum vergleichbaren biblischen Parallelismus *ṣwr* || *ḥlmyš*.

142 Solche Landschaftsbilder beschreibt z.B. in der deutschen Literatur Adalbert Stifter.

folglich nicht auf Dtn 32,13b übertragen und argumentiert werden, daß nach dieser Stelle auch Öl und Honig aus undurchdringlichem Fels geflossen seien.[143]

***
*

Aus der Zusammenschau der keilschriftlichen und keilalphabetischen Zeugnisse für *ḫalbum* / *ḫlb* und der hebräischen für *ḥlb* ergibt sich, daß das Wort eine Erhebung – Hügel, Berg –, die bewaldet sein kann, oder den auf der Höhe sich befindenden Wald allein bezeichnet. Eine Ausnahme dürfte dort vorliegen, wo das Wort ganz allgemein ohne nähere Eingrenzung einen Wald zu benennen scheint.

Die drei ugaritischen Parallelismen

ġr || *ġr* || *tl* – *ġr* || *ḫlb* „Fels" || „Fels" || „Hügel" – „Fels" || „Hügel" (KTU 1.4 VIII 2–6),
yʿrm || *gpt ġr* „Wälder" || „Anhöhen des Felsens / Berges" (KTU 1.4 VII 36–37)

scheinen im Augenblick das Wortfeld von *ḫalbum* / *ḫlb* / *ḥlb* am besten zu beleuchten.

Vom Wortpaar *ḥlb* || *ṣwr* in Ps 81,17 her besteht kein Zweifel mehr, daß auch in die hebräischen Lexika und in die Kommentare zu den Psalmen das Wort *ḥlb* „Hügel, bewaldeter Hügel, Hochwald(?)" als deren fester Bestandteil endgültig einziehen sollte.

Wer sich jedoch im Hinblich auf das hebräische *ḥlb* in Ps 81,17 für das Diktum *unus testis nullus testis* entscheidet, sollte beachten, daß der ugaritische Parallelismus *ġr* || *ḫlb* „Fels" || „Hügel" ein eindeutiges Votum für *ḥlb* || *ṣwr* „Hügel" || „Berg, Fels" abgibt und das hebräische Wortpaar nicht nur aus der Isolation, sondern auch aus den Fängen allzu frei schwebender bibelwissenschaftlicher Phantasien befreit hat.

8.1. Literatur

Adamthwaite, M.R., 2001: Late Hittite Emar. The Chronology. Synchronisms and Socio-Political Aspects of a Late Bronze Age Fortress Town. ANES.S 8.

Alster, B., 1999: TIAMAT *thwm*, in: DDD, 867–869.

Astour, M.C., 1975: Place Names, in: RSP II 1975, 249–369.

Bonechi, M., 1997: Lexique et idéologie royale à l'époque proto-syrienne, MARI 8, 477–535.

Bordreuil, P., 1984: Arrou Ġourou et Ṣapanou: Circonscriptions administratives et géographie mythique du royaume d'Ougarit, Syr. 61, 1–10.

143 So z.B. W. von Soden 1967, 297; siehe zu dieser Diskussion ferner P. Sanders 1996, 171. 389.

Dahood, M., 1972: Ugaritic-Hebrew Parallel Pairs, in: RSP I 1972, 71–382.
– –, 1989: Ugaritic-Hebrew Philology. Second Print. BibOr 17.
Dalman, G., 1939: Arbeit und Sitte in Palästina Bd. VI, Gütersloh.
– –, 1949: Arbeit und Sitte in Palästina Bd. VII, Gütersloh.
Day, J., 1985: God's conflict with the dragon and the sea. Echoes of a Canaanite myth in the Old Testament. UCOP 35.
Dietrich, M., 1991: Der Dialog zwischen Šūpē-amēli und seinem 'Vater'. Die Tradition babylonischer Weisheitssprüche im Westen, UF 23, 33–68.
Dietrich, M. / O. Loretz, 1996: Analytic Ugaritic Bibliography 1972–1988. AOAT 20/6.
Eißfeldt, O., 1958: Das Lied Moses Deuteronomium 32 1–43 und das Lehrgedicht Asaphs Psalm 78 samt einer Analyse der Umgebung des Mose-Liedes. BVSAW 104.5.
Fabry, H.-J., *ṣwr*, 1989: ThWAT VI, 973–983.
Finkelstein, I., 1996: The Territorial-Political System of Canaan in the Late Bronze Age, UF 28, 221–253.
Fronzaroli, P., 1995: Fonti di lessico nei testi di Ebla, SEL 12, 51–64.
Hoch, J.E., 1994: Semitic Words in Egyptian Texts of the New Kingdom and Third Intermediate Period, Princeton NJ.
Izre'el, Sh. / I. Singer, 1990: The General's Letter from Ugarit. A Linguistic and Historical Revaluation of RS 20.33 (Ugaritica V, No. 20), Tel Aviv 1990.
Jirku, A., 1964: Der Buchstabe Ghain im Ugaritischen, ZDMG 113, 481–482.
Loewenstamm, S.E., 1980: Comparative Studies in Biblical and Ancient Oriental Literatures. AOAT 204.
Lohfink, N., 1982: *ḥpšy*, ThWAT III, 123–128.
Loretz, O., 1976: Ugaritisch – hebräisch *ḫb/pt*, *bt ḫptt* – *ḥpšy*, *byt ḥpšy/wt*, UF 8, 129–131.
– –, 1999: Konflikt zwischen Neujahrsfest und Exodus in Psalm 81, in: A. Lange / H. Lichtenberger / K.F.D. Römheld, (eds.), Mythos im Alten Testament und seiner Umwelt. Festschrift für Hans-Peter Müller zum 65. Geburtstag". BZAW 278, 127–143.
Mayer, W., 1989: *Kirṣītum* „abgeschiedenes Gebäude" – *kein* Phantomwort, UF 21, 269–270.
– –, 2001: Tall Munbāqa – Ekalte – II. WVDOG 102.
Meyer, J.-W., 1996: Offene und geschlossene Siedlungen – Ein Beitrag zur Siedlungsgeschichte und historischen Topographie in Nordsyrien während des 3. und 2. Jt. v. Chr., AoF 23, 132–170.
Millard, M., 1994: Die Komposition des Psalters. FAT 9.
Moor, J.C. de, 1965: Frustula Ugaritica, JNES 24, 355–364.
– –, 1971: The Seasonal Pattern in the Ugaritic Myth of Ba'lu According to the Version of Ilimilku. AOAT 16.
Pardee, D., 1997: Ugaritic Myths: The Ba'lu Myth, in: COS 1, 241–274.

– –, 2001: Épigraphie et structure dans les textes administratifs en langue ougaritique: les examples de RS 6.216 et RS 19.017*, Or. 70, 235–282.
Pentiuc, E.J., 2001: West Semitic Vocabulary in the Akkadian Texts from Emar. Harvard Semitic Studies 49.
Renfroe, F., 1992: Arabic-Ugaritic Lexical Studies. ALASP 5.
Robinson, T.H., ²1954: Die Zwölf Kleinen Propheten. Hosea bis Micha. HAT 14.
Rössler, O., 1961: Ghain im Ugaritischen, ZA 54, 158–172.
Rudolph, W., ³1968: Jeremia. HAT 12.
Sanders, P., 1996: The Provenance of Deuteronomy 32. OTS 37.
Sasson, J.M., 1972: Flora, Fauna and Minerals, in: RSP I 1972, 383–452.
Schunck, K.-D., 1973: *bmh*, ThWAT I, 662–667.
Seminara, S., 1995: Un dilemma della topografia die Emar: *kirṣītu* o ki^{erṣetu}?, UF 27, 467–480.
Sivan, D., 1997: A Grammar of the Ugaritic Language. HdO I/28.
Soden, W. von, 1967: Kleine Beiträge zum ugaritischen und Hebräischen, VT.S 16, 291–300.
– –, 1970: Zur Stellung des „Geweihten" (*qdš*) in Ugarit, UF 2, 329–330.
Ullendorff, E., 1977: Is Biblical Hebrew a Language?, Wiesbaden.
van Soldt, W.H., 1994: The Topography and the Geographical Horizon of the City-State of Ugarit, in: G.J. Brooke / A.H.W. Curtis / J.F. Healey, (eds.), Ugarit and the Bible. UBL 11, 363–382.
– –, 1996: Studies in the Topography of Ugarit (1): The Spelling of the Ugaritic Toponyms, UF 28, 653–692.
van Zijl, P.J., 1972: Baal. A Study of Texts in Connexion with Baal in the Ugaritic Epics. AOAT 10.
Watson, W.G.E., 1994: Traditional Techniques in Classical Hebrew Verse. JSOT.S 170.
Weber, B., 2001: Der Asaph-Psalter – eine Skizze, in: B. Huwyler / H.-P. Mathys / B. Weber, (eds.), Prophetie und Psalmen. Festschrift für Klaus Seybold zum 65. Geburtstag. AOAT 280, 117–141.
Wolff, H.W., 1982: Micha. BK XIV/4.
Zobel, H.-J., 1984: *mṭr māṭār*, in: ThWAT IV, 827–842.

Psalm 82

Gott als Richter über Götter und Engelsfürsten

Der Rechtsfall der Götterversammlung vor Jahwe

Ps 82 gilt als eines der anziehendsten, zugleich auch rätselhaftesten und komplexesten Lieder des Psalters[1] und innerhalb der Asaph-Psalmen.[2] Er hat den Ruf, wegen seiner Kompositionsform und seiner Abfolge der Bilder einzigartig zu sein.[3] J. Morgensterns Urteil, daß der Text in fast perfektem Zustand erhalten sei, aber kaum ein Psalm die Interpreten so gequält oder eine längere Reihe von Interpretationen mit verwirrender Unsicherheit und Ziellosigkeit hervorgerufen habe wie Ps 82, wird als treffende Umschreibung des Sachverhaltes gerühmt.[4]

Der nur acht Verse umfassende Ps 82 enthält eine Reihe von kolometrischen, philologischen und religionsgeschichtlichen Problemen. Die Hauptfrage des Psalms aber ist seit alters, wer unter den Gottwesen, über die das Gericht ergeht, zu verstehen sei, die Götter im eigentlichen Sinn oder Fürsten der Heiden oder Israels, denen dieser Name ironisch oder ernsthaft verliehen werde.

Es wird im folgenden zu zeigen sein, daß in Ps 82 der Rechtsfall des Menschen vor Gott[5] auf unerwartete Weise in einen Rechtsfall der Gottessöhne / Engel vor dem obersten Richter, vor dem Herrn des Pantheons, transformiert ist. Die Gottessöhne / Engel nehmen nun nicht mehr zusammen mit dem Vorsitzenden der Götterversammlung an einer Gerichtssitzung über Wesen teil, die

---

1 R.B. Salters 1991, 226.

2 K. Seybold 1994, 150, stellt z.B. fest, daß es noch eine offene Frage sei, wie die Rib-Reden und Gotteswortzitate von Ps 82 in die Liturgie der Asaph-Gemeinde gekommen seien und wie sie sich als Gottesworte hätten legitimieren können.

3 S.E. Loewenstamm 1992, 358, 359 Anm. 59, vermerkt folgendes: „Owing to its compositional form and the nature of its sequence of visions Psalm 82 holds a unique place in biblical literature." und „The unique ideology of Psalm 82 which weaves together heterogeneous theological threads into a simple fabric has given rise to various schools of interpretation."

4 J. Morgenstern 1939, 29–30, hat diese Situation mit folgenden Worten treffend umschrieben: „Although its text is in almost perfect condition and better far than the text of the vast majority of the Psalms, scarcely any psalm seems to have troubled interpreters more or to have experienced a wider range of interpretation and a more disturbing uncertainty and lack of finality therein than Psalm 82. This is due to a number of inherent difficulties and problems, problems not so much of translation ... but, problems rather of determination of the precise meaning of the Ps., resulting entirely from doubt as to the exact connotation of a number of words and expressions, which seemingly permit more than one interpretation ..."; siehe ferner S.B. Parker 1995, 532.

5 Siehe zum „Rechtsfall" des Menschen vor dem göttlichen Gericht oben zu Ps 13 Abschnitt 3.

außerhalb und unterhalb der göttlichen Sphäre sind, sondern sie selbst werden nun aus der Nähe Gottes verbannt und einem Todesurteil überantwortet. Von diesem altorientalischen Hintergrund her wird am besten deutlich, warum Ps 82 den modernen Interpreten so viele Rätsel aufgibt.

Mit der Thematik „wahrer eigener Gott" – vgl. Ps 83,19[6] – gegen „falsche fremde Götter" – vgl. das Verbot fremder Götter (*ʾl zr* || *ʾl nkr*) in Ps 81,10 – greift der Psalm innerhalb der Asaph-Sammlung eine Frage auf, die das späte nachexilische Judentum stark beschäftigt haben muß.

1. Einleitung – Aspekte der Forschungsgeschichte

Ps 82 bietet über die Rolle Jahwes inmitten der Götterversammlung ein Bild, das den Leser von Anfang bis Ende verwirrt. Es stellt sich notwendigerweise die Frage, ob Jahwe sowohl in V. 1b als auch in V. 8a als oberster Richter inmitten der Ratsversammlung der Götter(fürsten) steht und über sie sein Urteil spricht. Folglich ist zu klären, ob der Gott Israels – wie von mehreren Gelehrten vermutet worden ist – als irgendein untergeordnetes Mitglied oder als Neuling in dieser Versammlung auftritt, oder ob er als ihr oberster Herr und Richter vor ihr oder in ihrer Mitte aufsteht und am Ende des Prozesses das entscheidende Urteil fällt.

Da in V. 2–4 zweifelsohne von korrupten menschlichen Richtern die Rede ist, die von Gott verurteilt werden, und in V. 6 wiederum das Thema der Götter zur Sprache kommt, herrscht bei den Kommentatoren ein großer Meinungsstreit darüber, wie man das Verhältnis zwischen der göttlichen Sphäre und der menschlichen in diesem Lied zu bestimmen hat.

Die zahlreichen und sich in vieler Hinsicht widersprechenden Interpretationen von Ps 82 beruhen auf radikalen Differenzen in der Sicht der Entstehungsgeschichte des Textes. Die Ergebnisse einer Interpretation gründen jeweils auf Vorentscheidungen z.B. zu Gunsten einer ursprünglichen Texteinheit, eines aus mehreren Teilen zusammengesetzten Gedichtes oder einer schriftgelehrten Komposition aus einem mythischen und einem sozialkritischen Zitat.

Der nur wenige poetische Einheiten umfassende Text – ob er gleich den anderen Psalmen als Lied anzusprechen ist, wird von einigen Autoren bezweifelt

---

6 M. Millard 1994, 99, übersetzt Ps 83,19 mit asymmetrischer Gliederung folgendermaßen: „*... damit sie erkennen, daß du – dein Name ist Jhwh – einzig ist, // der Höchste über der ganzen Erde.*" Das Bikolon ist jedoch sekundär aufgefüllt; vgl. H. Gunkel 1926, 364. 367, der z.B. *šmk* streicht, das aus V. 17 stamme.
Wahrscheinlich ist folgende Entwicklung des Textes anzunehmen: *w ydʿw ky ʾth* [*šmk*] *YHWH* || [*lbdk*] *ʿlywn ʿl kl h ʾrṣ* (14 [17] || 13 [17]) „Damit sie wissen, daß du [dein Name] Jahwe || [einzig] der Höchste über der ganzen Erde bist."

– wirft nicht nur kolometrische und textologische, sondern auch intertextuelle Probleme auf, die von den Interpreten oft von diametral entgegengesetzten Positionen her angegangen werden. Während z.B. die einen den Text als äußerst komplex, wenn nicht sogar als chaotisch empfinden[7], betonen andere die Einheit des Gedankengangs und seine perfekte Logik.[8] Einige sprechen von der Integrität des Textes und haben damit einen einheitlichen ursprünglichen Text im Blick[9], andere wiederum rechnen mit Glossierung[10], mit eingearbeiteten Elementen aus der schriftlichen Tradition und betonen den anthologischen Charakter des Gedichtes.[11] Die Unitaristen wiederum bezichtigen die Analytiker einer unberechtigten Segmentierung von Ps 82.[12] Die erwähnten Differenzen beruhen jedoch zum Teil nur im Gebrauch der Terminologie und in divergierenden Auffassungen über Intertextualität.[13]

Nicht weniger brisant als die textologischen erweisen sich die intertextuellen und religionsgeschichtlichen Fragen, mit denen uns Ps 82 konfrontiert.

Das offenkundig kanaanäische Kolorit der Beschreibung einer Götterversammlung in V. 1 hat dazu geführt, daß zwischen ugaritischen Texten und Ps 82 ein besonders enger Konnex hergestellt[14] und von einem kanaanäischen Psalm[15] gesprochen wurde. Die Dokumente aus Ugarit ließen endlich eine Lösung der Frage erhoffen, ob die *'lhym* „Götter" (V. 1b, 7) als israelitische Richter und Herrscher über andere Völker, als Engel, fremde Götter oder als Mitglieder der göttlichen Ratsversammlung zu verstehen sind. Die keilalphabetischen Texte schienen eindeutig für letztere Deutung zu sprechen und folglich für eine

7 E. Beaucamp II 1979, 53, fällt folgendes Urteil: „... le psaume offre une structure compliquée, pour ne dire chaotique."

8 So z.B. H.-W. Jüngling 1969, 77, „eine Komposition von ... zwingender Logik"; S.B. Parker 1995, 533, „I shall argue that a model exists for the sequence of thought in the psalm as a whole."

9 S.E. Loewenstamm 1992, 359 Anm. 59, „unity of the Psalm"; S.B. Parker 1995, 535. 541, argumentiert z.B. mit einer „pristine integrity" und „unity" von Ps 82.

10 O. Loretz 1971, 113–115; Th. Lescow 1992, 54–58; G. Wanke 1994, 445, 448 mit Anm. 8.

11 R.J. Tournay 1991, 184, nennt Ps 82 ein anthologisches Gebilde: „Analysis of the psalm reveals its anthological make-up, intensified by reminiscences from Ugaritic sources, so frequent in post-exilic poetry (cf. Pss. 7.8; 29; 89.6–8; etc.)."

12 S.B. Parker 1995, 555 Anm. 66, spricht z.B. von einer radikalen Zerstückelung des Liedes („radical dismembering of the text"); siehe auch S.E. Loewenstamm 1992, 359 Anm. 1.

13 S.B. Parker 1995, 535. 541. 554–555, spricht z.B. einerseits von einer originalen Integrität („pristine integrity") und der Einheit des Textes („unity"), andererseits aber auch von älteren Texten, die der Inhalt des Psalms voraussetze. Bei dieser Argumentation wechselt S.B. Parker von einer Kategorie in eine andere, von der sogenannten Texteinheit zum Inhalt. Er umgeht auf diese Weise die Frage, ob sich die von ihm vorausgesetzten Texte auch kolometrisch bemerkbar machen.

14 Siehe die zusammenfassenden Darstellungen bei R. Dussaud 1941, 155–156. 170; A. Schoors 1972, 52–53, Nr. 40; W. Schlißke 1973, 32–46; A. Cooper 1981, 419. 437–438; P. Höffken 1983, 139. 136; R.J. Tournay 1991, 184–185; S.B. Parker 1995, 535–538.

15 Y. Avishur 1994, 29, „Ps. 82 exhibits striking Ugaritic religious influence and the use of some Ugaritic religious terminology."

Beziehung der Begriffe *'dt-'l* „El- / Gottesversammlung“ (V. 1), *'lhym* „Götter“ (V. 1b, 6) und *bny 'lywn* „Söhne des Elyon“ (V. 6) zur Ratsversammlung der Götter unter dem Vorsitz von El / Jahwe.

Trotz des Beitrags der Ugarit-Texte zum Verständnis von Ps 82 blieb jedoch weiterhin strittig, in welcher Beziehung Gott/Jahwe und die Götter zueinander stehen. Die meisten Interpreten nehmen an, daß Jahwe dem Rat der Götter vorstehe. Eine Minorität scheint zu denken, daß Jahwe als einer der unter El oder Elyon versammelten Götter seine Anklage vorbringe.[16]

Die ugaritischen Texte wurden für eine frühe Datierung von Ps 82 benützt. Dagegen weisen einige Autoren auch auf die nur lose Verbindung mit kanaanäischen Ideen sowie den späten Charakter der Themen hin. Sie befürworten folglich eine exilische bzw. nachexilische Entstehungszeit des Liedes.[17]

Die Diskrepanz zwischen archaischen kanaanäischen und offenkundig nachexilischen Motiven in Ps 82 suchen einige Autoren durch Annahme einer stufenweisen Textentwicklung zu deuten. Sie nehmen an, daß im Abschnitt V. 2–4 bzw. 2–5 ein Einschub vorliege, während der mythologische Teil V. 1. 6–7 in sehr frühe Zeit zurückreiche[18] oder das Ergebnis späterer Entwicklung sei.[19]

Die widersprüchlichen Anschauungen über die Entstehung des Textes von Ps 82 wirken sich auch auf die kolometrische Gliederung desselben aus.[20] So besteht z.B. ein Streit darüber, ob V. 5 als Glosse zu kennzeichnen und der Rest auf Bikola zu verteilen oder auch mit Monokola, Trikola und sogar mit Hexakola innerhalb des kurzen Liedes zu rechnen ist.

Offen ist ferner, inwieweit Ps 82 Spuren einer Komposition des Psalters enthält und innerhalb der Asaphpsalmen der Gruppe der prophetischen Liturgien zuzuzählen ist.[21]

Aufgrund dieser Sachlage ist es wenig erstaunlich, daß Ps 82 die widersprüchlichsten Interpretationen gefunden hat und ein anscheinend unlösbarer Streit über die Bedeutung einiger zentraler Wörter, seine Gattung und seinen *Sitz im Leben*[22] fortbesteht.

---

16 S.B. Parker 1995, 534 mit Anm. 8, der sich dieser These anschließt, verweist auf O. Eißfeldt, W. Schlißke, T. Machado Siqueira, J.D. Levenson, H.-J. Zobel, G. von Rad, H. Niehr.

17 Zur Datierung siehe unten Abschnitt 5.

18 W.H. Schmidt 1966, 40–43; G. Ravasi II 1983, 713–714, argumentiert z.B. mit einer vormonarchischen Textphase und deren Modifikation durch eine Neulesung (*rilettura*) in nachexilischer Epoche, die darauf abziele, aus den Göttern Richter und Politiker zu machen.

19 J. Morgenstern 1939, 71–76. 122–123. 125–126, datiert Ps 82 nach Jes 24,21a und Gen 6,1–4 in die Zeit zwischen dem Ende des fünften und dritten Jh. v.Chr.

20 Siehe unten Abschnitte 3 und 5.

21 M. Millard 1994, 53. 89–90. 96–99. 186; vgl. E. Zenger 2000, 485.

22 Siehe unten Abschnitt 5.

Ein Beispiel für die verworrene Lage mag die Interpretation von Ps 82 sein, die T.K. Cheyne 1904[23] vorgelegt hat. Er gesteht zwar zu, daß der überlieferte Text nur als ein Urteil über die Engel im Himmel verstanden werden könne, die von Gott als Beschützer von Völkern bestellt sind, korrigiert das Lied jedoch in eine Verdammung schlechter jüdischer Führer mit dem Argument um, daß es eigenartig wäre, wenn nur in den Psalmen 58 und 82 von den Engeln als Beschützern von Königreichen („patron-angels of kingdoms“) die Rede wäre. Dieser Deutung läßt sich die nicht weniger schwer begründbare These von M. Buttenwieser zur Seite stellen, der V. 1 als Frage des Autors versteht und den Rest des Liedes als dessen Rede.[24]

Die angeführten Autoren illustrieren u.a. am besten das Dilemma jeder Auslegung von Ps 82, dem singulären Text[25] eine überzeugende Kolometrie und einen vertretbaren Sinn abzugewinnen.

2. Kolometrie und Übersetzung

82.1.1	[*mzmwr l ’sp*]	
82.1.2	*’lhym*[26] *nṣb b ‘dt* ’l[27]	12 (11)
82.1.3	*b qrb ’lhym yšpṭ*	13
82.2.1	**‘d**[28] **mty tšpṭw ‘wl**	13
82.2.2	**w pny rš‘ym tś’w**	13
82.3.1	**špṭw dl w ytwm**	12
82.3.2	**‘ny w rš hṣdyqw**	12
82.4.1	**plṭw dl w ’bywn**	12
82.4.2	**m yd rš‘ym hṣylw**	13

23 T.K. Cheyne II 1904, 38–39. Zu T.K. Cheyne als Interpreten und Forscher siehe die historischen Anmerkungen bei R. Borger 2001, 10–11.

24 M. Buttenwieser 1938, 769–770.

25 Eine Reihe von Interpreten bestreiten die Einzigartigkeit von Ps 82 mit dem Argument, daß in Ps 58,1 mit *’lm* gleichfalls Richter als „Götter“ angesprochen würden oder hiermit „Götter, göttliche Wesen mit Macht und Verantwortung für Recht auf Erden“ (A.A. Anderson I 1972, 430) bezeichnet seien; zum Verhältnis zwischen Ps 82 und 58 siehe ferner S.B. Parker 1995, 556. 558–559.

26 *Kursiv:* V. 1b-c.6–7 – Verurteilung der Völkerengel, vorausgesetzter Grundbestand von Ps 82.

27 Normal: Gegenüber der „kanaanäischen“ Vorlage veränderte Wörter.

28 **Fett**: Richterschelte – V. 2–4.

82.5.1 [l’[29] yd‘w w l’ ybynw 14
82.5.2 b ḥškh ythlkw 14
82.5.3 [ymwṭw kl mwsdy ’rṣ]] 15

82.6.1 *’ny ’mrty ’lhym ’tm* 13
82.6.2 *w bny ‘lywn klkm* 13
82.7.1 *’kn k ’dm tmwtwn* 13
82.7.2 *w k ’ḥd h śrym tplw* 14

82.8.1 ***qwmh[30] ’lhym špṭh h ’rṣ*** 17
82.8.2 ***ky ’th tnḥl b kl gwym*** 16

82.1.1 [*Ein Psalm Asaphs.*]

82.1.2 ‚Jahwe‘ *steht in der Versammlung* der Götter,
82.1.3 *inmitten der Götter richtet er:*

82.2.1 **„Wie lange wollt ihr ungerecht richten**
82.2.2 **und die Frevler begünstigen?**
82.3.1 **Richtet den Geringen und die Waise**
82.3.2 **den Elenden und Armen rechtfertigt,**
82.4.1 **befreit den Geringen und Verarmten,**
82.4.2 **aus der Gewalt der Frevler rettet!“**

82.5.1 [Sie haben weder Erkenntnis noch Einsicht,
82.5.2 in Finsternis wandeln sie umher!
82.5.3 [Es wanken alle Fundamente der Erde!]]

82.6.1 *Ich sage hiermit: „Götter seid ihr*
82.6.2 *und Söhne des Höchsten ihr alle!*
82.7.1 *Doch fürwahr, wie Adam sollt ihr sterben*
82.7.2 *und wie einer der Fürsten fallen!“*

82.8.1 ***Steh auf,*** ‚Jahwe‘, ***richte die Erde,***
82.8.2 ***damit du besitzest als Erbe alle Völker!***

29 Klammer plus klein: Glosse(n) – V. 5.

30 ***Fett plus kursiv:*** Eschatologischer Zusatz – V. 8.

3. Anmerkungen zu Kolometrie und Übersetzung

82.1.1

ʾsp „Asaph" – Zur Präsenz von Ps 82 unter den Asaph-Psalmen siehe u.a. K. Seybold 1994, 150; F.-L. Hossfeld / E. Zenger 2000, 246–247; B. Weber 2001, 121–122. 132. 136. 138.

82.1.2 – 82.1.3 + 82.6.1 – 82.7.2

Die beiden Abschnitte *82.1.2 – 82.1.3* und *82.6.1 – 82.7.2* bilden den Grundstock von Ps 82. Sie sind jetzt durch den Einschub V. 2–4 und die Glossierung in V. 5 voneinander getrennt.

82.1.2

Da anzunehmen ist, daß V. 1 und 6–7 einer längeren mythologisch gefärbten Darstellung aus der jüdischen Engellehre entnommen sind, ist damit zu rechnen, daß die in V. 1 als Richter auftretende Gestalt, die jetzt zweifelsohne mit Jahwe identisch ist, in der Vorlage bereits in einer vorangehenden poetischen Einheit genannt und vorgestellt wurde, so daß für V. 1 als Ausgangsform folgender Text in Betracht zu ziehen ist:

. . .	
nṣb b ʿdt ʾlm	10
b qrb ʾlm yšpṭ	11

Auf diese Weise finden wir auch eine Erklärung für die Überladung des ersten Kolons:

82.1.2	*ʾlhym nṣb b ʿdt ʾl<hym>*	14 <17>
82.1.3	*b qrb ʾlhym yšpṭ*	12 (13)

ʾlhym „Gott" – *ʾlhym* ersetzt vielleicht *YHWH* und verdrängt zugleich am Zeilenende *ʾlhym*; siehe folgende Ausführungen zu *ʾl*.
Es ist üblich, *ʾlhym* durch das Tetragramm zu ersetzen. Wegen der späten Entstehungszeit des Liedes ist jedoch zu erwägen, daß in Ps 82 die *ʾlhjm*-Stellen nur teilweise oder nicht umzusetzen sind; siehe zur Diskussion J. Morgenstern 1939, 29. 119 Anm. 171.

nṣb nif || ***špṭ*** G „stehen" || „richten".
Die beiden Verben *nṣb* und *špṭ* bilden ein Wortpaar und weisen in die gerichtliche Sphäre. Aus dem Gebrauch von *nṣb* nif wird abgeleitet, daß der Spre-

chende nicht der Richter sei, der gewöhnlich sitzend dargestellt werde, sondern der Ankläger. Aus diesem Hinweis und dem Gebrauch von *špṭ* in Z. 1–4 wird geschlossen, daß Gott hier nicht als Richter der göttlichen Ratsversammlung vorstehe, sondern eher unter den Göttern stehe, um die Anklage der Ungerechtigkeit gegen die Götter vorzutragen. Es liege kein direkter Verweis auf den Vorsitzenden der Götterversammlung vor, obwohl zuzugeben sei, daß nach dem Urteil aller modernen Historiker der westsemitischen Religion(en) die Bezeichnungen *ʿdt-ʾl* (V. 1) und *bny ʿlywn* (V. 6) die göttliche Ratsversammlung und das Pantheon zwei Begriffe für die alten Hochgötter El und Elyon enthielten.[31]

Die Schwäche dieser Argumentation liegt in der Annahme, daß *špṭ* „richten" in *82.1.3* von *špṭ* in V. 2–3 und vom Kontext V. 2–4 her zu deuten und folglich mit „Ungerechtigkeit anklagen" oder positiv mit „Gerechtigkeit verlangen" zu übersetzen sei. [32] Berücksichtigen wir dagegen V. 6–7, so spricht der Sprecher von V. 1 sogar ein Todesurteil aus. Wie ist diese Diskrepanz zu erklären?

Der in V. 1 als Richter vorgestellte Sprecher ist nach jetziger Terminologie sicher der *ʾlhym* „Gott" Israels, wie aus V. 8 unmißverständlich hervorgeht. Er ist zugleich Vorsitzender der Götterversammlung und als solcher auch zweifelsohne oberster Richter, nimmt also zwei verschiedene Funktionen in einem wahr.

nṣb nif „stehen" – HAL 674–675: *nṣb* I nif 2. hingestellt sein, stehen; AHw. 755: *naṣābu* II (kan. Fw. *nṣb* sem. außer akk.) „hinstellen".

Zum Stehen des Richters bei der Urteilsverkündung siehe P. Bovati 1994, 233, zu Ps 76,10; 82,1. 8; Hi 31,14.

Vgl. dagegen die Argumentation von S.B. Parker 1995, 538, der auf Grund seiner Anschauung von der ursprünglichen Einheit des Textes von Ps 82 bezüglich der Frage, in welcher Weise *nṣb* auf Jahwe zu beziehen ist, zu folgender Lösung gelangt: „The weight of this evidence [= Belegstellen über Sitzen und Stehen im Prozeß] leads to the conclusion that the language of vers 1, together with the context of vv. 2–4, indicates that God is not here presiding over the divine assembly as judge, but rather stands among the gods to pronounce a charge of injustice. There is – tactfully – no direct reference to the president of the assembly. (On the other hand, all modern historians of West Semitic religion recognize within the designation of the divine assembly [*ʿdt ʾl* v. 1] and the pantheon [*bny ʿlywn* v. 6] two terms for old high gods [El and Elyon].)"

špṭ G „ein Urteil fällen" – H. Niehr 1986, 98, *špṭ* „das Gerichthalten"; A. Schenker 1997, 444, zu *špṭ* als Ausübung juridischer und politischer Autorität in Ps 82.

---

31 S.B. Parker 1995, 536–538.

32 S.B. Parker 1995, 535–536.

Vgl. dagegen S.B. Parker 1995, 535–536, der bei seiner Deutung des Verbums *špṭ* von der These ausgeht, daß es sich bei Ps 82 um einen einheitlichen Text handle, so daß man bezüglich einer Deutung von *špṭ* vor allem V. 2–4 zu berücksichtigen habe. Von dieser Voraussetzung her gelangt im Hinblick auf *špṭ* in V. 1 zu folgender Lösung: „Understanding the speech [= V. 2–4] as a charge, rebuke or accusation, we must assign to the occurrence of *špṭ* in v. 1 the specific meaning: ‚to charge with, accuse of, injustice' (or, put positively, ‚to call for justice'). *špṭ* neither states nor implies that the speaker is presiding over the gods, only that he is accusing the gods."

ʿdt ʾl „Versammlung Els / Gottes".
Sowohl die akkadische Formulierung *puḫur ilī* „Ratsversammlung der Götter" (AHw. 876: *puḫru* 1) als auch die ugaritischen Wortbildungen *ʿdt ilm* (KTU 1.15 II 7. 11; 1.16 V 5 ?), *pḫr mʿd* (KTU 1.2 I 14), *pḫr ilm* (KTU 1.47:29; 1.148:9), *pḫr bn ilm* (KTU 1.4 III 14) und *mpḫrt bn il*[33] (KTU 1.40:25. 34. 42; 1.65:3)[34] legen zwingend nahe, in *82.1.2* ein *ʿdt ʾlym* bzw. *ʿdt ʾlhym* „Versammlung der Götter" als ursprünglich anzunehmen.[35] Die Lesung *ʿdt ʾlym / ʾlhym* wird durch LXX unterstützt, siehe HAL 746: *ʿdh* I 5; C.A. Briggs / E.G. Briggs II 1907, 217; R.B. Salters 1991, 225–239; P. Sanders 1996, 157 Anm. 288; A. Schenker 2001, 189–191; vgl. J. Schaper 2001, 177–178; vgl. dagegen M. Albani 2000, 226, der V. 1 folgendermaßen deutet: „Schließlich handelt es sich bei den ‚Söhnen des Höchsten' in Ps 82,1, die von JHWH wegen ihrer Ungerechtigkeit (82,2–5) zur Sterblichkeit verurteilt werden, wahrscheinlich nicht um ‚Götter' allgemein, sondern ebenfalls um die israelitischen Könige."
Auch die Rede von den *bny ʿlywn* (*82.6.2*) setzt voraus, daß ursprünglich von einem Geschehen in der *ʿdt ʾl<hym>* „Götterversammlung" die Rede gewesen sein muß. Es könnte möglich sein, daß von dem späteren Zusatz V. 2–4 her versucht wurde, das *ʿdt ʾlhym* in *ʿdt ʾl* umzuändern und auf die im folgenden (V. 2–4) genannte Gruppe von Menschen zu beziehen. Es drängt sich die Annahme auf, daß in Zusammenhang mit der Auswechslung des Tetragramms vermieden werden sollte, daß in diesem Kolon zweimal das Wort *ʾlhym* vorkommt und daß man durch Abkürzung zu *ʾl* „Gott" dieses Ziel erreichte.
Es besteht folglich kaum zu Recht die Frage, ob *ʾl* in dieser Formulierung als Appellativum oder Gottesname zu verstehen ist; siehe zu dieser Diskussion u.a. E.T. Mullen 1980, 230 Anm. 197; A. Cooper 1981, 437–438; M. Köckert 1988, 89 Anm. 205 Abschnitt 4, Appellativ; H. Niehr 1990, 80–81.
Übersetzungen der Formulierung *ʿdt ʾl* mit „assembly of El" (N. Wyatt 1996, 357) oder z.B. „Versammlung Els / Gottesversammlung" (E. Zenger 2000, 485) sind folglich abzulehnen.

---

33 An diesen Stellen liegt der Parallelismus *dr bn il* || *mpḫrt bn il* vor.

34 M.C.A. Korpel 1990, 269–270.

35 Vgl. dagegen M.C.A. Korpel 1990, 271 mit Anm. 372, die *ʿdt ʾl* mit „divine assembly" wiedergibt und zugleich betont, daß es sich um das alte kanaanäische Pantheon handle.

ʾl „El, Gott" l *ʾlhym*, LXX – Zu *ʿdt ʾl* siehe oben.

Zur Anschauung, *ʾl* „Gott" werde in Ps 82,1 von Jahwe ausgesagt, siehe Ges.[18] 57: *ʾl* II 1.[36]

Zu *ʾlhym* „Götter, Schutzgeister der Völker (= *bny ʿlywn – śr*, V. 6b + 7b) siehe die von H. Hupfeld (Ges.[17] 40: *ʾlwh* 1. P. A – Nahe liegt es dag. Ps 82,1.6 an Engel, Schutzgeister der Völker zu denken), W. Staerk[37] und Stade-Bertholet vorgetragene Ansicht, daß in *82.1.6* von „Engeln, Schutzgeistern der Völker" die Rede sei. Diese Deutung wird z.B. E. König 1927, 408, energisch zurückgewiesen.

Die These, daß mit *ʾlhym* in Ps 82 die Schutzgeister bzw. Schutzengel der Völker bezeichnet werden, befürworten auch neuere Autoren, siehe z.B. W.O.E. Oesterley 1939, 373–375; L. Dequeker 1963, 481. Zu parallelem *śr* „Fürst, Schutzgeist" siehe unten zu *82.7.2.*

In der Diskussion über *ʿdt ʾl* in *82.1.2* wird zu wenig berücksichtigt, daß auch in Ps 7,8 mit K. Budde für *ʿdt lʾmym* ein ursprüngliches *ʿdt ʾlhym* anzusetzen ist; siehe HAL 488: *lʾm* 1; H. Gunkel 1926, 23. 26; H. Schmidt 1934, 11–12. 156, fordert diese Lesung auch für Ps 9,8; R. Tournay 1949, 47–48. 53. 59; L. Dequeker 1963, 481. 483. Eine Parallele zu *ʿdt ʾl<hym>* erhielten wir ferner, wenn man für *b hdrt qdš* in Ps 29,2 *b ʿdt qdšym* läse, so daß sich in Ps 29,1–2 der Parallelismus *bny ʾlym* || *ʿdt qdšym* ergäbe (L. Dequeker 1963, 475 Anm. 29; 481). Gegen diese These spricht jedoch, daß Ps 29,2b mit 29,9c eine poetische Einheit bildet, siehe O. Loretz 1988, 105.

82.2.1 – 82.4.2

Die drei Bikola *82.2.1 – 82.4.2* stammen aus einer Richterschelte[38], die im Gegensatz zum Kontext *82.1.2 – 82.1.3* + *82.6.1 – 82.7.2* nicht auf die göttliche Sphäre, sondern auf irdische Richter zu beziehen ist.[39] Durch die allegorische Übertragung der Richterschelte auf die Götter macht der Dichter von Ps 82 deutlich, daß die Götter nicht wegen eines Vorfalls in der göttlichen Sphäre, sondern wegen ihres schlechten Einwirkens auf die Welt der Menschen zu verurteilen sind.

Da der Abschnitt V. 2–4 thematisch, sprachlich und von der Dramatik des Geschehens her den Zusammenhang zwischen V. 1 und 6 unterbricht, ist er als

---

36 Ges.[18] 57: *ʾl II* 2, wird *ʾl* in Ps 82,1 folgendermaßen gedeutet: „v. kan. Gott El, sek. auf Jahwe übertr. *bʿdt ʾl* i. d. Versammlung Els, herk. i. d. Gottesversammlung". Die Lexikographen folgen hierin O. Eißfeldt, vermerken aber gleichzeitig „dgg. *ʿdt ʾl* Gemeinde Gottes *QM* 4,9".

37 Diese Anschauung hat W. Staerk 1920, 237–238, wieder zurückgezogen.

38 M. Millard 1994, 97, spricht von einem „Richterspiegel"; H. Gunkel 1926, 362, erinnert an die „Gerichtsreden" der Propheten.

39 U. Nommik 1999, 521, behauptet, daß das Thema der Gerechten und Frevler in den Asaphpsalmen episodisch berührt werde. Es seien davon nur Ps 50; 73 und 82 betroffen. Dagegen ist darauf zu verweisen, daß in Ps 82 der Begriff *ṣdyq* nicht aufscheint.

ein von der *rš'ym*-Thematik[40] inspirierter Kommentar zum vorangehenden Bikolon V. 1 anzusehen.

Der sekundäre oder kompositorische Charakter des Zitates V. 2–4 geht auch aus seiner störenden Position zwischen V. 1 und 6–7 hervor: Es ist als Anklage sozusagen mit Verspätung in die Verkündigung eines richterlichen Urteils eingefügt. Das Zitat ist folglich aus seinem ursprünglichen *Sitz im Leben* in einem Richterspiegel oder in einer Richterschelte entfernt.

Es ist ferner strittig, ob der Einschub V. 2–4 als Stellungnahme für die Armen und Schwachen[41] oder als allgemeines Beispiel für ein richterliches Fehlverhalten zu verstehen ist.

špṭ* || *nś' pnym* – *špṭ* || *ṣdq hif – ***plṭ*** || ***nṣl*** hif
„richten" || „begünstigen"[42] – „richten" || „freisprechen"[43] – „retten" || „herausreißen, retten"
Aus der Abfolge der drei Parallelismen geht eindeutig hervor, daß von den Richtern auch gegenüber den Armen und Schwachen ein gerechtes Urteil gefordert wird; P. Bovati 1994, 204.

82.2.2

špṭ „richten" – P. Bovati 1994, 185–186.
nś' pnym „das Gesicht heben, jmdn. bevorzugen, begünstigen"; HAL 682: *nś'* qal 6. c) „Person ansehen, begünstigen"; P. Bovati 1994, 194.

82.3.1

dl* – *ytwm „Geringer" – „Waise" – Vgl. ug. *dl* || *ytm* || *almnt* (KTU 1.16 VI 48–50); M. Dahood, RSP I 1972, 165, Nr. 153; Y. Avishur 1984, 412, *dl/ytm*.

---

40 Ch. Levin 1993, 359–381.

41 So bezieht z.B. G. Wanke 1994, 449–452, V. 2–4 auf die Angehörigen der religiösen Unterschichtskreise im nachexilischen Juda. Es liege eine ganz bestimmte Weise der Bewältigung des Theodizeeproblems in den Kreisen der „Geringen" vor. Die drängende Frage nach der Gerechtigkeit Gottes angesichts der Unterdrückung und Ausbeutung der frommen „Geringen" durch die „Frevler" werde in einen universalen Horizont gestellt und unter einer eschatologischen Perspektive gesehen. Die Lösung der sozialen, wirtschaftlichen und religiösen Konflikte werde in einem künftigen Jahwegericht erwartet, das die gesamte Erde und alle Völker treffen soll (V. 8). Die Universalisierung sei auf die Einsicht zurückzuführen, daß die das Elend der „Geringen" bewirkenden politischen Strukturen der nachexilischen Zeit nicht nur das Ergebnis individuellen Fehlverhaltens einzelner Personen darstellten, sondern auch der Einbindung des judäischen Gemeinwesens und seiner Exponenten in die Großmachtpolitik des Persischen Reichs anzulasten seien. Nur von einem entsprechend umfassenden Eingreifen Jahwes erhoffe sich daher der Sprecher des Psalms eine Befreiung der „Geringen" aus ihrer verzweifelten Lage. Ähnlich argumentieren F.-L. Hossfeld / E. Zenger 2000, 246–247.

42 „das Gesicht heben"

43 *ṣdq* hif „von Schuld vor Gericht freisprechen, rechtfertigen".

BHSa und eine Reihe von Kommentatoren schlagen vor, wegen *dl* in *82.4.1* *dk* zu lesen; siehe Ps 10,18; J. Morgenstern 1939, 29, lehnt dies ab.

rš'ym „Frevler" – Die *rš'ym* sind in *82.2.2* und *82.4.2* Teil der *rš'ym*-Redaktion, siehe unten Abschnitt 4.

ṣdq hif „für schuldlos erklären, freisprechen" – HAL 942: *ṣdq* hif Recht schaffen für, Recht geben, für schuldlos erklären, jmdm zu seinem Recht verhelfen; P. Bovati 1994, 204. 348–349, zum Wortpaar *ṣdq* hif – *rš'* hif.

82.4.1

plṭ pi „davonbringen = retten" – HAL 879: *plṭ* pi; P. Bovati 1994, 204. 337.

82.4.2

nṣl hif „herausreissen, retten" – HAL 677: *nṣl* hif; P. Bovati 1994, 43. 204. 324–325. 327. 337.

82.5.1 – 82.5.3

Die drei Kola setzen weder die Aufforderungen *82.3.1 – 82.4.2* fort, noch leiten sie die folgende Jahwe-Rede ein. Da ferner *82.5.1* als wörtliches Zitat von Jes 44,18a anzusehen ist, verbleibt mit den beiden Kola *82.5.2 – 82.5.3* ein asymmetrisches Bikolon. Es ist deshalb anzunehmen, daß *82.5.2* als eine Ergänzung zum vorangehenden Kolon gedacht ist und das Kolon *82.5.3* eine ursprünglich zu V. 7 oder 8 gehörende Randglosse darstellt. C.A. Briggs / E.G. Briggs II 1907, 215. 217, bezeichnen deshalb V. 5 zu Recht als Glosse; W.O.E. Oesterley 1939, 373; O. Loretz 1975, 588; F.-J. Stendebach 1986, 428; G. Wanke 1994, 448 Anm. 8.

Siehe dagegen folgende Bewertungen von V. 5: M. Buttenwieser 1939, 766, ordnet *82.5.3* nach Ps 58,3 und *82.5.1 – 82.5.2* nach Ps 58,4 ein; E. Zenger 2000, 480. 483–484, zufolge liegt V. 5 auf der gleichen literarischen Ebene wie V. 8.

82.5.2

Das Gehen in der Finsternis bedeutet Ablehnung gerechten Verhaltens; siehe Jes 59,9; Qoh 2,13–14; ferner Hos 6,5; Jes 5,20; Prov 2,6–13.

S. Mowinckel 1957, 50, stellt zur Debatte, ob *82.5.2* oder *82.5.3* als Zusatz anzusehen ist und entscheidet sich für *82.5.2* als sekundäre Glosse. In Prov 2,13 und Qoh 2,14 bedeute das Wandern in Finsternis einen Mangel an Weisheit. Die Glosse setze folglich die falsche Deutung der Götter von Ps 82 als menschliche Wesen voraus.

82.5.3

In den Gerichts- und Theophanieschilderungen geraten Berge und Grundfesten der Erde (Jes 24,18; 40,21; Jer 31–37; Mi 6,2; Prov 8,29) ins Wanken (Ps 18,8. 16; Jes 24,18–19). Der Zusatz verbindet das Verhalten der Göttersöhne, d.h. Engel, mit der Endzeit.

Vgl. dagegen J. Morgenstern 1929, 71–72, der *82.5.3* an den Grundbestand des Textes V. 1. 6–7 anschließt und dieses Vorgehen mit dem Argument begründet, daß Erdbeben das Kommen Jahwes am Neujahrstag begleiteten.

mwsdy 'rṣ „Grundfesten der Erde" – Die Unterweltstadt liefert die Säulen und Fundamente der Oberwelt; Jer 31,37; Mi 6,2; Prov 8,29; vgl. *mwsdy hrym* Dtn 32,22; Ps 18,8; P. Sanders 1996, 400–401; A. Berlejung 2001, 486; vgl. J. Silva Castillo 2001, 91–92, zu akkadisch *išdī māti*.

82.6.1 – 82.7.2

Fortsetzung von V. 1 und Zitation des Urteils Jahwes.

82.6.1 – 82.6.2

'lhym* || *bny 'lywn „Götter" || „Söhne des Höchsten" – Die Mitglieder der Versammlung der Götter; siehe oben *82.1.2* zu *'dt 'lhym* (LXX).

Dem Wortpaar *'lhym* || *bny 'lywn* entspricht in V. 1 *'dt 'l<hym>* || *'lhym*. Es dürfte deshalb kaum ein Zweifel darüber möglich sein, daß die Formulierung *bny 'lywn* in diesem Kontext allgemein göttliche Wesen bezeichnet, jedoch keinesfalls einen speziellen Kreis von göttlichen Wesen im Bereich eines Gottes Elyon. *bny 'lywn* als Parallelwort zu *'lhym* trägt deshalb kaum zur Klärung der Frage bei, ob in Ps 82 zwischen den Göttern El und Elyon zu unterscheiden ist; siehe zu dieser Frage ferner unten Abschnitt 6.

Vgl. E.H. Kantorowicz 1992, 412 Anm. 319; 494 mit Anm. 3, zur Verwendung von Ps 82,6 im Rahmen der mittelalterlichen politischen Theologie von den zwei Körpern des Königs.

82.7.1 – 82.7.2

'dm* || *śrym „Adam" || „(Engels-)Fürsten".

Die Deutung des Wortpaares hängt im wesentlichen von der Anschauung über das erste Wort *'dm* ab, ob man annimmt, daß von der allgemeinen Sterblichkeit des Menschen (*'dm*) oder vom Tod des ersten Menschen Adam (*'dm*) die Rede ist.

Die meisten Interpreten entscheiden sich für die Wiedergabe „Menschen" || „Fürsten"; siehe z.B. H. Gunkel 1926, 360; K. Seybold 1996, 324; D.P. Wright

1996, 217 Anm. 13, „mortals" || „military leaders"; A. Schenker 1997, 442; J. Krašovec 1999, 565, „like men" || „like any prince".

'dm „Adam" – V. 7 setzt voraus, daß des ersten Menschen Adam Verhalten und das der Engelsfürsten (*śrym*) die Verurteilung durch Gott nach sich gezogen haben.

Zu *'dm* „Adam" siehe ferner H.S. Nyberg 1935, 122–123; E.T. Mullen 1973, 230. 239–244; O. Loretz 1992, 141; H.R. Page 1996, 162.

śr „Fürst, Engelsfürst" – Zu *śr* als Terminus für einen Engelsfürsten siehe HAL 1260: *śr* III.

H.S. Nyberg 1935, 122–123, denkt an den Fall Adams und der *Sarim*, in denen er Mitglieder des himmlichen Hofstaates sieht; ähnlich auch R. Gordis 1957, 127; J. Gray 1965, 273, „men" || „bright (stars)"; E.T. Mullen 1973, 230. 239–244, „'Ādām" || „the ‚Shining Ones'".[44]

W.H. Schmidt 1966, 41 Anm. 4, bemerkt, daß der Sinn von Ps 82,7b unklar sei. Er fragt deshalb, ob V. 7b an Gottwesen erinnere, die sich schon bei der Schöpfung wider Gott empört haben und deshalb zur Erde gestürzt worden sind (Jes 14,12–14; Ez 28,12 ff.; Lk 10,18?): Genauso solle es auch den Söhnen Elyons ergehen.

Eine grundsätzlich andere Lösung hat J. Morgenstern 1939, 72–73.117 mit Anm. 167, versucht. Er ersetzt *w k 'ḥd h śrym* durch *w k hll bn šḥr* und nimmt an, daß man aus Furcht vor dem polytheistischen Kolorit des ursprünglichen Textes eine orthodoxe Korrektur vorgenommen habe.

Das *tertium comparationis* ist in diesem Bikolon offenkundig der Absturz berühmter Gestalten aus biblischen oder apokryphen Erzählungen, so daß hier an den Fall Adams und den eines Engelsfürsten zu denken ist.

Dagegen sind z.B. Lesungen für *śrym* wie *šdym* „Dämonen" (B. Duhm 1922, 318; H. Herkenne 1936, 281), *h ṣ'yrym* „die Geringen" (H. Graetz II 1883, 480; S. Landersdorfer 1922, 222) oder *h ršym* „die Armen" (F. Wutz 1925, 220) abzulehnen.

82.8.1 – 82.8.2

Das letzte Bikolon führt als neues Thema das Endgericht über die ganze Welt ein. Es erfolgt auf diese Weise eine Ausweitung des in V. 1. 6–7 beschriebenen Gerichtes über die Engelsfürsten.

---

44 E.T. Mullen 1980, 239–240 mit Anm. 208, geht von einem postulierten ugaritischen *šr* „Shining One" aus, wobei er mit dem Argument, daß die Parallelität zwischen den ugaritischen Stellen und der biblischen Gestalt Hêlēl die vorgeschlagene Übersetzung für *šr* fordere, wohl einem Zirkelschluß erliegt; siehe ähnlich auch J. Gray 1965, 272–273. 288 Anm. 1, der in *šr* „bright (star)" einen Hinweis auf den ugaritischen Mythos vom Sturz des Gottes ʿAṯtar vermutet. Siehe ferner Schmidt 1966, 41 Anm. 4, zur Diskussion über den Zusammenhang zwischen *šr* in KTU 1.23:2(?).22 und 1.12:50–51 und *śr* in *82.7.2*; siehe ferner H.R. Page 1996, 163, *śrym* „Shining One", nächste Parallele *mt w šr* (KTU 1.23:8–11).

Die Terminologie des Bikolons deutet darauf hin, daß es sich bei ihr um eine neue Deutung eines Teils der Vorlage handelt, die noch in V. 1. 6–7 greifbar ist.

Während im ersten Kolon *82.8.1* das Stichwort *špṭ* „richten" von *82.1.3*, *82.2.1* und *82.3.1* aufgenommen wird, schiebt das zweite Kolon hierfür eine Begründung nach.

Der asymmetrische Aufbau des Bikolons hat zu verschiedenen Lösungen geführt: G.R. Driver (1936, 187; id. 1952, 356–357) und A.A. Anderson (II 1972, 595) setzen unter Berufung auf akkadisch *naḫālu* I „(durch)sieben" (AHw. 712; CAD N/1, 125) ein Verbum *nḥl* „to sift" ein und behaupten, auf diese Weise eine gute Parallele zum vorangehenden Kolon zu erhalten. Die Einheit von V. 8 suchen M. Dahood (II 1968, 271; id., in: RSP III 1981, 35, I 44 k) und J. Gray (1979, 80 Anm. 171) dadurch zu retten, daß sie *nḥl* mit „to rule (over)" übersetzen. Eine Reihe von Autoren (Graetz, Wellhausen, Duhm, Staerk, Buhl, Buttenwieser) lesen *tmšl b*.

Während H. Gunkel (1926, 12, 363) den veränderten Ton des Bikolons am Ende als ursprünglich akzeptiert, sehen andere darin einen Zusatz (B. Duhm 1922, 318), eine *interpretatio israelitica* des ganzen Liedes (O. Loretz 1975, 588; F.-J. Stendebach 1986, 428) oder eine Glosse (C.A. Briggs / E.G. Briggs II 1907, 217, „A gl. of petition").

82.8.1

qwm „aufstehen" – Aufforderung an den Richter, zur Verkündigung des Prozeßurteils aufzustehen; siehe unten Abschnitt 4.

'lhym „Gott" – J. Morgenstern 1939, 29, lehnt es wegen der späten Entstehungszeit von V. 8 ab, ein Tetragramm anzusetzen.

špṭ G „richten" – In Parallele zu V. 1b ist auch in V. 8a vom richterlichen Handeln Jahwes die Rede: Er soll als oberster Richter aufstehen und sein Urteil fällen, d.h. die Gegner Israels verurteilen; vgl. dagegen H. Niehr 1986, 117–118, *špṭ* „regieren, rechtverschaffen"; K. Seybold 1996, 324, „regieren".

82.8.2

ky „denn" – Finales *ky*; M. Millard 1994, 99.

nḥl b „als Eigentum besitzen" – E. Jenni 1992, 262; vgl. AHw. 712: *naḫālu* II; CAD N/1, 126: *naḫālu* B „to hand over (property)"; HAL 648: *nḥl* „(als) Besitz erhalten".

4. Ps 82,1. 6–7. 8 – *yṣb* nif || *špṭ* und *qwm* – *špṭ* || *nḥl* hif

Sowohl das Stehen als auch das Aufstehen eines Richters nehmen in Ps 82 zentrale Positionen ein. Während die Aufeinanderfolge von *qwm* und *špṭ* in V. 8 den Zusammenhang mit einem Gericht klar zum Ausdruck bringt, bleibt strittig, wie das „Stehen" Jahwes in der Götterversammlung (V. 1b) zu verstehen ist.

Eine Entscheidung darüber, ob Jahwe in Ps 82,1 als Ankläger oder Richter in stehender Haltung auftritt, bestimmt im wesentlichen das Verständnis des Liedes.

Falls angenommen wird, daß sich Jahwe in der Position eines stehend argumentierenden Anklägers befinde[45], folgt daraus für einige Interpreten, daß er in der Götterversammlung noch nicht die führende Stellung einnehme, sondern sich erst auf dem Weg zu ihr befinde. In dieser Sicht dient Ps 82 als ein Beweis dafür, daß Jahwe noch nicht an die oberste Stelle im Pantheon aufgerückt sei, sondern diese im Laufe der Zeit erst noch zu erreichen hatte.[46]

Dagegen deuten mehrere Interpreten Ps 82,1 auch als eine Aussage über Jahwe als Richtergott im Rat Els. In Els Thronrat komme Jahwe das Richteramt zu. Als Richtergott sei er so deutlich von dem Haupt der Götterversammlung (El) unterschieden. Die Tätigkeit des Richtens werde dem Wortlaut nach keinesfalls El zugesprochen. Der höchste Gott sei nicht selbst Richter; doch mag Israel durch Umdeutung des Wortlautes die mythische Szene anders verstanden haben. Deute man nämlich V. 1a *'dt 'l* statt „Versammlung Els" als „Gottesversammlung", so werde der Unterschied zwischen dem Richtergott und dem Monarchen im Götterrat aufgehoben, und Jahwe erscheine, wie auch sonst im Alten Testament, als der höchste Gott.[47]

---

45 Zu welchen Inkongruenzen diese Annahme führt, geht z.B. aus E. Zenger 2000, 486, hervor, der sie folgendermaßen zu rechtfertigen versucht: „Die dann im Psalm erzählte ... Veränderung wird szenisch in V 1 vorbereitet, indem der Gott Israels nicht als ‚Vorsitzender' der Gottesversammlung präsentiert wird, sondern als ein Elohim, der ‚inmitten der Götter' (Elohim) steht - als Ankläger (V 2–4) und als Richter (V 6–7). Beide Funktionen werden in V 1 ausdrücklich genannt. Zunächst wird der Gott Israels Aktion mit dem Handlungsverb (oder Partizip?) ‚er steht' (*nṣb*) eingeführt. Er ist damit nicht als der ‚Vorgesetzte' der Götterversammlung charakterisiert (so zuletzt wieder *Seybold* 325), sondern als der Ankläger. Darauf hat schon *J. Begrich* und danach wieder *H. J. Boecker* hingewiesen. ... Während der Richter bei seiner Amtsführung in der Regel sitzt, stehen die Rechtsparteien vor ihm und führen den Disput miteinander. Genau dies scheint in V 1 der Fall zu sein: Der Gott Israels steht zusammen mit den anderen Göttern in der Gerichtsversammlung (vor dem freilich nicht genannten Richter!) und eröffnet dann in V 2–4 seine Anklage. Das im zweiten Kolon verwendete Verb *špṭ* ‚richten / anklagen' könnte einerseits genau diesen Vorgang der Anklage bezeichnen, es könnte andererseits aber auch auf den zweiten Teil des Psalms hinweisen und diesen zusammenfassend vorwegnehmen: ‚und er hält Gericht'."

46 M. Weippert 1990, 144–146. 151–15; vgl. dagegen z.B. P. Sanders 1996, 370, demzufolge Jahwe als „complainant" in der Götterversammlung auftritt, aber gleichzeitig in ihr auch die Stellung des *'lywn* „Höchsten" einnimmt.

47 W.H. Schmidt 1966, 41.

Da nach W. Schlißke in Ps 82,1 das Verhältnis zwischen El, dem Herrn des Pantheons, und dem Richter Jahwe nicht klar bestimmt werde, bleibe die Aussage ein wenig in der Schwebe und gebe damit die noch nicht völlig ausgetragene Auseinandersetzung wieder. Die Spannung zwischen El und Jahwe in der Formulierung dränge zu der Lösung, daß Jahwe ganz die Stelle Els einnehme, so wie er schon bestimmte Züge der Baaltradition auf sich gezogen habe. Aus dem Rat Els werde die Gottesversammlung unter Jahwe, und El und Elyon würden Bezeichnungen Jahwes.[48]

Nach K. Seybold eröffnet V. 1b eine himmlische Szene in der Welt der Götter, darin Hi 1 f.; Ps 29; 58 vergleichbar. Jahwe trete in die Versammlung Els („Söhne Els", Ps 29,1, „Söhne des Höchsten", Ps 82,6), zu der alle Götter (*'lhym* Plural) gerufen worden seien. Er führe die Aufsicht über die Götter und leite eine Untersuchung ein (*špṭ*). Es scheine der Darstellung die Vorstellung zugrundezuliegen, daß die Staats- und Nationalgötter vom höchsten Gott (El = Jahwe) zur Rechenschaft gezogen werden (vgl. Dtn 32,8). Ein Echo auf die imaginäre Szene von V. 1–7 bilde V. 8. Jahwe werde aufgerufen, nun auch die Erde und ihre Völker zu richten, d.h. zu regieren. Der alte Ruf „Stehe auf!" aus den Ladesprüchen (Num 10,35–36) sei ein Appell zur Tat, der nicht ganz eindeutig damit begründet werde, daß es in der Völkerwelt ein Erbe zu verteilen gebe oder daß Jahwe nach dem Tod der Götter selbst in der Völkerwelt ein Erbe anzutreten habe.[49]

Bei einer Beurteilung der Stellung Jahwes in der Götterversammlung von Ps 82 geht man am besten von der Beobachtung aus, daß nur die Endphase des himmlischen Prozesses beschrieben wird. Wir erfahren aus Ps 82,1. 6–7 nichts über das Vergehen, das zur Anklage geführt hat, nichts über die Verteidigung und den ganzen Verlauf des Prozesses, sondern vernehmen nur das Urteil des obersten Richters. Letzterer orientiert sich bei seiner Urteilsbildung am Fall Adams und der Engelsfürsten. Es liegt folglich der Schluß nahe, daß sich die verurteilten *'lhym* „Götter, Engel" desselben Vergehens schuldig gemacht haben und ihre Schuld in dem jetzt vor V. 1 fehlenden Teil des Gedichtes im Rahmen des Gerichtsverfahrens behandelt und festgestellt worden ist.

Wenn wir als Grundbestand des Textes von Ps 82 die Abschnitte V. 1 und 6–7 ansehen, erhalten wir folgendes Bild über den darin vorausgesetzten Prozeß: Jahwe hat sich erhoben, er steht vor der Versammlung der „Götter" (V. 1) und spricht sein negatives Urteil über sie aus (V. 6–7). Den Ausgangspunkt bildet die Vorstellung vom Götterrat, in dem El den Vorsitz über seine Söhne innehat. Dieser Topos ist jedoch in der Weise abgewandelt und modernisiert, daß jetzt an die Stelle Els Jahwe getreten ist und die „Göttersöhne" in ihrem Verhalten und Schicksal den „(Engel-)Fürsten" (*śrym*, V. 7b) gleichgestellt sind, deren Aufgabe es

48 W. Schlißke 1973, 32. 34.
49 K. Seybold 1996, 325–326.

war, bei den ihnen zugeordneten und unterstellten Völkern für Recht und Gerechtigkeit zu sorgen.[50]

Während in V. 1 und 6–7 das Verhältnis zwischen Israel und den Völkern in hellenistischer Zeit angesprochen wird, folgt in V. 8 eine eschatologisch ausgerichtete Aufforderung an Gott, sein Richteramt und Erbe über alle Völker anzutreten.

Sowohl aus V. 1. 6–7 als auch aus V. 8 ist folglich zu entnehmen, daß Jahwe in Ps 82 das oberste Richteramt zukommt und er alle Götter zum Tod verurteilt. Dies kommt einer Nichtigkeitserklärung der Götter gleich.

5. Gattung und Datierung von Ps 82

Eine Vorentscheidung über Gattung oder *Sitz im Leben* von Ps 82 bestimmt die jeweilige Perspektive, in der Aufbau und Datierung des Liedes gesehen werden.

Die Gattung von Ps 82 ist äußerst kontrovers. Der Psalm wird charakterisiert als Liturgie aus nachexilischer Zeit gegen den Übermut der heidnischen Götter[51], er gehöre zur „Sonderklasse der prophetischen Psalmen“[52], sei beim Neujahrs- und Thronbesteigungsfest aufgeführt worden[53], sei eine prophetische Liturgie und festliche Ermahnung[54], bilde zusammen mit Ps 58; 82 und 75 die Gattung „Les psaumes du jugement de Dieu“[55], sei entgegen F.-J. Stendebach nicht zur theologischen Auseinandersetzungsliteratur gegen Baal vor 722 v. Chr. zu rechnen, sondern könne als ein Zeugnis für eine ganz bestimmte Weise der Bewältigung des Theodizeeproblems in den Kreisen der „Geringen“ aus persischer Zeit angesehen werden[56], er gebe eine liturgische Einbindung zu erkennen und lasse sich mit anderen Texten als eine dramatische Form der Heilsversicherung verstehen, die in den Gottesdiensten der religiösen Unterschichtszirkel geübt worden sei[57], der nicht vor dem sechsten Jahrhundert zu datierende Psalm thematisiere die (Un-)Gerechtigkeit in anderen Nationen als Problem für das Schicksal der Juden in anderen Nationen[58], er sei nach dem prophetischen *rîb*-Pattern gestaltet[59].

---

50 Vgl. dagegen z.B. M. Millard 1994, 97–98, der sich H. Niehr (1987, 94–98) anschließt und die Rechtswelt von Ps 82 der Sozialkritik der Prophetie des 8. Jahrhunderts zurechnet. Es gehe in der Kritik um kanaanäische Beamte, die andere Götter anbeteten.

51 H. Gunkel / J. Begrich 1933, 414; E.S. Gerstenberger II 2001, 115, zählt Ps 82 zu den „communal liturgies“ aus der babylonisch-persischen Zeit.

52 A. Deissler II 1967, 151.

53 S. Mowinckel I 1967, 150; id. II 1967, 132. 246; H. Schmidt 1934, 157, am Thronfest Jahwes gesprochen.

54 A. Szörényi 1961, 48. 507. 540–542.

55 E. Lipiński 1979, 115–117.

56 G. Wanke 1994, 452.

57 R. Albertz II 1992, 573.

58 S.B. Parker 1995, 557–558, gliedert den Psalm in zwei Teile: „mythical narrative“ (V. 1–7) plus „a liturgical response to the narrative“ (V. 8).

Die Vielfalt der Versuche, den *Sitz im Leben* von Ps 82 zu finden, resultiert aus den widersprüchlichen Bewertungen seiner kolometrischen Struktur, seiner einzelnen Wörter und Wortpaare.

Über die Gliederung von Ps 82 besteht keine allgemein akzeptierte Anschauung.[60] Während z.B. G. Wanke das Ganze auf sieben Bikola und eine Glosse (V. 5) verteilt[61], H. Gunkel sieben Bikola und ein Trikolon (V. 5) ansetzt[62], K. Koenen drei Monokola (V. 5), ein Monokolon plus ein Trikolon (V. 6–7) und fünf Bikola (V. 1–4, 8) postuliert[63], setzt R.J. Tournay neben zwei Bikola (V. 1, 8) sogar zwei Hexakola (V. 2–4, 5–7) an[64] und N. Wyatt gliedert das Gedicht in sechs Bikola und zwei Trikola (V. 5–6)[65].

Ps 82 ist von einem Nebeneinander von mythischen Elementen über Ereignisse im himmlischen Götterrat (V. 1. 6–7) und einer Schelte menschlicher Richter (V. 2–4) geprägt. Da sich zwischen diesen Textblöcken auch mit Hilfe der ugaritischen Beschreibungen der richterlichen Aufgaben der Könige keine nahtlose Verbindung herstellen läßt[66], sind zwei getrennt entstandene Texte als Grundlage von Ps 82 anzunehmen. Der Auslegung stellt sich deshalb in erster Linie die Aufgabe, das Zusammenwachsen und die Bedeutung dieser Elemente im Rahmen des Endtextes zu erklären.

Der mythisch gefärbte Bericht über ein Auftreten Jahwes in der Götterversammlung und sein vernichtendes Urteil über die Mitglieder des Pantheons, die in V. 1. 6–7 vorliegen, sind sowohl von archaischen altsyrisch-kanaanäischen als auch von jüngeren jüdischen Traditionen gefärbt. Zu den Elementen alter mesopotamischer und kanaanäischer Überlieferung zählt das Motiv der Götterversammlung, der ein höchster Gott vorsitzt und in der er als oberster Richter wirkt (V. 1). Jüngeren Datums sind dagegen in V. 6–7 die Vorstellung von der Verurteilung der Götter, die als Führer von Völkern versagen, die Rede vom Fall Adams[67], des ersten Menschen, und die Anspielung auf den Sturz eines der Engelsfürsten, den man sich als Schutzmacht eines Volkes vorzustellen hat. Es

---

59 N. Wyatt 1996, 363, „The psalm then, taking the form of the prophetic *rîb*, describes the divine decree which finally brings the ancient kings down to earth; the old ideology is dead."

60 Siehe P. van der Lugt 1980, 341–342.

61 G. Wanke 1994, 445.

62 H. Gunkel 1926, 360, sieben Bikola, ein Trikolon (V. 5); P. van der Lugt 1980, 340, sieben Bikola, ein Trikolon (V. 5); B. Janowski 2000, 60–61, sieben Bikola, ein Trikolon (V. 5); E. Zenger 2000, 479–480, sieben Bikola, ein Trikolon (V. 5).

63 K. Koenen 1996, 61.

64 R.J. Tournay 1991, 184.

65 N. Wyatt 1996, 357–359.

66 Siehe dagegen R.J. O'Callaghan 1953, 313; id. 1954, 174; F. Stolz 1970, 176; E.T. Mullen 1980, 233–237, deutet KTU 1.16 VI 45–54; 1.17 VI 33–38 als ugaritische Parallelen zu Ps 82,2–4; F.-J. Stendebach 1986, 434.

67 Zur Frage, ob in Hos 6,7 gleichfalls vom Fall Adams die Rede ist, siehe M. Nissinen 1991, 202–203.

bleibt weiterhin offen, inwieweit das Fallmotiv in der himmlischen Welt auf altorientalische Mythen zurückzuführen ist.[68]

Im Gegensatz hierzu richtet sich der Sprecher der drei Bikola V. 2–4 ohne Zweifel an menschliche Richter, die bei der Erfüllung ihrer Pflichten versagen.

Der mythisch-epische Grundton von V. 1. 6–7 legt den Gedanken nahe, daß dieser Text nicht aus der Gebets- bzw. Liedliteratur stammt, sondern aus einer Erzählung über einen Vorfall in der himmlischen Engelwelt.[69] Demnach ist anzunehmen, daß V. 1. 6–7 als Zitat aus einem größeren Epos bzw. Mythos zu gelten hat und sowohl Anfang als auch Ende des Berichtes über den Prozeßverlauf und die Auswirkungen des göttlichen Urteils fehlen dürften.

Dem Zitat V. 1. 6–7 entspricht, daß auch das Wort über die Richter V. 2–4 als ein Bruchstück aus einer längeren Ausführung über das Richteramt entnommen ist.

Die komposite Textstruktur, die auf bereits vorliegendem Material beruht, verbietet es, an eine frühe vorexilische Datierung[70] zu denken. Eine Reihe von Gelehrten wählt folglich eine Datierung nach dem Exil, wobei jedoch im einzelnen keine Einigkeit besteht.[71] Differenzen bei der Datierung sind auch besonders

68 B. Margalit 1989, 347 mit Anm. 11, verbindet dagegen das Motiv der gefallenen Engel (Gen 6,1–4; Jes 14,12–14; 1 Hen) mit dem Geschick der ʿAnat in der ugaritischen Mythologie und versucht so eine Anbindung dieses Motivs an die ugaritisch-kanaanäische Tradition. A. Caquot 1958, 54, läßt es offen, ob der in Ps 82,6–7 beschriebene Sturz der Engel als kanaanäischer Mythos bezeichnet werden kann und betont, daß die Beziehungen zum Ugaritischen nicht zu präzisieren sind; F. Stolz 1970, 179, verbindet Ps 82 mit dem Chaoskampf der Götter; F.M. Cross 1973, 345 Anm. 9, spricht von einem Thema, das sowohl in Ps 82 als auch in der späteren Apokalyptik (Dan 7) auftrete: „... there is also the mytholigcal battle in heaven in which the rebel gods are judged by the young god, the executive of the divine council, and cast out into the netherworld to be dead gods."

69 J. Morgenstern 1939, 122 Anm. 182, bemerkt hierzu folgendes: „For in its original form it was decidedly a poem too much of epic character to be properly called a psalm." Nach Stolz 1970, 178, handelt es sich nicht um eine Liedform, sondern um eine Gattung des Mythos.

70 So z.B. M. Dahood II 1968, 269, der es als wahrscheinlich korrekt bezeichnet, wenn Ackermann (1966) diesen Psalm in die vormonarchische Zeit datiert; siehe ferner O. Eißfeldt 1972, 54, erste Hälfte des 10. Jh.; E.T. Mullen 1980, 228 mit Anm. 196, 6. Jh.; ähnlich spricht H.-J. Kraus II 1987, 735, davon, daß die in Ps 82 erkennbare Depotenzierung fremder Götter und das Auftreten Jahwes als „höchster Gott" in religionsgeschichtliche Auseinandersetzungen führe, die sich in der Frühzeit abgespielt hätten, die allerdings in den archaischen Überlieferungen des Kultes hätten nachwirken können. Eine Datierung in die Zeit vor der Reform des Joschia und vor Deuterojesaja verteidigt z.B. auch H. Niehr 1990, 79–80; Y. Avishur 1994, 29, „With the discovery of the Ugaritic texts, however, scholars recognized that this psalm refers to the Israelite religion's victory over Canaanite religion, and the psalm's conclusion expresses the hope that the Lord, God of Israel, will eventually rule over all the nations."; B. Weber 2001, 132, vorexilisch.

71 H. Gunkel 1926, 363, gibt als Zeitalter „Fremdherrschaft" an und lehnt zugleich den Vorschlag griechische Zeit (Olshausen, Baethgen, Duhm) ab; W.O.E. Oesterley 1939, 373–375, zweites Jh.; E. Podechard II 1954, 76, persische Zeit, mit Verweis auf frühere Spätdatierungen; A. Gonsález 1963, 309; H.-W. Jüngling 1969, 79–80, Zeit des Deuterojesaja oder wenig später; A.A. Anderson II 1972, „comparatively late"; E. Beaucamp II 1979, 54, persische Zeit; P. Höffken 1983, 136, ein recht spätes, exilisch - nachexilisches Alter; P. Schelling

beim mythologischen Teil V. 1. 6–7 zu vermerken, der entweder zeitlich sehr früh angesetzt oder als eine spätere Entwicklung interpretiert wird.[72]

Für die Datierung von V. 1. 6–7 ergibt sich folglich, daß hier ein Fragment aus einer Erzählung über eine Verurteilung von Engeln durch Elyon / Jahwe vorliegt, in dem das altorientalische Traditionsgut über die Götterversammlung bereits umgestaltet und den neuen Gedanken über eine himmlische Rebellion von Engeln gegen Jahwe, ihren Schöpfer und Herrn, dienstbar gemacht worden ist.

Im Einschub V. 2–4, von dem vereinzelt angenommen wurde, daß er einen Teil der mythischen Erzählung ersetze[73], wird das Fehlverhalten der Götter und der Grund ihrer Verurteilung ausführlich beschrieben: Sie haben ihr Richteramt mißbraucht. Der Kommentator stellt so einen direkten Gegensatz zwischen der Gerechtigkeit Jahwes und dem Fehlverhalten der Götter der heidnischen Umwelt des Judentums her. Diese Argumentation erhält auf dem Hintergrund von Dtn 10,17–18[74] und der anderen Stellen, die von einer Übertragung der Aufgaben eines gerechten Königs auf Jahwe handeln[75], ihr volles Gewicht: Die Götter werden am gerechten Tun Jahwes gemessen und in der Folge als nichtig befunden. Hier liegt offenkundig ein nachköniglich-nachexilisches theologisches Argumentationsmodell vor, das folglich kaum auf ugaritische Texte zurückzuführen ist. Der Kommentator benützt in V. 2–4 älteres Material aus sozialkritischer Überlieferung, das aus vorexilischer Zeit herrühren kann.

Auf die Hand des Kommentators und Dichters, der V. 1. 6–7 und V. 2–4 zusammengefügt hat, dürfte auch die Aufforderung an Jahwe im Kolon *82.8.1* zurückzuführen sein, die ganze Welt zu richten.

Sowohl der mythische Teil des Liedes V. 1. 6–7 als auch die kommentierenden Zusätze in V. 5 und der Schluß V. 8 sind der nachexilischen Periode zuzuweisen. Wir kommen so letztlich zur Frage, welchem literarischen Prozeß und welchen theologischen Überlegungen wir den Endtext von Ps 82 verdanken.

Die konstitutiven Elemente V. 1. 6–7 und 2–4 sind von der Erkenntnis her zusammengefügt worden, daß Jahwe der einzige wahre Gott ist und nur er souverän über alle Götter herrscht, ja diese sogar wegen ihres Fehlverhaltens zum Tode verurteilt und er allein über die ganze Welt richterliche Gewalt ausübt. Alle

---

1985, 229, Exilszeit; S.B. Parker 1995, 557, „... it seems unlikely that Psalm 82 should be dated before the sixth century."; P. Sanders 1996, 370–371, 398, Dtn 32,8–9 ist älter als Ps 82, der in die später vorexilische Zeit zu datieren sei.

72 Siehe oben Anm. 18–19.

73 J. Morgenstern 1939, 122 Anm. 182, nimmt z.B. an, daß sich in der Erzählung ursprünglich die Göttersöhne durch Verbindung mit menschlichen Frauen (Gen 6,1–4) oder durch eine Revolte gegen den obersten Gott strafbar gemacht hatten. Diese These ist jedoch keineswegs vonnöten und angesichts der späten Stellen, die von der Fehlbarkeit der Engel im Angesicht Jahwes und deren Bestrafung handeln (Hi 4,17–18; Jes 24,21), eher unwahrscheinlich.

74 Zur Verbindung zwischen Dtn 10,17–18 und Ps 82 siehe ferner Höffken 1983, 136 Anm. 27. Zum Hintergrund von Dtn 10,17–18 siehe u.a. G. Braulik 1988, 270–271.

75 Siehe hierzu O. Loretz 1988a, 172–173.

älteren mythischen Vorstellungen über eine Aufteilung der Welt in einzelne Herrschaftsgebiete von Göttern über Völker sind in Ps 82 bereits überwunden.[76] Sie erscheinen hier umgewandelt in die Herrschaft von himmlischen „Fürsten“ (*śrym*) über die Völker, die jedoch Jahwe unterstehen (Dtn 32,8[77]; Dan 10,13–21[78]; Sir 17,17 [79]; Jub 15,31–32) und vor ihm letztlich keine Gnade finden.[80]

Von der Entstehungsgeschichte von Ps 82 her ergibt sich folglich, daß er gattungsmäßig kaum als Nachahmung prophetischer Redeweise[81] einzustufen ist oder etwa mit S. Mowinckel mit dem Thronbesteigungsfest verbunden werden sollte.[82] Der *Sitz im Leben* von Ps 82 wird auch nicht in der kultprophetischen Gerichtsverkündigung[83] oder sonst im Kult zu suchen sein.[84] Dagegen ist eher jenen zuzustimmen, die Ps 82 von der theologischen Auseinandersetzung mit der heidnischen Umwelt her verstehen.[85]

Zusammengefaßt ist zu Komposition und Gattung von Ps 82 folgendes festzuhalten: Die beiden grundlegenden Elemente von Ps 82, die insgesamt erst das Lied ergeben, stammen aus außerkultischen Bereichen. Für das erste, das V. 1. 6–7 umfaßt, liegt eine ursprüngliche Herkunft aus einem ethnographischen kanaanäischen Mythos über die Aufteilung der Völker nach der Anzahl der Söhne Aschiratus[86] nahe und für das zweite (V. 2–4) ist eine aus der prophetischen Verkündigung oder der Sozialkritik zu postulieren. Die Komposition des Liedes

---

76 A. Schenker 1997, 444, weist zu Recht darauf hin, daß die in Dtn 32,8–9 und Mi 4,5 behandelte Thematik in Ps 82 radikalisiert wird. Während in Dtn 32,8–9 und Mi 4,5 von der Priorität Jahwes gegenüber den Göttern der anderen Völker die Rede ist, erscheint in Ps 82 Jahwe als der einzige Gott, dessen Gericht die Götter der Völker verfallen; vgl. das Gericht (*šptym*) Jahwes über die Götter Ägyptens Ex 12,12.

77 P. Sanders 1996, 154–159. 363–374. Vgl. ferner S.B. Parker 1995, 551, zu Dtn 32,7–8 und Mi 4,5.

78 O. Plöger 1956, 149, sieht z.B. in Ps 82 eine Vorstufe der Vorstellung von den himmlischen Repräsentanten irdischer Reiche als Wiederkehr der alten Nationalgötter in Dan 10,20–21.

79 P.W. Skehan / A.A. Di Lella 1987, 277. 283; D. Barthélemy 1978, 104 Anm. 2, führt in seinen Ausführungen zur Lang- und Kurzform der Textüberlieferung den Nachweis, daß auch Sir 17,17 die Tradition von der Anzahl (70) der Engel Gottes voraussetzt.

80 Vgl. dagegen Dtn 32,43, wo die *'lhym* von Jahwe aufgefordert werden, sich über seine Rache an den Feinden seiner Diener und seines Volkes zu freuen; P. Sanders 1996, 422–424. 427; A. Rofé 2000, 171–172.

81 H. Gunkel 1926, 361; H. Gunkel / J. Begrich 1933, 342–343.

82 S. Mowinckel II 1967, 246. 249; siehe zu dieser Problemstellung auch A.A. Anderson II 1972, 592.

83 J. Jeremias 1970, 121, bestimmt Ps 82 wie Hab 3 als eine abgewandelte Klageliturgie. Der himmlische Gerichtsakt in Ps 82 sei als Urbild kultprophetischer Gerichtsverkündigung zu verstehen. Siehe auch H.-J. Kraus II 1978, 735.

84 A. Szörényi 1961, zählt Ps 82 zur Gattung der festlichen Mahngedichte und spricht von einer liturgischen Komposition. Zu diesem Urteil gelangt er von der These her, daß ein einheitlicher Text vorliege, der jedoch auf mehrere liturgische Stimmen und Rollenträger zu verteilen sei.

85 Hier ist jedoch entgegen F.-J. Stendebach 1986, 439, nicht an vorexilische, sondern an nachexilische Zeit zu denken; G. Wanke 1994, 452–453; S.E. Gerstenberger II 2001, 115.

86 D. Barthélemy 1978, 108–109.

aus diesen beiden Texten stellt deshalb einen eigenen schöpferischen Akt dar, der nicht dem Kult, sondern eher einer in nachexilischer Zeit üblichen theologischen Reflexion, die sich an bereits vorliegender israelitisch-jüdischer Literatur orientiert[87], zuzuordnen ist. Wir dürfen folglich Ps 82 als ein beispielhaftes Ergebnis nachkultischen Argumentierens gegen die Götter der Heiden, das der Vergewisserung des eigenen Glaubens an Jahwe und der monotheistischen Unterweisung der nachexilischen jüdischen Gemeinschaft dient[88], ansehen.

Die Beliebtheit dieser neuen Art theologischen Argumentierens gegen die Götter der Heiden bezeugen die Zusätze in V. 5 und die thematische Ausweitung der Komposition durch V. 8.

Aus der zentralen Position, die der Darstellung des Gottesgerichtes über die Göttersöhne in der Gottesversammlung, über Adam und über die Engelsfürsten in V. 1. 6–7 eingräumt wird, dürfte zu schließen sein, daß der Mythos über ein Gottesgericht im Himmel nicht nur die textliche Grundlage abgibt, sondern von ihm wahrscheinlich auch der Anstoß zur Bildung der Komposition ausgegangen ist. Denn der jetzt eschatologisch ausgerichtete V. 8 erweckt den Eindruck, daß er ursprünglich ein Teil eines Mythos über das Gottesgericht war, in dem die Engelsfürsten als Herrscher über die Völker verurteilt worden sind.

Da in V. 1. 6–7 nur von der Urteilsverkündung Jahwes berichtet und sein Richterspruch sogar zitiert wird, ist nicht anzunehmen, daß zwischen V. 1 und 6–7 ein Teil des Mythos durch die Richterschelte V. 2–4 ersetzt worden ist. Denn Art und Schwere des Vergehens der Göttersöhne müssen vorher Gegenstand des Gerichtsverfahrens gewesen sein. Aus V. 6–7 geht jedenfalls hervor, daß der Vergleich mit dem Urteil über Adam und die Engelsfürsten auf eine Rebellion der Göttersöhne schließen lässt. Dagegen wird durch die Einfügung der Richterschelte V. 2–4 zwischen dem himmlischen Gericht und den Zuständen auf der Erde ein kausaler Zusammenhang hergestellt. Jahwe macht jetzt plötzlich die Göttersöhne für die rechtlosen Zustände auf Erden haftbar. Diese Interpretation der mythischen Vorlage könnte in einem Zug mit der Formulierung von V. 8 erfolgt sein. Sowohl der Einschub V. 2–4 über das Versagen menschlicher Richter als auch V. 8 mit dem Mythos von den Engelsfürsten für einzelne Völker im Hintergrund unterstreichen zusammen den in V. 8 formulierten Gedanken, daß nur Jahwe Herr und Richter über die ganze Welt und alle Völker sein wird. Jedes andere göttliche Wesen der Vergangenheit wird am Ende verurteilt und vernichtet sein.

In Ps 82 werden die Mythen vom Vergehen der Völkerengel und der Mitglieder der himmlischen Ratsversammlung eschatologisch gedeutet: Israel hofft auf eine endgültige Beseitigung seiner Bedrängnis durch den Richterspruch Jahwes über alles falsche Göttliche, das für Unrecht auf Erden haftbar ist.

---

87 Zu ähnlichen schriftstellerischen Verfahren im Pentateuch siehe z.B. H.-C. Schmitt 1985, 168–178.

88 Siehe zu dieser Problematik F. Stolz 1983, 27–29.

Der Mythos ermöglicht eine Universalisierung der Rede vom göttlichen Gericht auf die ganze Welt[89] und dadurch eine Stärkung der bedrohten nachexilischen jüdischen Gemeinde.

Zusammengefaßt ist folgendes zur Gattung von Ps 82 festzuhalten: Die Besonderheit des Liedes ist im Sachverhalt zu sehen, daß in ihm das Verhältnis zwischen Gott, dem Herrn des Pantheons, und den Mitgliedern der Götterversammlung als ein Rechtsfall[90] dargestellt wird. Die Göttersöhne bilden nun nicht mehr wie vorher üblich zusammen mit dem Vorsitzenden der himmlischen Versammlung das oberste Richterkollegium, das für den Rechtsfall der Menschen und für die Gerechtigkeit in der Welt zuständig ist, sondern Gott als oberster Richter verurteilt nun die übrigen Mitglieder der Götterversammlung. Wir beobachten folglich eine totale Veränderung der himmlischen Rechtsverhältnisse, die mit dem juridischen Fehlverhalten der Göttersöhne (V. 2–4) begründet wird. Das Versagen der Götter in der Rechtssprechung führt dazu, daß sie selbst zu einem Rechtsfall werden und ihre göttliche Stellung verlieren. Auf diese Weise verdeutlicht das Lied, daß es nur den einen Gott Israels als göttlichen Richter gibt.

Ps 82 ist folglich als eine einzigartige literarische und juridische Schöpfung zu betrachten, die in keine der Gattungen, die in der Interpretation des Psalters diskutiert werden, einzufügen ist.

6. Wird in Ps 82 zwischen El und (El) Elyon unterschieden?

Ps 82 wird von mehreren Gelehrten als Bestätigung und Ergänzung der an Dtn 32,8–9 demonstrierten These angesehen, daß Jahwe einmal dem übernationalen kanaanäischen Gott El (Elyon) unterstellt gewesen sei. Denn Jahwe trete in der von El geleiteten Versammlung der Götter auf (V. 1) und klage die darin versammelten Götter, die „Söhne des Elyon“, an. Da jedoch beide Texte zunächst Elyon und Jahwe auseinanderhielten, so triumphiere doch in beiden Liedern am Schluß Jahwe über Elyon und trete an dessen Stelle. Daraus folgert H.-J. Zobel[91], man werde O. Eißfeldt darin zustimmen dürfen, daß sich in den Texten eine Übergangszeit widerspiegele, in der kosmologisch-mythologisch überlieferungstreu El Elyon noch als der oberste Gott gehalten werde, Jahwe aber tatsächlich die allein maßgebende Potenz sei, und bald auch für das theoretische Weltbild der israelitisch-jüdischen Religion an Els Stelle treten werde.

R. Rendtorff geht dagegen von der These aus, daß in Ps 82,6 El und Elyon zu unterscheiden seien.[92] Denn auch hier stehe der Ausdruck Elyon für sich als

89 Siehe zu dieser Rolle des Mythos C. Petersen 1982, 266–268; G. Wanke 1994, 452–453.
90 Siehe oben zu Anm. 5.
91 H.-J. Zobel 1989, 139–140.
92 R. Rendtorff 1966.1975, 175–176.

selbständige Gottesbezeichnung. Allerdings sei in V. 1 von der „Versammlung Els" die Rede, was jedoch nichts an dem selbständigen sprachlichen Gebrauch von Elyon ändere.

Dagegen wird von M. Köckert geltend gemacht, daß sich eine anfängliche Überlegenheit Els gegenüber Jahwe weder mit Dtn 32,8–9 noch mit Ps 82 begründen lasse.[93] Denn das Lied des Mose sei schwerlich vorexilischen Ursprungs und in Ps 82,1 könne El wegen des Parallelismus nur als Appellativ verstanden werden. Elyon erscheine in Ps 82,6 allein und sei mutmaßlich als eine von El getrennte Gottheit anzusehen.

H. Niehr bevorzugt eine vorexilische Datierung von Ps 82 und fordert gleichzeitig eine appellativische Auffassung von *'l* in der Formel *'dt 'l* („Gottesversammlung", nicht „Versammlung des El") (V. 1). Folglich könne Ps 82,1 nicht als Zeugnis für ein Stadium der zeitweiligen Unterordnung Jahwes unter den Gott El herangezogen werden. Von den biblischen *'lywn*-Belegen könne nur für Ps 82,6 eine vorexilische Datierung erwogen werden. Bei der Verwendung von *'lywn* in Ps 82,6 sei allerdings signifikant, daß hier *'lywn* noch nicht als Jahwe-Titel auftrete, sondern kanaanäische Götter als *bny 'lywn* bezeichnet würden, *'lywn* somit einen nicht näher bestimmbaren höchsten Gott der kanaanäischen Religion meine.[94]

Aus der skizzierten Diskussion über El und Elyon in Ps 82 wird ersichtlich, daß die Bewertung des Gebrauchs der Wörter *'l* „El, Gott" und *'lywn* „Höchster" in Ps 82,1. 6 entscheidend von Vorentscheidungen in der Datierungsfrage und der Sicht der Bedeutung von *'lywn* abhängt.

Die viel verhandelte Frage, ob die Formulierung *'dt 'l* in V. 1 mit „Versammlung Els" zu übersetzen sei und folglich Jahwe in dieser Versammlung als ein El untergeordnetes Mitglied des Pantheons anklagend auftrete oder ursprünglich gar El selbst als Redner agiere[95] und somit Jahwe noch nicht die oberste Stelle im Pantheon eingenommen habe, erübrigt sich mit dem Nachweis, daß *'dt 'l* als eine vom nachexilischen Monotheismus her bedingte dogmatische Korrektur eines ursprünglichen *'dt 'lym* oder *'dt 'lhym* „Versammlung der Götter / Engel" zu verstehen ist.[96]

---

93 M. Köckert 1988, 76 Anm. 125; 89 Anm. 205, 4.

94 H. Niehr 1990, 4. 64. 79–82.

95 Siehe zu dieser Diskussion u.a. A. Cooper 1981, 437–438; F.-J. Stendebach 1986, 430–433; M. Köckert 1988, 89 Anm. 4; H.-J. Zobel, 1989, 139–140, schließt sich der These O. Eißfeldts an. Dieser zufolge tritt in Ps 82,1 Jahwe in der Versammlung Els auf und verurteilt darin die Söhne des Gottes Elyon (V. 6). Bei der Verurteilung der anderen Götter lasse Jahwe darüber keinen Zweifel, daß eigentlich nur er der höchste Gott sei. Elyon und Jahwe seien auseinanderzuhalten, aber am Ende triumphiere doch Jahwe über Eljon und trete an dessen Stelle. Deshalb werde man Eißfeldt darin zustimmen dürfen, daß sich in den Texten Dtn 32,8–9 und Ps 82 eine Übergangszeit widerspiegele, in der kosmologisch-mythologisch überlieferungstreu El Elyon noch als der oberste Gott gehalten werde, Jahwe aber tatsächlich die allein maßgebende Potenz sei, und bald auch für das theoretische Weltbild der israelitisch-jüdischen Religion an Els Stelle treten werde.

96 Siehe oben Abschnitt 3. zu *82.1.2*.

Zur Klärung der *'lywn*-Frage vermag Ps 82 neben Dtn 32,8–9 einen wesentlichen Beitrag zu leisten. Denn von der Erkenntnis her, daß in V. 1 das *'dt 'l* als dogmatische Korrektur von *'dt 'lym / 'lhym* anzusehen ist, ergibt sich notwendig, daß *'lhym / YHWH* als oberster Herr des Pantheons regiert. Ihm sind offensichtlich auch die in V. 6 erwähnten *bny 'lywn* „Söhne des Höchsten" untergeben. Es erübrigen sich folglich alle Bemühungen, in Ps 82 einen altsyrisch-kanaanäischen Wortgebrauch zu postulieren und *'lywn* in V. 6 etwa als Name einer sonst unbekannten kanaanäischen Gottheit zu erklären.

Die Erkenntnis, daß Jahwe im unkorrigierten V. 1 als souveräner Herr über das Pantheon handelt, wird durch sein Urteil über die Götter in V. 6–7 bestätigt. Er spricht über sie das Todesurteil, da sie sich so wie Adam und die gefallenen Engelsfürsten seiner als unwürdig erwiesen haben. Die Verurteilung der *bny 'lywn* „Söhne des Höchsten" in V. 6 besagt folglich keineswegs, daß Jahwe noch besonders gegen einen Gott Elyon und dessen (Götter-) Söhne ankämpfe.[97] Denn aus dem Nebeneinander der Parallelpaare *'dt 'l<ym>* || *'lhym* „Versammlung der Götter" || „Götter" (V. 1) und *'lhym* || *bny 'lywn* „Götter" || „Söhne Elyons" (V. 6) ergibt sich lediglich, daß mit ihnen allgemein und umfassend alle Angehörigen des kanaanäischen Pantheons bzw. des Hofstaates der Engel um Jahwe umschrieben werden.

Wenn wir ferner voraussetzen, daß die Verurteilung der Göttersöhne, denen im Sinne von Dtn 32,8–9 Völker als Erbanteile zugeteilt sind, letztlich von einer kanaanäischen Tradition über die siebzig Söhne der Aschiratu her zu verstehen ist, so dürfte zu folgern sein, daß in Ps 82,6 mit *bny 'lywn* letztlich nur die Söhne Ascheras bezeichnet sein können. Sie erscheinen im Rahmen von Ps 82 offensichtlich und sachlich richtig als Mitglieder des Pantheons „Els" bzw. des „Höchsten". Es ist folglich anzunehmen, daß in den *bny 'lywn* „Söhnen des Höchsten" das Epitheton *'lywn* „Höchster" El / Jahwe zugeordnet wird.[98] Von Ps 82,6 her liegt deshalb zwingend die Folgerung nahe, daß *'lywn* auf ein ursprüngliches Epitheton Els verweist. Ps 82,6 kann folglich nicht für eine selbständige sonst unbekannte kanaanäische Gottheit *'lywn* neben *'l* „El" angeführt werden. Für eine ehemalige Unterordnung Jahwes unter El (Elyon) spricht allerdings äußerst deutlich der Umstand, daß Jahwe an die Stelle Els an der Spitze des kanaanäischen Pantheons getreten ist.

Die in Ps 82 vorliegende Beschreibung Jahwes inmitten seines himmlischen Hofstaates von ehemals kanaanäischen Göttersöhnen, den siebzig Söhnen der Aschiratu (/Aschera), die zu seinen Engeln geworden sind, spiegelt die bereits durch die zeitlich früher anzusiedelnde außerbiblische Formel „Jahwe und seine Aschera" bezeugte Herrschaft Jahwes und vollständige Depotenzierung Els bzw. Elyons monotheistisch verstärkt wider.

---

97 Vgl. dagegen R. Dussaud 1941, 155–156. 170; M.H. Pope 1955, 55; R. Rendtorff 1966.1975, 175–176; H.-J. Zobel 1989, 139–140.

98 Siehe auch A. Schenker 1997, 443.

7. Literatur zu Ps 82[99]

Ackerman, J.S., 1966: An Exegetical Study of Psalm 82. Ph.D. Harvard Divinity School 1966. (= HThR 59, 1966, 439).

– –, 1966a: The Rabbinic Interpretation of Psalm 82 and the Gospel of John: John 10,34, HThR 58, 186–191.

Albani, M., 2000: Der eine Gott und die himmlischen Heerscharen. Zur Begründung des Monotheismus bei Deuterojesaja im Horizont der Astralisierung des Gottesverständnisses im Alten Orient. ABG 1.

Alonso Schökel, L., 1981: Treinta Salmos, Madrid 1981. (Ps 82: S. 287–304).

Andersen, F.I., 1969: A Short Note on Psalm 82,5, Bib. 50, 393–394.

Anderson, A.A., 1972: Psalms II. New Century Bible, London 1972.

Auffret, P., 1991: Dieu juge. Etude structurelle du Psaume 82, BN 58, 7–12.

Avishur, Y., 1994: Studies in Hebrew and Ugaritic Psalms, Jerusalem 1994.

Barthélemy, D., 1978: Les Tiqqunē Sopherim et la critique textuelle de l'Ancient Testament. OBO 21, 101–110.

Baumgartner, W., 1951: ThZ 7, 169 Anm. 12.

Beaucamp, E., 1962: Yahvé exercera lui-même la justice (Ps 82), BVC 46, 16–22.

Benz, E., 1961: Das Bild des Übermenschen in der europäischen Geistesgeschichte. Die Auslegung von Psalm 82,1: „Ihr seid Götter", in: id., (ed.), Der Übermensch. Eine Diskussion, Zürich usw. 1961, 38–45.

Berlejung, A., 2001: Tod und Leben nach den Vorstellungen der Israeliten. Ein Ausgewählter Aspekt zu einer Metapher im Spannungsfeld von Leben und Tod, in: B. Janowski / B. Ego, (eds.), Das biblische Weltbild und seine altorientalischen Kontexte. FAT 32, 465–502.

Borger, R., 2001: Johannisbrot in der Bibel und im Midrasch: Über Fortschritt, Rückschritt und Stillstand in der biblischen Philologie, ZAH 14, 1–19.

Bovati, P., 1994: Re-Establishing Justice. Legal Terms, Concepts and Procedures in the Hebrew Bible. JSOT.S 105.

Braulik, G., 1988: Studien zur Theologie des Deuteronomiums. SBA 2.

Buber, M., 1952: Recht und Unrecht: Deutung einiger Psalmen, Sammlung Klostermann, Europäische Reihe 1952, 27–38 = ders., Werke II. München 1964, 964–970.

Budde, K., 1921: Ps 82,6f., JBL 40, 39–42.

Caquot, A., 1958: Le dieu ʿAthtar et les textes de Ras Shamra, Syria 35, 45–60. (Ps 82: S. 54)

Casetti, P., 1982: Gibt es ein Leben vor dem Tod? OBO 49.1982. (Ps. 82: S. 81 Anm. 111)

Clifford, R.J., 1972: The Cosmic Mountain in Canaan and the Old Testament. HSM 4.1972. (Ps 82: S. 46–47)

99 Ausgenommen Kommentare; siehe ferner T. Wittstruck II 1994, 746–750; E.S. Gerstenberger II 2001, 115–117.

Cooke, G., 1964: The Sons of (the) Gods, ZAW 76, 22–47. (Ps 82: S. 29–34)
Cooper, A., 1981: Divine Names and Epithets in the Ugaritic Texts, in: RSP III 1981, 419. 437–438 (Ps 82,7).
Coppens, J., 1946: Les parallèles du Psautier avec les textes de Ras-Shamra-Ougarit, Muséon 59, 113–142. (Ps 82: S. 123. 136)
– –, 1947: Miscellanées bibliques XI. Trois parallèles ougaritiens du psautier. C. Le psaume LXXXII, v. 7 , EThL 23, 175–177.
Cross, F.M., 1973: Canaanite Myth and Hebrew Epic: Essays in the History of the Religion of Israel, Cambridge, Mass. 1973.
Dequeker, L., 1963: Les *qedôšîm* du Ps. LXXXIX à la lumière des croyances sémitiques, EThL 39 (1963) 469–484. (Ps 82,1: S. 475. 481)
Driver, G.R., 1936: Textual and Linguistic Problems of the Book of Psalms, HThR 29, 171–195. (Ps 82,8: S. 187)
– –, 1952: Three Notes, VT 2, 356–357.
Dussaud, R., ^{2}1941: Les découvertes de Ras Shamra (Ugarit) et l'Ancien Testament, Paris.
Eißfeldt, O., 1956: El and Yahwe, JSSt 1 (1956) 25–37 = El und Jahwe, in: ild., Kleine Schriften III, Tübingen 1966, 386–397.
– –, 1973: Jahwes Königsprädizierung als Verklärung national-politischer Ansprüche Israels, in: FS Ziegler II. FzB 2.1972, 51–55 = ders., Kleine Schriften V. Tübingen 1973, 220–221.
Elnes, E.E. / P.D. Miller, 1999: Elyon *ʿlywn*, in: DDD, 293–299.
Emerton, J.A., 1960: Some New Testament Notes. I. The Interpretation of Psalm lxxii in John x, JThS 11, 329–334.
– –, 1966: Melchizedek and the Gods: Fresh Evidence for the Jewish Background of John X.34–36, JThS 17, 399–401.
Fabry, H.-J., 1974: „Ihr alle seid Söhne des Allerhöchsten" (Ps 82,6), BiLe 15, 135–147.
Fensham, F.C., 1978: The Use of the Suffix Conjugation and the Prefix Conjugation in a Few Old Hebrew Poems, JNWSL 6, 9–18. (Ps 82: S. 16–17)
González, A., 1963: Le Psaume LXXXII, VT 13, 293–309.
– –, 1969: El orden nuevo: El Salmo 82, in: id., Naturaleza, historia y revelación, Madrid, 255–273.
Gordis, R., 1957: The Knowledge of Good and Evil in the Old Testament and the Qumran Scrolls, JBL 77, 123–138. (Ps 82,6: S. 127)
Gordon, C.H., 1935: *'lhjm* in its Reputed Meaning of *Rulers, Judges*, JBL 54, 139–144.
– –, 1978: History of Religion in Ps 82, in: G.A. Tuttle, (ed.), Biblical and Near Eastern Studies. Essays in Honor of William Sanford LaSor, Grand Rapids, 129–131.
Gray, J., 1956: The Hebrew Conception of the Kingship of God: Its Origin and Development, VT 6, 268–285.
– –, ^{2}1965: The Legacy of Canaan. VT.S 5.
– –, 1979: The Biblical Doctrine of the Reign of God, Edinburgh.

Grintz, Y.M., 1962: Between Ugarit and Qumran: On the Origin of the Variants to Deut. 32:8–9, 43, Eškolot 4, 158–159.

Handy, L.K., 1990: Sounds, Words and Meanings in Psalm 82, JSOT 47, 51–66.

Hanson, A.T., 1965: John's Citation of Psalm lxxxii. John x 33–36, NTS 11, 158–162.

– –, 1967: John's Citation of Psalm lxxxii Reconsidered, NTS 13, 363–367.

Höffken, P., 1983: Werden und Vergehen der Götter: Ein Beitrag zur Auslegung von Psalm 82, ThZ 39, 129–137.

Hossfeld, F.-L. / E. Zenger, 2000: Psalmenauslegung im Psalter, in: R.G. Kratz / Th. Krüger / K. Schmid, (eds.), Schriftauslegung in der Schrift. Festschrift für Odil Hannes Steck zu seinem 65. Geburtstag. BZAW 300, 236–257.

Janowski, B., 1994: JHWH der Richter – ein rettender Gott. Psalm 7 und das Motiv des Gottesgerichts, JBTh 9, 53–85. (Ps 82: S. 68 Anm. 57; 81 mit Anm. 122)

– –, 1998: II. Israel: Der göttliche Richter und seine Gerechtigkeit, in: J. Assmann / B. Janowski / M. Welker, (eds.), Gerechtigkeit. Richten und Retten in der abendländischen Tradition und ihren altorientalischen Ursprüngen. Reihe Kulte/Kulturen, München, 20–28. (Ps 82: S. 22–23)

– –, 2000: Der barmherzige Richter. Zur Einheit von Gerechtigkeit und Barmherzigkeit im Gottesbild des Alten Orients und des Alten Testaments, in: R. Scoralick, (ed.), Das Drama der Barmherzigkeit Gottes. Studien zur biblischen Gottesrede und ihrer Wirkungsgeschichte in Judentum und Christentum. SBS 183, 33–91. (Ps 82: S. 58–64).

Jauss, H., 1991: Tor der Hoffnung. Vergleichsformen und ihre Funktion in der Sprache der Psalmen. EHS.T 412.1991.

Jenni, E., 1994: Die hebräischen Präpositionen, Bd. 2: Die Präposition Kaph, Stuttgart 1994.

Jeremias, J., 1970: Kultprophetie und Gerichtsverkündigung in der späten Königszeit Israels. WMANT 35.1970. (Ps 82: S. 120–125: *2. Das Gericht über die Götter [Ps. 82[58]]*)

– –, 1997: Die Erde „wankt", in: R. Kessler u. a., (eds.), „Ihr Völker alle, klatscht in die Hände!" Festschrift Erhard S. Gerstenberger. Zum 65. Geburtstag. EuZ 3, 166–180. (S. 172–175: Ps 82).

Jüngling, H.-W., 1969: Der Tod der Götter: Eine Untersuchung zu Psalm 82. SBS 38.1969.

Kantorowicz, E.H., 1992: Die zwei Körper des Königs. Eine Studie zur politischen Theologie des Mittelalters, Stuttgart.

Köckert, M., 1988: Vätergott und Väterverheißungen: Eine Auseinandersetzung mit Albrecht Alt und seinen Erben. FRLANT 142.1988.

Koenen, K., 1996: Gottesworte in den Psalmen. Eine formgeschichtliche Untersuchung. BThSt 30.1996. (Ps 82: S. 43. 55. 61–68)

Korpel, M.C.A., 1990: A Rift in the Cloud. Ugaritic and Hebrew Descriptions of the Divine. UBL 8.

Krašovec, J., 1999: Reward, Punishment, and Forgiveness. The Thinking and Beliefs of Ancient Israel in the Light of Greek and Modern Views. VT.S 78. (S. 563–568: „*1.5 The Vision of God's Judgment of the Divine Judges: Psalm 82*).
Labuschagne, C.J., 1966: The Incomparability of Yahweh in the Old Testament. POS 5.1966. (Ps 82: S. 84–85)
Lach, S., 1974: W Ps 82 mowa o bogach czy o sedziach? (Le psaume 82 parle-t-il des dieux ou des juges?), RTK 21, 25–38.
Lescow, Th., 1992: Das Stufenschema. Untersuchungen zur Struktur alttestamentlicher Texte. BZAW 211.1992. (Ps 82: S. 54–58).
Levin, Ch., 1993: Das Gebetbuch der Gerechten. Literargeschichtliche Beobachtungen am Psalter, ZThK 90, 355–381.
Lipiński, E., 1979: Psaumes. – I. Formes et genres littéraires, SDB 9, Sp. 1–125. (Ps 82: S. 115–117).
Loewenstamm, S.E., 1992: Naḥ^{a}lat YHWH, in: id., From Babylon to Canaan. Studies in the Bible and its Oriental Background, Jerusalem 1992, 322–360. (Ps 82: S. 355–359).
Loretz, O., 1971: Psalmenstudien III. Eine kanaanäische short story: Psalm 82, UF 3, 113–115.
– –, 1975: Aspekte der kanaanäischen Gottes-So(||(ö)hn(e)-Tradition. 2. Psalm 82, UF 7, 587–588; siehe auch S. 599.
– –, 1988: Die Königspsalmen. UBL 6.1988.
– –, 1988a: Ugarit-Texte und Thronbesteigungspsalmen. UBL 7.1988.
– –, 1992: Ps 82 und Dtn 32,8–9. Jahwes Verhältnis zu El, Aschera und zum kanaanäischen Pantheon, in: M. Dietrich/O. Loretz, „Jahwe und seine Aschera". UBL 9, 134–157.
Luke, K., 1974: Ps 82 in the Light of Tradition-history, Living Word 80, 46– 72.
Mach, M., 1992: Entwicklungsstadien des jüdischen Engelglaubens in vorrabbinischer Zeit. TSAJ 34.1992.
Machado Siqueira, T., 1984: O Salmo 82, EstBi 1, 14–18.
Margalit, B., 1989: The Ugaritic Poem of AQHT. BZAW 182.1989.
Millard, M., 1994: Die Komposition des Psalters. Ein formgeschichtlicher Ansatz. FAT 9. (Ps 82: S. 90. 96–99)
Miller, P.D., 1987: Cosmology and World Order in the Old Testament: The Divine Council as Cosmic-Political Symbol, HBT 9, 53–78.
Morgenstern, J., 1939: The Mythological Background of Psalm 82, HUCA 14, 29–126.
Morris, L., 1960: The Biblical Doctrine of Judgement, London 1960. (Ps 82: S. 33–36)
Mowinckel, S., 1957: Real and Apparent Tricola in Hebrew Psalm Poetry, Oslo 1957.
Mullen, E.T. Jr., 1980: The Divine Council in Canaanite and Early Hebrew Literature. HSM 24. (Ps 82: S. 226–244: The Judgement of the Council)
Nasuti, H.P., 1988: Tradition History and the Psalms of Asaph. SBL.DS 88.1988.

Niehr, H., 1987: Götter oder Menschen – eine falsche Alternative: Bemerkungen zu Ps 82, ZAW 99, 94–98.
– –, 1990: Der höchste Gott. BZAW 190.1990.
Nyberg, H.S., 1935: Studien zum Hoseabuch, Uppsala 1935. (Ps 82: S. 122–125: Anhang I. B. Psalm 82)
O'Callaghan, R.J., 1953: A Note on the Canaanite Background of Psalm 82, CBQ 15 (1953) 311–314.
– –, 1954: Echoes of Canaanite Literature in the Psalms, VT 4, 164–176. (S. 173–174: Ps 82)
Page, H.R., 1996: The Myth of Cosmic Rebellion: A Study of Its Reflexes in Ugaritic and Biblical Literature. VT.S 65. (S. 158–164: Ps 82).
Parker, S.B., 1989: The Pre-Biblical Narrative Tradition. SBL.RBS 24.1989. (Ps 82: S. 200–201)
– –, 1995: The Beginning of the Reign of God – Ps 82 as Myth and Liturgy, RB 102, 532–559.
Petersen, C., 1982: Mythos im Alten Testament. Bestimmung des Mythosbegriffs und Untersuchung der mythischen Elemente in den Psalmen. BZAW 157.
Plöger, O., 1956: Das Buch Daniel. KAT 18.
Podechard, E., 1950: Psaume LXXXII, in: Mémorial J. Chaine, Lyon, 291–295.
Pope, M.H., 1955: El in the Ugaritic Texts. VT.S 2.
Preuß, H.D., 1971: Verspottung fremder Religionen im Alten Testament. BWANT 92.
Rendtorff, R., 1975: El, Baʿal und Jahwe. Erwägungen zum Verhältnis von kanaanäischer und israelitischer Religion, ZAW 78 (1966) 277–292 = Gesammelte Studien zum Alten Testament. TB 57.1975, 172–187.
Rinaldi, G., 1964: Synagoga Deorum (Salmo 82), BeO 6, 9–11.
Rofé, A., 1979: Angelology in the First Temple Period, Jerusalem 1979.
– –, 2000: The End of the Song of Moses (Deuteronomy 32:43), in: R.G. Kratz / H. Spieckermann, (eds.), Liebe und Gebot. Studien zum Deuteronomium. Festschrift zum 70. Geburtstag von Lothar Perlitt. FRLANT 190, 164–172.
Rokay, Z., 1994: Vom Stadttor zu den Vorhöfen. Ps 82 – Sach 1–8 (ein Vergleich), ZKTh 116, 457–463.
Rüterswörden, U., 1985: Die Beamten der israelitischen Königszeit. BWANT 117.1985. (Ps 82,7: S. 65.69)
Salters, R.B., 1991: Psalm 82,1 and the Septuagint, ZAW 103, 225–239.
Sanders, P., 1996: The Provenance of Deuteronomy 32. OTS 37. (Ps 82: S. 370–371)
Schaper, J., 2001: Die Renaissance der Mythologie im hellenistischen Judentum und der Septuaginta-Psalter, in: E. Zenger, (ed.), Der Septuaginta-Psalter. Sprachliche und theologische Aspekte. HBS 32, 171–183.
Scharbert, J., 1985: Literaturverzeichnis IV. Zu zwei umstrittenen Texten: Dtn 32,8 und Ps 82, in: E. Haag, (ed.), Gott, der einzige: Zur Entstehung des Monotheismus in Israel. QD 104, 191–192.

Schelling, P., 1985: De Asafspsalmen: Hun samenhang en achtergrond, Kampen.
Schenker, A., 1997: Le monothéisme israélite: un dieu qui transcende le monde et les dieux, Bib. 78, 436–448. (Ps 82: S. 442–444)
– –, 2001: Götter und Engel im Septuaginta-Psalter. Text- und religionsgeschichtliche Ergebnisse aus drei textkritischen Untersuchungen, in: E. Zenger, (ed.), Der Septuaginta-Psalter. Sprachliche und theologische Aspekte. HBS 32, 185–195.
Schlißke, W., 1973: Gottessöhne und Gottessohn im Alten Testament. BWANT 97.1973. (Ps 82: S. 32–46)
Schmid, K.L., 1951: Lucifer als gefallene Engelmacht, ThZ 7, 161–179.
Schmidt, W.H., ^{2}1966: Königtum Gottes in Ugarit und Israel. Zur Herkunft der Königsprädikationen Jahwes. BZAW 80. (Ps 82: S. 40–43: Exkurs 1: Das Göttergericht. Psalm 82)
Schmitt, H.-C., 1985: Die Hintergründe der „neuesten Pentateuchkritik" und der literarische Befund der Josefsgeschichte Gen 37–50, ZAW 97, 168–178.
Schoors, A., 1972: Literary Phrases, in: RSP I, 52–53, Nr. 40.
Seybold, K., 1994: Das „Wir" in den Asaph-Psalmen. Spezifische Probleme einer Psalmgruppe, in: K. Seybold/E. Zenger, ed., Neue Wege der Psalmenforschung. Für Walter Beyerlin. HBS 1.1994, 143–155.
Silva Castillo,l J., 2001: *Išdī māti*, the Foundations of the Earth?, JAOS 121, 91–92.
Sirat, R.S., 1965: Une interprétation nouvelle de II Keret, 1–5, Sem. 15, 25–28. (Ps 82,5b–7: S. 26)
Skehan, P.W. / A.A. di Lella, 1987: The Wisdom of Ben Sira. AncB 39.
Smith, M.S., 1990: The Early History of God. Yahweh and the Others Deities in Ancient Israel, San Francisco 1990.
– –, 1994: The Ugaritic Baal Cycle I. VT.S 55.
Spieckermann, H., 1994: Rede Gottes und Wort Gottes in den Psalmen, in: K. Seybold/E. Zenger, eds., Neue Wege der Psalmenforschung. Für Walter Beyerlin. HBS 1.1994, 157–173. (Ps 82: S. 166 Anm. 26)
Staerk, W., 1920: Lyrik (Psalmen, Hoheslied und Verwandtes). Göttingen ^{2}1920.
– –, 1940: Rezension zu: J. Morgenstern (1939), OLZ 43, 341–342.
Stendebach, F.-J., 1986: Glaube und Ethos: Überlegungen zu Ps 82, in: E. Haag / F.-L. Hossfeld, (eds.), Freude an der Weisung des Herrn. Beiträge zur Theologie der Psalmen. Festgabe zum 70. Geburtstag von Heinrich Groß. SBB 13, 425–440.
Stolz, F., 1970: Strukturen und Figuren im Kult von Jerusalem. BZAW 118.1970.
Szörényi, A., 1961: Psalmen und Kult im Alten Testament. (Zur Formgeschichte der Psalmen), Budapest 1961. (Ps 82: S. 48. 507. 540–541)
Tournay, R.(J.), 1949: Les psaumes complexes III. – Les Psaumes VII et LXXII. Structure et attaches littéraires, RB 56, 37–60.

– –, 1971: Rezension zu: H.-W. Jüngling, Der Tod der Götter: Eine Untersuchung zu Psalm 82. SBS 38.1969, RB 78, 115.
– –, 1991: Seeing and Hearing God with the Psalms. JSOT.S 118. (Ps 82: S. 184–185).
Treves, M., 1957: Nuova interpretazione del Salmo 82, RasIsr 23, 347–351.
Tsevat, M., 1980: God and the Gods in Assembly: An Interpretation of Psalm 82, HUCA 40/41 (1969/70) 123–137 = ders., The Meaning of the Book of Job and Other Biblical Studies. New York 1980, 120–147.
van der Lugt, P., 1980: Strofische Structuren in de Bijbels-Hebreeuwse Poëzie. DNL.T. (Ps 82: S. 340–343)
van Zijl, P.J., 1970: Die Interpretasie van Ps 82 in die lig van nuwe navorsing, NGTT 11, 65–77.
Virolleaud, Ch., 1941: Le roi Kéret et son fils (II K), 1re partie. Poème de Ras Shamra, Syria 22, 105–136. (Ps 82,7: S. 109)
Wanke, G., 1994: Jahwe, die Götter und die Geringen. Beobachtungen zu Psalm 82, in: I. Kottsieper u.a., (eds.), „Wer ist wie du, Herr, unter den Göttern?" Studien zur Theologie und Religionsgeschichte Israels für Otto Kaiser zum 70. Geburtstag, Göttingen, 445–453.
Watson, W.G.E., 1984: Classical Hebrew Poetry. JSOT.S 26. (Ps 82: S. 290–293)
Wright, D.P., 1996: Blown Away Like a Bramble: The Dynamics of Analogy in Psalm 58, RB 103, 213–236. (Ps 82: S. 217 mit Anm. 13)
Wyatt, N., 1996: Myths of Power. a study of royal myth and ideology in Ugaritic and biblical tradition. UBL 13.1996. (Ps 82: S. 357–365: Psalm 82: Judgment among the Gods)
Zenger, E., 1991: Der wahre Gott und der Tod der Götter: Psalm 82, CiG 43, 31. 39.
– –, 1999: Psalm 82 im Kontext der Asaf-Sammlung. Religionsgeschichtliche Implikationen, in: B. Janowski / M. Köckert, (eds.), Religionsgeschichte Israels. Formale und materiale Aspekte. VWGTh 15, 272–292.
Zobel, H.-J., 1989: *ʿlywn*, ThWAT VI, 137. 139–140.

Psalm 88
Die Psalmenforschung H. Gunkels und M. Dahoods im Licht der Ugarit-Texte[1]

Im Rahmen der altsyrisch-palästinischen Tradition über die vergöttlichten Ahnen und Totengeister, die ugaritischen *rpum* (*rāpi'ūma*) und biblischen *rp'/hym* (Rōphe'î-m, Rephā'/hîm), fällt Ps 88 eine Sonderrolle zu. In ihm liegt nicht nur die einzige Erwähnung der *rp'ym* „Rephā'îm" in den Psalmen vor, sondern wird zugleich ihre westsemitische Überlieferung bis zur Konfrontation mit dem erst im nachexilischen Judentum entstandenen Glauben an die Auferstehung der Gerechten weitergeführt und in einem gewissen Sinn zum Abschluß gebracht.

Ps 88 bietet sich folglich als besonders günstiger Text zum Studium des Fortlebens altsyrisch-kanaanäischer Traditionen in den Psalmen und deren Interpretation in der neueren Psalmenforschung an.

1. H. Gunkel und M. Dahood kommentieren Ps 88

Mittelalterliche Gelehrte bestimmten im zwölften Jahrhundert ihr Verhältnis zu ihren Vorgängern mit witzigem Humor. Bernhard von Chartres (gest. vor 1130) pflegte zu sagen: „Wir sind wie Zwerge, die auf den Schultern von Riesen sitzen, so daß wir mehr und weiter entfernte Dinge als sie sehen können; nicht durch die Schärfe des eigenen Blickes oder die Körpergröße, sondern weil wir durch die Größe der Riesen in die Höhe gehoben werden."[2] In ähnlicher Weise könnte sich ein Interpret des Psalters selbst Mut machen, wenn er nach H. Gunkels und M. Dahoods großen Kommentaren wagt, an diesen Komplex der biblischen Forschung heranzutreten. Darf er hoffen, nach den Hochleistungen seiner Vorgänger in der Psalmenauslegung noch weiter und klarer zu sehen?

Daß ein solches Unternehmen von Nutzen sein könnte, wird allein schon angesichts der Kritiken in Betracht zu ziehen sein, die sowohl gegen H. Gunkels als auch gegen M. Dahoods Psalmeninterpretationen von mehreren Seiten vorge-

---

1 Vgl. O. Loretz, Götter – Ahnen – Könige als gerechte Richter. Der „Rechtsfall" des Menschen vor Gott nach altorientalischen und biblischen Texten. AOAT 290.2002, Teil 2, Kap. 2.

2 Zitiert nach H. Fichtenau, Ketzer und Professoren, München 1992, 199. Zu Bernhard von Chartres und seinem berühmten Diktum siehe ferner R. Klibansky, Erinnerung an ein Jahrhundert. *Gespräche mit Georges Leroux*, Frankfurt a.M. 1998, 181–183.

tragen wurden. Da eine allgemein gehaltene Kritik an Methoden und Ergebnissen der beiden Gelehrten jedoch leicht in die Gefahr gerät, nicht nur verschwommen, sondern auch ungerecht zu sein, soll im folgenden die These vertreten werden, daß sowohl im Falle H. Gunkels als auch in dem M. Dahoods eine Auseinandersetzung anhand nur eines einzelnen Psalms am besten geeignet ist, Stärken und Schwächen in deren hermeneutischen Systemen sichtbar zu machen und daß es uns auf diesem Wege am ehesten gelingen könnte, aus ihren Einsichten und Fehlern zu lernen.

Es läge nun nahe, einen Psalm herauszugreifen, zu dem sich beide Autoren sowohl bezüglich der Gattung als auch des Inhalts ausgiebig äußern. Da jedoch auch ein Schweigen viel bedeutet, soll im folgenden Ps 88 zur Sprache kommen, zu dem sowohl bei H. Gunkel als auch bei M. Dahood jeweils nur relativ kurz gefaßte Kommentare zu finden sind. Dieses Lied enthält außerdem im Psalter die einzige Erwähnung der Rephaim, so daß es von selbst zu einem Vergleich mit den in den Ugarit-Texten häufig auftretenden *rpum*, den vergöttlichten königlichen Ahnen, einlädt. Trotz des einfach erscheinenden Textes von Ps 88 blieben nicht nur bei H. Gunkel und M. Dahood, sondern auch in der nachfolgenden Forschung Gattungsbestimmung und Datierung vage und strittig. Es stellt sich so nicht nur die Frage, ob mit den von H. Gunkel und M. Dahood entwickelten Methoden der Auslegung der Psalmen dieses Klagelied sachgemäß interpretiert werden kann, sondern es drängt sich auch die Diskussion auf, ob durch ihr praktisches Versagen im Einzelfall nicht tiefer liegende Defizienzen in den hermeneutischen Systemen der beiden Gelehrten sichtbar werden.

M. Dahood begnügt sich in seinem Kommentar[3] mit dem Hinweis, daß Ps 88 die desolate Klage eines Todkranken beschreibe, die sich durch zahlreiche Namen für die Unterwelt und Hoffnungslosigkeit auszeichne. Das Gedicht bietet ihm sechzehnmal Gelegenheit zu Verweisen auf ugaritische Parallelstellen und Wörter. Er gliedert das Lied in achtzehn Bikola und zwei Trikola (V. 6a und 18). Mit Bedauern stellt man fest, daß er sowohl auf eine Datierung als auch auf Bemerkungen zur Formgeschichte verzichtet. Die zahlreichen Zitate ugaritischer Stellen, mit denen er seinen Kommentar ausschmückt, erwecken beim Leser den Eindruck oder könnten einen solchen nahelegen, daß er den Psalm, wie noch zu zeigen sein wird, als sehr alt einstuft.

Auch H. Gunkel[4] hinterläßt trotz seiner im einzelnen umfänglich angelegten Bemerkungen zu Ps 88 beim Leser einiges Unbehagen. Wer z.B. eine exakte Datierung des Liedes sucht, wird mit der Bemerkung „Im Sprachgebrauch ist der Psalm im einzelnen mit Hiob verwandt, vgl. die Nachweisungen im folgenden."[5] kaum zufrieden sein. Zum Aufbau des Psalms und dessen Gliederung in die drei Abschnitte V. 2–10a, 10b.c–13 und 14–19 finden sich bei ihm folgende Angaben:

3 M. Dahood II 1968, 301–307.
4 H. Gunkel 1926, 381–384.
5 H. Gunkel 1926, 382.

V. 2–3	– Einführung,
V. 4–10a	– eine ergreifende Klage,
V. 10b.c	– nochmalige Einführung,
V. 11–13	– Beweggrund des göttlichen Einschreitens,
V. 14	– Einführung,
V. 15–19	– wiederum eine bewegliche Klage.

Er muß bei dieser Gliederung eingestehen, daß wesentliche Elemente der Klage wie eine „eigentliche Bitte“ und die sonst übliche „Gewißheit der Erhörung“ fehlen. Diese ungewöhnliche Form läßt ihn zur Folgerung kommen, daß der Psalm wahrscheinlich am Schluß verstümmelt sei.[6]

Kolometrisch gliedert H. Gunkel den Text in achtzehn Bikola und zwei Trikola (V. 6a und 19).

Die geringen Differenzen in der Gliederung des Textes in Bikola, Trikola und Strophen bei M. Dahood und H. Gunkel geben zu erkennen, daß die beiden Gelehrten nicht nur von einem ursprünglich einheitlichen Text ausgehen, sondern, daß sie auch mit der Mischung von Metra argumentieren. Es ist folglich klar, daß sie bei ihren Kommentierungen von Ps 88 gemeinsam von leicht erkennbaren hermeneutischen Vorurteilen ausgehen. Dies ist nun im einzelnen nachzuweisen, wobei sich V. 6 als Ausgangspunkt und Testfall anbietet.

H. Gunkel und M. Dahood sind sich darin einig, daß in V. 6 die Textüberlieferung auf mehrfache Weise gestört sei.

H. Gunkel schlägt folgende Kolometrie und Korrekturen vor:

k mtym nškty	10
kmw ḥllym	8
ḥśky qbr	7
’šr l’ zkrtm ‘wd	13
w hmh m ydk ngzrw	13

Ich bin ausgestoßen (?) ‚wie‘ die Toten,
wie die Geschändeten,
‚denen‘ das Grab ‚versagt ist‘;
deren du nicht mehr gedenkst,
sie sind ja deinem Walten entrückt.[7]

H. Gunkel benötigt für diese Rekonstruktion drei Textänderungen (*k* für *b*, *nškḥty* für *ḥpšy*, *ḥśky* für *škby*)[8], gelangt aber auf diesem Weg weder zu einem symmetrisch strukturierten Trikolon noch zu einem Bikolon mit parallelen Elementen.

6 H. Gunkel 1926, 382.
7 H. Gunkel 1926, 381.

M. Dahood stimmt zwar mit H. Gunkel in der Gliederung von V. 6 in ein Trikolon und ein Bikolon überein, übersetzt aber *ḥpšy* mit „my cot“, *ydk* mit „your love“ und liest anstelle von *škby qbr* bei Annahme einer Haplographie *mškby qbr*. Auf diesem Weg gelangt er zu folgender Übersetzung:

> In Death is my cot
>   like the slaughtered
> My couch is in the Grave,
> Where you remember them no longer,
>   cut off as they are from your love.[9]

Auch dieser Übersetzung gegenüber sind kolometrisch die Bedenken geltend zu machen, die bereits bei H. Gunkel vorzutragen waren.

Es ergibt sich folglich die Frage, ob der von H. Gunkel und M. Dahood sowohl kolometrisch als auch philologisch praktizierte Umgang mit dem Text als vorbildlich gelten kann oder ob darin ein Symptom für tiefer verankerte hermeneutische Vorurteile zu erblicken ist.

Für das Verhältnis der beiden Autoren zum Text sind die Arten der Textänderungen bezeichnend, die bei ihnen im Falle von V. 6 zur Anwendung kommen. Obwohl sie sich prinzipiell darin einig sind, daß der Text korrigiert werden muß, folgen sie im einzelnen doch stark voneinander abweichenden Wegen.

H. Gunkel läßt sich bei seinen Korrekturen zu V. 6 ausdrücklich vom Sinn des Kontextes und parallelen Anklängen innerhalb der Bibel leiten. Dagegen beruft sich M. Dahood auf ugaritische Parallelen. Zur Erklärung von *ḥpšy* zieht er ugaritisch *bt ḫpṯt* (KTU 1.5 V 15) heran und die Übersetzung von *ydk* mit „your love“ rechtfertigt er mit *yd* „Liebe“ in KTU 1.3 III 6.

Berechtigte Sorge bereitet beiden Interpreten das Wort *ḥpšy*. H. Gunkel hält es für fraglich, ob *ḥpšy* „freigelassen“ hier im abgeleiteten Sinn mit „vogelfrei“ oder nach II Reg 15,5 mit „abgesondert“ (vom Aussätzigen) übersetzt werden soll. Da ihn auch Konjekturen wie *npšy* „meine Seele“, *nḥšbty* „ich zähle“, *nmšlty* „ich gleiche“, *ḥlšty* „ich bin schwach“ oder *hšbty* „unter den Toten muß ich wohnen“ nicht recht überzeugen, fordert er nach Ps 31,13 ein *nškḥty* „ich bin vergessen“. Diese Diskussion über *ḥpšy* mußte H. Gunkel noch ohne Kenntnis der außerbiblischen Nachrichten über die *ḫupšū* in den keilschriftlichen und keilalphabetischen Quellen durchführen. Bei M. Dahood wiederum wird in Zusammenhang mit *ḥpšy* erstaunlicherweise nur auf das ugaritische *bt ḫpṯt* verwiesen, aber mögliche Bezüge zu *ḫb/pṯ* in weiteren keilalphabetischen Texten oder zu keilschriftlichen Belegen von *ḫupšu* werden ganz ausgespart. Der Grund für dieses Verfahren ist leicht einzusehen. Denn nur durch diese Beschränkung wird es ihm möglich, für *bt ḫpṯt arṣ* die philologisch kaum begründbare Übersetzung „nether house of cots“ zu wählen

8 H. Gunkel 1926, 382–383.
9 M. Dahood II 1968, 301. 303–304.

und von dieser Basis aus *ḥpšy* mit „my cot" wiederzugeben. Es unterliegt kaum einem Zweifel, daß M. Dahood hier einem Zirkelschlußverfahren folgt, indem er von hebräisch *ḥpš* „cot" ausgeht und diese Bedeutung in der Folge sowohl ugaritischem *ḫpṯ* als auch hebräischem *ḥpšy* zugrunde legt.[10]

Entgegen M. Dahood vermag auch der Gebrauch von *yd* in KTU 1.3 III 6 kaum zu beweisen, daß in V. 6 das letzte Wort *ydk* mit „your love" übersetzt werden sollte. Denn während in KTU 1.3 III 5–7 die Parallelkette *dd* || *yd* || *ahbt* || *dd* eine völlig eindeutige Aussage enthält, spricht im näheren und weiteren Kontext von V. 6 nichts für ein *yd* „love".

Als vorläufiges Ergebnis ist festzuhalten, daß die von beiden Autoren durchgeführten Textkorrekturen und Wortdeutungen in Ps 88,6 zu keinen überzeugenden Ergebnissen führen. An erster Stelle ist zu bemerken, daß sie zwei poetische Einheiten fordern, die offensichtlich in der Weise *ad hoc* konstruiert werden, daß ihnen der *Parallelismus membrorum* fehlt. Zweitens ist zu beachten, daß sie mit der Forderung nach einem Trikolon in V. 6 mit dem Kontext V. 2–5 und 7–10 in Konflikt geraten: Keiner der Autoren vermag aufzuzeigen, wie ein plötzlich inmitten von Bikola auftauchendes Trikolon an dieser Stelle kolometrisch gerechtfertigt werden könnte. Mit der Konstruktion eines Scheintrikolons („apparent tricolon"[11]) in V. 6 nehmen sie ihre Zuflucht zu der strittigen These, daß in den Psalmen Mischmetra nachweisbar seien.[12] Drittens ist darauf hinzuweisen, daß die Gliederung von V. 6 in ein Trikolon und ein Bikolon in Widerspruch zum strophischen Aufbau von V. 2–5. 7–10 gerät. Dieser erste Teil des Psalms läßt sich nur durch Ab- und Ausgrenzung von V. 6 in vier Strophen zu je zwei Bikola gliedern. In inhaltlicher Hinsicht bestehen gegen V. 6 nicht weniger gewichtige Gründe. Es dürfte kaum zu übersehen sein, daß der zwischen die zweite und dritte Strophe eingeklemmte V. 6 den Gedankengang der Klage erheblich stört und die Abfolge der Bilder unterbricht.

Da sowohl formale als auch inhaltliche Gründe für den sekundären Charakter von V. 6 sprechen, ergibt sich der Schluß, daß an dieser Stelle ein Werk von Glossatoren oder Kommentatoren vorliegen muß. Ich schlage folglich vor, *b mtym ḥpšy* als Glosse zum vorangehenden V. 5 und V. 6b als prosaischen Kommentar zum nachfolgenden V. 7 anzusehen. Beide Glossen führen uns so unübersehbar in die Weiterarbeit am Text von Ps 88 und auch, wie noch zu zeigen sein wird, in seine Vernetzung mit anderen biblischen Büchern ein.[13]

Für uns stellt sich rückblickend die Frage, warum weder H. Gunkel noch M. Dahood bereit sind, V. 6 als kommentierende Ausweitung eines vorliegenden Textes zu begreifen.

---

10 Siehe zu dieser Diskussion auch A. Schoors, RSP I 1972, 27–28.

11 Siehe zu diesem Problem S. Mowinckel 1957.

12 H. Gunkel 1933, 397–415. Obwohl sich bei M. Dahood zur Frage der Misch- oder Wechselmetra in einem Gedicht keine explizite Äußerung findet, zeigt seine Praxis, daß er gleichfalls Mischmetra voraussetzt. Vgl. dagegen S. Mowinckel II 1967, 74–78.

13 Siehe unten zu Anm. 31.

H. Gunkel folgt in seiner Interpretation von Ps 88 sehr genau den Richtlinien, die er im Vorwort zu seinem Kommentar „Die Psalmen“ festgelegt hat. Er führt dort (S. X) aus, daß bei „verderbten Stellen“ wenigstens ihr Sinn aus den Parallelen wiederzufinden sei. Vielfach könne man auch die Gliederung des Gedichtes nach diesem Modell feststellen. Die Abschnitte seien einfach da anzusetzen, wo ein neues „Motiv“ beginne. Von dieser Basis aus könne man sich dann an die Frage der Strophik heranwagen. Er betont ferner (S. XI) mit Nachdruck, daß bei ihm die Überzeugung „von der tiefen Verderbnis des hebräischen Textes“ im Laufe der Zeit immer stärker geworden sei. Die beinahe ausschließliche Fixierung auf das Problem der Textkonjekturen (S. XI-XIII) läßt bei H. Gunkel in der Folge nicht mehr den Gedanken aufkommen, daß die sogenannten Textverderbnisse wenigstens teilweise das Ergebnis produktiver Weiterarbeit am Text sein könnten. Seine fundamentale Ausrichtung auf die Gattungsfrage sowie seine letztlich überstarke Konzentration auf die Frühgeschichte der Gattungen hat seinen Blick doch so erheblich eingeengt, daß er späteres glossierendes und kommentierendes Weiterschreiben am Text unter der Rubrik „Textverderbnisse“ unterbringen mußte.

M. Dahood geht in gleicher Weise wie H. Gunkel prinzipiell von der Annahme aus, daß Textverderbnisse vorliegen. Im Gegensatz zu seinem Vorgänger spricht er jedoch in der Praxis der Auslegung nicht von Textverderbnissen, sondern von Mißverständnissen. Seine These lautet, daß sich die Masoreten bei der Punktation und in der Aufteilung der *scriptio continua* geirrt haben, wenn sie den Sinn der Wörter nicht mehr verstehen konnten. Mit Hilfe des Ugaritischen bzw. Eblaitischen, das bei ihm zusehends neben das Ugaritische tritt, sei es jetzt aber möglich geworden, den ursprünglichen Sinn der Wörter zurückzuholen.[14] So legt er seiner Neudeutung von *ḥpšy* die These „MT pointing *ḥopšī* is dubious“ und der von *yd* „Hand“ zu *yd* „Liebe“ den mythischen Text KTU 1.3 III 6 zugrunde.[15]

Auch M. Dahood bleibt der Gedanke, daß der Text durch spätere Leser erweitert worden sein könnte, gänzlich fremd. Er findet unter seinen „Text-Critical Principles“, die er z.B. in Psalms II 1968, XVII-XXII, vorstellt, keinen Platz. Er anerkennt als solche nur folgende vier:

1. Erhalt des Konsonantentextes,
2. Sinn,
3. Grammatik, und
4. Prosodie (S. XVII).[16]

So hält er auch in Übereinstimmung mit diesen Prinzipien bei der Behandlung von Ps 88,6 daran fest, daß der Konsonantentext intakt sei, aber die Masoreten

14 Instruktiv in dieser Hinsicht ist z.B. M. Dahood 1982, 566. 569, wo er von „erroneous Massoretic word-division and punctuation“ sowie „Massoretic misdivision“ spricht und mit Hinweis auf die Texte von Ebla neue Lesungen und Auslegungen („new readings and interpretations“) verlangt.

15 M. Dahood II 1968, 304.

16 Siehe auch M. Dahood III 1970, XXVIII-XXXIV.

den Text falsch verstanden hätten (*ḥpšy*). Das Problem des Sinnes einer Textstelle, das im Falle von *yd* „Hand" oder „Liebe" tragend wird, beheimatet er letztlich mehr im Gebiet der Kunst freier Assoziation der Gedanken als auf den Grundlagen der Philologie und Kolometrie.

Äußerst instruktiv sind auch seine Ausführungen zum textkritischen Wert der Prosodie (S. XX-XXII). In Weiterführung der anderen drei textkritischen Prinzipien sucht er prosodische Störungen durch Korrekturen an der masoretischen Überlieferung mit Hilfe einer neuen Texteinteilung („transposition") einzelner Wörter und Neuvokalisierung („revocalization") zu heilen.

Diese Prinzipien einer sogenannten kritischen Textbehandlung sind bei M. Dahood auch im Rahmen seiner Anschauung über die Datierung der Psalmen und deren *Sitz im Leben* wirksam. Von der konstruierten linguistischen Nähe der Psalmen zu den ugaritischen Texten[17] her schließt er, daß die meisten Psalmen vorexilisch und manche sogar in der davidischen Zeit entstanden seien.[18] Obwohl er keine Datierung von Ps 88 vornimmt, scheinen die zahlreichen Verweise auf das Ugaritische genügend seine Position anzuzeigen und anzudeuten, daß er auch die Entstehung dieses Lieds in die vorexilische Zeit verlegt. Vom Vergleich des hebräischen Textes mit den Ugarit-Texten leitet er auch sein Verhältnis zum *Sitz im Leben* ab.[19] Obwohl Psalmen unter den ugaritischen Texten fehlten, sei es dennoch möglich, von der Philologie her das Übergewicht der Gunkel'schen Gattungsforschung, welche die rein philologische Betrachtung zurückgedrängt habe, auszugleichen und zu korrigieren. M. Dahood gibt auch in diesem Fall zu erkennen, daß er sein Ideal von der ursprünglichen Bedeutung des Textes und der Entwicklung der israelitisch-jüdischen Gedanken über das Schicksal des Menschen nach dem Tod, die Ps 88 vom Anfang bis zum Ende bestimmen, zu erreichen versucht.[20]

Zusammengefaßt wird zur Behandlung des Textes von V. 6 festzuhalten sein, daß H. Gunkel und M. Dahood gemeinsam von der Vorstellung ausgehen, daß Textprobleme grundsätzlich als *Textverderbnisse* anzusehen sind. Ihre Wege trennen sich jedoch in der Praxis, wobei M. Dahood die Fixierung auf die Konjekturalkritik, die bei H. Gunkel noch das Feld beherrscht, durch eine Fetischisierung des Ugaritischen und eine neue, meistens negative Bewertung der masoretischen Tradition ersetzt. Von diesem gemeinsamen Hintergrund her wirkt es weniger erstaunlich, daß beide Autoren trotz zahlreicher anderslautender Versicherungen gerne bereit sind, bei aufkommenden Schwierigkeiten überraschend und allzu schnell auf eine sorgfältige Beachtung der Regeln des *Parallelismus membrorum* und der Strophik zu verzichten. Diese Haltung wirkt sich bei beiden Gelehrten auch darin aus, daß sie die strophische Gliederung von V. 2–5. 7–10a verkennen.

---

17 Siehe zu dieser Frage auch M. Dahood 1974, 19, der von „virtual equation of Ugaritic, Phoenician and Hebrew" spricht.

18 M. Dahood III 1970, XXXIV.

19 M. Dahood III 1970, XXXVII-XXXVIII.

20 Siehe hierzu die treffende Kritik von J.F.A. Sawyer 1974, 67.

Die von H. Gunkel und M. Dahood befolgten hermeneutischen Grundsätze bestimmen auch ihre Auslegung des zweiten Abschnittes V. 10b.c–19. Dies wird erneut bei der Konstruktion von Trikola, der strophischen Gliederung und der Behandlung von *yqwmw* in V. 11 sichtbar.

Die kolometrische Gliederung von V. 10b.c–19 wird von H. Gunkel und M. Dahood unterschiedlich vorgenommen. Sie weichen bei der kolometrischen Strukturierung von V. 18 und 19 voneinander ab.

H. Gunkel löst V. 19 in ein Trikolon auf, wobei er bei dessen letztem Wort *mḥšk* eine Korrektur vornimmt und *škḥny* liest:

hrḥqt mmny 9
'hb w r' 6
myd'y škḥny 10

Du hältst mir ferne
Freund und Genossen;
meine Bekannten ‚haben mich vergessen'.[21]

M. Dahood löst dagegen V. 18 in folgendes Trikolon auf:

sbwny k mym 9
kl h ywm 6
hqypw 'ly yḥd 11

They surround me like a flood
all day long
They close in on me.[22]

Gegen beide Gliederungen ist einzuwenden, daß sie Trikola ohne jeden *Parallelismus membrorum* und mit asymmetrischen Kolalängen postulieren. H. Gunkel begründet seine Emendation mit einem Hinweis auf die „Parallelstelle" Hi 19,14[23], was jedoch sachlich kaum überzeugt. Es ist eher zu vermuten, daß im ersten Kolon von V. 19 *w r'* ergänzt und im letzten Kolon ein zu *mmny* paralleles *m'ly* ausgefallen ist.[24] Nicht weniger problematisch ist die kolometrische Neustrukturierung von V. 18, die M. Dahood zur Debatte stellt und die darin gipfelt, als mittleres Kolon des Trikolon nur ein *kl h ywm* anzusetzen. Entgegen M. Dahood dürfte jedoch anzunehmen sein, daß der Vergleich *k mym* „wie Wasser" einen erklären-

21 H. Gunkel 1926, 381.
22 M. Dahood II 1968, 302.
23 H. Gunkel 1926, 384.
24 F. Baethgen 1904, 273, verweist wohl zu Recht auf Hi 19,13.

den Zusatz darstellt, der sonst im biblischen Schrifttum, wo nur von eindringendem bzw. umringendem Wasser die Rede ist, keine Parallele hat.[25]

Die von H. Gunkel für V. 19 und von M. Dahood für V. 18 vorgetragenen Argumente für Trikola sind ohne Überzeugungskraft und ihr Gebilde folglich dem Reich der „apparent tricola" zuzuweisen.

Während sich im zweiten Teil von Ps 88 der Abschnitt V. 11–19 zwanglos in drei Strophen zu je drei Bikola aufteilen läßt, scheint sich auf den ersten Blick für den verbleibenden V. 10b.c keine glatte Lösung zu ergeben. H. Gunkel versucht, die Schwierigkeiten mit dem Hinweis hinwegzuschaffen, daß es sich um eine nochmalige Einführung handle.[26] M. Dahood deutet das V. 10b.c einleitende *qr'tyk* „I invoke you" in engem Anschluß an die vorangehenden Bikola als ein Rufen aus der Unterwelt, wohin sich der Psalmist versetzt finde.[27] Er geht folglich auch bei der Deutung dieser Stelle von der an keiner Stelle seiner Argumentation besprochenen oder bewiesenen Voraussetzung einer ursprünglichen Texteinheit von Ps 88 aus.

In der vorliegenden Textgestalt bildet V. 10b.c funktional eine exakte Parallele zu V. 2. Geht man von der verschiedenen Thematik aus, die den ersten (V. 2–5. 7–10a) und den zweiten (V. 10b.c. 14–19) Teil beherrscht, so drängt sich der Schluß auf, daß V. 10b.c entweder von der Redaktion als ein die beiden Teile verbindendes Glied hier eingesetzt wurde, den ersten Teil einer weiteren abgebrochenen Strophe von V. 2–10a bildet oder zu einer Einleitung von V. 11–19 gehört. Da die Aussage V. 10b.c thematisch in keiner Weise als Fortsetzung von V. 2–10a zu erklären ist und auch als redaktionell eingeschaltetes Bindeglied unverständlich bleibt, verdient die letzte Erwägung den Vorzug. Das Bikolon ist folglich als erstes Glied einer ersten Strophe zu V. 11–19 zu begreifen. Aus dieser Erkenntnis ergibt sich nach Ausgrenzung von V. 11–13 als Zitat, daß V. 10b.c zusammen mit V. 14 eine Strophe bildet und der zweite Teil V. 10b.c. 14–19 gleichfalls ein Zitat aus einem längeren Klagelied darstellt. Der fragmentarische Zuschnitt des zweiten Teiles von Ps 88 wird so voll verständlich.

Beachtung des *Parallelismus membrorum* und der Strophik führt zum vorläufigen Ergebnis, daß Ps 88 aus zwei ursprünglich verschiedenen Gedichtstücken bzw. Liedzitaten zusammengesetzt ist. Wir haben also mit mindestens drei Autoren und auch noch, wie das Beispiel von V. 6 zeigt, mit Glossatoren zu rechnen. Es stellt sich also die Frage, wie die hiervon weit abweichenden Ergebnisse von H. Gunkel und M. Dahood forschungsgeschichtlich zu erklären sind.

---

25 H. Gunkel 1926, 384, bietet nur die Erklärung „Wie Wasser, die den Körper von allen Seiten umschließen" an. F. Baethgen 1904, 273, legt gleichfalls eine wenig überzeugende Deutung vor: „Der Vergleich mit Wasser erklärt sich aus dem Fortwirken des v. 17 zu Grunde liegenden Bildes."; gegen E. Podechard II 1954, 106, sind auch Ps 13,5. 17; 42,8; Thr 3,54; Jon 2,2 kaum als Parallelen zu V. 18 anzusehen.

26 H. Gunkel 1926, 382.

27 M. Dahood II 1968, 305.

H. Gunkel kann Ps 88 innerhalb seines Systems, das er für die Gattung der Klagepsalmen entworfen hat, akzeptieren, da er in den Psalmen, ganz im Gegensatz etwa zu S. Mowinckel, mit Mischmetra rechnet. Auf diesem Hintergrund bilden die Trikola V. 6 und 19 inmitten von Bikola für ihn kein Hindernis, den Text als ursprüngliche Einheit anzusehen. Auch M. Dahood schließt sich *de facto* den Vertretern des Mischmetrums an, ohne dies je offen zu erklären.

Im Falle H. Gunkels ist außerdem die Frage zu beantworten, warum er Ps 88 nicht als Mischtext oder als Komposition erkennt. Da er Mischtexte an der Verbindung verschiedener Gattungen bzw. Gattungselemente zu erkennen versucht[28], bietet ihm Ps 88 einzig mit der Wiederholung der Motive des Klageliedes in dieser Hinsicht zu wenig Anhaltspunkte für eine Angliederung des Liedes an diese Gruppe später Psalmendichtung. Es dürfte folglich kaum das Urteil zu umgehen sein, daß H. Gunkel von seinen generellen hermeneutischen Prinzipien her daran gehindert war, den komplizierten kolometrischen und strophischen Gegebenheiten von Ps 88 gerecht zu werden. Diese methodischen Einengungen waren bei ihm so stark wirksam, daß andere Ansätze, die ihn von einer Entwicklung und Geschichte der Gattung des Klageliedes des einzelnen sprechen lassen[29], bei ihm letztlich doch nicht zum Tragen gekommen sind.

Die von H. Gunkel und M. Dahood befolgten methodischen Grundsätze werden nochmals bei der Interpretation von *yqwmn* in V. 11 wirksam. Es ist strittig, ob *yqwmw* als ein Zeugnis für den Glauben an eine Auferstehung von den Toten im nachexilischen Judentum zu werten ist. Dieser Frage kommt um so mehr Bedeutung zu, als diese Stelle auch mit den ugaritischen Rephaim-Texten in Verbindung gebracht wird.[30]

Da sowohl H. Gunkel als auch M. Dahood in V. 11 das Verbum *qwm* mit „aufstehen" und die Wortfolge *yqwmw ywdwk* als eine asyndetische Verbindung deuten, gelangen sie zu den Übersetzungen „stehn die Schatten auf, dich zu preisen" oder „do the shades rise up to praise you", wobei sie die Frage vermeiden, ob hier *qwm* nicht mit „auferstehen" wiederzugeben und auf den Glauben an eine Auferstehung der Toten hinweisen könnte.

---

28 H. Gunkel 1933, 397–415. 424–427.

29 H. Gunkel 1933, 424–427.

30 K. Spronk 1986, 272. 300, deutet Ps 88,11 als eine Ablehnung der Vorstellung, daß Jahwe, so wie Baal, die berühmten Toten beim Verlassen der Unterwelt mit sich nehme. K. Spronk argumentiert hierbei von seiner Zusammenschau von KTU 1.22 I 5 („El made [the dead] stand up") mit Ps 88,11 aus. Die enge Beziehung zwischen diesen Texten werde dadurch hergestellt, daß an beiden Stellen das Verbum *qym/qwm* gebraucht werde und Ps 88,11 der einzige Beleg für die *rp'm* in den Psalmen sei. Es scheine, daß an dieser Stelle ebenso wie in Qoh 3,19 und 12,7 der Glaube an die Unsterblichkeit der Seele kritisiert werde: „In the same way Ps 88:11 might have criticized the hope for rescue from the netherworld. Unfortunately, it is very difficult to date this Psalm. However, the polemic in v. 11 is an indication of a date before the exile (cf. Isa 14)." (a.a.O., S. 272) Zur Kritik an der Deutung von *qym* in KTU 1.22 I 5 und dem Vorschlag, *yqm* mit „attendants" oder „assistants" zu übersetzen, siehe J. Tropper 1989, 137 Anm. 78; K. van der Toorn 1991, 52.

Die Verbindung von *yqwmw* mit den Rephaim der Unterwelt in V. 11 hat mehrere Interpreten zum Gedanken geführt, daß hier ein Gebrauch von *qwm* vorliege, wie er auch an anderen Stellen zur Umschreibung des Glaubens an eine Auferstehung von den Toten belegt ist. Sie denken hierbei besonders an Jes 26,14. 19.[31] Alle sind sich auch darin einig, daß der Autor von V. 11 die Auferstehung der Toten ablehne.

Das Nacheinander der finiten Verbformen *yqwmw ywdwk* führt zur Frage, welches von beiden mit dem verbalen Element im ersten Kolon parallel zu verbinden ist. So wird z.B. argumentiert, daß „*wunderbar* handeln" und „*sich erheben*" sich entsprächen, obwohl dies sonst in den Paralleltexten Ps 6,6; 30, 10; 115,17; Jes 37,18 nicht der Fall sei.[32]

Da im Kolon *88.11.2* sowohl von der Symmetrie des Bikolons als auch von der Länge des Kolons her gesehen entwder *yqwmw* oder *ywdwk* als Zusatz anzusehen ist, ergibt sich letztlich doch die Frage, ob hier der Gedanke an die Auferstehung eine Rolle spielt und ob er nachträglich in den Text eingetragen wurde. Im Rahmen von V. 11–12 liegt es nahe — siehe *spr* in *88.12.1* —, *ywdwk* als ursprünglich anzusehen und *yqwmw* als Glosse zu werten, die Ps 88,11 mit der Rede vom Leben und Auf(er)stehen der Rephaim in Jes 26,14. 19[33] verbindet.

In welchem Sinne ist die Glosse *yqwmw* zu deuten? Schließt sich der Glossator mit diesem Querverweis an eine Richtung an, die die Auferstehung der Toten leugnet, oder befürwortet er diese? Der jetzige Kontext läßt nur die erste Lösung zu. Es ist jedoch zu fragen, ob dies wirklich die Absicht des Glossators war.

Da *yqwmw* jetzt in den laufenden Text eingefügt ist und wir die ursprüngliche Position der Glosse am Rand oder über / unter der Zeile nicht mehr festzustellen vermögen, wird man die Frage als unentscheidbar anzusehen haben. Es ist folglich nicht auszuschließen, daß der Glossator zur negativen Beschreibung der Existenz der Rephaim am Rande bemerkte: *yqwmw* „Sie werden auferstehen!"

---

31 A.F. Kirkpatrick 1903, 528; F. Baethgen 1904, 272; J.F.A. Sawyer 1973, 222. 230 mit Anm. 2, zählt Ps 88,11 zu den neunzehn Stellen des Alten Testamentes, die in ihrer Endgestalt auf die Auferstehung von den Toten hinweisen oder sie beschreiben; P. Höffken 1981, 314 Anm. 25, bemerkt folgendes: „Ps. LXXXVIII 11 formuliert so, daß die Aussage kaum anders denn als polemische Abgrenzung gegenüber dem Gedanken der Auferwekung verstehbar ist."; vgl. dagegen die wenig überzeugende Ablehnung von z.B. B. Duhm 1922, 332, der hierzu ausführlich bemerkt: „*yqwmw* bedeutet hier nicht: auferstehen zum Leben, sondern aufstehen, sich erheben, zum Loben (vgl. 78,6 Jes 26,14), da im ersteren Fall das *ywdwk* nicht asyndetisch angehängt sein könnte. Der Dichter, der an kein Weiterleben nach dem Tode denkt, wird auch an die Auferstehung nicht glauben; täte er es, so müßte er ausführlicher davon sprechen und würde überhaupt seine Klage auf einen anderen Ton gestimmt sein."; siehe ferner J.P.M. van der Ploeg II 1974, 92.

32 P. Höffken 1981, 314 Anm. 25.
Auch in neueren Übersetzungen wird die Überlänge des Kolons *88.11.2* nicht als Problem empfunden, vgl. z.B. W. Groß 1999, 160, „Oder werden Totengeister sich erheben, dich zu preisen?"; B. Janowski 2001, 5, „oder werden Totengeister sich erheben, dich zu preisen?".

33 A.F. Kirkpatrick 1903, 528; J.F.A. Sawyer 1973), 230 Anm. 2; P. Höffken 1981, 314 Anm. 25; vgl. J. Vermeylen I 1977, 370–371, der Jes 26,14. 19 als Glossen ansieht.

Das Postulat eines ursprünglich einheitlichen Textes von Ps 88 hindert H. Gunkel und M. Dahood auch in der Sicht der Probleme, die mit *yqwmw ywdwk* in V. 11 gegeben sind. Wie im Falle von V. 6 weichen sie auch hier dem Gedanken an ein produktives Weiterschreiben am Text aus.

In der Interpretation dieses Klageliedes spielen bei M. Dahood, wie bereits mehrmals hervorgehoben, die ugaritischen Texte eine ausschlaggebende Rolle. Er zieht sie heran, um die Bildwelt und vor allem die Beschreibung der Unterwelt, die Ps 88 das Gepräge geben, als kanaanäisch koloriert und folglich als alt bzw. archaisch zu erweisen. Er ist so von seinem Ansatz her nicht an einer späten Ausgestaltung des Textes im Sinn des Glaubens an die Auferstehung interessiert. Er beläßt es bei der Feststellung: „This lament of a desolate man in mortal illness is especially notable for its numerous names of the nether world and its tone of hopelessness.“[34] Trotz seines regen Interesses, in den ugaritischen und biblischen Texten den Glauben an ein glückliches Leben nach dem Tod nachzuweisen[35], verzichtet er darauf, Ps 88,11 zu den Zeugnissen für ein Leben bei Gott nach dem Tod zu zählen und mißt folglich auch *yqwmw* in V. 11 keine besondere Bedeutung bei.

Die philologischen und hermeneutischen Prinzipien, die H. Gunkel und M. Dahood bei der Auslegung von Ps 88 zum Tragen bringen, führen sie zur Annahme, daß es sich um ein individuelles Klagelied textlich einheitlichen Charakters handle.

H. Gunkel zählt Ps 88 mit E. Balla[36] konsequent zu den individuellen Klageliedern, so daß sich für ihn nicht die Möglichkeit ergibt, zu erwägen, ob das Klagelied auf die Situation des Volkes im Exil oder auf noch spätere Bedrängnisse der Frommen im nachexilischen Judentum zu deuten ist, so wie dies in der Zeit vor ihm in der Psalmenauslegung üblich war. Diese kollektive Sicht schließt er in seinem Kommentar von Anfang an mit Bestimmtheit aus.

Da hier jedoch eine Gegenposition als wahrscheinlicher und Ps 88 als anthologischer Text vorgestellt wird, kehren wir notgedrungen zur alten Frage zurück, ob eine kollektive Deutung auf das Schicksal des Volkes im babylonischen Exil oder der nachfolgenden Zeit nicht doch den Vorzug verdient. Bevor jedoch auf diese Frage eine Antwort gegeben werden kann, ist noch zu klären, ob das Lied am Ende verstümmelt ist.

H. Gunkel hat den sonderbaren Aufbau des Psalms und sein abruptes Ende ohne Ausblick auf Licht und ohne Gelübde sowie die übliche „Gewißheit auf Erhörung“ mit der bereits vor ihm verbreiteten Annahme zu erklären versucht, daß der Psalm am Ende sehr wahrscheinlich verstümmelt sei.[37] Diese Konzeption erübrigt sich, wenn das Lied als eine schriftgelehrte Anthologie verstanden wird[38],

---

34 M. Dahood II 1968, 302.

35 Siehe dazu ausführlich M. Dahood III 1970, XLI-LII.

36 E. Balla 1912, 15–16.

37 H. Gunkel 1926, 382.

38 A. Robert hat in seiner Kritik der Gattungsforschung besonders darauf verwiesen, daß H. Gunkel den anthologischen Charakter der Psalmen verkenne. Zur Bedeutung der Erkennt-

die wir nach Angabe von Ps 88,1 der Sänger- und Dichtergilde der Korachiten verdanken. Diese Gruppe der Leviten dürfte zu jenen Kreisen gehört haben, die mit ihrer Armen-Frömmigkeit mit dazu beigetragen haben, die Werte der Vergangenheit neu zu verlebendigen.[39] Die besondere Struktur der Klage ist folglich so zu erklären: Durch Zusammenfügung zweier gleichartiger Texte wird ein neues Lied geschaffen. Die Zitate werden aus ihrem alten *Sitz im Leben*[40] genommen und einem neuen dienstbar gemacht. So wird auch befriedigend erklärt, warum es bisher nicht glücken konnte, Ps 88 der Gattung der Klagepsalmen ohne wesentliche Einschränkung zuzuordnen.[41] Die ehemaligen Klagen der Kranken, die sich auf dem Weg in die Unterwelt befinden, sind jetzt zur Klage der Verlassenen im fremden Land und folglich auch generell zur symbolischen Darstellung der Lage des unterdrückten Volkes Israel im Exil oder später vereint. Das neue Lied eignet sich aber auch als Gebet der Frommen, die von ihren reichen jüdischen Volksgenossen bedrängt werden.[42] Ps 88 wurde in mehrfacher Weise gebraucht und gedeutet. Er konnte entsprechend dem Geist seiner nachexilischen Entstehungszeit als individuelles Gebet ebenso gut dienen wie als kollektives.[43] Der kollektiv „fromm" verstandene Psalm ist jedoch nicht mit einer kultischen Volksklage zu verwechseln.[44]

Zusammenfassend ist zu betonen, daß es von der Erkenntnis des kolometrischen und strophischen Aufbaus von Ps 88 her möglich wird, auch auf die Fragen nach Entstehungszeit und Ziel des Textes eine begründete Antwort zu geben. Der anthologische Aufbau des Liedes schließt eine vorexilische Komposition[45] aus und macht eine späte nachexilische Datierung[46] wahrscheinlich. Die

---

nis des anthologischen Charakters vieler Psalmen für die Erforschung des Psalters siehe u.a. N. Füglister 1988, 328.

39 N. Füglister 1988, 381.

40 Ob es sich beim ursprünglichen *Sitz im Leben* um eine schwere Krankheit oder um eine andere Kalamität handelt, ist strittig. Es ist sicher fehl am Platz, den anthologischen Text als Krankenpsalm anzusehen, wie dies z.B. bei K. Seybold 1973, 169; id. 1996, 344, und B. Janowski 1989, 188, geschieht.

41 R.C. Culley 1988, 289–302, kommt nach einem Vergleich von Ps 88 mit den von H. Gunkel postulierten Elementen der Klagelieder zum Ergebnis, daß eine Zweideutigkeit zurückbleibe, wenn er den anderen Klagepsalmen zugezählt werde. Sein abschließendes Urteil S. 302 lautet: „But the nature of the psalm does at least provide an opening to more radical speculation. By this I am not arguing that Psalm 88 led to Deutero-Isaiah and Job but only that the particular choice of material invites more innovative perceptions of the tradition of Ancient Israel."

42 N. Füglister 1988, 380–383, zum Psalter als „Betrachtungsbuch" der „Frommen".

43 Siehe generell zur Kollektivierung des Psalters in nachexilischer Zeit die Bemerkungen von N. Füglister 1988, 377–379.

44 Zur Diskussion über die Unterscheidung der Gattungen von Klagen des Einzelnen und Klagen des Volkes siehe u.a. R. Albertz 1978, 23–49; Th. Podella 1989, 25–32; M. Emmendörffer 1998, 2–15. 290–295.

45 A. Aejmelaeus 1986, 91, schließt sich zwar nicht ausdrücklich einer vorexilischen Datierung an, betont aber folgendes: „Whether or not completely archaic, it obviously reveals an archaic form and shows that prayer and complaint to Yahweh could also be expressed with this kind of simplicity." H.-J. Kraus II 1978, 773, sieht die Entstehungszeit des Liedes als „unergründlich" an: „Die viel diskutierte sprachliche Verwandtschaft mit Texten des Bu-

sogenannten archaischen Elemente in Ausdruck und Inhalt erklären sich so ebenso gut zwanglos wie das abrupte Ende der Klage. Vom Aufbau des Liedes her ersehen wir auch, daß es sich nicht mehr um einen Krankenpsalm handelt, sondern um eine Klage der Frommen im Judentum, die sich vielfacher Bedrängung ausgesetzt wissen.

Die vorgestellten Überlegungen zur Auslegung von Ps 88 verdeutlichen zur Genüge, daß das Studium der ugaritischen Texte wesentlich zu einem besseren Verständnis der Anliegen und wissenschaftlichen Thesen H. Gunkels und M. Dahoods beizutragen vermag. Die poetischen Texte aus Ugarit bieten die Gelegenheit, unseren Blick für die Feinstruktur der altsyrisch-kanaanäischen Dichtung zu schärfen. Auf diese Weise erkennen wir, daß sowohl H. Gunkel als auch M. Dahood viel zu wenig den *Parallelismus membrorum* und die Strophik der Psalmen beachten. Ihre dogmatisierenden Vorstellungen über sogenannte Texteinheit und Textverderbnisse verstellen ihnen den freien Blick auf den anthologischen Charakter später Psalmendichtung und die Vernetzung dieser Texte mit verwandten Stellen in anderen biblischen Büchern durch Glossen und Kommentierungen.

Gegenüber M. Dahood ergibt sich außerdem, daß ein oberflächliches Parallelisieren, das letztlich dem Ziel dient, formgeschichtliche Fragestellung und Datierung als nebensächliche bibelwissenschaftliche Spielereien hinzustellen, geeignet ist, die anstehenden Probleme zu verdecken und zu bewirken, daß sie als solche gar nicht mehr wahrgenommen werden.

Die von H. Gunkel und M. Dahood entwickelten Methoden der Interpretation der Psalmen können zukünftiger Forschung nur dann als Ausgangspunkt dienen und weiterführen, wenn sowohl ihre positiven als auch negativen systembedingten Auffassungen beachtet werden.

2. Kolometrie und Übersetzung von Ps 88,1–19

88.1.1 *šyr mzmwr l bny qrḥ l mnṣḥ*
88.1.2 *ʿl mḥlt l ʿnwt mśkyl l hymn h ʾzrḥy*

---

ches Hiob würde in die nachexilische Zeit verweisen. Doch macht W.F. Albright auf ‚kanaanäische Archaismen' [= *bt ḫpṯt*] aufmerksam. G. Widengren hingegen weist auf konventionelle Sprach- und Bildmomente aus den sumerischen Tammuz-Liedern hin ...".
Die Verwirrung beider Autoren in Sachen Datierung beruht auf der Verkennung der Tatsache, daß in Ps 88 älteres Gut mit späterem zu einer neuen Einheit verbunden wurde.

46 Zu bisherigen Vorschlägen für eine exilische oder nachexilische Datierung und den unterschiedlichen Begründungen hierfür siehe u.a. F. Baethgen 1904, 270; T.K. Cheyne II 1904, 58–59; C.A. Briggs / E.G. Briggs II 1907, 242; W.O.E. Oesterley 1939, 393; E. Podechard II 1954, 107; E.J. Kissane 1964, 404; A.A. Anderson II 1972, 623; K. Seybold 1996, 344; E. Zenger 2000, 570.

88.2.1	[[47]*YHWH*] *'lhy*[48] [*y*]*šw'ty ywm*<*m*>	12 <13>[49][17][50]	
88.2.2	*ṣ'qty b lylh ngdk*	14	
88.3.1	*tbw' lpnyk tplty*	14	
88.3.2	*haṭh 'znk l rnty*	12	

88.4.1	*ky śb'h b r'wt npšy*	15	
88.4.2	*w ḥyy l š'wl hgy'w*	14	
88.5.1	*nḥšbty 'm ywrdy bwr*	16	
88.5.2	*hyyty k gbr 'yn 'yl*	15	

88.6.1	[*b*[51] *mtym ḥpšy*]		[9]
88.6.2	[*kmw ḥllym* [*škby qbr*]		[15]
88.6.3	*'šr l' zkrtm 'wd*		[13]
88.6.4	[*w hmh m ydk ngzrw*]]		[13]

88.7.1	*štny b bwr tḥtywt*	14	
88.7.2	*b mḥškym b mṣlwt*	13	
88.8.1	*'ly smkh ḥmtk*	11	
88.8.2	*w kl mšbryk 'nyt*	13	

88.9.1	*hrḥqt myd'y mmny*	14	
88.9.2	*štny tw'bwt lmw*	13	
88.9.3	*kl'* <*'ny*> *w l' 'ṣ'*	9 <12>	
88.10.1	*'yny d'bh mny 'ny*	14	

88.10.2	*qr'tyk YHWH b kl ywm*	16	
88.10.3	*šṭḥty 'lyk kpy*	12	
88.11.1	[***h***[52] ***l mtym t'śh pl'***		[13]
88.11.2	***'m rp'ym*** [*yqwmw*] ***ywdwk***		[12] [[17]]
88.12.1	***h yspr b qbr ḥsdk***		[13]
88.12.2	***'mwntk b 'bdwn***		[12]
88.13.1	***h ywd' b ḥšk pl'k***		[13]
88.13.2	***w ṣdqtk b 'rṣ nšyh***]		[14]
88.14.1	[*w*] *'ny 'lyk YHWH šw'ty*	16 (12 + 4) [17]	

---

47 Die Klammern [ ] kennzeichnen Textteile, die als spätere Zusätze oder Kommentierungen anzusehen sind.

48 *Kursiv*: Die beiden zu einer Anthologie vereinigten Texte V. 2–10a und 10b.c–19.

49 Anzahl der Konsonanten in einem Kolon.

50 Anzahl aller Konsonanten in einem Kolon.

51 *Kursiv* + klein: Glossen und Zusätze.

52 *Kursiv* + **fett**: sekundär eingeschobenes Zitat.

88.14.2	*b bqr tplty tqdmk*	15	
88.15.1	*lmh* YHWH *tznḥ npšy*	15	
88.15.2	*tstyr pnyk mmny*	13	
88.16.1	*ʿny ʾny w gwʿ m nʿr*	14	
88.16.2	*nśʾty ʾmyk ʾpwnh*	14	
88.17.1	*ʿly ʿbrw ḥrwnyk*	13	
88.17.2	*bʿwtyk ṣmtwtny*	13	
88.18.1	*sbwny* [*k mym*] *kl h ywm*	11	[15]
88.18.2	*hqypw ʿly yḥd*	11	
88.19.1	*hrḥqt mmny ʾhb* [*w rʿ*]	12	[15]
88.19.2	*mydʿy mḥšk* ...	9 + x	
	. . .[53]		
	. . .		

[1]Ein Lied. Psalm von den Qorachiten. Für den Chorleiter:
Nach ‚Krankheit' zu singen. Ein Lehrgedicht von Heman, dem Esrachiter.

---

[2][*Jahwe*,] mein Gott, ‚ich flehe' ‚am Tage',
ich schreie in der Nacht vor dir!
[3]Möge mein Gebet vor dein Angesicht kommen,
neige dein Ohr meinem Jammern!

[4]Denn meine Seele ist von Leiden satt,
mein Leben ist der Unterwelt nahe.
[5]Ich zähle zu denen, die in die Grube gefahren,
bin wie ein hilfloser Mann geworden.

[6][*Unter den Toten ein Freier!*]
[*Wie durchbohrte,* [*Bewohner von Gräbern,*]
derer nicht mehr gedacht wird
und die von deiner Hand abgetrennt sind!]

[7]Du hast mich in die unterste Grube versetzt,
in Finsternisse, in Meerestiefen.
[8]Über mich kommt dein Grimm,
läßt du all deine Brandungen ‚treffen'.

53 Siehe unten Abschnitt 3 zu *88.19.1 – 88.19.2*.

9Du hast meine Freunde von mir entfernt,
mich ihnen zum Abscheu gemacht.
‚Ich bin eingeschlossen' und kann nicht hinaus,
10mein Auge schmachtet aus dem Elend.

Ich rufe dich, Jahwe, an jedem Tag,
breite die Hände nach dir aus.
11[***Tust du an den Toten Wunder,***
preisen dich [auferstehen] ***die Rephaim?***
12 ***Wird von einer Gnade im Grabe erzählt,***
von deiner Treue im Totenreich?
13 ***Wird in der Finsternis dein Wundertun kund***
und deine Gerechtigkeit im Land des Vergessens?]
14[Und:] Ich schreie, Jahwe, zu dir,
am Morgen komme mein Gebet vor dich!

15Warum verwirfst du, Jahwe, mein Leben,
verbirgst dein Antlitz vor mir?
16Ich bin elend und ‚mühselig' von Jugend an,
muß deine Schrecknisse tragen, ‚daß ich erstarre'.

17Deine Zornesgluten ergehen über mich,
deine Schrecknisse ‚vernichten' mich.
18Sie umgeben mich [wie Wasser] allezeit,
umringen mich allzumal.

19Du hast entfernt von mir den Freund [und Genossen],
meine Bekannten ‚hält er zurück'.
. . .[54]
. . .

3. Kolometrischer und philologischer Kommentar

88.1.1 – 88.1.2

hymn „Heman" – Ein von David eingesetzter Tempelsänger; I Chr 15,17. 19; 16,41–42; 25,4–6; II Chr 5,12. Zum Erscheinen des Ezrachiten Heman unter den Qorachpsalmen siehe u.a. M. Millard 1994, 199 Anm. 143; 232.

---

54 Siehe unten Abschnitt 3 zu *88.19.1 – 88.19.2.*

Teil I – V. 2–10a: Vier Strophen zu je zwei Bikola

Zur Begründung der Gliederung von Ps 88 in zwei Teile siehe die oben in Abschnitt 1 geführte Diskussion mit H. Gunkel und M. Dahood.

88.2.1 – 88.10.1

Der erste Teil von Ps 88 ist in vier Strophen zu je zwei Bikola gegliedert. Das Gefüge der Strophen durchbrechen in V. 6 kommentierende Bemerkungen zu dem in V. 5 und 7 beschriebenen kraftlosen Zustand eines „Toten“ in der Unterwelt, in der Grube.

88.2.1 – 88.2.2

YHWH ʼlhy – Das Tetragramm ergänzt folgendes *ʼlhy*.

[y]šwʻty [y]wm<m> – Vom Parallelismus her wird die schon oftmals vorgeschlagene Lesung *šwʻty ywmm* „ich schreie am Tage“ als Ausgangspunkt anzunehmen sein; siehe z.B. H. Gunkel 1926, 392. Die jetzige Textform könnte auf die spätere kollektive Deutung zurückzuführen sein.

88.6.1 – 88.6.4

Die kolometrische Gliederung des Abschnittes ist strittig:

1. Trikolon + Bikolon: F. Baethgen 1904, 271; H. Gunkel 1926, 381; R. Tournay / R. Schwab 1964, 362; H.-J. Kraus 1978, 771.
2. Zwei Bikola: B. Duhm 1922, 332; G. Ravasi II 1983, 803; E. Haag 1986, 151; K. Seybold 1996, 343; E. Zenger 2000, 564.

Innerhalb von V. 6, einer Glosse zur vorangehenden Einheit V. 5 und der nachfolgenden V. 7, sind drei Kommentierungen (*88.6.1*, *88.6.2*, *88.6.4*) festzustellen, die insgesamt keine kolometrischen Einheiten ergeben.

Zur Interpretation von V. 6 bei H. Gunkel und M. Dahood siehe oben zu Anm. 7–20.

88.6.1

b mtm ḥpšy – Die Bemerkung wurde sekundär dem nachfolgenden *kmw ḥllym* vorgeschaltet. Sie stört dadurch den Zusammenhang zwischen *k* in *88.5.2* und *kmw* in *88.6.2*. Die Glosse, die in der Septuaginta zum Ende von V. 5 gezogen wird (H. Gzella 2002, 351), dürfte im Sinn von Hi 3,19 zu verstehen sein und besagen, daß der Tote in der Unterwelt von den in V. 4–5 beschriebenen Leiden „freigelassen“ ist. Dadurch hat sich sein Zustand jedoch nicht grundsätzlich verbessert; O. Loretz 1976, 129–130.

b mtm „unter den Toten" – *b*, in einer Gruppe; E. Jenni 1992, 278, Nr. 2815.
ḥpšy „freigelassen, frei" – Ges.[18] 383: *ḥpšy* – 3. „unter den Toten (bin ich) frei". Zur Diskussion über ug. *ḫb/pṯ* und he. *ḥpšy* siehe unten Abschnitt 4.

88.6.2 – 88.6.3

Die Glosse ist auf *88.5.2* zu beziehen.
kmw ḥllym [škby qbr] – *škby qbr*, wahrscheinlich ein erklärender Zusatz zu *ḥllym*.
kmw – *kmw* schließt direkt an *k gbr 'yn 'yl* in *88.5.2* an und glossiert den Vergleich.

88.6.4

Nachträgliche Ergänzung zu *88.6.2 – 88.6.3*.

88.8.2

'nyt „Du hast gedemütigt!", l *'nyt*, Hörfehler; HAL 68: *'nh* III pi; H. Gunkel 1926, 383.

88.7.2

mṣlwt „Meerestiefen" – H. Gunkel 1926, 383, hält mit Hinweis auf Hi 26,5 an *mṣlwt* fest; Ch. Cohen. 1996, 295 Anm. 28; vgl. dagegen zu *ṣlmwt* „Todesfinsternis" LXX; H. Graetz. II 1883, 498; F. Wutz 1925, 233.

88.9.3

kl' <**'ny**>, vgl. zur Diskussion über die Lesungen *kl' 'ny* oder *nbl'ty* BHSb; H. Gunkel 1926, 383.

Teil II – V. 10b–19: Drei vollständige Strophen zu je zwei Bikola und eine fragmentarische Strophe

88.10.2 – 88.14.2

Innerhalb des Abschnittes *88.10.2 – 88.14.2* zertrennt der Einschub V. 11–13 die aus den beiden Bikola *88.10.2 – 88.10.3 + 88.14.1 – 88.14.2* bestehende Strophe. Im Gegensatz hierzu stehen die Versuche, aus V. 10b–13 den zweiten Teil des Psalms zu bilden (H. Gunkel 1926, 382) und diesen zur *kompositionellen Mitte* (E. Zenger 2000, 568–569) desselben zu erklären.

88.10.2

YHWH – Wahrscheinlich eine Ergänzung, vgl. *88.2.1* und *88.14.1* oder Anakrusis durch das Tetragramm.

88.11.1 – 88.13.2

Der Einschub zerteilt die Strophe V. 10b.c + 14 in zwei Teile

88.11.1 – 88.12.2

Zum Argument, daß nur ein lebender Sklave seinem Herrn dienen kann, sein Hinabsteigen in die Welt des Todesstaubes aber der Gottheit nicht von Nutzen oder Gewinn ist, vgl. biblische (Jes 38,18–19; Ps 6,5–6; 30,10; 115,17–18) und akkadische Parallelen (W. Mayer 1976, 49–50. 53. 70–71. 313–314; S.E. Loewenstamm 1992, 266–267; B.R. Foster 1993, 99 mit Anm. 13, zu folgender Passage aus dem Hymnus an Marduk Z. 55ff.: *ša ṭi*[*ṭṭiš*] *īmu mēnu nēmelu / balṭumma ardu bēlašu ipallaḫ / ep*[*ru mī*]*tum ana ili mīna uṣṣap* „What is the profit in one who has turned [into] clay? It is a living servant who reverers his master. What benefit is de[ad] du[st] to a god?").

Der Topos des für seinen Herrn nutzlosen toten Dieners erscheint in Ps 88,11–12 in westsemitischer Form.

88.11.2

qwm „aufstehen, auferstehen" – Zur kolometrischen Position und Bedeutung von *yqwmw* siehe oben zu Anm. 30–35 und unten Abschnitt 4.

88.14.1

w „und" – Durch die Unterbrechung bedingter sekundärer Anschluß.
YHWH – Das Tetragramm könnte ein verdeutlichender Zusatz sein, vgl. *88.2.1* und *88.10.2*.

88.15.1

lmh „warum, wozu?" – Frage nach dem bei einem Geschehen intendierten oder immanenten Sinn; D. Michel 1997, 21.

88.16.1 – 88.16.2

Die Septuaginta weicht vom masoretischen Text durch eine andere Vokalisation und die Einführung zweier Stichwörter ab; H. Gzella 2002, 352–355.

88.16.1

gwʿ m nʿr – BHSa; H. Gunkel 1929, 384; siehe K. van der Toorn 1985, 64, mit Anm. 125, zu einer babylonischen Parallele über die Bindung an Übel von Jugend an.

88.16.2

'pwnh – Zur Diskussion, ob *pwn* oder *pwg* anzusetzen ist, siehe HAL 866: *pwg* qal 2; Kommentare.

88.17.2

ṣmtwtny – HAL 970: *ṣmt* pi.

88.18.1

k mym – Wahrscheinlich glossierender Zusatz.

88.19.1 – 88.19.2

Da nach V. 10b–18 Strophen zu je zwei Bikola anzusetzen sind, ist anzunehmen, daß mindestens das auf das Bikolon V. 19 folgende zweite Bikolon der Strophe fehlt, folglich ein verstümmeltes Liedende (J. Wellhausen 1898, 200; H. Gunkel 1926, 382) oder besser ein unvollständiges Zitat vorliegt; siehe unten Abschnitt 5.

88.19.1

w rʿ – Ein Zusatz, der das Kolon zerdehnt.
mḥšk – l *ḥśk*?; BHSb; F. Baethgen 1904, 273.

88.19.2

mydʿy mḥšk ... – Das Kolon dürfte verkürzt sein.

4. Ps 88,2–19 und Ugarit-Texte

In den Kommentaren und Beiträgen zu Ps 88 wird in mehrfacher Weise auf Beziehungen zwischen diesem biblischen Lied und den Ugarit-Texten hingewiesen.

Beliebt ist eine Zusammenschau der Formulierung *ywrdy bwr* „(die) in die Grube hinabsteigen“ (V. 5) mit KTU 1.4 VIII 8–9, wo von den *yrdm arṣ* „(die) in die Unterwelt hinabsteigen“[55] die Rede ist.[56]

Ebenso mühelos stellen die Kommentatoren zwischen den in V. 11 erwähnten *rp'ym* „Rāpi'ūma / Rephaim“ und den ugaritischen *rpum* eine Verbindung her[57], wobei die Septuaginta erstaunlicherweise mit *iatroi* wieder die alte Bedeutung „Heiler, Arzt“ von *rpum* zur Geltung bringt.[58]

Weniger bekannt ist dagegen, daß man sich auch bemüht, *yqwmw* in V. 11 mit ug. *qy/wm* in den Rephaim-Texten in Beziehung zu setzen.[59]

Im Mittelpunkt der Bemühungen stehen jedoch die Versuche, *ḥpšy* in V. 6 von ugaritisch *bt ḫṯt* und *ḫb/pṯ* her zu interpretieren.[60] Während die Mehrzahl der Kommentatoren kaum daran zweifelt, daß hebräisch *ḥpšy* mit ugaritisch *ḫb/pṯ* und *bt ḫpṯt* zu verbinden ist[61], bestehen jedoch über die Wiedergabe der ugaritischen Wörter *ḫpṯ* und *ḫpṯt*[62] und folglich auch des hebräischen Wortes *ḥpšy* noch erhebliche Differenzen.[63] Die Beurteilung der Stellung von *ḥpšy* zum Kontext ist hierbei von ausschlaggebender Bedeutung.

---

55 J. Tropper, UG 2000, 539; siehe K. van der Toorn 1985, 65 mit Anm. 150, zur babylonischen Parallele *kīma ārid apparī* „like one who goes down in the marshes“.

56 M. Dahood 1959, 164–166; id., 1964, 409; id. 1966, 277; id. II 1968, 303; A. Schoors 1972, 27–28, Nr. 21.
Siehe ferner z.B. H.-J. Kraus II 1978, 776; G. Ravasi II 1983, 811.

57 H.-J. Kraus II 1978, 776; G. Ravasi II 1983, 817.

58 G. Ravasi II 1983, 817 Anm. 17; H. Gzella 2002, 351–352, deutet die Aussage der Septuaginta, daß die Ärzte die Toten nicht mehr aufrichten werden, so daß sie Gott danken können, als Tendenz zur Entmythologisierung. Gehe man einer gewagten Spekulation nach, könnte man fragen, ob nicht die zweifelnde Frage „Werden etwa Ärzte aufstehen, um die Toten wieder aufzurichten?“ u.U. als Hinterfragung des wissenschaftlichen Fortschritts der hellenistischen Epoche gesehen werden könnte. Analog sei die Übersetzung von Jes 26,14.

59 Siehe oben Anm. 30.

60 Zur Forschungsgeschichte siehe u.a. P. Grelot 1964, 256–263; A. Schoors 1972, 27–28; O. Loretz 1976b, 129–131; id. 1977, 163–167; N. Lohfink 1982, 126; Ch. Rabin 1988, 410–411; M.C.A. Korpel 1990, 353 Anm. 264; M. Dietrich / O. Loretz 1996, 1015.
Zur Diskussion über ug. *ḫpṯ* und *ḫpṯt* siehe M. Dietrich / O. Loretz 1996, 669–670, *ḫpṯ*, *ḫpṯt*; M.R. Adamthwaite 2001, 243–251.

61 Vgl. dagegen zu den verschiedenen Korrekturen unten Anm. 66.

62 Vgl. z.B. DLU 196: *ḫpṯ* 1) „prófugo, escapado“; 2) especie de ‚legionario‘ o ‚mercenario‘; 3) „ganado suelto, escapado de la manada“; *ḫpṯt* Estado o grupo de *ḫpṯ*.
M.R. Adamthwaite 2001, 251, gelangt z.B. bezüglich der *ḫupšu* und *ḫb/pṯ* zu folgendem Ergebnis: „... the *ḫupšu* are a low level peasant class, agrarian and pastorally based, but subject to corvée and military conscription. Furthermore, they denote a people bordering on servitude, and certainly at the beck and call of both a wealthy class and of a governing authority. For all that, they are paid wages and food when engaged in service, thus in some instances they may have had a degree of qualified freedom.“

63 So nimmt z.B. E. Haag 1986, 151 Anm. 6 an, daß V. 6a mit „Bei den Toten ist meine Lagerstatt“ zu übersetzen sei, und daß der Vorschlag von F. Nötscher und M. Dahood u.a., *ḥpšy* „mein Lager“ von *ḥpš* „Stoff, Decke“ (Ez 27,20) her zu erklären, vom Ugaritischen *bt*

Sobald wir von der Erkenntnis ausgehen, daß die Formulierung *b mtym ḥpšy* in *88.6.1* eine Glosse darstellt[64], entheben wir uns grundsätzlich der Notwendigkeit, den Sinn dieses Zusatzes vom Kontext (V. 6) her zu bestimmen und in diesen hineinzuzwingen.[65] So ist von vornherein daran zu denken, daß der kommentierende Leser von Ps 88,5 an Hi 3,19 und an die in Hi 3,17–19 insgesamt herausgestellten Aspekte der Unterwelt gedacht haben könnte. Ferner ist zu berücksichtigen, daß die Glosse *b mtym ḥpšy* auch in Verbindung mit *yqwmw* „sie werden auferstehen" in V. 11 stehen und von derselben Hand stammen könnte. Es besteht folglich keine Notwendigkeit, von *ḥpšy* „frei" abzugehen und etwa *npšy* oder eine andere der vorgeschlagenen Lesungen zu akzeptieren[66], mit M. Dahood an der masoretischen Vokalisierung zu zweifeln und nicht von *ḥpšy* auszugehen[67], *ḥpšy* mit „ma geôle (ou: ma reclusion)" zu übersetzen[68] oder gar zu einer neuen Einteilung der Konsonanten zu greifen[69] und *ḥpšy* aufzugeben.

Der im hebräischen Wort *ḥpšy* ausgesprochene Gedanke der Freiheit oder des Freiseins stellt nach dem Zeugnis der Ugarit-Texte ein altes Erbe dar. Denn aus der Parallelität des Gebrauchs von *yṣ'* und *ḫbṯ* in KTU 3.8:9 und KTU 3.3:4[70] ergibt sich, daß ein *ḫpṯ* / *ḫupšu* (KTU 1.14 II 37) oder *bn ḫpṯ* (KTU 1.15 I 6) zwar von niederem Stand war, sich aber doch eines gewissen Maßes von Freiheit und Bewegung erfreute. Folglich ist auch der Begriff *bt ḫpṯt* (KTU 1.4 VIII 7) als Bezeichnung eines wenig wünschenswerten Aufenthaltsortes zu erklären.

Zusammengefaßt gelangen wir zu dem positiven Ergebnis, daß die Ugarit-Texte aufs beste geeignet sind, den religionsgeschichtlichen und sprachlichen altsyrisch-kanaanäischen Hintergrund von Ps 88 zu beleuchten.

ḫpṯt bestätigt werde. Dieser Interpretation schließt sich z.B. auch K. Seybold 1996, 343, an. Siehe bereits Ges.[17] 251: *ḥpšy*.

64 Siehe oben Abschnitt 1 und 3 zu *88.6.1 – 88.6.4*; *88.6.1*.

65 Vgl. dagegen Übersetzungen und Kommentierungen, die *ḥpšy* z.B. von einem parallel vorausgesetzten *ḥllym* her interpretieren; so z.B. H. Gunkel 1926, 381, „Ich bin ausgestoßen (?) ‚wie' die Toten"; E. Zenger 2000, 564. 565, „Unter den Toten (bin ich) ein Entlassener".

66 Ges.[17] 251: *ḥpšy* zu *nmšlty*, *nḥšbty*, *ḥšbty*, *ḥbštny*, *ḥlšty*; BHSb werden z.B. *npšy*, *ḥšbty* und *ḥpśty* zur Diskussion gestellt. Die von J. Gray 1965, 274, vorgeschlagene Lesung *kmty mḥpšt* „as men of corruption" wird sogar in HAL 328: *ḥpšy* 3, erwähnt.

67 M. Dahood II 1968, 304, *ḥpšy* „my cot", „(MT pointing *ḥopšī* is dubious)"; G. Ravasi II 1983, 803. 814, „il mio giaciglio"; K. Seybold 1996, „mein Lager", Ableitung von *ḥpš* „Stoff", evtl. akkadisches Lehnwort, nicht von *ḥpšy* „Freigelassener".

68 P. Grelot 1964, 263; zu P. Grelot siehe u.a. O. Loretz 1976, 129–130; E. Haag 1986, 151 Anm. 6.

69 H.-J. Kraus II 1978, 771–772, „Unter Toten ‚muß ich wohnen'„, nach Thr 3,6 sei *ḥšbty* zu lesen.

70 Siehe z.B. L. Milano 1980, 186–190; DLU 189: *ḫbṯ*.

Literatur[71]

Adamthwaite, M.R., 2001: Late Hittite Emar. The Chronology, Synchronisms, and Socio-Political Aspects of a Late Bronze Age Fortress Town. ANES.S 8.

Aejmelaeus, A., 1986: The Traditional Prayer in the Psalms. BZAW 167.

Auffret, P., 1987: „Les ombres se lèvent-elles pour te louer?“ Etude structurelle du Ps 88, EstB 45, 23–37.

Balla, E., 1912: Das Ich der Psalmen. FRLANT 16.

Culley, R.C., 1988: Psalm 88 Among the Complaints, in: L. Eslinger / G. Taylor, (eds.), Ascribe to the Lord. Biblical & other studies in memory of Peter C. Craigie. JSOT.S 67, 289–302,

Dahood, M., 1959: The Value of Ugaritic for Textual Criticism, Bib. 40, 160–170.

– –, 1964: Hebrew-Ugaritic Lexicography II, Bib. 45, 393–412.

– –, 1966: The Phoenician Background of Qoheleth, Bib. 47, 264–282.

– –, 1974: Northwest Semitic texts and textual criticism of the Hebrew Bible, in: C. Brekelmans, (ed.), Questions disputées d'Ancien Testament, Leuven, 11–37.

– –, 1982: Isaiah 53,8–12 and Massoretic Misconstruction, Bib. 63, 566–570.

Dietrich, M. / O. Loretz, 1996: Analytic Ugaritic Bibliography 1972–1988. AOAT 20/6.

Emmendörffer, M., 1998: Der ferne Gott. Eine Untersuchung der alttestamentlichen Volksklagelieder vor dem Hintergrund der mesopotamischen Literatur. FAT 21.

Foster, B.R., 1993: Letters and Literature: A Ghost's Entreaty, in: M.E. Cohen / D.C. Snell / D.B. Weisberg, (eds.), The Tablet and the Scroll. Near Eastern Studies in Honor of William W. Hallo, Bethesda, Maryland, 98–102.

Füglister, N., 1988: Die Verwendung und das Verständnis der Psalmen und des Psalters um die Zeitenwende, in: J. Schreiner, Hg., Beiträge zur Psalmenforschung. Psalm 2 und 22. FzB 60, 319–384.

Grelot, P., 1964: *ḥofšī* (Ps. LXXXVIII 6), VT 14, 256–263.

Groß, W., 1999: Gott als Feind des einzelnen? Psalm 88, in: id., Studien zur Priesterschrift und zu alttestamentlichen Gottesbildern. SBAB 30, 159–171.

Gzella, H., 2002: Lebenszeit und Ewigkeit. Studien zur Eschatologie und Anthropologie des Septuaginta-Psalters. BBB 134.

Haag, E., 1986: Psalm 88, in: E. Haag / F.-L. Hossfeld, (eds.), Freude an der Weisung des Herrn. Beiträge zur Theologie der Psalmen. Festgabe zum 70. Geburtstag von Heinrich Groß. SBB 13, 149–170.

Höffken, P., 1981: Beobachtungen zu Ezechiel XXXVII 1–10, VT 31, 305–317.

Illman, K.-J., 1991: Psalm 88 – A Lamentation without Answer, SJOT 1, 112–120.

71 Siehe ferner E.S. Gerstenberger II 2001, 146–147.

Janowski, B., 1989: Rettungsgewißheit und Epiphanie des Heils. Das Motiv der Hilfe Gottes „am Morgen“ im Alten Orient und im Alten Testament. Band I: Alter Orient. WMANT 59.

– –, 2001: Die Toten loben JHWH nicht. Psalm 88 und das alttestamentliche Todesverständnis, in: F. Avemarie / H. Lichtenberger, (eds.), Auferstehung – Resurrection. WUNT 135, 3–45.

Jenni, E., 1992: Die hebräischen Präpositionen. Band 1: Die Präposition Beth, Stuttgart.

Korpel, M.C.A., 1990: A Rift in the Clouds. Ugaritic and Hebrew Descriptions of the Divine. UBL 8.

Krieg, M., 1988: Todesbilder im Alten Testament. AThANT 73.

Loewenstamm, S.E., 1992: From Babylon to Canaan. Studies in the Bible and its Oriental Background, Jerusalem.

Lohfink, N., 1982: *ḥpšy ḥōpšî*, in: ThWAT III, 126–128.

Loretz, O., 1976: Ugaritisch – hebräisch *ḫb/pṯ, bt ḫpṯt – ḥpšj, bjt hḥpšj/wt*, UF 8, 129–131.

– –, 1977: Die hebräischen Termini *ḥpšj* „freigelassen, Freigelassener“ und *ḥpšh* „Freilassung“, UF 9, 163–167.

Mayer, W(erner).(R.), 1976: Untersuchungen zur Formensprache der babylonischen „Gebetsbeschwörungen“. StP.SM 5.

Michel, D., 1997: „Warum“ und „Wozu“? Eine bisher übersehene Eigentümlichkeit des Hebräischen und ihre Konsequenz für das alttestamentliche Geschichtsverständnis, in: id., Studien zur Überlieferungsgeschichte alttestamentlicher Texte. TB 93, 13–34.

Milano, L., 1980: Osservazioni sul bilinguismo ugaritico-accadico, ViOr 3, 179–197.

Rabin, Ch., 1988: Lexical Emendation in Biblical Research, Current Issues in Linguistic Theory 58, 410–411.

Sawyer, J.F.A., 1973: Hebrew Words for the Resurrection of the Dead, VT 23, 218–234.

– –, 1974: The „original meaning of the text“ and other legitimate subjects for semantic description, in: C. Brekelmans, (ed.), Questions disputées d’Ancien Testament. Méthode et Théologie. BEThL 33, 63–70.

Schoors, A., 1972: Literary Phrases, in: RSP I, 1–70.

Seybold, K., 1973: Das Gebet des Kranken im Alten Testament. BWANT 99.

Spronk, K., 1986: Beatific Afterlife in Ancient Israel and in the Ancient Near East. AOAT 219.

Tropper, J., 1989: Nekromantie. Totenbefragung im Alten Orient und im Alten Testament. AOAT 223.

Vermeylen, J., 1977/78: Du prophète Isaïe à l’apocalyptique I-II. Etb.

van der Toorn, K., 1985: Sin and Sanction in Israel and Mesopotamia, Assen/Maastricht.

– –, 1991: Funerary Rituals and Beatific Afterlife in Ugaritic Texts and in the Bible, BiOr 48, 40–66.

Psalm 127 im Vergleich mit syllabischen und alphabetischen Keilschrifttexten[1]

Der Interpret des Psalters sieht sich bei jedem einzelnen Lied dieser Sammlung erneut vor die Frage gestellt, ob bisher bemerkte Verbindungen des biblischen Texts mit altorientalischer Literatur einer Überprüfung standhalten und ob sie durch neue zu ersetzen oder zu ergänzen sind.

0. Einleitung – Forschungsgeschichte

In der Auslegung des kurzen Psalms Ps 127, der die Mitte der sogenannten „Wallfahrtspsalmen“ einnimmt und als Zwillingsgedicht zu Ps 128 gilt[2], nehmen nicht nur mesopotamische und ugaritische Textstellen, sondern auch Passagen aus den El-Amarna Briefen eine beachtenswerte Position ein. Sie werden vor allem beim Versuch herangezogen, eine ursprüngliche Texteinheit und ihre Frühdatierung zu begründen, oder sollen dazu dienen, eine neue Wiedergabe von *šn'* in V. 2, das zumeist mit „Schlaf“ oder „im Schlaf“ übersetzt wird, mit „high estate, honour“[3] oder „Erfolg“[4] zu rechtfertigen.

Bei den Interpreten von Ps 127 herrscht die Tendenz vor, die dunklen Stellen des Textes von einer einheitlichen Sicht des Liedes her zu übersetzen, philologische und poetologische Momente erst ins Spiel zu bringen, wenn sie das im vorhinein bevorzugte Gesamtverständnis des Textes zu bestätigen scheinen. In diesem Zusammenhang werden nicht nur aus der mesopotamischen Literatur das Wortpaar „Haus, Tempel“ || „Stadt“[5] und Belege über allwirksame Tätigkeit von Göttern[6], sondern auch die Amarna-Briefstellen EA 76:38–41; 138:68–70; 279:20–23[7], die ugaritischen Wirtschaftstexte KTU 4.204:1–4; 4.339:25–26 und

1 Zuerst veröffentlicht unter dem Titel „Syllabische und alphabetische Keilschrifttexte zu Psalm 127“ in: Festschrift W. Röllig. AOAT 247.1997, 229–251.

2 Siehe z.B. P.D. Miller 1982, 128–130; M. Millard 1994, 20.

3 J.A. Emerton 1974, 25–30.

4 K. Seybold 1978, 30. 91.

5 D.E. Fleming 1986, 690–692; id. 1995, 436–438.

6 H. Gunkel 1926, 553. Verweis auf neubabylonische Königsinschriften; H.-J. Kraus II 1978, 1039, sieht ein sumerisches Götterlied auf Nisaba als Parallele zu Ps 127 an.

7 Siehe z.B. G. Ravasi III 1984, 598; D.E. Fleming 1995, 442.

die Keret-Stelle KTU 1.16 VI 58[8] angeführt. Diese Zeugnisse aus der Umwelt der Bibel werden sowohl für eine vorexilische Datierung von Ps 127 herangezogen, als auch damit in Zusammenhang für eine militärisch orientierte Auslegung des zweiten Psalmteiles und für eine davon abhängige Gesamtdeutung des Liedes auf den Jerusalemer Tempel und die heilige Stadt verwendet. Im folgenden wird dagegen der Vorschlag unterbreitet, bei der Auslegung von Ps 127 kolometrische Gesichtspunkte vor inhaltlichen zu beachten, philologische Fragen gleichfalls in Verbindung mit kolometrischen abzuklären und erst von dieser Basis her den weiteren Schritt zu wagen, auch außerbiblisches Material in die Interpretation von Ps 127 einzubeziehen.

In der Forschungsgeschichte von Ps 127 lassen sich zwei gegensätzliche Positionen unterscheiden. Vertretern der Texteinheit[9] stehen jene gegenüber, die das Lied in die Teile A (V. 1–2) und B (V. 3–5) aufspalten[10]. Einen Mittelweg gehen jene, die Ps 127 als eine kompositionelle Einheit[11] oder als einen kommentierten Text[12] interpretieren. Es wird auch versucht, die Frage der Texteinheit offen zu halten bzw. zu umgehen und den Blick vom Formalen betont auf des Inhaltliche zu lenken[13].

Die jeweilige Bevorzugung des ersten oder zweiten Psalmteils bei der Gesamtbeurteilung des Liedes erweist sich bei näherem Zusehen als eine offene oder verdeckte Auslegung des Wortpaares *byt* || *ʿyr* „Haus“ || „Stadt“ im ersten Bikolon des Liedes, für das wir drei Auslegungstraditionen vorfinden: *byt* „Haus“ wird entweder auf den Tempel[14], den Palast[15] oder auf ein Privathaus[16] bzw. die damit verbundene Familien-[17] oder Dynastiegründung bezogen. Dementsprechend wird als Bauherr ein König[18] oder ein Privatmann[19] angenommen.

---

8 J.A. Emerton 1974, 29–31.

9 So z.B. F. Hitzig II 1865, 380; F. Bussby 1934, 306–307; H. Herkenne 1936, 408–409; M. Dahood III 1970, 222–223; A.A. Anderson II 1972, 866, „... there is no real reason to doubt the unity of our Psalm“; G. Ravasi III 1984, 589–590; L.C. Allen 1983, 180; D.J. Estes 1990, 305, 311.

10 So u.a. C.A. Briggs / E.G. Briggs II 1907, 457, mit Bickell, Peters, Baethgen, Duhm, Keyne und Davies; H. Gunkel 1926, 553–555.

11 K. Seybold 1978, 30; H. Irsigler 1987, 52. 66.

12 O. Loretz 1974, 176–177.

13 H.-J. Kraus II 1978, 1037, spricht von zwei Sprüchen, die durch einen tieferen Zusammenhang mit einander verbunden seien. Entgegen H. Schmidt will er das Lied nicht vom zweiten Teil (V. 3–5) her als Grußlied zur Geburt eines Sohnes deuten, sondern vom ersten Spruch (V. 1–2) her auf die Gründung einer Familie mit Beschreibung der Leiden und Freuden, die dem Hausvater bevorstehen; ähnlich dürfte auch D.E. Fleming 1995, 435–444, zu verstehen sein, der jedoch den zweiten Psalmteil V. 3–5 stärker in den Vordergrund rückt.

14 D.E. Fleming 1995, 436–438.

15 M. Dahood III 1970, 222.

16 H. Gunkel 1926, 553.

17 A.A. Anderson II 1972, 867; H.-J. Kraus II 1978, 1037, Aufbau einer Familie, veranschaulicht an der Errichtung eines Hauses.

18 M. Dahood III 1970, 222–223.

Eine Vorentscheidung über die Einheit oder die Aufteilung des Textes in zwei getrennte Sprüche beeinflußt auch die Datierung des Liedes. Während die Vertreter der letzteren Richtung allgemein mit einer späten Entstehung des Liedes rechnen, bevorzugen die Befürworter der Texteinheit entweder eine vor- oder eine nachexilische Entstehungszeit des Textes.

Der poetische Aufbau des Liedes wird mit unterschiedlicher Gewichtung in die Deutung einbezogen. Während sowohl V. 1 und 3–5 zu Recht in Bikola eingeteilt werden, stößt dies bei V. 2 auf Hindernisse. Allgemein wird zwar die These vertreten, daß V. 2 den Abschluß des ersten Teils oder des ersten Spruches bilde und in den poetischen Aufbau des Liedes als ursprünglicher Teil desselben voll integriert werden könne; aber die Autoren suchen diese These mit widersprüchlichen Argumenten zu beweisen. Angesichts der mit V. 2 gestellten kolometrischen Probleme wird im folgenden zu untersuchen sein, welche Folgerungen sich von der besonderen Gestalt dieses Liedteils her für die Rekonstruktion der Entstehung von Ps 127 ergeben.

1. Kolometrie und Übersetzung

127.1.1	[*šyr h mʿlwt l šlmh*]		
	———————		
127.1.2	***ʼm YHWH lʼ ybnh byt***	15	
127.1.3	***šwʼ ʿmlw bwnyw bw***	14	
127.1.4	***ʼm YHWH lʼ yšmr ʿyr***	15	
127.1.5	***šwʼ šqd šwmr***	10	
	———————		
	. . .		
127.2.1	[*šwʼ lkm*		[6]
127.2.2	*mškymy qwm*		[9]
127.2.3	*mʼḥry šbt*		[8]
127.2.4	*ʼkly lḥm h ʿṣbym*		[13]
127.2.5	*kn ytn l ydydw šnʼ*]		[14]
	———————		
127.3.1	***hnh nḥlt*** [*YHWH*] ***bnym***	11	[15]

19 C.A. Briggs / E.G. Briggs II 1907, 458; H.-J. Kraus II 1978, 1037.

127.3.2 ***śkr pry h bṭn*** 10
127.4.1 ***k ḥṣym b yd gbwr*** 12
127.4.2 ***kn bny h nʿwrym*** 12

. . .

127.5.1 ***’šry h gbr ’šr ml’*** 14
127.5.2 ***’t ’šptw m hm*** 10
127.5.3 ***l’ybš**[w] **ky ydbr**[w]* 11 [13]
127.5.4 ***’t ’wybym b šʿr*** 12

. . .

127.1.1 [*Ein Reisegruppenlied. Von Salomo.*]

127.1.2 ***Wenn Jahwe das Haus nicht baut,***
127.1.3 ***mühen sich umsonst ‚die Bauleute‘!***
127.1.4 ***Wenn Jahwe nicht die Stadt behütet,***
127.1.5 ***wacht der Hüter umsonst!***

. . .

127.2.1 [*Umsonst ist es für euch,*
127.2.2 *eifrige Aufsteher,*
127.2.3 *säumige Sitzer*[20],
127.2.4 *Esser von Brot der Mühsal zu sein!*

127.2.5 *Ganz richtig gibt er seinem Geliebten Schlaf!*]

127.3.1 ***Siehe, ein Erbteil** [von Jahwe] **sind Söhne,***
127.3.2 ***Lohn ist des Leibes Frucht.***
127.4.1 ***Wie Pfeile in der Hand des Helden,***
127.4.2 ***so sind die Söhne der Jugendzeit.***

. . .

20 Wörtl. „Späthocker“.

127.5.1 ***Glücklich der Mann, der gefüllt***
127.5.2 ***mit ihnen seinen Köcher.***
127.5.3 ***'Er wird nicht zu Schanden', wenn 'er redet'***
127.5.4 ***mit Feinden im Tor.***

. . .

2. Anmerkungen zu Philologie und Kolometrie

127.1.1

šyr „Lied, Kultlied".

m'lwt „Karawane, Reisegruppe"– Karawanen von Juden, die aus den judäischen Randgebieten zum Ma'amadot (= Standmannschaften)-Dienst nach Jerusalem ziehen; Th. Willi 2001, 158–162.
Für *šyr h m'lwt* sind u.a. folgende Übersetzungen gebräuchlich: „Wallfahrtslied"(H. Gunkel 1926, 553; K. Seybold 1996, 487), „Song of Ascents"(J. Wellhausen 1898, 143), „Pilgerpsalmen"(B. Duhm 1922, 428. Zu den verschiedenen Übersetzungen des Wortes *m'lwt* mit „Stufen", „Hinaufzüge", „Stufenrhythmus", „Erhebungen, Preis(lied)", „Wallfahrt"und „Karawanen"siehe u.a. HAL 580: *m'lh*; K. Seybold 1978, 14–16; Th. Willi 2001, 154–162.

l šlmh „von Salomo", ein späterer Zusatz, der in Zusammenhang mit der Glosse *127.2.5* stehen oder durch diese veranlaßt sein könnte; siehe ferner Ps 72,1. Die Autorenangabe „von Salomo" führte auch zur Deutung von *byt* „Haus" in *127.1.2* als Hinweis auf den von Salomo erbauten Tempel in der jüdischen Tradition[21] und bei Theodoret[22]; siehe zu *byt* „Haus, Tempel "ferner die Ausführungen zum folgenden Kolon *127.1.2 –127.1.3*.
Die Notiz über König Salomo deutet die folgende Aussage über das Bauen eines Hauses und einer Stadt auf den Tempel und die Stadt Jerusalem; J.-M. Auwers III 1994, 523, zum Tempelbau Salomos und II Sam 7,27; I Reg 11,38.

---

21 Nach H. Graetz II 1883, 646, wurde *l šlmh* hinzugefügt, weil vom Bauen die Rede sei und dieses auf den Bau des Tempels bezogen wurde.

22 F. Delitzsch 1894, 751; F. Baethgen 1904, 383; vgl. dagegen B. Duhm 1922, 438, der *l šlmh* „nach Salomo" als Hinweis auf die „Sprüche Salomos" bezieht; H. Hitzig II 1865, 382, erklärt *l šlmh* von V. 2 her veranlaßt; F. Delitzsch 1894, 751, sieht *l šlmh* von V. 2 her, weil man in diesem Vers nicht nur eine Anspielung auf den Namen *ydydyh*, den Salomo von Nathan empfing (II Sam 12,25), sondern auch auf seine Ausstattung mit Weisheit und Reichtum im Traum zu Gibeon (I Reg 3,5 ff.) vorfinde. Außerdem erinnere auch die Spruchform des Psalms und die vielen Hinweise auf das Spruchbuch an Salomo.

127.1.2 – 127.1.5

Die erste Strophe setzt sich aus zwei symmetrisch aufgebauten Bikola zusammen, die zugleich eine thematische Einheit bilden. Diese Strophe dürfte einem längeren Text entnommen sein und stellt kaum einen in sich geschlossenen Weisheitsspruch dar, sondern nur einen Abschnitt innerhalb einer ausführlicheren Auflistung von Fällen, in denen der Mensch ohne Jahwes Wohlwollen zum Scheitern (*šw'*) verurteilt ist.

127.1.2 – 127.1.3

byt* || *'yr „Haus / Palast / Tempel" || „Stadt".

byt „Haus / Palast / Tempel"– Theodoret und mittelalterliche jüdische Kommentatoren beziehen *byt* auf den salomonischen Tempel; siehe F. Delitzsch 1894, 751; J. Baker / E.W. Nicholson 1973, 24–27, zu Rashi und Kimḥi. M. Dahood III 1970, 222, versteht dagegen *byt* als Bezeichnung des königlichen Palastes von Jerusalem. Unter den neueren Kommentatoren wird nur vereinzelt *byt* auf den Tempel gedeutet (D.E. Fleming 1995, 436 Anm. 4, verweist auf P.D. Miller; M. Millard 1994, 20 Anm. 95) oder als Anspielung auf den Tempel (G. Ravasi III 1984, 594; M. Millard 1994, 20 Anm. 95) bzw. die Gründung einer Dynastie[23] verstanden. Mehrheitlich wird *byt* auf den Bau eines Hauses und die Gründung einer Familie bezogen (O. Keel 1991, 159). D.E. Fleming 1986, 690–692; id. 1995, 436–438, argumentiert von keilschriftlichen mesopotamischen Quellen, den biblischen Prosastellen Jer 26,6.9.12; I Reg 8,44.48 (= II Chr 6,34.38) und II Reg 23,27 her, daß das Wortpaar mit „Tempel" || „Stadt"zu übersetzen sei. Dieses Verständnis von V. 1 sucht er durch eine ‚militärische' Interpretation von V. 5 abzusichern. Während an den von D.E. Fleming namhaft gemachten Bibelstellen vom Kontext her klar ist, daß das Wortpaar *byt* || *'yr* „Haus (Jahwes)"|| „Stadt (Jerusalem)"vorliegt, ist dies für *127.1.2 – 127.1.3* vom Kontext her nicht unmittelbar ersichtlich. Es ist folglich nicht auszuschließen, daß *byt* || *'yr* in diesem Rahmen als demokratisierter Ausdruck mit „Haus" || „Stadt" zu übersetzen ist.

šw' „wertlos = vergeblich, umsonst" – HAL 1325: *šw'* 4a.

bnyw bw – T.K. Cheyne II 1904, 191, interpretiert die beiden Wörter folgendermaßen: „*bw*, a fragment of dittographed *bwnyw*"; C.A. Briggs / E.G. Briggs II 1907, 459; N. Schlögl 1915, 127, *29; Fr. Delitzsch 1920, par. 132e und 132e*, Verschreibung *yw* für *m*, *bw* als Glosse zu *'mlw*; B. Duhm 1922, 438, lesen mit G zu Recht *bwnym* „Bauleute, Bauende".

23 M. Millard 1994, 20 Anm. 95, vermutet ein Wortspiel mit II Sam 7.

127.2.1 – 127.2.5

Es wird allgemein vorausgesetzt, daß V. 2 eine poetische Einheit bilde und die erste Strophe *127.1.2 – 127.1.5* fortsetze. Über die kolometrische Gliederung von V. 2 bestehen jedoch erhebliche Differenzen, wie folgende Liste zeigt:

1. Zwei Bikola: N. Schlögl 1915, 127; B. Duhm 1922, 438; H. Gunkel 1926, 553; R. Kittel 1929, 397; F. Bussby 1934, 307;
2. Bikolon + Monokolon: J. Wellhausen 1898, 143; K. Seybold 1978, 91;
3. Trikolon: H. Hitzig II 1865, 381;
4. Trikolon + Monokolon: M. Dahood III 1970, 222;
5. Trikolon + Bikolon: F. Baethgen 1904, 383; H. Herkenne 1936, 409; H.-J. Kraus II 1978, 1036; L.C. Allen 1983, 175;
6. Pentakolon: H. Irsigler 1987, 49–50; D.E. Fleming 1995, 435.

Im folgenden wird vorausgesetzt, daß *127.2.1 – 127.2.5* zwei prosaisch strukturierte Kommentierungen bzw. Glossen umfaßt (O. Loretz 1979, 266).

127.2.1 – 127.2.4

Da im Gegensatz zu *127.1.2 – 127.1.5* das *šw'* „umsonst" in *127.2.1* eine andere syntaktische Position aufweist, kann V. 2 kaum als eine Fortsetzung der ersten Strophe verstanden werden. Es liegt in *127.2.1 – 127.2.4* vielmehr eine Glosse zu *šw'* im vorangehenden Abschnitt vor. Die folgenden Aussagen über Frühaufsteher, Nachtschwärmer und Überarbeitete ergänzen sich gegenseitig und sind als eine thematische Einheit gedacht, der jedoch die Kennzeichen eines parallel aufgebauten Trikolons fehlen.

mškymy qwm „eifrige Aufsteher" – R. Bartelmus 1991, 24 Anm. 27, zählt diese Stelle zu den Belegen für absoluten Gebrauch ohne eindeutige zeitliche Konnotation.

m'ḥry šbt „säumige Sitzer"; HAL 34: *'ḥr* pi 3. c. inf. spät tun Ps 127,2; Ges. [18] 39: *'ḥr* Pi. 1. „es ist umsonst, daß ihr...euch spät niedersetzt " Ps 127,2.
Die beiden Formulierungen *mškymy qwm* und *m'ḥry šbt* umschreiben ein rastloses Tun.

'ṣbym „Mühen" – Es liegt kein Grund vor, an ein *'ṣbym* „*idola*, Götzenbilder" zu denken; vgl. dagegen M. Dahood III 1970, 223, der *lḥm 'ṣbym* mit „the bread of idols" übersetzt.

127.2.5

Ein weiterer Zusatz, der in seiner jetzigen Form die vorangehende Glosse *127.2.1 – 127.2.4* mit *šlmh* „Salomo" in *127.1.1* verbindet[24] und zugleich auf jeden Frommen ausweitet. Die Übersetzung dieses Kolons ist strittig. So übernimmt z.B. J. Wellhausen 1898, 143. 212, zwar mit „Even so He gives to His beloved in sleep" eine der eingebürgerten Übersetzungen, vermerkt aber einschränkend, daß die hebräischen Wörter unverständlich seien.

kn „ganz richtig, so" – V. Hamp 1972, 71–74, 76; vgl. dagegen M. Dahood III 1979, 222–223, „the Reliable"; L. Viganò 1976, 174–175, *kn* „il Fedele".

ydydw „sein Geliebter" – Wahrscheinlich wurde ein ursprüngliches *ydydyw* „seinen Geliebten" (BHSd) nachträglich an *l šlmh* (*127.1.1*) angeglichen; siehe zur Diskussion J.-M. Auwers III 1994, 524. Ges.[18] 440–441: *ydyd*, wird *ydyd* als Kollektivum gedeutet: „so gibt er (es) seinen Freunden i. Schlaf".

šn' „Schlaf" – *šn'*, aramaisierende Schreibweise für *š(y)nh*[25]; *šn'* wird zumeist mit „Schlaf" (V. Hamp 1972, 74–76) oder „im Schlaf" (H. Gunkel 1926, 553; Ges.[18] 441: *ydyd* 2; Th. Booij 2000, 268, „To his beloved one He gives it in sleep") übersetzt; zur Debatte siehe u.a. Fr. Delitzsch 1920, par. 47 und 150*; HAL 1474: *šn'*; vgl. dagegen zu *šn'* als Euphemismus für *concubitus* H. Hitzig II 1865, 381, mit Verweis auf Sap 7,2; F. Bussby 1934, 306; D. Winton Thomas 1968, 268; wiederum eine andere Übersetzung gewinnt J.A. Emerton 1974, 25–30, der von *šanah* „to be, or become, high", „exalted in rank", „to shine" ausgeht. Seine Übersetzung (S. 30) von *127.2.5* lautet: „Surely [or, if *kī* is read, For] he [i.e. God] gives high estate, or honour, to him whom he loves."; M. Dahood 1973, 361–362; id. 1975, 103–105, „prosperity"; K. Seybold 1978, 30, 91, „Erfolg"; H. Strauß 1987, 390, „Erfolg"; J.-M. Auwers III 1994, 524 mit Anm. 86; siehe ferner unten Abschnitt 3.1.
Zu ug. *šnt* siehe unten Abschnitt 3.1.

127.3.1 – 127.4.2

Die beiden Bikola *127.3.1 – 127.3.2* und *127.4.1 – 127.4.2* dürften formal und thematisch eine Strophe bilden und als ein Zitat anzusehen sein, das einem anderen Kontext entnommen ist als die formal und inhaltlich verschiedene erste Strophe *127.1.2 – 127.1.5*.

---

24 J.-M. Auwers III 1994, 524, indirekter Verweis auf den Traum Salomos (I Reg 3,4–15).

25 HAL 1474: *šn'*; F. Praetorius 1917, 395, *šn'* aus *šw'* entstanden; K. Budde 1921, 42, sieht *šn'* als eine versprengte Dittographie des dreimal vorhergehende Stichwortes *šw'* an; B. Duhm 1922, 438, bewertet *šn'* entweder als eine Glosse oder eine Variante zu *šbt* (*127.2.3*); R. Kittel 1929, 397, streicht *šn'* als Glosse zu *šw'*.

127.3.1 – 127.3.2

nḥlt || **śkr** „(das) Erbe, unveräußerlicher Erbbesitz" || „(Arbeits-)Lohn".
bnym || **pry h bṭn** „Söhne" || „Leibesfrucht".

Das Bikolon enthält in symmetrischer Anordnung die Wortpaare *nḥlt* || *śkr* und *bnym* || *pry h bṭn.* Das im ersten Kolon redaktionell eingefügte Tetragramm[26] verbindet V. 3–5 mit der ersten Strophe (V. 1). Es erübrigt sich folglich, *śkr* durch *śkrw* „sein Lohn" (H. Gunkel 1926, 555) zu ersetzen. Zugleich erhalten wir auf diese Weise eine Erklärung für die Entstehung der Formulierung *nḥlt YHWH*, die hier von Söhnen, nicht aber, wie sonst immer, von Israel oder seinem Land ausgesagt wird; vgl. S.E. Loewenstamm 1992, 322 mit Anm. 2.

127.4.1 – 127.4.2

ḥṣym „Pfeile"– H. Hitzig II 1865, 382, vermerkt, daß bei Euripides (Iphig. in Taur. V. 57) die Söhne „Säulen" und bei den Arabern „Lanzenspitzen" und „Pfeile" genannt werden; siehe ferner H. Gunkel 1928, 555.
bny h nʿwrym „Söhne der Jugendzeit" – Zu den im Jugendalter gezeugten Söhnen (Gen 21,7; 37,3) vgl. *ʾšt nʿwrym* „eine im Jugendalter verheiratete Frau, Jugendgemahlin" (Jes 54,6; Prov 5,18). Siehe zum Vergleich unten Abschnitt 3.1.
gbwr „Held" – Vgl. dagegen in der folgenden Strophe *gbr*, ein Hinweis auf die unterschiedliche Herkunft der zweiten und dritten Strophe.

127.5.1 – 127.5.4

Die aus zwei Bikola bestehende Strophe dürfte einmal den Anfang eines selbständigen und längeren Makarismus gebildet haben; siehe z.B. den Anfang des Zwillingspsalms 128,1. Sie wurde wahrscheinlich durch Eingriffe in den Text – siehe unten zu *127.5.2 –127.5.3* – an die vorhergehende Strophe *127.3.1 – 127.4.2* angeglichen.

127.5.1

gbr – Siehe zu *gbwr* oben *127.4.1.*

127.5.2

m hm dürfte ein *bnym* „Söhne" ersetzen und folglich eine enge Verbindung mit *bnym* (*127.3.1*) und *bny h nʿwrym* (*127.5.2*) in der vorhergehenden Strophe herstellen.

---

26 Vgl. dagegen C.A. Briggs / E.G. Briggs II 1907, 459, die *bnym* als Glosse mit der Begründung streichen, daß das Wort das Kolon zu sehr verlängere.

127.5.3

Die finiten Verbformen im Plural sind als eine weitere Angleichung an *bnym* und *bny h n'wrym* in der Strophe *127.3.1 – 127.4.2* zu bewerten.

dbr pi „kritisieren, anklagen" – P. Bovati 1994, 74 mit Anm. 22; siehe unten zu Abschnitt 3.2.

3. Parallelisierung von Ps 127 mit ugaritischen, altsyrischen und mesopotamischen Texten

Vergleiche von einzelnen Stellen und Wörtern in Ps 127 mit Texten aus der altorientalischen, semitischen Umwelt dienten bisher vor allem dem Zweck, die These von einer Datierung des Liedes in die vorexilische Zeit zu sichern.

3.1. Ugaritische Texte

Aus der Abfolge von *ḥṣym* „Pfeile" (*127.4.1*) und *'šph* „Köcher"[27] (*127.5.2*)[28] sowie von *utpt ḥẓm* „Köcher für Pfeile" in KTU 4.204:1. 2. 4 wurde nicht nur auf das Fortleben einer alten literarischen Tradition in Ps 127 geschlossen[29], sondern auch gefolgert, daß bereits in der Strophe *127.3.1 – 127.4.2* eine militärische Bildwelt vorliege, die den gesamten zweiten Teil des Liedes beherrsche.[30]

In der auf militärischen Kampf ausgerichteten Argumentation bleibt ausgespart, daß von Pfeil und Köcher in getrennten poetischen Einheiten und Strophen die Rede ist. Während im ersten Fall (*127.3.1 – 127.4.2*) die Söhne aus der Jugendzeit eines Mannes Pfeile genannt werden, setzt die Dichtung im zweiten (*127.5.1 – 127.5.4*) voraus, daß die Söhne beim Rechtsstreit mit Feinden wie Pfeile im Köcher sind.[31] Beiden Strophen ist jedoch die altorientalische Anschauung über Bogen und Pfeile als Symbole für Mannesstärke und sexuelle Kraft gemeinsam.[32]

Wenig gewinnen wir auch aus der Beobachtung, daß im ugaritischen Wirtschaftstext KTU 4.339:25–26 sowohl drei Burschen (*ṯlṯ n'rh*) als auch zwei Söhne

27 Vgl. R. Borger 2001, 2–3, zu *šlṭ* „(Peil)köcher".

28 Siehe ferner Thr 3,12–13.

29 M. Dahood III 1970, 224.

30 D.E. Fleming 1995, 442. Vor D.E. Fleming haben u.a. bereits F. Baethgen 1904, 384, mit Verweis auf Rosenmüller; C.A. Briggs / E.G. Briggs II 1907, 459, eine ‚militärische' Deutung favorisiert.

31 Vgl. *bny 'šptw* „Söhne seines Köchers" = Pfeile (Thr 3,13).

32 H.A. Hoffner 1966, 329 mit Anm. 19; D.J. Estes 1990, 304–311; siehe ferner B. Margalit 1989, 290–291; S.B. Parker 1989, 107–112, zum Thema „Bogen" im Aqhat-Epos.

(*ṯn bnh*) nacheinander aufgeführt werden.[33] Für das Verständnis von *bny h n'wrym* (*127.4.2*) sind aus diesen Wirtschaftstexten keine Folgerungen zu ziehen.

J.A. Emerton begründet seine Übersetzung „high estate, honour" von *šn'* in V. 2 u.a. mit dem vermeintlichen ugaritischen *šnt* „high estate"[34] (KTU 1.16 VI 58)[35].

Da am Schluß des Keret-Epos das Wortpaar *gbl šnt* || *ḥpn* „Gebiet / Grenze der Jahre" || „Grenze, Endpunkt" anzusetzen ist[36], erhalten wir von dieser Seite her zwar einen weiteren Beleg für ugaritisch *šnt* „Jahr", aber keine Stütze für ein hebräisches *šn'* „high estate, honour".

Die Wertschätzung der in der Jugendzeit gezeugten Söhne (*bny h n'wrym*) in *127.4.2* kommt auch darin zum Ausdruck, daß biblische Texte vom *bn zqnym* „dem im Alter gezeugten Sohn" (Gen 37,3) sprechen. Diese Formulierungen spiegeln ältere altorientalische Traditionen wider. So wird in einem ugaritischen akkadischen Weisheitstext vermerkt, daß „ein verspäteter Erbsohn ein (Geld)verlust für [sein] Haus"[37] ist.

W.G.E. Watson sieht in KTU 1.119:35–36 eine Bestätigung der These M. Dahoods, daß in Ps 127,5 *dbr* nicht mit „reden", sondern nach den Amarna-Texten (siehe unten Abschnitt 3.2.) mit „vertreiben" zu übersetzen sei. Er bietet für das letzte Bikolon in Ps 127 folgende Übersetzung:

> Rather than being humiliated
> he'll drive the enemy from the GATE.[38]

Da jedoch in KTU 1.119:28. 35 das Verbum *ydy* „vertreiben"[39] gebraucht wird, läßt sich von dieser Seite her kaum ein Beweis für ein hebräisches *dbr* „vertreiben" führen.

3.2. El Amarna-Briefe

M. Dahood und D.E. Fleming folgern für *dbr* in *127.5.3* von *d/ṭuppuru*[40] in EA 76,38–41; 138:68–70; 279:20–23 her die Übersetzung „to drive back"[41] oder „to

---

33 M. Dahood III 1970, 224.

34 Siehe HAL 1477: *šnh* III.

35 J.A. Emerton 1974, 23–31; K. Seybold 1978, 30, *šn'* „mit Erfolg"; id. 1979, 255 Anm. 39; siehe zur Diskussion ferner HAL 1474: *šn'*.

36 F. Renfroe 1992, 49–51, übersetzt KTU 1.16 VI 57b–58 folgendermaßen: „May you fall within the bounds of your years, || Within your limit/term may you be brought down."; siehe auch M. Dahood 1975, 104, der gleichfalls entgegen J.A. Emerton in KTU 1.16 VI 57b–58 an *šnt* „year(s)" festhält; DLU 448: *šnt* (I).

37 M. Dietrich 1991, 45, zu RS 22.439, Spruch II.i; siehe ferner M. Dahood III 1970, 224.

38 W.G.E. Watson 1984, 286.

39 E. Verreet 1988, 55; DLU 523: */y-d-y/* (I) „arrojar, expulsar".

40 AHw. 1380: *ṭapāru* etwa „sich herandrängen an (Akk.)" D vertreiben, entfernen (*duppuru*).

41 M. Dahood III 1970, 222, 225; siehe ferner E. Lipiński 1968, 351 mit Anm. 131; G. Ravasi III 1984, 598.

drive from"[42]. Diese Übersetzung hat auch in die Lexikographie Eingang gefunden.[43] Auf diese Weise wird versucht, die traditionelle forensische Deutung des Bikolons *127.5.3 – 127.5.4* zu verabschieden und die Ungereimtheiten zu bereinigen, mit denen frühere militärische Deutungen des letzten Bikolons von Ps 127 zu kämpfen hatten.[44]

Gegen eine juristisch-forensische Auslegung des Bikolons *127.5.3 – 127.5.4* wird angeführt, daß man mit *'wybym* „Feinden" nicht „rede" (*dbr*), sondern sie „vertreibe" (*dbr*).[45]

Für eine militärische Deutung von *dbr* und von *'wybym* im letzten Bikolon des Liedes lassen sich entgegen D.E. Fleming weder die Prosa-Stellen Gen 22,17; Dtn 28,55. 57; I Reg 8,37, noch das Wort *'wybym* „Feinde" anführen. Denn erstere Stellen kennen kein Verbum *dbr* und ein *'wyb* „Feind" muß nicht notwendigerweise ein militärischer Gegner sein. Nach Ausweis der Lexika wird mit *'wyb* „Feind" auch ein Widersacher im privaten Bereich bezeichnet.[46]

Der Rechtsstreit eines mit zahlreichen Söhnen gesegneten Mannes im Stadttor[47] endet mit Erfolg, da er seinen Worten durch die anwesenden Söhne Nachdruck verschafft.[48] Die Macht eines Mannes steigt vor allem, wenn er sich mit

---

42 D.E. Fleming 1995, 435. 442.

43 HAL 201: *dbr* I pi 2) wegtreiben; DCH II 396: **dbr* IV „drive out, pursue" pi; auch G. Schmuttermayr 1971, 196, rechnet *dbr* in Ps 127,5 neben Ps 47,4; Hi 19,18; Cant 5,6 und II Chr 22,10 zu den Stellen, die für eine Abhebung von *dbr* „reden" mit Sicherheit in Frage kämen.

44 F. Baethgen 1904, 384, macht gegen Rosenmüller geltend, daß *dbr* nie die Bedeutung *perimere* (*sed periment hostes in porta*) habe. Er selbst behilft sich mit einer reichlich allegorischen Erklärung: „... wohl aber kann und wird mit *ydbrw* die deutliche Sprache der Kriegswaffen gemeint sein; vgl. Gen 22,17; 24,60."; C.A. Briggs / E.G. Briggs II 1907, 459, erklären die Übersetzung „*when they speak with enemies*" folgendermaßen: „meet them face by face and indulge in sharp words preliminary to battle".

45 D.E. Fleming 1995, 443.

46 HAL 37: *'(w)yb*; H. Gunkel 1926, 555, betont, daß auch die Gegner vor Gericht „Feinde" sind und auch im Tor oft genug die Macht entscheide (Prov 22,22; Hi 5,4) und der Sohn des Vaters Rächer (Sir 30,6; P. Skehan / A.A. Di Lella 1987, 376, verweisen auf Ps 127,5) ist.

47 Zum Stadttor (*š'r*) als Sitz von Ältesten, Richtern und Königen, die dort Streitigkeiten regeln und zu Gericht sitzen, siehe Dtn 21,19; 22,15; II Sam 18,24; 19,9; I Reg 22,10; Jes 29,21; Am 5,12.15; Hi 5,4; 31,21; Prov 24,7; 31,23.31; Ruth 4,1.11.
Siehe zu dieser altorientalischen Tradition u.a. KTU 1.17 V 6–8, wo beschrieben wird, wie König Aqhat vor dem Tor zusammen mit den Mächtigen das Urteil für Witwen und Waisen fällt; A. Schoors, RSP I 1972, 59–62, Nr. 46–47; H. Wildberger 1980, 47–48, zu Jes 1,16–17.

48 Wer im Stadttor oder bei Gericht in schwacher Position erscheint – wie z.B. Witwen und Waisen – verliert beim Prozeß, wogegen der Starke – ein Mensch mit großer Familie und Sippe – gewinnt (Prov 22,22; Hi 5,4; Sir 30,6; F.A. Klein 1881, 62–63, zeigt, daß noch im Palästina des 19. Jh. Söhne Ehre und Macht eines Mannes und der Familie erhöhen. Eine zahlreiche Familie hat Macht und kann etwas durchsetzen; G.H. Dalman 1901, 299, zitiert hierzu aus einem Lied folgende Stelle: „die Stärke des Mannes besteht in seinen Männern", d.h. in den Männern seiner Verwandtschaft, die für ihn eintreten; W. Staerk 1920, 257–258; B. Duhm 1922, 439; H. Gunkel 1926, 555; O. Keel 1991, 162). Zur Frage, inwieweit beim

besonders kraftvollen Söhnen aus seiner Jugendzeit umgibt (V. 3–4). Wer im Tor, am Ort des Prozesses, genügend Helfer und / oder Geld hatte, konnte ungestraft auch Unschuldige körperlich mißhandeln.[49]

Es erübrigt sich folglich, das Verbum *dbr* in Ps 127,5 als archaische Ausdrucksweise[50] einzustufen, es bis auf die Amarna-Briefe zurückzuführen, und *'wyb* „Feind" allein auf militärische Feinde zu beziehen. Eine juristisch-forensische Auslegung wird nicht nur dem Text von V. 5, sondern insgesamt dem Zusammenhang von V. 3–5 am besten gerecht.

3.3. Mesopotamische Texte

H. Gunkel führt in seiner Auslegung von Ps 127,1 Inschriften Nabonids an[51], in denen von Marduk und Sîn gesagt wird, daß in Stadt und Land nichts ohne die Gottheit gegründet und gebaut werden kann.[52] Er betont zugleich, daß dieser Gedanke neben Ps 127,1 auch in Prov 21,31; Ps 33,16–20; 147,10 zum Ausdruck gebracht werde.

Als eine bemerkenswerte altorientalische Parallele zu Ps 127 sieht H.-J. Kraus mit anderen[53] das folgende Lob der Göttin Nisaba an:

> Nisaba, wo du es nicht festsetzst,
> baut der Mensch kein [Haus], baut er keine Stadt,
> baut er keinen Palast, bestellt er keinen König,
> besorgt er nicht die Reinigungskulte der Götter.
> . . .

Gericht im Tor die Ältesten durch korrupte königliche Beamte ersetzt oder verdrängt werden, siehe u.a. H. Niehr 1987, 82–84, zu Jes 1,23; 10,1–2.

Zur Stellung der Armen (*'bywn* „arm, bedürftig, wirtschaftlich schwach", sowie *dl* „schwach, gering, arm", *mskn* „Armer", *rš* „politisch und ökonomisch inferior", *'ny* „ökonomisch arm, unterdrückt, ausgebeutet, leidender Mensch") und deren Behandlung in der Rechtsprechung siehe u.a. J.D. Pleins 1992, 402–414.

49 F. Crüsemann 1992, 191–192, zu Hi 31,21 (BHSa-a, *'ly-tm*) und verwandten Texten aus der Weisheit und den Propheten; E.S. Gerstenberger 1996, 71; id. II 2001, 346, betont zu Recht, daß männliche Nachkommen einer Familie, die kräftig zuschlagen können, den Bestand der Familie gegen örtliche Konkurrenz garantieren.

50 So D.E. Fleming 1995, 443.

51 H. Gunkel 1926, 553.

52 S. Langdon 1912, 239, „O Herr, oberster der Götter, du Fürst Marduk, ohne dich wird keiner Wohnung Grund gelegt, noch ihr Grundriß gebildet, ohne dich, wer kann irgend etwas tun? O Herr, auf dein erhabenes Geheiß, was dir wohlgefällt, laß mich tun."
Siehe ferner folgende Aussage Nabonids: „Sîn, König der Götter des Himmels und der Erde, ohne den Stadt und Land weder verworfen, noch wiederhergestellt werden ..." (H. Schaudig 2001, 438).

53 E. Lipiński 1968, 351; P.D. Miller 1982, 121. 130–130; G. Ravasi III 1984, 589, verwendet die Aussagen des Liedes auf Nisaba als Argument für seine These von der Einheit des Textes von Ps 127.

Die Herrin, die Herzensfreude *schenkt*, bist du,
guten Samen legst du in den Mutterleib,
läßt die Frucht im Mutterleib groß werden,
schenkst der Mutter die Liebe zum Kind.[54]

Der Lobpreis der besonderen bzw. ausschließlichen Macht einer Gottheit ist dem Bereich der Unvergleichlichkeitsaussagen im Alten Orient zuzuordnen.[55] Israel schränkt die Unvergleichlichkeit der Gottheit auf Jahwe ein. Nur er kann letztlich Bauherr eines Hauses und Beschützer einer Stadt sein.

4. Aufbau, „Sitz im Leben", Gattung und Datierung von Ps 127

Nach der vorgetragenen philologischen und kolometrischen Interpretation setzt sich Ps 127 aus den drei Strophen V. 1. 3–4[56] und 5 zusammen. Die zweifache prosaische Kommentierung in V. 2 durchbricht die poetische Grundstruktur des Liedes und lockert diese auf.

Die drei Strophen sind durch unterschiedliche poetische Strukturen charakterisiert. Die erste Strophe hat einen streng parallelen Aufbau, die zweite enthält einen Vergleich und die dritte besteht aus zwei Enjambements. Alle drei Strophen wurden wahrscheinlich verschiedenen Dichtungen entnommen und zu einer neuen Einheit zusammengefügt.

Von dieser Entstehungsgeschichte her besteht keine Möglichkeit, Ps 127 entweder in die zwei selbständigen Einheiten V. 1–2 und 3–5 zu zerteilen oder als eine ursprüngliche organische Einheit auszulegen.[57] Wir haben vielmehr ein redaktionelles Kompositum aus drei poetisch aufgebauten Strophen vor uns, das später durch die beiden Glossen in V. 2[58] und den Zusatz *l šlmh* in der Überschrift kommentiert wurde.[59]

---

54 A. Falkenstein 1953, 66–67; H.-J. Kraus II 1978, 1039.

55 C.J. Labuschagne 1966, 31–63, zu Texten über die Unvergleichlichkeit eines Gottes in Mesopotamien, Ägypten und Ugarit; O. Loretz 1997a, 49–60. 141–152; H. Schaudig 2001, 695, zu *(w)ēdu*.

56 Vgl. dagegen K. Seybold 1978, 31 mit Anm. 19, der vermutet, daß V. 3 ein redaktioneller Zusatz sei, der den Anschluß von V. 4–5 an V. 1–2 vollziehe.

57 Vgl. dagegen z.B. F. Sedlmeier 1996, 166–167, der von einem „in sich geschlossenen, integren Text" spricht, so daß sich eine Aufteilung des Psalms in verschiedene literarische Schichten erübrige. Als Gewährsleute für seine These von der „Einheitlichkeit des Psalms" nennt er A. Deissler, F. Nötscher, H.-J. Kraus, G. Ravasi und O. Keel.

58 Entgegen K. Seybold 1978, 30, wird davon abzusehen sein, V. 2 und darin wiederum das strittige *šn'* zum Ausgangspunkt der Interpretation des Psalms zu erklären.

59 H. Irsigler 1987, 61. 66, unterscheidet wenigstens drei Stadien der Textgeschichte, wobei er grundsätzlich an der traditionellen Einteilung des Liedes in A (V. 1–2) und B (V. 3–5) festhält.

Ps 127 ist folglich ein Produkt nachexilischer Schriftgelehrsamkeit.[60] Aus der Verbindung der *m'lwt*-Lieder mit dem Wachdienst der Ma'amadot in Jerusalem geht hervor, daß wir die Anfänge dieser Liedgruppe in die persisch-hellenistische Zeit zu verlegen haben.[61] Eine vorexilische Datierung ist auszuschließen.[62] Man wird folglich Ps 127 der nachkultischen Psalmdichtung und deren weisheitlichen Tendenzen zurechnen.[63]

Die ursprünglich verschiedenen Strophen V. 1. 3–4 und 5 wurden redaktionell folgendermaßen miteinander verbunden:

1. Das nachträglich in *127.3.1* eingesetzte Tetragramm schließt die zweite Strophe (*127.3.1 – 127.4.2*) an die erste (*127.1.2 – 127.1.5*) mit dem zweimaligen *YHWH* an.
2. Das *m hm* in *127.5.2*, das ein *bnym* „Söhne" ersetzen dürfte, verkettet die letzte Strophe (*127.5.1 – 127.5.4*) mit der vorhergehenden zweiten (*127.3.1 – 127.4.2*), in welcher die in der Jugend gezeugten Söhne im Mittelpunkt stehen.
3. Eine nachträgliche Verstärkung erhält der Zusammenhalt der Strophen durch die Kommentierungen in V. 2. Denn es wird sowohl das zweimalige *šw'* „umsonst" in der ersten Strophe hervorgehoben als auch nochmals der Gedanke betont, daß alles von Jahwe kommt, ohne daß der Mensch bewegend oder hindernd in das Geschehen eingreifen könnte.

---

60 S. Mowinckel II 1962, 114. 205, zu Ps 127 als Werk der Schreiber und Gelehrten; vgl. dagegen L.C. Allen 1983, 178, der von einer Poesie der Volksweisheit („popular, didactic religious wisdom poetry") spricht.

61 Th. Willi 2001, 158–162.
Die Datierung in die persische Zeit findet sich nicht nur in älteren und neueren Kommentaren, sondern auch in rezenten Arbeiten (H. Irsigler 1987, 64). Teilweise wurde sogar an die griechische Zeit gedacht (C.A. Briggs / E.G. Briggs II 1907, 458).

62 Vgl. dagegen für eine vorexilische Datierung z.B. M. Dahood III 1970, 222–223; D.E. Fleming 1995, 443, begründet sein Plädoyer für eine Frühdatierung folgendermaßen: „Psalm 127 combines the pithy sayings of a folk wisdom with ideology rooted in the Jerusalem-centered world of both the temple cult and the Deuteronomistic theology ... The confidence of security and victory in v. 2 and 5, in context of the specific referents originally inherent in ‚house' and ‚city' of v. 1, suggest that Jerusalem and the temple still stand as signs of God's care." D.E. Fleming 1995, 440. 444, sucht ferner, Ps 127 eng an das Deuteronomium anzubinden. Dagegen dürfte doch jenen Autoren zuzustimmen sein, die alle Vorlagen für Ps 127 – auch V. 1 – auf weisheitliche Traditionen zurückführen und die zwischen Ps 127 und dem Buch Deuteronomium keine unmittelbare Verbindung festzustellen vermögen. Das von D.E. Fleming 1995, 438 mit Anm. 13, konstruierte Problem einer Übereinstimmung von sumerischer und biblischer Tradition ohne Mittelglied besteht nur, wenn man mit ihm geneigt ist, das Lied von V. 5 her „militärisch" zu deuten und von dieser Perspektive her V. 1 auf den Tempel zu beziehen.

63 H. Gunkel 1926, 553. 555, bezeichnet Ps 127,1–2 und 3–5 jeweils als „Weisheitsspruch"; Nic.H. Ridderbos 1976, 239 Anm. 1; M. Millard 1994, Weisheitspsalm; vgl. dagegen F. Sedlmeier 1996, 167, der mit O. Keel von einem Hymnus spricht; G. von Rad 1970, 71 mit Anm. 37, zählt Ps 127 mit Ps 1; 34; 37; 49; 73; 111; 112; 119; 128; 139 zu den Thorapsalmen.

Ps 127 lobt die Ausschließlichkeit und Unvergleichlichkeit Jahwes, der den Seinen letztlich den Erfolg schenkt. Bleibendes Wirken und Familienglück stammen von ihm.

Ein Zusammenhang mit dem nachexilischen Tempelbau wurde zwar mehrfach angenommen[64], aber auch in Abrede gestellt.[65]

Weiterhin bleibt in der Forschung strittig, inwieweit und wie in den Wallfahrtspsalmen das Thema Segen mit der Wallfahrt zum Jerusalemer Tempel und anderen kultischen Begehungen letztlich zu verbinden ist.[66] Die Rolle des Segens (*brkh*) in den *m'lwt*-Liedern dürfte darauf zurückzuführen sein, daß die aus den judäischen Randgebieten nach Jerusalem ziehenden Gruppen jeweils von der örtlichen Gemeinschaft verabschiedet und empfangen wurden.[67]

Durch den Zusatz *l šlmh* „von Salomo" (*127.1.1*) wird das Lied auf den Tempelbau und die Stadt Jerusalem bezogen. Jahwe ist der Wächter über den Tempel und die Stadt Jerusalem.[68]

Ps 127 beweist auf erfrischende Weise, daß auch kommentierende Glossen einem Text dauernde Aktualität verleihen. Denn die Bemerkung, daß der Herr seinem Liebling Schlaf gibt (V. 2), ist seit ihrer Eintragung zum beliebten Sprichwort „*Den Seinen gibt's der Herr im Schlaf!*"[69] und zu einem beständigen Anziehungspunkt für Leser und Interpreten geworden.

Literatur[70]

Auwers, J.-M., 1994: Le psautier hébraïque et ses éditeurs. Recherches sur une forme canonique du livre des Psaumes III, Louvain, 523–525.

– –, 2000: La composition littéraire du Psautier. Un état de la question. CRB 46.

Baker, J. / E.W. Nicholson, 1973: The Commentary of Rabbi David Kimḥi on Psalms CXX-CL, Cambridge.

Booij, Th., 2000: Psalm 127,2b: a Return to Martin Luther, Bib. 81, 262–268.

64 G. Ravasi III 1984, 590, sieht darin eine Aktualisierung des Textes. Das *byt* „Haus" (V. 1) sei im Rahmen des Psalms das Geschenk Gottes an das Volk (Neh 4,7–23; Ps 121,4–5) und das Zeichen seiner Gegenwart (Jes 29,5–8; 30,18–19; 31,3–6; Jer 24,6; 31,4. 28).

65 F. Baethgen 1904, 383, sieht einen Bezug auf den Tempelneubau gegen Theodoret von Mopsuestia als zu speziell an.

66 Siehe zur Diskussion über die Gruppe der Wallfahrtspsalmen und deren Sitz im Leben u.a. M. Millard 1994, 35–41. 222; H. Viviers 1994, 798–811.

67 Th. Willi 2001, 161.

68 F. Sedlmeier 1996, 171.

69 A. Stadler, „Die Menschen lügen. *Alle*" und andere Psalmen, Frankfurt a.M. / Leipzig [7]2001, 94.

70 Siehe ferner J.-M. Auwers III 1994, 523–525; Th. Wittstruck II 1994, 881–884; E.S. Gerstenberger II 2001, 348.

Borger, R., 2001: Johannisbrot in der Bibel und im Midrasch: Über Fortschritt, Rückschritt und Stillstand in der biblischen Philologie, ZAH 14, 1–19.

Budde, K., 1921: Nachträge und Verbesserungen zu Zeitschr. f. d. Alttest. Wiss. 1915 S. 175 ff., JBL 40, 42.

Bussby, F., 1934: A Note on *šn'* in Ps. CXXVII 2, JThS 35, 306–307.

Conti, M., 1998: Presente e futuro dell'uomo nei Salmi sapienziali. SPAA 34.

Crüsemann, F., 1992: Die Tora. Theologie und Sozialgeschichte des alttestamentlichen Gesetzes, München.

Dahood, M., 1973: Hebrew-Ugaritic Lexicography XI, Bib. 54, 351–366.

– –, 1975: The *aleph* in Ps CXXVII 2 *šēnā'*, Or. 44, 103–105.

Daiches, S., 1933: Psalm 127:2. A New Interpretation, ExpTim 45, 24–26.

Dalman, G.H., 1901: Palästinischer Diwan, Leipzig.

Dietrich, M., 1991: Der Dialog zwischen *Šūpē-amēli* und seinem ‚Vater'. Die Tradition babylonischer Weisheitssprüche im Westen, UF 23, 33–68.

Edwards, E., 1942/43: Ps 127,2b, ExpTim 54, 25–26.

Emerton, J.A., 1974: The Meaning of *šēnā'* in Psalm CXXVII 2, VT 24, 15–31.

Estes, D.J., 1990: Like Arrows in the Hand of a Warrior (Psalm CXXVII), VT 41, 304–311.

Falkenstein, A., 1953: Siehe: *Falkenstein, A. / W. von Soden.*

Falkenstein, A. / W. von Soden, 1953: Sumerische und akkadische Hymnen und Gebete, Zürich / Stuttgart.

Fischer, I., 1994: Selig, wer auf die Tora mit Lobliedern antwortet! Seligpreisungen in den Psalmen, TPQ 142, 192–196.

Fleming, D.E., 1986: „House"/„City": An Unrecognized Parallel Word Pair, JBL 105, 689–693.

– –, 1995: Psalm 127: Sleep for the Fearful, and Security in Sons, ZAW 107, 435–444.

Gerstenberger, E.S., 1996: Welche Öffentlichkeit meinen das Klage- und das Danklied?, JBTh 11, 69–89.

Hamp, V., 1972: „Der Herr gibt es den Seinen im Schlaf", Ps 127,2d, in: J. Schreiner, (ed.), Wort, Lied und Gottesspruch. Beiträge zur Septuaginta. Festschrift für Joseph Ziegler. Erster Teil. FzB 1, 71–79.

Higgins, A.G., 1965: A Metrical Version of Psalm 127, CQR 166, 425.

Hoffner, H.A., 1966: Symbols for Masculinity and Feminity. Their Use in Ancient Near Eastern Sympathetic Magic Rituals, JBL 85, 326–334.

Huyck, M.C., 1966: Psalm-city: A Study of Ps 127, Worship 40, 510–519.

Irsigler, H., 1987: „Umsonst ist es, daß ihr früh aufsteht...". Ps 127 und die Kritik der Arbeit in Israels Weisheitsliteratur, BN 37, 48–72.

Joüon, P., 1930: Notes philologiques sur le texte hébreu de Psaume 5,4; 44,26; 104,20; 120,7; 123,4; 127,2b.5b; 132,15; 144,2, Bib. 11, 81–85.

Käser, W., 1970: Beobachtungen zum alttestamentlichen Makarismus, ZAW 82, 225–250.

Keel, O., 1991: Psalm 127: Ein Lobpreis auf Den, der Schlaf und Kinder gibt, in: F.V. Reiterer, (ed.), Ein Gott, eine Offenbarung. Beiträge zur biblischen Exegese, Theologie und Spiritualität. Festschrift für Notker Füglister OSB zum 60. Geburtstag. Würzburg, 155–163.

Klein, F.A., 1881: Mittheilungen über Leben, Sitten und Gebräuche der Fellachen in Palästina (II.), ZDPV 4, 57–84.

Kuntz, J.K., 1977: The Retribution Motif in Psalmic Wisdom, ZAW 89, 223–233.

Labuschagne, C.J., 1966: The Incomparability of Yahweh in the Old Testament. POS 5.

Lack, R., 1978: Sal 127, in: id., Letture strutturaliste dell'Antico Testamento, Roma 1978, 160–161.

Langdon, S., 1912: Die neubabylonischen Königsinschriften. VAB IV.

Lipiński, E., 1968: Macarismes et psaumes de congratulation, RB 75, 321–367. (S. 350–353: Le psaume CXXVII).

Loewenstamm, S.E., 1992: Naḥ^{a}lat YHWH, in: id., From Babylon to Canaan. Studies in the Bible and its Oriental Background, Jerusalem, 322–360.

Loretz, O., 1974: Psalmenstudien III, UF 6, 175–210.

– –, 1997: Syllabische und alphabetische Keilschrifttexte zu Ps 127, in: B. Pongratz-Leisten / H. Kühne / P. Xella, (eds.), *Ana šadî Labnāni lū allik*. Beiträge zu altorientalischen und mittelmeerischen Kulturen. Festschrift für Wolfgang Röllig. AOAT 247, 229–251.

– –, 1997a: Des Gottes Einzigkeit. Ein altorientalisches Argumentationsmodell zum „*Schma Jisrael*", Darmstadt.

Margalit, B., 1989: The Ugaritic Poem of AQHT. BZAW 182.

McAlpine, T.H., 1987: Sleep, Divine & Human, in the Old Testament. JSOT.S 38.

Miller, P.D., Jr., 1982: Psalm 127 – The House that Yahwe Builds, JSOT 22, 119–132.

Niehr, H., 1987: Rechtsprechung in Israel. Untersuchungen zur Geschichte der Gerichtsorganisation im Alten Testament. SBS 130.

Parker, S.B., 1989: The Pre-Biblical Narrative Tradition. SBL.RBS 24.

Pleins, J.D., 1992: Poor, Poverty, ABD V, 402–414.

Praetorius, F., 1917: Bemerkungen zu den *Šîr hamma'ălôt*, ZDMG 71, 389–400. (S. 394–395: Ps 127).

Renfroe, F., 1992: Arabic-Ugaritic Lexical Studies. ALASP 5.

Rickenbacher, O., 1973: Einige Beispiele stilistischer Analyse alttestamentlicher Texte, in: W. Bühlmann/K. Scherer, Stilfiguren der Bibel. BiBe 10, 95–102. (Ps 127: S. 100–102).

Ridderbos, Nic.H., 1976: Psalmen und Kult, in: P.H.A. Neumann, Zur neueren Psalmenforschung. WdF 192.1976, 234–279 = Psalmen en Cultus. Rede uitgesproken bij de aanvaarding van het ambt van hoogleraar in de theologie aan de Vrije Universiteit te Amsterdam op vrijdag 30 Juni 1950, Kampen 1950, 3–29, 32–40.

Schaudig, H., 2001: Die Inschriften Nabonids von Babylon und Kyros' des Großen samt den in ihrem Umfeld entstandenen Tendenzschriften. Textausgabe und Grammatik. AOAT 256.

Schmuttermayr, G., 1971: Psalm 18 und 2 Samuel 22. Studien zu einem Doppeltext. SANT 25.

Sedlmeier, F., 1996: Jerusalem – Jahwes Bau. Untersuchungen zu Komposition und Theologie von Psalm 147. FzB 79. (Ps 127: S. 72–73. 166–171).

Seybold, K., 1998: Erfolgsrisiko: Predigt über Psalm 127,1, in: id., Studien zur Psalmenauslegung, Stuttgart, 305–309.

Strauß, H., 1987: „Siehe, Jahwes Erbbesitz sind Söhne." Psalm 127 als ein Lied der Ermutigung in nachexilischer Zeit, in: M. Oeming / A. Graupner, (eds.), Altes Testament und christliche Verkündigung. Festschrift für Antonius H.J. Gunneweg zum 65. Geburtstag, Stuttgart u.a., 390–398.

Thomas, D. Winton, 1968: A Note on *šnh yhyw zrmtm* in Psalm XC 5, VT 18, 267–268.

Wildberger, H., 1980: Jesaja. 1. Teilband Jesaja 1–12. BK X/1.²1980.

Willi, Th., 2001: Das *šyr hmʿlwt*. Zion und der Sitz im Leben der „Aufstiegslieder" Psalm 120–134, in: B. Huwyler / H.-P. Mathys / B. Weber, (eds.), Prophetie und Psalmen. Festschrift für Klaus Seybold zum 65. Geburtstag. AOAT 280, 153–162.

Psalm 137
Ein Gespräch mit B. Duhm und H. Gunkel über textologische Vorurteile[1]

In der biblischen und nachbiblischen jüdischen Überlieferung nimmt die Mahnung, vergangenes Unrecht im Gedächtnis zu behalten, eine zentrale Stelle ein. Primo Levi hat dieser Tradition in seinem Buch über Ausschwitz einen von der biblischen Sprache getönten und an Ps 137 erinnernden modernen Ausdruck gegeben:

Ihr, die ihr gesichert lebet,
In behaglicher Wohnung:
Ihr, die ihr abends beim Heimkehren
Warme Speise findet und vertraute Gesichter:
Denket, ob dies ein Mann sei,
Der schuftet im Schlamm,
Der Frieden nicht kennt,
Der kämpft um ein halbes Brot,
Der stirbt auf ein Ja oder Nein.
Denket, ob dies eine Frau sei,
Die kein Haar mehr hat und keinen Namen,
Die zum Erinnern keine Kraft mehr hat,
Leer die Augen und kalt ihr Schoß
Wie im Winter die Kröte.
Denket, daß solches gewesen.
Es sollen sein diese Worte in eurem Herzen.
Ihr sollt über sie sinnen, wenn ihr sitzet
In einem Haus, wenn ihr geht auf euren Wegen,
Wenn ihr euch niederlegt und wenn ihr aufsteht;
Ihr sollt sie einschärfen euern Kindern.
Oder eure Wohnstatt soll zerbrechen,
Krankheit soll euch niederringen,
Eure Kinder sollen das Antlitz von euch wenden.[2]

---

1 Erweiterte Fassung des Beitrags „‚An den Wassern Babels' – Psalm 137. Ein Gespräch mit B. Duhm und H. Gunkel über textologische Vorurteile", in: I. Kottsieper etc., (eds.), „Wer ist wie du, Herr, unter den Göttern?" Studien zur Theologie und Religionsgeschichte Israels für Otto Kaiser zum 70. Geburtstag, Göttingen 1994, 402–415.

2 Primo Levi, Ist das ein Mensch?, dtv 11561. ^{4}1995, 9.

Unter den biblischen Texten formuliert Ps 137 mit harten Worten die Pflicht, die Vergangenheit mit ihrer Ungerechtigkeit stets vor Augen zu halten. Symbolisch steht hierfür das Schicksal Jerusalems für das des ganzen Volkes.

Die aus Ps 137 leicht zu entnehmende Aussage ist in einen Text eingebunden, dem in mannigfacher Weise das Interesse der Kommentatoren und Glossatoren zuteil geworden ist. Die modernen Interpreten des Liedes suchen folglich oft verzweifelt nach Mitteln und Wegen, diesem problembeladenen Text im einzelnen eine Gliederung in poetische Einheiten und einen vertretbaren Sinn abzugewinnen.

In der Forschungsgeschichte von Ps 137 zeigt sich besonders, daß die einzelnen Interpreten in der Auslegung des Psalmenbuches divergierende hermeneutische Ansätze zur Anwendung bringen. Diese betreffen in erster Linie die Behandlung des Textes: Vorurteile über Metrum, Strophik, Einheit und Ursprünglichkeit sowie Alter eines Textes stehen dabei oft im Vordergrund. Diese wiederum hängen von Einwirkungen philosophischer und geistesgeschichtlicher Entwicklungen in der westlichen Kultur ab. Welche Probleme folglich bei einer Begegnung moderner europäischer und amerikanischer Interpreten mit einem altorientalisch-jüdischen Text entstehen können, soll im folgenden exemplarisch an Hand von Ps 137 und den Auslegungen, die wir B. Duhm und H. Gunkel verdanken, illustriert werden.

1. Anschauungen über die Kolometrie von Ps 137

Bei B. Duhm und H. Gunkel, die beide ihre exegetischen Interessen mit schriftstellerischer Kraft zu vertreten wissen, wird besonders deutlich, daß sie mit ihren Auffassungen über das Wesen des Dichters und des Dichterischen im deutschen Idealismus und im deutschen Historismus des 19. Jahrhunderts[3] wurzeln. Sie sind deren Genieästhetik und Erlebnisbegriff verhaftet.[4] Die individuelle schöpferische Dichterpersönlichkeit wird in dieser Sicht zur alleinigen Schöpferkraft.

Von dieser Basis aus, die sie mit romantischen Vorstellungen über den Vorrang des Ursprünglichen ausschmücken, gehen sie an die Interpretation der Psalmen heran, ohne je zu einer kritischen Sicht ihres eigenen Vorgehens zu gelangen.

Ps 137, das Lied über Babel und Jerusalem – Zion, bietet sich für eine Untersuchung in dieser Richtung schon deshalb an, weil es allgemein wegen seines emotional gehaltenen Inhalts[5] und seiner poetischen Form, die besonders strittig

3 Zum historischen Ereignis und zur Betonung der Individualität im deutschen Historismus siehe u.a. F. Jaeger / J. Rüsen 1992, 1. 25–28. 30–34.

4 H.-G. Gadamer, Wahrheit und Methode 1965, 52–66, zu „Genieästhetik und Erlebnisbegriff" im deutschen Idealismus.

5 M. Buttenwieser 1969, 219, bewertet z.B. den Psalm folgendermaßen: „As a human document the psalm is priceless. It is unparalleled for its realistic analysis of the emotions of a vanquished nation."; M. Emmmendörffer 1998, 185, beginnt seine Auslegung mit den

ist[6], als singuläre Erscheinung unter den Psalmen angesehen wird[7] und in keines der traditionellen westlichen Interpretationssysteme einzuordnen ist.

H. Gunkel beschließt seine Einleitung zu Ps 137 mit folgenden Worten: „Bemerkenswert ist, daß ein literaturgeschichtlich so stark zusammengesetztes Lied schon in der Zeit nicht lange nach dem Exil möglich gewesen ist: schon damals waren die reinen Gattungen längst ausgebildet vgl. Einleitung par. 12."[8] Diese Bewertung beruht bei ihm u.a. auf der Voraussetzung, daß das Versmaß des Psalms aus Sechsern und Fünfern bestehe. Sie führt ihn ferner zur Folgerung: „Textänderungen um des Verses willen sind unnötig ... Regelmäßige Strophenbildung ...".[9]

Mit letzterer Feststellung wendet sich H. Gunkel ausdrücklich gegen Bikell, Duhm und Haupt. Denn B. Duhm nimmt an, daß Ps 137 durchgehend nach dem Vermaß 3 + 2 aufgebaut ist und in V. 1 und 8 sekundäre Überladungen vorliegen.[10] Desgleichen setzt auch S. Mowinckel, der Antipode H. Gunkels, bei Ps 137 ein Qinah-Metrum an.[11]

Auf Grund dieser Debatte über das Versmaß von Ps 137 wenden wir uns im folgenden in erster Linie der Frage zu, ob H. Gunkel Ps 137 als Beweis für seine These von den Mischmetra[12] in den Psalmen anführen kann oder ob er mit ihr nur einen Ausweg aus einem der Dilemmata sucht, die seiner Theorie über die Gattungen von seiten der Kritiker vorgeworfen werden.

In der Debatte über die Entstehung der Psalmen nimmt innerhalb des Interpretationssystems von B. Duhm Ps 137 eine Sonderstellung ein: Dieses „Volkslied"

Worten: „Psalm 137, der sich wie ein erratischer Block im Psalter ausnimmt, sprengt jegliche formale und inhaltliche Einordnung."

6 Die Urteile der Interpreten über die prosaische und / oder poetische, ursprüngliche oder sekundär erweiterte Form des Textes gehen weit auseinander; K. Seybold 1994, 509, nimmt z.B. an, daß sich der ganze Psalm in stilisierter Prosa präsentiere, aber in V. 1–6 scheine nach Abzug prosaischer Elemente (V. 1b, Erklärungen) eine Art Qinah-Gedicht noch durchzuschimmern. Dagegen findet es E.S. Gerstenberger II 2001, 393, kaum möglich, eine längere Entwicklung des Textes nachzuweisen, in deren Verlauf verschiedene Elemente miteinander verbunden worden seien. D.N. Freedman 1980, 304–321, geht sogar von der These aus, daß der Text in seinem ursprünglichen poetischen Zustand überliefert sei und nur die masoretische Vokalisation an einigen Stellen zu Veränderungen geführt habe. S. Segert 1999, 172–179, behandelt Ps 137 als Beispiel für die nachexilische Poesie, die „alternation prosody" verwende.

7 H. Gunkel 1926, 580, „eine Dichtung ganz besonderer Art"; W.E.O. Oesterley 1939, 545, „The psalm is, in character, unique in the psalter."; P. Auvray 1963, 602, betont, daß Ps 137 und 45 keiner Kategorie der Psalmenforschung zuzuordnen sind; U. Kellermann 1978, 52–54; K. Seybold 1994, 509, stellt lakonisch fest: „Ps 137 ist in mehrfacher Hinsicht ein singuläres Textstück."; M. Emmendörfer 1998, 185, notiert zum Thema folgendes: „Psalm 137, der sich wie ein erratischer Block im Psalter ausnimmt, sprengt jegliche formale und inhaltliche Einordnung."

8 H. Gunkel 1926, 137–138.

9 H. Gunkel 1926, 581.

10 B. Duhm 1922, 452–454.

11 S. Mowinckel 1957, 54–55; id. II 1967, 130 Anm. 7.

12 O. Loretz 1993, 98–100.

könne das älteste des Psalters sein.[13] Es sei wahrscheinlich unter solchen Leuten aufgekommen, die nicht lange nach der Zerstörung Jerusalems aus Babylon geflüchtet oder mit Erlaubnis der neuen Herren von dort ausgewandert seien.[14]

Sowohl H. Gunkel als auch B. Duhm führen von ganz unterschiedlichen Ansatzpunkten her Ps 137 auf *einen* Dichter zurück.[15] Im folgenden wird zu zeigen sein, daß sie mit dieser Anschauung in einer neueren deutschen Tradition über das Wesen des Dichterischen stehen[16], die zu Fehlurteilen führen muß, wenn sie unbesehen auf einen altorientalischen biblischen Text wie Ps 137 übertragen wird.[17]

Trotz großer und zahlreicher Differenzen im Detail sind sich beide Autoren auf Grund ihrer Anschauung über die Bedeutung des Individuellen im Dichterischen darin einig, daß die ursprüngliche Einheit des Textes von Ps 137 fast vollständig erhalten sei. B. Duhm und H. Gunkel interpretieren Wörter, die das Metrum stören, als wertlose, auszuscheidende spätere Zutaten. Es ist folglich an erster Stelle zu klären, ob dieser poetologische Grundsatz der beiden Interpreten im Falle von Ps 137 anwendbar ist.

Wie bereits anzudeuten war, erfährt die kolometrische und strophische Gliederung des Liedes große Beachtung.[18] Sowohl über Metrum[19] als auch über Länge und Anzahl der Strophen [20] konnten die Autoren bislang jedoch keine Einigung erzielen. Wir haben uns folglich an erster Stelle der Kolometrie von Ps 137 zuzuwenden.

---

13 B. Duhm 1922, XX. 454.

14 B. Duhm 1922, 454.

15 B. Duhm 1922, 454, der Dichter schildere, was er selbst mitgemacht habe; H. Gunkel 1926, 578, leitet seine Interpretation mit dem Satz ein: „Der Dichter des gewaltigen Psalms versetzt sich in die Tage der babylonischen Gefangenschaft."

16 Siehe oben Anm. 4.

17 Das Problem des schöpferischen Individuums ist nicht mit dem des „Ichs" in den Psalmen, das entweder „individuell" (E. Balla 1912, 5) oder kollektiv gedeutet wird, zu verwechseln. Es wäre jedoch getrennt zu untersuchen, inwieweit eine starke Betonung des invididuellen Charakters des „Ich" in den Psalmen von modernen europäischen Ideen beeinflußt ist.

18 Siehe oben Anm. 6.

19 C.A. Briggs / E.G. Briggs II 1907, 485, „three pentameter tetrastichs; B. Duhm 1922, 452, 3 + 2; H. Gunkel 1926, 581, Sechser und Fünfer; A.A. Anderson 1972, 897, „The metre of the Psalm is irregular."; U. Kellermann 1978, 48 mit Anm. 18; M. Halle / J.J. McCarthy 1981, 163, bestimmen das Metrum von Ps 137 folgendermaßen: „... this poem is written in a syllable-counting meter. This is essentially Freedman's view. But the algorithm for syllable-counting proposed here differs in that syllables following the last stress in a line are regarded as extrametrical and invariably omitted from the count."

20 Siehe z.B. N.J. Schlögl 1915, 134, drei Strophen zu je zwei Bikola; A. Condamin 1933, 180–181, mit Reuss drei Strophen zu je vier Einheiten; H. Spieckermann 1989, 117, drei Teile mit je vier Bikola; vgl. dagegen F. Delitzsch 1894, 776–777, sechs Strophen zu je zwei Bikola im Qinah-Metrum; B. Duhm 1922, 452–454, sechs Strophen zu je zwei Bikola im Qinah-Metrum; H. Gunkel 1926, 581, schließt sich ausdrücklich F. Delitzsch an und fordert drei Strophen zu je einem Bikolon + ein Trikolon, drei Strophen zu je zwei Bikola; S. Segert 1999, 173, acht Dikola und vier Trikola.
Siehe ferner die Listen der Gliederungen bei P. van der Lugt 1980, 437–440; M. Emmendörffer 1998, 186 Anm. 432.

2. Kolometrie und Übersetzung

Für Ps 137 seien folgende Kolometrie und strophische Gliederung[21] vorgeschlagen[22]:

137.1.1	***ʿl nhrwt bbl***	10	
137.1.2	***šm jšbnw***	7	
137.1.3	[*gm bkynw b zkrnw ʾt ṣywn*][23]		[19]
137.2.1	***ʿl ʿrbym*** [*b twkh*] ***tlynw***	12 [17]	
137.2.2	***knrwtynw***	8	

═══════════════

137.3.1	***ky šm šʾlwnw šwbynw***	16 (10)	
137.3.2	***dbry šyr*** [*w twllynw śmḥh*]	7 [19]	
137.3.3	[*šyrw lnw m šyr ṣywn*]		[15]

. . .

. . .

═══════════════

. . .[24]

---

21 Zur Debatte über die strophische Gliederung von Ps 137 siehe u.a. P. van der Lugt 1980, 437–440.

22 Während sowohl H. Gunkel als auch B. Duhm gemeinsam voraussetzen, daß der Text von der metrischen Gestaltung her zu begreifen ist, geht H. Spieckermann 1989, 117. 121. 334, den entgegengesetzten Weg. Er bemerkt, daß im ersten Teil des Liedes die Bikola von ganz unausgewogener Länge seien, ohne daß der Text zureichenden Anlaß für literarkritische Besserungsversuche gäbe. Angesichts der sorgfältigen inhaltlichen Komposition ist nach H. Spieckermann zu überprüfen, ob nicht auch die ungewöhnliche Gestaltung des *Parallelismus membrorum* aus dem Inhalt heraus verständlich werde. Er kommt schließlich zu folgendem Ergebnis: „Angesichts der Sprengung der Gebetsform wird vielleicht auch die unausgewogene Länge der Kola verständlich. Das formale Gleichmaß scheint bewußt vermieden zu sein, da es in schroffem Gegensatz zum Wortlaut des Psalms stünde. Auch die Verweigerung der formalen Harmonie muß die Zerrissenheit des Inhaltes widerspiegeln." (a.a.O., S. 121). Mit diesen Worten dürfte der Autor seine Vorurteile über „Text" deutlich genug machen. Er räumt dem „Inhalt" einen absoluten Vorrang vor der Form ein. Diese Methode vermag er nur mit seiner subjektiven Anschauung über den in Ps 137 möglichen Inhalt zu begründen.
Dieser Methode schließt sich auch sein Schüler M. Emmendörffer 1998, 187 Anm. 434, ohne Vorbehalte an.

23 Die Klammer [ ] bedeutet auch im Falle von Ps 137 nicht, daß der damit gekennzeichnete Text eigentlich *gestrichen* werden sollte, sondern dient nur der Kennzeichnung von Textteilen, die späterer Herkunft sind; vgl. dagegen die aus der Luft gegriffene Insinuation bei M. Emmendörffer 1998, 187 Anm. 434.

24 Das *137.4.1* vorangehende Bikolon fehlt; siehe zu *137.3.3*.

. . .

137.4.1 ***'yk nšyr*** [*'t*] ***šyr YHWH*** 14 (11) [16]
137.4.2 ***'l 'dmt nkr*** 9

137.5.1 ***'m 'škḥk yrwšlm*** 13
137.5.2 ***tškḥ ymyny*** 9

137.6.2 ***'m l' 'zkrky*** 10
137.6.1 ***tdbq lšwny*** [*l ḥky*] 9 [13]

137.6.3 [*'m l' ''lh 't yrwšlm 'l r'š śmḥty*] [24] (16 + 10)

137.7.1 ***zkr YHWH l bny 'dwm*** 15 (11 + 4)
137.7.2 [*'t*] ***ywm yrwšlm*** 9 [10]

137.7.3 ***h 'mrym 'rw 'rw*** 12
137.7.4 ***'d h yswd bk*** 9

137.8.1 [*bt bbl h šdwdh*] [11]

137.8.2 ***'šry š yšlm lk*** [*'t gmwlk*] 11 [18]
137.8.3 ***š gmlt lnw*** 8

137.9.1 ***'šry š y'ḥz w npṣ*** 13
137.9.2 ***'t 'llyk*** [*'l h sl'*] 7 [13]

137.1.1 ***An den Strömen Babels***
137.1.2 ***wohnten wir.***

137.1.3 [*Dennoch weinten wir, als wir Zions gedachten!*]

137.2.1 ***An die Euphratpappeln*** [*in ihrer Mitte*] ***hängten wir***
137.2.2 ***unsere Zithern.***

137.3.1 ***Denn dort forderten unsere Häscher von uns***
137.3.2 ***Worte von Liedern.*** [*Und unsere Verhöhner Freude!*]

137.3.3 [*Singt uns eins von den Zion-Liedern!*]
. . .
. . .

. . .
. . .

137.4.1 ***Wie sollen wir ein Jahwe-Lied singen***
137.4.2 ***auf fremder Erde?***

137.5.1 ***Wenn ich dein vergesse, Jerusalem,***
137.5.2 ***so ‚magere ab' meine Rechte!***
137.6.2 ***Wenn ich dein nicht gedenke,***
137.6.1 ***so klebe meine Zunge an*** [*an meinem Gaumen*]***!***

137.6.3 [*Wenn ich Jerusalem nicht setze über die höchste meiner Freuden!*]

137.7.1 ***Gedenke Jahwe, den Edomitern***
137.7.2 ***Jerusalems Tag!***
137.7.3 ***Die sprachen: „Reißt nieder, reißt nieder***
137.7.4 ***bis auf ihren Grund!"***

137.8.1 [*Tochter Babel, Zerstörerin!*]

137.8.2 ***Heil dem, der dir vergilt*** [*dein Tun*],
137.8.3 ***was du uns angetan hast!***

137.9.1 ***Heil dem, der faßt und zerschmettert***
137.9.2 ***deine Kinder*** [*am Felsen*]***!***

3. Kolometrische und philologische Anmerkungen

137.1.1

nhrwt „Ströme" = Euphrat und Kanäle von Babylon – AHw. 748: *nāru* „Fluß, Wasserlauf, Kanal"; LHVT 503: *nhr.* „*nhrwt* dicitur etiam *fluvius cum suis ramis ac canalibus*, ... Euphrates Ps 137₁"; Ges.[17], S. 490: *nhr.* „*nhrwt bbl* der Euphrat u. seine Kanäle (n. Haupt, OLz 10 65, dag. *Intensivpl.*) Ps 137₁".

bbl „Babel" – D.N. Freedman 1980, 307, liest mit 11QPs[a] *bbbl.*

137.1.2

yšbnw – Siehe J. Kühlewein 1973, 43–44, zur Debatte, ob in Ps 137,1–3 die Perfekte im Präsens oder in der Vergangenheit wiederzugeben sind. Es ist unter den Interpreten ferner strittig, ob *yšb* an dieser Stelle mit „sitzen" oder „wohnen" (Sh. Bar-Efrat 1997, 5) zu übersetzen ist. Die Exulanten wohnten zwar in einem wasserreichen, also idealen Land, aber dennoch war ihre Situation zum Weinen.

137.1.3

zkrnw 't ṣywn – B. Duhm 1922, 452; S. Mowinckel 1957, 54; G. Fohrer 1993, 132 Anm. 1, sehen nur *b zkrnw 't ṣywn* als Zusatz an.

ṣywn „Zion", Bezeichnung des in den Jerusalemer SO-Hügel mündenden Bergrückens – Th. Willi 2001, 153–154, zur Entwicklung und Bezeugung der Zionsvorstellung in der Jesaja-Schule, Sach, Mi und im Psalter.

137.2.1

Eine Auffüllung und Verdeutlichung, die in Zusammenhang mit *137.1.3* erfolgt sein dürfte.

'rbh – HAL 832: *'rbh* I „Euphratpappel".

137.2.2

knwr „Zither, Leier". Bei der Totenklage schweigt die Leier, vgl. Gen 31,27; Hi 30,31; Sir 22,6. Klageinstrument ist die Flöte (Jer 48,36; Mt 9,23); U. Kellermann 1978, 57.

137.3.2

w – Der Zusatz ist als eine *w*-Glosse zum vorangehenden Bikolon zu lesen.

twll – Vorschläge: 1. von *hll* III po zum Gespött machen; 2. prop. *mwlykynu* oder *šwllynw*; 3. **tll* = ar. *talla* anbinden, gebundene Sklaven hart wegführen; siehe zur Diskussion HAL 1567: **twll.*

137.3.3

Ein Zusatz, der das in *137.1.3* angeschlagene Zion-Motiv aufnimmt. H. Gunkel 1929, 578, bildet aus *137.3.3* ein Bikolon (2 + 2); B. Duhm 1922, 452–453, streicht mit Bickell *šyrw lnw* und fordert folgendes Bikolon: *w twllynw śmḥh* || *m šyr ṣywn* „Und unsere Verhöhner Freude || Aus Zionliedern"; S. Mowinckel 1957, 54; id. 1967 II, 130, versetzt in *137.3.2* das Wort *śmḥh* nach *dbry šyr* und gestaltet aus dem Rest von V. 3 folgende Einheit *w twllynw* || *šyrw lnw m šyr ṣywn* „and those who plundered us asked there: || Sing for us a Zion-song!',,. Es ist nicht ersichtlich, wie S. Mowinckel die Zuordnung dieser Einheit zu dem von ihm postulierten Qinah-Metrum rechtfertigen könnte.

Der zweite Teil der Strophe fehlt. Die Wiederholung von *'l* in der ersten Strophe *137.1.1 – 137.2.2* zeigt, daß in diesem ersten Teil des Liedes mit Strophen zu je zwei Bikola zu rechnen ist. Es ist kaum anzunehmen, daß das Bikolon *137.4.1 – 137.4.2* als direkte Fortsetzung von *137.3.1 – 137.3.2* anzusehen ist.

šyr ṣywn „Zionslied" – Zu *ṣywn* siehe oben *137.1.3*.

137.4.1

't – Vielleicht ein verdeutlichender Zusatz.

šyr YHWH „Jahwe-Lieder" – Die Jahwe-Lieder werden in der späteren Kommentierung zu Zion-Liedern, siehe *137.1.3* und *137.3.3*.

137.5.1 – 137.6.3

Der Abschnitt *137.5.1 – 137.6.3* bildet eine eigene Strophe; vgl. dagegen die Verteilung dieser Bikola auf zwei verschiedene Strophen bei B. Duhm 1922, 453; H. Gunkel 1926, 578.

Nach N. Rabe 1995, 429, 446–449, bilden V. 5–6 einen viergliedrigen Chiasmus, dessen viertes Glied verdoppelt sei und der aus zwei Konditionalsatzgefügen bestehe. Diese kolometrische Konstruktion zwingt zur Bildung von parallelen Kola in *137.5.2 –137.6.1* und der ungewöhnlichen Wortpaare *škḥ* || *dbq* und *ymyn* || *lšwn*. Außerdem fordert er für *137.6.3* eine Überlänge (26) im Vergleich zu den vorangehenden vier Kola (13 || 9 || 13 || 10).

In *137.6.1 – 137.6.2* dürfte eine Verwechslung der Kola eingetreten sein, wahrscheinlich bedingt durch den Zusatz von *137.6.3*. Durch diese Umstellung erhalten wird zwei aufeinander folgende Konditionalsätze, die jeweils mit *'m* eingeleitet werden.

137.5.2

škḥ – Schreibfehler für *kḥš* „abmagern“ (HAL 447: *kḥš* qal, zu Ps 109,24; 448: *kḥš* „Siechtum“, zu Hi 16,8; LHVT 352: *kḥš*², emacruit et debilis evasit caro alcs Ps 109,24; **kḥš*² macies aegroti, Hi 16,8); siehe zur Diskussion über *škḥ* u.a. HAL 478: *kšḥ* cj. „lahm werden“; 1381: *škḥ* II?; N. Rabe 1995, 430–435.
Bei einer Klärung der Bedeutung des strittigen *škḥ* hilft die Beobachtung weiter, daß innerhalb des Abschnittes V. 5–6 die Apodosen parallel angeordnet sind: *tškḥ ymyny* || *tdbq lšwny*. Aus dieser Parallelität ist zu folgern, daß kaum das Verbum *škḥ* „vergessen“ vorliegen dürfte, sondern mit einem Schreibfehler zu rechnen ist. Fr. Delitzsch 1920, 91, schlägt z.B. mit H. Graetz, Krochm., Cheyne und B. Duhm vor, *tkḥš* zu lesen. Er begründet diese Korrektur zu Recht mit dem Hinweis, daß der Schreibfehler durch das unmittelbar vorausgehende *'škḥk* begünstigt worden sei.
Eine Diskussion des ugaritischen Verbums *ṯkḥ* (HAL 1381–1382: ? II *škḥ*; N. Rabe 1995, 433–434; M. Dietrich / O. Loretz 1996, 914) erübrigt sich in diesem Zusammenhang.
Das Abmagern der Hand soll als Auswirkung der Selbtsverfluchung ein künftiges Zitherspiel verhindern.[25] Diesem Rückverweis auf das Bikolon *137.2.1 – 137.2.2* folgt in der anschließenden Einheit *137.6.2 – 137.6.1* die Verhinderung des Gesangs durch das Ankleben der Zunge am Gaumen und damit eine Rückkoppelung an *137.3.1 – 137.3.2* und *137.4.1 – 137.4.2*. Zitherspiel und Gesang sind auch sonst in der biblischen Tradition eng mit einander verbunden (Gen 31,27; Jes 23,16; Ez 26,13; Ps 71,22–23; 81,3; 98,5; 147,7; Neh 12,2-7; I Chr 13,8; 25,6; II Chr 5,12); N. Rabe 1995, 448.

137.6.2 – 137.6.1

Zu dieser Umstellung siehe oben zu *137.5.1 – 137.6.3*

137.6.1

l ḥky „an meinem Gaumen“ ergänzt nachträglich vorangehendes *lšwny* „meine Zunge“.

137.6.3

Ein prosaischer Zusatz, der strukturell von den zwei vorangehenden Bikola abweicht; siehe oben zu *137.3.3*.

25 Die Zither wird mit der Hand gespielt (I Sam 16,16. 23); N. Rabe 1995, 448.

137.7.1 – 137.9.2

Ein neuer Abschnitt über Edom, der nachträglich zur Hälfte mittels des Zusatzes *137.8.1* auf Babylon bezogen wurde.

137.7.1

zkr – J. Kühlewein 1973, 55–56, zur Bitte an Jahwe, er möge des Vergangenen gedenken.

bny ’dwm „Edomiter“ – U. Kellermann 1978, 57–58, zum Verhalten der Edomiter 587 v. Chr. Die Edomiter scheinen kurz vor dem Ende eine mit Juda und anderen Kleinstaaten geschlossene Koalition (Jer 27,3) gebrochen zu haben. Deshalb prangere Ob 11 das tatenlose Zusehen der Edomiter als Schuld an. Die in Ps 137,7 erwähnte Aufforderung an die Babylonier, die Stadt noch nachträglich zu zerstören, erkläre sich, wie auch die Niedermachung und Auslieferung der Flüchtigen (Am 1,11; Ob 11–14), aus der Haltung, den babylonischen Eroberern die Ernsthaftigkeit der fast zu späten Unterwerfung zu dokumentieren. Möglicherweise spielten Ob 11 und Ps 137,7 gerade auf die Anwesenheit der edomitischen Delegation an, die die Unterwerfung habe anbieten müssen.

137.8.1

Eine Glosse, die den Kontext auf Babel bezieht; C.A. Briggs / E.G. Briggs II 1907, 485; vgl. dagegen B. Duhm 1922, 454; H. Gunkel 1929, 578, die *137.8.1* mit dem folgenden Text verbinden. Sie zerreissen auf diesem Weg die nachfolgende Strophe, deren Bikola jeweils parallel mit *’šry* einsetzen.

šdwdh „Zerstörerin“ – LHVT 823: *šdwdh*, als poetisches Wort eingestuft. Die Verfluchung scheint sich gegen die noch mächtige Stadt zu richten.
Vgl. HAL 1318: *šdd* qal 1aγ, prop. *hašōdedāh*, vgl. U. Kellermann 1978, 44–46, „du der Verwüstung geweihte“; J.P.M. van der Ploeg II 1974, 427; id. 1985, 429, mit Delitzsch, Baethgen, „celle qui va être détruite“, drohende Zerstörung.
Es ist folglich strittig, in welcher Weise *šdwdh* für eine Datierung von Ps 137 herangezogen werden kann; vgl. J.P.M. van der Ploeg 1985, 428–429. In diesem Zusammenhang ist vor allem zu beachten, daß es sich um einen späteren Zusatz deutet, der eine Umdeutung des Edom-Kontextes auf Babylon vornimmt.
Eine hiervon völlig verschiedene Textbehandlung verfolgt U. Kellermann 1978, 48, der in V. 8 mit einer Textbearbeitung rechnet, in deren Folge ein ursprüngliches „Edom“ durch Babel ersetzt worden sei. Er schlägt als Lesung vor: „Tochter >Edom<, du der Zerstörung geweihte“.

137.8.2 – 137.9.2

Dieser Abschnitt ist in Anknüpfung an die vorhergehende Strophe V. 7 nicht auf die Edomiter, sondern auf Edom selbst zu beziehen.

137.8.2

'šry – F. Renfroe 1988, 517. 524, zur Parallelität von *'šry* in *137.8.2* und *137.9.1*.
š – Das dreimalige Relativpronomen *š* in V. 8–9 dient als Argument für eine Spätdatierung; J.P.M. van der Ploeg 1985, 428, Ende des vierten oder Anfang des dritten Jh. v. Chr.
't gmwlk – B. Duhm 1922, 454; H. Gunkel 1929, 578. 582, bilden aus *bt bbl h šdwdh* und *'šry š yšlm lk* ein Bikolon und streichen mit Bickell *'t gmwlk š gmlt lnw*.

137.9.2

'l h sl' – Sinngemäße Glossierung.
U. Kellermann 1978, 47–48, weist zu Recht darauf hin, daß an den Parallelstellen (II Reg 8,12; Jes 13,16; Hos 10,14; 14,1; Nah 3,10), die gleichfalls von der Tötung von Säuglingen als Kriegsbrauch zur Totalauslöschung des Gegners handeln, die Näherbestimmung *'l h sl'* fehle und eine Anspielung auf die ehemalige Edomiterhauptstadt Sela nicht von der Hand zu weisen sei. Dies bleibe für Ob 3 ebenfalls zu vermuten, und der chronistische Midrasch II Chr 25,11–12 zu II Reg 14,7 werte den Ortsnamen ätiologisch zur Konstruktion einer Geschichtstatsache aus.

4. Aufbau, Gattung und Datierung

Der Text von Ps 137 besteht aus den drei thematisch verschiedenen und folglich ursprünglich von einander unabhängigen Blöcken V. 1–4. 5–6. 7–9, die alle eine Strophenbildung zu je zwei Bikola aufweisen.

Im ersten Block V. 1–4 ist von *šyr YHWH* „Jahwe-Liedern“ (*137.4.1*) die Rede, die in der Kommentierung als *šyr ṣywn* „Zion-Lieder“ erklärt werden (*137.1.3* und *137.3.3*). [26]

Dieser erste Teil ist mittels des Stichwortes *śmḥh* „Freude“ mit dem zweiten verknüpft (*137.3.2* und *137.6.3*).

26 H. Spieckermann 1989, 118, deutet das Verhältnis zwischen den Zions- und den Jahwe-Liedern rein inhaltlich mit der Bemerkung, daß beim Übergang vom Befehl zur Frage aus den Zionsliedern Jahwelieder geworden seien.

Während im ersten Teil das Vergessen Jerusalems nicht nur keine Rolle spielt, sondern vom Tenor des Liedes her auch nicht erwartet wird, steht Jerusalem im zweiten Block V. 5–6 ganz im Vordergrund.

Der dritte Block V. 7–9 ist vollständig dem Thema Edom und dem Haß der Edomiter gegen Jerusalem gewidmet.

Beachtenswert ist auch das Ergebnis, daß alle drei Teile des Psalms, die als Zitate aus längeren Texten anzusehen sind, dem Qinah-Metrum folgen. Diese Zufälligkeit ist wahrscheinlich als ein Hinweis darauf zu verstehen, daß dieses Metrum in exilisch-nachexilischer Zeit sehr beliebt war. Da das Qinah-Metrum anerkanntermaßen nicht nur für Klagelieder verwendet wurde, ist die Schlußfolgerung unzulässig, Ps 137 sei aufgrund des Metrums ein Klagelied. [27]

Sowohl B. Duhm als auch H. Gunkel gehen dagegen von der Annahme aus, daß Ps 137 ein in sich geschlossenes, ursprüngliches Lied sei. B. Duhm vergleicht es mit einem Volkslied.[28] H. Gunkel spricht von *einem* „Dichter des gewaltigen Liedes“.[29] Beide Kommentatoren sind sich auch darin einig, daß nur wenige Zusätze den Text belasten. B. Duhm nimmt drei Streichungen vor (V. 1 *b zkrnw 't ṣywn*, V. 3 *šyrw lnw*, V. 8 *'t gmwlk š gmlt lnw*). H. Gunkel beschränkt sich auf den letzten Vorschlag von Bickell und Duhm zu V. 8.

Beide Autoren zeigen mit ihren Streichungen an, daß sie die produktive Weiterarbeit am Text wenig schätzen und als wertlos erachten. Auch der Gedanke, daß die von ihnen vorgenommenen Streichungen Teile einer neuen Textkomposition sein könnten, bleibt ihnen fremd.

Es wird noch zu zeigen sein, daß sie mit diesem Verfahren der Textbehandlung ihre Vorurteile über Textwerdung und Texteinheit anzeigen.

In der literarischen Bewertung des Liedes nimmt H. Gunkel eine eigentümliche Position ein. Einerseits geht er von der Einheit des Liedes, dem Werk eines Dichters aus, und andererseits betont er, daß es sich um ein „so stark zusammengesetztes Lied“ handle.[30]

Die allein aus der schöpferischen Kraft einer Dichterpersönlichkeit abgeleitete Einheit des Textes vermag er nur zu retten, indem er den Psalm „seinem Hauptinhalt nach der Gattung der ‚Flüche‘“[31] zuordnet. Einem solchen Fluch sei eine

---

27 E. Beaucamp II 1972, 266, schließt z.B. vom Qinah-Metrum her unmittelbar auf die Gattung des Liedes, wobei er sich jedoch zugleich gezwungen sieht, seine Erkenntnis zu relativieren: „De par son rythme de qinah, il entre tout naturellement dans la catégorie des lamentations; mais il s'agit d'un type de lamentation inconnu ailleurs dans le psautier, la prière en étant absente.“; ähnlich verfährt S. Segert 1999, 173, der zu folgendem Schluß gelangt: „Thus the majority of verse lines with more accents in the first colon than in the second one belongs to the type known as *‚qīnā verse,‘* represented in lamentations. This fits Psalm 137 which is characterized as a communal lamentation.“

28 B. Duhm 1922, 454.

29 H. Gunkel 1926, 578.

30 H. Gunkel 1926, 580.

31 H. Gunkel 1926, 580; id. 1933, 308, führt aus, daß im Psalter der Fluchwunsch in seiner ursprünglichen Art nur in Ps 137 vorkommt.

poetische Geschichtserzählung als Einleitung vorangestellt (V. 1–4). Die Form der drei folgenden Flüche in V. 4–9 sei eine sehr verschiedene: zuerst die eines bedingten Wunsches (V. 5–6), dann die des Gebetes an Jahwe (V. 7), und schließlich die einer Segnung des Vernichters des Feindes (V. 8–9).[32] Ps 137 sei ohne Parallele.

Von dieser Basis her kommt H. Gunkel zum Ergebnis, daß Ps 137 „einer verhältnismäßig späten Dichtung, die dem Zeitalter der Auflockerung und Mischung der strengen Gattungen entstammt"[33], zuzuordnen sei.

H. Gunkels Gedanken zur Entstehung von Ps 137 führen letztlich zu der in seinem System – es läßt nur einen Dichter zu, der in einem Zug verschiedene Gattungen nachahmt, selbst neu produziert und mischt – nicht erlaubten Frage, ob der „Dichter" von Ps 137 aus bereits ihm vorliegenden Liedern eine neue Texteinheit komponiert hat. Die Funktion des Dichterischen und des Dichters wären so entgegen H. Gunkel neu zu bestimmen.

Eine Reihe von Gründen sprechen, wie noch des näheren zu zeigen ist, gegen H. Gunkels Lösung und für eine neue Sicht poetischer Genese.

H. Gunkel ist in erster Linie bestrebt, einen in sich geschlossenen Text nachzuweisen, so daß „Textänderungen um des Verses willen"[34] unnötig sind. Dieses Vorurteil bedingt nicht nur, daß er eine einzige Streichung (V. 8) vornimmt, sondern auch, daß er mit einem gemischten Metrum rechnet, das aus Sechsern und Fünfern bestehe.[35] Durch diese Methode gelingt es ihm vordergründig, einen glatten Text herzustellen. Sobald man jedoch seine Anschauung vom Mischmetrum – bei einem einzelnen Dichter in einem einzelnen Text – generell abweist und insbesondere berücksichtigt, daß in Ps 137 alle drei Abschnitte grundsätzlich dem Qinah-Metrum folgen[36], verliert seine Argumentation an Stringenz.

Außerdem zeigt sich, daß in H. Gunkels Interpretationssystem die intensive Weiterarbeit am Text, die in *137.1.3, 137.2.1, 137.3.2, 137.3.3, 137.6.3, 137.8.1, 137.8.2* und *137.9.2*, ersichtlich wird, viel zu kurz kommt.

Von seinem textologischen Postulat der Einheitlichkeit her nimmt er die von ihm selbst bestens konstatierte Dreigliedrigkeit des Textes zu wenig ernst. Er vermag es nicht, aus seiner Vermutung die nötigen Konsequenzen zu ziehen. Der Gedanke, daß hier eine Komposition von Zitaten aus vorliegendem *schriftlichem* Material gegeben sein könnte, bleibt ihm ebenso fremd wie B. Duhm, der von einem Volklied spricht.

Aus der vorgelegten kolometrischen Analyse des Textes ergibt sich dagegen der zusammengesetzte Charakter von Ps 137. Die Neuheit und Singularität von Ps

32 H. Gunkel 1926, 580.
33 H. Gunkel 1933, 308.
34 H. Gunkel 1926, 581.
35 H. Gunkel 1926, 578. 581.
36 Die Übereinstimmung der drei Textblöcke im Qinah-Metrum wird kaum als ein Zufall anzusehen sein, sondern einer Absicht des/der Gestalter(s) des Liedes entsprechen. Nur auf diese Weise war es möglich, einen wenigstens in dieser Hinsicht homogenen Text zu schaffen.

137 beruht nicht allein oder vornehmlich nur auf der Subjektivität einer Dichterpersönlichkeit, sondern auf der Kombination von Zitaten aus der Tradition.

Die drei Textblöcke V. 1–4. 5–6 und 7–9, die als Zitate und Fragmente aus anderen Liedern zu taxieren sind, werden durch die Thematik Jerusalem – Zion zusammen gehalten.[37] Sie bringen vereint zum Ausdruck, daß Feindschaft gegen die heilige Stadt des Judentums den Gläubigen nicht davon abhalten darf, stets Jerusalems zu gedenken und Jerusalem – Zion niemals untreu zu werden.

Es ist nicht auszuschliessen, daß diese Gedankenverbindung erst durch die in den „Zusätzen" *137.1.3, 137.3.2, 137.3.3* und *137.6.3* sich anzeigende Kommentierung bzw. Komposition zustande gekommen ist. An das Kompositum V. 1–6 wurde bei diesem Prozeß der Textwerdung zuletzt der Abschnitt über Edom und Jerusalem (V. 7–9) angefügt.[38] Gegen diesen Vorschlag könnte man jedoch einwenden, daß die Edom-Passage den ältesten Kern von Ps 137 bildet und die Abschnitte V. 1–4 und 5–6 im Zuge der Gesamtkomposition später vorangestellt worden sind.

Das Zitatenpatchwork Ps 137 schließt unmittelbar an die zwei vorangehenden und gleichfalls aus Entlehnungen aufgebauten Lieder Ps 135 und 136 an.[39]

Wenn wir Ps 137 als eine Komposition aus vorliegenden schriftlichen Materialien deuten, erhalten wir auch eine feste Basis für die Datierung. Es erübrigt sich, die Entstehung des ganzen Liedes ins Exil zu verlegen.[40] Die Exilszeit ist höchst wahrscheinlich für das Edom-Lied zu vermuten. Das zu V. 5–6 gehörende Lied könnte gleichfalls in der Exilszeit entstanden sein.

Das Babellied V. 1–4 schaut auf das Exil zurück.[41] Es dürfte folglich erst nach dem Exil anzusetzen sein. Die Neuverwendung des Babelliedzitates erfordert

---

37 Unter diesem Gesichtspunkt wird es auch möglich, dem strukturalistischen Deutungsversuch von P. Auffret 1980, 346–377, entgegenzukommen.

38 J.P.M. van der Ploeg II 1974, 422, der die Unebenheiten im Text auf die späte Entstehungszeit zurückführt und die Poesie mit der von Qumran vergleicht, bewegt sich in der Nähe der hier vorgeschlagenen Deutung. Da er jedoch davon ausgeht, daß es sich um eine ganz persönliche Schöpfung eines Dichters handle („De auteur is geen epigoon en heeft een heel persoonlijk gedicht geschapen..."), schließt er zugleich, daß der Autor von Ps 137 keine Zitate verwende. Die Übereinstimmung des Vokabulars mit sonst bekannter Sprache erklärt er mit der persönlichen Eigenart des Stils, der nicht gesucht sei. Mit aller nur wünschenswerten Offenheit legt J.P.M. van der Ploeg im Fall von Ps 137 seine hermeneutischen Vorurteile dar. Sie bauen gleichfalls auf der These von der schöpferischen dichterischen Einzelpersönlichkeit auf.

39 Siehe zu Ps 135 und 136 u.a. H. Gunkel 1926, 575. 577; W.O.E. Oesterley 1939, 540–542.

40 Vgl. z.B. die religionsgeschichtlichen Konsequenzen, die R. Albertz II 1992, 429, aus einer Datierung ins Exil aus Ps 137 ableitet; H. Spieckermann 1989, 116, befürwortet von seiner Theologie des Psalms her gleichfalls eine exilische Datierung.

41 D. Michel 1960, 83, verteidigt seine präsentische Übersetzung von Ps 137,1–3 mit dem Argument, daß die Selbstverfluchung in V. 5–6 und das Rachegebet V. 7–9 deutlich zeigten, daß das Exil noch nicht beendet sei und die Beter also noch in Babylon weilten. D. Michel entscheidet die Tempusfrage offensichtlich von seinem Vorurteil über die Einheit des Liedes her. Ähnlich geht auch H. Spieckermann 1989, 116 mit Anm. 6, in der Datierungsfrage

folglich die nachexilische Zeit. Es wird offen bleiben, ob der Text V. 1–4 noch in Babel oder nach der Eroberung der Stadt durch Kyros in bzw. außerhalb Babels entstanden ist.

Pointierte Formulierungen wie „der einzige Psalm, der sicher datierbar ist“[42] oder „es kann das älteste Gedicht im Psalter sein“[43] verlieren auf diesem Hintergrund ihre Berechtigung. Offen wird ferner bleiben, ob man das Lied erst um 300 – eine Zeit des Verfalls für Babylon – auf Grund der nachträglichen Glosse *137.8.1* datieren soll.[44] Man wird sich mit der Erkenntnis zu begnügen haben, daß die Komposition von Ps 137 einige Zeit nach dem Exil erfolgt ist[45].

Wir gelangen an diesem Punkt zur Frage, ob es möglich ist, für Ps 137 einen *Sitz im Leben* zu ermitteln. Wie bereits angedeutet wurde, dienen alle drei Zitatblöcke des Liedes dem Ziel, dem Juden das Festhalten an Jerusalem – Zion als der Jahwe-Stadt einzuschärfen. Von diesem Tenor des Psalms her erscheint es als folgerichtig, daß er im späteren Judentum zu den Liedern gehört, die bei der Klagefeier am 9. Ab zur Erinnerung an die Zerstörung Jerusalems (587 v. und 70 n. Chr.) gesungen worden sind. Läßt sich daraus mit U. Kellermann schließen, daß dies sein ursprünglicher gottesdienstlicher *Sitz im Leben* ist?[46] Sowohl von der Form als auch vom Inhalt des Liedes her liegt es nahe oder ist es nicht ausgeschlossen, an eine solche Lösung zu denken.

Ein besonderes Problem stellt ferner die Position von Ps 137 im Psalter dar.[47]

Von der literarisch naiven Textbetrachtung B. Duhms und anderer[48] hebt sich H. Gunkel in seiner Meisterschaft und in seinem Ahnungsvermögen in der Interpretation von Ps 137 weit ab. Obwohl er einer stark von theologischen und poetologischen Vorurteilen verhafteten Vorstellung ursprünglicher Texteinheit ausgeht, sind seine Ausführungen über die literarische Zusammensetzung des Liedes doch als zukunftsträchtig interpretierbar und auch unter veränderten Bedingungen noch hilfreich.

---

vor. Vgl. dagegen M. Millard 1994, 182, der eine nachexilische Zeit in Betracht zieht und V. 1 folgendermaßen übersetzt: *„An den Gewässern Babylons, dort saßen wir, auch weinten wir.“*

42 H.-H. Kraus II 1978, 1083.

43 B. Duhm 1922, 454.

44 So J.P.M. van der Ploeg 1974, 423. 427.

45 M. Millard 1994, 182–183, befürwortet eine nachexilische Datierung und macht zugleich darauf aufmerksam, daß eine genaue zeitliche Bestimmung des Endes des Exils kaum mit dem Edikt des Kyros (538 v. Chr.?) zusammenfällt.

46 U. Kellermann 1978, 52–55, weist Ps 137 einen ursprünglichen gottesdienstlichen Sitz im Leben zu. Er denkt dabei an eine Klagefeier über die Zerstörung Jerusalems, einen „Jerusalem-Tag“.

47 Für K. Koch 1994, 254–255. 258, sind Ps 119 und 137 „nachkompositionelle Zusätze“; M. Millard 1994, 40. 77. 166. 227, bezeichnet Ps 137 als eine Nachschrift zu den Wallfahrtspsalmen; siehe zur Diskussion J.-M. Auwers 2000, 62–65. 179–180.
Zur Verwendung von Ps 137 als Abschluß der Threni in einigen mittelalterlichen Handschriften siehe u.a. M. Millard 1994, 216.

48 Siehe z.B. B. Hartberger 1985, 205–228.

Im Vergleich zu H. Gunkel gelangt B. Duhm von seinem Ansatz her zur Einsicht, daß Ps 137 aus einem einheitlichen Metrum (3 + 2) besteht. Sein Vorurteil über den dichterischen und volksliedhaften Charakter des Psalms macht ihn jedoch für die Bruchstellen im Text und seine komposite Struktur blind.

Fassen wir zusammen: B. Duhm und H. Gunkel deuten Ps 137 im Horizont einer Genieästhetik und eines dichterischen Erlebnisbegriffes, der vom deutschen Idealismus und der Romantik beeinflußt ist.[49] Sie interpretieren Ps 137 als Werk eines einzelnen Dichters und seiner von Tradition unabhängigen Subjektivität.

Dagegen ist zu betonen, daß Ps 137 seine Entstehung einem davon wesentlich verschiedenen Umgang mit Dichtung verdankt: Ps 137 setzt sich in seiner Endgestalt aus überlieferten Texten zusammen. In ihm wird schriftliche Tradition verschiedener Herkunft kompositorisch und interpretierend neu zusammengestellt. So soll dem Mitglied der nachexilischen jüdischen Gemeinde nahe und fern von Jerusalem das Festhalten an Jerusalem – Zion als Vermächtnis der Vergangenheit[50] und als unaufgebbare Pflicht für die Zukunft eingeschärft werden.[51] Dieser besonderen Akzentuierung der Zion-Thematik entspricht auch die Stellung des Liedes innerhalb des fünften und letzten Psalmenbuches (Ps 107–150)[52].

In Ps 137 ist bereits jenes jüdische Bewußtsein wirksam, dem C. Rabin im Jahr 1993 folgenden Ausdruck gibt: „Wir sind aus Jerusalem gekommen, aus der alten und ewigen Hauptstadt des jüdischen Volkes."[53]

Diese Ausrichtung von Ps 137 auf eine Thematik des nachexilischen Judentums sollte nicht mit dem Problem verquickt werden, ob der Geist von Ps 137 im

---

49 Siehe oben zu Anm. 4. Diese Interpretationsmethode wird auch nach B. Duhm und H. Gunkel weiter gepflegt; siehe z.B. H. Schmidt 1934, 242, der z.B. Form und Inhalt auf ein Erlebnis zurückführt. Er schreibt zu Ps 137 folgendes: „Es ist die Erzählung eines Erlebnisses und gehört somit eher zur epischen als zur lyrischen Dichtung. Man könnte es eine Ballade nennen."; siehe ferner J.P.M. van der Ploeg 1974, 422.

50 H. Spieckermann 1989, 122, hebt zu Recht hervor, daß dem Psalm die vorexilische Jerusalemer Tempeltheologie zugrunde liege.

51 Von diesem Gesichtspunkt her ist auch die Datierungsfrage von Ps 137 zu lösen; siehe z.B. die Argumente von J.P.M. van der Ploeg 1974, 422; id. 1985, 428, für eine Datierung gegen Anfang des 3. Jh. v.Chr.

52 K. Koch 1994, 258, betont, daß Ps 137 außerhalb eines übergreifenden Textgefüges stehe. Nur inhaltlich lasse sich zum Vorangehenden eine Brücke schlagen, indem die Rückerinnerung an das babylonische Exil in diesem Psalm die zuvor in Ps 136,23f. angefügte kursorische Notiz über göttliche Errettung „aus unseren Nöten" exemplarisch veranschauliche. Insofern werde auch Ps 137 nachkompositionell hinzugefügt worden sein. Mit der Seligpreisung künftiger Vernichter Babels Ps 137,9 ende der Unterteil Ps 120–137 ähnlich martialisch wie der dritte Unterteil mit Ps 149; M. Millard 1994, 77. 79. 166. 227, deutet Ps 137 als Nachwort, Kommentar oder nachkultische Nachschrift zu den Wallfahrtspsalmen Ps 120ff. Ps 137 bringe wie die Schlußpsalmen der Korachpsalmsammlung die Rückwendung zur Klage als retardierendes Element; O. Kaiser 1993, 343, erklärt Ps 137 gleichfalls von den Wallfahrtsliedern her. An ihrem Ziel angekommen, werden die nachexilischen Jerusalempilger ihres einstigen Elends an den Wassern Babels gedenken.

53 C. Rabin, FAZ 15.09.1993, Nr. 214, S. 8, bei der Unterzeichnung der israelisch-palästinensischen Grundsatzerklärung.

christlichen Gebet noch nachvollziehbar sei.[54] Ps 137 hat ein Anrecht darauf, von seiner Entstehungsgeschichte her verstanden und in seiner Zeit gesehen zu werden.

Daß wir im Psalter nur Reste von Liedern aus dem reichen vorexilischen und exilisch-nachexilischen Repertoire erhalten haben, wird in Ps 137 zweimal angedeutet, wenn von den Zion- und den Jahwe-Liedern (*137.3.3* und *137.4.1*) die Rede ist. B. Duhm beschließt im Hinblick auf diese Aussagen seine Interpretation von Ps 137 mit dem verständlichen Wunsch: „Besäßen wir doch nur die *šyry ṣywn*, das Jahwelied, das der Dichter und seine Freunde nicht vor den Chaldäern singen wollten! womöglich mitsamt den Melodien und der begleitenden Zithermusik!“[55]

Literatur[56]

Althann, R., 1992: The Psalms of Vengeance Against Their Ancient Near Eastern Background, JNSWL 18, 1–11.

Auffret, P., 1980: Essai sur la structure littéraire du psaume 137, ZAW 92, 346–377.

– –, 1997: „Souviens-toi YHWH!“, BZ 41, 250–252.

Auvray, P., 1963: Die Psalmen, in: A. Robert / A. Feuillet, (eds.), Einleitung in die Heilige Schrift. Bd. I, Wien, 579–614.

Bar-Efrat, Sh., 1997: Love of Zion: A Literary Interpretation of Psalm 137, in: M. Cogan / B.L. Eichler / J.H. Tigay, (eds.), Tehillah le-Moshe. Biblical and Judaic Studies in Honor of Moshe Greenberg, Winona Lake, Indiana, 3–11.

Dietrich, M. / O. Loretz, 1996: Analytic Ugaritic Bibliography 1972–1988. AOAT 20,6.

Dobbs-Allsopp, F.W., 1993: Weep, O Daughter of Zion: A Study of the City-Lament Genre in the Hebrew Bible. BibOr 44. (Ps 137: S. 154)

Dyserinck, J., 1878: Kritische Scholien bij de vertaling van het Boek der Psalmen, ThT 12, 279–296.

Eitan, I., 1928: An Identification of *tiškaḥ yemīnī*, Ps 137,5, JBL 47, 193–195.

54 Siehe hierzu u.a. B. Janowski 1995, 158.

55 B. Duhm 1922, 454; Nic.H. Ridderbos 1976, 252 mit Anm. 47, bezeichnet Ps 137 als ein unverdächtiges Zeugnis für kultische Psalmendichtung in Israel und vermerkt zum Wunsche B. Duhms nach dem Besitz der alten Zionslieder folgendes: „Es klingt aber doch befremdend. Jemand hat eine Gedichtsammlung vor sich liegen, in der zweifellos verschiedene prä-exilische Lieder Sions enthalten sind. Er schreibt sogar ein umfangreiches Buch darüber und gibt sich darin alle Mühe aufzuzeigen, daß die prä-exilischen Lieder aus der Zeit nach der Verbannung stammen. Dann aber klagt er darüber, daß die Lieder für uns verlorengegangen sind.“

56 Siehe ferner T. Wittstruck II 1994, 903–908; E.S. Gerstenberger II 2001, 396.

Emmendörffer, M., 1998: Der ferne Gott. Eine Untersuchung der alttestamentlichen Volksklagelieder vor dem Hintergrund der mesopotamischen Literatur. FAT 21. (Ps 137: S. 183–192)

Freedman, D.N., 1971: The Structure of Psalm 137, in: H. Goedicke, (ed.), Near Eastern Studies in Honor of William Foxwell Albrigt, Baltimore 1971 = Pottery, Poetry, and Prophecy. Studies in Early Hebrew Poetry, Winona Lake, Indiana 1980, 303–321,

– –, 1980: Siehe oben 1971.

Gadamer, H.-G., 1965: Wahrheit und Methode. Grundzüge einer philosophischen Hermeneutik, Tübingen ^{2}1965.

Halle, M. / J.J. McCarthy, 1981: The Metrical Structure of Psalm 137, JBL 100, 161–167.

Hartberger, B., 1985: „An den Wassern von Babylon ...“. Psalm 137 auf dem Hintergrund von Jeremia 51, der biblischen Edom-Traditionen und babylonischer Originalquellen. BBB 63.

Haupt, P., 1907: Psalm 137, OLZ 10, 63–70.

Hübner, U., 1992: Die Ammoniter. Untersuchungen zur Geschichte, Kultur und Religion eines transjordanischen Volkes im 1. Jahrtausend v. Chr. ADPV 16.

Jaeger, F. / J. Rüsen, 1992: Geschichte des Historismus. Eine Einführung, München.

Janowski, B., 1995: Dem Löwen gleich, gierig nach Raub. Zum Feindbild in den Psalmen, EvTh 55, 155–173.

Kaiser, O., 1993: Der Gott des Alten Testaments. Theologie des AT 1: Grundlegung. UTB 1747.

Kellermann, U., 1978: Psalm 137, ZAW 90, 43–58.

Koch, K., 1994: Der Psalter und seine Redaktionsgeschichte, in: K. Seybold / E. Zenger, (eds.), Neue Wege der Psalmenforschung. Für Walter Beyerlin. HBS 1, 243–277.

Lenowitz, H., 1987: The Mock-*śimḥâ* of Psalm 137, in: E.R. Follis, (ed.), Directions in Biblical Hebrew Poetry. JSOT.S 40, 149–159.

Loretz, O., 1993: *Marziḥu* im ugaritischen und biblischen Ahnenkult. Zu Ps 23, 133, Am 6,1–7 und Jer 16,5.8, in: M. Dietrich / O. Loretz, (eds.), Mesopotamica – Ugaritica – Biblica. Festschrift für Kurt Bergerhof zur Vollendung seines 70. Lebensjahres am 7. Mai 1992. AOAT 232, 93–144.

– –, 1994: „An den Wassern Babels“ – Psalm 137. Ein Gespräch mit B. Duhm und H. Gunkel über textologische Vorurteile, in: I. Kottsieper etc., (eds.), „Wer ist wie du, Herr, unter den Göttern?“ Studien zur Theologie und Religionsgeschichte Israels für Otto Kaiser zum 70. Geburtstag, Göttingen, 402–415.

Moor, J.C. de, 1964: Ugaritic *ṯkḥ* and South Arabien *mṯkḥ*, VT 14, 371–372.

– –, 1979: Contributions to the Ugaritic Lexicon. The Speech of Môt in KTU 1.5 I, UF 11, 640–642.

Nunes Carreira, J., 1981: O Salmo 137 e a estrutura literária de „Sôbolos rios“, Did(L) 11, 329–362.
Pope, M.H., 1994: Probative Pontificating in Ugaritic and Biblical Literature. Collected Essays. UBL 10.
Preuß, H.D., 1993: *škḥ*, ThWAT VII, 1318–1323.
Rabe, N., 1995: „Tochter Babel, die verwüstete!“ (Psalm 137,8), BN 77, 84–103.
– –, 1995a: Des Beters vergessende rechte Hand. Zur Textkritik und Übersetzung von Ps 137,5, UF 27, 429–453.
Rendsburg, G.A. / S.L. Rendsburg, 1992/93: Physiological and Philological Notes to Psalm 137, JQR 83, 385–399.
Renfroe, F., 1988: Persiflage in Psalm 137, in: L. Eslinger / G. Taylor, (eds.), Ascribe to the Lord. Biblical & other studies in memory of Peter C. Craigie. JSOT.S 67, 509–527.
Ridderbos, Nic. H., 1976: Psalmen und Kult, in: P.H.A. Neumann, Zur neueren Psalmenforschung. WdF 192.1976, 234–279 = Psalmen en Cultus. Rede uitgesproken bij de aanvaarding van het ambt van hoogleraar in de theologie aan de Vrije Universiteit te Amsterdam op vrijdag 30 Juni 1950, Kampen 1950, 3–29. 32–40.
Rogerson, W., 1993: The Enemy in the Old Testament, in: Understanding Poets and Prophets, FS G.W. Anderson. JSOT.S 152, 284–293.
Segert, S., 1999: Poetry and Arithmetic: Psalms 29 and 137, in: A. Lange / H. Lichtenberger / D. Römheld, (eds.), Mythos im Alten Testament und seiner Umwelt. Festschrift für Hans-Peter Müller zum 65. Geburtstag. BZAW 278, 165–181.
Shea, W.H., 1984: *Qînāh* Meter and Strophic Structure in Psalm 137, HAR 8, 199–214.
Spieckermann, H., 1989: Heilsgegenwart. Eine Theologie der Psalmen. FRLANT 148. (Ps 137: S. 115–122: 3. Nationale Katastrophe und religiöse Depression).
van der Ploeg, J.P.M., 1985: Notes sur quelques Psaumes, in: A. Caquot / S. Légasse / M. Tardieu, (eds.), Mélanges bibliques e orientaux en l'honneur de M. Mathias Delcor. AOAT 215, 425–430. (Ps 137: S. 427–430)
Willi, Th., 2001: Das *šyr hm'lwt.* Zion und der Sitz im Leben der „Aufstiegslieder“ Psalm 120–134, in: B. Huwyler / H.-P. Mathys / B. Weber, (eds.), Prophetie und Psalmen. Festschrift für Klaus Seybold zum 65. Geburtstag. AOAT 280, 153–162.

Psalm 149

H. Gunkels Historismus – „kanonische" Auslegung des Psalters[1]

Die Abhängigkeit der neueren Psalmenauslegung von religiösen, geistesgeschichtlichen und wissenschaftlichen Zeitströmungen bildet nur gelegentlich, jedenfalls zu wenig, den Gegenstand von grundsätzlichen Überlegungen in der alltäglichen bibelwissenschaftlichen Praxis. Es sind zwar kleinere, mehr oder weniger mutige Korrekturen an der herkömmlichen Psalmenauslegung gefragt, aber keine wirklich tiefer gehende Kritik an der von H. Gunkel gewiesenen Richtung der Forschung.[2] Auch an die „kanonische" Auslegung – ein Sammelname für unterschiedlichste und widersprüchliche Bestrebungen und Deutungen des Begriffes Kanon –, die an H. Gunkel bemängelt, daß er dem Zusammenhang der Lieder im Psalter zu wenig oder keine Beachtung geschenkt habe[3], ist der Vorwurf zu richten, daß in ihr philosophische Arglosigkeit gebenüber H. Gunkels historistischer Gattungsforschung gepflegt wird. Denn die Vertreter der kanonischen Interpretation sind gerne bereit, alles von H. Gunkel zu übernehmen, was nicht gerade offen und leicht erkenntlich ihrer Anschauung widerspricht. Man sucht bei ihnen vergebens nach einer fundierten Auseinandersetzung mit dem Meiser der Gattungsforschung.

Die Genugtuung über H. Gunkels Erfolg gegenüber früheren Wegen der Psalmenauslegung verleiht nach wie vor seinen Nachahmern methodische Sicherheit, die so angenehm und beruhigend wirkt, daß man sie nicht wieder preisgeben und gegen störende Zweifel eintauschen möchte. Dennoch stellt sich auch der Psalmeninterpretation die Aufgabe, jenes aus Obsessionen zusammengesetzte Netz freizulegen – „un réseau organisé d'obsessions"[4] –, das auch H. Gunkels Werk umspannt und das sich geradezu einengend um seine Auslegung einzelner Psalmen legt. Die übliche hymnologische Verehrung H. Gunkels versperrt uns hier den Weg zu einem historischen Verständnis seiner Leistung und seiner Irrungen.

Die offensichtliche Krise der sogenannten historisch-kritischen Bibelwissenschaft, die sich vor allem in vielfältiger Kritik[5], im Zweifel an ihren Ergebnissen

1 Vgl. O. Loretz, Psalm 149 und H. Gunkels Historismus. Zur Debatte über Gattungsforschung und kanonische Exegese, UF 25 (1993), 289–310.

2 Zur Auseinandersetzung mit H. Gunkel und zur sogenannten Krise der Gattungsforschung siehe u.a. J.-M. Auwers I 1994, 2–30.

3 J.-M. Auwers 2000, 5–8.

4 R. Barthes 1954, 5.

5 Zum Problem des Historismus in theologischer Sicht siehe u.a. Ch. Link 1992, 290–296.

und an ihrer Nützlichkeit äußert[6], erfordert jedoch auch ein neues Überdenken der Grundlagen gegenwärtiger Erforschung der Psalmen, sollte diese nicht immer mehr in ziellose Betriebsamkeit ausarten und in Modeströmungen wie z.B. der „kanonischen" Auslegung (*canonical approach, canonical criticism*[7])[8], die einzig mögliche Zukunft der Forschung sehen.[9]

Für die neue bibelwissenschaftliche „kanonische" Methode ist z.B. oft eine folgenreiche Verquickung von Gedanken moderner Geschichtswissenschaft mit traditionellen theologischen Gesichtspunkten – wie dies bereits für die zeitlich früher geführte ähnliche Debatte über „relecture", „réinterpretation" und Inspiration zutrifft – kennzeichnend.[10] So stellt z.B. A. Deissler folgendes historisch-theologische Mischprogramm auf: „Falls wir uns auch als Theologen verstehen, die den Logos *tou theou* aus der Schrift zu erheben haben, um die Verkündigung dieses Logos in der Kirche damit vertraut zu machen, müssen wir vorab den kanonischen Text – und das ist der Endtext! – zum letzten Maßstab unseres exegetischen Bemühens machen."[11] Diese Zielvorgabe wird mit der These begründet, daß es sich zwar bei der Auslegung biblischer Texte um die Herausarbeitung einer evolutiven Entwicklungslinie – von den Ersttexten bis zur Letztgestalt der Schrift handle –, daß aber die Letztgestalt selbst eine Art inneres Koordinatensystem enthalte, das den Data der Analyse ihren endgültigen Stellenwert gebe.[12]

In dieser Konzeption kommen leicht erkennbar und oft verzeichnet Vorstellungen zur Wirkung, die auf naturwissenschaftlichen und philosophischen Anschauungen basieren, die im 19. Jahrhundert aufgekommen und zu Recht oder Unrecht an die Namen Darwin und Hegel gebunden sind. Nach der jüdischen und christlichen Tradition werden dagegen die Bibeltexte von der je eigenen theologischen Position aus gedeutet[13], nicht aber, die Dinge auf den Kopf stellend, die eigene Stellung allein von einem biblischen Endtext her.

Der „kanonischen" Auslegung liegt, wie im folgenden noch zu zeigen ist, wahrscheinlich der naive Objektivismus zugrunde, daß der Endtext die Wahrheit in dem Sinne enthalte, wie sie die gewählte neue Methode verspreche. Außerdem wird dabei übergangen, daß nach traditionellem Verständnis der Kanon nicht nur

---

6 Siehe zu dieser Debatte u.a. R. Bohren 1986, 163–181; M. Oeming 1986, 48–70.

7 M. Oeming 1986, 54; P.D. Miller 1988, 217–239.

8 Siehe hierzu u.a. die in JBTh 3 (1988) veröffentlichten Beiträge „Zum Problem des biblischen Kanons"; J.-M. Auwers I-III 1994; id. 2000; id. 2001, 374–410.

9 Vgl. z.B. J.-M. Auwers 2001, 374–410, zu den in den Jahren 1995–2000 erschienen Arbeiten zum Psalter und einzelnen Psalmen, die eine Vielzahl von Richtungen und Deutungsversuchen bezeugen. Sein summarisches Urteil (a.a.O., S. 410) lautet: „L'exégèse du livre des psaumes est plus diversifié aujourd'hui qu'elle ne l'était jusqu'à un passé récent, et tend à redevenir ‚théologique'."

10 J. Becker 1966, 10–39.

11 A. Deissler 1988, 73.

12 A. Deissler 1988, 73–74; vgl. F.-L. Hossfeld / E. Zenger 2000, 10, die von der These ausgehen, daß der Psalter „als eine zwar sukzessiv gewachsene, aber gleichwohl kompositionell stukturierte Größe" dem Einzelpsalm eine „zusätzliche Bedeutungsdimension" gebe.

13 Siehe z.B. M. Oeming 1988, 250–251.

ein nachbiblischer Begriff ist, sondern auch keine inhaltlichen Themen der biblischen Bücher betrifft, sondern in erster Linie nur ihre Anzahl. Noch komplexer und komplizierter wird das Problem, wenn man den „Kanon" des Alten Testaments mit der *Hebraica veritas*[14] gleichsetzt und letztere als Maßstab der Forschung konstruiert. Es ist folglich offensichtlich, daß die kanonische Auslegung eine Reihe von historischen, philosophischen und theologischen Problemen aufwirft.[15]

Auf dem speziellen Gebiet der Psalmenforschung hängt die Möglichkeit einer Erneuerung wissenschaftlichen Bemühens wesentlich von einer Beantwortung der Frage ab, ob die historistischen und methodischen Voraussetzungen noch als solche oder in modifizierter Form annehmbar sind, die H. Gunkel, der Schöpfer der modernen historischen und wissenschaftlichen Psalmenauslegung, seinem Werk zugrunde gelegt hat[16], oder ob wir nach einer postkritischen[17] Psalmenauslegung zu suchen haben.

1. H. Gunkels Gattungsforschung im Schatten des Historismus

Die wissenschaftliche Auslegung der Psalmen hat durch H. Gunkels (23.5.1862 – 11.3.1932)[18] Pionierleistung zu den „Gattungen"[19] dieser Lieder eine feste und

---

14 Zur Diskussion über den von Hieronymus stammenden Begriff *Hebraica veritas* siehe u.a. S. Leanza 1997, 17–38; E. Prinzivalli 1997, 179–181. 186–206.

15 Vgl. z.B. J.-M. Auwers 2000, 180, der zur Bedeutung der kanonischen Form des Psalters für die Interpretation der Psalmen zu folgendem Ergebnis kommt: „La configuration canonique que les éditeurs hébreux ont imposée aux psaumes ne peut être considerée comme la norme ultime de leur interprétation. Les éditeurs ont proposé *un* cadre de lecture, qui est celui du livre mis sous le patronage de David et présenté comme une méditations sur la Torah."
E.S. Gerstenberger 1994, 12, betont gegenüber der kanonischen Auslegung, daß der Psalter kein Buch ist, „sondern eine Sammlung von außerordentlich reichen, theologisch und anthropologisch tiefsitzenden und tiefblickenden Gebeten und Liedern aus unterschiedlichen Lebenssituationen".

16 Ch. Link 1992, 290, betont z.B., daß H. Gunkel im Geist des Historismus zwar weiterhin mit dem Begriff der Offenbarung arbeitet, ihr aber jeden theologisch-normativen Gehalt abspricht.

17 Siehe u.a. M. Oeming 1986, zu den Versuchen eines postkritischen Paradigmawechsels im „canonical approach" (Childs) und in den tiefenpsychologischen Auslegungen (Drewermann, Wolf).

18 Zu biographischen Angaben siehe W. Baumgartner 1964, CV-CXXII; W. Klatt 1969; R. Wonneberger 1985, 297–300.

19 W. Baumgartner 1964, CX, bemerkt zur Entstehung der Gattungsforschung bei H. Gunkel, daß ihm beim Wechsel vom Neuen Testament zum Alten die nötige semitistische Ausbildung als Mangel erschien und ihn dies veranlaßte, sich dem Alten Testament von einer anderen Seite zu nähern, wo dieser Mangel weniger ins Gewicht fiel: „... nämlich die einst von Herder und Reuss begonnene literargeschichtliche Betrachtung aufzunehmen. Er orientierte sich darüber an entsprechenden Strömungen zu der klassischen Philologie (Eduard Norden

allgemein anerkannte Grundlage erhalten. Sowohl sein Kommentarwerk „Die Psalmen" (1926) als auch die „Einleitung in die Psalmen" (1933) sind nur auf dem Hintergrund des Geschichts- und Wissenschaftskonzepts verständlich, das im 19. Jahrhundert – es wird hinsichtlich seiner Wissenschaftskultur auch das „Jahrhundert des Historismus" genannt – entstanden ist. Historische Erkenntnis ist in historistischer Sicht ein Verstehen von zeitlichen Zusammenhängen durch Einsicht in handlungsgeleitete Absichten, also in den „Geist" der Handelnden. Historismus läßt sich knapp zusammengefaßt definieren als Geschichtswissenschaft in der Form einer verstehenden Geisteswissenschaft.[20] Einmaligkeit und Individualität stehen im Historismus, der dem protestantischen Geschichtsdenken wesentliche Impulse verdankt, im Zentrum.[21]

H. Gunkels Beiträge zur Psalmenforschung sind zu einer Zeit erschienen[22], als der Historismus in den Neunziger Jahren des 19. Jahrhunderts bereits in eine Grundlagenkrise geraten war.[23] Wir stehen so vor der Frage, ob wir ihn als einen verspäteten Nachzügler des Historismus oder eher als einen Neo-Rankianer[24] anzusehen haben.[25]

Im folgenden wenden wir uns an Hand des Beispiels von Ps 149 der Frage zu, inwieweit theoretische Anschauungen des Historismus über die historische Erkenntnis H. Gunkels Psalmenauslegung beeinflussen und ob diese in der gegenwärtigen Psalmenauslegung noch Gewicht haben. Es wird ferner zu untersuchen sein, ob H. Gunkels Historismus neben überholten Elementen auch zukunftsträchtige Perspektiven enthält, die eine tragfähige Basis für eine Auseinandersetzung mit der „kanonischen" Psalmenauslegung und für eine kontinuierliche Weiterentwicklung der Psalmeninterpretation H. Gunkels abgeben.

---

und Paul Wendland) und der Germanistik, wobei ihm die Bedeutung der literarischen Gattungen, der γένη, klar wurde."

Zur Geschichte der literaturwissenschaftlichen Kategorie „Gattung" oder „Genre" siehe u.a. E. Lipiński 1979, 2–6; R. Hunter 1999, 260–264; P.R. Hardie 1999, 264–266.

20 F. Jaeger / J. Rüsen 1992, 1.

21 W. Brüning 1961, 68–104.

22 H. Gunkel 1926, V, datiert seinen ersten wesentlichen Beitrag hierzu ins Jahr 1904 (Ausgewählte Psalmen, ^{4}1917).

23 F. Jaeger / J. Rüsen 1992, 141–160, „Der Historismus in der Krise: Lamprecht-Streit und theoretische Neuansätze zu Beginn des 20. Jahrhunderts".

24 F. Jaeger / J. Rüsen 1992, 92, verweisen darauf, daß sich in den 80er Jahren des 19. Jahrhunderts führende Vertreter einer neuen Generation von Historikern, die um die Jahrhundertmitte geboren sind, erneut Leopold von Ranke und seinem Wissenschaftsideal zuwenden.

25 Zu den Einzelheiten über H. Gunkels Abhängigkeit von romantischen, idealistischen und historizistischen Gedanken siehe unten Abschnitt 3.

2. Psalm 149 – ein Beispiel

Ps 149 wird zusammen mit Ps 1–2 (und Ps 150) als Rahmung des Psalmenbuches angesehen.[26] Diese vier Lieder bilden eine redaktionelle Klammer. Sie wollen der Endform des aus alten und neuen Elementen entstandenen Psalters eine nachträgliche Geschlossenheit geben und zugleich einen Notenschlüssel für sein Verständnis anbieten. Wie dieser Notenschlüssel zu lesen ist, bleibt jedoch unter den Interpreten weiterhin strittig. Bald wird die historische[27], die eschatologische Deutung[28], bald die ‚davidische' nach antik jüdischer und christlicher Interpretation[29], oder bald die Beziehung dieser Texte zur jüdischen Thora[30] in den Vordergrund gestellt.[31]

Bei diesen Bevorzugungen von einzelnen interpretatorischen Perspektiven werden grundsätzliche Vorentscheidungen über die Aussage dieser vier Texte gefällt. Während die Deutung von z.B. Ps 1 im Lichte der antik jüdischen Zeugnisse den Vorteil hat, die historische Differenz zwischen antiker Interpretation und moderner bewußt zu machen, erweckt die auf die Thora zentrierte den Eindruck, in die kanonischen Texte allzusehr moderne Überlegungen und Wünsche hineinzulesen. Die eschatologische Deutung wiederum hat sich mit der zumeist in

---

26 M. Millard 1994, 166. 236, setzt z.B. Ps 149 als einen Jahwe-König-Psalm wegen seiner Motivik mit dem Königs- und Zionspsalm Ps 2 in Beziehung; E. Zenger 1993, 46, geht von der These aus, daß sich Ps 1–2 und 149 gegenseitig interpretieren; G. Barbiero 1999, 50–51; vgl. J.-M. Auwers 2000, 117 mit Anm. 363, zu Ps 149,7–8 als Inklusio zu Ps 2; E.S. Gerstenberger II 2001, 456.

27 S.E. Gerstenberger II 2001, 456–457, liest Ps 149 als Beschreibung der Situation jüdischer Gemeinden im Jungel großer Imperien. Vgl. J. Wellhausen 1898, 216, der das Lied folgendermaßen in die Zeit der Makkabäer verlegt: „Scarcely any other Psalm bears such distinct marks of its origin in the Maccabean period, when the godly were warriors, and the priests generals."

28 N. Füglister 1986, 98. 104; siehe ferner M. Saebø 1992, 329–330, zur nachexilischen Eschatologie; K. Seybold 1996, 544–546.

29 J. Maier 1987, 353–365.

30 Siehe z.B. J. Reindl 1979, 39–50; E. Zenger 1993a, 29–49.

31 Dagegen diente Ps 149 in der älteren Auslegung als Beispiel für einen negativen Aspekt des Alten Testaments. H. Keßler 1899, 301, bringt diese Tendenz der Interpretation besonders scharf folgendermaßen zum Ausdruck: „Der Ps. nimmt innerhalb des Psalters dieselbe Stellung ein, wie das Buch Esther im Kanon. Er weist an einem Beispiel die jüdisch-zelotische Entartung alttestamentlich-israelitischer Religiösität auf. Wohl zeigen auch die andern Fluch- und Rache-pss. (35. 83. 109. 137 u. a.) die dem NT abgewendete Kehrseite der alttestamentlichen Religionsstufe; der vorliegende Ps. aber geht darin über sie alle hinaus, daß hier Israel sich in dem Gedanken freut, das göttliche Gericht, das sonst wohl herbeigewünscht, ja inbrünstig erfleht wird, dessen Vollzug aber durchweg dem Gott der Rache überlassen bleibt, selbst vollziehen zu dürfen."
Die von H. Keßler erörterten Probleme sucht man durch eine allegorische Erklärung der Waffen und der Werkzeuge der Chasidim in V. 6–8 als Psalmen(gesänge) zu lösen; so z.B. R. Tournay 1985, 350; id. 1991, 67; N. Lohfink 1990, 124–125; E. Zenger 1993, 46–47. Diese These gründet auf der Annahme, daß in *149.6.2* ein *waw adaequationis* – siehe unten Anm. 63 – vorliege.

bibelwissenschaftlichen Kreisen wenig beliebten Frage abzugeben, ob in Ps 1,5 und Ps 149,5 der Gedanke der „Auferstehung" ausgesprochen wird und ob dieser im Psalter ein Novum darstellt, ein Problem, dem sich z.B. die modernen christlichen Thorazentriker am liebsten lautlos entziehen.[32]

Die Interpreten favorisieren, je nach Bewertung der kämpferischen Motive in Ps 149 als alter oder jüngerer Tradition, entweder eine vor- oder nachexilische Datierung. Im einzelnen fällt es jedoch bei den Autoren sehr schwer, das Ineinander der Interpretationstendenzen zu erfassen, obwohl die literarische Gestalt des Textes allgemein als wenig problematisch eingestuft wird[33] und die Aufmerksamkeit in erster Linie dem Inhalt gilt.

Dagegen soll im folgenden von der kolometrischen, poetischen Struktur des Textes her ein Zugang zu dessen inhaltlicher Aussage gewagt werden. Vorher sind jedoch noch die wichtigsten Interpretationsmodelle von Ps 149 diskutieren.

H. Gunkel leitet seine Interpretation von Ps 149 mit der Bemerkung ein, daß der zunächst so einfach aussehende Psalm doch nicht ganz leicht zu erklären sei. Die Anordnung des Hymnus bereite den Interpreten Schwierigkeiten, aber „eine genaue Stil-Beobachtung"[34] mache es unzweifelhaft, daß mit der erneuten Einführung V. 5 f. ein neuer Teil beginne. Daß der Psalm so in zwei nebeneinanderstehende Stücke zerfalle, komme gerade im Hymnus häufig vor. Die beiden Teile seien von verschiedener Länge. Auch hier seien die Versuche, das Ganze in gleichbleibende Strophen zu teilen, etwa zu je drei (Ewald, Bickell u.a.) oder je zwei Zeilen (Duhm) gescheitert.[35]

Die Debatte über den poetischen Aufbau von Ps 149 hat Ch. Levin um einen Vorschlag bereichert, der allein schon deshalb eines intensiven Studiums wert ist, weil er einen Grundpfeiler in seiner These bildet, daß der Psalter das Gebetbuch der Gerechten sei.[36]

Er geht von dem der bisherigen Auslegung von Ps 149 fremden Gedanken aus, daß das Lied in seiner Endform das Produkt einer Überarbeitung sei: Die Grundlage des Textes bilde ein Siegeslied auf Jahwe, wie das Zitat von Ps 98,1 in V. 1a zeige. Wie es Brauch sei, werde der Sieger im Reigen, mit Pauken und Leiern bejubelt und sein Name gepriesen (V. 3, vgl. Ps 98,4–5; Ex 15,20–21). Das Siegeslied verbinde sich mit einem Jahwe-König-Lied. Israel und die Söhne Zions brächen in eine Königsfreude aus, die zum Ritual der Thronbesteigung gehöre (V. 2, vgl. Ps 97,1). Beides zusammen, der Sieg Jahwes wie sein Königtum, würden für Zion zur Gelegenheit der Rache an den Völkern. Dieser Text sei sodann nach-

32 Siehe z.B. E. Zenger 1993a, 46. 48, der Ps 1,5 mit „Darum werden die Frevler im Gericht nicht bestehen, || noch die Sünder in der Gemeinde der Gerechten." übersetzt und im Kommentar hierzu ausführt, daß es sich um das eschatologische Gottesgericht handle, das die endgültige Scheidung zwischen „Frevlern" und „Gerechten" bringen werde.

33 N. Füglister 1986, 83, vermerkt z.B. lakonisch und zuversichtlich: „Rein literarisch betrachtet, macht Ps 149 keine nennenswerten Schwierigkeiten."

34 H. Gunkel 1926, 619.

35 H. Gunkel 1926, 619.

36 Ch. Levin 1993, 377–378.

träglich durch die Einfügungen an den drei Stellen V. 1b. 4–5 und 9 auf die *ḥ^{a}sîdê YHWH* „die Treuen Jahwes" bezogen worden.[37]

Ch. Levin folgt in der Verbindung von Ps 149 mit der Thronbesteigungsfeier Jahwes beim Neujahrsfest[38] S. Mowinckel[39] und H. Schmidt[40], ohne *expressis verbis* auf diese Autoren zu verweisen. Völlig neuen Boden betritt er erst mit seiner Folgerung, V. 1b. 4–5. 9 einer gezielten Neubearbeitung zuzuschreiben, wobei jedoch hier gleichfalls zu bemerken ist, daß auch schon vor ihm von weniger umfangreichen Zusätzen die Rede war. So wurde V. 9 als spätere Hinzufügung in Erwägung gezogen[41], *ktwb* in V. 9a[42] oder *hw'* in V. 9b[43] als Glosse angesehen.

In seiner Argumentation verzichtet Ch. Levin im Gegensatz etwa zu H. Gunkel und einer Reihe von Autoren in befremdlicher Weise auf eine Beachtung der Strophik[44] von Ps 149. Er läßt z.B. die von H. Gunkel favorisierte Gliederung in die Teile I (V. 1–4) und II (V. 5–9) mit seiner Charakterisierung von V. 4–5 als Zusatz ganz fallen.

Es wird ferner aufzuzeigen sein, daß er auch über die Probleme hinwegsieht, die mit dem *Parallelismus membrorum* in Ps 149 gegeben sind.

Als vorläufiges Ergebnis ist festzuhalten, daß Ch. Levin seine revolutionäre Sicht der Entstehung des Textes von Ps 149 mit einer radikalen Abkehr von der traditionellen Methode, nach welcher der poetische Aufbau eines Textes nach Bikola, Trikola etc. und Strophen im Zentrum der Argumentation zu stehen hat, verbindet.

Forschungsgeschichtlich gesehen nimmt Ch. Levin die Kritik an H. Gunkels Gattungsforschung auf und wendet sich der anthologischen Psalmenexegese zu[45], wobei er jedoch übersieht, daß als erster A. Robert an Hand des anthologischen Charakters vieler Psalmen eine in mancher Hinsicht grundlegende Kritik des Interpretationssystems von H. Gunkel vorgetragen hat.[46]

Das Argumentationsmodell Ch. Levins konfrontiert uns unausweichlich mit der Frage nach der Berechtigung der alten und neuen Betrachtungsweise. Wenden wir uns folglich in erster Linie der Kolometrie und Strophik von Ps 149 zu und an zweiter Stelle den Folgerungen, die sich aus einer zutreffenden Erfassung der poetischen Struktur des Liedes ergeben.

37 Vgl. dagegen U. Nommik 1999, 521–523, der anzunehmen scheint, daß die Erwähnung der Chasidim in Ps 149,1. 5. 9 zum ursprünglichen Text gehört.

38 Zum Problem der Anzahl der Thronbesteigungspsalmen siehe u.a. O. Loretz 1988; id. 1999, 163–244.

39 S. Mowinckel 1921, 193–196; id. I 1967, 150. 181. 210; id. II 1967, 245. Dagegen sprechen A. Weiser II 1973, 581, und H.-J. Kraus II 1978, 1146, die ein Thronbesteigungsfest ablehnen, von alten Jerusalemer Kulttraditionen.

40 H. Schmidt 1934, 257, „Es ist die Gottesprozession am Thronbesteigungsfest Jahwes!".

41 H.-J. Kraus II 1978, 1145.

42 H. Schmidt 1934, 257.

43 C.A. Briggs / E.G. Briggs II 1907, 543–544.

44 Siehe unten zu Anm. 47.

45 Ch. Levin 1993, 379–380.

46 Siehe z.B. A. Robert 1953, 211–226.

3. Poetischer Aufbau, Strophik, Kolometrie und Übersetzung von Ps 149

Im folgenden wird als Arbeitshypothese vorausgesetzt, daß in den Psalmen grundsätzlich mit einer streng geregelten Strophik insoweit zu rechnen ist, als die Strophen in einem Psalm von regelmäßiger Länge und deren Untereinheiten Bikola oder Trikola sind. Anstelle von Strophen und deren Untereinheiten wird auch von Stanzen und deren Untereinheiten gesprochen. Abweichungen von dieser supponierten Regelmäßigkeit verdienen besondere Beachtung, da sie ein Anzeichen für Mischung von Texten verschiedener Herkunft sind. Hiermit wird nicht ausgeschlossen, daß in anderen Gattungen der biblischen und ugaritischen Literatur eine abweichende Ordnung von Strophen bzw. Stanzen möglich oder üblich ist.

Ein Vergleich der Strophik der Psalmen mit der anderer biblischer Gattungen und der ugaritischer Texte sollte zwecks Vermeidung von Zirkelschlüssen erst nach einer unabhängigen Aufarbeitung der Strophik der Psalmen erfolgen.[47]

Der kolometrische und strophische Aufbau von Ps 149 weist einige beachtenswerte Besonderheiten auf.

Zum Parallelismus von V. 1 hat bereits H. Gunkel bemerkt, daß *thltw* zweites Objekt zu *šyrw* ist (vgl. Ps 106,12).[48] Diese Erklärung bedarf noch des Hinweises, daß nicht nur *šyrw* im ersten, sondern auch *b qhl ḥsydym*[49] im zweiten Kolon eine Doppelfunktion innerhalb dieses ersten Bikolons zukommt. Entgegen Ch. Levin besteht folglich keine Möglichkeit, V. 1b mechanisch auseinanderzureißen und als Ergebnis einer späteren Umarbeitung zu bestimmen und die kolometrische Einheit in Elemente unterschiedlicher Herkunft aufzulösen.

Während über die parallele Struktur der folgenden 7 Bikola V. 2–8 keine Differenzen bestehen, treten diese wieder in den Interpretationen des Schlußes V. 9 auf.

Innerhalb V. 7–9 beginnt jedes Bikolon mit *l* + Infinitiv im ersten Kolon, dem im zweiten eine parallele Aussage folgt. Nur im letzten Bikolon setzt das Schema

---

47 Zur Debatte über Strophik in den Psalmen siehe u.a. Nic.H. Ridderbos 1972, 65–68; P. van der Lugt 1980; W.G.E. Watson 1984, 160–200, „Stanza and Strophe“; zur Debatte über Strophik in ugaritischen und biblischen Texten siehe M.C.A. Korpel / J.C. de Moor 1988, 29–38; J.C. de Moor 1993, 198–200.

48 H. Gunkel 1926, 621; F. Baethgen 1904, 436, „*thltw* betrachten die Neueren als zweites Objekt zu *šyrw*; LXX Hier. haben den Nominativ (*laus eius*), ergänzten also ein Verb wie ‚ertöne'.“; N. Füglister 1986, 84, hebt hervor, daß der Aufruf „Sing Jahwe ein neues Lied“ nur hier im Parallelkolon fortgeführt werde durch den nominalen Ausdruck *thltw*. Dagegen übersetzen C.A. Briggs / E.G. Briggs II 1907, 542, mit LXX „Let his praise resound“.

49 Vgl. Ps 148,14, *kl ḥsdyw*; siehe H. Keßler 1899, 301; F. Baethgen 1904, 436; G. Ravasi III 1984, 983–985, charakterisiert Ps 149 folgendermaßen: „... in sintesi, *l'inno marziale e trionfale dei ḥasîdîm dell'epoca maccabaia*, inno *aperto ad una dimensione escatologica* per cui le lotte del presente sono viste come parte del grande duello tra bene e male, tra ‚Israel' e ‚nazioni pagane'.“; J.-M. Auwers 2000, 170, zur Identifikation der *qhl ḥsydym* (Ps 149,1) mit der Synagoge der Asidäer (I Makk 2,42).

des *Parallelismus membrorum* unvermittelt aus und es folgt auf V. 9a ohne innere Verknüpfung V. 9b.

Aus dieser kolometrischen Besonderheit ergibt sich mit Nowendigkeit, daß entweder zwischen V. 9a und 9b mindestens zwei Kola oder mehrere Bikola einer weiteren oder weiterer Strophen ausgefallen sind, oder das Lied bzw. das Zitat mit V. 9a abbricht und das folgende Schlußkolon die Anmerkung eines Redaktors darstellt.[50] Wahrscheinlich trifft das letztere zu.

Dieses vorläufige Ergebnis über die kolometrische Struktur von Ps 149 führt uns zur Frage nach der Strophik von V. 1–9a zurück.

H. Gunkel setzt sich entschieden von den Gliederungen des Psalms in drei Strophen zu je drei Bikola[51] oder fünf Strophen zu je zwei Bikola[52] ab und teilt das Lied in die zwei nebeneinander stehenden Stücke V. 1–4 und 5–9.[53] Diese Gliederung hat Zuspruch gefunden.[54]

Eine Aufteilung von Ps 149 in drei Strophen zu je zwei Bikola (V. 1–6) und in eine Schlußstrophe mit drei Bikola (V. 7–9) befürwortet E. Beaucamp.[55]

F. Delitzsch gliedert den Psalm in die zwei Strophen V. 1–5 und V. 6–9.[56]

A.R. Ceresko spricht von den zwei größeren Einheiten V. 1–4 (*The Exodus*) und 6–9 (*The Conquest*), sowie V. 5 als „pivot", wobei er zugleich zwischen der ersten Strophe (V. 1–4) und der zweiten (V. 5. 6–9) unterscheidet.[57]

W.S. Prinsloo schaltet zwischen die beiden Strophen V. 1b–5 und 7–9 den V. 6 als *nexus* oder „linking" ein.[58]

Ausgehend von V. 7–9[59] mit dem dreimaligen Anfang *l* + Infinitiv gelangt man, zurückschreitend zum Anfang, entgegen H. Gunkel u.a. notwendigerweise zum Ergebnis, daß die Strophen in diesem Lied aus jeweils drei Bikola zusammengesetzt sind und daß in der dritten Strophe das letzte Kolon, wie bereits an Hand des mangelnden Parallelismus nachgewiesen, fehlt und durch das jetzige Element V. 9b ersetzt worden ist.

---

50 H.-J. Kraus II 1978, 1145, geht folglich zu weit, wenn er zu V. 9 bemerkt, daß es sich bei diesem Schlußvers vielleicht insgesamt um eine spätere Hinzufügung handle.

51 Folgende Autoren gliedern z.B. in drei Strophen: C.A. Briggs / E.G. Briggs II 1907, 541–542; N. Schlögl 1915, 145–146; R. Kittel 1929, 437; L. Jacquet III 1979, 737. H. Gunkel 1926, 619, lehnt „Ewald, Bickell u.a." als Vertreter einer Dreiteilung ab.

52 B. Duhm 1922, 482–484, verbindet Ps 148,14 mit 149,7 zur vierten Strophe.

53 H. Gunkel 1926, 619. Diese Gliederung findet sich bereits bei J.K. Zenner 1896, 56.

54 Siehe z.B. H. Herkenne 1936, 456–457; F. Crüsemann 1969, 79 Anm. 3; J.P.M. van der Ploeg II 1974, 503; H.-J. Kraus II 1978, 1145; Ravasi III 1984, 979–980; K. Seybold 1996, 544.

55 E. Beaucamp II 1979, 313–314.

56 F. Delitzsch 1894, 828.

57 A.R. Ceresko 1994, 151. 153. 159.

58 W.S. Prinsloo 1997, 406–407.

59 J.-M. Auwers 2000, 117 mit Anm. 363, zeigt, daß Ps 149 mit Ps 2 eine weit gefaßte Inklusion bildet: „De manière très caractéristique, le Ps 149, s'il reprend en une vaste inclusion le vocabulaire et les thèmes du Ps 2, ne connaît plus comme roi que YHWH (v. 2)." Er weist darauf hin, daß V. 7–8 die Elemente für eine Inklusion bilden: Ps 2,1 – Ps 149,7; 2,2. 10 – 149,8; 2,2 – 149,8; 2,3 – 149,8; 2,9 – 149,8.

Wir können folglich festhalten, daß sich Ps 149 in die drei Strophen V. 1–3[60], 4–6 und 7–9a(+ b + [?] x) gliedert[61], wobei nicht nur das letzte Kolon in der dritten Strophe fehlt, sondern auch offen bleibt, ob das Lied ursprünglich noch um eine oder gar mehrere Strophen länger war.

Sobald man sich dem Zwang entzieht, in V. 9 das ursprüngliche Ende des Liedes zu sehen, den zusammengesetzten Charakter des Bikolons aus den Kola 9a und 9b erkennt und den Aufbau der achteinhalb Bikola V. 1–9a nach dem *Parallelismus membrorum* und den Regeln der Strophik ernstnimmt, wird deutlich, daß H. Gunkels Berufung auf „Stil-Beobachtung" in eine Sackgasse führt[62] und Ch. Levins Deutung eines Grundstockes Ps 149,1a. 2–3. 6–8 vom Ritual der Thronbesteigung her nur unter Verzicht auf die Beachtung wesentlicher Regeln westsemitischer Poesie möglich ist.

Für Ps 149 sind nach dem Gesagten folgende Kolometrie und Übersetzung vorzuschlagen:

149.1.1	*hllw yh*	6
	———	
149.1.2	*šyrw l YHWH šyr ḥdš*	15
149.1.3	*thltw b qhl ḥsydym*	15
149.2.1	*yśmḥ yśrʾl b ʿśyw*	14
149.2.2	*bny ṣywn ygylw b mlkm*	17 (12)
149.3.1	*yhllw šmw b mḥwl*	13
149.3.2	*b tp w knwr yzmrw lw*	15
149.4.1	*ky rwṣh YHWH b ʿmw*	14
149.4.2	*ypʾr ʿnwym b yšwʿh*	15
149.5.1	*yʿlzw ḥsydym b kbwd*	16
149.5.2	*yrnnw ʿl mškbwtm*	14
149.6.1	*rwmmwt ʾl b grwnm*	14
149.6.2	*w*[63] *ḥrb pypywt b ydm*	14
149.7.1	*l ʿśwt nqmh b gwym*	14
149.7.2	*twkḥwt b <kl>*[64] *lʾmym*	12 <14>
149.8.1	*l ʾsr mlkyhm b zqym*	15
149.8.2	*w nkbdyhm b kbly brzl*	17

60 S. Mowinckel I 1967, 83, bezeichnet V. 1–3 zu Recht als Introitus des Hymnus.

61 N.J. Schlögl 1915, 145–146; R. Tournay / R. Schwab 1964, 540–541, kommen mit ihren Gliederungen in die Strophen V. 1–3. 4–6. 7–9 diesem Vorschlag am nächsten.

62 Ch. Levin 1993, 379, kritisiert in dieser Hinsicht zu Recht die Gattungskritik.

63 R. Tournay 1985, 350, *waw* adaequationis, „les éloges de Dieu à pleine voix, *comme* à la main une épée à deux trachants"; vgl. dagegen G. Vanoni 1991, 566–567, der V. 6 als eine Handlungsaufforderung, zweipoligen Circumstant zu V. 5, deutet.

64 BHSb; H. Gunkel 1926, 619. 621.

149.9.1 *l ʿśwt b hm mšpṭ ktwb* 16

. . .

149.9.2 *hdr hwʾ l kl ḥsydyw* 15

149.9.3 *hllw yh* 6

149.1.1 Halleluja.

149.1.2 Singt Jahwe ein neues Lied[65],
149.1.3 sein Lob in der Gemeinde der Frommen!
149.2.1 Israel freue sich seines Schöpfers[66],
149.2.2 Zions Söhne jauchzen über ihren König!
149.3.1 Sie sollen seinen Namen preisen im Tanz,
149.3.2 zu Pauke und Zither ihm singen!

149.4.1 Denn Jahwe ‚hat' sein Volk begnadet,
149.4.2 er bekrönte die Dulder mit Sieg.
149.5.1 Die Frommen sollen frohlocken in Herrlichkeitsglanz,
149.5.2 sollen jubeln über ihren Gräbern,
149.6.1 Lobpreisungen Gottes in der Kehle,
149.6.2 zweischneidiges Schwert in der Hand.

149.7.1 Rache an den Völkern zu nehmen,
149.7.2 Züchtigungen an ‚allen' Nationen,
149.8.1 ihre Könige mit Handschellen zu binden,
149.8.2 ihre Edeln mit eisernen Fußketten,
149.9.1 an ihnen Gericht zu halten[67], wie es geschrieben[68] steht,

. . .

---

65 Der Ausdruck „neues Lied" („modernes, modernisiertes Lied"?) findet sich ferner in Jes 42,10; Ps 33,3; 40,4; 96,1; 98,1; 144,9; Jdt 6,13; Ps Sal 3,1; J. Marböck 1991, 208; M. Millard 1994, 236.

66 Das Parallelpaar *ʿśh* || *mlk* ist zweifelsohne auf Jahwe zu beziehen; siehe auch M. Millard 1994, 145 Anm. 2; 236.

67 *ʿśh mšpṭ* „ein Urteil fällen, durchführen, vollstrecken"; Ps 9,5; 119,84; vgl. Ps 140,13; J. Wellhausen 1898, 161, „To execute on them the sentence"; H. Keßler 1899, 300, „ein Urteil vollziehen", Ez 25,11.
Vgl. dagegen H. Gunkel 1926, 619, „an ihnen Gericht zu halten". Da das Gericht Gott vorbehalten ist, kann den Frommen nur obliegen, das bereits gefällte („geschriebene") Urteil zu vollstrecken.

68 Das „geschriebene Urteil" in Weissagungen oder in himmlischen Gerichtsbüchern; H. Gunkel 1926, 621–622.

149.9.2 Das ist der Ruhm für alle seine Frommen!

149.9.3 Halleluja.

Im Zentrum von Ps 149 stehen die Aktionen und das Schicksal einer bestimmten Gruppe von Jahwetreuen, genannt *ḥsydym* „Frommen“[69], *bny ṣywn* „Zionisten, Söhne Zions“ und *ʿnwym* „Armen, Unterdrückten“, die offensichtlich das wahre, ganze Israel der Endzeit repräsentieren.

Dies ist die *qhl ḥsydym* „Versammlung/Gemeinde der Frommen“ (V. 1b)[70], dies sind die *ḥsydym* „Frommen“ (V. 5a.9b), die auch mit den Wortpaaren *yśrʾl* || *bny ṣywn* „Israel“ || „Zionisten“[71] (V. 2), *ʿmw* || *ʿnwym*[72] „sein Volk“ || „die Armen“ (V. 4) bezeichnet werden. Es handelt sich folglich bei den *ḥsydym* von Ps 149 nicht um eine religiöse Sondergruppe[73], sondern um ganz Israel, um das ideale, wahre Gottesvolk, das vollkommene Israel der eschatologischen Zukunft.[74] Die soziale Entwicklung des persisch-hellenistischen Judentums findet dadurch in der religiösen Literatur ihren adäquaten Ausdruck.[75]

---

69 Die Übersetzungen schwanken: Fromme, Getreue usw.; S. Mowinckel I 1967, bemerkt, daß die Übersetzungen „the loyal“, „the faithful“ besser sind als z.B. „the pious“; siehe ferner H. Ringgren 1982, 84. 85–88, der die Belege grundsätzlich in zwei Gruppen gliedert: 1. „*ḥāsîd* ist der Redliche und Treue, der seine Pflichten gegenüber der Gemeinschaft erfüllt.“, 2. Bezeichnung der Kultgemeinde; N. Füglister 1986, 87–89.

70 H. Ringgren 1982, 86, verteidigt eine kultisch orientierte Deutung des Begriffes: „*qᵉhal ḥᵃsîdim* ist die Kultgemeinde als Vertreter des Bundesvolkes, das am *ḥaesaed* seines Gottes teilhat.“

71 So ist am besten der Hebraismus „die Söhne Zions“ wiederzugeben.

72 E.S. Gerstenberger 1989, 268, „Das gesamte Israel oder genauer, die nachexil. Tempelgemeinde bzw. die Ortsgemeinden Palästinas oder der Exilsländer konnten sich als *ʿᵃnāwîm* verstehen (vgl. Jes 14,32; 26,1–6; 41,17; 49,13; 61,1–7; Zef 2,3; Ps 18,28; 69,31–34; 72,2; 74,18–23; 147,3–6; 149,4).“; id. II 2001, 454.

73 M. Weber 1920/76, 400–401; Ringgren 1982, 83–88; dagegen z.B. R. Albertz II 1992, 644 mit Anm. 121, der vermutet, daß die Chasidim einen einflußreichen religiösen Zusammenschluß von Schriftgelehrten darstellen, deren Kampftheologie sich wahrscheinlich auch in Ps 149 widerspiegele.

74 N. Füglister 1986, 86–89, zu Bedeutung und Entstehung dieser Vorstellung; N. Lohfink 1990, 121–122.

75 M. Weber 1920/76, 399–400, zählt zu den Chasidim „Frommen“ und ʿAnawim „Armen“ vornehmlich (wenn auch nicht ausschließlich) einen städtischen Demos von Ackerbürgern, Handwerkern und Händlern, der in der typisch antiken Art in oft äußerst schroffem Gegensatz zu den begüterten stadt- und landsässigen Geschlechtern, weltlichen sowohl priesterlichen, gestanden sei. Diese Frommen wären die Hauptträgern der nun beginnenden Entwicklung der jüdischen Religiosität geworden. Diese neue Bewegung sei entstanden, nachdem es den Priestern gelungen sei, die Prophetie zu ersticken. Als die politischen Ereignisse der Makkabäerzeit wieder das Auftreten von Leitern des Demos gegen die vornehme Priesterschaft und die hellenistische Indifferenz der Reichen und Gebildeten herbei-

Der Gebrauch der fünf Bezeichnungen *ḥsydym*, *yśr'l*, *bny ṣywn*, *'m* und *'nwym*[76] gibt zu erkennen, daß es in hellenistischer Zeit schwierig geworden war, die Gemeinde der Jahwe-Treuen in etwa richtig abzugrenzen und zu umschreiben.[77] Die einseitige Bevorzugung eines der Begriffe, wie z.B. *ḥsydym*, verleitet zu falschen Schlußfolgerungen.

Diesem wahren Israel hat sich Jahwe so zugewandt, daß die Israeliten und ‚Zionisten' einerseits sich zum Jubel und zur Lobpreisung Jahwes veranlaßt sehen (V. 1–3), andererseits dadurch ihr Zustand so geworden ist, daß sie an den heidnischen Völkern und deren Königen Rache nehmen können (V. 4–9a).

Den entscheidenden Grund für diesen vollkommenen Wandel der Lage und erfreulichen Zustand Israels bringt das Lied mit Hilfe der Doppelfunktion der Wörter *b kbwd* und *'l mškbwtm* in V. 5 folgendermaßen zum Ausdruck:

149.5.1 *y'lzw ḥsydym b kbwd*		16
149.5.2 *yrnnw*	*'l mškbwtm*	14

149.5.1 Die Frommen sollen frohlocken im Herrlichkeitsglanz[78],
149.5.2 sollen jubeln über ihren Gräbern.

Der glanzvolle Zustand Israels resultiert nach V. 5 aus der Situation, daß die „Frommen" in der Lage sind, „über ihren" *mškbwtm* zu jubeln.

Die mit *mškbwtm* gegebenen Probleme hat man auf mehrfache Weise zu lösen gesucht:

1) Durch Emendation[79];
2) durch die Übersetzung mit „Nachtlager"[80];

---

geführt habe, hätten diese Demagogen daher ein gänzlich anderes Gepräge als die Propheten der Vergangenheit gehabt.

76 Dagegen in Ps 148,14 werden z.B. nur drei Begriffe gebraucht: *'m*, *ḥsydym* und *bny yśr'l*.

77 P. Sacchi 1992, 80–100.

78 A.R. Ceresko 1994, 152.164, *kbwd* „Glorious One", nimmt mit J. Böhmer, M. Dahood, L. Viganò; M.L. Barré 1995, 54–55, an, daß *kbwd* doppeldeutig ist: „within themselves / in the ‚Glorious One'".

79 BHa prps *m'rkwtm*, vel *mšmrwtm*; BHSb prp *mšpḥwtm*; Ges.[17] 469: *mškb* 2. Lager, Bett *mšmrwtm*?; HAL 611: *mškb* 1. Lager(stadt), Bett Ps 149,5 (txt?); C.A. Briggs / E.G. Briggs II 1907, 543, *'l mšknwtm* „on their bed"; H. Gunkel 1926, 621, *'l m'rkwtm* „nach ihren Kriegsscharen"; H. Herkenne 1936, 457, *'l mšmrtm* „wegen *ihrer Obliegenheit*"; H.-J. Kraus II 1978, 1145, vielleicht *mšpḥwtm* ‚nach ihren Geschlechtern'; siehe ferner G. Ravasi III 1984, 992.

80 A.F. Kirkpatrick 1903, 830, „upon their beds"; F. Baethgen 1904, 437, „auf ihren Lagern"; B. Duhm 1922, 483, „auf ihren Lagern"; F. Wutz 1925, 378, „auf ihrem nächtlichen Lager"; R. Kittel 1929, 437, „auf nächtlichem Lager", mit der Bemerkung, daß die Kämpfer den Jubel im Nachtlager bewaffnet fortsetzen; Fr. Nötscher 1947, 291, „auf ihren Lagern" mit der Erklärung: „Jubelstimmung herrscht im Kriegslager in der Ruhe während der Kampfpause ..."; M. Dahood 1970, 356, „on their couches"; G. Ravasi III 1984, 979. 992; A.R. Ceresko 1994, 152. 158, „upon their beds", „i.e. in private"; M.L. Barré 1995, 55.

3) durch die Erklärung, daß das Sich-Lagern auf ein kultisches Opfermahl zu beziehen sei[81];
4) durch Bezug auf das Grab[82];
5) durch die Übersetzung „lieux de prière“[83];
6) durch die Übersetzung „in private“[84].

Wenden wir uns zuerst der Frage einer Emendation zu. Da innerhalb des Bikolons V. 5 sowohl *ḥsydym b kbwd* als auch *ʿl mškbwtm* jeweils eine Doppelfunktion erfüllen[85], ist dieses Bikolon unter kolometrischen Gesichtspunkten als in sich abgeschlossen zu betrachten. Von dieser Seite her ist folglich kein Grund ersichtlich, der eine Emendation erforderte.

Die an zweiter und dritter Stelle erwähnten Übersetzungen von *mškb* mit „Nachtlager“ und „Bänke, Lager (beim Mahl)“ stehen, wenn sie mit einer Siegesfeier in Zusammenhang gebracht werden, im Gegensatz zu den angekündigten kriegerischen Handlungen in den unmittelbar an V. 5 anschließenden Bikola V. 6–9a. Sie sind folglich kaum als akzeptable Lösungen anzusehen.

Wenden wir uns viertens noch dem Vorschlag zu, von *mškb* „Ruheort, Grab“ auszugehen und den Gedanken an die Auferstehung damit in Verbindung zu bringen. Hierbei ist besonders hervorzuheben, daß Ps 149,5 in der Diskussion über das Thema der Auferstehung im Alten Testament allgemein keine Beachtung findet.[86]

N. Füglister vermochte jedoch eine Reihe von Gründen zusammenzustellen, die für *mškb* als eine Bezeichnung des Grabes sprechen.[87] Zu Gunsten dieser Deutung

---

81 H. Schmidt 1934, 256–257, ersetzt *mškbwtm* durch *mšknw* „Seiner Wohnung“ und postuliert, daß es sich um die „Königswohnung“ Gottes auf dem Tempelberg handle, zu der die Gottesprozession am Thronbesteigungsfest Jahwes hochziehe; A. Szörényi 1961, 520, verweist mit Mowinckel und Quell auf Am 2,8; S. Mowinckel I 1967, 210, „on their benches“ beim Neujahrsfest.

82 E. Beaucamp II 1979, 313, übersetzt *ʿl mškbwtm* mit „où ils gisent“ und bemerkt, daß die Formel folgendes bedeuten könnte: „‚sortant de leurs tombes‘, la perspective d'une résurrection ne semblant pas exclue du texte.“; N. Füglister 1986, 102.

83 R. Tournay 1985, 350; id. 1991, 161, „... bed and couch on which the worshipper is thought to pray (Pss. 4.5; 149.5).“

84 W.S. Prinsloo 1997, 403.

85 H. Schmidt 1934, 256–257, übersieht diese kolometrische Struktur des Bikolons und ergänzt am Ende zu *ḥsydym* ein Parallelwort *tmymym* „die Reinen“, von dem die letzten Buchstaben durch eine Beschädigung des Blattrandes verloren gegangen seien. Das übrig bleibende *ʿl mškbw*[*tm*{*ymym*}] sei wohl aus *ʿl mšknw* verlesen. Da H. Schmidt ferner anstelle von *b kbwd* nach Ps 24,7 ein *b mlk kbwd* liest, gelangt er zu folgender Übersetzung und Auflösung von V. 5: „Es frohlocken die Frommen über ‚den strahlenden König‘! || ‚Seiner Wohnung‘ nahen jauchzend ‚die Reinen‘.“

86 So fehlt z.B. bei Fr. Nötscher 1926/70, 332, oder bei O. Kaiser 1977, 7–80, jeder Hinweis auf Ps 149,5.

87 N. Füglister 1986, 102–104, greift, wie bereits vermerkt, einen Vorschlag von E. Beaucamp (II 1979, 313) auf; siehe ferner folgende Stellungnahmen zu N. Füglisters Deutung von Ps 149,5: N. Lohfink 1990, 123, läßt offen, ob *ʿl mskbwtm* mit „auf ihren Lagern“ (auf Gebetsteppichen oder beim Pascha-Mahl) oder mit „über ihren Gräbern“ (= „nach ihrer Aufer-

ist anzuführen, daß in phönizischen Inschriften *mškb* im Sinne von „Ruheort, Grab, Grabliege" verwendet wird[88], ein Gebrauch, der auch in biblischen Schriften belegt ist, wie aus II Chr 16,14; Ez 32,25 und Jes 57,2 hervorgeht.[89]

Ferner ist hier darauf zu verweisen, daß der Gedanke der Auferstehung zur Zeit der Entstehung von Ps 149 bereits bekannt war.[90] Bedeutsam ist außerdem, daß wegen der sonstigen Querverbindungen, die zwischen Ps 1–2 und 149 bestehen[91], in diesem Zusammenhang besonders Ps 1,5 noch in Betracht zu ziehen ist.[92] Denn hier ist offen davon die Rede, daß die Frevler und Sünder beim eschatologischen Endgericht[93] nicht „(aufer)stehen" (*qwm*) werden.[94]

Dieser Zusammenschau von Ps 149,5 und Ps 1,5 mit Ausrichtung auf den Gedanken der „Auferstehung" widersprechen jene, die das Gericht allgemein nur als Zeichen des Anbruchs der Gottesherrschaft über die Völker verstehen und die das Problem des Auferstehungsglaubens in diesen zwei Liedern zu umgehen suchen.[95]

In diesem Zusammenhang ist außerdem zu beachten, daß die Autoren in enger Verbindung mit ihrer Vorentscheidung in Sachen *mškb* der vorangehenden Präposition *'l* unterschiedliche Bedeutungen beimessen.

Beim Ausschluß des Gedankens an eine wie immer geartete Auferstehung der toten Frommen wird *'l* mit „auf" übersetzt und betont, daß die Frommen *auf* ihrem Lager jubeln, sich also weiterhin auf dem *mškb* befinden.

Im Gegensatz hierzu wird von N. Füglister hervorgehoben, daß die Frommen zum eschatologischen Endkampf aufstehen und „jauchzen über (*'l*) ihren Lagern".[96]

Diese Differenzen verdeutlichen, daß es bei einer Übersetzung von *mškb* mit „Ruheort, Grab" am nächsten liegt, die Präposition *'l* mit „über" wiederzugeben

---

stehung von den Toten") wiederzugeben ist; W. Beuken 1993, 1312, „Vielleicht ist auch Ps 149,5 in diesem Sinne zu verstehen: ‚Die Frommen jauchzen auf ihren Lagern', d.h. in ihrem Grabe (vgl. Jes 26,19; N. Füglister 101–104)."

88 Siehe KAI 9 A 1.3; 13,8; 14,5–6; IK B 45,5 (= KAI 34); IK B 1,2 (= KAI 35), frdl. Mitteilung von P. Xella; C.R. Krahmalkov 2000, 315–316: *mškb* I 1. Rest; 2. Resting-place, tomb.

89 Zorell, LHVT 481: *mškb* 2) „*cubile, lectus* dormientis, quiescentis, aegroti etc. ... *cubile* mortui, sepulti 2 Ch 16,14, in inferno Ez 32,25, mortui in pacem et quietem ingressi Is 57,2."

90 N. Füglister 1986, 102–103, verweist auf Dan 12,2; Jes 26,19.

91 Siehe zu dieser Diskussion G. Barbiero 1999, 50–51.

92 In der alttestamentlichen Wissenschaft findet Ps 1,5 als Zeugnis für eine Auferstehung der Frommen, Gerechten so wie Ps 149,5 gleichfalls wenig Sympathie.

93 *b mšpṭ* wird unterschiedlich und sogar widersprüchlich interpretiert und übersetzt, siehe z.B. E. Haag 1989, 154. 166–168, der Ps 1,5 mit „Darum stehen die Frevler nicht auf gegen das Gericht" übersetzt und von einem *qwm b* „gegen jemand (vor Gericht als Belastungszeuge) auftreten", spricht; dagegen wohl richtig E. Jenni 1992, 346, Nr. 4431, *b mšpṭ* „beim Recht / bei der Rechtsprechung".

94 C.A. Briggs / E.G. Briggs I 1907, 6–7; J.F.A. Sawyer 1973, 232, „As far back as we can trace the meaning of this verse it has been understood as referring to the Day of Judgement when only the righteous will rise from the dead."; siehe ferner N. Füglister 1986, 103–104, der die Frage offen läßt.

95 Siehe z.B., E. Zenger 1993, 46–47; id. 1993a, 48; siehe ferner J. Reindl 1979, 48, der z.B. von der radikalen These ausgeht, daß Ps 1,5–6 nichts mehr zur Erklärung von Ps 1 beitrügen.

96 N. Füglister 1986, 102.

und folglich damit anzuzeigen, daß die Frommen sich über ihren Gräbern befinden, also diese verlassen haben.

Einmalig ist im Psalter, daß die Frommen und Gebeugten mit ihrem „zweischneidigen Schwert“ zum Kampf gegen die Völker und zur Rache an ihnen antreten. Es ist nun nicht mehr wie in anderen Psalmen von der Rache Gottes an seinen Feinden und Gegnern die Rede (Ps 58,11–12; 68,14; 94–1–2), sondern vom Gerichtsurteil Gottes, das Israel im Auftrag Gottes (V. 9a) an seinen Feinden vollstreckt. Es ist das eschatologische Gericht, das Jahwe sonst selbst an allen Völkern und zuweilen mit seinem eigenen Schwert vollzieht, so wie es hauptsächlich in nachexilischen Passagen der Prophetenbücher beschrieben wird.[97]

Wir gelangen so vorläufig zum Schluß, daß in Ps 149 die eschatologische Hoffnung im Vordergrund steht, daß die Gerechten ihren Gräbern wieder entkommen und zusammen mit den Lebenden ihres Volkes als das gesamte Israel glorreich das Gericht an den Völkern vollziehen werden. Die Völker treten auf diese Weise mit und durch Israel in eine nähere Verbindung zu Jahwe ein.

Während einerseits Ps 149 untrüglich Situation und Hoffnungen des von eschatologischen Gedankengängen bestimmten Judentums der hellenistischen Zeit artikuliert, erweckt das Lied andererseits doch auch den Eindruck, uralter Mythologie verpflichtet zu sein. Das in der altorientalischen und kanaanäischen Mythologie beliebte Thema vom Kampf zwischen einem Gott bzw. einer Göttin und seinen oder ihren Gegnern[98], bildet auch in Ps 149 die Grundfolie für die endgültige Auseinandersetzung zwischen Jahwes Israel und seinen heidnischen Gegnern, die jedoch nicht zu einem ‚heiligen Krieg‘ erklärt wird.[99]

Die enge Verflechtung zwischen ugaritisch-kanaanäischer Mythologie und eschatologischer Weltsicht tritt uns in Ps 149 in den poetischen Grundformen des *Parallelismus membrorum*, der Bikola und Strophen, entgegen. Poetik und Kolometrie des Liedes spiegeln so gleichfalls eine enge Verbindung zwischen Tradition und Neuerung wider.

Zusammengefaßt ist folgendes Ergebnis festzuhalten: Die thematische Singularität von Ps 149[100] und auch der wahrscheinlich fragmentarische Charakter von V. 1–9a verdeutlichen erneut, daß wir im Psalter nur einen Teil des reichen vor- und nachexilischen israelitisch-jüdischen Liedgutes erhalten haben.

Das Lied zeigt ferner, daß auch in den Kreisen, die von eschatologischen Hoffnungen geprägt waren, die traditionelle Kunst der Poetik nicht nur gepflegt wurde, sondern auch zur Formulierung zeitgemäßer Gedanken gedient hat.

---

97 N. Füglister 1986, 91–101.

98 Siehe z.B. Kampf zwischen Baal und Mot, der Kampf der Göttin ʿAnat mit ihren Feinden. Siehe ferner S.-M. Kang 1989, 77–79; A. Ruffing 1992, 344–363, zur Fortführung und Entwicklung der Jahwekriegsideologie bis ins chronistische Werk.

99 C. Colpe 1994.

100 Neben der inhaltlichen Neuheit weist Ps 149 auch insoweit eine formale auf, als die imperativische Grundstruktur ab V. 5 verlassen wird; F. Crüsemann 1969, 79 Anm. 3.

Aus der Zusammenschau von Ps 1,5 und Ps 149,5 ersehen wir, daß beim Endgericht die Gerechten, Jahwetreuen, Frommen aus ihren Gräbern auferstehen und am Sieg Jahwes über alle Gegner und Völker als ein wesentlicher Teil Israels teilnehmen werden.

In diesem Rahmen spielen die beiden Gesetze von Ps 1,2, die Thora Jahwes und die Thora Davids[101], in Ps 149 gar keine und in Ps 1 im Hinblick auf Ps 1,5 nur eine vorbereitende, hinführende Rolle. Eine unbegründete Überbetonung des Gewichts der Thora in der Auslegung von Ps 1–2 und Ps 149 führt folglich zu einer verfälschten Sicht der Gesamtaussage dieser Lieder.[102]

Das vollkommene Israel ist nach Ps 149 (und nach Ps 1) erst versammelt, wenn beim Endgericht auch die „Frommen" aus den Gräbern hervorkommen und zusammen mit den lebenden Gliedern des Gottesvolkes den Völkern gegenübertreten. Dieser dem Psalmenbuch sonst fremde Gedanke der Auferstehung, der in Ps 88,11 von einem Glossator z.B. sekundär eingefügt wurde und der nach Jes 26,14. 19[103] im damaligen Judentum einen heftigen Streitpunkt gebildet hat, stellt die letzte im Psalter selbst zugängliche Interpretationsstufe desselben aus hellenistischer Zeit dar.

Wir gelangen so am Ende zum Paradoxon, daß Ps 149 und in Verbindung mit ihm auch Ps 1 den Psalter eigentlich – negativ formuliert – gegen seine sonstigen Aussagen in Ps 3–148[104] interpretieren, oder – positiv gewendet – von einem Standpunkt aus lesen, der erst im nachexilischen Judentum aufgekommen ist, dann aber ein großes Gewicht erlangt hat, wie z.B. die neutestamentlichen Berichte über den Streitpunkt „Auferstehung der Toten" zwischen Pharisäern und Sadduzäern erkennen lassen. Es ist folglich dem Urteil zuzustimmen, daß Inhalt und Stellung von Ps 149 im Psalter für die Annahme sprechen, „daß hier in der Tat ein später Nachkömmling noch nachträglichen Einlaß in das Gesangbuch Israels gefunden hat."[105]

Das Beispiel von Ps 149 verdeutlicht aufs beste, daß die biblischen Schriftgelehrten und Schriftsteller aus der Zeit der Makkabäer[106] die Überlieferung nicht im Sinne der modernen historischen Forschung als eine wissenschaftliche Vergewisserung über die Vergangenheit oder als eine das Lebendige tötende Sezierung von Quellen verstanden haben. Sie nützten vielmehr die Tradition als Möglichkeit und Ausdrucksmittel für die Wiedergabe einer traditionsfremden Erkenntnis, einer neuen Hoffnung auf Gottes Gerechtigkeit im Gericht gegenüber Israel.

---

101 J. Maier 1987, 361–362.

102 Dieser Gefahr dürfte z.B. E. Zenger 1993, 43–47, kaum entgehen.

103 Fr. Nötscher / J. Scharbert 1926/80, 154–159. 384–385; O. Kaiser 1976, 173–177.

104 Auf das Problem der Entrückung in Ps 49,16; 73,24 ist hier nur am Rande zu verweisen, da das Thema *qwm* „aufstehen / auferstehen" in diesen Psalmen keine Rolle spielt.

105 H. Keßler 1899, 301.

106 J. Wellhausen 1898, 216; H. Keßler 1899, 301; F. Baethgen 1904, 436; vgl. H. Gunkel 1926, 621, Zeit der Fremdherrschaft, Rückblick auf die Weissagungen der Propheten; K. Seybold 1996, 545, relativ spät zu datieren, Beziehungen zu Dan 7,12 und Sap 3,5 sind wahrscheinlich.

4. H. Gunkels Historik, „kanonische“ Auslegung, Zukunftsperspektiven der Forschung zum Psalter

Im vorangehenden Abschnitt 3 dürfte an Hand von Ps 149 zur Genüge angedeutet worden sein, daß die Ableitung eines auch mit Hilfe von Ps 1–2 und Ps 149(–150)[107] begründeten „kanonischen“ Verständnisses des Psalters im Sinne einer endgültig verpflichtenden Interpretationsnorm den Intentionen dieser Rahmentexte eigentlich radikal widerspricht. Denn wie wollte man philologisch und historisch aus der letzten Interpretationsstufe eines Konglomerats von unterschiedlichen Liedern, wie das Ps 3–148 unzweifelhaft ist, mit den Mitteln der historischen Methode deduzieren, daß die letzte Interpretation alle vorangehenden derart an Verbindlichkeit übertreffe, daß sie in dem Sinne „kanonisch“ sei, daß sie ein letztes Wort darstelle? Dies wäre nur möglich, wenn man sich dazu entschließen könnte, in einem aufklärerischen und idealistischen Sinn die gerade letzte Stufe der Entwicklung als einen Höhepunkt anzuerkennen, der alle früheren Entwicklungs- und Erkenntnisschritte überholt und hinter sich läßt.

Außerdem müßte nachgewiesen werden, daß das Problem „Kanon“ mit der historischen Methode erschöpfend behandelt werden könnte, wo es sich doch in erster Linie um einen dogmatischen, theologischen Begriff handelt.

Wollte man der Argumentation der „kanonischen Auslegung“ als einer philologisch und historisch verständlichen Methode der Textinterpretation zustimmen, so müßte man zuerst das interpretatorische Vorrecht der sogenannten „kanonischen“ Auslegung mittels der historischen Methode, also *in concreto* durch die historisch-kritische Exegese, nachweisen, d.h., man müßte allein aus dem Psalter eine Entscheidung darüber gewinnen können, ob z.B. die innerbiblisch alttestamentliche, die jüdisch-rabbinische oder die christliche Sicht der Psalmen den Sinn des Psalters trifft.

Dagegen ist daran festzuhalten, daß sowohl die jüdisch-rabbinische als auch die christliche Interpretation der Psalmen von Grundentscheidungen und *Vor*urteilen ausgehen, die, zeitlich gesehen, erst nach dem Psalter entstanden sind und die folglich als solche in ihrer jeweiligen spezifischen religiösen und dogmatischen Eigenart auch nicht im „kanonischen“ Psalter enthalten sein können.[108]

Die von den Rahmentexten Ps 1–2 und 149(–150) intendierte Deutung des Psalters stellt innerhalb des Psalters betrachtet nur die zeitlich letzte Form einer Reihe von Interpretationsversuchen dar. Daß ihrer zeitlichen Position am Ende der Entwicklung eine „kanonische“, inhaltlich-theologisch bindende Vorrangstellung eigne, liegt außerhalb der Beweismittel der philologischen und historischen Methode, auf die sich die historisch-kritische Bibelwissenschaft beruft. Eine dog-

---

107 Siehe oben Anm. 26.

108 Zur jüdischen Position siehe z.B. die überzeugende Darstellung der Problematik bei S. Garfinkel 1993, 19–28; zur christlichen Anschauung siehe z.B. M. Oeming 1988, 250–251.

matisch orientierte kanonische Auslegung kann folglich ihre Rechtfertigung nur im außerphilologischen und historischen Bereich allein durch Auslegung und Zuhilfenahme dogmatischer Prämissen erlangen.[109]

Sowohl aus der Entstehung des Textes von Ps 149 als auch aus seiner modernen bibelwissenschaftlichen Interpretationen ersehen wir, daß nur im Zuge einer lebendigen interpretatorischen Bewegung[110] zuerst Texte und dann deren Interpretationen entstehen, wobei sich im Laufe der Auseinandersetzung mit den Interpretationen eines Psalms ergibt, daß die Psalmentexte selbst nicht absolute sprachliche Neuschöpfungen sein müssen, sondern zumeist auch schon selbst Produkte von Textauslegung sind, wie z.B. in Ps 149 sowohl die Übertragung des Israelbildes auf die Chasidim als auch die literarische Gestalt des Liedes zu erkennen geben.[111] Wir sehen uns folglich bei Ps 149 nicht dem Produkt einer individuellen und einmaligen dichterischen Schöpferkraft im Sinne H. Gunkels, sondern einem textuell gesteuerten Prozeß gegenüber.

Eine Festlegung der Interpretation von Ps 149 auf ein endgültiges „kanonisches" Verständnis[112] zeigt dagegen nicht nur eine Abhängigkeit von einer letztlich idealistischen Geschichtsauffassung und deren Verabsolutierung des Endstadiums[113] an, sondern auch die umfassende Krise einer historisch-kritischen Bibelauslegung, die verlorenes Selbstvertrauen durch eine dogmatistische Fixierung auf den Kanon auszugleichen versucht. Handelt es sich hierbei um ein anachronistisches Unternehmen oder um eine als nötig empfundene und wirkliche Befreiung von der Methode H. Gunkels, die Psalmen an Hand der Gattungen zu verstehen? An diesem Punkt angelangt, wenden wir uns wieder der Frage nach dem Verhältnis H. Gunkels zum Historismus zu.[114]

In der Auslegung H. Gunkels von Ps 149 kommen seine vom Historismus beherrschten Gedanken voll zur Wirkung. Er führt die Formanalyse von der Annahme aus, daß das Lied auf einen individuellen Dichter zurückgehe.[115] Dieses Vorurteil ermöglicht es ihm oder zwingt ihn dazu, den Endtext des Liedes als eine ursprüngliche Einheit aufzufassen und als solche in asymmetrische Strophen einzuteilen. Auf diese Weise gelingt es ihm, auch in der Interpretation von Ps 149 die ihm als wesentlich erscheinenden historistischen Vorstellungen über die Be-

109 Siehe hierzu auch oben zu Anm. 7–12.

110 Zum Problem des Verhältnisses zwischen Verständnis und Liebe bei der Interpretation biblischer Texte siehe u.a. M. Oeming 1987, 165–183.

111 Ch. Levin 1993, 377–378, ist insoweit voll zuzustimmen. Die Differenzen mit ihm beginnen erst dort, wo es um die Art der Textentstehung und „Überarbeitung" im einzelnen geht.

112 Ch. Levin 1993, 379, setzt sich von der kanonischen Auslegung ab. Er schränkt den Begriff „Kanonizität" folgendermaßen ein: „Für ‚kanonisch' galten sie [= die Psalmen] lange Zeit im Sinne einer Richtschnur produktiver Weiterarbeit, nicht im Sinne einer ausschließenden Norm."

113 Siehe z.B. F. Jaeger / J. Rüsen 1992, 30–36, über die Stellung des Historismus zur Geschichtsauffassung Hegels.

114 Siehe oben Abschnitt 1.

115 H. Gunkel 1926, 619, „Die Situation, die der Dichter vor Augen hat ...".

deutung der Individualität des Dichters und der Objektivität des modernen historischen Interpreten zum Tragen zu bringen. Dagegen wird der Gedanke, daß es sich bei Ps 149 um eine Neuschöpfung unter Verwendung vorliegenden Materials, eine textuell gesteuerte Entwicklung handeln könnte, ausgeschlossen.

Positiv wirkt sich in der Auslegung des Liedes der Historismus darin aus, daß H. Gunkel eine begründete späte zeitliche Einordnung unternimmt und erkennt, daß es wesentlich von eschatologischen Gedanken des Judentums bestimmt ist.[116]

Die historistische Annahme, daß der moderne Kommentator sich verstehend in das Werk der Vergangenheit unter Auslöschung seiner eigenen Subjektivität einzuleben habe, um dieses objektiv wiedergeben zu können[117], spielt im Falle von Ps 149 eine ausschlaggebende Rolle. Da im Rahmen der Lehre von den Gattungen der religiösen Lyrik Israels[118] die nachexilische Zeit im Grunde als eine Periode der Dekadenz erscheint, gelingt es H. Gunkel kaum, seine persönlichen Anschauungen über die Entwicklung der israelitisch-jüdischen Religion bei der Interpretation zurückzustellen. So schließt er z.B. in Ps 149,5 jeden Gedanken an die Erwartung einer „Auferstehung" der Gerechten mit der Übersetzung

> „Die Frommen sollen frohlocken in Ehren,
> sollen jubeln ‚nach ihren Scharen'"[119]

aus. Er begründet dies in philologischer Hinsicht sogar mit Hilfe einer Textkonjektur.

Wenden wir uns zuletzt an Hand der mit der Auslegung von Ps 149 gewonnen Einsichten noch der Frage zu, ob es möglich ist, H. Gunkels Verhältnis zum Historismus wenigstens in groben Zügen umfassend zu umreißen.

Die seit der Wende vom 19. zum 20. Jahrhundert andauernde Krise des Historismus[120] wirkt sich bei H. Gunkel noch nicht aus.[121] Er gründet die theoretischen Grundlagen seiner Psalmenforschung, der er durch seine Erkenntnis der Gattungen eine feste wissenschaftliche Gestalt gegeben hat[122], noch in einem

---

116 H. Gunkel 1926, 620–621.

117 H. Gunkel 1926, VII.

118 H. Gunkel 1933, lautet der Untertitel „Die Gattungen der religiösen Lyrik Israels".

119 H. Gunkel 1926, 619.

120 F. Jaeger / J. Rüsen 1992, 141. 161–192.

121 Die Verzögerung wird bereits darin deutlich, daß H. Gunkel die Neubegründung der Psalmenauslegung erst 1904 im Rahmen seiner „Ausgewählten Psalmen" vorgelegt hat; H. Gunkel 1926, V.

122 H. Gunkel 1926, V, sieht seine eigene Arbeit als Ausfüllung einer Lücke an, die J. Wellhausen und seine Schüler bei der Neubegründung der alttestamentlichen Wissenschaft mit ihrer Konzentration auf die historischen Bücher und die Propheten haben entstehen lassen.

unerschütterten Vertrauen auf Gedanken Leopold von Rankes[123] und sogar auf die Vernunftphilosophie von dessen Widerpart G.W.F. Hegel[124].

H. Gunkel hatte im Geist des Historismus mit Hilfe der Gattungsforschung versucht, den Psalter „wissenschaftlich" als Ergebnis einer dynamischen zeitlichen Entwicklung bei gleichzeitiger Herausstellung der individuellen Dichtergestalten als Urheber der einzelnen Lieder zu erklären.[125] Wie findet aber H. Gunkel am Leitfaden des Historismus zu den Dichtern der Vergangenheit zurück?

Wir haben uns, zur Beantwortung dieser Frage, der Historik zuzuwenden, die H. Gunkel seiner Gattungsforschung zu Grunde legt. Wenn er diesem Problem in seinen Hauptwerken „Die Psalmen" und „Einleitung in die Psalmen" auch überraschend wenig[126] oder keinen Platz gewährt[127], so kann dies dennoch nicht über die Tatsache hinwegtäuschen, daß er dem Historismus zutiefst verpflichtet ist.[128]

In der Nachfolge Leopold von Rankes (1795 – 1886)[129] führt er aus, daß er selber bei der Auslegung der Psalmen nichts anderes habe sein wollen „als der Mund der alten Zeit"[130]. Was die Vorwelt in tiefstem Herzen empfunden habe, das habe er der von ihr in vielem weit entfernten Nachwelt mit den Worten unserer Sprache darlegen wollen. Dabei habe er alles Spätere, Christliche, Moderne,

---

123 Siehe hierzu auch W. Klatt 1969, 17. 230. 264, der sich zu diesem Thema leider nur sehr knapp und allzu oberflächlich äußert. W. Baumgartner 1964, CVII, verweist ausdrücklich darauf, daß H. Gunkel schon früh Ranke und Mommsen gelesen hat.

124 W. Klatt 1969, 264, über H. Gunkels Verbindung zur Philosophie Hegels.

125 Siehe auch W. Baumgartner 1964, CX-CXI, über H. Gunkels positives Verhältnis zur aufkommenden Assyriologie und zur älteren Ägyptologie.

126 H. Gunkel 1926, VII-VIII.

127 H. Gunkel beginnt seine „Einleitung in die Psalmen" (1933) ohne Einführung unmittelbar mit dem Kapitel „Par. 1. Die Gattungen der Psalmen" (S. 1–31). Auch im Kapitel „Par. 12. Die Geschichte der Psalmendichtung" (S. 415–433), dessen Endfassung wir J. Begrich verdanken, suchen wir vergeblich nach einer Historik der Gattungsforschung. An deren Stelle finden wir in diesem Kapitel nur eine romantische Schwärmerei von der Reinheit der Gattung in der Anfangs- und Blütezeit der hebräischen Lyrik vor.

128 W. Klatt 1969, 263–265, stellt die Frage nach der geistesgeschichtlichen Einordnung der Methode und der Theologie H. Gunkels. Er gelangt zum Ergebnis, daß zweifellos an erster Stelle, als Hauptprinzip seiner Weltanschauung, das geschichtliche Denken zu nennen sei. Dafür stünden Namen wie Ranke und Mommsen, von den Theologen Harnack und Wellhausen. Aber im Unterschied zu den Profanhistorikern wolle Gunkel bei seiner religionsgeschichtlichen Arbeit nicht nur feststellen, wie es gewesen ist. Vielmehr gehe es ihm um die Deutung von Geschichte, um ihren Sinn, wobei er an Hegels Vernunft in der Geschichte gedacht habe. Für H. Gunkels methodologische Überlegungen habe Herder den Anstoß gegeben. Von ihm stamme seine Begeisterung für die ästhetische Form der Literatur, die aufkommende Kunstform des Impressionismus habe ihn in diesem Punkt nur bestärken können. Aber seine Vorliebe für die Anschauung, für das Konkrete, stamme von Goethe. Sein Sprachgefühl habe er an Lessing geschult.
W. Klatt beläßt es bei einer ungenügenden geistesgeschichtlichen Einordnung des geschichtlichen Denkens H. Gunkels. Er übersieht, daß bei H. Gunkel ein eigenartiges Gemisch der einander widersprechenden Positionen Rankes und Hegels (siehe F. Jaeger / J. Rüsen 1992, 34–40) vorliegt.

129 Zu L. von Ranke siehe u.a. F. Jaeger / J. Rüsen 1992, 34–38. 82–86.

130 H. Gunkel 1926, VII.

und wenn es der Gegenwart noch so tief oder geistreich erscheine, mit allem Ernst ferngehalten und sich des Wortes getröstet, daß man vom Haushalter nichts Eigenes verlange, sondern nur, daß er getreu erfunden werde.[131] Diesem Ziel sucht er durch Erleben der Vergangenheit nahezukommen: „Es müssen Stunden des Erlebens geschenkt werden, da die eigene Seele von der Vergangenheit berührt wird, da die Melodien der Vorwelt, längst vom Sturm der Geschichte verweht, deutlicher und lauter zu erklingen beginnen, bis sie im Herzen des Gegenwärtigen wieder in alter Kraft und Schönheit ertönen. Solche Stunden des inneren Hörens mag man in sich vorbereiten, aber man kann sie nicht erzwingen; es geziemt sich, auf sie zu warten. Und auch dieses Wartenmüssen hat die Entstehung dieses Buches so verlangsamt."[132]

So werde zunächst dann das einzelne Gedicht in der Seele des Nachschaffenden aus allen den einzelnen Beobachtungen, die er daran angestellt habe, in eines zusammenfließen. Nach dieser Vorarbeit „werden sich die vielen Einzelbilder von Psalmisten zu religiösen Typen ordnen, und alle diese zusammen müssen schließlich zu einem Gesamtbilde der Geschichte der religiösen Dichtung verschmelzen"[133].

Mit diesen Worten veranschaulicht H. Gunkel aufs beste den „großen Bruch"[134] mit der Tradition, den die Romantik mit ihrer Überbewertung der Aufrichtigkeit und der Spontaneität herbeigeführt hat. Er folgt der romantischen Lehre der Einheit von Autor und Werk, der romantischen Genieästhetik. Er begreift mit dem 19. Jahrhundert das Genie als oberste Kategorie: eine fast übermenschliche Fähigkeit der Empfindung, der Einbildungskraft und des Schaffens.[135] Daraus leitet er die wissenschaftliche Aufgabe für den modernen Interpreten ab, sich in die Welt des Dichters einzuleben.

---

131 H. Gunkel 1926, VII; siehe hierzu Leopold von Ranke: „Wir haben über Irrtum und Wahrheit schlechthin nicht zu urteilen. Es erhebt sich uns Gestalt um Gestalt, Leben um Leben, Wirkung und Gegenwirkung. Unsere Aufgabe ist, sie bis auf den Grund ihrer Existenz zu durchdringen und mit völliger Objektivität darzustellen."; Zitat nach F. Jaeger / J. Rüsen 1992, 35.

132 H. Gunkel 1926, VII; siehe hierzu z.B. folgende Aussagen Leopold von Rankes: „Man lebt mehr in dem Ganzen als in der Person. Glaube mir, die Einsamkeit ist auch nützlich. Oft weiß man kaum mehr, daß man eine Persönlichkeit hat. Man ist kein Ich mehr." und „Ich wünschte mein Selbst gleichsam auszulöschen, und nur die Dinge reden, die mächtigen Kräfte erscheinen zu lassen."; zitiert nach F. Jaeger / J. Rüsen 1992, 36. 45.
W. Baumgartner 1964, CXVIII, zufolge hat Hans Schmidt einmal in einer Vorlesung H. Gunkel sagen hören: „Wer Jesaia erklärt, muss träumen, er sei Jesaia."

133 H. Gunkel 1926, VII.

134 O. Paz 1991, 410.

135 O. Paz 1991, 410–411, legt in diesem Zusammenhang dar, daß dagegen die Dichtung des Barock zwischen Autor und Werk aufs schärfste trennt. Das Gedicht sei für die Kunst des Barock kein Zeugnis, sondern eine verbale Form, die gleichzeitig Wiederholung eines Urtyps und Variation des ererbten Modells ist.

H. Gunkel kommt von seinem historistischen Ansatz her notgedrungen auch zur Frage nach der Wissenschaftlichkeit seiner Auslegung.[136] Er bemerkt hierzu unter Vernachlässigung der nach Leopold von Ranke geführten Diskussion folgendes: „Alle diese soeben besprochenen Betrachtungen höherer Art aber dürfen nur dann den Anspruch erheben, in strengem Sinn ‚wissenschaftlich' zu sein, wenn der Forscher ehrlich bestrebt gewesen ist, das innere Miterleben der alten Texte unter der Zucht der ruhigsten und gewissenhaftesten Überlegung zu halten; und eine Fülle des mannigfaltigsten Stoffes muß er aufbieten, um die dazu notwendigen Beobachtungen zu gewinnen."[137]

Es wird kaum das Urteil zu umgehen sein, daß H. Gunkel in seiner Historik, die er der Gattungsforschung zugrundelegt, dem „naiven Objektivismus" und dem Ideal des Subjektivitätsverzichts – beides für L. von Rankes Methode wesentlich[138] –, folgt. H. Gunkel ignoriert folglich die Entwicklung, die W. von Humboldt 1821 mit seinem Beitrag „Über die Aufgabe des Geschichtsschreibers", der als Vermittlung der Positionen Hegels und Rankes zu verstehen ist, eingeleitet hat.[139]

H. Gunkels romantische und idealistische Auffassung von der Individualität und Subjektivität sowohl des Psalmdichters als auch des modernen Interpreten und der dadurch ermöglichten historischen Erkenntnis verleitete ihn zu einer vorrangigen Wertschätzung der ursprünglichen reinen Gattungen und insgesamt der vorexilischen Zeit in der Entwicklung des Psalters. Der späteren Entfaltung der Psalmendichtung mußte er von dieser Ausgangsposition her ein Korsett anlegen.[140] Besonders seine Geringschätzung der nachexilischen Psalmendichtung reizte zur Kritik seines Systems[141] So läßt sich letztlich auch die sogenannte „kanonische" Deutung als Reaktion gegen H. Gunkels historische Abwertung der Schlußzeit in der Entwicklung des Psalters verstehen.[142]

Vorläufig zusammengefaßt ist festzuhalten, daß H. Gunkel in seiner Historik noch voll dem Historismus in Gestalt einer bewußten oder unbewußten Ranke-Renaissance[143] verpflichtet ist. Die Hochschätzung der individuellen Dichterpersönlichkeit und des Ideals des Forschers, der die eigene Subjektivität auszuschalten versucht, verdecken ihm den Blick auf die Tatsache, daß nicht nur bei Ps 149,

---

136 Zu diesem Zentralproblem des Historismus siehe F. Jaeger / J. Rüsen 1992, 4. 8–9. 38–40. 141–192.

137 H. Gunkel 1926, VIII.

138 F. Jaeger / J. Rüsen 1992, 38.

139 F. Jaeger / J. Rüsen 1992, 38–39.

140 Der Versuch, historisch zu denken, verkehrt sich an diesem Punkt bei H. Gunkel in sein Gegenteil, wie z.B. folgende Aussage zeigt: „Das Exil, das die nationalen Staaten Israel und Juda beseitigte und die Existenzform des Volkes entscheidend änderte, hat in der Geschichte der Psalmendichtung keine neue Epoche eingeleitet. Was die vorexilische Zeit geschaffen hat, war so lebenskräftig und in seiner Geltung so unbestritten, daß die exilische und frühnachexilische Zeit gesungen und gesagt hat wie die vorexilische." (H. Gunkel 1933, 432).

141 Zur Kritik an H. Gunkel siehe u.a. E. Lipiński 1979, 7–8.

142 Siehe J.-M. Auwers I 1994, 26–30.

143 F. Jaeger / J. Rüsen 1992, 92–95, zur Ranke-Renaissance.

sondern auch beim Großteil oder der Gesamtheit der Psalmen ein textuell gesteuerter Entstehungsprozeß in Betracht kommt, der ihre vorliegende Endgestalt geprägt hat.

Entgegen H. Gunkels romantischem Grundansatz ist es folglich nicht möglich, durch Einfühlung in den Dichter eines Psalms den Text zu verstehen. Historisch gesehen haben wir den Werdegang von Texten zu deuten, die nach den Interpretationsmethoden und dem „Dichter"-Ideal des nachexilischen Judentums entstanden sind. Die Dichtung dieser Zeit und auch die der vorangegangenen Perioden sind entgegen den romantischen Vorstellungen H. Gunkels in erster Linie als Ergebnisse einer Auseinandersetzung mit bereits vorhandener Literatur und deren produktiver Vermehrung zu verstehen. Wir können uns zwar nicht in die individuelle Welt eines „Dichters" eines einzelnen Psalms einfühlen, aber in seine Methoden der Auseinandersetzung mit der Dichtung der Vergangenheit und in sein literarisch-technisches Verfahren, einen Psalm zu schaffen.

Die wissenschaftliche Auslegung der Psalmen sieht sich so angesichts der Krise des historizistischen Deutungssystems H. Gunkels vor die Frage nach dem Weitergang der Forschung und nach der Möglichkeit der Fortentwicklung der Historik der Psalmenauslegung in posthistoristischer Zeit gestellt. Hierbei ist an erster Stelle das Verhältnis zwischen H. Gunkel und der „kanonischen" Auslegung zu klären.

„Kanonische" Deutungen[144] gewinnen insoweit wieder eine aufklärerische und idealistische Position über H. Gunkel in die Vergangenheit zurück gehend, als sie konsequent vom letzten Stadium der Entwicklung des Psalmentextes ausgehen und diesen als maßgebend für die Bewertung der Gesamtentwicklung ansehen.[145] Für sie spricht, daß sie einerseits radikal mit der romantischen Ansicht H. Gunkels über die Frühzeit als allgültigen Maßstab brechen, gegen sie aber, daß sie dennoch am Gunkel'schen Ideal von der Möglichkeit eines Einlebens in das Wollen des Dichters festhalten, das sie an *concatenatio*, „Verkettung", „Vernetzung" und „Intertextualität" festmachen. Gleichzeitig gibt die „kanonische" Auslegung der Versuchung nach, den Reichtum der historischen Entwicklung der Priorität einer

---

144 Die gegenwärtige Diskussion zeigt, daß es nicht „die" kanonische Auslegung gibt, sondern nur verschiedene Versuche in dieser Richtung gibt, wie z.B. die Berichte von G. Barbiero 1999, 19–30; J.-M. Auwers 2001, 374–410, erkennen lassen.

145 Unter den Vertretern der kanonischen Auslegung scheint kein Einverständnis darüber zu bestehen, in welcher Weise Einzeltext des Psalters und Gesamtsinn der Sammlung zu bestimmen sind. Die *concatenatio* von Begriffen wie Einzelpsalm, sukzessiv gewachsene Größe, zusätzliche Bedeutungsdimension, theologisches Profil des Endtextes usw. (F.-L. Hossfeld / E. Zenger 2000, 10; G. Barbiero 1999, 29) läßt nicht nur die Konstruktion einer Vielzahl von Verbindungen vom vorausgesetzten „Sinn" her zu, sondern auch nicht begrenzbare Deutungen der angenommenen Verbindungen. Die Situation wird auch nicht besser, wenn man sich zu dem Slogan anvertraut, daß der Psalter der erste Exeget der Einzelpsalmen sei (G. Barbiero 1999, 30; J.-M. Auwers 2000, 3) oder den Vorwurf äußert, es gebe Kommentatoren, die den Psalter als „Abstellkammer" (F.-L. Hossfeld / E. Zenger 2000, 10) für Einzelpsalmen betrachteten.

dogmatistischen Auffassung von der Rolle und Bedeutung des Kanons zu opfern.[146]

Die Positionen der Gunkel'schen Gattungsforschung und der „kanonischen“ Auslegung sind folglich als Gegensätze innerhalb eines historistischen Systems zu deuten, die letztlich beide darin versagen, der historischen Entwicklung in vollem Maß gerecht zu werden und die von einem bestimmten Punkt an historische Erkenntnis durch Versatzstücke idealistischer und romantischer Ideologie ersetzen. Es stellt sich folglich die Frage, ob innerhalb der Psalmenforschung ein vollständiger Bruch mit dem Historismus notwendig ist oder über H. Gunkel hinaus dennoch Korrekturen an seinen Ergebnissen und eine Weiterentwicklung derselben ratsam erscheinen.

Von seiner dem Historismus verpflichteten Position aus hat H. Gunkel auf das „große Gesetz, das für alle Geschichtswissenschaft gilt“[147], hingewiesen. Dieses sei, daß das Vereinzelte unverständlich oder mißdeutbar sei, daß es vielmehr nur aus seinem Zusammenhang verstanden werden könne. Darum habe er versucht, neue Stoffe für die Psalmenforschung heranzuschaffen: „Darum hat er [= der Verfasser] vor allem die altorientalische religiöse Lyrik, namentlich die babylonische und die ägyptische, nach Kräften durchsucht, aber auch sonst aus der ganzen Welt, soweit er irgend konnte, Gegenstücke zusammengebracht, damit aus der Ähnlichkeit und zugleich der Verschiedenheit die Eigenart des Biblischen deutlich werde.“[148]

Den leitenden Gesichtspunkt für die historische Deutung des reichen Materials bietet ihm der Begriff der Gattung: „Der Verfasser hat, um der heutigen Unsicherheit über die Disposition zu entgehen, versucht, sichere, der Subjektivität der Einzelnen entrückte Maßstäbe zu finden. Er hat demnach nach ‚Gattungen‘ gesucht, die durch die Natur der hebräischen religiösen Lyrik gegeben sind.“[149]

Die wenigen Worte zeigen, daß H. Gunkel selbst der beste Kritiker seines eigenen romantisch-historistischen Wissenschaftsideals ist.

---

146 M. Oeming 1986, 54, wirft z.B. dieser Richtung vor, daß in der postulierten Kanonsharmonie viel zu arglos das Unterschiedliche und je andere überdeckt werde. Die kanonische Endgestalt werde als ganze maßlos überschätzt, wenn sie zum Schlüssel für jeden Teiltext bzw. Textteil gemacht werde.
Zu Gunsten der „kanonischen“ Auslegung könnte man argumentieren, daß ihre Vertreter grundsätzlich von der berechtigten Vorstellung ausgehen, daß der Psalter redaktionsgeschichtlich zu untersuchen sei und die früher in der Auslegung der Psalmen nur als punktuelle Erweiterungen oder Glossierungen bewerteten Elemente der Lieder insgesamt als Entstehungsprozeß einzelner Psalmensammlungen bis hin zum Psalmenbuch als ganze zu rekonstruieren seien (so z.B. F.-L. Hossfeld / E. Zenger 1993, 23–24). Hierzu ist jedoch kritisch zu vermerken, daß in einer derartigen Handhabung der „kanonischen“ Auslegung das quantitative Ausmaß der textuellen Steuerung der Entwicklung, die zum Psalter geführt hat, nur am Rande berührt wird.

147 H. Gunkel 1926, VIII.

148 H. Gunkel 1926, VIII.

149 H. Gunkel 1926, IX.

Bei der Frage, ob in der Psalmenforschung eine Rückbesinnung auf nachbiblische dogmatische Vorstellungen wie den Kanon oder eine Einbeziehung neuen Materials, das durch die archäologische und philologische Erschließung Altsyrien-Palästinas zugänglich geworden ist, vonnöten ist, dürfte eine Entscheidung zu Gunsten einer Berücksichtigung weiteren neuen Materials im Sinne H. Gunkels kaum ernsthaft in Zweifel zu ziehen sein.

Es besteht folglich grundsätzlich die Möglichkeit, unter Beachtung der Kritik am Historismus und der neu erarbeiteten Perspektiven historischer Forschung[150] den Ansatz H. Gunkels insoweit fortzuführen, als er selbst seine Ergebnisse für eine Kritik an Hand neuen Materials offen gehalten hat.

Ob und inwieweit aber die mit den Mitteln der historischen Erkenntnis gewonnenen Einsichten von einem jüdischen und christlichen Standpunkt aus auch noch für das gegenwärtige geistige und religiöse Leben hilfreich, wenn nicht hemmend sind, vermag die historische Betrachtungsweise von ihrem Standpunkt des *etsi deus non daretur*[151] aus nicht mehr zu entscheiden. Die historisch wissenschaftliche Interpretation des Psalters rückt so von selbst wieder in den umfassenderen Problemkreis „Vom Nutzen und Nachtheil der Historie für das Leben"[152] ein.

Für die historische Betrachtung des Psalters neben der jüdischen und christlichen Deutung als wenigstens einem Teil modernen Zugangs zu diesen Liedern spricht jedenfalls, daß der Mensch es nicht vermag, von der Vergangenheit vollends abzusehen und daß sich nur die Formen wandeln, die unser Gespräch aus der Gegenwart heraus[153] mit den dahingegangenen Geschlechtern der Menschheit und „Israels"[154] bestimmen.

---

150 Siehe z.B. F. Jaeger / J. Rüsen 1992, 161–192, „Überwindungen des Historismus"; J. Le Goff / R. Chartier / J. Revel 1994.

151 Siehe zu dieser prinzipiellen Differenz zwischen biblischer und moderner Historik u.a. O. Loretz 1994, 181–230.

152 Friedrich Nietzsche, Kritische Studienausgabe. Dünndruck-Ausgabe Bd. 1. Herausgegeben von G. Colli / M. Montanari. München / Berlin ^{2}1988, 243–334.

153 An diesem Punkt wäre z.B. zu überlegen, warum und inwieweit christliche Verantwortung darauf angewiesen ist, die Geschichtswissenschaft zur Kenntnis zu nehmen; siehe hierzu z.B. R. Bultmann 1961, 62–65.

154 P. Sacchi 1992, 81–100, zur Entwicklung der Vorstellung vom wahren Israel und zum Anspruch von Christen wie von Juden, jeweils das wahre Israel zu sein.

Literatur[155]

Ackroyd, P.R., 1953: Criteria for the Maccabean Dating of Old Testament Literature, VT 3, 113–132.

Auwers, J.-M., 1994: Le Psautier hébraïque et ses éditeurs. Recherches sur une forme canonique du livre des Psaumes I-III. Dissertation. Université Catholique de Louvain, Faculté de Théologie et de Droit Canonique, Louvain.

– –, 2000: La composition littéraire du Psautier. Un état de la question. CRB 46.

– –, 2001: Où va l'exégèse du Psautier? Bilan de six années d'études psalmiques (1995–2000), RTL 32, 374–410.

Barré, M.L., 1995: Hearts, Beds and Repentance in Psalm 4,5 and Hosea 7,14, Bib. 76, 53–62.

Barthes, R., 1954: Michelet par lui-même, Paris 1954.

Baumgartner, W., 1964: Zum 100. Geburtstag von Hermann Gunkel. Vortrag auf dem Alttestamentlerkongreß Bonn 1962, in: H. Gunkel, Genesis. Göttingen ^{6}1964, CV-CXXII = VT.S 9 (1963).

Becker, J., 1966: Israel deutet seine Psalmen. SBS 18.

Beuken, W., 1993: *škb*, in: ThWAT VII, 1306–1318.

Boer, P.A.H. de, 1981: Cantate Domino: An Erroneous Dative?, OTS 21, 55–67.

Bohren, R., 1986: Biblische Theologie wider latenten Deismus, JBTh 1, 163–181.

Brüning, W., 1961: Geschichtsphilosophie der Gegenwart, Stuttgart.

Bultmann, R., 1961: Das Verständnis der Geschichte im Griechentum und im Christentum, in: L. Reinisch, (ed.), Der Sinn der Geschichte, München, 50–65.

Ceresko, A.R., 1986: Siehe 1994.

– –, 1994: Psalm 149: Poetry, Themes (Exodus and Conquest), and Social Function, in: A.R. Ceresko, Psalmists and Sages. Studies in Old Testament Poetry and Religion. ITS.S 2.1994, 148–166 = Bib. 67 (1986) 177–194.

Colpe, C., 1994: Der ‚Heilige Krieg'. Benennung und Wirklichkeit, Begründung und Widerstreit, Bodenheim.

Crüsemann, F., 1969: Studien zur Formgeschichte von Hymnus und Danklied. WMANT 32.

Deissler, A., 1988: Die Stellung von Psalm 2 im Psalter. Folgen für die Auslegung, in: J. Schreiner, (ed.), Beiträge zur Psalmenforschsung. Psalm 2 und 22. FzB 60, 73–83.

Füglister, N., 1986: Ein garstig Lied – Ps 149, in: E. Haag / F.-L. Hossfeld, (eds.), Freude an der Weisung des Herrn. Beiträge zur Theologie der Psalmen. Festgabe zum 70. Geburtstag von Heinrich Groß. SBB 13, 81–105.

Garfinkel, S., 1993: Applied *Peshat:* Historical-Critical Method and Religious Meaning, JANES 22, 19–28.

Gerstenberger, E.S., 1989: *ʿnh* II, in: ThWAT VI, 247–270.

155 Siehe ferner E.H. Gerstenberger II 2001, 457.

– –, 1994: Der Psalter als Buch und als Sammlung, in: K. Seybold / E. Zenger, (eds.), Neue Wege der Psalmenforschung. Für Walter Beyerlin. HBS 1, 3–13.

Gosse, B., 1994: Le Psaume CXLIX et la réinterprétation post-exilique de la tradition prophétique, VT 44, 259–263.

Gunkel, H., 1926: Die Psalmen, Göttingen.

– –, 1926a: Psalm 149, in: Oriental Studies dedicated P. Haupt. Baltimore / Leipzig 1926, 47–57.

Haag, E., 1989: Psalm 1. Lebensgestaltung nach dem alttestamentlichen Menschenbild, in: R. Mosis / L. Ruppert, (eds.), Der Weg zum Menschen. Zur philosophischen und theologischen Anthropologie. Für Alfons Deissler, Freiburg, 153–172.

Hardie, P.R., 1999: Literarische Gattung III. Lateinisch, in: DNP 7, 264–266.

Hunter, R., 1999: Literarische Gattung I. Begriff II. Griechisch, in: DNP 7, 260–264.

Jaeger, F. / J. Rüsen, 1992: Geschichte des Historismus. Eine Einführung, München.

Kaiser, O., 1976: Der Prophet Jesaja Kapitel 13–39. ATD 18.[2]1976.

– –, 1977: Tod, Auferstehung und Unsterblichkeit im Alten Testament und im frühen Judentum – in religionsgeschichtlichem Zusammenhang bedacht, in: O. Kaiser / E. Lohse, Tod und Leben. KTB 1001, 7–80.

Kang, S.-M., 1989: Divine War in the Old Testament and in the Ancient Near East. BZAW 177.

Klatt, W., 1969: Hermann Gunkel. Zu seiner Theologie der Religionsgeschichte und zur Entstehung der formgeschichtlichen Methode. FRLANT 100.

Korpel, M.C.A. / J.C de Moor, 1988: Fundamentals of Ugaritic and Hebrew Poetry, in: W. van der Meer / J.C. de Moor, (eds.), The Structural Analsysis of Biblical and Canaanite Poetry. JSOT.S 74, 1–61.

Krahmalkov, C.R., 2000: Phoenician – Punic Dictionary. OLA 90.

Le Goff, J. / R. Chartier / J. Revel, 1994: Die Rückeroberung des historischen Denkens. Grundlagen der Neuen Geschichtswissenschaft. FiW 12033.

Leanza, S., 1997: Gerolamo e la tradizione ebraica, in: C. Moreschini / G. Menestrina, (eds.), Motivi letterari ed esegetici in Gerolamo. Atti del convegno tenuto a Trento il 5–7 dicembre 1995. RelCul 9, 17–38.

Link, Ch., 1992: Kirche in der Krise der Moderne, JBTh 7, 283–303.

Lohfink, N., 1990: Lobgesänge der Armen. Studien zum Magnifikat, den Hodajot von Qumran und einigen späten Psalmen. Mit einem Anhang: Hodajot-Bibliographie von Ulrich Dahmen. SBS 143. (S. 121–125: Ps 149).

Loretz, O., 1990: Adaption ugaritisch-kanaanäischer Literatur in Psalm 6 – Zu H. Gunkels funktionalistischer Sicht der Psalmengattungen und zur Ideologie der „kanonischen“ Auslegung bei N. Lohfink, UF 22, 195–220.

– –, 1993: Psalm 149 und H. Gunkels Historismus. Zur Debatte über Gattungsforschung und kanonische Exegese, UF 25, 289–310.

– –, 1994: Geschichte und Geschichtsschreibung im Alten Testament. Biblische Historik und jüdische Identität, MARG 9, 181–220.

– –, 1999: Die Rückkehr des Wettergottes und der königlichen Ahnen beim Neujahrsfest in Ugarit und Jerusalem. „Thronbesteigung" im Blick altorientalistischer Argumentationsforschung, in: M. Kropp / A. Wagner, (eds.), ‚Schnittpunkt' Ugarit. NWS 2, 163–244.

Maier, J., 1987: Psalm 1 im Licht antiker jüdischer Zeugnisse, in: M. Oeming / A. Graupner, (eds.), Altes Testament und Verkündigung. Festschrift für Antonius H.J. Gunneweg zum 65. Geburtstag, Stuttgart, 353–365.

Marböck, J., 1991: Der Gott des Neuen und das neue Lied, in: F.V. Reiter, (ed.), Ein Gott, eine Offenbarung. Beiträge zur biblischen Exegese, Theologie und Spiritualität. Festschrift für Notker Füglister OSB zum 60. Geburtstag, Würzburg, 205–221.

Miller, P.D. Jr., 1988: Der Kanon in der gegenwärtigen amerikanischen Diskussion, JBTh 3, 217–239.

Moor, J.C. de, 1993: Syntax Peculiar to Ugaritic Poetry, in: J.C. de Moor / W.G.E. Watson, (eds.), Verse in Ancient Near Eastern Prose. AOAT 42, 191–205.

Mowinckel, S., 1921: Psalmenstudien II. Oslo 1921.

Nötscher, Fr., 1926/80: Altorientalischer und alttestamentlicher Auferstehungsglaube. Neudruck 1970 durchgesehen und mit einem Nachtrag herausgegeben von J. Scharbert. Darmstadt 1980.

Nötscher, Fr. / J. Scharbert, 1926/80: siehe *Nötscher, Fr.*, 1926/80.

Nommik, U., 1999: Die Gerechtigkeitsbearbeitungen in den Psalmen. Eine Hypothese von Christoph Levin formgeschichtlich und kolometrisch überprüft, UF 31, 443–535.

Oeming, M., 1986: Unitas Scripturae? Eine Problemskizze, JBTh 1, 48–70.

– –, 1987: „Mann kann nur verstehen, was man liebt." Erwägungen zum Verhältnis von Glauben und Verstehen als einem Problem alttestamentlicher Hermeneutik, in: M. Oeming / A. Graupner, (eds.), Altes Testament und Verkündigung. Festschrift für Antonius H.J. Gunneweg zum 65. Geburtstag, Stuttgart, 165–183.

– –, 1988: Text – Kontext – Kanon: Ein neuer Weg alttestamentlicher Theologie? Zu einem Buch von Brevard S. Childs, JBTh 3, 241–251.

Paz, O., 1991: Sor Juana oder Die Fallstricke des Glaubens, Frankfurt.

Peters, C., 1940: Psalm 149 in Zitaten islamischer Autoren, Bib. 21, 138–151.

Prinsloo, W.S., 1997: Psalm 149: Praise Yahweh with Tambourine and Two-edged Sword, ZAW 109, 395–407.

Prinzivalli, E., 1997: „Sicubi dubitas, Hebraeos interroga". Girolamo tra difesa dell'*Hebraica veritas* e polemica antigiudaica, ASEs 14, 179–208.

Rabinowitz, L.I., 1981/82: The Makers of Israel. A Note on Psalm 149 *yśmḥ yśr'l b'śyw*, Dōr le-Dōr 10, 122–123.

Reindl, J., 1979: Psalm 1 und der 'Sitz im Leben' des Psalters, ThJb(L), 39–50.

Ringgren, H., 1982: *ḥsyd*, in ThWAT III, 83–88.

Robert, A., 1953: L'exégèse des Psaumes selon les méthodes de la Formgeschichteschule, in: Miscellanea B. Ubach, Montserrat, 211–226.

Ruffing, A., 1992: Jahwekrieg als Weltmetapher. Studien zu Jahwekriegstexten des chronistischen Sondergutes. SBB 24.

Sacchi, P., 1992: Das Problem des „wahren Israel" im Lichte der universalistischen Auffassungen des Alten Orients, JBTh 7, 77–100.

Saebø, M., 1992: Eschaton und Eschatologia im Alten Testament – in traditionsgeschichtlicher Sicht, in: Jutta Hausmann / H.-J. Zobel, (eds.), Alttestamentlicher Glaube und Biblische Theologie. Festschrift für Horst Dietrich Preuß zum 65. Geburtstag, Stuttgart, 321–330.

Sawyer, J.F.A., 1973: Hebrew Words for the Resurrection of the Dead, VT 23, 218–234.

Scharbert, J., siehe: *Nötscher, F. / J. Scharbert.*

Schwab, R., siehe: R. *Tournay / Schwab* R.

Tournay, R.(J.), 1985: Le Psaume 149 et la 'vengeance' des Pauvres de YHWH, RB 92, 349–358.

– –, 1991: Seeing and Hearing God with the Psalms. The Prophetic Liturgy of the Second Temple in Jerusalem. JSOT.S 118.

Vanoni, G., 1991: Zur Bedeutung der althebräischen Konjunktion *w=*. Am Beispiel von Psalm 149,6, in: W. Groß / H. Irsigler / Th. Seidl, (eds.), Text, Methode und Grammatik. Wolfgang Richter zum 65. Geburtstag, St. Ottilien, 561–576.

Weber, M., 1920/76: Gesammelte Aufsätze zur Religionssoziologie III. Das antike Judentum. 6., photomechanisch gedruckte Auflage. Tübingen.

Wonneberger, R., 1985: Gunkel, Hermann (1862 – 1932), TRE XIV, 297–300.

Zenger, E., 1991: Was wird anders bei kanonischer Psalmenauslegung?, in: F.V. Reiterer, (ed.), Ein Gott, eine Offenbarung: Beiträge zur biblischen Exegese, Theologie und Spiritualität. Festschrift für Notker Füglister OSB zum 60. Geburtstag. Würzburg, 397–413.

– –, 1993: Der Psalter als Wegweiser und Wegbegleiter. Ps 1–2 als Proömium des Psalmenbuchs, in: A. Angenendt / H. Vorgrimler, (eds.), Sie wandern von Kraft zu Kraft. Festgabe für Bischof Reinhart Lettmann. Kevelaer, 29–47.

– –, 1993a: siehe F.-L. Hossfeld / E. Zenger I 1993.

– –, 1997: Die Provokation des 149. Psalms. Von der Unverzichtbarkeit der kanonischen Auslegung, in: R. Kessler / K. Ulrich / M. Schwantes / G. Stansell, (eds.), „Ihr Völker alle, klatscht in die Hände!" Festschrift für Erhard S. Gerstenberger. Zum 65. Geburtstag. EuZ 3, 181–194.

Politische Theologie des Königtums in Ugarit, Kleinasien, Assur und Israel: das juridische Theorem „*The King's Two Bodies*"[1]

Auf den ersten Blick erscheint es gewagt, zur Erhellung altorientalischer politischer Theologie auf das Theorem „*The King's Two Bodies*" der mittelalterlichen elisabethanischen Kronjuristen zurückzugreifen.[2] In den nachfolgenden Ausführungen zur politischen Theologie des Königtums in Altsyrien-Kanaan, in Assyrien und in dem von Israel besiedelten Palästina soll jedoch gezeigt werden, daß es sich als nützlich erweist, das in der bibelwissenschaftlichen Literatur heftig umstrittene oder öfter noch mit Stillschweigen bedeckte Thema der Göttlichkeit der Könige von Israel und Juda aufzugreifen und unter den angezeigten Aspekten zu betrachten. Es wird die Frage zu beantworten sein, ob es sich auch bei den Königen des Nord- und Südreichs in Übereinstimmung mit altorientalischer Anschauung um wahre Göttlichkeit, eine irgendwie verminderte Göttlichkeit, eine Gottähnlichkeit, eine göttliche Adoption oder nur um eine leere Formel von Höflingen, um einen schmeichlerischen Hofstil handelt.

1. Die Göttlichkeit biblischer Könige – Belastungen aus der jüdischen und christlichen Tradition

Die drei Psalmen 2, 45 und 110 nehmen unter den Texten des Alten Testaments eine Sonderstellung ein. Denn sie berichten von der sonst nicht mehr in den biblischen Schriften bezeugten Tradition und Vorstellung, daß die Könige in Israel bei ihrer Inthronisation zu Göttern wurden. Diese Nachricht steht zwar in klarem Widerspruch zur Lehre der übrigen biblischen Bücher, die allein dem Gott Israels göttliche Würde und in der Folge konsequenterweise Unsterblichkeit zusprechen und die zugleich Königsvergötterung als einen der greulichsten Frevel der Heiden (Dan 6; Apg 12,21–23) ablehnen.[3] Sie stimmt jedoch mit Nachrichten aus der alt-

1 Vgl. O. Loretz, *The King's Two Bodies* in der politischen Theologie des altorientalischen Königtums. Ein juridisches Theorem in Ugarit, Kleinasien, Assur und Israel (KTU 1.16 I 2–23; VAT 17019; 13831; Ps 2,7; 45,7; 110,3), UF 33 (2001), im Druck.

2 Siehe unten Abschnitt 2.

3 H. Gunkel 1926, 190.

orientalischen Umwelt überein, die gleichfalls von der Göttlichkeit der Könige spricht. Folglich besteht die Frage, auf welchem Weg die drei Psalmen 2, 45 und 110 in den orthodoxen kanonischen Psalter gelangt sind, dort erhalten blieben und welche Rolle sie darin spielen.

Der irritierende Bericht der drei Psalmen über Gottessohnschaft und folglich Göttlichkeit der Könige mußte in der späteren nachexilischen jüdischen monotheistischen Tradition, die nicht nur keinen göttlichen König, sondern auch keine anderen Götter neben Jahwe, dem einzigen Gott, zuließ, entweder mit Stillschweigen übergangen oder weginterpretiert werden. Als erste Erklärung für die nur noch sporadische Bezeugung der älteren Tradition haben wir folglich die Entwicklung der Anschauungen über das Königtum in Israel und im Judentum im Hinblick auf einen intoleranten Monotheismus anzunehmen. Die Auslegung der theologischen Entwicklung als einer historischen gelangt dagegen bei den biblischen Autoren und bei ihren modernen gleichgesinnten Nachbetern zur These, daß es in Israel zu keiner Zeit eine Göttlichkeit der Könige gegeben habe.

So finden wir z.B. beim modernen jüdischen Interpreten H. Graetz zur eindeutigen Anrede des israelitischen Königs in Ps 45,7 mit *'lhym* „Gott" und der damit verbundenen Aussage, daß sein Thron ewig ist, folgende abschwächende Interpretation vor:

> *Dein Thron, ein Gottesthron, ist für immerdar,*
> *ein Scepter für die Wahrheit ist das Scepter deines Reiches.*[4]

Dieser Auslegung schließen sich auch christliche Interpreten an. So wendet K.-H. Bernhardt gegen S. Mowinckel und G. Widengren, die in Zusammenhang mit Ps 45 vom König als einem „Divine King" sprechen, das Argument ein, daß M. Noth V. 7a nach Vorgang von C.R. North folgendermaßen begreife:

> *Dein Thron ist (wie) der (Thron) Gottes, nämlich bestehend für immer und ewig.*[5]

K.-H. Bernhardt selbst sucht dagegen bei seinem eigenen Versuch einer Auslegung von Ps 45,7 die Rettung beim altorientalischen Hofstil.[6] Er hebt hervor, daß Ps 45,7 unstreitig die einzige Stelle ist, wo der König irgendwie in die Welt der Götter versetzt werde. Der Ausweg, V. 7 so aufzufassen: „Dein Thron ist wie der Thron Gottes, nämlich bestehend für immer und ewig"[7], sei bei leichter Textän-

---

4 H. Graetz I 1882, 317. 319, gibt hierzu folgende Erklärung ab: „*ks' 'lhym* bedeutet als Genitivus objectivus der von Gott errichtete Thron, wie *kmhpkt 'lhym*, und *t'śh ḥsd h'* (Samuel I., 20, 14)."
Zu vergleichbaren christlichen Deutungen siehe z.B. H.-J. Kraus I 1978, 487; R.J. Tournay 1991, 221, „Your throne is from God, to last forever".

5 K.-H. Bernhardt 1961, 208 mit Anm. 7.

6 Siehe zu dieser Diskussion K. Grzegorzewski 1937, 5–6.

7 K.-H. Bernhardt 1961, 263 mit Anm. 2, zu R. Hentschke nach Vorgang von C.R. North und M. Noth.

derung möglich, aber eben doch nur ein Ausweg. Weiterhin sei es gewiß richtig, daß dieser Beleg nicht allein die Beweiskraft für die Göttlichkeit des Königs tragen könne. Jedenfalls zeige er aber doch, welche verherrlichenden Äußerungen in Königshymnen auch im israelitischen Bereich möglich gewesen seien, wenngleich der Textzusammenhang den König als *'lhym* ganz unmißverständlich von Jahwe als *'lhym* scheide. Die Vermutung einer Anspielung auf die Identität von Jahwe und König sei also nicht berechtigt. Besonders erhelle den Charakter dieses Elohim-Titels für den König die Beobachtung, daß er sich gerade nur in diesem Lied vorfinde, das ganz offensichtlich der höfischen Sphäre entstamme und keinerlei Beziehung zum Kultus aufweise. Der König sei nicht *'lhym* im Jahwekultus, sondern im Blick des höfisch-übertreibenden Sängers. Daß hinter dieser im altorientalischen Hofstil beheimateten Phrase des Dichters keinerlei Realität gesucht werden könne, zeige sich darin, daß das Lied offenbar dem Nordreich entstamme, in dem nachgewiesenermaßen am wenigsten von den Einflüssen der altorientalischen Königsideologie wirksam geworden sei. Im übrigen hindere der schmeichlerische Titel den Sänger nicht, der ‚tyrischen Königstochter' eine kräftige und typisch israelitische Mahnung zuzurufen: „Vergiß dein Volk und dein Vaterhaus!" (V. 11).[8]

K.-H. Bernhard setzt sich mit guten Gründen gegen die These zur Wehr, daß in Ps 45,7 eine Identität von Jahwe und König ausgesagt werde. Zugleich belastet er aber sein Verständnis mit dem Vorurteil, daß man bei einem König in Israel und Juda zwischen Kult und Hofstil unterscheiden könne. Er erliegt bei seiner Auslegung von Ps 45,7 offensichtlich dem modernen europäischen Trennungsdenken.[9]

Die Unterscheidung zwischen leerem Hofstil und inhaltlich gefüllter Rede dient dazu, für Israel eine Sonderstellung zu konstruieren. In der altorientalischen Umwelt habe man an die Sonderstellung der Herrscher geglaubt, aber in den biblischen Texten habe ihre Göttlichkeit eine andere Bedeutung.[10]

---

8 K.-H. Bernhardt 1961, 263.

9 J. Fleckenstein 1992, 12, zum „Ausfluß modernen Trennungsdenkens" in der modernen europäischen Geschichtsschreibung bei der Beurteilung des mittelalterlichen Königtums: „Es will Kantorowicz als ein Ausfluß modernen Trennungsdenkens erscheinen, daß es in der mittelalterlichen wie der neueren Geschichte (in bezeichnendem Unterschied zur Geschichte des Altertums) üblich geworden ist, zwischen profaner und Kirchengeschichte zu unterscheiden und beide Bereiche voneinander abzugrenzen. In dieser Abgrenzung spricht sich ein Dualismus aus, der selbst das Ergebnis der geschichtlichen Entwicklung ist. Eben deshalb darf er aber auch nicht von vornherein für die Vergangenheit unterstellt und auf sie unbegrenzt angewandt werden. Für die Erkenntnis des Mittelalters stellt dieser Dualismus, wie Kantorowicz in seinem programmatischen Vorwort zu ‚Laudes regiae' erläutert, ein wesentliche Zusammenhänge verstellendes Hindernis dar, weshalb es ihm als notwendig erscheint, die Grenze zwischen Profan- und Kirchengeschichte wieder zu durchbrechen."

10 G. Ravasi I 1981, 811, schließt sich der Hofstil-Interpretation folgendermaßen an: „Sappiamo infatti, dal contesto biblico ed extrabiblico, che secondo lo stile di corte tale titolo veniva attribuito anche al sovrano e ad alti ufficiali (2Sam 14,17; Sal 82,6; Is 7,14), con la differenza che, mentre in Egitto e Mesopotamia esprimeva una reale discendenza divina,

T.N.D. Mettinger deutet Ps 45,7 von Ps 110,1 her: Die Aufforderung an den König, zur Rechten des Herrn zu sitzen, erinnere an ägyptische Bilder, die Gott und König zusammen auf einem Thron sitzend darstellen. Ps 110,1 sei mit Ps 45,7 zu vergleichen. Die Wörter *ks'k 'lhym 'wlm w 'd* seien mit J. Mulder als eine Ellipse zu verstehen, deren Äquvalent folgendes sei: *ks'k ks' 'lhym 'wlm w 'd* „your throne is Elohim's throne for ever and ever". Daraus folgert er, daß der König auf dem Thron Gottes sitze und eingeladen sei, an Gottes Macht teilzuhaben. Der König sei Gottes Mitregent, der delegierte Macht ausübe.[11]

H. Gunkel verzichtet dagegen wenigstens teilweise auf die These vom Hofstil. Er zählt Ps 45,7 zu den Resten von Königsvergötterung im Alten Testament. Man wundere sich nicht, ein solches Wort aus dem Mund eines israelitischen Sängers zu hören, wenn wir berücksichtigten, daß die Verehrung der Könige als Götter im alten Orient nicht selten und besonders in Altbabylonien und Ägypten zu Hause gewesen sei. Daß dem König Ewigkeit des Lebens oder wenigstens des Nachruhms gewünscht werde, gehöre zum hebräischen Hofstil.[12]

Am Rande sind noch Textkorrekturen zu erwähnen, mit denen man Ps 45,7 einen tolerierbaren Sinn abzugewinnen versuchte.[13]

Die in Zusammenhang mit Ps 45,7 und der Deutung von *'lhym* „Gott" innerhalb der jüdischen und christlichen Bibelauslegung auftretenden Probleme finden wir auch bei der Intepretation der finiten Verbform *yldtyk* in Ps 2,7 und 110,3.

Die Formel *bny 'th 'ny hywm yldtyk* „Mein Sohn bist du, heute zeuge ich dich!" (Ps 2,7) ist bezüglich ihrer Bedeutung strittig. Es wird in erster Linie diskutiert, ob

---

in Israele era una figura iperbolica, un'enfasi tipica dello ‚stile cortigiano'." Auch H.D. Preuß II 1992, 32. 35, beruft sich auf den von H. Greßmann eingeführten Hofstil.
Einen bemerkenswerten Versuch, das Problem *'lhym* „Deus" elegant zu umgehen, finden wir im Kommentar des Psalterium Pianum vor: „*thronus tuus, Deus*: rex compellatur Deus, non eo modo quo ab Orientalibus reges compellabantur dei. In V.T. *Elohim* appellantur etiam principes et iudices, quasi Dei locum tenentes (cf. Ps 81 [82], I s.). Psalmista autem, sub influxu inspirationis haec scribens, indicare censendus est divinitatem Messiae." (Liber Psalmorum cum Canticis Breviarii Romani. Nova e textibus primigeniis interpretatio latina cum notis criticis et exegeticis cura professorum Pontificii Instituti Biblici edita. Romae 1945, 83).

11 T.N.D. Mettinger 1976, 264–265; vgl. F. Baethgen 1904, 131–132, der seine Übersetzung „Dein Thron ist ein Gottesthron immer und ewig" folgendermaßen rechtfertigt: „Als die annehmbarste Erklärung erscheint die von Hitzig erneuerte Aben Esras, nach welcher hinter *ks'k* der stat. constr. *ks'* nochmals zu denken ist, Esr 10,13; II Reg 23,17. Der Thron des Königs heisst ein Gottesthron, sofern ein mit Gott zu vergleichender König auf ihm sitzt; diese Gottähnlichkeit zeigt sich aber, wie v. 7 b ausführt, in der gerechten Regierung des Königs."

12 H. Gunkel 1926, 190; id. 1933, 165.

13 Siehe z.B. F. Baethgen 1904, 132, zu de Lagarde, der *s'd* für *w 'd* „deinen Thron hat Gott für ewig gestützt" liest; zu Bruston u. a., die *'lhym* durch *yhyh* ersetzen: „dein Thron wird sein immer und ewig"; zu anderen, die *'lhym* einfach streichen wollen. H.-J. Kraus I 1978, 487, setzt sich mit G.R. Driver und J.A. Emerton und deren Deutung von *ks'k 'lhym* nach *rwḥ 'lhym* in Gen 1,2 im Sinne von „dein machtvoller Thron" auseinander.

sie als eine Adoptionsformel zu verstehen ist oder nicht.[14] Zeugung und Adoption behandelt man voreilig als austauschbare Begriffe.[15]

T.N.D. Mettinger deutet *yldtyk* als *perfectum performativum*. Im Fall von Ps 2,7 bewirke die Aussage Gottes den Status des Königs als Sohn der Gottheit im Moment des Aussprechens. Das Wort *hywm* „heute" werde auch in juridischen Formeln gebraucht, um den Beginn eines Vertrages zu kennzeichnen (Rut 4,9–10; Gen 25,31. 33).[16] Dies habe man auch für Ps 110,3 vorauszusetzen.[17] Es sei anzunehmen, daß die israelitische Anschauung über die Gottessohnschaft des Königs auf ägyptischen Einfluß zurückzuführen sei. Im Gegensatz zur ägyptischen Tradition, die in mythologischen Kategorien eine physische Abstammung des Königs von der Gottheit postuliere, vermeide die israelitische Vorstellung den mythischen Rahmen der ägyptischen Rede von der Gottessohnschaft, so daß man von einer Entmythologisierung sprechen könne.[18] Obwohl in Israel die *adoptio filii loco* nicht praktiziert worden sei, könne man die Gottessohnschaft des Königs insofern als Adoption deuten, als damit eine Beziehung zwischen Sohn und Vater beschrieben werde, die nicht mythisch zu verstehen sei, sondern zu einem bestimmten Zeitpunkt durch einen göttlichen Willensakt entstehe.[19]

H. Gunkel legt dar, daß die im Alten Orient verbreitete Vorstellung von der Gottessohnschaft eines Herrschers in Ps 2,7 nicht übernommen werde. Die hohe und reine Jahwe-Religion, die aller Mythologie abhold sei, sträube sich dagegen, daß von eigentlichen Söhnen Jahwes gesprochen werde: dieser Gott habe nicht Weib noch Kind! Darum werde im ganzen Alten Testament der Ausdruck „Sohn Jahwes" überhaupt vermieden. Auch in Ps 2 werde das Wort nicht gebraucht. So gelangt H. Gunkel zu folgender Lösung: „Und nur im übertragenen Sinne kann man den Gedanken ertragen; so wird das Verhältnis von Gott und König mit dem zwischen Vater und Sohn verglichen und aus dem Physischen ins Sittliche erhoben II Sam 7,14; Ps 89,27."[20] Von dieser Basis her konstruiert er für V. 7 folgende *adoptio*-Erklärung: „Daß auch hier ein bildlicher Sinn gemeint ist, sieht man aus der Form des Gottesspruchs; die Worte: ‚du bist mein Sohn' sind die Formel der Kindesannahme; wir kennen ähnliche Formeln des babylonischen Rechts ... Das Jahve-Wort des Psalms bedeutet also, daß der Gott den König zum Sohne ange-

---

14 Siehe hierzu u.a. ausführlich T.D.N. Mettinger 1976, 265–267.
Die Adoptions-These findet sich auch außerhalb der exegetischen Fachliteratur als Erklärung für Ps 2,7, wie z.B. F. Dvornik I 1966, 69. 217, zeigt.

15 W. Dietrich 1998, 241 Anm. 98, hält z.B. fest: „In Ps 2,7 klingt die Vorstellung der Zeugung bzw. Adoption der Königs durch Gott an."

16 T.D.N. Mettinger 1976, 261–262.

17 T.D.N. Mettinger 1976, 264–265.

18 T.D.N. Mettinger 1976, 265.

19 T.D.N. Mettinger 1976, 265–266, lehnt mit dieser Interpretation den Vorschlag von H. Donner ab, Ps 2,7 als ein auf die Ebene der Metapher transponiertes Element oder mit G.W. Ahlström und M. Görg als Neugeburt oder Wiedergeburt zu interpretieren.

20 H. Gunkel 1926, 7.

nommen hat."[21] Der Ausdruck „ich habe dich gezeugt" im Gegenstück „ich selbst habe dich heute gezeugt" könne zwar ursprünglich nur – wie im Ägyptischen – im eigentlichen Sinn gemeint sein, aber der Zusatz „heute" zeige doch deutlich, daß der Dichter etwas ganz Anderes im Sinn habe. Denn zu dem natürlich erzeugten Sohn, der doch schon vor langer Zeit entstanden ist, könnte man nicht so sprechen. Vielmehr habe der Dichter das Wort von der Zeugung umgebogen: von „heute" ab, d.h. vom Tage der Thronbesteigung an, soll der Herrscher dem Gott so gelten, als wäre er sein eigenes Kind.[22]

Die beiden Stellen II Sam 7,14 und Ps 89,27 werden gerne gebraucht, um auch Ps 2,7 bildlich oder moralisch auszulegen.[23] II Sam 7,14 und Ps 89,27 bilden zusammen mit I Chr 17,13a; 22,10aβ und 28,6b teils voneinander abhängige Belege für das Verhältnis des davidischen Königs zu Gott als einer Vater-Sohn-Beziehung.[24]

Die Deutungen der Aussage von Gott als Vater in II Sam 7,14[25] lassen sich in zwei Hauptströmungen aufteilen. Einige deuten den Text im Sinne der Königsideologie als eine allgemein gültige Aussage – metaphysisch oder metaphorisch, Adoption oder Legitimation – über das Wesen des davidischen Königs oder eines idealisierten Nachfolgers.[26] Andere interpretieren II Sam 7,14 didaktisch als Mahnung oder Kritik am Verhalten des Königs.[27] Auch A. Böckler entscheidet sich für letztere Lösung.[28]

Ps 89,27[29] ist in Verbindung mit II Sam 7,14 zu erklären. Der Psalmist bietet ein neues Verständnis der Verheißung an David. Er bezieht die Sohnschaft nicht mehr auf den Nachkommen Davids, sondern auf David selbst.[30]

Die Problematik der Darstellung A. Böcklers zeigt sich besonders dort, wo sie die biblischen Vater-Sohn-Stellen zur kanaanäischen Tradition in Beziehung setzt.[31] Sie geht von der These aus, daß von den fünf Stellen im Alten Testament, an denen Jahwe als Vater des davidischen Königs erscheine, der älteste Beleg II Sam 7,14 sei. Die Wurzeln für die Rede von Gott als Vater des Königs lägen ver-

---

21 H. Gunkel 1926, 7.

22 H. Gunkel 1926, 7.

23 H. Gunkel 1926, 7; E. Podechard I 1949, 16–17.

24 A. Böckler 2000, 184.

25 A. Böckler 2000, 185–219. 227–228. 230. 232–233.

26 A. Böckler 2000, 211–213.

27 A. Böckler 2000, 213–214, zu den Thesen von A. Soggin und H. Gese.

28 A. Böckler 2000, 210–211. 218–219, schließt sich der Erklärung von F. Stolz an, der die Stelle von der deuteronomistischen Theologie her versteht: Die davidische Dynastie wird zwar bestehen bleiben, aber nicht unangefochten. Wenn sie sich verschuldet, wird sie in Bedrängnisse und Not geraten. Aus der unbedingten, schrankenlosen Zusage göttlichen Heils ist eine bedingte, beschränkte Zusage geworden.

29 A. Böckler 2000, 220–236.

30 A. Böckler 2000, 236. 250, deutet Ps 89,27–28 als Auslegung von II Sam 7,14, als es keine Davidsdynastie mehr gab. Man gewinne den Eindruck, der Name David stehe als Chiffre für das Volk.

31 A. Böckler 2000, 250. 393.

mutlich in der kanaanäischen Königsideologie mit ihrer Vorstellung vom König als Sohn einer Gottheit (vgl. z.B. KTU 1.14 I 41–43 usw.). II Sam 7,14 mache jedoch keine ontologische Aussage über die Legitimation des Königs, sondern das Bild von „Gott als Vater – der König als Sohn" erscheine hier im Zusammenhang mit einem Bild aus der Erziehung. Dieser Aspekt könnte aus der altisraelitischen Weisheitstradition eingeflossen sein (vgl. Prov 3,12). Die Rede von Gott als Vater diene in II Sam 7,14 zum Ausdruck der bedingungslosen vergebenden Treue Jahwes zum davidischen Königshaus.

Die vorgetragene Deutung von II Sam 7,14 setzt eine Tradition voraus, in der tatsächlich von einer göttlichen Sohnschaft des Königs die Rede ist, wie sie nicht nur die angeführten ugaritischen Belege, sondern auch z.B. Ps 2,7 bezeugen. Die Autorin räumt zwar ein, daß die Vorstellung von Jahwe als Vater der vorexilischen, judäischen Königsideologie entstamme, in der – wie auch in der Umwelt Israels – der König als Sohn einer Gottheit gegolten habe[32], aber sie bezieht die dafür maßgeblichen Stellen Ps 2,7; 45,7 und 110,3 vermutlich wegen des Fehlens des Wortes *'b* „Vater" nicht in ihre Argumentation ein. Sie verstellt sich den Zugang zu diesen Belegen wahrscheinlich wegen des auch bei ihr wirksamen Trennungsdenkens, das im Hinblick auf alttestamentliche Stellen glaubt, zwischen ontologisch und nicht-ontologisch unterscheiden zu müssen.

Die angeführten exemplarischen Deutungen von Ps 2,7; 45,7 und II Sam 7,14 zeigen, daß die christlichen Bibelwissenschaftler sich entweder der jüdischen Tradition von der ausschließlichen Menschlichkeit der Könige anschließen und z.B. die Aussage von Ps 45,7 minimalistisch deuten, oder vom modernen europäischen Trennungsdenken ausgehen, das bei der Betrachtung des mittelalterlichen Königtums eine Spaltung zwischen kultischen und nichtkultischen Aspekten eingeführt hat. Beim Übertragen dieser modernen historischen Sichtweise auf das altorientalische und biblische Königtum unterlaufen den Bibelwissenschaftlern nachhaltige Mißverständnisse. Die Auswirkungen dieses Trennungsdenkens zeigen sich besonders in den Bemühungen, auch das israelitische Königtum als ein religiös besetztes darzustellen, also dem Pseudoproblem nachzugehen, ob und inwieweit der israelitische König mit Jahwe identifiziert worden sei und aus welchen physischen und mythischen Elementen seine Gottessohnschaft bestanden habe.[33]

Ein folgenreiches Versehen in diesen Interpretationen ist daher, daß die Göttlichkeit der Könige isoliert betrachtet wird und die essentielle Verbindung von Göttlichkeit mit der Unsterblichkeit des Königs – *Le roi ne meurt jamais*[34] – in der gegenwärtigen Bibelwissenschaft nicht einmal ein Problem darstellt. Diese Beson-

---

32 A. Böckler 2000, 393.

33 Siehe z.B. zu dieser Art Diskussion A. Albertz I 1992, 175–177.

34 E.H. Kantorowicz 1992, 411–412, legt dar, daß die berühmte Devise seit dem 16. Jahrhundert den Franzosen geläufig war und direkt von dem juristischen Grundsatz *dignitas non moritur* herstammte und damit letztlich von der Dekretale „Quoniam abbas" des Papstes Alexander. Der französische Satz stellte nur eine neue Variante der alten Körperschaftslehre der mittelalterlichen Kanonisten und Zivilrechtler dar.

derheit der exegetischen Diskussion dürfte durch den Sachverhalt bedingt sein, daß in Ps 2, 45 und 110 zwar von der Göttlichkeit oder Gottessohnschaft der Könige aufgrund der Inthronisation die Rede ist, aber die damit notwendigerweise verbundene Unsterblichkeit zwar vorausgesetzt, jedoch nicht ausdrücklich thematisiert wird. Es ist folglich zu zeigen, daß die mittelalterliche Lehre von den zwei Körpern, die der König in sich hat – den natürlichen (*body natural*) und den politischen (*body politic*)[35] –, uns auch in dieser Hinsicht in die Lage versetzt, die biblischen und altorientalischen Quellen adäquater zu verstehen und die leider nur noch fragmentarischen biblischen Nachrichten über die Göttlichkeit des israelitischen Königs in einen größeren Zusammenhang einzuordnen und dadurch wieder einem sachgemäßen Verständnis zuzuführen.

2. The King's Two Bodies – Die zwei Körper des Königs im europäischen Mittelalter[36]

E.H. Kantorowicz hat den merkwürdigen und einprägsamen Titel „The King's Two Bodies" seines Meisterwerkes über das mittelalterliche Königtum einem Rechtssatz elisabethanischer Kronjuristen entnommen, die dem König zwei Körper zuschrieben: den „natürlichen", und damit sterblichen, und einen „übernatürlichen", der, den Engeln vergleichbar, niemals stirbt. Er verfolgt diese Rechtsauffassung und bedeutende politische Maxime vom frühen Mittelalter an über alle Wandlungen, Implikationen und Ausstrahlungen und erhält so ein außerordentlich differenziertes Bild der geistigen Gestalt des europäischen Königtums. Er hat damit eine große und auch für die Altorientalistik und Bibelwissenschaft bedeutsame Diskussion ausgelöst.[37]

Nach dem Grundsatz „weil die Krone und die Gerechtigkeit nie sterben"[38] bot ein königliches Begräbnis Gelegenheit, die Doppelnatur des Königs vor allem Volk sichtbar zu machen. So manifestierte z.B. der französische Hof die zwei Körper des Königs beim Begräbnis Franz I. durch Verdoppelung auf folgende Weise: Der eingesargte Körper des Königs wurde leibhaftig zehn Tage in der Halle des königlichen Palastes ausgestellt. Dann änderte sich das Bild: der Sarg mit

35 E.H. Kantorowicz 1992, 29.

36 W. Theimer, der Übersetzer von E.H. Kantorowicz, macht auf folgende Probleme einer Wiedergabe des englischen Werkes „The King's Two Bodies" und dabei zu beachtende Bedeutungsdifferenzen im Englischen und Deutschen aufmerksam: „Dies gilt vor allem für den Titelbegriff selbst: *body* = Körper, Leib. Wenn die Übersetzung wegen des inneren Zusammenhangs von Körper und Körperschaft der Bedeutung Körper den Vorzug gibt, so sollte der Leser wissen, daß er dabei jeweils die Bedeutung von Leib mitzudenken hat." (E.H. Kantorowicz 1992, 8).

37 Siehe z.B. J. Fleckenstein 1992, 9–17; G. Agamben 2002, 101–104. 111. 193.

38 E.H. Kantorowicz 1992, 419–420.

der Leiche wurde in eine Kammer geschafft, in der Halle bahrte man eine lebensgroße Figur des Königs auf. Die Figur lag im Staat – die sogenannte kaiserliche Krone auf dem Haupt, die Hände gefaltet, daneben auf Kissen das Zepter und die *main de justice* zu beiden Seiten. Im geschmückten Raum waren keine Zeichen der Trauer zu sehen, sondern nur die kostbarsten heraldischen Embleme wie Goldbrokat und goldene Lilien auf blauem Grund. Sodann beginnt der erstaunlichste Teil der Totenzeremonie: Ein Abbild (*effigies*)[39] des verstorbenen Königs speist mit königlichem Zeremoniell. Die Attrappe wurde so bedient, als wäre sie der lebende König selbst. Diener stellten einen Eßtisch auf. Würdenträger mit den Titeln Brotträger, Schenk und Vorschneider traten ein; vor ihnen ging ein Zeremonienmeister, hinter ihnen der Truchseß, der den Tisch mit den üblichen Verbeugungen deckte. Nachdem das Brot gebrochen war, brachte man den Braten und die anderen Gänge des Mahls. Der Haushofmeister reichte den Ranghöchsten der anwesenden Würdenträger die Serviette, mit welcher der letztere die Hände des Königs abzuwischen hatte. Ein Kardinal segnete die Hoftafel. Das Wasserbecken stand neben einem Stuhl, als ob der *Seigneur* (König) lebend auf diesem säße. Die drei Gänge wurden mit allen Zeremonien und nach Vorkosten serviert, ganz wie zu Lebzeiten des *Seigneurs*, ebenso der Wein. Der Figur wurde zweimal während des Mahles der Becher genau zu den Zeitpunkten gereicht, an denen der *Seigneur* zu trinken pflegte. Bei der anschließenden Beisetzung König Franz I. 1547 führte der Sarg mit dem Leichnam des Königs in einem schwarz ausgeschlagenen Wagen den Trauerzug an, während das Bildnis des Königs in vollem königlichen Prunk am Ende des Zuges, dem Ehrenplatze, getragen wurde. So zeigte man die mystische Duplizität des Königs, indem man den Triumph des Todes und den Triumph über den Tod zugleich jedermann vor Augen führte.[40]

E.H. Kantorowicz zeigt, daß sich alle Regeln bezüglich der Könige letztendlich mit Francis Bacon in zwei Merksätze zusammenfassen lassen: *Memento quod es homo* und *Memento quod es Deus*, oder *vice Dei*.[41] Während das *Memento quod es homo* auf den römischen Brauch zurückzuführen ist, den Imperator an seine Menschlichkeit zu erinnern[42], könnte sich der zweite Merksatz auf Ps 82,6 („Ihr seid Götter") beziehen, einen Vers, der den politischen Autoren in der Zeit des Absolutismus zusagte.[43] Der Blick auf diese Tradition führt letztlich zur Frage, ob der spätmittelalterliche juristische Sprachgebrauch und das dazugehörige Konzept von

39 E.H. Kantorowicz 1992, 429, zeigt, daß die Verehrung des Abbilds des französischen Königs beim Begräbnis nur einige äußere Ähnlichkeiten mit dem kirchlichen Vorbild aufweist, aber nicht aus der Kirche stammt. Ihr Vorbild waren römische Bräuche, wie sie bei der Apotheose des Kaisers Septimius Severus bezeugt sind.

40 E.H. Kantorowicz 1992, 426–431.

41 E.H. Kantorowicz 1992, 494.

42 Wenn der siegreiche Imperator als ein lebender Gott in der purpurnen Toga am Tage seines Triumphes vom Marsfeld zum Kapitol rollte, hatte ihm der mitfahrende Sklave, der ihm den Goldkranz über das Haupt hielt, zuzuflüstern: „Schau zurück. Gedenke, daß du ein Mensch bist."

43 E.H. Kantorowicz 1992, 494, zu König Jakob I.

den „zwei Körpern“ des Königs irgendwo klassische Vorläufer oder Parallelen hat. E.H. Kantorowicz stellt deshalb die Frage: Ist das Bild von den „zwei Körpern“ des Königs heidnischer oder christlicher Herkunft?[44] Seine Antwort lautet, daß es in der Tat Anhaltspunkte dafür gibt, daß dieses zweigeteilte Konzept von Herrschaft Wurzeln im klassischen Altertum haben könnte. Die Doktrin der „Kapazitäten“, die einfache Unterscheidung zwischen einem Menschen und seinen Ämtern, habe sicherlich nicht außerhalb des Vorstellungsvermögens der klassischen Denker gelegen. Wir müßten nicht einmal nach so extremen Fällen suchen, wie sie in den Monarchien des Alten Orients zu finden seien.[45] Das Prinzip der „Verdoppelung“ werde in mehreren antiken Quellen behandelt.[46] Es sei nicht zu bestreiten, daß in der klassischen politischen Philosophie und politischen Theologie isolierte Spuren erkennbar seien, die darauf hindeuten, daß der Kern der Idee von den zwei Körpern des Königs schon im heidnischen Altertum vorhanden gewesen sei. Es erscheine auch plausibel, daß das eine oder andere dieser antiken Theoreme in der Hochrenaissance wieder wirksam geworden sei. Dennoch sei es mehr als zweifelhaft, ob eine einfache Summierung all der individuellen klassischen Züge von Verdoppelungen zu einer kompakten Theorie führen würde, die sich mit jener der spätmittelalterlichen Juristen vergleichen ließe. Denn ungeachtet aller Parallelen, Ähnlichkeiten und „Präzedenzfälle“ aus klassischer Zeit gebe es hier einen Punkt, der einen heidnischen Ursprung der Tudor-Formel von vornherein ausschließe: es sei das Konzept des Königs, der zwei *Körper* hat. Im heidnischen Denken finde sich offensichtlich nichts, was diesen Ausdruck rechtfertigen würde, und es sei einfach falsch, wenn manche moderne Gelehrte den römischen Kaiser eine „Einmann-Korporation“ nennten. Die Lehre der Tudor-Juristen sei entscheidend durch die paulinische Doktrin vom *corpus Christi*, von der paulinischen Sprache und deren späterer Entwicklung geprägt: der Wechsel vom paulinischen *corpus Christi* zum mittelalterlichen *corpus ecclesiae mysticum*, von dort zum *corpus rei publicae mysticum*, das dem *corpus morale et politicum* des Staates gleichgesetzt wurde, bis schließlich das Schlagwort aufgekommen sei, wonach jeder Abt ein „mystischer Leib“ oder ein „politischer Körper“ war, und daß demgemäß auch der König ein „politischer Körper“ war oder einen solchen besaß, und dieser Körper „nie starb“. Ungeachtet einiger Ähnlichkeit mit einigen heidnischen Begriffen seien die „zwei Körper des Königs“ ein Produkt christlichen theologischen Denkens und bildeten folglich einen Markstein christlicher politischer Theologie.[47]

Die bahnbrechenden Forschungen von Ernst H. Kantorowicz zum mittelalterlichen europäischen Königtum und dessen Auffassung von den „zwei Körpern des Königs“, einem sterblichen und unsterblichen Körper, sind zwar bereits 1957

44 E.H. Kantorowicz 1992, 495.

45 E.H. Kantorowicz 1992, 495 Anm. 6, verweist nur auf ägyptische Dokumente und Begräbnisbräuche.

46 E.H. Kantorowicz 1992, 496–502.

47 E.H. Kantorowicz 1992, 502–504.

in englischer Sprache veröffentlicht worden[48], wirken sich aber erst heute auf das Verständnis der politischen Theologie des altorientalischen Königtums aus, wie z.B. die Auseinandersetzungen über das hethitische Königtum zeigen, bei dem gleichfalls vorgeschlagen wird, zwischen einem sterblichen *body natural* und einem *body politic* zu unterscheiden.[49] Desgleichen liegen auch Untersuchungen zu den göttlichen und menschlichen Aspekten des Königtums in Mesopotamien vor.[50]

Im folgenden soll zuerst untersucht werden, ob die Anschauung über den doppelten Körper eines Königs das Verständnis des ugaritischen Keret-Epos erleichtert und den Schlüssel für jene Stellen im Alten Testament bereithält, die als Überbleibsel einer später verleugneten Tradition anzusehen sind.

3. Die zwei Körper der Könige von Ugarit – das Zeugnis des Keret-Epos

Göttlichkeit und Sterblichkeit der Könige beschäftigen die ugaritischen Schriften in einem erheblichen Maß.[51] In der Forschung wurden jedoch verschiedene Wege der Deutung des Verhältnisses zwischen Göttlichkeit und Menschlichkeit bei den Königen von Ugarit beschritten.[52] Im folgenden beschränken wir uns auf die Darstellung der Göttlichkeit und Sterblichkeit des Königs im Keret-Epos.[53]

I. Engnell hat dem Thema der Göttlichkeit der ugaritischen Könige in Auseinandersetzung mit anderen Autoren und der „Myth and Ritual"-Schule seine besondere Aufmerksamkeit zugewandt. Er unterscheidet zwischen „*Westsemitic sacral kingship*"[54], dem Zeugnis der Ugarit-Texte[55] und den Belegen aus dem Keret-Epos[56].

I. Engnell entnimmt den Worten der Klagenden über den todkranken König Keret in KTU 1.16 I 5b–9a, daß das zentrale Motiv des Keret-Textes Tod und Leben sind.[57] Er versteht das Keret-Epos als Teil des Ritual-Zyklus mit Tammuz-Charakter, der mit der Heiligen Hochzeit in Verbindung steht. Es handle sich um

48 E.H. Kantorowicz 1957.
49 Siehe unten Abschnitt 4.
50 Siehe unten Abschnitt 4.
51 K.-H. Bernhardt 1961, 76 Anm. 3, zu ugaritischen Texten, die eine göttliche Herkunft des Königs anzeigen.
52 W.H. Schmidt 1966, 5–97, verzichtet z.B. in seiner Darstellung des Königtums Gottes in Ugarit und Israel vollständig auf eine Diskussion des Problems „Königtum – Unsterblichkeit".
53 Es bedarf einer speziellen Untersuchung, ob aus den Texten über Begräbnisse von Königen und königlichen Ahnenkult weitere Erkenntnisse zu gewinnen sind.
54 E. Engnell 1943, 71–96.
55 I. Engnell 1943, 97–142.
56 I. Engnell 1943, 143–173.
57 I. Engnell 1943, 144.

ein älteres kanaanäisches Pattern des alttestamentlichen Laubhüttenfestes.[58] Im Keret-Epos fänden sich alle Elemente der altorientalischen „kingship ideology“: Der König ist göttlich durch Ursprung und Inthronisation, er ist identisch mit dem Hochgott, besonders mit der Gottheit der Fruchtbarkeit, die über Regen und Ernte waltet. Akzeptiere man seine These von der Identität[59] des Königs mit Baal, ergebe sich, daß das ugaritische und folglich das kanaanäische Verständnis der „divine kingship“ dem „divine kingship pattern“ der Umwelt entspreche.[60]

Die Darstellung des ugaritischen Königtums ist bei I. Engnell vollständig von der Vorstellung der Identität, „identity“, von König und Gottheit beherrscht.[61] Aus der postulierten Identität folgen bei ihm die Rolle des Königs im Ritual und die damit verbundenen Auswirkungen auf das rituelle, agrarische und politische Leben der Gemeinschaft. Die Abhängigkeit der Thesen I. Engnells von denen J.G. Frazers und S.H. Hookes bedarf keines Beweises.[62] Es wird folglich zu untersuchen sein, ob die Rede von der Identität tatsächlich geeignet ist, die Beziehungen der ugaritischen Könige zu den Gottheiten ihres Pantheons zutreffend zu beschreiben.

Im Keret-Epos steht entgegen den Ausführungen I. Engnells nicht die Identität des Königs mit dem Wettergott Baal im Mittelpunkt[63], sondern das Problem, warum der König als Göttersohn dem Tod ausgesetzt sein kann. Diese Dramatik kommt im Klagelied über den todkranken König ausführlich in folgender Weise zur Sprache[64]:

[2]*k klb b btk nʿtq*	12
k inr [3]ap ḫštk	10
ap ab ik mtm [4]tmtn	13
u ḫštk l ntn/bky [5]ʿtq	12
bd aṯt ab ṣrry	11
[6]*tbkyk ab ġr bʿl*	12
[7]*ṣpn ḥlm qdš*	9

58 I. Engnell 1943, 149.

59 Siehe zu diesem Schlüsselbegriff bei I. Engnell 1943, 215, das Stichwort „Identity king – god“.

60 I. Engnell 1943, 173.

61 K.-H. Bernhardt 1961, 74 Anm. 2.

62 Vgl. K.-H. Bernhardt 1961, 74 Anm. 2, zum Identitätsverhältnis.

63 Siehe oben zu Anm. 59.

64 In der Diskussion über KTU 1.16 I 2–9a spielten von Anfang an kolometrische Probleme eine ausschlaggebende Rolle. M.H. Pope (1994, 343–344) hat demonstriert, daß das Verständnis dieser Stelle wesentlich davon abhängt, ob man die poetische Struktur des Abschnittes erkennt. Es stellt sich folglich die Frage, ob von der Kolometrie her eine Lösung der sprachlichen und inhaltlichen Probleme möglich ist. Dies dürfte insoweit zu bejahen sein, als innerhalb des besonders strittigen Bikolons KTU 1.16 I 4b–5, II 41–42 *ṣrry* in chiastischer Position zu dem vorangehenden Wort *ḫšt* angeordnet ist. Beide Wörter bilden folglich das Wortpaar *ḫšt* || *ṣrry*.

[8]*nny ḥlm adr*	9
ḥl [9]*rḥb mknpt*	10
ap [10]*krt bnm il*	10
šph [11]*lṭpn w qdš*	11
ʿl [12]*abh yʿrb!*	9
ybky [13]*w yšnn*	9
ytn gh [14]*bky*	8
b ḥyk abn n!šmḫ	11
[15]*blmtk ngln*	9
k klb [16]*b btk nʿtq*	12
k inr [17]*ap! ḫštk*	10
ap ab k mtm [18]*tmtn*	12
u ḫštk l ntn [19]*ʿtq*	12
bd aṯt ab ṣrry	11
[20]*ikm yrgm bn il* [21]*krt*	14
šph lṯpn [22]*w qdš*	11
u ilm tmtn	8
[23]*šph lṭpn l yḥ*	10

[2]„Wie Hunde geben wir schrille Laute von uns in deinem Palast,
wie Welpen im [3]Vorraum deines Totenheiligtums!

Wirst denn du o Vater, wirklich [4]sterben?

Wehe, deine Grube ist ein [5]schrilles Klagen/Weinen,
ein Geschrei der Frauen, Vater, die Höhe!

[6]Sollen dich beweinen, o Vater, die Berge Baals:
[7]Ṣaphon, die heilige Feste,
[8]Nanā, die mächtige Feste,
die Feste [9]mit breiter Umfassung?

Ist denn [10]Keret der Sohn Els,
ein Sproß des [11]Laṭīpānu und Heiligen?“

Er [12]trat zu seinem Vater ein,
wobei er weinte [13]und laut heulte,
er laut [14]weinte:

„Bei deinem Leben, Vater, freuten wir uns,
[15]bei deiner Unsterblichkeit jubelten wir!

Wie Hunde [16]geben wir schrille Laute von uns in deinem Palast,
wie Welpen [17]im Vorraum deines Totenheiligtums!

Wirst denn du o Vater, wirklich [18]sterben?

Wehe, deine Grube ist ein [19]schrilles Klage/Weinen,
ein Geschrei der Frauen, Vater, die Höhe!

[20]Wie kann denn [21]Keret ‚Sohn Els' genannt werden,
‚Sproß des Laṭīpānu [22]und des Heiligen!'?

Wehe, müssen gar die Götter sterben,
[23]der Sproß des Laṭīpānu nicht leben?"
(KTU 1.16 I 2–23)

Die Klage über Keret setzt zweifelsohne voraus, daß der König als ein vom obersten Gott des Pantheons gezeugter Sohn in gleicher Weise wie die Götter unsterblich ist. Das Besondere an der Argumentation der Klagenden ist die Gegenüberstellung von *ḥy* – *blmt* „Leben – Unsterblichkeit" und *mt* „Tod" (KTU 1.16 I 3–4. 14–15. 17–18), wobei eindeutig vorausgesetzt wird, daß sich die Unsterblichkeit auf seiten der Götter und Sterblichkeit auf der Seite der Menschen befindet (KTU 1.16 I 22b–23).

Die in KTU 1.16 I 2–23 überlieferte altsyrisch-amurritische Anschauung über das göttlich-menschliche Leben der Könige haben wir auch für Ugarit selbst und auch für Altsyrien-Palästina insgesamt vorauszusetzen. Es stellt eine Variante zum Theorem von den zwei Körpern des Königs[65] dar.

Aus der Klage ist nicht zu entnehmen, ob wir in Zusammenhang mit der Grabanlage (*ḫšt*, KTU 1.16 I 3–4. 17–18) an Zeremonien zu denken haben, wie sie für das hethitische königliche Begräbnisritual bezeugt sind.[66]

65 Siehe oben Abschnitt 2.
66 Siehe zu den hethitischen Dokumenten unten Abschnitt 4.

4. Das Begräbnisritual für die hethitischen Könige und die Herrscher von Sam'al

Das hethitische königliche Begräbnisritual fordert, ein Bild des verstorbenen Königs herzustellen.[67] Dieses nimmt an den Feierlichkeiten des Rituals vom 2. bis zum 14. Tag teil. Der verstorbene König selbst wird bereits am 2. Tag der Feierlichkeiten beigesetzt. Nach Abschluß des Rituals findet das königliche Bild seinen Platz nicht in der Grabstätte, sondern in einem anderen Haus.

Aus dieser Begräbnispraxis leitet Th.P.J. van den Hout ab, daß ihr gleichfalls die Anschauung von den zwei Körpern des Königs zugrundeliege.[68] Die Leiche, der *body natural*, werde am 2. Tag des Begräbnisrituals im Grab bestattet. Das bleibende Element des Königtums, der *body politic*, werde durch ein Bild repräsentiert, welches vom 2. bis 14. Tag am Bestattungsritual teilnehme und anschließend in einem eigenen Haus aufgestellt werde.

Verehrung und kultische Pflege der Statuen weisen auf den göttlichen Charakter der Könige vor und nach ihrem Tod hin.

Wesentliche Elemente des hethitischen königlichen Totenkultes dürften auch im königlichen Totenkult in Sam'al festzustellen sein. [69] Dies gilt für die Verwendung einer Statue des Verstorbenen und für die Topographie der Totengedenkstätte auf einem hohen Hügel.

5. Die Doppelnatur des Königs nach assyrischen Zeugnissen – VAT 17019; 13831

Die göttliche und menschliche Natur des Königs, seine amtlich-funktionale Unsterblichkeit und seine menschliche Todverfallenheit bringen assyrische Dokumente durch die Parallelisierung der Begriffe *mālikū* „König" und *amēlu* „Mensch" zum Ausdruck.

In VAT 17019, einem „Mythos von der Erschaffung des Menschen und des Königs"[70] wird hierzu folgendes ausgeführt:

30'Ea tat seinen Ausspruch, indem er zu Bēlet-ilī folgendes Wort richtete:
31'„Bēlet-ilī, die du die Herrin der großen Götter bist,
32'du, ja, du hast doch den *lullû*-Menschen geschaffen:

67 H. Otten 1958; A. Kassian / A. Korolev / A. Siedel'tsev 2002, 23–39.
68 Th.P.J. van den Hout 1994, 37–75; id. 1995, 195–211; F. Starke 1996, 176 Anm. 154.
69 H. Niehr 2001, 89–94.
70 W.R. Mayer 1987, 55–68.

[33]'bilde nun auch den König, den König(*māliku*)-Menschen!"[71]

Im Ritual für die Krönung des Assurbanipal (VAT 12831)[72] wird am Schluß der Inthronisation folgender paralleler Wunsch zu VAT 17019, 30'–33' ausgesprochen:

> [15]'Versammelt euch, ihr Götter von Himmel und Erde, allesamt,
> [16]'verleiht Aššur-bān-apli, dem König, dem König(*māliku*)-Menschen (euren) Segen:
> [17]'Die (siegreiche) Waffe von Kampf und Schlacht gebt ihm in seine Hände,
> [18]'gebt ihm das ‚schwarzköpfige' Volk, daß er die Herrschaft über es ausübe!

Daß auch nach assyrischer Anschauung der König ein Geschöpf der Gottheit, ihr Geliebter und erwählter Günstling ist, geht aus folgender Proklamation des Königs hervor:

> Aššur ist König, ja, Aššur ist König,
> Aššur-bān-apli ist der Günstling Aššurs,
> der Erkorene Aššurs, das Geschöpf seiner Hände!
> (VAT 13831:15)

Die Formel *māliku amēlu* „König – Mensch" dürfte in dem Sinne zu deuten sein, daß man mit *māliku* den göttlich-königlichen und mit *amēlu* den menschlichen Aspekt des Herrschers veranschaulicht. Die Formel *māliku amēlu* stellt nicht die Einheit des Königs in den Vordergrund[73], sondern seine Duplizität.

Die Aussage *māliku amēlu* „König – Mensch" spiegelt auf besondere Weise den assyrischen Glauben wider, daß der König ein Sohn der Gottheit ist, welcher sterben muß.[74]

Da der Gebrauch des Wortes *māliku* „König" in den angeführten assyrischen Dokumenten wahrscheinlich eine westliche, amurritische Tradition widerspiegelt, bezeugen die ugaritischen und assyrischen Texte eine gemeinsame Anschauung

---

71 W.R. Mayer 1987, 57.

72 M. Dietrich 2002.

73 M. Dietrich 2002, der sich für „König-Menschen" entscheidet, lehnt zu Recht für *māliku amēlu* die Übersetzungen „den Ratgeber, den freien Mann" (E.F. Weidner), „homme de conseil" (M.-J. Seux) und „den überlegend-entscheidenden Menschen" (W.R. Mayer 1987, 64–65) ab.
E. Cancik-Kirschbaum 1995, 17, nuanciert die Übersetzung W.R. Mayers folgendermaßen: der *māliku* (Ptz. G von *malāku* „herrschen") ist „ein zur Ausübung von Herrschaft befähigter Mann".

74 Siehe zum assyrischen König als sterblichem Sohn der Gottheit u.a. M. Nissinen 1993, 233; S. Parpola 1997, XXXV-XLIV (*The King as God's Son and Chosen One*). XCIII Anm. 124.

über die göttlichen und menschlichen Aspekte eines Königs. Es ist folglich aus historischen und religionsgeschichtlichen Gründen zu erwarten, daß wir diese Königsideologie auch in biblischen Texten vorfinden werden.

6. Göttlichkeit und Unsterblichkeit des Königs in Israel

Wenn wir von der These ausgehen, daß im Verständnis des Königtums in Israel nach dem Exil ein radikaler Wandel stattgefunden hat, liegt die Vermutung nahe, daß wir in der nachexilischen Geschichtsschreibung über die Göttlichkeit und Unsterblichkeit der Könige keine Nachrichten mehr vorfinden werden, es sei denn, der Zufall spiele uns eine solche noch in Texten zu, die aus vorexilischen königlichen Ritualtexten stammen und die der Zensur glücklicherweise entronnen sind. So spricht einiges dafür, daß in kultischen Liedern, die mehr oder weniger der nachexilischen Situation angepaßt worden sind, noch Aussagen über die frühere Anschauung aufzufinden sein könnten. Als aussichtsreichste Textgruppe kommen hier die Psalmen in Betracht.

6.1. Ps 2,6–9 und Ps 110,3 – die göttliche Zeugung des Königs

Der in Ps 2,6–9[75] überlieferte Teil eines Inthronisationsrituals unterrichtet uns über den wesentlichen Vorgang bei der kultischen Feier. Der für das Königsamt Erwählte wird durch die Proklamation als Sohn der Gottheit, durch Salbung, Übergabe der königlichen Insignien und die Inbesitznahme des Thrones zum König. Das wesentliche Element der Inthronisation ist die Zeugung durch die Gottheit und folglich die Gottessohnschaft des neuen Herrschers, die folgendermaßen verkündet wird:

. . .[76]

2.6.1	[w] *'ny*[77] *nskty mlky*	12	[13]
2.6.2	*'l ṣywn hr qdšy*	12	
2.7.1	['sprh 'l ḥq YHWH]		[13]

---

75 Siehe oben den ausführlichen Kommentar zu Ps 2.

76 Das Zitat V. 6–9 umfaßt nur einen Teil des vorauszusetzenden Ritualtextes.

77 *Kursiv*: Zitat aus Vorlage B. Zur Gliederung des Textes siehe oben den Kommentar zu Ps 2.

2.7.2	*ʾmr ʾly bny ʾth*	12	
2.7.3	*ʾny h ywm yldtyk*	13	
2.8.1	*šʾl* [mmny] *w ʾtnh gwym nḥltk*	17	[21]
2.8.2	*w ʾḥztk ʾpsy ʾrṣ*	13	
2.9.1	*trʿm b šbt brzl*	12	
2.9.2	*k kly ywṣr tnpṣm*	13	
	. . .		

. . .

. . .

2.6.1 [und] *ich setze dich ein als meinen König*
2.6.2 *auf Zion, meinem heiligen Berg!*

2.7.1 [Ich will erzählen, Gott, die Satzung Jahwes!]

2.7.2 *Er spricht zu mir: „Mein Sohn bist du,*
2.7.3 *ich selbst zeuge dich heute!*
2.8.1 *Verlange* [von mir] *und ich will geben Völker als dein Erbe,*
2.8.2 *und zum Besitz die Enden der Welt!*

2.9.1 *Du magst sie mit eiserner Keule zerschmettern,*
2.9.2 *wie Töpfergeschirr sie zertrümmern!*
. . .

Die Zeugung des Königs durch die Gottheit im Rahmen der Inthronisation bildet auch das Zentrum von Ps 110,3.[78]

Sowohl Ps 2,7 als auch Ps 110,3 führen mit dem Wort *yld* „zeugen" eine altorientalische Tradition fort, die bereits im dritten Jahrtausend v. Chr. nachweisbar ist.[79]

Wenn der Zusammenhang zwischen göttlicher Zeugung oder Erschaffung des Königs klar zum Ausdruck gebracht wird, so müssen seine dadurch erworbene Göttlichkeit und Unsterblichkeit nicht ausdrücklich erwähnt werden. Sie ver-

78 K.-H. Bernhardt 1961, 232–236.

79 H. Schaudig 2002, 619–620.
Zum König als Sohn der Gottheit siehe ferner das bei K.-H. Bernhardt 1961, 76 Anm. 3, gesammelte mesopotamische, ägyptische, ugaritische und antike Material.

stehen sich als fester Bestandteil oder Folgen einer Inthronisation nach damaligem Verständnis in Altsyrien-Palästina von selbst. Dies geht auch daraus hervor, daß an anderer Stelle (Ps 45,7) nur von der Göttlichkeit des inthronisierten Königs die Rede ist, nicht aber von seiner göttlichen Zeugung.

6.2. Ps 45,7 – der göttliche König

Das Wort *'lhym* „Gott" in Ps 45,7 wird nur selten als Aussage über die Göttlichkeit des Königs verstanden. Beliebt sind Umdeutungen der grammatischen und parallelen Strukturen von V. 7, so daß nicht mehr eine Aussage über die Zugehörigkeit des Königs zur Welt der Götter übrig bleibt. Oder es wird das Verhältnis zwischen Gottheit und Herrscher als Adoption beschrieben.[80]

Der König erscheint in Ps 45,7 als Inhaber des Thrones seines Königtums, von dem aus er ohne Ansehen der Person Gerechtigkeit übt:

ks'k 'lhym 'wlm w 'd 16
šbṭ myšwr šbṭ mlkwtk 17

Dein Thron, o Gott, steht immer und ewig,
ein gerechtes Szepter ist das Szepter deines Königreiches.[81]

Die Verbindung zwischen *ks'* „Thron", *myšwr* „Gerechtigkeit" und *mlkwt* „Königtum, Königreich" deutet für einen zeitgenössischen Leser oder Hörer zur Genüge an, daß die Göttlichkeit des Königs als Ergebnis seiner Inthronisation aufzufassen ist.

7. Die zwei Körper der Könige von Israel und Juda

Die noch erhaltenen spärlichen Zeugnisse über die Zeugung des Königs durch die Gottheit in Ps 2,7; 110,3 und die Göttlichkeit des Königs in Ps 45,7 sind als Überreste der vorexilischen altisraelitischen Königsideologie zu werten. Aus ihnen ergibt sich bei Berücksichtigung paralleler Zeugnisse aus der altorientalischen Umwelt, daß auch der König in Israel und Juda als ein von Gott gezeugter oder geschaffener Mensch mit Göttlichkeit und Unsterblichkeit angesehen wurde. Obwohl uns weitere biblische Dokumente über diese Tradition fehlen, erlauben uns

---

80 Siehe oben Abschnitt 1 zu Anm. 4–22.

81 H. Gunkel 1926, 194, vermerkt zur Wiedergabe von *'lhym* mit „Gott" folgendes: „Alle Versionen fassen *'lhym* richtig als Vokativ; angeredet kann niemand anders sein als der König; gegen die Konstr. des Satzes ist nichts einzuwenden vgl. Threni 5,19."

die drei Stellen aus dem Psalter den Schluß, daß die nachexilischen Redaktoren und Schriftgelehrten aus dogmatischen Gründen der vorexilischen Überlieferung kein Verständnis mehr entgegenbringen konnten.

Die drei Psalmstellen Ps 2,7; 110,3; 45,7 bestätigen die These der Historiker des Deuteronomiums, daß die Israeliten nach der Einwanderung ins Land sich Könige folgender Art gegeben haben: „*Einsetzen will ich über mich einen König wie* [82] *alle Völker um mich her!*" (Dtn 17,14).

Wenn es auch nicht möglich ist, die Formulierung „*The King's Two Bodies*" der elisabethanischen Kronjuristen unbesehen auf altorientalische und biblische Aussagen über das Königtum zu übertragen, so dürfte sie doch auf Vorstellungen über das Königtum aufmerksam machen, die im Alten Orient vorhanden waren und für das Wesen auch des altorientalischen Königtums von Belang sind: die Sterblichkeit des Königs und seine Göttlichkeit, seine funktionale Unsterblichkeit. Erst von diesem historischen und religionsgeschichtlichen Hintergrund her wird die Radikalität der nachexilischen Autoren mit ihrer Leugnung der Göttlichkeit der Könige in ihrem ganzen Ausmaß verständlich. Von ihrem monotheistischen Gottesverständnis her haben sie vor allem jedem Gedanken an eine Unsterblichkeit der Könige eine klare Absage erteilt.

Literatur

Agamben, G., 2002: Homo sacer. Die souveräne Macht und das nackte Leben. edition suhrkamp 2068.

Albertz, R., 1992: Religionsgeschichte Israels in alttestamentlicher Zeit I-II. ATD.E 8/1–2.

Bernhardt, K.-H., 1961: Das Problem der altorientalischen Königsideologie im Alten Testament. Unter besonderer Berücksichtigung der Geschichte der Psalmenexegese dargestellt und kritisch gewürdigt. VT.S 8.

Böckler, A., 2000: Gott als Vater im Alten Testament. Traditionsgeschichtliche Untersuchungen zur Entstehung und Entwicklung eines Gottesbildes, Gütersloh.

Böhl, E., 1862: Zwölf Messianische Psalmen. Nebst einer grundlegenden christologischen Einleitung, Basel.

Cancik-Kirschbaum, E., 1995: Konzeption und Legitimation von Herrschaft in neuassyrischer Zeit. Mythos und Ritual in VS 24, 92, WO 26, 5–20.

Dietrich, M., 1998: *M. Dietrich / W. Dietrich* 1998, 215–236. 258–260.

– –, 2002: Das Ritual für die Krönung des Assurbanipal (VAT 13831), in FS Weimar. AOAT (im Druck).

Dietrich, W., 1998: *M. Dietrich / W. Dietrich* 1998, 237–258. 260–264.

82 E. Jenni 1994, 90 Anm. 19, *k* = Nachahmung wie Vorbild in Subjektvergleichung.

Dietrich, M. / W. Dietrich, 1998: Zwischen Gott und Volk. Einführung des Königtums und Auswahl des Königs nach mesopotamischer und israelitischer Anschauung, in: FS Loretz, 215–264.

Dvornik, F., 1966: Early Christian and Byzantine Political Philosophy. Origins and Background I-II. DOS 9.

Engnell, I., 1943: Studies in Divine Kingship in the Ancient Near East, Uppsala.

Fleckenstein, J., 1992: Geleitwort, in: E.H. Kantorowicz, Die zwei Körper des Königs. Eine Studie zur politischen Theologie des Mittelalters, Stuttgart 1992, 9–17.

Grzegorzewski, K., 1937: Elemente vorderorientalischen Hofstils auf kanaanäischem Boden. Inaugural-Dissertation Königsberg i.Pr., Borna-Leipzig.

Hallo, W.W., 1988: Texts, Statues and the Cult of the Divine King, VT.S 40, 54-66.

Jenni, E., 1994: Die hebräischen Präpositionen. Band 2: Die Präposition Kaph, Stuttgart.

Kantorowicz, E.H., 1957: The King's Two Bodies. A Study in Mediaeval Political Theology, Princeton, N.J.

– –, 1992: Die zwei Körper des Königs. Eine Studie zur politischen Theologie des Mittelalters. Aus dem Amerikanischen übersetzt von Walter Theimer, Stuttgart.

Kassian, A. / A. Korolev / A. Sidel'tsev, 2002: Hittite Funerary Ritual *šalliš waštaiš*. AOAT 288.

Koch, K., 1999: Israel im Orient, in: B. Janowski / M. Köckert, (eds.), Religionsgeschichte Israels. Formale und materiale Aspekte. VWGTh 15, 242–271.

Loretz, O., 2001: *The King's Two Bodies* in Ugarit, Israel und Assur. Zur politischen Theologie des Königtums nach KTU 1.16 I 2–23; Ps 2; 45; 110; VAT 17019; 13831, UF 33, im Druck.

Mayer, W.R., 1987: Ein Mythos von der Erschaffung des Menschen und des Königs, Or. 56, 55–68.

Mettinger, T.N.D., 1976: King and Messiah. The Civil and Sacral Legitimation of the Israelite Kings. CB.OT 8.

Niehr, H., 2001: Ein weiterer Aspekt zum Totenkult der Könige von Sam'al, SEL 18, 83–97.

Nissinen, M., 1993: Die Relevanz der neuassyrischen Prophetie für die alttestamentliche Forschung, in: M. Dietrich / O. Loretz, (eds.), Mesopotamica – Ugaritica – Biblica. Festschrift für Kurt Bergerhof zur Vollendung seines 70. Lebensjahres am 7. Mai 1992. AOAT 232, 217–258.

– –, 1998: References to Prophecy in Neo-Assyrian Sources. SAAS 7.

Otten, H., 1958: Hethitische Totenrituale. VIOF 37.

Parpola, S., 1997: Assyrian Prophecies. SAA 9.

Podechard, E., 1949: Le Psautier I. Psaumes 1 – 75, Lyon.

– –, 1954: Le Psautier II. Psaumes 76–100 et 110, Lyon.

Pope, M.H., 1994: Probative Pontificating in Ugaritic and Biblical Literature. Collected Essays. UBL 10.

Preuß, H.D., 1992: Theologie des Alten Testaments. Bd. 2: Israels Weg mit JHWH, Stuttgart.

Schaudig, H., 2002: Nabonid, der „Gelehrte auf dem Königsthron". Omina, Synkretismen und die Ausdeutung von Tempel- und Götternamen als Mittel zur Wahrheitsfindung spätbabylonischer Religionspolitik, in: O. Loretz / K.A. Metzler / H. Schaudig, (eds.), „Ex Mesopotamia et Syria Lux". Festschrift M. Dietrich. AOAT 281, 619–645.

Schmidt, W.H., ^{2}1966: Königtum Gottes in Ugarit und Israel. BZAW 80.

Selz, G.J., 2002: ‚Babilismus' und die Gottheit ^{d}Nindagar, in: O. Loretz / K.A. Metzler / H. Schaudig, (eds.), „Ex Mesopotamia et Syria Lux". Festschrift M. Dietrich. AOAT 281, 647–684.

Starke, F., 1996: Zur „Regierung" des hethitischen Staates, ZAR 2, 140–182.

Tournay, R.J., 1991: Seeing and Hearing God with the Psalms. The Prophetic Liturgy of the Second Temple in Jerusalem. JSOT.S 118.

van den Hout, Th.P.J., 1994: Death as a Privilege. The Hittite Royal Funerary Cult, in: J.M. Bremer / Th.P.J. van den Hout / R. Peters, (eds.), Hidden Futures, Amsterdam, 37–75.

– –, 1995: An Image of the Dead? Some Remarks on the Second Day of the Hittite Royal Funerary Ritual, in: O. Carruba / M. Giorgieri / C. Mora, (eds.), Atti del II Congresso Internazionale di Hittitologia, Studi Mediterranea 9, Pavia, 195–211.

Zur Zitat-Vernetzung zwischen Ugarit-Texten und Psalmen

Anmerkungen zu einem Werk von Y. Avishur[1]

Neuere Versuche auf dem Gebiet der Interpretation der biblischen Psalmen bieten ein betrachtenswertes Schaupiel von oftmals entgegengerichteten Unternehmungen und dem Bemühen, radikal verschiedenen Aktualisierungserfordernissen zu entsprechen. Das Verlangen, Geschichte und Philologie für die Bestätigungsbedürfnisse der Gegenwart in Anspruch zu nehmen, schafft sich auf diesem engen Gebiet der Bibelwissenschaft gegenwärtig auf zweifache Weise freie Bahn. Dieses Streben nach Erforschung der Geschichte unter dem Diktat der unmittelbaren Ansprüche und wirklichen oder vermeintlichen Bedürfnisse der Gegenwart führt auf jüdischer und christlicher Seite bei einer Reihe von Forschern zu zwei divergierenden Lösungen. Während von einer beträchtlichen Gruppe christlicher Forscher in Absetzung von den Bemühungen der Albright-Schule, ugaritische Texte und die ältesten Psalmen in einem zeitlichen und stilistischen Kontinuum zu sehen, der Kanon des Alten Testamentes und die Kanonwerdung eine Nobilitierung als End- und Fixierungspunkt der historischen Entwicklung erfahren[2] und in diesem Interpretationssystem die Vergangenheit, die Vorgeschichte des Psalmentextes, mehr und mehr in den Hintergrund tritt[3], ist z.B. auf jüdischer Seite Y. Avishur von dem entgegengesetzten Bestreben geleitet, den Blick in die Vergangenheit zu lenken und folglich zwischen der kanaanäisch[4]-ugaritischen Literatur und den biblischen Psalmen zusammen mit der Albright-Schule und seinen Vorbildern U. Cassuto und S.E. Loewenstamm einen kontinuierlichen Zusam-

---

1 Y. Avishur 1994; Bearbeitung der Erstveröffentlichung in UF 26, 1994, 225–243.

2 Siehe z.B. M. Millard 1994, 2–3. 240–245, zum „*canonical approach*". Im Sinne der kanonischen Auslegung legt z.B. G. Barbiero 1999, 3, „Eine synchrone Analyse von Psalm 1–41" vor.

3 Daß diese christliche Richtung der Interpretation nicht das ganze Feld beherrscht, zeigt z.B. die von Ch. Levin 1993, 356–357, befürwortete These, daß man den Grundbestand nicht weniger Psalmen als eine Spielart der altsyrischen Religionsgeschichte ansehen und geradezu „voralttestamentlich" nennen könne. J.H. Hunter betont, daß im Rahmen einer dekonstruktivistischen Interpretation das literarische Nachspüren (*literary tracing*) bei biblischen Texten u.a. bis zu ugaritischen Texten zurückführe (J.H. Hunter 1994, 57–58).
E.S. Gerstenberger 1994, 8–9, betont gegenüber der kanonisch-holistischen Methode, daß sie ihr Einheitskonzept nach rückwärts projiziere und aus den Einzeltexten wohltemperierte, auch sozialkritische, theologische Entwürfe mache, die wir direkt auf uns beziehen könnten. Damit aber werde die Vielfältigkeit der Lebenssituationen, das Fremde, Andersartige, das im damaligen gesellschaftlichen und religiösen Leben Verwurzelte in den Psalmentexten beiseite geschoben und für unwesentlich erklärt.

4 Y. Avishur nimmt noch nicht zu den neueren Versuchen Stellung, das sogenannte Kanaanäische vom Ugaritischen und Israelitischen zu trennen.

menhang anzunehmen.[5] In diesem Rahmen geht es ihm vor allem um eine konstruktive Kritik seiner Vorgänger und um eine nähere Bestimmung und Abgrenzung der Probleme, die mit den Parallelitäten zwischen ugaritischen Texten und Psalmen gegeben sind. Das Leitmotiv seiner Argumentation stimmt jedoch mit dem der christlichen Interpreten insoweit überein, als auch Y. Avishur dem Ideal des Fortschritts huldigt und den Weg von den ugaritischen Psalmen zu den biblischen als den einer Höherentwicklung deutet. Er geht von der Annahme aus, daß der ugaritischen und der biblischen Literatur formale, thematische, linguistische und stilistische Elemente gemeinsam sind und diese Literaturen folglich verschiedene Zweige der kanaanäischen Literatur darstellten, wobei die ugaritische Literatur als das früheste bekannte Beispiel der kanaanäischen Literatur anzusehen sei.[6] Das Verhältnis zwischen den beiden Literaturen begreift er als das einer Spannung. Gegenüber der ugaritischen Literatur seien im Einzelfall die „stylistic patterns" und „literary forms" in den biblischen Texten bunter, komplexer und entwickelter.[7] Gleichzeitig verweist er auch auf ugaritische Texte über Baal, die in der Bibel zur Beschreibung des israelitischen Gottes adaptiert worden seien. Dieser Vorgang stelle keine Anomalie dar, sondern bezeuge die weitgehende Affinität zwischen der kanaanäischen Literatur und der Bibel.[8] Y. Avishur ist keineswegs erpicht, unbedingt einen einzelnen Punkt der Entwicklung zu verabsolutieren, sondern durchaus geneigt, eine breite Entfaltung der kanaanäischen Tradition in den biblischen Psalmen anzunehmen. Da er zugleich überraschenderweise den Anspruch erhebt, auf dem Gebiet der ugaritischen Texte und Psalmen gegenüber der bisherigen Forschung mit einem „New Approach"[9] auf den Plan zu treten, wenden wir uns im folgenden der Frage zu, ob Y. Avishur seinem Anspruch gerecht wird und ob es ihm wirklich geglückt ist, auf dem Gebiet der Parallelisierung der ugaritischen und biblischen Texte einen Fortschritt zu erzielen.

Im Rahmen dieser Untersuchung wird es in erster Linie darauf ankommen, die Vorurteile und Maximen zu eruieren, die er seiner Untersuchung und Methode zugrundelegt und die bei ihm zu gewissen Ausblendungen und Beschränkungen der Perspektive führen. Denn auch Y. Avishur stand bei der Konzeption seines Buches offensichtlich vor dem Problem, der eigenen Betrachtung des Verhältnisses zwischen ugaritischen Texten und biblischen Psalmen ein erst noch im Lauf der Darlegungen als gültig zu beweisendes Gesamtbild über das mögliche Abhängigkeits- bzw. Folgeverhältnis zwischen den beiden Literaturen hypothetisch voranzustellen. Seine Rede von den ugaritischen und biblischen Psalmen als von zwei

---

5 Y. Avishur ist bemüht, die ugaritischen und biblischen Texte in einer zusammenhängenden und harmonischen Erzählung zu verbinden. Er reflektiert auf diese Weise offensichtlich Probleme der gegenwärtigen Diskussion über die Geschichtsschreibung in Israel; siehe zu letzterer A. Funkenstein 1995, 267–283.

6 Y. Avishur 1994, 8.

7 Y. Avishur 1994, 110, „variegated, and far more complex and well-developed".

8 Y. Avishur 1994, 249, zu Zitaten kanaanäischer Hymnen in den Psalmen.

9 Y. Avishur 1994, 33–35.

„different branches of Canaanite Literature“[10] ist so weit gefaßt, daß er mit dieser Umschreibung vorerst völlig offen zu lassen scheint, wie das Verhältnis zwischen den älteren ugaritischen Texten und den jüngeren biblischen im einzelnen literarisch und historisch zu bestimmen ist. Über dieses Dilemma hilft auch nicht seine Beteuerung hinweg, daß er nicht mit W.F. Albright und M. Dahood gewillt sei, die ugaritische und biblische Literatur als eine „single literature“ zu behandeln, sondern mit U. Cassuto und S.E. Loewenstamm beabsichtige, die biblische Literatur als eine Fortsetzung (continuation[11]) der kanaanäischen[12] zu verstehen. Y. Avishur lehnt es jedenfalls ab, aus der seit den Anfängen der Ugaritologie geführten Diskussion die Rede von kanaanäischen Psalmen (Canaanite Psalms)[13] in der Bibel zu übernehmen und z.B. auf Ps 29[14] anzuwenden. Er führt die Differenzen zwischen den Literaturen ferner auf Adaptionen kanaanäischer Texte an den Geist der hebräischen Literatur und auf jene altisraelitischen Lieder zurück, von denen noch Reste erhalten seien. Es sei, so argumentiert er, allgemein anerkannt, daß in den Psalmen und andernorts Zitationen früherer Texte enthalten seien. So würden z.B. in Hab 3 und in Gemeindeklagen alte israelitische Texte zitiert, in denen Gottes Größe und siegreiches Handeln in der Vergangenheit beschrieben seien. Von diesen altisraelitischen Hymnen seien zwar nur wenige ganz erhalten geblieben (z.B. Ps 29; 93; Ex 15[15]), aber es seien außerdem noch eine Reihe von Zitaten solcher Hymnen erhalten, die alle Affinitäten zur kanaanäischen Literatur aufwiesen.[16] Y. Avishur verfolgt mit diesen Worten ein komplexes Geflecht von Argumentationen, deren Hintergründe er eigentlich bedeckt hält. Auch bei ihm scheint sich die Erfahrung zu bestätigen, daß Worte mehr an Ideen erinnern, als daß sie diese zum Ausdruck bringen. Präzise zusammengefaßt wäre folglich Y. Avishur selbst zu befragen, ob er die Verwendung altisraelitischer Hymnen und Zitate in den biblischen Psalmen tatsächlich nachzuweisen vermag und ob er deren literarischen Charakter und deren Affinität zu ugaritischen Texten sachgemäß erfaßt. Mit anderen Worten: Nimmt er eine zuverlässige zeitliche, formale und inhaltliche Vermessung der Abstände zwischen den sogenannten kanaanäischen, ugaritischen und biblischen Texten vor?

---

10 Y. Avishur 1994, 8, nimmt mit der Rede von den „different branches“ eine Formulierung auf, die sich z.B. auch bei N.M. Sarna 1969, XXXI, findet und der diesen Sachverhalt folgendermaßen beschreibt: „Biblical and Ugaritic literatures represent two branches of a single and more diffused literary tradition.“

11 In der englischsprachigen Literatur wird auch von der „continuity“ zwischen der kanaanäischen Mythologie und Religion in Ugarit und der Bibel (J. Day 1994, 35. 52), dem „Hebrew-Ugaritic poetic-linguistic nexus“ und dem „Ugaritic-Hebrew continuum“ (T. Fenton 1994, 72–73) gesprochen.

12 Y. Avishur 1994, 34.

13 Y. Avishur 1994, 25–26.

14 Y. Avishur 1994, 39.

15 Zur zentralen Position von Ex 15 in seiner Argumentation siehe Y. Avishur 1994, 370, Index.

16 Y. Avishur 1994, 206–207. 248–249.

Bei dieser Problemstellung und Konzentrierung auf die Frage der Zitate setzen wir im folgenden voraus, daß uns nur noch klägliche Reste der ugaritisch-kanaanäischen und der ältesten hebräischen „Psalmen"-Literatur erhalten blieben und wir mit der kaum zu lösenden Aufgabe konfrontiert sind, ein Umblicken im Trümmerfeld[17] der kanaanäisch-hebräischen Hymnologie bzw. Psalmologie zustande zu bringen. Dabei erhebt sich die Frage, ob nicht die in den biblischen kanonischen Texten zu ermittelnden Zitate archaischer israelitischer „Psalm"-Texte ein möglicher Weg sind, wenigstens in schwachen Umrissen den ehemaligen Reichtum der ugaritisch-kanaanäischen und israelitischen Literatur und deren traditionellen sowie zugleich innovativen Charakter zu erahnen. In diesem Zusammenhang soll jedoch der vorrangige Blick auf die Zitate in den biblischen Psalmen nicht die Tatsache verdrängen, daß auch in ugaritischen Texten mit Zitaten zu rechnen ist.[18] Die Frage ist nur: Wie sind Zitate in einer Literatur zu erkennen, die weder Gänsefüßchen noch Fußnoten praktiziert und die Zitate nicht als Plagiate angesehen hat? Außerdem haben wir zu berücksichtigen, daß das Zitieren auf den verschiedenen Gebieten der Kunst und zu verschiedenen Zeiten stark variieren kann, aber dennoch überraschende Gemeinsamkeiten aufweist.[19] Das Zitat übernimmt respektvoll bereits Bestehendes und sucht es zu eigenem Nutzen und Ergötzen weiterzuführen. Auf diesen für die Psalmenforschung zentralen Problemkreis hat bereits F. Stummer in seiner Arbeit zu den sumerisch-akkadischen Parallelen alttestamentlicher Psalmen mit Nachdruck hingewiesen.[20] Die Suche nach Intertextualität, die in der postmodernen Dekonstruktion in so hohem Kurs steht.[21] kann in der Psalmenforschung auf eine erstaunlich lange Tradition zurückblicken.

Das Thema der Psalmen begleitet die Erforschung der ugaritischen Texte seit ihren Anfängen.[22] Das von H. Gunkel verkündete Programm, die biblischen Psalmen von den babylonischen und ägyptischen her zu erklären und von diesen Bereichen aus eine israelitisch-jüdische Literaturgeschichte mit aufzubauen[23], hat

17 Adaption des Titels „Umblick im Trümmerfeld der griechischen Geschichtsschreibung" von H. Strasburger, der nachgewiesen hat, daß das Verhältnis von Erhaltung zu Verlust in der griechischen Geschichtsschreibung in den 500 Jahren bis zu Christi Geburt etwa 1:40 beträgt; siehe hierzu O. Lendle 1992, 1.

18 Siehe z.B. S.E. Loewenstamm 1992, 193–194, zur Einschaltung der Gelübdeszene im Keret-Epos.

19 Man vgl. z.B. die Zitate aus Hekataios von Milet bei Herodot in der Geschichtsschreibung (O. Lendle 1992, 38–39) und die bei W.A. Mozart und A. Salieri entwickelte Kunst des Zitierens in der Musik (R. Armbruster 1995, [2]).

20 F. Stummer 1922, 159–167, „Die Verwendung älteren Gutes in der religiösen Dichtung Babels und Israels".

21 J.H. Hunter 1994, 50–58.

22 Siehe zu dieser Forschungsgeschichte u.a. Y. Avishur 1984, 1–47; W.G.E. Watson 1994, 15–53.

23 Siehe z.B. H. Gunkel 1905, X, der lange vor der Ausgrabung von Ugarit folgende Prophetie aussprach: „Jetzt ist die Zeit noch nicht da, aber sie wird einst kommen, wo man die hebräischen Psalmen im Zusammenhang mit den ägyptischen und babylonischen erklären wird."

durch die Textfunde in Ugarit nicht nur eine Bestätigung, sondern zugleich auch eine radikale Wende und Neuorientierung nach Altsyrien-Palästina hin erfahren. Bereits in den ersten Jahren der Parallelisierung ugaritischer und biblischer Texte standen die Psalmen im Vordergrund der unterschiedlichsten Forschungsinteressen. Den heftig umstrittenen Höhepunkt dieser Entwicklung bildet der Psalmenkommentar von M. Dahood in der Kommentarreihe *Anchor Bible* (I-III, 1965–1970). Y. Avishur, der sich durch sein Werk *Stylistic Studies of Word Pairs in Biblical and Ancient Semitic Literatures* (AOAT 214.1984) als hervorragender Kenner dieser Materie und auch als sachlicher Kritiker M. Dahoods ausgewiesen hat[24], greift nun in seinem umfangreichen Werk die Frage auf, ob und wie viele ugaritische Texte als Psalmen anzusehen und inwieweit die ugaritischen Psalmen mit den hebräischen vergleichbar sind.[25]

In seiner Einleitung skizziert Y. Avishur mit kurzen Strichen die Geschichte der Erforschung der Parallelen zwischen den ugaritischen Texten und den Psalmen. Er stellt die Suche nach den „Canaanite Psalms in the Bible" in den Vordergrund und bespricht kurz die Forschungsgeschichte zu Ps 29; 16; 19; 82; 93; 110.[26] Dabei fällt bereits auf, daß er kaum gewillt ist, auch auf jene Tendenzen in der Forschung einzugehen, die seiner Grundeinstellung und seinen Ergebnissen widersprechen oder weniger günstig sind.

Er beschreibt sodann seine eigene Position in dieser Sache[27] und lehnt sowohl die Richtung Albright-Dahood als auch die These von den „Canaanite Psalms" unter den biblischen Psalmen ab. Er wolle in der Nachfolge von U. Cassuto und S.E. Loewenstamm herausarbeiten, daß die meisten Parallelen zwischen der ugaritischen Literatur und den biblischen Psalmen, auf die bereits in der Forschung hingewiesen wurde, tatsächlich bestehen und die stilistischen und literarischen Aspekte, die biblischer und kanaanäischer Literatur gemeinsam sind, bezeugten, daß die biblische Literatur die kanaanäische Literatur fortsetze. Grundlage dieser Argumentation ist die Annahme, daß nun zum Vergleich mit den biblischen

---

24 Y. Avishur 1984, 32–41, nimmt ausführlich zu M. Dahood Stellung. Er gelangt zum Ergebnis, daß die Anzahl der 624 ugaritisch-hebräischen Wortpaare – ein Urteil, das sich allein auf das in RSP I veröffentlichte Material bezieht (zu RSP II siehe Y. Avishur 1984, 41 Anm. 1) –, die M. Dahood postuliert, auf mehr oder weniger 200 Paare zu reduzieren sei. Es könnten folglich mehr als 70 Prozent seiner Beispiele nicht als gemeinsame ugaritisch-hebräische Wortpaare klassifiziert werden.

25 Y. Avishur 1994, legt seinem Werk folgenden Plan zugrunde: Introduction: The Relationship Between Biblical Psalms and Canaanite Literature (S. 13–36); Part One: Hebrew Psalms With Affinities to Ugaritic Literature: Chapter One: Psalm 29; Chapter Two: Habakkuk 3; Chapter Three: Quotions of Ancient Hymns with Affinities to Canaanite Literature in Later Psalm (S. 37–249); Part Two: Ugaritic Psalms and Prayers: Chapter One: A Ugaritic Prayer to Baal; Chapter Two: A Ugaritic Hymn in Honor of El; Chapter Three: CTA 30 – A Ugaritic Prayer? (S. 251–329); List of Abbreviations; Bibliography; Indexes (S. 330–388).

26 Y. Avishur 1994, 25–32.

27 Y. Avishur 1994, 34.

Psalmen drei ugaritische Psalmen oder Gebete zur Verfügung stünden.[28] Er geht bei seinen Parallelisierungen ferner davon aus, daß die „patterns“ der hebräischen Psalmodie komplexer und stilistisch nuancierter als die der ugaritischen Psalmen seien. Gegenüber den ugaritischen Vergleichstexten könne von den biblischen gesagt werden: „The biblical hymns are sophisticated and well-developed, and consist primarily of praise for God and His deeds, or mention of the worshippers' relationship to God and His deeds. Therefore, most of these psalms are lyric poems and not epic poems.“[29] Bereits bei dieser Formulierung fällt auf, daß der Verf. es liebt, formale und stilistische Aspekte mit inhaltlichen zu vermischen und unterschiedslos als einheitliches, auf einer Ebene angesiedeltes Argumentatationsmaterial zu benützen. Wir sind folglich bei Y. Avishur mit einer markanten Metabasis konfrontiert, die im folgenden an zwei ausgewählten Psalmstellen (Ps 29,10–11 und 77,17–20) paradigmatisch vorgestellt und kritisch beleuchtet werden soll.

Im ersten Teil, der den biblischen Psalmen gewidmet ist, präsentiert uns Y. Avishur im Anfangskapitel seine ausführliche Interpretation von Ps 29.[30] Er gelangt zum Ergebnis, daß die linguistischen, stilistischen und literarischen Bezüge zwischen Ps 29 und der kanaanäischen Literatur nicht die kanaanäische Herkunft von Ps 29 bewiesen, sondern nur das mögliche hohe Alter des biblischen Psalms und die auffallende Ähnlichkeit zwischen der hebräischen Poesie und der kanaanäischen Literatur im allgemeinen. Die Ähnlichkeiten von Ps 29 mit anderen alten Gedichten und Psalmen wie Ex 15 und Hab 3 und Zitaten von alten Texten in Ps 77 und 89 seien in der Tat auffallend.[31] Aus diesen Indizien leitet er den Schluß ab, daß Ps 29 weder ganz alt noch nachexilisch sei, sondern im goldenen Zeitalter unter David und Salomon entstanden sei.[32] Die Frage ist folglich, ob Y. Avishur mit seiner Wahl einer Mittelstellung zwischen einer vorexilischen Hoch- und einer nachexilischen Niedrigdatierung nicht zwischen alle Fronten gerät.

Methode und stilistische Anschauungen von Y. Avishur lassen sich z.B. an seiner Interpretation von Ps 29,10–11[33] mit genügender Klarheit erkennen. Wenden wir uns diesem zentralen Abschnitt des Psalmtextes und zugleich dieser kritischen Stelle seines Buches zu.

Der Verf. geht von der Annahme aus, daß V. 10–11 ein Tetrakolon bildeten und dieses in Korrespondenz mit dem das Lied eröffnenden Tetrakolon stehe. Das Tetrakolon V. 10–11 werde durch die viermalige Wiederholung des Wortes YHWH charakterisiert. Im strittigen Kolon *YHWH l mbwl yšb* (V. 10a) sei *l mbwl* weder durch *l mlk* noch durch *l mšl* zu ersetzen. Auch ein *mnbr* „Thron“ komme nicht in Betracht. Das Wort *mbwl* „flood“ sei festzuhalten, da für den masoretischen Text sowohl der Psalm selbst als auch außerbiblische Quellen sprächen. So

28 Y. Avishur 1994, 14.
29 Y. Avishur 1994, 36.
30 Y. Avishur 1994, 39–110.
31 Y. Avishur 1994, 61.
32 Y. Avishur 1994, 70–71.
33 Y. Avishur 1994, 102–105.

erscheine *mbwl* in Parallele zu *mym rbym* in V. 3. Außerdem werde der babylonische Kriegsgott Ninurta EN MAH̬ *rākib abūbi* „exalted lord who rides upon the Deluge“[34] genannt. Dementsprechend könne *l mbwl* erklärt und übersetzt werden mit „(the Lord sat at/on the flood“.[35] Er weist ferner auf Ps 9,5; 132,12 und KTU 1.5 VI 12–13; 1.6 I 58, VI 33; 1.10 III 13–14; 1.16 VI 22–24 hin, wo vom Niedersitzen auf dem Thron bzw. Schemel des Throns (*yšb/yṯb l ks'/ksi / 'd / kḥṯ / hdm*) die Rede ist.[36]

Y. Avishur setzt in dieser Argumentation ohne näheren Nachweis voraus, daß das biblische *yšb l mbwl* dem keilschriftlichen *rākib abūbi* gleichgesetzt werden könne. Gegen diese Annahme spricht, daß *yšb* ein Sitzen, Thronen anzeigt, *rakābu* aber ein Fahren, eine Bewegung. Es liegen folglich Formulierungen vor, die keinen allzu engen Vergleich dulden.

Glücklicherweise beruft sich der Verf. bei der Erklärung der Formulierung *yšb l mbwl* auf biblische und ugaritische Stellen, die glasklar sind. Dies trifft nicht für Ps 9,5 und 132,12[37], sondern auch für die fünf ugaritischen Belege zu, die alle von einem Sitzen bzw. Thronen auf einem Stuhl, Thron oder Thronschemel handeln.

Leider bleibt der Leser ohne Hinweis darauf, wie er die ugaritisch-biblische Formel *yṯb/yšb l ksi / ks'/ 'd / kḥṯ / hdm* mit dem singulären *yšb l mbwl* in Ps 29,10a in Beziehung setzen soll. Y. Avishur beläßt es bei folgender änigmatischer Bemerkung: „*Yšb l-* is apparently an archaism, and a similar form also occurs in Ugaritic.“[38]

Angesichts des reichen ugaritischen Materials und der biblischen Parallelen kann die Frage doch nur lauten: Welcher Weg führt vom Archaismus *yṯb/yšb l ksi / ks' / 'd / kḥṯ / hdm* zu der erklärungsbedürftigen Formulierung in Ps 29,10? Der einzig mögliche Schluß kann offensichtlich doch nur der sein, daß die alte ugaritisch-biblische Formel *yṯb/yšb l ksi/ks'* im Lauf der Zeit in ein *yšb l mbwl* umgesetzt worden ist.[39] Hierzu und zu den bereits vorgelegten Versuchen, dieses Dilemma unter voller Berücksichtigung der ugaritischen Texte zu lösen, schweigt sich der Verf. leider aus. Er will offensichtlich der Erkenntnis, daß in Ps 29,10 unter *yšb l mbwl* noch Spuren einer ehemaligen Verbindung zwischen dem kanaanäischen und dem altisraelitischen Thronbesteigungsfest feststellbar sind, grundsätzlich keine Berechtigung zugestehen.[40] Sein Vorurteil über die ugaritisch-kanaanäischen

---

34 CAD A/1, S. 80: *abūbu* 3c, „exalted lord, who rides upon the Deluge“; siehe ferner D. Schwemer 2001, 712, zu [*r*]*ākib ūmū* „[der] auf den Stürmen reitet“, [*rākib*] *ūmī ezzūte* „[der] auf den wilden Stürmen [reitet]“, *rākib* [*ūm*]*ī rabûti* „der auf den großen [Stür]men reitet“.

35 Y. Avishur 1994, 73. 103.

36 Y. Avishur 1994, 103–104 mit Anm. 236.

37 Da Ps 132 spät zu datieren ist – siehe z.B. H. Spieckermann 1989, 94–95, der von einem spätexilischen Dichter spricht; J.-M. Auwers II 1994, 459, nachexilisch –, wird sichergestellt, daß die uralte Formel auch den späteren biblischen Autoren noch geläufig war.

38 Y. Avishur 1994, 104.

39 Siehe hierzu ausführlich O. Loretz 1988, 128–129.

40 Diese Anschauung wird in Beiträgen zu Ps 29 weiterhin bevorzugt und dient zu weitreichenden geschichtlichen Folgerungen; H. Niehr 1990, 114–115, übersetzt *mbwl* mit „Flut“

Themen, die er in den biblischen Psalmen für zulässig hält, verbietet es ihm, der Textgeschichte von Ps 29,10 in vollem Umfang gerecht zu werden.[41]

Die Erkenntnis, daß *yšb l mbwl* als Textmodernisierung[42] nur auf dem Hintergrund der älteren ugaritisch-biblischen Formel verständlich ist, widerlegt so gründlich seine Frühdatierung von Ps 29, die es ihm auch versagt hat, den Stellenwert der ugaritisch-biblischen Formel *yṯb/yšb l ksi* etc. für die Deutung von Ps 29,10 voll zu ermessen.

Die in sich völlig geschlossene poetische Einheit V. 10[43] läßt sich wegen der kolometrischen und parallelen Differenzen auch nicht mit V. 11 zu einem Tetra-

---

und stellt eine Nähe zur ugaritischen Sicht des Sitzes Els auf dem Götterberg, an dessen Fuß die Unterweltsflüsse entspringen, fest. In dieser Argumentation wird übersehen, daß *mbwl* „Flut" den ugaritischen Texten unbekannt ist; F.-L. Hossfeld 1993, 182, spricht z.B. dem „Grundpsalm" Ps 29,1–10 ein hohes Alter (frühe Königszeit) zu und ordnet ihn in der älteren Tempeltheologie, „womöglich der des Jerusalemer Tempel", zu. Diese Tempeltheologie entfalte die verschiedenen Aspekte der Königsherrschaft Jahwes. Der Grundpsalm passe sich damit ein in die frühe Phase der Entwicklung des Jahweglaubens, die man eine Phase der integrierenden, unpolemischen Jahwemonolatrie nennen könne. Durch diese Darstellung und die Übersetzung von V. 10a mit „Der Herr thront über der Flut" wird eine komplette Neutralisierung des Textes und eine nahtlose Einordnung in das Schema der kanonischen Auslegung erreicht. Auch bei J. van Oorschot 1994, 429, der Ps 29,9–10 der vorexilischen Tempeltheologie zuordnet und die Stelle folgendermaßen deutet: „Nun wußte Israel schon früher um die Spannung zwischen Jahwes Gegenwart im irdischen Heiligtum und seiner überirdischen Entzogenheit als thronender König über der himmlischen Urflut (Ps 29,9f.)" wird eine zahme Deutung von V. 10 bevorzugt. Er überträgt nicht nur die nachexilische Interpretation von Ps 29 in die vorexilische Zeit, sondern verkennt gleichzeitig auch den ursprünglich kultischen Charakter von Teilen von Ps 29 als Thronbesteigungslied Jahwes.

41 Zur offensichtlichen Verbindung von Ps 29,10 mit KTU 1.2 siehe auch J. Day 1994, 43; M.S. Smith 1994, 348 Anm. 223.

42 O. Loretz 1988, 177–178; M.S. Smith 1994, 348 Anm. 223, spricht zu Recht von einer sekundären Interpretation von Ps 29,10 im Sinne der biblischen Sintfluttradition; vgl. dagegen z.B. H. Spieckermann 1989, 178, der in der Vorstellung vom Thronen über der Flut „eine modifizierende Aneignung der in Ugarit belegten Angabe von Els ständigem Wohnsitz ‚an der Quelle der (beiden) Ströme, inmitten der Flußbetten der (beiden) Ozeane'" erkennen möchte. Auch H. Niehr 1990, 114–115, stellt zwischen Ps 29,10 und der Rede in den ugaritischen Mythen vom Sitz des Gottes El auf dem Götterberg, an dessen Fuß die Unterweltsflüsse entspringen, eine Verbindung her. Er bezieht Ps 29,10 und 104,3 auf den Hermon, an dem Himmel und Erde zusammenträfen.

43 Die kolometrische Auslegung von V. 10 ist weiterhin strittig, wie z.B. H. Niehr 1997, 300, mit dem Vorschlag zeigt, das Bikolon folgendermaßen zu übersetzen: „JHWH hat sich niedergelassen über dem Himmelsozean, JHWH thront als König über der Unterwelt." Gegen diese Deutung von V. 10 spricht, daß ein König sich für immer auf seinen Thron setzt. Falls er seinen Thron verläßt, führt er ein Chaos herbei. Es ist folglich völlig eindeutig, daß Jahwe sich ohne zeitliche Begrenzung auf dem Königsthron niederläßt, nicht aber über der Unterwelt.

Bemerkenswert ist ferner die Verlegenheit, die R. Bartelmus 2001, 98, bezüglich Ps 29,10 mit folgender Bemerkung an den Tag legt: „Ps 29,10 dagegen ist sprachlich viel zu schwierig, als daß diesem Vers eine wichtigere Rolle in der Diskussion um das Weltbild der Psalmen zukommen könnte – das Stichwort `Himmel' fehlt ohnehin."

kolon vereinigen. Dieser Tatsache trägt selbst Y. Avishur insoweit Rechnung, als er V. 10 und 11 auf S. 73 als zwei gesonderte syntaktische Einheiten übersetzt, nicht aber, wie später S. 102, als Tetrakolon behandelt.

Seinen Ausführungen zu Ps 29,10–11 ist entgegenzuhalten, daß er bei der Interpretation der beiden Bikola das formale, kolometrische Maß nicht an ugaritischen und anderen Psalmstellen nimmt, sondern seine eigenen Vorstellungen über Autorschaft, Text, Parallelität und Datierung zur Geltung bringt. Er geht offensichtlich von der Vorstellung aus, daß in Ps 29 ein ursprünglicher Text vorliege, ohne die Möglichkeiten einer Textkommentierung, Modernisierung usw. in Betracht zu ziehen. Wenn er folglich S. 110 festhält, daß Wörter von zentraler theologischer Bedeutung in Ps 29 – *kbwd, kbwd šmw, hdrt qdš, mbwl*[44] – zwar auch in ugaritischen Texten anzutreffen seien, aber nicht in Form oder Gebrauch wie in Ps 29 und die stilistischen und literarischen Formen in Ps 29 komplexer und weiter entwickelt seien als die in der ugaritischen Literatur, so muß man feststellen, daß dies sicher nicht in der von Y. Avishur dargestellten Weise und dem dafür vorgeschlagenen Zeitrahmen zutrifft.

Die Parallelisierung ugaritischer Text mit Ps 29 dient Y. Avishur als Grundlage für eine historische Deutung, die als eine Kombination verschiedener Methoden zu begreifen ist. Da es offensichtlich nicht genügt, in der Nachfolge U. Cassutos und S.E. Loewenstamms bei der globalen Bewertung eines Textes nur eine isolierte Betrachtung stilistischer Elemente zu bewerkstelligen, nimmt Y. Avishur auch eine der Hauptthesen der Albright-Schule, nämlich die Frühdatierung von Ex 15[45] (S. 60–63, 70), auf und führt diese unversehens als ein Argument in seine Datierung von Ps 29 ein.[46] Von dieser Basis aus gelangt er sodann auf ebener Bahn zu einer Frühdatierung von Ps 29 in die davidisch-salomonische Zeit und zu einem sogenannten ursprünglichen Text.[47]

Zusammenfassend halten wir zu Ps 29 fest, daß sich allein aus V. 10–11 ergibt, daß sich auch in Ps 29 verdeckt das Zitat einer alten Formel (*yṯb l ksi*) findet, diese aber einer radikalen Neudeutung oder Modernisierung unterzogen worden ist, die sicherlich nicht in die davidisch-salomonische Zeit zu datieren ist. Allein

---

44 Y. Avishur 1994, 55, stellt dagegen ausdrücklich fest, daß die ugaritischen Texte kein *mbwl* kennen.

45 Zur Debatte über ugaritische Poesie und Ex 15 siehe u.a. M.I. Brenner 1991, 9–11.

46 In diesem Zusammenhang ist aus Gründen historischer Genauigkeit an die differenzierte Sicht der linguistischen und historischen Probleme zu erinnern, die W.F. Albright im Jahre 1953 vorgetragen hat. Er vermerkt zu den Psalmen folgendes: „I now believe that Psalms with Canaanite structure and organic Canaanite content can safely be dated to the tenth century or earlier; cf. especially my detailed treatment of Psalm 68, which I regard as a tenth-century catalogue of some thirty beginnings (incipits) of older hymns and lyrics of more secular nature ... In archaizing Psalms which belong to the sixth-fourth centuries B.C. we tend to find isolated verses and expressions, which do not belong to the composition in the same organic way. However, we are still feeling our way with regard to the chronology of the Psalter, and great caution is indicated." (W.F. Albright 1968, 228 Anm. *37).

47 Y. Avishur 1994, 67–71.

von V. 10 her ist Y. Avishur zuzustimmen, daß Ps 29 kein „Canaanite Psalm" ist, sondern in ihm ein genuin biblischer Text erhalten ist. Von V. 10 her wird zugleich auch klar, daß das Zitat der in den ugaritischen Texten gut belegten Formel *yṯb l ksi* und deren Angleichung an die Bedürfnisse nachexilischer jüdischer Theologie in Ps 29,10 einen größeren zeitlichen Abstand anzeigt, der kaum mit Hilfe einer heimlichen, etwas abgemilderten Repristination der Albright'schen These von einer „Yahwistic poetry" als ältestem Bindeglied zwischen den ugaritischen Texten und der biblischen Poesie bestimmt werden sollte.

Die bei Y. Avishur vorherrschende Tendenz, formale und stilistische Argumente unversehens mit inhaltlichen und historischen zu amalgieren, um daraus eine Frühdatierung abzuleiten, wird auch aus seiner Behandlung von Ps 77,14–21 deutlich.[48]

Er wendet sich auf folgende Weise gegen die Gegner einer ursprünglichen Einheit von Ps 77: „Despite the conceptual unity and logical continuity of Ps. 77, scholars maintain that earlier material has been embedded in this chapter, and suggest that this psalm is not the work of a single author. Prevalent scholarly opinion holds that four verses (17–20) from an earlier hymn have been incorporated in the second part of the psalm,... Hence, many critics excised[49] vv. 17–20 from Ps. 77[50]. Some scholars even considered these verses an independent psalm, and divided the chapter into two parts, Psalm A (vv. 1–16) and Psalm B (17–20, 21)[51]."[52]

Gegen das von einer Reihe von Interpreten vorgetragene Argument, daß der Abschnitt V. 17–20 aus Trikola bestehe und folglich einen Text für sich darstelle, führt Y. Avishur an, daß auch in anderer frühester biblischer Poesie wie Ex 15 und Ps 29 ein gemischtes und unbalanciertes Metrum (monocolon, bicolon, tricolon, tetracolon) vorzufinden sei.[53] Als Zeugen gegen eine Ausscheidung von V. 17–20 beruft er sich auch auf S. Mowinckel[54], einen entschiedenen Gegner von Mischmetra, der V. 14–16 mit V. 17–20 zu einer Einheit zusammenfaßt, wobei er zuerst aus V. 14–16 zwei Trikola formt.[55] Auch S. Mowinckel betont, daß der Autor von Ps 77 im Abschnitt V. 14–20 einen Teil eines alten Lobliedes aufge-

48 Y. Avishur 1994, 212–230.

49 Vom Kontext her ist klar, daß es sich um das von lateinisch *excisus* abgeleitete Wort mit der Bedeutung „to remove by cutting out" handelt.

50 Y. Avishur 1994, 212 Anm. 16, zählt u.a. auch mich (O. Loretz 1988, 384–394) zu jenen, die angeblich V. 17–20 aus dem Psalm entfernten (excise), obwohl S. 393 aufdrücklich von der Einschaltung eines Textfragmentes die Rede ist. Auch der in diesem Zusammenhang gegen J. Jeremias 1977, 26–28, und J. Day 1985, 96–97, erhobene Vorwurf erweist sich bei einer Nachkontrolle als unverständlich und gegenstandslos.

51 Y. Avishur 1994, 212 Anm. 17, verweist auf B. Duhm und C.A. Briggs.

52 Y. Avishur 1994, 212.

53 Y. Avishur 1994, 213.
H. Gunkel 1926, 334–335, argumentierte bereits ähnlich, daß am Schluß eines Liedes ein Wechsel des Metrums stattfinden könne.

54 S. Mowinckel 1957, 16.

55 Y. Avishur 1994, 213–214.

nommen habe.[56] S. Mowinckel stimmt folglich mit all jenen überein, die davon ausgehen, daß in V. 17–20 ein Zitat vorliegt[57], die aber in keiner Weise voraussetzen, daß dieser Abschnitt aus dem Text zu entfernen (excise) sei.

Y. Avishur erweckt den Eindruck, daß er in der Auslegung von Ps 77,14–21 in allem getreulich S. Mowinckel folge. Dies trifft jedoch, wie eine sorgfältige Nachkontrolle ergibt, nur äußerst eingeschränkt zu. Denn der norwegische Forscher lehnt im Gegensatz zu ihm in Ps 77 ein Mischmetrum strikt ab.

S. Mowinckel gliedert den Psalm in die zwei Teile V. 2–13 – drei Strophen zu je drei Bikola – und V. 14–20 – fünf Trikola –, wobei er unsicher ist, ob V. 21 Rest eines weiteren Trikolons oder die nur noch fragmentarisch erhaltene Fortsetzung von V. 2–13 bildet.[58] Dagegen unterteilt Y. Avishur V. 2–13 in drei Strophen mit vier, sechs und drei Bikola.[59] Er ist außerdem der Anschauung, daß der zweite Teil V. 14–21 aus sechs Trikola und einem Bikolon bestehe.[60]

In Weiterführung der Gedanken S. Mowinckels sucht Y. Avishur die Gliederung von V. 14–16 in die Trikola V. 14–15a und 15b–16 durch Verweis auf Ex 15,11 zu untermauern.[61] Er bildet aus Ex 15,11 folgendes Trikolon:

> Who is like You, O Lord, among the gods,
> Who is like You, majestic in holiness,
> Awesome in splendor, working wonders.[62]

Gegen diese kolometrische Gliederung von Ex 15,11 spricht nicht nur, daß in Parallele zu *'lym* anstelle von *qdš* mit LXX (BHS) *qdšym* zu lesen ist, sondern, daß vom streng parallelen Aufbau des Bikolons V. 11a-b her keine Möglichkeit mehr gegeben ist, V. 11c als drittes Kolon eines Trikolons anzuschließen. Ex 15,11 entfällt folglich als Stütze für die These, daß aus Ps 77,14–15a ein Trikolon abzugrenzen sei. Das von S. Mowinckel und Y. Avishur geforderte Trikolon in V. 14–15a, das letzterer mit

> O God, Your ways are holiness;
> what god is as great as God?
> You are the God Who works wonders.[63]

---

56 S. Mowinckel 1957, 16, vermerkt zu V. 14–20 unmißverständlich folgendes: „The shift of the metre corresponds to the shift of content and emotion. In this case the author may have taken up a part of an older hymn of praise."
57 Siehe z.B. H.-J. Kraus 1978, 696; H. Spieckermann 1989, 161 Anm. 9.
58 S. Mowinckel 1957, 16.
59 Y. Avishur 1994, 224–225.
60 Y. Avishur 1994, 230.
61 Y. Avishur 1994, 214. 218.
62 Y. Avishur 1994, 214.
63 Y. Avishur 1994, 213.

übersetzt, enthält in der Mitte eine Frage, die im Blick auf Ex 15,11a-b und aus generellen Erwägungen kaum als Fortsetzung des ersten Kolons V. 14a innerhalb eines Trikolons zu verstehen ist. Gegen ein Trikolon V. 14–15a sind folglich grundsätzliche Bedenken geltend zu machen.[64] Es bleibt dabei, daß nur der Abschnitt V. 17–20 in Trikola zu gliedern ist und der erste Teil V. 2–16 von Psalm 77 aus fünf Strophen zu je drei Bikola aufgebaut ist. Wir gelangen auf diesem Weg – unter der Voraussetzung, daß ein biblischer Psalmdichter keine Mischmetra kreiert, sondern höchstens Texte mit unterschiedlichem Metrum redaktionell kombiniert – zum Ergebnis, daß in Ps 77 mindestens zwei ursprünglich getrennte literarische Einheiten (V. 2–16. 21 und 17–20) vereint sind, also entweder *ein* oder *zwei* Zitate gegeben sind, je nachdem, ob man annimmt, daß ein Autor sein Lied durch V. 17–20 ergänzt oder ein Redaktor aus den bereits vorliegenden Teilen V. 2–16.21 und 17–20 eine neue Einheit geschaffen hat.

Die weit verbreitete Auffassung, daß das Zitat V. 17–20 altes Material überliefere, läßt sich aus formalen Gründen – Trikola sind in den Psalmen wegen ihrer Seltenheit nur als Relikte älterer Dichtung verständlich – voll aufrecht erhalten.

Erfreulicherweise schließt sich auch der Verf. der traditionellen These an, daß im zweiten Teil von Ps 77 ein Zitat abzugrenzen ist[65].[66] Er interpretiert diesen Sachverhalt dahingehend, daß der Autor von Ps 77 mit diesem Zitat aus einem älteren Psalm sein Lied erweitert habe. Läßt sich diese Anschauung rechtfertigen?

S. Mowinckel hat vom fragmentarischen Charakter von V. 21 her geschlossen, daß Ps 77 nicht mehr vollständig erhalten ist.[67] V. 21 leite eine weitere Erzählung ein, die jetzt fehle.[68] Wir haben folglich auch die Möglichkeit zu erwägen, daß entgegen Y. Avishur Ps 77 nicht von einem Autor gedichtet und nur von ihm mittels des Zitates V. 14–21 ergänzt worden ist, sondern von einem Kompilator gestaltet wurde, der mindestens aus zwei fremden Texten (V. 2–16.21 + 17–20), wenn

---

64 In Ps 77,15a ist wohl *qdšym* zu lesen und die Frage V. 15b dürfte als ein Ersatz für das fehlende Parallelkolon zu V. 15a zu deuten sein. Strittig ist das Verhältnis zwischen Ex 15,11 und Ps 77,14–15; H. Spieckermann 1989, 111 Anm. 47; 113, denkt an eine Paraphrase des älteren Textes Ex 15.
Die erheblichen sprachlichen Differenzen zwischen Ex 15,11 und Ps 77,14 erlauben wohl keine allzu enge Parallelisierung dieser Texte. Es erübrigt sich folglich auch, ein Abhängigkeitsverhältnis von Ex 15,11 zu konstruieren und dies im Zirkelschlußverfahren wiederum als Beweis für ein hohes Alter und den Vorrang von Ex 15 anzusehen.

65 H. Gunkel 1926, 334–335, der mit Mischmetra rechnet, deutet die Sachlage folgendermaßen: „Da der Hymnus 17–20 im Versmaß von den übrigen abweicht ..., so ist es möglich, aber freilich nicht notwendig (ein Wechsel des Metrums am Schluß z.B. auch Ps 22,28 ff), daß der Verfasser hier ein älteres Lied aufgenommen hat (Nowack). Dagegen ist die Annahme, daß 17–20 dem Psalm völlig fremd (Bickell, Duhm[2] u.a.), oder daß 2–11 und 12 ff zwei Psalmenbruchstücke seien (Wellhausen), bei dem deutlichen Zusammenhange des Ganzen abzuweisen."

66 Y. Avishur 1994, 212. 217–218. 226. 228.

67 S. Mowinckel 1957, 16.

68 Vgl. dagegen z.B. H. Gunkel 1926, 335.

nicht aus dreien[69], eine neue Komposition – einen Mischtext[70] – komponiert hat. Wir gelangen so mit Ps 77 unweigerlich in die Spätphase der biblischen Psalmdichtung.[71]

In diesem Zusammenhang ist noch ein weiterer wesentlicher Punkt zu behandeln. Durch die gewaltsame Ausweitung des Zitates von V. 17–20 auf V. 14–21 gewinnt Y. Avishur die Möglichkeit, das Zitat ganz von der innerbiblischen Tradition her zu erklären[72], die wahrscheinlich bis in die Zeit vor der Monarchie zurückgehe[73] und die These abzulehnen, daß V. 17–20 stärker mit den ugaritischen Texten zu verbinden und auf eine ugaritisch-kanaanäische Beschreibung des Wettergottes Baal zurückzuführen sei.[74] Auf diese Weise wird das Zitat V. 14–21 für ihn zu einem kompletten und gut strukturierten israelitischen Psalm[75], der keine nahtlose Anbindung von V. 17–20 an die ugaritisch-kanaanäische Mythologie mehr erlaubt. Es wird in diesem Zusammenhang erneut erkennbar, daß Y. Avishur von seiner Anschauung über das hohe Alter der biblischen Exodus-Tradition her versucht, die Nähe von V. 17–20 zur ugaritisch-kanaanäischen Mythologie des Wettergottes Baal hinwegzuerklären.

Zusammenfassend ergibt sich zu Ps 77, daß Y. Avishur in seiner Argumentation zu V. 14–21 mit einer Ausnahme – KTU 1.108[76] – nicht auf ugaritische Texte rekurriert, ja eine Verbindung mit diesen ausdrücklich vermeidet. Er gründet dagegen die Beweisführung auf seine eigene Anschauung über formale und inhaltliche Gegebenheiten in den Psalmen, ohne diese noch kritisch an den poeti-

---

69 J. Wellhausen 1898, 78–79. 196, gliedert Ps 77 in die zwei Fragmente V. 1–11 und 12–21, ohne V. 17–20 besonders zu berücksichtigen. Folgt man seinem Argument, daß V. 12 nicht die ursprüngliche Fortsetzung von V. 11 sein könne, so hätte man die Möglichkeit, Ps 77 als Komposition aus den drei Fragmenten V. 2–11. 12–16. 21 und 17–20 anzusehen. Im Gegensatz zu J. Wellhausen nehmen z.B. H. Gunkel 1926, 334–335; F. Crüsemann 1969, 195 Anm. 7; 292–294, an, daß Ps 77 unabhängig von der Frage der Herkunft von V. 17–21 und ohne Aufgabe der Einheit in die zwei Teile V. 1–10 (Klagelied) und V. 11–21 (Hymnus) zu gliedern sei.

70 Siehe grundsätzlich H. Gunkel 1933, 397–404, zu „Mischungen".

71 M. Millard 1994, 100, vermerkt, daß Ps 77 vermutlich Teil einer weisheitlichen Edition sei, dies aber innertextlich nur schwach belegbar bleibe. Er berücksichtigt bei dieser Argumentation zu wenig, daß der kompositorische Charakter von Ps 77 für seine Anschauung spricht.

72 Y. Avishur 1994, 213–230.

73 Y. Avishur 1994, 216.

74 Y. Avishur 1994, 213 mit Anm. 19, lehnt ausdrücklich W.F. Albright und M. Dahood ab. T. Fenton 1994, 80 Anm. 16, sieht Ps 77,17–20 als Zitat aus einem alten Gedicht über Theomachie an.

75 Y. Avishur 1994, 228.

76 Y. Avishur 1994, 216, verweist auf den Text KTU 1.108, den er auf S. 277–307 ausführlich behandelt. Er glaubt, durch diesen Verweis seine Ansicht verteidigen zu können, daß die in Ps 77,14–21 vorliegende Mythisierung der Geschichte alt, also nicht nachexilisch sei. Denn auch in KTU 1.108, einem ugaritischen Psalm, folge auf die Darstellung des Pantheons ein nationales Thema. Wir warten jedoch bei Y. Avishur vergeblich auf einen begründeten Nachweis, daß Ps 77 und KTU 1.108 im vorgeschlagenen Sinn tatsächlich parallelisierbar sind.

schen Normen der ugaritischen Texte zu messen. Auch im Fall von Ps 77 gelangt er zu einer Frühdatierung dieser Tradition in die vorexilische Periode, ja vielleicht sogar in die vormonarchische Zeit.[77] Der frühe Zeitansatz verrät erneut, daß er sich in diesem zentralen Punkt trotz gegenteiliger Beteuerungen insgeheim doch wieder ohne genügenden Abstand der Argumentation der Frühdatierung der Albright-Dahood-Richtung anschließt.[78]

Im Falle von Ps 77,17–20 haben wir zwei Phasen der Entwicklung des Textes zu unterscheiden. Die erste zeichnet sich dadurch aus, daß eine Beschreibung der Theophanie des Wettergottes Baal, bei dessen Erscheinen Meer und Natur erbeben, ohne Veränderungen auf Jahwe übertragen worden ist. Es liegt zweifellos ein kanaanäisch-israelitisches Kontinuum ohne einen kritischen Unterton gegen Baal vor, so daß wir berechtigt sind, von einem „kanaanäischen Psalm“ zu sprechen.[79] Bei der Einverleibung dieses Hymnenfragmentes zwischen Ps 77,2–16 und 21 wurde in einem wesentlichen Punkt in den Text eingegriffen: Denn entgegen den mythischen Bildern über die Sichtbarkeit des Wettergottes in den Manifestationen des Gewitters und in der fruchtbaren Wirkung des Regens wird jetzt in V. 20c festgestellt, daß Jahwes Spuren bei der Fahrt übers Meer nicht sichtbar waren. Der Redaktor wollte mit diesen Eingriff zeigen, daß auch in der gegenwärtigen Not die Präsenz Jahwes für den Menschen überhaupt nicht an Spuren erkennbar ist.[80] Die Veränderungen im Text von V. 20 dürften folgendermaßen darzustellen sein:

77.20.1	... *b ym* [*drkk*][81]	x + 3	[x + 7]
77.20.2	*w šbylyk b mym rbym*	15 (11)	
77.20.3	*w ʿqbwtyk* ... [*lʾ ndʿw*]	8 + x	[14]

‚Dein Weg‘[82] durchs Meer, ‚Jahwe‘[83], [dein Weg,]
und dein Pfad durch große Wasser,
und deine Spuren ‚durch ...‘[84] [waren nicht zu erkennen].

77 Y. Avishur 1994, 215–216.

78 M. Dahood II 1968, 224, postuliert für Ps 77,2–16 durchgehend eine sehr archaische Sprache. Diese Momente und die Tatsache, daß V. 14–16 sich auf Ex 15,11–13 bezögen, sprächen dafür, daß für Ps 77 eine Datierung ins 10. Jh. nicht unwahrscheinlich sei.

79 Y. Avishur 1994, 7. 25–33, wendet sich strikt gegen diese Formulierung.

80 F. Stolz 1983, 34.

81 Mit eckigen Klammern ([ ]) werden Textteile gekennzeichnet, die späterer Herkunft sein dürften, die aber als solche zum Text gehören und nicht auszuscheiden sind.

82 Es ist anzunehmen, daß in Parallele zu den folgenden beiden Kola des Trikolons auch das erste Kolon mit einem Wort für „Weg“ (z.B. *ʾrḥ*) begonnen hat und das Tetragramm ausgefallen ist. Die Umgestaltung des Kolons zu *b ym drkk* wäre dann nur im Hinblick auf V. 14a zu verstehen.

83 Ergänzung des zu kurzen Kolons.

84 In Parallele zu *b ym* || *b mym rbym* dürfte im dritten Kolon ein *b ʾrṣ* ... „durch das ... Land“ o.ä. zu erwarten sein.

Aus Ps 77,17–20 erhalten wir ein äußerst komplexes Bild der Entwicklung kanaanäisch-israelitischer Beziehungen: Das Fragment bezeugt die volle Übertragung einer Theophaniebeschreibung Baals auf Jahwe, ohne daß hierbei ein kritischer Ton gegen Baal erkennbar wird. Erst in nachexilischer Zeit wird das Zitat durch Modernisierung des Textes den Zielen der nachexilischen jüdischen Historik dienstbar gemacht. Durch seinen Hang zu einer einseitigen Frühdatierung wird Y. Avishur der Textentwicklung von Ps 77,16–20, die von der vorexilischen bis in die nachexilische Zeit reicht, kaum gerecht.

In einigen Fällen konzediert Y. Avishur eine engere Beziehung zwischen ugaritischen und biblischen Texten. So räumt er ein, daß das stilistische Pattern des originalen kanaanäischen Verses KTU 1.2 IV 9[85] in Ps 92,10[86] erhalten geblieben sei[87], auch in Ps 73,27; 83,3; 143,12 eine enge Beziehung zu diesem ugaritischen Vorbild erkennbar sei[88] und in Ps 145,13[89] direkt KTU 1.2 IV 10 fortgeführt erscheine.[90] Aus diesen Beispielen leitet der Verf. folgendes ab: „Therefore, we believe that all of these biblical verses evolved from a Canaanite passage, an ancient version of which is found in Ugaritic literature. This passage, which glorified Baal's strength and might, was adapted by the biblical psalmist to describe the greatness and power of the Lord, God of Israel. This is no anomaly; rather, it is one example out of many of the far-ranging affinity between Canaanite literature and the Bible."[91]

Im Gegensatz zu Y. Avishur spricht T. Fenton in Zusammenhang mit Ps 92,10 und verwandten Beispielen von einem „Ugaritic-Hebrew continuum"[92] und der Tatsache, daß diese Beispiele einen engen Kontakt zum Ugaritischen anzeigen: „The features discussed exemplify no mere tangential contact or partial similarity but an extent and depth in the Ugaritic-Hebrew poetic-linguistic nexus which has clear implications for exegetical issues."[93] Er kommt zum Ergebnis, daß es Beispiele von kanaanäischer Poesie gebe, die sowohl in Ugarit als auch in den biblischen Schriften bewahrt worden sind.[94]

Im zweiten Teil des Buches[95] stellt der Verf. ausführlich drei „Ugaritic Psalms and Prayers" vor. Es handelt sich um KTU 1.119 (S. 253–267: A Ugaritic Prayer to Baal), 1.108 (S. 277–307: A Ugaritic Hymn in Honor of El) und 1.65 (S. 308–329: CTA 30 – A Ugaritic Prayer). Obwohl es sicher möglich ist, mit etwas Mühe zwischen einzelnen Punkten der drei ugaritischen Texte und biblischen eine lose

85 M.S. Smith 1994, 322. 325–326. 337.
86 Zur Diskussion über Ps 92,10 siehe u.a. T. Fenton 1994, 72–74.
87 Y. Avishur 1994, 234. 243. 249.
88 Y. Avishur 1994, 243–246. 249.
89 T. Fenton 1994, 74.
90 Y. Avishur 1994, 249.
91 Y. Avishur 1994, 249.
92 T. Fenton 1994, 73. 75. 91.
93 T. Fenton 1994, 75.
94 T. Fenton 1994, 91.
95 Y. Avishur 1994, 251–329.

Verbindung herzustellen, so bleibt am Ende doch der zur Vorsicht mahnende Eindruck zurück, daß es vorläufig noch viel zu früh ist, auf irgendeinen ugaritischen Text das biblische Wort „Psalm" anzuwenden.[96] Für weit schweifendes Wunschdenken ist auf diesem Gebiet noch alles offen.

Fassen wir zusammen: Y. Avishur betont, daß sein „New Approach" darin bestehe, die Gedanken und Arbeiten von U. Cassuto und S.E. Loewenstamm weiterzuführen.[97] Er nimmt in seine Argumentation offensichtlich Themen der jüdischen Tradition auf.[98]

Entgegen seinen Beteuerungen war an den zwei kritisierten Stellen Ps 29,10–11 und 77,14–21, die für die im Buch befolgte Methode als modellhaft angesehen werden können, festzustellen, daß er sich in der religionsgeschichtlichen und historischen Auswertung der ugaritisch-biblischen Parallelen letztlich insgeheim doch wieder dem Ideal der Frühdatierung anschließt, das die von ihm hart bekämpfte Albright-Schule unter Berufung auf die Nähe der angeblich ältesten biblischen Poesie zu den ugaritischen Texten propagiert hat. Er erweckt so den Eindruck, daß er nicht zwischen den formalen – poetologischen und kolometrischen – und inhaltlichen – religionsgeschichtlichen – Aspekten trennt, sondern eine Mischargumentation verfolgt, wobei von Anfang an für ihn feststehen dürfte, daß die ugaritischen Texte für eine Frühdatierung der biblischen einzustehen haben. Entgegen W.F. Albright und seiner Schule neigt Y. Avishur zu einer relativ scharfen Trennung zwischen den ugaritischen und biblischen Texten. Er schaltet als Zwischenglied die vorläufig noch weithin als Phantom anzusehende „kanaanäische Literatur" ein und behandelt die ugaritische in gleicher Weise wie die hebräische als einen Zweig derselben. Die von der Albright-Schule befürwortete enge Anbindung der frühesten israelitischen Poesie an die ugaritische Tradition sucht er auch durch die Datierung der frühesten biblischen Texte um ein oder zwei Jahrhunderte später als in der nordamerikanischen Richtung üblich, in ihren Konsequenzen abzumildern. Seine Anschauung von einem hohen Alter und der Historizität der biblischen Exodus-Tradition erlaubt es ihm z.B. nicht, Ps 77,17–20 direkt mit ugaritisch-kanaanäischen Mythen in Verbindung zu setzen oder z.B. hinter Ps 29,10 das Problem der Thronbesteigung der Gottheit beim altsyrisch-altisraelitischen Herbstfest zu sehen.

Aus einer kritischen Betrachtung seiner Ausführungen wird jedoch erneut ersichtlich, daß die ugaritischen und biblischen Texte zwar viele formale und stilistische Elemente gemeinsam haben, aber Inhalt und Geist der größtenteils in nachexilischer Zeit redigierten biblischen Psalmen den ugaritischen Texten noch vollkommen fremd sind. Entgegen Y. Avishur gelangen wir so nicht zu einem Vergleich von ugaritischen Texten mit früh datierten biblischen Psalmen, sondern

96 Siehe z.B. das vorsichtige Urteil von N.M. Sarna 1969, XXXII.
97 Y. Avishur 1994, 34.
98 In einer gesonderten Untersuchung wäre der Frage nachzugehen, inwieweit Y. Avishur generell von Ideen und Motiven des jüdischen Geschichtsbewußtseins bestimmt ist; siehe zu diesem Problemkreis u.a. A. Funkenstein 1995.

zu einem weitaus komplexeren Bild der Tradition: Zwischen den ugaritischen Mythen und den späten Psalmen sind z.B. in Ps 29,10 und 77,17–20 Fragmente erkennbar, die unmittelbar an ugaritisch-kanaanäische Traditionen erinnern und die sozusagen ein Mittelglied zwischen den ugaritischen und biblischen Texten darstellen. Bezeugen diese Texte eine Periode der israelitischen Entwicklung, die noch enger an die ugaritisch-kanaanäische Tradition gebunden war als die Hauptmasse der in der Bibel gesammelten Psalmen? Von seinen Voraussetzungen und seinen Anschauungen über die Frühgeschichte Israels her verneint Y. Avishur zu Unrecht diese Frage.

Ungeachtet der angezeigten Schwächen erreicht Y. Avishur mit seinem Werk dennoch das angestrebte Ziel, die biblische Literatur mit der ugaritischen in einen historischen Zusammenhang zu bringen. Es gelingt ihm aufs beste, die wissenschaftliche Tradition U. Cassutos und S.E. Loewenstamms produktiv fortzuführen und jene zurückzuweisen, die die biblische Psalmendichtung gerne als ein Werk quasi *ex nihilo* und ganz fern von den ugaritischen Texten ansiedeln möchten. Seine Ausführungen bringen zugleich schmerzlich zum Bewußtsein, daß die Bestimmung der zeitlichen, formalen und inhaltlichen Differenzen zwischen den ugaritischen Texten und den Psalmen als eine noch in Zukunft zu leistende Hauptarbeit vor uns liegt.

Y. Avishurs Betonung der Rolle der Zitate in den biblischen Texten verdient besondere Beachtung, obwohl gerade dieser Aspekt bei ihm eine sorgfältigere Behandlung erfordert hätte. Er macht durch seine Methode und seine Ergebnisse von neuem klar, daß die Erschließung der Zitate in den Psalmen in zwei Richtungen hin zu betreiben wäre: *Erstens* im Hinblick auf innerbiblische Zitate, und *zweitens* auf Zitate von vor- und außerbiblischen Texten hin, die nur „oberflächlich" jahweisiert worden sind. Die innerbiblischen Zitate eröffnen uns den Weg zur Erkenntnis, daß die überlieferten kanonischen Lieder nur ein klägliches Trümmerfeld einer weitaus reicheren ehemaligen israelitisch-jüdischen Psalmdichtung darstellen.[99] Die Zitate der zweiten Kategorie – die „kanaanäischen Psalmen" – erschließen uns das Gebiet der Beziehungen zwischen den ugaritischen und biblischen Texten, das uns gleichfalls nur noch über wenige Fragmente zugänglich ist. Denn von den biblischen Zitaten – besonders von den „archaischen" wie z.B. Ps 29,10 und 77,17–20 – her erscheinen auch mannigfache Rückschlüsse auf die zeitlich vorausliegende ugaritisch-kanaanäische Literatur möglich zu sein. Mit dem Schlagwort von den „Canaanite Psalms" wurde dieser Problemkreis schon früh geahnt und umrissen. Y. Avishur gebührt auch in diesem Fall Dank dafür, daß er mit seiner Herausstellung der Zitate auf einen wichtigen Punkt für die Erforschung der kanaanäisch-biblischen Literatur kraftvoll hingewiesen hat. Zukünftiger Arbeit bleibt es jedoch vorbehalten, auf diesem Terrain das vorhandene Material noch voll zu erschließen und so eine tragfähige Grundlage für eine Literaturge-

99 Dies wird besonders bei jenen späteren Psalmen deutlich, die aus mehreren Zitaten zusammengesetzt sind und die z.B. H. Gunkel zu den „Mischungen" zählte.

schichte Altsyrien-Palästinas und der biblischen Psalmen zu schaffen. Obwohl sich ein solches Unternehmen weithin nur auf Fragmente und Zitate stützen kann, wird es wahrscheinlich doch der einzige Weg dahin sein, den ehemaligen mündlichen und schriftlichen Reichtum der literarischen Überlieferung im westsemitischen Bereich der kultischen Lieder wenigstens in Umrissen noch zu erahnen.

Y. Avishur glaubt, W.F. Albright und M. Dahood darin kritisieren zu müssen, daß sie die ugaritischen und hebräischen Texte zu einer einzigen Literatur (single literature)[100] zusammenfassen. Er selbst zielt dagegen energisch darauf ab, mit Hilfe des Oberbegriffes „Canaanite literature" den Abstand zwischen den ugaritischen und biblischen Texten zu vergrößern und beide als verschiedene Zweige derselben zu deuten.[101] Damit handelt er sich mutig den Widerspruch all jener ein, die seinen Begriff von „Kanaan" und „kanaanäisch" als allzusehr biblisch gefärbt und folglich für eine historische, philologische und literarische Argumentation wenig brauchbar oder gar schädlich ansehen.[102] Er setzt außerdem den Exodus als ein datierbares historisches Ereignis an und wertet Ex 15 als ein frühes historisches Zeugnis über dieses Geschehen. Seine Anschauungen über die Frühgeschichte Israels leiten sein methodisches Vorgehen und sie befeuern ihn in seiner geduldigen philologischen Kärrnerarbeit. Beides macht seine provokativen Ergebnisse im selben Augenblick nicht nur sympathisch, sondern auch suspekt.

Die Weichen für künftige Auseinandersetzungen mit ihm sind gestellt.

Literatur[103]

Albright, W.F., ^{5}1968: Archaeology and the Religion of Israel, Baltimore.

Armbruster, R., 1995: Salieris Schweigen: Versteckte Anspielungen in der Oper „Falstaff" sieben Jahre nach Mozarts Tod, FAZ, 22. April 1995, Nr. 94, [2].

Avishur, Y., 1994: Studies in Hebrew and Ugaritic Psalms, Publications of the Perry Foundation for Biblical Research. The Hebrew University of Jerusalem, Jerusalem.

- -, 1999: Studies in Biblical Narrative. Style, Structure, and the Ancient Near Eastern Literary Background. Archaeological Center Publication, Tel Aviv / Jaffa, Israel.

Bartelmus, R., 2001: *šāmajim* – Himmel. Semantische und traditionsgeschichtliche Aspekte, in: B. Janowski / B. Ego, (eds.), Das biblische Weltbild und seine altorientalischen Kontexte. FAT 32, 67–124.

Brenner, M.I., 1991: The Song of the Sea: Ex 15:1–21. BZAW 195.

---

100 Y. Avishur 1994, 34.

101 Y. Avishur 1994, 8. 34.

102 Siehe zur Debatte über die biblischen Begriffe „Kanaan" und „kanaanäisch" u.a. L.L. Grabbe 1994, 113–122; N.P. Lemche 1994, 59–75.

103 Zu öfters zitierten Werken, Kommentaren usw. siehe *Literaturverzeichnis*.

Day, J., 1994: Ugarit and the Bible: Do They Presuppose the Same Canaanite Mythology and Religion?, in G.J. Brooke / A.H.W. Curtis / J.F. Healey, (eds.), Ugarit and the Bible. UBL 11, 35–52.

Fenton, T., 1994: Nexus and Significance: is greater precision possible?, in: G.J. Brooke / A.H.W. Curtis / J.F. Healey, (eds.), Ugarit and the Bible. UBL 11, 71–91.

Funkenstein, A., 1995: Jüdische Geschichte und ihre Deutungen, Frankfurt a.M.

Gerstenberger, E.S., 1994: Der Psalter als Buch und Sammlung, in: K. Seybold / E. Zenger, (eds.), Neue Wege der Psalmenforschung. Für Walter Beyerlin. HBS 1, 3–13.

Grabbe, L.L., 1994: „Canaanite": Some Methodological Observations in Relation to Biblical Study, in: G.J. Brooke / A.H.W. Curtis / J.F. Healey, (eds.), Ugarit and the Bible. UBL 11, 113–122.

Gunkel, H., ²1905: Ausgewählte Psalmen übersetzt und erklärt, Göttingen.

Hunter, J.H., 1994: Interpretationstheorie in der postmodernen Zeit. Suche nach Interpretationsmöglichkeiten anhand von Psalm 144, in: K. Seybold / E. Zenger, (eds.), Neue Wege der Psalmenforschung. Für Walter Beyerlin. HBS 1, 45–62.

Lemche, N.P., 1994: Kann von einer „israelitischen Religion" noch weiterhin die Rede sein? Perspektiven eines Historikers, in: W. Dietrich / M.A. Klopfenstein, (eds.), Ein Gott allein? JHWH-Verehrung und biblischer Monotheismus im Kontext der israelitischen und altorientalischen Religionsgeschichte. OBO 139, 59–75.

Lendle, O., 1992: Einführung in die griechische Geschichtsschreibung von Hekataios bis Zosimos, Darmstadt.

Niehr, H., 1990: Der höchste Gott. Alttestamentlicher JHWH-Glaube im Kontext syrisch-kanaanäischer Religion des 1. Jahrtausends v.Chr. BZAW 190.1990.

- -, 1997: Zur Semantik von nordwestsemitisch *'lm* als ‚Unterwelt' und ‚Grab', in: B. Pongratz-Leisten / H. Kühne / P. Xella, (eds.), *Ana šadî Labnāni lū allik*. Beiträge zu altorientalischen und mittelmeerischen Kulturen. Festschrift für Wolfgang Röllig. AOAT 247, 295–305.

Sarna, N.M., 1969: Prolegomenon, in: M. Buttenwieser, The Psalms, New York, XIII-XXXVIII.

Schwemer, D., 2001: Die Wettergottgestalten Mesopotamiens und Nordsyriens im Zeitalter der Keilschriftkulturen. Materialien und Studien nach den schriftlichen Quellen, Wiesbaden.

van Oorschot, J., 1994: Der ferne *deus praesens* des Tempels. Die Korachpsalmen und der Wandel israelitischer Tempeltheologie, in: I. Kottsieper et al., (eds.), „Wer ist wie du, Herr, unter den Göttern?" Studien zur Theologie und Religionsgeschichte Israels für Otto Kaiser zum 70. Geburtstag, Göttingen 1994, 416–430.

Literaturverzeichnis

Das Verzeichnis enthält nur mehrmals zitierte Kommentare, Werke und Beiträge.

Albertz, R., 1992: Religionsgeschichte Israels in alttestamentlicher Zeit Bd. 1–2. ATD.E 8/1–2.

Allen, L.C., 1983: Psalms 101–150. WBC.

Alonso Schökel, L. / Cecilia Carniti, 1993: Salmos II, Estella (Navarra).

Anderson, A.A., 1972: Psalms I–II. NCeB.

Auwers, J.-M., 1994: Le Psautier hébraïque et ses éditeurs. Recherches sur une forme canonique du livre des Psaumes I–III. Dissertation. Université Catholique de Louvain, Faculté de Théologie et de Droit Canonique, Louvain.

– –, 1994a: Les psaumes 70–72. Essai de lecture canonique, RB 101, 242–257.

– –, 2000: La composition littéraire du Psautier. Un état de la question. CRB 46.

– –, 2001: Où va l'exégèse du Psautier? Bilan de six années d'études psalmiques (1995–2000), RTL 32, 374–410.

Avishur, Y., 1984: Stylistic Studies of Word Pairs in Biblical and Ancient Semitic Literatures. AOAT 214.

– –, 1994: Studies in Hebrew and Ugaritic Psalms, Jerusalem.

Baethgen, F., ³1904: Die Psalmen. HK II/2.

Balla, E., 1912: Das Ich der Psalmen. FRLANT 16.

Barbiero, G., 1999: Das erste Psalmenbuch als Einheit. Eine synchrone Analyse von Psalm 1–41. ÖBS 16.

Becker, J., 1966: Israel deutet seine Psalmen. SBS 18.

Beaucamp, E.,: 1976/79: Le Psautier I–II. SBi.

Bernhardt, K.-H., 1961: Das Problem der altorientalischen Königsideologie im Alten Testament. VT.S 8.

Bonkamp, B., 1949: Die Psalmen nach dem hebräischen Grundtext, Gelsenkirchen-Buer.

Booij, Th., 1994: Psalmen III. De Prediking van Het Oude Testament, Nijkerk.

Briggs, C.A. / E.G. Briggs, 1906/07: The Book of Psalms I–II. ICC.

Bruno, A., 1930: Der Rhythmus der alttestamentlichen Dichtung. Eine Untersuchung über die Psalmen I–LXXII, Leipzig.

Buttenwieser, M., 1938: The Psalms. First Published 1938. Reprint. Prolegomenon by N.M. Sarna, New York 1969.

Cheyne, T.K., 1904: The Book of Psalms I–II, London.

Condamin, A., 1933: Poèmes de la Bible, Paris.

Cooper, A., 1981: Divine Names and Epithets in the Ugaritic Texts, in: RSP III 1981, 333–469.

Craigie, P.C., 1983: Psalms 1–50. WBC 19.
Crüsemann, F., 1969: Studien zur Formgeschichte von Hymnus und Danklied in Israel. WMANT 32.
Dahood, M., 1965: Psalms 1–50. AncB 16.
– –, 1868: Psalms II. AncB 17.
– –, 1970: Psalms III. AncB 17A.
– –, 1972: Ugaritic-Hebrew Parallel Pairs, RSP I 1972, 71–382.
– –, 1981: Ugaritic-Hebrew Parallel Pairs, RSP III 1981, 1–178.
Day, J., 1985: God's conflict with the dragon and the sea. UCOP 35.
Deissler, A., [4]1971: Die Psalmen I. WB.KK 1/1.
Deissler, A., [2]1969: Die Psalmen II. WB.KK 1/2.
Deissler, A., [2]1967: Die Psalmen III. WB.KK 1/3.
Delitzsch, F., 1894: Die Psalmen. Leipzig [5]1894. (Nachdruck: Giessen; Basel: Brunnen Verlag, 1984).
Delitzsch, Fr., 1920: Die Lese- und Schreibfehler im Alten Testament, Berlin / Leipzig.
Duhm, B., [2]1922: Die Psalmen. KHC XIV.
Ewald, H., [2]1840: Die Psalmen. Die poetischen Bücher des Alten Bundes. Zweiter Theil, Göttingen.
Fohrer, G., 1993: Psalmen. de Gruyter Studienbuch, Berlin.
Gerstenberger, E.S., 1980: Der bittende Mensch. Bittritual und Klagelied des Einzelnen im Alten Testament. WMANT 51.
– –, 1988: Psalms I. FOTL 14.
– –, 2001: Psalms Part Two and Lamentations. FOTL 15.
Girard, M., 1984: Les psaumes. Analyse structurelle et interprétation 1–50. RFTP.NS 2.
Graetz, H., 1882/83: Kritischer Commentar zu den Psalmen I–II, Breslau.
Gunkel, H., [4]1917: Ausgewählte Psalmen, Göttingen.
– –, 1926: Die Psalmen. HK II,2. [6]1986 (W. Klatt, Hermann Gunkel. FRLANT 100.1969, 235–236.)
– –, 1933: Einleitung in die Psalmen. Die Gattungen der religiösen Lyrik Israels. Zu Ende geführt von J. Begrich, Göttingen 1933. [3]1975.
Gruber, M.I., 1980: Aspects of Nonverbal Communication in the Ancient Near East I–II. StP 12/I–II.
Herkenne, H., 1936: Das Buch der Psalmen. HSAT V,2.
Hitzig, F., 1863/65: Die Psalmen I–II, Leipzig / Heidelberg.
Hossfeld, F.-L. siehe: *F.-L. Hossfeld / E. Zenger* 1993, 2000
Hossfeld, F.-L. / E. Zenger, 1993: Die Psalmen I. NEB.AT.
Hossfeld, F.-L. / E. Zenger, 2000: Psalmen 51–100. HThK.AT.
Jacquet, L., 1975/77/79: Les Psaumes et le coeur de l'Homme. Etude textuelle, littéraire et doctrinale I–III. [Gembloux].

Jenni, E., 1992: Die hebräischen Präpositionen. Bd. 1: Die Präposition Beth, Stuttgart.

– –, 1994: Die hebräischen Präpositionen. Bd. 2: Die Präposition Kaph, Stuttgart.

Jeremias, A., [4]1930: Das Alte Testament im Lichte des Alten Orients, Leipzig.

Kaufman, S.A., 1996: Semitics: Directions and Re-Directions, in: J.S. Cooper / G.M. Schwartz, (eds.), The Study of the Ancient Near East in the Twenty-First Century. The William Foxwell Albright Centennial Conference, Winona Lake, Indiana, 273–282.

Keel, O., 1972: Die Welt der altorientalischen Bildsymbolik und das Alte Testament. Am Beispiel der Psalmen, Einsiedeln / Köln / Neukirchen-Vluyn.

Keßler, H., [2]1899: Die Psalmen. KK A VI,1.

Kirkpatrick, A.F., 1903: The Book of Psalms. CBSC.

Kissane, E.J., 1964: The Book of Psalms, Dublin 1964.

Kittel, R., [5–6]1929: Die Psalmen. KAT 13.

König, E., 1927: Die Psalmen, Gütersloh.

Kraus, H.-J., [5]1978: Die Psalmen. BK XV/1–2.

– –, 1979: Theologie der Psalmen. BK XV/3.

Kühlewein, J., 1973: Geschichte in den Psalmen. CThM A 2.

Landersdorfer, S., 1922: Die Psalmen, Regensburg 1922.

Liber Psalmorum cum canticis breviarii Romani, [2]1945: SPIB 93.

Loretz, O., 1979: Die Psalmen. Teil II. AOAT 207/2.

– –, 1988: Ugarit-Texte und Thronbesteigungspsalmen. Die Metamorphose des Regenspenders Baal-Jahwe. UBL 7.

Mayer, W., 1976: Untersuchungen zur Formensprache der babylonischen „Gebetsbeschwörungen“. StP.SM 5.

Michel, D., 1960: Tempora und Satzstellung in den Psalmen. AET 1.

Millard, M., 1994: Die Komposition des Psalters. Ein formgeschichtlicher Ansatz. FAT 9.

Miller, A., [1–2]1920: Die Psalmen I–II. EcOra.

Mowinckel, S., 1921/24: Psalmenstudien I–VI. SNVAO.HF 4. 6.1921, 1–2.1922, 3.1923, 1.1924. Nachdruck: Amsterdam 1966.

– –, 1952: Zum israelitischen Neujahr und zur Deutung der Thronbesteigungspsalmen, Oslo.

– –, 1957: Real and Apparent Tricola in Hebrew Psalm Poetry. ANVAO.HF 1957, No. 2.

– –, 1962: The Psalms in Israel's Worship I–II, Oxford.

Nötscher, F., 1947: Die Psalmen. EB.

Oesterley, W.O.E., 1939: The Psalms, London 1939. Reprinted 1962.

Olshausen, J., 1853: Die Psalmen. KEH 14.

Podechard, E., 1949/54: Le Psautier I–II. BFCTL 3. 6.

Quell, G., 1926: Das kultische Problem der Psalmen. BWAT 11.

Ravasi, G., 1981/83/84: Il libro dei Salmi I–III. CLPB.

Ridderbos, Nic.H., 1972: Die Psalmen. Stilistische Verfahren und Aufbau mit besonderer Berücksichtigung von Ps 1–41. BZAW 117.

Schlögl, N., 1915: Psalmen. Die Heiligen Schriften des Alten Bundes. Bd. III: Die poetisch-didaktischen Bücher. 1. Wien / Leipzig.

Schmidt, H., 1934: Die Psalmen. HAT I/15.

Schoors, A., 1972: Literary Phrases, in: RSP I 1972, 1–70.

Seybold, K., 1978: Die Wallfahrtspsalmen. Studien zur Entstehungsgeschichte von Psalm 120–134. BThSt 3.

– –, 1986: Die Psalmen. Eine Einführung. UB 382.

– –, 1996: Die Psalmen. HAT I/15.

Skehan, P. / A.A. Di Lella, 1987: The Wisdom of Ben Sira. AncB 39.

Smith, M.S., 1994: The Ugaritic Baal Cycle I. VT.S 55.

Spieckermann, H., 1989: Heilsgegenwart. Eine Theologie der Psalmen. FRLANT 148.

Staerk, W., ^{2}1920: Lyrik. SAT 3/1.

Stolz, F., 1983: Psalmen im nachkultischen Raum, ThSt(B) 129.

Stummer, F., 1922: Sumerisch-akkadische Parallelen zum Aufbau alttestamentlicher Psalmen. SGKA XI, 1/2.

Szörényi, A., 1961: Psalmen und Kult im Alten Testament. (Zur Formgeschichte der Psalmen), Budapest.

Tate, M.E., 1990: Psalms 51–100. WBC.

Tournay, R.(J.), 1991: Seeing and Hearing God with the Psalms. The Prophetic Liturgy of the Second Temple in Jerusalem. JSOT.S 118.

Tournay, R. / R. Schwab, ^{3}1964: Les Psaumes. SB(J).

van der Lugt, P., 1980: Strofische Structuren in de Bijbels-Hebreeuwse Poëzie. DNL.T.

van der Ploeg, J.P.M., 1973/74: Psalmen I–II. BOT.

Uchelen, N.A. van, 1971/77: Psalmen I–II. De Prdiking van Het Oude Testament, Nijkerk.

Watson, W.G.E., 1984: Classical Hebrew Poetry. A Guide to its Techniques. JSOT.S 26.

– –, 1994: Traditional Techniques in Classical Hebrew Verse. JSOT.S 170.

Weiser, A., ^{8}1973: Die Psalmen I–II. ATD 14/15.

Wellhausen, J., 1898: The Book of Psalms. SBONT 14.

Westermann, C., 1977: Lob und Klage in den Psalmen. Sechste Auflage von *Das Loben Gottes in den Psalmen*, Göttingen.

Wittstruck, T., 1994: The Book of Psalms. An Annotated Bibliography I–II, New York / London.

Wutz, F., 1925: Die Psalmen, München.

Zenner, J.K., 1896: Die Chorgesänge im Buche der Psalmen. Ihre Existenz und ihre Form. Erster Theil: Prolegomena, Übersetzungen und Erläuterungen, Freiburg i.Br. 1896.

Abkürzungen und Sigla

Abkürzungen und Sigla, soweit sie nicht in Siegfried M. Schwertner, Internationales Abkürzungsverzeichnis für Theologie und Grenzgebiete, 2. Auflage, Berlin / New York 1992, enthalten sind.

ABD	The Anchor Bible Dictionary
ABG	Arbeiten zur Bibel und ihrer Geschichte
ALASP(M)	Abhandlungen zur Literatur Alt-Syrien-Palästinas (und Mesopotamiens)
AMD	Ancient Magic and Divination, Groningen
ANES.S	Ancient Near Eastern Studies. Supplement
AoF	Altorientalische Forschungen
ARTU	J.C. de Moor, An Anthology of Religious Texts from Ugarit, Leiden 1987
ASJ	Acta sumerologica (Japan)
AuOr(.S)	Aula orientalis(.Supplement)
AuS	G. Dalman, Arbeit und Sitte in Palästina, Bd. VI–VII, Gütersloh 1939/49
BagF	Baghdader Forschungen
BAM	F. Köcher, Die babylonisch-assyrische Medizin in Texten, Bd. I–VI, Berlin 1963–1980
BH	R. Kittel, Biblia Hebraica
BWL	W.G. Lambert, Babylonian Wisdom Literature, Oxford 1960
CARTU	J.C. de Moor / K. Spronk, A Cuneiform Anthology of Religious Texts from Ugarit. Autographed Texts and Glossaries, Leiden 1987
CDG	W. Leslau, Comparative Dictionary of Geʿez, Wiesbaden 1987
CiG	Christ in der Gegenwart, Freiburg
CKLR	Chicago-Kent Law Review, Chicago, Ill.
CML	G.R. Driver, Canaanite Myths and Legends. OTSt 3.1956; J.C.L. Gibson, Canaanite Myths and Legends, Second Edition 1978
COS I	W.W. Hallo, (ed.), The Context of Scripture. Canonical Compositions from the Biblical World I, Leiden 1997
DCH	D.A. Clines, The Dictionary of Classical Hebrew II. Sheffield 1995
DDD	K. van den Toorn / B. Becking / P.W. van der Horst, Dictionary of Deities and Demons in the Bible. Second extensively revised edition, Leiden 1999

DLU	G. Del Olmo Lete / J. Sanmartín, Diccionario de la lengua ugarítica I–II, Barcelona 1996/2000
DNP	H. Cancik / H. Schneider, Der neue Pauly: Enzyklopädie der Antike I ff., Stuttgart 1996 ff.
EA	Die El-Amarna-Tafeln = VAB 2
ed., eds.	editor, editores
Eškolot	Zeitschrift Eškolot
EstBi	Estudos Biblicos
EuZ	Exegese in unserer Zeit, Münster, Westf.
FAZ	Frankfurter Allgemeine Zeitung
FiW	Fischer Wissenschaft, Frankfurt a.M.
FLP	Free Library of Philadelphia
Ges.$^{17–18}$	Wilhelm Gesenius, Hebräisches und Aramäisches Handwörterbuch über das Alte Testament 17. Auflage, Berlin 1915; 18. Auflage 1.–2. Lieferung, Berlin 1987/1995
HAL	L. Koehler / W. Baumgartner, Hebräisches und Aramäisches Lexikon zum Alten Testament. Leiden ^{3}1967/90
HBS	Herders Biblische Studien, Freiburg i.Br.
HdO	Handbuch der Orientalistik
HSMP	Harvard Semitic Museum Publications
HThK.AT	Herders Theologischer Kommentar zum Alten Testament
HTS	Harvard Theological Studies,
Iraq	Zeitschrift Iraq
ITS.S	Indian Theological Studies, Supplements, Bangalore
KTU	M. Dietrich / O. Loretz / J. Sanmartín, The Cuneiform Alphabetic Texts from Ugarit, Ras Ibn Hani and Other Places (KTU: second, enlarged edition). ALASPM 8.1995
l	lies, lege
LHVT	F. Zorell, Lexicon hebraicum Veteris Testamenti, Romae 1984
Living Word	Zeitschrift The Living Word, Kerala
LSS	Leipziger semitistische Studien. Leipzig
MARG	Mitteilungen für Anthropologie und Religionsgeschichte
MARI	Mari. Annales de Recherches Interdisciplinaires, Paris
MLC	G. Del Olmo Lete, Mitos y leyendas de Canaan según la tradición de Ugarit. FCiBi 1.1981
NWS	Nordostafrikanisch/westasiatische Studien, Frankfurt a.M.
OBC	Orientalia Biblica et Christiana, Glückstadt
PFES	Publications of the Finnish Exegetical Society
RelCul	Religione e cultura, Brescia
RBS	Resources for Biblical Study. Society for Biblical Literature, Atlanta, Georgia
RS	Ras Shamra, Ausgrabungsnummer
RSP I–III	Ras Shamra Parallels. AnOr 49/51.1972/81

SAA	State Archives of Assyria, Helsinki
SAAS	State Archives of Assyria Studies, Helsinki
SAHL	Studies in the Archaeology and History of the Levant. HSMP
SBL.RBS	SBL Resources for Biblical Study
SEL	Studi epigrafici e linguistici sul Vicino Oriente antico
SFEG	Schriften der Finnischen Exegetischen Gesellschaft, Helsinki / Göttingen
SHCANE	Studies in the History and Culture of the Ancient Near East. Leiden
TO	Textes Ougaritiques: TO I = A. Caquot / M. Sznycer, Mythes et légendes, 1974; TO II = A. Caquot / J.-M. de Tarragon / J.-L. Cunchillos, Textes religieux et rituels, correspondance, 1989
TPQ	Theologisch-praktische Quartalschrift, Linz
UG	J. Tropper, Ugaritische Grammatik. AOAT 273
UNP	S.B. Parker, (ed.), Ugaritic Narrative Poetry. SBL Writings from the Ancient World Series 9.1997
UT	C.H. Gordon, Ugaritic Textbook. AnOr 38
VAT	Tafelsignaturen der Vorderasiatischen Abteilung der Berliner Museen
ViOr	Vicino Oriente
VS	Vorderasiatische Schriftdenkmäler der Königlichen Museen zu Berlin, nach Nr.
VWGTh	Veröffentlichungen der Wissenschaftlichen Gesellschaft für Theologie
WBC	Word Biblical Commentary, Waco, Texas
WUS	J. Aistleitner, Wörterbuch der ugaritischen Sprache. BVSAW.PH 106, Heft 3
ZAR(.B)	Zeitschrift für Altorientalische und Biblische Rechtsgeschichte (Beiheft)

Register

Stellenregister

Altes Testament

Außerkanonische Schriften neben dem Alten Testament

Neues Testament

Ugaritische Texte (KTU^2)

Akkadische Texte

Wortregister

Hebräische Wörter

Akkadische Wörter

Sumerische Wörter

Ugaritische Wörter

Sachregister

Personenregister